编辑委员会

主　编：楼　婷

副主编：罗铁家

采　编：黄义枢　傅晓怡　楼　婷　张远满　胡文杰

摄影、摄像：杨金林

桑下记忆：
纺织丝绸老人口述

Remembrance of Mulberries Past:
Oral Accounts of China's Textile and Silk Industry Witnesses

（上册）

◎主　编　楼　婷
　副主编　罗铁家

ZHEJIANG UNIVERSITY PRESS
浙江大学出版社

桑下记忆

陈钟在家中（柴田摄），2009年，杭州

李善庆（中）在全国丝绸工业会议上讲话，1990年，北京

王庄穆在新疆和田丝绸厂生产车间，1994年，和田

周启澄在第27届全国毛纺年会上做报告，2007年，无锡

钱建昌（左）赴德国考察、引进设备，1985年，德国

吴裕贤荣获"庆祝中华人民共和国成立70周年"纪念章，2019年，北京

蒋志铮（前排中）与皮尔·卡丹合影，1999年，香港

马赐隆（右）在上海丝绸工业公司行业大会上做报告，1987年，上海

孙先知（左）与蚕桑专家李泽民商讨《四川省志·丝绸志》，1991年，成都

孙燕谋与夫人合影，2015年，无锡

原礼成（左一）随辽宁丝绸代表团考察美国，1984年，美国

周匡明接受采访者采访，2013年，镇江

冯家新（前排左一）获马达加斯加民主共和国骑士勋章，1985年，马达加斯加

潘恒谦参加江浙蚕种学术会，1990年，无锡

张正平（中）和采访者合影，2015年，上海

来成勋参加中国丝绸博物馆建馆方案竞赛交底会议，1989年，杭州

李广泽观察柞蚕生长情况，1989年，凤城

吴融如（右）在费达生家观看她的优秀作品得奖证书，1997年，杭州

蔡洪第进行机械制图，1983年，上海

孔大德（左）参加中国纺织工程学会丝绸专业委员会的学术研讨会，1986年，烟台

徐俊良（右一）与来杭讲学的日本蚕丝学会会长吉武成美（左二）合影，1985年，杭州

周本立（右）参加首届国际丝绸会议，1991年，苏州

蔡雪熊获全国茧丝绸行业终身成就奖，2016年，北京

李志祥（后排正中）参加PR418型片梭多臂开口机构鉴定会，1996年，杭州

鲁灿松策划的中国丝绸城展销会外景，1997年，北京

陆锦昌（右三）和日本某企业洽谈设备引进事宜，1984年，日本

彭世涛所在的苏州振亚丝织厂产品在埃及参展，1992年，埃及

任振（中）与意大利厂家商谈丝绸染整设备事宜，1986年，意大利

沈孝行（左一）在山东省蚕学年会发言，1991年，济南

徐书文（左二）在第六丝织厂从事军工产品生产20年职工座谈会上发言，1991年，上海

姚国舟与夫人在家中，2014年，上海

赵康（左一）考察千年古桑，1983年，峨眉山

钱同源（右）参加丝绸交易会，1994年，香港

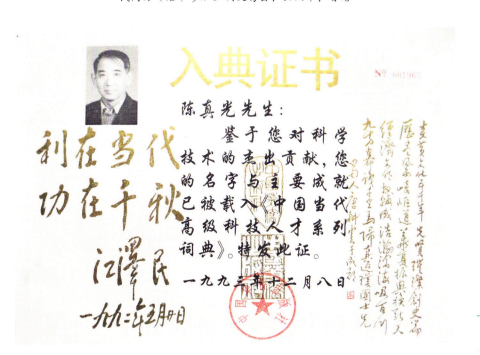

陈真光被载入《中国当代高级科技人才系列词典》，1993年

樊孔彰在烟台市人大、政协领导视察会上发言，2007年，烟台

冯杰人在四川省纺织工业厅办公室，1990年，成都

黄兴昌（中）在北京丝绸厂（新址）进行喷水织机试车，1984年，北京

李世娟在全国丝绸生产工作会议上发言，1992年，北京

潘传荣（右）进行单粒称茧操作，1989年，烟台

魏成贵（右）在蚕保室实验室与课题组同志一起观察药剂杀虫效果，1985年，丹东

姚代芬（后排中）随浙江省丝绸公司代表团赴日本参观学习交流，1990年，日本

曹永官在办公室，1985年，吴江

戴鸿峰在深圳考察，1985年，深圳

侯宗骐（前排）参加四川省蚕丝学校75周年校庆，1988年，南充

胡玉端（中）参加"丝路之魂"座谈会，2016年，成都

李栋高（左一）参加纺织学术界权威组织的博士论文答辩，2003年，苏州

向仲怀（右二）在四川宁南县考察，2015年，宁南

傅佩云在上海绢纺织厂副厂长办公室，1987年，上海

梅士英（右）考察德国第斯（Thise）机械公司气流染色机，2001年，德国

芮留凤（前排左二）所在的无锡市绢纺厂被评为国家二级企业，1989年，无锡

王宝贤（前排）主持辽宁柞蚕丝绸研究所晋升研究院大会，1996年，丹东

徐友兰（左一）考察印度柞蚕事业，1989年，印度

严婉如（前排左四）在全国丝绸产品展评会上领奖，1989年，北京

范森（右一）在苏州丝绸工学院召开的《丝绸学》修订复审会议上发言，1990年，苏州

钱小萍（左一）指导宋锦制作，2007年，苏州

裘愉发（中）和采访者合影，2014年，上海

朱明宝讲解国家标准操作方法，1992年，淄博

范存良（左一）指导设计人员绘画，
1986年，苏州

高国樑（前排左一）与香港恒昌公司的员工合影，2008年，香港

华德公（右二）指导农民剪伐桑树，2005年，高密

凌人才（右二）与向中国丝绸博物馆捐款3000美元的美国客人合影，1994年，杭州

俞征智（前排右一）参加真丝针织经编绸产品鉴定会，1989年，南京

张贤松在日本某和服绸厂考察，1993年，日本

　　耿志霞（右一）在比利时考察范德厄尔公司期间与同事合影，1984年，比利时

王蜀嘉（右一）测定吃人工饲料的蚕的茧重，1983年，丹东

武良矩（右二）在意大利美赛拉公司考察丝绸染色设备，1994年，意大利

许坤元（右）在中日纺织业界发展与合作会议上与日本东丽株式会社社长前田先生合影，
2004年，日本

　陈荣生（左二）被授予"国家有突出贡献中青年专家"荣誉称号，1994年，北京

王象礼在浙江省丝绸行业改革发展座谈会上发言，1998年，杭州

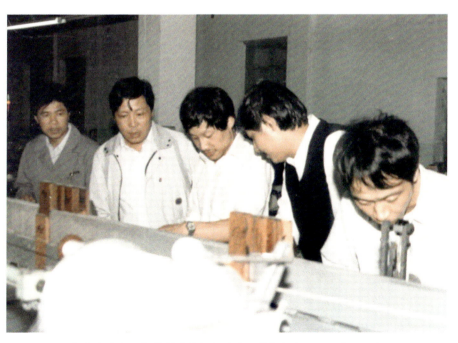

邵牧非（左二）考察喷水织机（津田驹织机），1991年，日本

刘冠峰（左）和日本京都工艺纤维大学校长福井谦一（1981年诺贝尔化学奖获得者）
合影，1985年，日本

　　　陈水琴（前排正中）在陈水琴大师工作室与学生等人合影，2015年，杭州

赵亦军（左一）参加灵隐刺绣艺术展，2013年，杭州

包铭新（左）在华东大学进行时装设计讨论，2017年，上海

第一届西湖博览会袁震和展台，1929年，杭州

白伦参加意大利佛罗伦萨国际会议，2015年，意大利

沈治波（左）在无锡丝绸协会第五届理事会第三次全体会议上做报告，2019年，无锡

杨永元（前排左）签订中欧生丝电子检测合作协议，2016年，瑞士

戴春明（左）参加"一带一路"丝绸文化高峰论坛，2017年，杭州

费建明（前排）在中国（尼日利亚）贸易博览会开幕式上致辞，2018年，尼日利亚

宣友木（右一）在第二届一次《丝绸》编审会议上做报告，2008年，杭州

凌兰芳（左）在湖州永昌丝绸有限公司织造车间检查真丝面料质量，1985年，湖州

金文展示云锦织造工艺，2018年，南京

邵官兴展示传统手拉机织三丝罗，2015年，杭州

朱良均（中）获中国纺织工业联合会科学技术进步奖，团队合影，2015年，北京

计东风（右）在浙江安吉调查桑树新品种生长情况，2014年，安吉

戴健（右一）为韩国文化大学复制鸳鸯纹织金锦，2016年，韩国

徐世清（右）在实验室进行蚕品种培育，2015年，苏州

郑小华（右）参加央视《我有传家宝》节目的录制，2018年，北京

编者说明

在编辑这部口述作品的过程中，为了确保作品的原始性和真实性，在广泛征求了许多专家意见后，我们确定了以下编辑原则：

一、本书文章依照口述人出生年份先后顺序（同年出生的口述人按姓氏拼音顺序）排列。

二、保留大部分口述人的习惯用语，最大限度地让读者了解口述人的语言习惯，保留口述文本原有的语言特色。少数方言习惯用语，只要不影响读者对文本的理解，尽量予以保留。

三、不对原作的章节名称、段落顺序进行随意性变动。尽管如此可能会造成某些内容或句子在不同地方出现，但基于口述人聊天时的语气及思路所具有的特殊意义，在口述人没有精力再做校改的情况下，维持原状的处理或许更为谨慎和负责，可以最大限度地保持作品的真实性。

四、必要的出版上的技术处理。我们对记录稿的编辑处理主要侧重于对错别字及标点符号进行更正；在不影响语义的情况下，谨慎删除个别重复、反复叙述的段落和句子，精简频繁使用的语气词、连接词；在保持原意的基础上，对个别口语词汇、句子略做调整，以便于读者阅读。

五、资料核实及更正原则：

1.我们对口述中绝大多数人名、地名、时间、事件、机构、展览、作品、项目、奖项等，进行了力所能及的背景资料、真实性及来源等方面的核实工作。但口述中仍有可能与其他史料不符、与事实有出入，或与某些理论常识有出入，或随时代变迁而变更名称的内容。

2.对少数较为明显的问题，如日期、人名拼写等由记忆偏差造成的错误，我们征得口述人同意后直接予以更正。出于"名从主人"和尊重历史的原因，对机构名称存在的文字错误如实记录。例如，"练染"和"炼染"，与丝绸相关时，正确的写法是"练染"，但过去很多厂被命名为"丝绸炼染厂"。本书据实记录厂名，但在叙述性文字中，则使用"练染"。

3.作品涉及的有些统计数据和口述人所描述的情景与今天的现实已经有明显差异，编辑时保留原状。

六、为了使读者阅读时更易掌握作者的核心思想，我们根据文中核心内容加上了章节标题。

七、口述中有少数内容，出于各种原因有删改，敬请读者谅解。

八、本书中有些照片因年代久远，已无从考证其拍摄时间、地点，敬请读者谅解。

编　者
2020年春

采桑时节曾相逢

——《桑下记忆：纺织丝绸老人口述》序

很遗憾恩师朱新予走得太早，那时我还是个懵懂少年，不知道应该为恩师做些记录，留下了很多遗憾。虽然2017年终于把恩师的铜像立在中国丝绸博物馆的园子里，却可惜没有留下他的音频或视频资料。

想起为丝绸界老人做口述史大约是在2010年前后。那时我的另一位导师、中国著名蚕桑史学者蒋猷龙先生过世，他的子女把他生前用过的资料、写过的笔记都捐给了我馆，我馆就在2011年建起了新猷资料馆，名称源自朱新予和蒋猷龙两位恩师的名字。这资料馆就是档案馆的意思。同时，我们也开始收集纺织丝绸老人们用过的书、写过的字等，开始记录纺织丝绸老人们的音频和视频，整理他们的口述历史。

记得我馆最早采拍的是杭州丝绸界的百岁老人设计师宋仁溥的视频，这是2009年为"革命与浪漫"展览做的，视频拍了之后不久他就走了。所以我更意识到这一工作的重要性和紧迫性。于是我和浙江传媒大学王挺老师谈起要加速、有规模地做纺织丝绸老人的口述史，而这一项目的主持工作，几经易手：最初是余婷婷，最后由楼婷接手这项工作。2017年时，厚厚的记录终于来到我的面前，首批做了口述史的共有近百位丝绸界的前辈，而首批成辑付印的，则是其中的52位。而今天，我们将比较成稿的89位再次整理，得到了89位纺织丝绸老人口述史，正式出版，不禁令人感慨。

89位丝绸界的人物，有几位在这些年已经过世。他们其实不都算是老人，但都是我的兄长辈。读着他们的名字，我居然和其中大半都算是熟悉的，或曾谋面，其中有丝绸界声名显赫的领导，他们曾是我国丝绸界的掌舵人，如李世娟、孙燕谋等；或曾是丝绸重镇的一方掌门人，如凌人才、陆锦昌等，凌人才还是中国丝绸博物馆的第一任馆长。这些人中最为年长的应该是陈钟院长，他是我当年考进浙江丝绸工学院（今浙江理工大学）时的副院长，他永远慈眉善目，菩萨心肠，大家有什么困难都会尽力帮忙解决。再如王庄穆，他是我的浙江诸暨老乡，曾是中国丝绸协会的秘书长，谈起丝绸有无限的热爱，也为家乡、为丝绸献过无数计策，写过无数材料。这些人中还有我博士时的授业恩师周启澄教授，他是中国纺织史界最为重要的学者之一，是《中国纺织科学技术史》和《中国大百科全书·纺织》的实际主编。此外，还有许多人是我见过或是听闻过的前辈。我生于丝，长于丝，能在一辈子中与这些丝绸前辈相蒙恩，实在是三生有幸。这里的口述史，正是一部中国丝绸现代史的缩影，也是"中国丝绸档案"项目的一个重要部分。

楼婷是我的同事，也是改革开放后首批考入大学的幸运儿。虽然她考入的是苏州丝绸工学院（今苏州大学），而我在浙江丝绸工学院，但最后有缘一起参与筹建中国丝绸博物馆，迄今已有30多年。她是一位熟悉丝绸内涵、做事又极为认真的人。由她来承担这一项目，也是十分合适的。这些年来，她一直在国内的丝绸重镇之间寻问勾查，记载丝绸老人们的回忆，编辑访谈和拍摄的成果，终于在退休之前完成了89位纺织丝绸老人的口述史，并在退休之后仍为我们编完此书，对此书的出版有着特别的意义。

"桑下记忆"中的"桑"，是丝绸的基础，桑园是我们丝绸人的家乡。我也出生在蚕桑之乡，记得小时候的春夏之际，就喜欢在桑树间穿越。偶然，村头路边河畔也会有高大的桑树，成为故乡的标志。漫长的丝绸之路，应该就是从广阔的桑野出发；丝绸老人们的回忆，往往也从碧绿的桑田开始。尽日行桑野，陌上总相逢。我们的相逢、交往、同事、共运，都是一种缘分。在中国的古诗里，桑梓可以代指家乡，桑榆可以代指暮年。所以，当我们一起坐在桑下，回忆我们蚕桑丝绸的过来路程，这样温暖亲切的景象，将来或许不会再有，因为这样的蚕桑产区、丝绸重镇，在江南已很难看到。所以，我们在中国丝绸博物馆保存一处蚕乡桑庐、建设一个新猷资料馆、启动一项丝绸档案项目、完成一部纺织丝绸老人的口述史，更觉这些记忆的珍贵。

十分遗憾的是，在这本口述史采录、编辑、出版的过程中，已有陈钟、高国樑、李善庆、马赐隆、孙燕谋和周匡明等多位师长先走了，但这也更加证明这部口述史的珍贵。我想，我们还会继续做好丝绸前辈的档案资料的采集，为中国的丝绸历史留下见证。

是为序。

中国丝绸博物馆馆长

赵　丰

2020年2月22日于玉皇山下

峥嵘岁月　旧忆桑下

新春伊始，应中国丝绸博物馆的邀约，非常荣幸为《桑下记忆：纺织丝绸老人口述》一书作序。作为一个丝绸行业的从业者，我既见证了国内丝绸业的兴衰起伏，也亲历了曾经的辉煌时期。回首往事，可谓感慨颇多、意味深长。

众所周知，中国是世界丝绸的发源地，丝绸文化源远流长。中国人对丝绸独有的钟爱和难以割舍的情怀，使得传统民族产业能够生生不息、代代相传。亘古至今，中国丝绸与中华文明始终相伴而生，绵延万里的"丝绸之路"，将世界不同地域的文明联结在一起，为推动东西方经济文化的交流、融合与发展，做出了不可磨灭的贡献。

中华人民共和国成立以来，我国茧丝绸产业浴火重生，迎来新一轮发展机遇。以中国丝绸公司及各省市丝绸公司的相继成立为契机，特别是趁着国家改革开放的东风，建立了茧、丝、绸、贸、工、农、人、财、物一体化的管理体制，使丝绸产业在国民经济中的地位得到了明显提升。一大批1949年后培养的丝绸专业人才，陆续进入了各级领导岗位和关键岗位，发挥了骨干作用。在国家"六五"至"九五"政策的大力支持下，全行业以科研攻关、技术改造为抓手，大量引进设备，经过消化吸收，不断充实到丝绸产业链各个环节，有效促进了产业结构的优化升级。行业构建了集教育、科研、农业、工业、贸易为一体的完整的产业体系，实现了由传统丝绸业向现代丝绸业的转变。历经数十年的不懈奋斗，丝绸各产业蓬勃发展，达到了鼎盛时期。到20世纪90年代中期，中国蚕茧、生丝的产量已占世界总产量的70%以上，生丝、绸缎、服装的出口分别占世界贸易总量的80%、60%、50%以上，为国家建设换回了大量急需的外汇，牢固确立了世界第一丝绸大国的地位，也为茧丝绸产业后来的发展打下了坚实的基础，具有划时代的里程碑意义。

——种桑养蚕水平全面提升。我国自主开发的以"青松×皓月""春蕾×镇珠"为代表的优质蚕品种，至今仍在很多地区广泛使用，标志着国内蚕品种研发和推广使用走向了自我发展的良性轨道。小蚕共育、方格簇、热风烘茧等先进实用技术的大力推行，有效促进了蚕茧质量的稳步提升，20世纪90年代全国蚕茧产量突破并稳定在1000万担以上，为行业发展奠定了重要的原料基础。

——缫丝生产自动化实现了零的突破。通过引进、消化吸收国外先进的缫丝装备和技术，从ZD721、D101、D301到飞宇2000型，国产自动缫丝机装备制造取得重大突破，实现了从立缫到自动缫的革命性跨越，大大提高了缫丝生产的效率和生丝质量，员工的工作环境和劳动强度也得到了很大改善，有效促进了丝绸工业的生产和贸易出口。绢纺行业通过不断改进生产工艺，提升了产品质量和档次，精梳绵球、200支绢丝、飞马牌绢纺绸等产品享誉海内外。

——丝织装备加速更新换代。在技术改造和引进项目的推动下，GD系列大卷装络丝、并丝、倍捻等机械替代了小卷装K系列；喷水、喷气、剑杆等无梭织机逐步替代传统有梭织机；电子提花实现了从一千多针到一万多针的飞越。丝织装备和技术的进步，使一大批丝织新产品得到开发，不仅满足了出口的需要，也满足了少数民族用绸，以及军工、面粉行业、印刷行业用筛网等产业用绸的需要，目前我们正处于各类丝绸品种生产最为丰富齐全的时代。中国丝绸公司牵头编制的《（中国）出口绸缎统一规格》，是众多丝绸品种设计人员智慧和心血的结晶，也是丝绸业的一块瑰宝。

——丝绸印染技术装备快速发展。星型架精练、溢流染色、滚筒印花、平网印花、松式整理等设备的引进和开发应用，使得丝绸印染业的工艺技术水平和产品档次都得到极大提升。防缩抗绉、防静电、防油污等功能性后整理技术的研究，拓展了丝绸相关产品的功能性和应用领域。丝绸印花图案设计不断推陈出新，每年推出数千个新花色是丝绸行业在历届广交会最大的亮点和特色。20世纪80年代初，在大部分人的思想还没有放开的时候，丝绸行业第一个成立了时装模特队，表演轰动了国内外；中国丝绸流行色协会创建，使行业流行色研究和应用走在了纺织行业的前列。

——丝绸服装生产日新月异。随着国内印染装备技术的不断进步，在世界丝绸产业格局调整的推动下，国内丝绸服装生产企业雨后春笋般兴起，丝巾、领带等服饰产品全面开发，极大地促进了丝绸服装产业的发展。特别值得一提的是，在老一辈丝绸领导的推动下，嘉兴、无锡等地缫丝企业率先从德国引进针织大圆机，开发了后来成为丝绸消费品重要组成部分的真丝针织内衣系列，有效拓宽了真丝的使用领域。在20世纪90年代，中国的丝绸服装出口额已经同厂丝和绸缎的出口额平分秋色，成功弥补了产业链最后一块短板。

——科技文教事业突飞猛进。国家先后建设了上海市丝绸科学技术研究所、浙江省丝绸科学研究院等11个丝绸研究院所，建立和完善了丝绸相关标准技术体系，积极推动生丝电子检测技术的研究，行业科技研发综合实力不断增强，成为行业科技进步的主力军；出版了各种丝绸专著、教材、手册、词典等，反映出行业学术方面取得的累累硕果，是难得的一笔宝贵财富。《丝绸》期刊一路伴随，是我们丝绸人的良师益友。苏州丝绸工学院（今苏州大学）、浙江丝绸工学院（今浙江理工大学）两大丝绸专业院校，培养了一大批丝绸技术人才，至今仍是推动行业发展的骨干力量。

——丝绸文化传承和保护力度加大。随着中国丝绸博物馆、苏州丝绸博物馆等博物馆的建立，行业有了一支专门的研究队伍，开启了国内丝绸历史文物专业研究和保护的新时代。蜀锦、宋锦、云锦、缂丝、刺绣等非遗技艺得到不断传承、挖掘和创新开发应用。

古人云："以古为鉴，可知兴替；以人为鉴，可明得失。"往事历历在目，时光虽已过去，但"丝绸人"特有的吃苦耐劳、孜孜不倦、大胆探索、勇于创新的精神却让人难以忘怀，他们为我国茧丝绸事业的发展壮大呕心沥血、努力拼搏、无私奉献，他们的敬业精神永远值得我们行业不断传承和发扬光大。

特别感谢中国丝绸博物馆赵丰馆长和楼婷主编牵头编撰的《桑下记忆：纺织丝绸老人口述》，该书特邀89位行业口述者从不同角度、不同领域讲述了各自的从业经历及所感所想，真实还原了那段让人难以忘却的丝绸峥嵘岁月，勾勒出我国丝绸行业改革发展的生动画面。该书既是国内茧丝绸行业的首部口述史专著，也是中国丝绸现代史人物篇的开卷，填补了行业文史领域的空白。该书的出版发行，对于充分反映新中国成立70多年来行业变革的伟大历程，推动新时期我国茧丝绸业高质量发展，都具有极其重要的意义。

《桑下记忆：纺织丝绸老人口述》付梓在即，可喜可贺。匆匆披阅，感慨之情，不尽言表。

以上，是为序。

中国丝绸协会会长

杨永元

2020年2月于北京

桑下绸情

丝绸之路，源远流长。

从地域来讲，丝绸之路起自我国古都西安，经甘肃、新疆，直至中亚，远及欧洲；从时间来看，自西汉、盛唐至今，绵延2000多年。丝绸之路，不仅是开拓中西方货物商贸的渠道，更促进了中西方的人文交流，经历朝历代的不懈努力，至今鼎盛不衰。中华人民共和国成立之后，在党中央的正确领导下，许许多多丝绸从业人士励精图治，为丝绸业做出了不朽贡献，延续了丝绸之路的辉煌历史。

习近平主席提出了"一带一路"倡议，为实现全球合作共赢指明了方向。该倡议不但受到"一带一路"沿线国家的赞同，而且受到欧亚非乃至拉美各国的积极响应。这个倡议具有积极的战略意义，更有它深远的历史意义。对于作为丝绸之路之名的丝绸业来说，更受到鼓舞与鞭策。业内人士将不遗余力地开发丝绸新品，拓展贸易渠道，促进丝绸文化交流。

中国丝绸博物馆做了一件很有意义的事：他们对全国近百位纺织丝绸界的专家学者进行了采访，并将访谈整理成文，编辑出版了文集《桑下记忆：纺织丝绸老人口述》。这些专家学者用朴实的语言、生动的描述，讲述了自己毕生从事丝绸纺织的成就、经验教训，从不同层面、各个角度，反映了我国丝绸纺织业的发展轨迹、方针政策、体制改革、生产技艺、产品开发、科技创新、技术改造、教育培训、人才培养、困难曲折，他们的许多成就获得政府奖励、群众认可。

蚕桑是丝绸业的基础，他们中，有的从事桑树品种栽培技术研究，把桑树进行分类育种，提高桑叶产量；有的整天在桑田和蚕棚里转悠，搞大面积蚕桑新技术推广应用，研究桑蚕病虫害防治；有的一生搞蚕种研究，从原种、原原种、母种，到开发杂交种供农民养蚕，提高蚕茧质量和产量；有的一辈子搞脓病研究，成为柞蚕的守护人；有的将柞蚕群选群育、常规育种、新技术育种三者结合起来提高柞蚕茧产量。

在工厂基层的同志，非常重视正常生产运营，着眼于提高质量，增加产量，为获得产品的金质奖、银质奖不遗余力，取得较好的效益；开发新产品满足外贸需要，是他们终生奋斗的目标；开展技术革新，技术改造，将原来的手工作坊式的生产，发展到具有现代化水平的大型企业。

丝绸是国家出口创汇的重要商品，也是国内的高档消费品，许多同志长期在外贸公司打拼，研究外贸需求的动向，及时传递信息，与工业部门合作开发新产品；有的建立丝绸市场，举办丝绸展览、展销会，开辟国内外丝绸市场，丰富人们生活；有的毕生从事产品开发，无论是丝织印染、军工民用、外贸内销，都有他们的身影。他们不是要多少钱，而是要荣誉感。

丝绸的发展，离不开科学研究和技术人才的培养。许多丝绸（纺织）院校的老师，自编教材，又要教书，又要研究，不仅科研成果累累，而且桃李满天下；科研院所的技术人员，克服种种困难，在简陋的环境下，攻克一个又一个难关，取得丰硕成果，转化为生产力；有的用心于丝绸书刊出版，一丝不苟，传播丝绸文化。

┈┈┈┈┈┈┈

20世纪90年代前后，各地都编写了丝绸志，有的企业编写了厂史，记述了丝绸发展的历史，使我们对丝绸的悠久历史有所了解。但此类志书言简意赅，不做铺陈，比较"骨感"。《桑下记忆：纺织丝绸老人口述》则从亲历者的体验，方方面面丰富了具体内容。如果把志书比作树干，则《桑下记忆：纺织丝绸老人口述》是繁枝茂叶，两者相辅相成，相得益彰。

新中国蚕桑丝绸事业的发展，是依靠中国共产党的正确领导，各级政府的具体指导，广大蚕桑丝绸从业者的努力而取得的，其中涌现出的先进人物，又何止百人？书中所记述的只是他们的代表而已。

《桑下记忆：纺织丝绸老人口述》的出版，既能供各位回味人生，也能给后继之人有所启迪。希望本书在贯彻落实"一带一路"倡议过程中，对丝绸纺织业的同仁有所帮助。

教授级高级工程师

钱同源

2020年2月1日

目　录

六十载缕缕丝绸情　桃李天下鬓发霜　陈　钟 / 001

为丝绸事业奋斗终生　李善庆 / 006

我与丝绸的点点滴滴　王庄穆 / 019

从毛纺到纺织科技史研究的跨越　周启澄 / 024

丹东柞蚕丝绸印花染色的发展历程　钱建昌 / 031

我的人生道路　吴裕贤 / 038

中国丝绸时装的先驱　蒋志铮 / 048

平绒（丝绒）改立绒的艰难历程　马赐隆 / 057

实践中出真知　理论中出成果　孙先知 / 064

丝路风云忆往昔　孙燕谋 / 073

我在丝纺工业五十年　原礼成 / 085

《蚕业史话》——专业与科普的珠联璧合　周匡明 / 091

蚕种的繁育　冯家新 / 097

家蚕母种、原原种、原种的培育研究　潘恒谦 / 102

顺应发展　不断创新　张正平 / 108

都锦生，曾经的辉煌　来成勋 / 113

柞蚕的守护人　李广泽 / 122

教学四十载　桃李满天下　吴融如 / 133

机械革命是丝绸行业进步的根本　蔡洪第 / 140

奉献给丝绸科技工作的一生　孔大德 / 145

蚕、桑基础性研究的伸展　徐俊良 / 156

丝长长　路迢迢　周本立 / 168

丝绸行业——我一生的依托　蔡雪熊 / 174

颇具匠心的纺织机械电子开口的创新与开发　李志祥 / 181

亲历杭州中国丝绸城的创办和发展　鲁灿松 / 188

染整新技术的研究及应用　陆锦昌 / 199

抓技改促发展，质量管理最重要　彭世涛 / 204

我与丝绸练染之缘　任　振 / 209

柞蚕新品种的选育　沈孝行 / 216

一把尼龙伞引发的服装、设备大更新　徐书文 / 222

奉献丝绸一生　姚国舟 / 230

桑海漫漫春风起　丝路迢迢往事忆　赵　廉 / 236

我和丝绸的不解情缘　钱同源 / 245

天道酬勤事业旺　勇于实践事竟成　陈真光 / 259

桑树品种及栽培技术的研究　樊孔彰 / 269

纺织短纤维的研究开发　冯杰人 / 277

见证北京丝绸厂的建设及兴衰　黄兴昌 / 285

亲历国务院发展轻纺工业的决策及改革过程　李世娟 / 291

柞蚕原种、原原种的繁育　潘传荣 / 302

柞蚕病虫害研究及防治的基础与开拓　魏成贵 / 308

六十载春华秋实　系丝绸不解之缘　姚代芬 / 319

与丝绸四十八年的不舍之情　曹永官 / 329

印染墨香　花漫宜人　戴鸿峰 / 334

风雨春秋六十年　侯宗骐 / 339

蜀锦，一朵千年不败的璀璨之花　胡玉端 / 348

毕生致力于丝绸纺材的研究　李栋高 / 358

毕生致力于家蚕基因的研究　向仲怀 / 364

质量，开启出口创汇的一把金钥匙　傅佩云 / 376

纺织染整技术研发的漫漫之路　梅士英 / 382

择茧缫丝　情系丝绸　芮留凤 / 393

潜心于织机设备改进及柞蚕茧缫丝机的研究　王宝贤 / 401

柞蚕丝绸的华丽转身　徐友兰 / 411

为丝绸事业奋斗的四十五年　严婉如 / 421

勤奋耕耘　硕果累累　范　森 / 429

呕心沥血搞设计　两鬓染霜仍操劳　钱小萍 / 440

潜心于丝绸工艺技术研究　致力于行业纺织基础教育　裘愉发 / 451

桑蚕茧（干茧）分级国家标准的制定与实施——我的四十一年丝绸之"路"
　朱明宝 / 458

丝绸与花样的相得益彰　范存良 / 464

细水长流丝绸路　高国樑 / 469

为蚕桑事业耕耘五十年　华德公 / 475

一个行业（丝绸）的体制改革——计划经济转向市场经济　凌人才 / 484

我与寸锦寸金"南京云锦"之缘　俞征智 / 489

质量求生存　张贤松 / 498

天鹅绒毯产品研制之路　耿志霞 / 503

柞蚕和天蚕人工饲料及饲育方法的研究　王蜀嘉 / 509

从事丝绸品种设计、产品开发与科技管理的四十年　武良矩 / 515

纺织——共和国不能忘记的行业　许坤元 / 524

热忱忆辉煌，翘首盼重振——桑下老科技工作者之梦　陈荣生 / 534

蚕茧、丝绸——我的一生缘　王象礼 / 543

相依为伴丝绸情　邵牧非 / 553

高分子制丝研究　刘冠峰 / 560

绝技绣娘的刺绣人生　陈水琴 / 566

一朝结缘　终生为业　赵亦军 / 574

一位用数学逻辑思维研究服装史的教授　包铭新 / 580

讲讲我知道的袁震和绸庄　方敏敏 / 590

从制丝工程管理到丝蛋白材料研究　白　伦 / 598

抓住机遇重组　企业成功转型　沈治波 / 611

传承丝绸情缘　见证行业改革发展非凡历程　杨永元 / 620

"雕花天鹅绒"的复兴之路　戴春明 / 631

理想主义与机遇的完美结合　费建明 / 640

《丝绸》风雨六十载　宣友木 / 648

宝剑锋从磨砺出　梅花香自苦寒来　凌兰芳 / 653

复制，古代技艺的传承　创作，传统文化的体验　金　文 / 666

千年杭罗的传承人　邵官兴 / 678

茧丝绸加工与蚕丝蛋白生物材料的研究　朱良均 / 683

产业发展与桑树育种　计东风 / 691

云锦技艺的传承者　戴　健 / 698

蚕丝生物技术和家蚕模式生物——一个前景广阔的研究领域

徐世清 / 706

双林绫绢　千年传承　郑小华 / 718

后　记

五月桑枝鸣黄鹂　蚕老缫丝忆桑下 / 726

六十载缕缕丝绸情　桃李天下鬓发霜

陈　钟

陈钟　原浙江丝绸工学院副院长，教授

陈　钟

陈钟，1939年毕业于浙江省立高级蚕丝科职业学校，1944年毕业于国立中央技艺专科学校蚕丝科。1946年任浙江省立杭州蚕丝职业学校专业教师。1950年兼任设在萧山坎山镇的制丝分部主任。1952年任杭州纺织工业学校副校长。1953年10月任杭州虎林丝厂副厂长，主管生产和技术。1956年参加杭州丝绸印染联合厂的筹建规划，并任该厂总工程师。1961年10月调任浙江丝绸专科学校副校长。1970年参加浙江省自动缫丝机研究小组，1972年ZD72-1型自动缫丝机通过鉴定。1973年负责浙江省烘茧技术研究，先后完成了"烟道气推进式热风烘茧机"和"76-1型循环翻网热风干茧机"的研制，研究小组获得全国纺织工业科研技术先进集体奖，"76-1型循环翻网热风干茧机"被列入《全国纺织工业科技重要成果表扬册》。科研项目"微波技术应用于蚕茧干燥的研究"获得浙江省科委三等奖。2009年入选"浙江教育十大影响力人物"。兼《中国大百科全书·纺织》编辑委员会委员、丝绸分支编写组副组长。曾担任中国纺织学会理事，浙江省纺织工程学会理事、副理事长、理事长、名誉理事长，全国桑蚕品种审定委员会委员，国家发明奖评委会纺织组成员，浙江省第二、第三、第五、第六届人大代表，第五、第六届人大常委会委员，浙江省科协委员，浙江省人民政府经济建设咨询委员会委员，浙江省人民政府参事室参事等。2006年获得中国丝绸协会颁发的全国茧丝绸行业终身成就奖。1991年起享受国务院政府特殊津贴。2019年6月4日去世。

我1919年9月出生，老家在杭州余杭良渚。1935年7月，考进浙江省立高级蚕丝科职业学校。1939年7月毕业后，先在四川丝业公司第五制丝厂任技术员，后去国立中央技艺专科学校蚕丝科读书。1944年毕业后先后担任四川省第六蚕业督导区督导员、四川丝业公司第一制丝厂技术员。1946年5月返回浙江，在浙江省立杭州蚕丝职业学校任专业教师，从此开始了我的教学生涯。当时正值抗日战争胜利不久，浙江省立杭州蚕丝职业学校的校舍被日军炸成了一片废墟，教学楼、实验室、图书馆和学生宿舍都需要重新建造，当时我参与了规划和重建，学校于1948年1月建成并投入使用。1949年杭州解放，我作为浙江省立杭州蚕丝职业学校的校务委员会成员、教导主任，参与领导新生后的浙江省立杭州蚕丝职业学校，学校那个时候一年招两百多个学生。

1950年兼任设在萧山坎山镇的制丝分部主任。1952年任杭州纺织工业学校副校长。1953年10月任杭州虎林丝厂副厂长，主管生产和技术。1956年1月赴北京参加制定当时亚洲规模最大的丝绸企业——杭州丝绸印染联合厂（杭丝联）的筹建规划，并任杭州丝绸印染联合厂（简称"杭丝联"）总工程师。从拟订筹建计划到机器设备选择、安装，从工人培训到投入生产，白天黑夜都扑在杭丝联的筹建工作上。该厂的机器设备选用的都是当时世界一流的：缫丝主机采用日本产自动缫丝机，丝织机采用日本产自动换梭织机，印染设备采用德国和瑞士的先进设备。由于大家一起夜以继日地工作，厂的建设进度很快，仅两年时间第一期工程就建成投产。

投产不到半年，就遇上了"大跃进"。原先定下的经过严格培训才能上岗的用工制度被破坏了。1958年下半年，大批工人从其他厂抽调到了杭丝联，未经培训就上岗。由于他们对自动缫丝机操作不熟，产品出现了质量问题。有些人认为自动缫丝机是资本主义的东西，还不如立缫机好。我认为，引进国外先进设备，不是资本主义倾向，而是为了发展生产。自动缫丝是个方向，在保证质量的前提下，

（前排右）考察自动缫丝机

（中）视察织造车间

可以提高产量，其用工仅为立缫机的三分之一。眼前的不适应主要有两个原因：一是我国的蚕茧解舒丝长短与日本的蚕茧有较大的差别；二是工人的操作技术跟不上。

为了提高产量和质量，我编写了《自动缫丝机》一书，亲自讲课，对首批工人进行技术培训，并提出要研究、制造适合中国蚕茧特点的自动缫丝机。1961年10月调任浙江丝绸专科学校副校长。1970年，我参加浙江省自动缫丝机研究小组。由于大家的共同努力，研制适合中国蚕茧特点的ZD72-1型自动缫丝机获得成功，于1972年通过鉴定，并由杭州纺织机械厂投入生产。该型号自动缫丝机适合中国蚕茧的特点，缫丝质量稳定，

（右）主持学生论文答辩会，1991年，杭州

在家中（柴田摄），2009年，杭州

机械结构设计合理，自动化程度进一步提高，深受缫丝企业的欢迎。

1973年，我担任浙江省轻工业研究所和浙江丝绸工学院合作的烘茧技术研究小组的组长，进行蚕茧干燥理论、工艺和设备的研究。烘茧是关系蚕丝质量的重要环节，烘茧质量的好坏影响到蚕茧的解舒率、丝长和丝质。我们科研小组下蚕区、去茧站，从基础调查研究开始，进行烘茧基础理论模式试验，研究出烘茧温度、热空气流速与茧质关系的干燥曲线图；在解决基础理论问题的同时，又进行烘茧工艺和设备的研究，先后完成"烟道气推进式热风烘茧机"和"76-1型循环翻网热风干茧机"的研制，并获得全国纺织工业科研技术先进集体奖，"76-1型循环翻网热风干茧机"被列入《全国纺织工业科技重要成果表扬册》。

我们在国内率先研究将微波技术应用到蚕茧干燥中。我们认为，用微波加热能使蚕茧从蛹体到茧层的水分快速蒸发，不仅干燥时间短，效率高，而且能保护丝胶，提高丝的质量，解舒率高，生丝色泽好。经过反复试验，确定了最佳蚕茧微波干燥工艺，这一课题获浙江省科委三等奖。

接着，我们又进行丝素细微结构形态研究，这是一个国家自然科学基金项目，为纺织材料研究和蚕丝的综合利用打下了理论基础。

1978年4月，我任浙江丝绸工学院副院长、硕士生导师。1984年，我退居二线，任浙江丝绸工学院顾问，直至退休。

20世纪90年代初，面对茧丝绸产供销经营管理体制不顺等问题，我以浙江省人民政府参事室参事的身份，建议浙江省实行贸工农一体化的茧丝绸经营管理体制，推动了丝绸业的恢复和发展。

我曾担任中国纺织学会理事，浙江省纺织工程学会理事、副理事长、理事长、名誉理事长，全国桑蚕品种审定委员会委员，国家发明奖评委会纺织组成员，浙江省第二、第三、第五、第六届人大代表，第五、第六届人大常委会委员，浙江省科协委员，浙江省人民政府经济建设咨询委员会委员，浙江省人民政府参事室参事等。1991年7月年起享受国务院政府特殊津贴。

采访时间：2014年10月

为丝绸事业奋斗终生

李善庆

李善庆

李善庆　原浙江省丝绸进出口公司储运科科长

李善庆，生于1922年6月，1950年进入浙江省丝绸公司工作，长期从事丝绸仓储工作。任职期间，为浙江省争取国家支持建设16万平方米茧丝绸仓库，有效地缓解了丝绸仓库的紧缺状况，为浙江省丝绸工业发展奠定了良好基础。筹建了上海口岸窗口，为浙江丝绸自营进出口创建了从出口单证制作、审单、报关、托运、接运、仓储、订舱等一套运作体系，确保了浙江丝绸在1982年开始全面自营进出口的顺利进行。1982年起，仅进口化纤原料一项就每年可节省1000多万元的手续费。参与筹建了中国丝绸公司。1986年起参与了中国丝绸博物馆的筹建，通过全面收集浙江丝绸历史及其在中国所处的重要地位，发挥长期从事丝绸工作的经历以及与纺织工业部和中国丝绸公司的人脉关系的优势，多次赴京进行宣传、寻求支持，为中国丝绸博物馆落地杭州并建成做出了重要贡献。2018年3月12日去世。

在公司建立初期简陋的仓储设施基础上，建立公司仓储管理制度，尽力保证存储国家财产的安全

我在1950年经人介绍到浙江省丝绸公司做收茧临时工，因工作认真及熟练的财务操作，被吸收进公司工作。当时正值公司建立初期，我除了管理原料账外，还对1949年以来混乱的茧包装账户进行了清理，并建立了一套完整的管理制度。由于工作卓有成效，得到了领导的信任，于1952年6月经浙江省人民委员会人事局发文任命我为储运科第一副科长（又于1958年被提为科长）。参加工作2年即被提拔，我深感意外，唯有以更加努力的工作不负此重任。

仓库是国有资产的储存场所，稍有疏忽就会造成损失，自己深感责任重大。公司建立初期，只是接收了抗战时期留下的老式仓库及部分租用民房和茧站等非专用仓库，这些仓库陈旧、不避风雨，所以每逢大风、下雨、下雪，无论是白天黑夜，尤其是台风季节，我总是骑着自行车赴仓库检查，哪里有险情，就及时出现在哪里，与同志们共同奋战在第一线。

由于没有相应的仓储学习资料，我主要还是从工作实践中总结经验和教训，提升为理论认识。我从1956年开始对防潮材料进行试验，对不同温湿度保管对茧的影响、风吹和过干对茧丝绸的影响组织科学实验，不断提高丝绸保管和养护技术。多年的工作实践，使我感觉到需要建立对茧丝绸保管养护的规范管理办法。在中国丝绸公司的支持组织下，由我主笔，会同公司其他同事，编写了国内首部《茧丝绸保管养护》，该书1989年由纺织工业出版社出版，中国丝绸协会秘书长王庄穆为该书撰写了前言。

写书对我这小学毕业水平的人来说，难度很大。出于对从事了一辈子的仓储工作的关心，我把自己的实际工作经验和教训总结出来，留给后人，也算是给自己的储运工作画上一个圆满的句号。

在负责储运岗位的几十年间，总计建了16万平方米仓库

浙江省丝绸公司建立初期，只是接收了抗战时期所建的老式专用仓库，其中有杭州的赛西湖仓库及嘉兴、长安等地仓库共8000平方米，其余大部分是租用的民房和部分收茧的站所，共有130多处，对茧丝绸的储存保管极为不利。

1953年，华东区批准于杭州、湖州等地共建立6座仓库。外贸部每年下达的库房建设只有2000平方米左右，因而至"文革"前（浙江）全省专用库仅3万平方米。

"文革"期间，由于工厂停产，而蚕茧丰收，使原本已缺乏的仓库矛盾更加突出，干茧只能存放在公社礼堂和茧站。由于这些不是专用仓库，无法保证仓储的质量，因而使蚕茧发生了严重的霉烂变质。有些存放在公社礼堂和民房的干茧连同包装布袋都霉变了，存放在绍兴市一家酒厂原先用于存放酒的平房仓库里的白厂丝也发生了霉变，这是之前从未发生过的事故。建设仓库已是头等大事，为此，我多次写报告呼吁，若省里无法解决就赴京求援。

一次得知对外贸易部（外贸部）陈树福副部长召开浙江省两个地区三个县外贸局的座谈会，我跟随当时的浙江省外贸局毕华副局长参加了这次会议。我向陈副部长汇报了我省蚕茧丰收、工厂生产不正常而导致干茧无处存放，造成大量霉变、损失严重的情况（此事我曾向陈副部长汇报过，当时因体制原因，蚕茧由商业和供销社管理，所以问题没能得到解决）。我说我省的蚕茧一直由浙江省丝绸公司管理，仓库问题也一向由外贸部解决，希望外贸部能尽快解决2万平方米的仓库，以减少损失。陈副部长当即表态，"部里给你们外汇进口钢材和木材，你们先建一些简易仓库"。我当时真是喜出望外，并提出了所需钢材和木材的数量。陈副部长在会上就要求中国纺织品进出口总公司丝绸处的负责人回去马上处理，并指示外汇由外贸部解决，一定想办法解决外贸仓库严重不足的问题。

有了部领导的指示，我就紧盯各相关部门，问题不解决绝不退却。原来中国纺织品进出口总公司的处室负责人对我多次去要求解决仓库嫌烦，但这次陈副部长表态，他也只能办理。拿到纺织品进出口总公司报告后，我就（想）直接送往外贸部，结果被负责召开座谈会的出口货源局领导给顶了一下，他对我参加这个座谈会、并在会上提出要求解决建设仓库的问题不太满意。我据理力争提出了急需解决仓库的情况，最后他丢下一句"你回去等吧"就把我打发了。我感到这样会被拖着不办，就坚持继续在北京跟进落实情况。当得知基建是外贸部周化民副部长分管，我就直

（前排左三）中国丝绸公司浙江省公司储运先进小组全体同志合影，1955年，杭州

接找到周副部长的办公室。周副部长秘书很认真地听取了我的情况汇报，他说周副部长在出差，回来后会转告，让我第二天再去。第二天秘书将周副部长的三点批示交给了我，即"蚕茧仓库应由商业部解决；陈树富副部长意见我也同意；请白部长审批"。我拿了批件就去找了陈副部长，陈副部长签了"浙江蚕茧丰收因没有仓库存放，发生严重霉变造成损失，我很心痛，为此同意给浙江解决建库问题，请白部长批示"。我拿了陈副部长的批示又直接去找外贸部白相国部长，白部长看了两位副部长的批示，即签发同意。我提出建仓库除了钢材和木材，还需解决水泥，白部长当即让我去找分管基建的周化民副部长。周副部长就让秘书找了部里分管基建和出口水泥的两个部门协商，最后出口货源局答应给一批出口灰粉超标的煤炭，那时也是一种通常做法，解决了煤炭就可以换到水泥，同时石灰、砖块也一并得到了解决。

那次拿到的是5000吨阳泉白煤，仅出口灰粉一项超标，是上好的煤炭。但煤炭在秦皇岛，"文革"期间运输非常紧张，如何运回浙江又成了大问题。不得已我又去找了陈树福副部长，他真是一个好部长，马上给我写了个条子，要我去找交通部分管铁路运输的郭鲁副部长（当年铁道部并入交通部）。郭副部长看了陈副部长的条子，为解决浙江丝绸仓储的紧急困难，马上就批了两列专车，这样，5000吨煤从秦皇岛运到了杭州。

我们那次北京之行，外贸部共审批给我省建设3万多平方米仓库所需的木材、钢材和煤炭，得到了浙江省丝绸公司和省领导的表扬。

由于仓库缺口过大，3万平方米仓库远未解决问题，为此，我再次赴京。这次去找了国家计委副主任、20世纪50年代曾担任浙江省省委副书记的林乎加同志。我又将浙江蚕茧丰收而仓库严重不足，造成蚕茧大量霉变的情况向林乎加主任进行了汇报。在国家计委的协调下，上级同意给浙江加建3万平方米的干茧仓库，由外贸部负责下达。在省外贸局的支持下，由我提出建库地点，省外贸局下达到地市外贸系统建库指标，基建仍由浙江省丝绸公司负责。

我在负责储运岗位的几十年间，总计建了16万平方米仓库。尤其是"文革"期间，在上无基建项目、下无基建材料的极其困难的情况下，千方百计争取到3000立方米木材、4000多吨钢材、5000多吨煤炭，前后建了8万平方米的仓库，有效地缓解了丝绸仓库的紧缺状况，为我省丝绸发展奠定了良好基础。

筹建上海口岸窗口，为浙江丝绸自营进出口奠定基础

浙江省丝绸公司自成立到20世纪80年代前，都是按总公司调拨计划，将丝绸运往上海口岸公司出口，属供货性质。公司成立初期，丝绸是简单包装后到口岸公司再换包装，运输过程中容易损坏，在口岸转换包装也增加了周转时间和成本。1956年开始，在上海丝绸公司的指导下，为浙江丝绸出口开始推行厂丝产地包装，就地出运；1958年，公司对绸缎也实行了产地包装，直接发运出口。这样大大减少了出口成本，避免了运输过程中的损坏，提高了出口商品的质量。

公司成立初期，无运输工具，从仓库到码头、车站，都依靠运输公司。1958年年末全国"大炼钢铁"，公司连一辆人力手推车都没有，向工厂借用也要等到深夜11点以后，丝绸出口物资和进口原材料的运输都无法解决。当时正逢第四季度出口，时间很紧，只好临时求助部队和杭州市公交公司。公交公司同意每晚进场时加班帮助我公司装运货物到火车站。装卸人员由浙江省轻工业厅党委动员全厅干部组成，参加义务劳动装卸丝绸：每晚11点分丝库、绸库和火车站三组，在仓库负责装车，在火车站负责卸货。

当时全厅上下基本上所有干部都参加了通宵的装卸，到天快亮时才能回家休息。而我因需落实第二天晚上的公交客车的车号，一直忙到中午才能回家睡一会儿，下午还要去安排丝绸仓库参加装卸的人员。由于年度交货必须在12月12日前过苏联国境才算完成当年的交货任务，因而我们连续干了两个多月的通宵抢运，终于完成了对苏联全年2000多吨白厂丝、3000多万米绸缎的出口运输任务。

由于按期完成了1958年对苏联的出口任务，我得到了中国丝绸公司的表扬。当总公司送来锦旗时，我及时汇报了短途运输的困难，总公司当即同意帮助解决货运卡车。从1959年给了第一辆卡车起，到我离开岗位，公司已有了10多辆货运卡车的车队，同时我还帮助嘉兴、绍兴两个地区解决了多辆货车。运输从市内短途发展到直接去上海、深圳的长途，满足了丝绸出口运输的需求。

由于体制原因，长期以来，我公司一直作为货源公司，根据总公司的计划，为包括上海在内的口岸公司提供出口货源，并为产地提供包装出运工作。1981年，我公司已具备自营进出口的能力，但受到口岸公司的阻碍，举步维艰。在进出口业务上，通过与广东省丝绸公司的联系，派员前往学习能解决，但若把广州作为我省进出口商品的储运口岸，毕竟太远。省丝绸公司领导希望借助中国丝绸公司的关系，派我去上海筹建上海口岸窗口，为浙江丝绸自营进出口奠定基础。改革开放初期，尤其是自营进出口业务的起步阶段，在口岸设置的窗口是必备的机构。

我马上联系了已退休在家的上海丝绸公司原储运科科长（他多年从事进出口储运，对各个环节比较熟悉），与聘用的上海公司专家密切合作，筹建工作班子。我又聘请了出口单证制作、审单、报关、托运、接运等专业人员，并联系了上海海关、外运等进出口关联部门。由于进出口海运必须货等船，一待船期确定，半夜也要装船，解决出口货物仓库也很紧迫。

上海海运仓库也很紧张，但在上海建库，涉及征地、资金等，周期太长，不能解决当务之急。为此，在多次磋商后，还是向上海外运公司商借了指定仓位，解决了出口丝绸在沪中转仓储的困难。办公场所选定在交通便利的上海黄浦饭店。

经过几个月的紧张筹备，自营进出口所需的口岸窗口都已具备。从1982年起，浙江省丝绸公司正式开始进行自营进出口工作。仅进口化纤原料一项，在口岸接货，减少了中间环节，每年就可节省1000多万元的手续费，还可以根据企业生产需要，直接选取所需纤维规格。自营出口更为浙江丝绸打开了通往国际市场的便捷之路，窗口的建立为浙江丝绸自营进出口奠定了重要基础。

参与筹建中国丝绸公司

丝绸公司的体制在新中国成立后几经变迁。为实现全国产销一体化，国务院于1980年3月批转国务院财贸小组"关于成立丝绸公司的意见"，同意成立全国性的丝绸公司筹备组，把茧、丝、绸的生产和流通过程有机结合起来，对丝绸管理体制进行改革。其后，国务院于1981年12月发文

（中）在全国丝绸工业会议上讲话，1990年，北京

（国发〔1981〕170号），正式决定成立中国丝绸公司。作为极个别省级公司的代表，我被抽调去北京参加筹备小组工作，参与了整个筹备过程。中国丝绸公司于1982年2月27日正式成立，对全国丝绸生产及购销业务实行一体化的经营管理。尽管由于对这一体制的不同认识，中国丝绸公司五年后又被拆分为中国丝绸进出口总公司和纺织工业部下属的中国丝绸工业公司，但这段经历也验证了我在全国丝绸行业的影响力，是对我工作的一种认可。

参与建设的中国丝绸博物馆被列入国家"七五"旅游建设规划，于1986年经国家旅游局批准立项，最终定址杭州

1986年的一天，浙江丝绸工学院（即浙江理工大学前身）的院长朱新予先生和浙江农业大学（现已并入浙江大学）的戚隆乾教授专程来我家，告知要筹建中国丝绸博物馆的消息，并邀请我出来参与。尽管我已60多岁了，但作为干了一辈子丝绸工作的人来说，也想为中国丝绸的发扬光大做出贡献，便毫不犹豫地挺身而出。当时还和朱新予院长、戚隆乾教授等一起商谈了建馆的具体建议，提交浙江省、杭州市领导。在向浙江省原副省长翟翕武和浙江省丝绸公司领导汇报时，他们也都非常支持我参与筹建。1986年10月，杭州市丝绸工业公司正式聘请我为筹建班子成员。

当初申办中国丝绸博物馆的还有苏州，他们的筹备工作起步比我们早，筹备处负责人还是全国人大代表。江苏的丝绸业也比较发达，申办竞争还是很激烈的。为取得申办成功，我邀请了全国丝绸界的专家和前辈，对浙江作为"丝绸之府"进行论证和研讨，还找到了周恩来总理视察我省丝绸企业时，有关浙江是全国的丝绸生产基地、浙江是丝绸之府的谈话。我充分发挥了多年来从事丝绸工作的经历以及与纺织工业部和中国丝绸进出口总公司这条线熟悉的人脉关系的优势，多次赴京进行宣传、寻求支持。尤其是中国丝绸进出口总公司的第一任总经理陈诚中先生是浙江人，对家乡的丝绸事业一直给予很大的支持，在杭州建立中国丝绸博物馆也是他的心愿。同时我还抓住在北京的中国丝绸进出口总公司负责人来杭州的一切机会，进行宣传。

1986年10月26日，中国丝绸进出口总公司一位副总经理来浙江参加中国丝绸协会丝绸历史研究会成立大会，尽管他的日程很紧，我还是抓住机会陪同他去中国丝绸博物馆的定点现场视察，并将浙江省政府建馆的有关文件和筹建方案提供给他，有关筹建进度也向他进行了汇报，请他给予支持。他在离开杭州去苏州时接到了总公司来电，要他月底前赶回北京参加党组会。据后来消息，11月3日的党组会的议题之一就是商讨中国丝绸博物馆的馆址确定，最后以一票之差，确定将中国丝绸博物馆馆址建在杭州，并于1986年12月下文确认。争取到行业主管部门批复，中国丝绸博物馆牌子落户杭州，是高规格建馆的重要基础。我们后来又通过陈诚中总经理请他的老朋友赵朴初先生为中国丝绸博物馆题写了馆名。

筹建全国性博物馆，在资金筹集、文物征集等方面需要国家相关部委的大力支持，为此，我建议筹建班子的规格要高，以方便筹建工作的开展。为此，博物馆筹委会由中国丝绸协会出面组建。在多次协商请示下，纺织工业部吴文英部长同意亲自担任中国丝绸博物馆筹委员会主任，并邀请了我省原副省长翟翕武，省政协副主席、杭州市原市委书记厉德馨，文化部文化局副局长庄敏，中央工艺美术学院院长常沙娜为副主任；中国丝绸进出口公司总经理黄建谟、纺织工业部丝绸管理局局长吴裕贤、农业部农业局局长高麟溢及各主要丝绸产地的

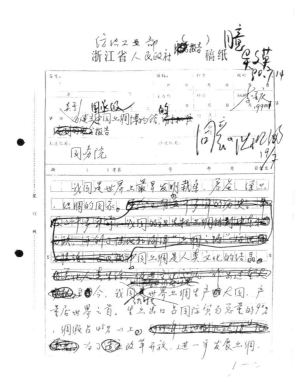

丝绸界专家们对筹建中国丝绸博物馆的建议，1990年

省区、直辖市的丝绸公司，以及香港华润丝绸有限公司总经理参加了筹委会；浙江省文化厅、旅游局等相关部门代表也都参加了筹委会。

浙江省老领导对博物馆的建设给予了大力支持。省委原副书记崔健同志亲自出面联系国家旅游局韩克强局长参加筹委会工作。在国家旅游局领导在浙江出差时，翟翕武老省长更是亲自赶赴宁波当面邀请。

建设中国丝绸博物馆被列入国家"七五"旅游建设规划，于1986年经国家旅游局批准立项，最终定址杭州。当时安排基建投资约1200万元，国家旅游局投资40%，浙江省、杭州市各30%。中国丝绸公司批复同意中国丝绸博物馆在杭州建馆，也同意了500万元的投资。后来中国丝绸公司撤销，丝绸工业由纺织工业部建立丝绸管理局管理，纺织部也同意原先的定名和投资。

组建由纺织工业部部长为主任的高规格博物馆筹委会，使资金划拨、募集，文物征集得以顺利进行

筹委会第一次会议于1988年1月27日至28日在杭州举行。纺织工业部吴文英部长亲自到会主持会议并做重要讲话。筹委会全体成员参加了会议，会议听取、通过了建馆的总体规划设计方案，并对建馆部分资金的筹集、文物展品的征集进行了统一部署。组建由纺织工业部部长为主任的高规格博物馆筹委会，使资金划拨、募集，文物征集得以顺利进行。吴文英部长还对通过建馆振兴我国丝绸业做了重要指示。

但是，由于建馆基建尤其是文物的征集和复制所需资金较多，资金上还存在缺口。为此，筹建委安排了资金募集工作。根据分工，港澳资金由香港华润丝绸有限公司负责，境内由不同地区的省级丝绸公司负责。建立中国丝绸博物馆得到了国内外各界的关注和支持，不到一年时间，港澳地区就有90家公司捐款395万港元。由我负责和各省区市的联系，共募集到上海、江苏、广东、四川、辽宁、陕西、浙江等8个省市的企业的捐助资金349万元。

要把中国丝绸博物馆建成一个全国性的、具有较高水平的、能够充分反映我国丝绸灿烂历史的专业博物馆，文物藏品的质量高低和数量多少是一个重要标志，文物的征集是建馆的一项重要工作。国家文物局和纺织工

中国丝绸博物馆开工奠基典礼，1987年，杭州

业部于1988年4月分别向各省市文物局、博物馆及各地轻工业厅、丝绸公司下达了支持中国丝绸博物馆所需文物的征集通知。我们即开始了赴陕西等地的文物征集工作。由于前期各地重要文物的征集难度很大，纺织工业部和国家文物局非常重视，迅速联合向国务院申请批文。国务院办公厅于1989年5月6日下达批复，同意在全国范围内征集文物。在拿到批复后，我们马上就开始了文物征集工作。

　　经老省长翟翕武的邀请，由在新疆工作了20多年的浙江省地质勘查局原局长周笠农带队，于9月2日抵达新疆并开始了近一个月的文物征集。从乌鲁木齐到吐鲁番，再去和田，横贯了新疆的北、中、南部，得到了新疆维吾尔自治区政府领导和文物部门的大力支持，根据我们提供的文物目录，新疆无偿提供了近40件丝绸文物。

　　这次西部之行的文物征集工作得到了浙江省文化厅的支持，除了毛昭晰副厅长给陕西省的分管副省长带信外，还派了省文物局一位副处长参加，在业务上给予指导。离开新疆后，我们继续去铁路沿线的甘肃、陕西和湖北荆州进行征集。由于有国务院办公厅的批示和国家文物局、纺织部的文件，以及国家文物局专门为我们此次的征集开具的介绍信，各地政府领导和文物部门都很重视，陕西省有关领导还在全省博物馆馆长会议上介绍了中国丝绸博物馆是国家级馆，要求各博物馆给予支持。

在建馆期间，除了西部以外，我又和浙江省文物局及博物馆筹建处的相关人员转战南北，到了内蒙古博物馆、福建省博物馆、福州市博物馆、泉州海交史博物馆、厦门郑成功纪念馆、黑龙江省博物馆、承德避暑山庄博物馆等10余个省市自治区的博物馆，得到了各地文物主管部门和博物馆大力支持，共征集到文物、标本、机具700余件，特别是新疆维吾尔自治区无偿捐赠的一批汉唐时期的丝绸文物，福建省博物馆、福州市博物馆捐赠的南宋时期的丝绸文物都尤为珍贵。文物征集不仅丰富了馆藏，还为开馆后与各地文博单位的合作交流打下了良好的基础。

中国丝绸博物馆于1992年2月26日在西子湖畔玉皇山北麓落成

中国丝绸博物馆从1987年12月28日破土动工，历时4年多，投资2100万元，占地面积73亩，建筑面积12000平方米，于1992年初终于基本落成。为举办好博物馆开馆典礼，我和同事们一起对博物馆的陈列方案、领导讲话的参考资料、出席开馆典礼领导和嘉宾的邀请和接待方案等进行了周密细致的安排准备。

中国丝绸博物馆于1992年2月26日在西子湖畔玉皇山北麓落成。博物馆的建立得到了各级领导的关心和支持，江泽民总书记、李鹏总理分别为博物馆题词。国务委员王芳、纺织工业部部长吴文英及省市领导应邀出席开馆典礼。国内外对博物馆建设捐资的单位和个人及对博物馆捐赠文物的单位代表也参加了开馆典礼。

博物馆的体制在筹建初时，因国家旅游局立项在杭州，所以最初由杭州市丝绸工业公司具体负责。但从国家级博物馆的建设来说，在资金筹集尤其是文物征集等各方面操作上，必须借助国家部委的力量才行，故最终定性博物馆为隶属于纺织工业部，委托浙江省政府管理，并由浙江省丝绸公司总经理兼任馆长，这套体制在筹建工作期间发挥了较好作用。

博物馆开馆后，由于博物馆的公益性质，没有稳定的资金来源，仅以经营性收入的企业化方式以馆养馆，对博物馆的发展较为不利。而浙江省内几个博物馆的体制，均为隶属于省文化厅的全额拨款的事业单位，应该说这是博物馆适宜的体制。为确保辛勤筹建的中国丝绸博物馆能健康地发展，我又开始了多方的奔波。在纺织部领导和老省长翟翕武等多方面的大力支持下，博物馆体制终于纳入了正常的渠道。1999年浙江省政府办公厅下达了调整中国丝绸博物馆管理体制的通知，将其归省文化厅、文物局管理；2002年省编办明确了人员编制的经营形式。

世界上最早发明养蚕、植桑、缫丝、织绸，有5000多年丝绸历史的中国，终于有了自己的丝绸博物馆，应该说这顺应了历史发展的需求。我感到很欣慰，以时届古稀的年龄，作为班子成员参与了包括代拟省政府、纺织工业部向国务院申请的建立国家级丝绸博物馆的报告稿在内的建馆的全过程。我在筹建处和博物馆工作10余年，走遍了10多个省市，行程数万公里，顺利完成了建馆，也圆了包括我在内的一辈子奋斗在一线工作的老丝绸人的梦想。吴文英部长在筹委会会上总结建馆工作的讲话中，点名对我的工作给予了肯定和表扬，并授予我建馆先进的荣誉证书。

如今我已经90多岁了，回顾自己在丝绸行业60多年的工作，自己感到无愧于党的培养。原纺织工业部吴文英部长、原中国丝绸进出口总公司陈诚中总经理、原浙江省翟翕武副省长都曾为我题词，对我的工作给予了充分肯定。能为丝绸事业做出自己毕生的贡献，并得到了中央部委和省领导的肯定，这已使我感到无比欣慰。这就是我，一个老丝绸人对自己一生工作的总结。

采访时间：2013年7月

我与丝绸的点点滴滴

王庄穆

王庄穆　原中国丝绸公司技术委员会副主席、高级工程师（部一级总工程师）

王庄穆，1943年毕业于私立中国纺织染工业专科学校纺织工程科。1946—1953年在上海的中国蚕丝公司工作，同期编著《丝织工程概论》，参与制定了《绸缎规格手册》《出口绸缎统一规格》。1953—1961年任职于中国丝绸公

王庄穆

司业务处。1961—1982年在中国纺织品进出口总公司担任高级工程师，负责编制了发展新疆蚕丝生产的规划。1982—1986年在中国丝绸公司主抓丝绸技术改造。1986年退休，后在中国丝绸进出口总公司做技术工作。1987年参与了中国丝绸博物馆的筹建工作。主编、出版了《中国丝绸辞典》《新中国丝绸史记1949—2000》《民国丝绸史（1912—1949）》《奉献在丝绸》和《丝绸笔记》等书。兼任中国纺织出版社编委会委员、中国丝绸博物馆顾问、当代科技重要著作纺织科学选题编委会委员以及中国丝绸协会秘书长。1993年起享受国务院政府特殊津贴，2006年获中国丝绸协会颁发的全国茧丝绸行业终身成就奖，2019年9月荣获"庆祝中华人民共和国成立70周年"纪念章。

在中国蚕丝公司的时候，我写过一本书，叫《丝织工程概论》

我是1922年出生的，老家在浙江诸暨。我是学纺织的，抗日战争胜利时毕业。我的家在农村，栽桑养蚕、缫丝织绸是我们主要的职业，家家户户都干这个，我家里也栽桑养蚕，我的父母都是做这个的，我长大以后对这个职业心里十分感念，所以就学了这个专业。

毕业以后，当时不是国家分配工作，是自己找单位。当时民国政府成立了两家公司，一个是中国纺织建设公司，还有一个是中国蚕丝公司。我在报纸上面看见了，毕业后找工作，我先到纺织建设公司，他们说要我留下来；我再到中国蚕丝公司，中国蚕丝公司也让我留下来。我在上海永丰绸厂也待过，做管理工作。我在这个厂子待了没几年，这个厂不大不小，厂址在上海郊区。

我有个叔叔，叫王行素，对我影响很大，他是法国里昂大学毕业回来的，专门学丝绸的，他建议我去中国蚕丝公司，不要到纺织建设公司。就是这么一个原因，我就去了中国蚕丝公司。当时这个公司主要是做管理工作的，全国丝绸行业的管理都归它管，技术工作、管理工作都在一起。检验也做，要有一个标准，也是我去制定的，当时绸缎统一编号也是我编的，如10101是乔其纱的一种，我负责起草这个工作。这个标准用的时间蛮长的。在中国蚕丝公司的时候，我写过一本书叫《丝织工程概论》，这本书是临时出版的，不像现在，一本一本都是有规矩的，出版都要有书号的。

1949年上海解放，新的中国蚕业公司成立了，我直接留用，留在这个公司继续工作，所以我叫留用人员。我留下来依旧在这个公司工作，继续原来的工作，全国的丝绸也还是这个单位管。当时我在这个公司的技术部门工作，技术部的人也不少。要选人到北京工作时，技术部包括我有三个人有可能调到北京工作，有一个法国留学回来的，他54岁了，他说他不可能到北京去，要退休了。我也不可能去北京，因为我专门负责生产加工，比较复杂，我走了没人管这个事情。还有一个也是搞管理工作的，他可能到北京。结果是我到北京。到北京一个月后，我以出差的形式离开北京，再到上海继续工作一年多一点，才又回到北京工作。

我用稿费在浙江丝绸工学院建立了一个"王庄穆优秀奖学金"

新中国成立以后，我编制了"绸缎规格""丝绸加工"等方面的技术书籍，这些工作做了很多了。我住的附近有家王府井新华书店，在二楼有一些我编写出版的书，我经常去看看。新华书店隔壁有个"瑞蚨祥"是专门卖丝绸的。当时我一看见商品绸都使用丝绸编号，是我负责编的，我高兴得不得了。我经常去了解丝绸市场的情况，我送瑞蚨祥的营业员一本《中国丝绸辞典》，我编的，让他仔细看，他高兴得不得了。

1953年我从上海迁往北京，到了中国丝绸公司，也是搞管理。在1961年的时候，中国纺织品进出口总公司成立，我在业务处，主要的职务是工程师，高级工程师。业务处主要是做管理工作的。当时我还编制了一个发展新疆蚕丝生产的规划，这个是我负责的，是王震同志叫我们制定这个规划的。这个东西蛮复杂的，具体也说不清楚了，就是生产，要发展生产的规划。我没去新疆考察，是他们来汇报情况，我自己没有去。后来这个规划开始实施，也是王震将军他负责搞的。

考察新疆和田丝绸厂，1994年，和田

（中）考察科技成果应用，1991年，四川

在新疆和田丝绸厂生产车间，1994年，和田

我用稿费在浙江丝绸工学院建立了一个"王庄穆优秀奖学金"，我还是这个奖学金的评委会名誉主任，不过具体工作都是学校他们做的，都有谁获奖我不清楚。我觉得稿费我不应该自己拿来用，不能够用在自己身上，应该给国家才行。虽然很多书都是我每天3点起来开始写，有的书花费了几年时间，但也用了工作时间。稿费所得应该捐出去，用于丝绸事业，所以稿费一般我自己不用，给国家做事用。中国丝绸博物馆建立的时候，我捐了几千块钱，好像有个牌子挂在那里。

我们坚持用国家的名义筹备建立这个"中国丝绸博物馆"

说说中国丝绸博物馆成立时的事。当时要在杭州筹建丝绸博物馆，浙江丝绸工学院名誉院长朱新予打电话给我，说要在杭州建立一个丝绸博物馆。因为当时在苏州已经有一个"苏州丝绸博物馆"（此处老先生记忆有误），我就问他，在杭州建叫"杭州丝绸博物馆"，还是叫"浙江丝绸博物馆"呢？我同朱新予先生说，我的意见是不要因为"苏州"有一个，"杭州"或者"浙江"就也要有一个，应该在杭州建"中国丝绸博物馆"，你要坚持这个问题。朱新予先生同意我的这个观点，于是我们坚持用国家的名义筹备建立这个"中国丝绸博物馆"。这个中国丝绸博物馆在杭州建立起来，我做了一些工作。

我主编出版了大概有九本书吧，主要有《中国丝绸辞典》《新中国丝绸史记1949—2000》《民国丝绸史（1912—1949）》《奉献在丝绸》《丝绸笔记》五本，等等。《民国丝绸史》人家不写，让我来写。我说我来写，其中，蒋介石讲丝绸要怎样发展的话我照样写上去。

中国生产丝绸的历史发端是很早的。我们小时候，种桑树养蚕，缫丝织绸，这都是每家每户的生计来源。而且丝绸是我们国家在世界上主要的传统外销产品——有"丝绸之路"嘛，不是别的什么路，说明历史上丝绸销到外国去的就有很多很多。做丝绸工作的人，要对这个工作有非常负责的态度。

在兼职方面，我还是中国纺织出版社编委会委员、中国丝绸博物馆顾问、当代科技重要著作纺织科学选题编委会委员，还有中国丝绸协会秘书长——丝绸协会实际是很重要的。

我是67岁退休的，又被聘用到76岁，才正式离开工作岗位，整个工作经历有50多年。这期间，党和国家给了我很高的荣誉，我1956年获"全国先进生产者"称号，多次参加国庆观礼，1993年起享受国务院政府特殊津贴，其他荣誉和奖励还有很多，可以说我一辈子都是在为我国的丝绸事业工作。

采访时间：2014年7月

从毛纺到纺织科技史研究的跨越

周启澄

周启澄

周启澄　纺织教育家，纺织科技史学家

周启澄，1950年毕业于上海交通大学纺织系，1951—1954年任纺织工业部副部长陈维稷秘书。1954年留学莫斯科纺织学院。1959年进入华东纺织工学院毛纺教研室任副主任。20世纪70年代参与创新设计了我国第一台毛纺细纱机器并投入应用，同时出版了《纺织变换齿轮优化设计》一书。1976—1984年统稿完成了《中国纺织科学技术史》（古代部分）的编纂工作。1987年在（日本东京）世界织物会议上做"关于中国提花织机的历史与现状"报告。1997年参与编辑出版了《中国近代纺织史》。1994年离休后一直从事植物染料的现代应用。2000年主持国家"863"项目"天然染料制备及其在生态纺织品开发与羊毛清洁生产中的应用技术"，该项目获中国纺织工业协会2006年度科学技术进步奖二等奖，"植物燃料研发及其在高档毛制品中的产业化应用"获江苏省2012年度科学技术进步奖三等奖。"863"课题组取得了14项发明专利。2003年出版《纺织科技史导论》。

1947年第二次进交大的时候，我就进入了纺织系

我是1923年出生的，老家浙江宁波，我的父亲是个公司职员。从我记事起，父亲都是在外地工作的。我从小长在宁波，20岁才来到上海。中学是在宁波的效实中学读的。毕业以后，想考大学，最高的目标是上海交通大学，结果就进了交大。那个时候交大还没有纺织系。抗日战争时期，中国的纺织工业都不发达，没有自己的纺织工业，私人有一些。我当时考虑到将来的出路，就选了交大的土木系。

我是1941年9月份入校的，12月7日爆发了太平洋战争，就是12月7日晚上日本人在珍珠港发动袭击，不久日本的部队占领了上海租界。交大在我进校时还是国立交通大学，日本人来了以后，改名私立南洋大学。我第二学期还是继续读土木工程。虽然交大改名为私立南洋大学了，但是，它还是继承以前的，什么课程都没变。暑假以后，南洋大学又改成国立交通大学了，当时好多同学都离开上海到西南去了，去上其他的大学。我家里没有钱，不好走也没钱走，所以我就回到老家浙江宁波。那年虚岁20岁，通过同学的关系去当小学老师，一直当到1946年。

因为我是交大的学生，还是向往交大的。于是我就写了封信给交大的教务长，教务长给我回信，说欢迎你回来，但是你已经休学五年了，所以希望你能参加入学考试，能录取的话愿意接收。于是我只好硬着头皮参加入学考试。我这一届报名的有七千人，录取五百，我考了第二名，被录取了。

我考虑是不是继续念土木系，那个时候日本人已经投降了，日本在上海等地有两百万锭的纺织厂都交给中国了。当时中国成立了一个很大的纺织企业——中国纺织建设公司（中纺公司）。我了解到中纺公司在上海非常发达，最吸引我的是中纺公司的职员待遇很好。那个时候觉悟也不是很高，就觉得纺织比土木吃香。我想我就转到纺织系吧，所以1947年第二次进交大的时候，我就进入了纺织系。开始是编到纺织系一年级，后来我拿了成绩单再去找教务长，教务长一看这个成绩不错，录取考试成绩也是挺好的，就同意我进二年级。所以我1947年读二年级，1950年毕业。

我毕业的时候还没有统一分配，而是国家介绍工作。我们纺织系毕业

的有20个同学，当时由上海的纺织管理局负责。10个人留在上海，还有10个人到青岛。当时我想家在上海的同学都希望留在上海，反正我家不在上海，我从上海到宁波跟从青岛到宁波没有本质差别，所以我就报名去青岛，由青岛纺织局分配。我们去10个人，我被分配到第八（棉纺织）厂。

专业分工是这样的：毛纺在西北、棉纺在上海、针织在天津

我在青岛沧口镇第八棉纺厂实习一年，没有具体的岗位。我首先参加的是扫车组，因为纺织厂机器运转了以后，短纤维、灰尘都会到机器里面去，机器一天运转下来就比较脏了，所以每天都要扫一次，把最重要的零件拆下来换新的。我先参加了这个扫车组，三个月以后去了平车组。怎么平车呢？就是纺织机器运转了三年以后，要把这个机器上面的东西统统拆掉，拆成光的架子，连机架子都要重新校正过，校正过以后把所有的零件一件一件再装上去重新开车。每三年一次，一台一台机器轮流的，这个叫平车。平车组就要讲技术了，比如我当时在细纱车间，一台机器有四百个锭子，每一边就有两百个锭子，必须要完全在同一个水平，垂直完全是垂直，水平完全是水平，都要人工调节，这个是比较高的技术。

第二年，实习期满了要安排工作。当时纺织工业部的副部长陈维稷（以前是交大纺织系的主任）是我的老师，他缺秘书，就把我调去了。1951年的冬天，我从青岛调到北京，一直干到1954年。那个时候国务院给了纺织工业部4个去苏联学习的名额，8个青年参加留苏考试。陈部长了解到这个情况，就推荐我去参加考试，我最后被录取了，就到苏联莫斯科纺织学院学毛纺。

我虽然已经学了7个月的俄语，但还是不行，我只能边讲边打手势跟苏联人交流。第一次见导师，他带我到车间里兜一圈，问，这个机器知道吧？不知道。那个机器知道吧？不知道，因为我没有去过毛纺厂，所以老师问我什么，我都不知道。导师说像我这个情况，最起码得读五年。最后我是三年零八个月结束副博士研究生学习的。每天除了7小时用来睡觉、吃饭之外，全部的时间都在学习上面，特别是要狠补俄语。

1959年5月，我从莫斯科回来以后，就进了华东纺织工学院（华纺）。华纺是全国重点大学，所以部里特别照顾。1958年开始学校新建了一系列的教研室,其中一个教研室就是毛纺,所以我就进去搞毛纺了。当时全国有三所搞纺织的学校,分别在天津、西安和上海。专业分工是这样的:毛纺在西北、棉纺在上海、针织在天津。所以我经常出差到西安跟西北纺院进行毛纺交流。华纺只有教研室主任一个人是毛纺出身的,其余教师都是棉纺改的。

在B583毛纺细纱机上面搞了一个手摇式的细纱牵伸变换结构,就是说要更换产品了,只要手摇一摇就可以了

我进了毛纺教研室后首先要把在苏联学到的这套东西在国内推广,当时感觉到西方的纺织教育没有一本正规的纺织教材。西方的纺织教材(英文),翻开来里边只是机器说明书,还有每一台机器的结构以及怎么用,书很厚,但在我看来没有实质性内容。苏联不一样,他们着重讲理论,所以我就把在苏联所学到的有关纺织的理论,尽量简明扼要地向老师们宣传,不单是在我们自己教研室里边普及,同时到西安开会的时候也向其他兄弟学校普及推广。我进华纺以后担任教研室副主任,我就提出一个口号:让青年老师上第一线,尽量让年轻的老师出去上课。苏联的有关理论我先在教研室里边讲,让青年老师都掌握了,再去给大学生讲。"文革"开始时停课了,1970年开始恢复上课,毛纺班是1973年开始上课。

20世纪70年代上课有个特色,招的学生大部分是初中毕业的,文化比较浅,所以我们讲的课程尽量通俗易懂,因此就要重新编教材。当时我们还有这样一个精神,开门办学要结合典型任务进行教学,于

"植物染料研发及其在高档毛制品中的产业化应用"获江苏省科学技术三等奖,2012年

是带了学生到厂里去，我们结合厂里面的任务来进行教学。

那个时候正好我们国家要自己设计毛纺机器，以前毛纺机器都是进口的。当时的上海第二纺织机械厂有一个工程师是设计毛纺机器的，他要搞一台中国式的毛纺机器，他知道我是学毛纺的，很希望跟我合作。当时我一方面在第一纺机厂给他们技术人员讲课，一方面在第五毛纺厂给技术人员讲毛纺机器。后来在青年教师王光华的启发下，再根据我从苏联学的一套，经过一段时间研究之后整理出一套东西，就是如何设计毛纺机器。跟第五毛纺织厂、上海第二纺织机械厂合作时，就应用到这个细纱机上面去了，那就是变换齿轮优化设计。

我们这个设计小组根据我所介绍的这个理论进行研究，可以不拆卸齿轮直接手摇就能解决问题。在B583毛纺细纱机上面搞了一个手摇式的细纱牵伸变换结构，就是说要更换产品了，只要手摇一摇就可以了。这个特色在当时进口的毛纺细纱机上都是没有的，是我们创新的，在一定的历史时期起了推动作用。后来我在这个基础上再做了一些理论分析，把后面更复杂、更深的东西整理出来了。我编了一本小册子，叫《纺织变换齿轮优化设计》。后来天津纺院有位老师，对我这个问题有兴趣，他想出书，就征求我的意见，跟我合作出版了这本书，靠这个成果我评上了副教授。

去了以后通过与日本组织交流，才知道他们就是看到了这本书，认为这本书跟《天工开物》有着同样的价值

1976年"文革"结束后，中国社会科学院发起了编写"中国科技史丛书"的项目，其中想编一个有关纺织科技史的内容。纺织部管技术的就找到陈部长，然后陈部长又找到我们学校，希望我们学校负责把这个事情搞起来。我们当时就成立了一个全国性的编写小组，由北京纺织研究所、上海纺织研究院、社会科学院，还有我们学校，共四个单位合作来编写。陈部长决定主编单位为我们学校，因为我们学校参加的人最多，他要我负责。1976年开始调查研究，1981年该书基本完稿，1984年出版。这本书后来获得了很多荣誉。

1987年我收到了来自日本的一封信，说要开一次世界织物会议，希望我在世界织物会议上面做一个小时"关于中国提花织机的历史与现状"的报告。我收到这个信很奇怪，第一，因为我在日本没有朋友，日本人是怎么知道我的呢？第二，为什么我这个人可以讲这个课，讲这个题目？他们怎么知道我行？我感到很奇怪。但是他既然邀请了，我就去，也可扩大我们中国的影响。去了以后通过与日本组织交流，才知道他们就是看到了这本书，认为这本书跟《天工开物》有着同样的价值。这本书从1984年出版到1987年短短的三年，日本人已经看到了，不但看到了，而且给了比较高的评价。

10年以后，接替陈部长的何部长，觉得陈部长的这本书很可惜，只编到古代为止，他要编近代，就是编中国近代纺织史。所以他也是首先找到我们这里，然后再搭班子全国招人。当时我们找了上海纺织局里面好多专家以及全国各地一些专家编写，书于1997年出版。这本书没有古代部分影响大，没有跨出国界。因为近代的中国纺织没有什么，对于世界文化没有太大的贡献，就是中国机器纺织工业从无到有的成长这个阶段，还没有超过世界水平，所以这一部分历史外国人听起来一点兴趣都没有。

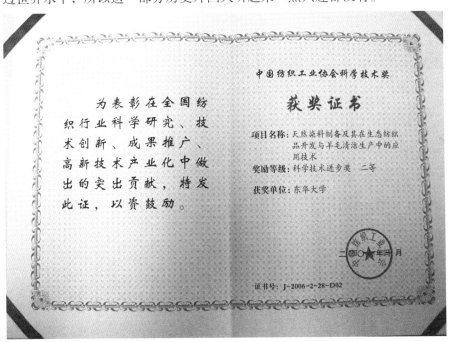

"天然染料制备及其在生态纺织品开发与羊毛清洁生产中的应用技术"获中国纺织工业协会科学技术进步奖二等奖，2006年

在第27届全国毛纺年会上做报告，2007年，无锡

1994年年底我离休了，这个书还没出版，所以我组织关系退了，工作照做，一直到1997年该书出版。离休以后就去江南的好多纺织企业里讲课，帮他们培训在职的技术人员，都是晚上上课。在这个过程中，我也把学校里搞的科研带到企业里边去做，就是我所做的植物染料的现代应用。因为在合成染料出现之前所有染料都是植物染料，合成染料出来以后，把植物染料打倒了。但是现在发现合成染料有很多缺点，反而植物染料有很多优点，当然也有缺点。我们就把植物染料的缺点尽量减少，而把它的优点发挥起来。我在学校里边一直带几个研究生做这个工作，后来研究生跟我到厂里去研究。就是江苏的海澜集团，我们去了以后就帮他们开发染色。到2000年我们就获得了国家"863"项目，2005年"863"项目以优秀结项，2006年我们就获得了中国纺织工业协会科学技术进步奖二等奖。到2012年为止，这个课题组已经取得了14项发明专利。2012年江苏省又发给我一个科学技术进步奖三等奖，因为我这个项目厂里面还在做，作为江苏省的攻关项目，这方面也有些收获。

采访时间：2014年8月

丹东柞蚕丝绸印花染色的发展历程

钱建昌

钱建昌　原丹东柞蚕丝绸科学研究所副所长

钱建昌，原丹东柞蚕丝绸科学研究所副所长，主要从事柞蚕丝绸的印花染色工作。1954年任丹东漂炼厂染色车间副主任。1956年任丹东丝绸印染厂染色车间副主任，1960年任生产技术科副科长、科长。1975年做援助刚果（布）的准备工作，1977—1978年任援助刚果（布）纺织组组长兼支部书记。1979年负责去大连筹建供出口用柞丝绸印花厂。1982年任丹东柞蚕丝绸科学研究所

钱建昌

副所长，主要从事成果放大样的研究，任副所长时向国家计委、经委及省计委申请经费建立中试车间，并带队去德国、意大利、奥地利等国家考察引进部分先进设备，努力发展柞蚕丝绸印花染色，打开了国际市场，为国家创收了大量外汇。

丹东柞蚕丝绸有史以来没有过印染，必须把这个空白给补上

我出生于1925年1月29号，农历正月初六，出生在浙江余杭县乔司镇，现在叫余杭区乔司镇。小学念到五年级，1937年抗日战争全面爆发，1938年学校就停课了，就没有书念了。我母亲到上海去给人家当奶妈，我12岁讨饭到上海找她。后来我妈在上海给我介绍了一个地方当学徒，做童工太苦了。

当时我在一个电子厂工作，产品销往东南亚。太平洋战争爆发以后，产品销不出去了，工厂关门了。我妈又介绍我到一家新德丝绸印染厂做学徒，在胶州路，总算稳定下来。这个厂子不大，几十个人。但是他们的要求很严，必须得从头学起，每一个工序都要学，不像现在的厂。缫丝、织绸、印染都得学，这样子对我有好处。后来我长大以后，知道怎么样开头，怎么样结尾，虽然不很精，但工艺全部知道了。

1949年上海解放，1950年吧，上海号召失业工人全部到外地去，参加外省的经济建设，支援全国经济建设。辽东省柞蚕丝绸公司罗建华经理到上海来找职工，发展柞绸。我就报名了，参加东北经济建设，跑到东北去了，当时去的一共40多个人。10多年之前他们走的走，死的死，现在可能只剩我一个了。

这40多个人主要就是搞丝织，丹东柞蚕丝绸有史以来没有过印染，必须把这个空白给补上。40多个人里只有我一个是搞印染的，其他人都不是，我就从头干起。1953年建的漂炼厂，直到1955年都是漂白绸子出口。由于我努力工作，1955年我被评为丹东市青年社会主义建设积极分子，受到表彰。

在丹东，柞蚕丝1956年开始有染色，有印花

1956年的时候，罗经理把我抽出来搞印花。这一年，我到上海、江浙地区去考察学习。回到丹东，就在漂炼厂设立了研发部门。1956年12月20日正式开工，辽宁省柞蚕丝绸公司经理王哲亲自剪彩，漂炼厂改成丹东丝绸印染厂。在丹东，柞蚕丝1956年开始有染色，有印花。开始搞内销，逐步就搞外销。东北第一家印染厂就是那年开始的。不少绸厂，像牡丹江、吉林、辽源很多地方都没有印染。他们都来我们这里学习，我也去他们那里指导，牡丹江市丝绸厂、辽源丝绸厂等都去过。后来他们也搞一些丝绸印染，丝绸印染也就发展起来了。这些厂子不光织真丝绸，也织化纤丝。后来，丹东丝绸印染厂除了生产真丝绸、柞蚕丝绸，也生产化纤丝。

我们出口，对外商打击很大。他们原来买我们的原料，加工以后印染，卖出去的利润很大。我们的产品都比较便宜，成本比较低，劳动力比较便宜。我们销售最多的是到法国、意大利等欧美国家。有个法国KBC公司年年到丹东来，大量订货，它订得最多。意大利和美国销一点，再就是社会主义国家。当时是以苏联为主，销掉不少，以人造丝为主。

销得最多的柞蚕丝绸产品叫凤山绸，斜纹的叫4517，平纹的叫4518。这个印花染色最多。销了很多，欧洲国家都销。销往日本的柞丝白绸比较多，是用来做和服里子的。像代号为5004的印染薄绸，也有大量销到日本。可以说这个柞蚕丝绸的印染填补了空白。

中国第一台印花机在我们丹东丝绸印染厂先用，这台机器服役了20多年

1959年最困难的时候，我们用的浆料都是粮食浆料。当时吃都有困难，还大量消耗粮食浆料，那当然有点问题了。我们想了很多办法，最后找到辽宁省一个黑山县。膨润土，工业上不少用，我们也拿来试验，最后通过用水沉淀、过滤、化验，把它弄得很细很细，还不行，黏度不够。与化学浆料（海藻酸钠）合用暂时替代了粮食浆料，不过质量赶不上淀粉，绝对赶不上，日子好转后，才被淘汰，仍然用粮食浆料，现在都是用化学浆料了。我退休已经30多年了，那个年代都用粮食浆料，后来都逐步改成化学浆料了。当时也是没有办法，因为没有粮食，所以用这个办法弥补了一下。杭州有个工程师匡衍是印染专家，我们关系挺好的，我有问题都请教他。我把这个办法传给他了，但因为杭州土质不一样，他们试验了，最后没有太成功。

1965年，我们引进了一台瑞士的21色平板印花机，当时上海、江浙地区早已引进了日本、瑞士的。因为我们是最后引进的，这个机器性能要比别人的好。上海几个厂都来参观，还有杭州的杭丝联，大家感觉这个机器比他们的那个好。后来我们自己造了一台，这是中国第一代平板印花机。

丹东各厂技术人员也不少，搞机械的，搞设备的，跟上海啦，天津啦，杭州啦，都合在一起搞。大概在1971年，上海丝绸印染厂把华东纺织工学院的老师，当年的应届毕业生全部请来了，到丹东开群英会，研究怎么造机器。

当时进口的话，这台机器是65万元，是美元还是人民币忘记了。1971年我们自己造，出力很大的是华东纺织工学院的师生，靠他们测绘。大家分工，上海技术人员比较多，搞机械设备。我们造机架，一样造几份，一家一份，最后拼装。拼装起来还觉得不够，有些零件是进口的，国内弄不了，有些难度太大了，还好进口的有些库存。我们是最早拼装完的，中国第一台印花机在我们丹东丝绸印染厂先用，这台机器服役了20多年。1992年厂关门了，据说卖了22万块钱，这台设备是立过功劳的。上海也用了，但利用的时间不长，有了好机器后，就把这台组装的淘汰了。我们用的时间长，丹东终究还是比上海落后。

中国第一条印花机用胶带的制造也与我有关。印花机用胶带要用20多米长的一个圆轴，一个胶带进口要5万美元，而且容易坏。经常容易坏怎么办？要到沈阳橡胶四厂请他们帮忙修，用六钉胶修，要耐油耐酸耐碱。我说这个胶带你们家不能造吗，他说我们家造不了。

有一家西北橡胶厂，在西安咸阳。他们是新建起来的厂子，是中国最大的厂，做军工的，他们的进口设备是联邦德国的连续的硫化机，其他厂子都是平板硫化机。平板硫化机不能连续做，连续的硫化机呢可以连续地做。那我这个胶带连接起来要多长，这个能制造出来的话，那就可以用了。关键是接头接得好一点，这比较困难。我找到上海丝绸印染厂、杭州的杭丝联，我们3家代表3个地点，一起去西北橡胶厂谈，挺顺利，谈成了答应给我们试验。第一条胶带试验出来，边上有点问题。但问题不大，可以用。我厂使用上了国产第一条胶带，不用国外进口了。中国的丝绸印花机都用了这个产品，其他行业用不用我不知道。后来上海丝绸机械厂、纺织机械厂都生产印花机，这个胶带就是配套的。

会战指挥部没日没夜地干，总算完成了100万米的印花

我还到刚果（布）做了些援外工作，刚果（布）一个有印花印染的纺织厂是辽宁援建的。刚果（布）人口少，只有一百来万人口，不能用大机器，但这个厂的机器一印就是好几万米，妇女们都穿一个花，不行啊，又给它做配套的筛网印花。1973年刚果（布）马里安·恩古瓦比总统访华，向周总理提出请求对印花部分进行技术改造。周总理马上同意了，这个任务落在辽宁，最后交给我厂。

这个任务挺重，我不能买外国机器去支援它，说不过去。中国还不能制造，那怎么办呢？上海正好有一个创新纺机厂，跟上海纺电厂在研究这个设备。我马上跟部里汇报，部里便下了任

（左）在刚果（布）与同事留影，1978年，刚果（布）

务，希望这两家单位按照刚果（布）需要能生产两米宽产品的要求，抓紧研究设备。我们之前生产的产品都很窄，经过两年时间试验成功。上海静安印染厂和上海第七印染厂试装，试生产，获得成功，然后把每个部件编好号，装箱运到刚果（布）去，少一个螺丝钉都不行，因为那里买不到，一共运了3台，还有其他一些配套设备。我去安装的，投入生产后一直在用。

我还搞了个"大会战"。苏联赫鲁晓夫在台上的时候，两国贸易一度中断。20世纪70年代，两国关系有所改善，求同存异。国家贸易还要发展，苏联又订了不少货。有一年外经贸部分配我们100万米印花绸。但是苏联方面故意拖延时间，花样迟迟没有定下来，我们就无法生产。最后等

（前排左三）在德国考察引进印染设备，1985年，德国

（左）赴德国考察、引进设备，1985年，德国

到5月份才定下来，时间紧迫，年末交货很困难。厂军代表就成立了会战指挥部，军代表是总指挥，我是常务副总指挥，跟外贸和商检配合"大会战"。会战指挥部没日没夜地干，总算完成了100万米的印花。

我1962年被评为工程师，没参加评高级工程师。我的文化水平比较低，不评了。我是研究所的副所长，跟副高待遇是一样的。我1988年退休，到现在已经28年了。退休以后杭州、洛阳等一些印染厂也叫我帮帮忙，当个顾问什么的。

在丹东柞蚕丝绸科学研究所工作期间，我的任务是建立一个中试工厂，这样可以将研究成果进行中试放大样。为丝绸研究，我们几个人一起到欧洲引进了一些先进设备，做了一些为辽宁丝绸发展应该做的工作。

采访时间：2016年7月

我的人生道路

吴裕贤

吴裕贤

吴裕贤　原中国丝绸公司副总经理，原纺织工业部丝绸管理局局长，教授级高级工程师

吴裕贤，1948年毕业于上海交通大学电机工程系，同年进入中纺公司国棉六厂发电所任技术员。1952年由华东纺织管理局调任上海绢纺厂机动车间主任，主研丝绸生产、技术管理、规划制订等。1960年调到上海丝绸工业公司任基建设备科科长，负责全行业基本建设、技术改造、设备更新等工作。1978年任上海丝绸工业公司副经理兼总工程师，组织制订"六五"上海丝绸工业生产发展及技术进步规划。1979年会同上海丝绸进出口公司赴日本考察丝绸生产技术并洽谈补偿贸易事宜。1984年担任上海市丝绸工业公司经理，同年调任中国丝绸公司任副总经理。1986年调纺织工业部丝绸管理局任局长。1988年调任上海丝绸公司名誉董事长，并受聘于中国丝绸工业总公司任顾问，协助总经理抓科研攻关项目的制订和鉴定。主持的国家科委中试攻关项目"引进喷水织机及其配套准备设备"获国家科学技术进步奖二等奖（时间不详）。主要论文有《八十年代上海丝

绸工业技术改造方向》《丝绸工业技术改造初探》《日本丝绸工业技术考察报告（丝织部分）》《第九届国际纺织博览会考察报告（丝绸方面）》等15篇。曾兼任部高级职称评审委员会委员、国家科委国家创造发明奖评审委员会纺织专业委员。1954、1955、1956年连续三年获上海市劳动模范称号。1956年又被评为全国劳动模范。2019年9月荣获"庆祝中华人民共和国成立70周年"纪念章。

纺织工业部很重视我，叫我写了两份资料：一个是有关改接电动机绕组提高功率的；一个是挖掘锅炉潜力，提高出汽的

我是1926年生的，家在上海江湾镇。抗日战争全面爆发后，我家搬到上海市区，我在上海念高小，初中、高中是在市区中学读的，这是比较有名的一所中学。1944年我考进上海交通大学电机工程系，念了四年书。当时分两个专业，一个是电信，一个是电力，我学的是电力。

1948年大学毕业后，我考入中纺公司，在国棉六厂附属的一个六千千瓦发电所工作，我进去的时候是技术助理员，后来升为技术员。1952年我由华东纺织管理局调到上海绢纺厂（上绢厂）任机动车间主任、技师，这是我工作上一个很大的转变，因为我原来是学电力的，现在要搞绢纺，这个对我来讲是很陌生的。上绢厂生产工艺流程长，是个全能厂，从原料到织成成品，经过精练成洁白的绢纺绸和绵绸，产品全部供出口。为了掌握绢纺生产技术专业知识，我抽出时间自修有关绢纺专业书籍，并向车间的技术人员、工人请教，边干边学。我刚调到上绢厂时，夜间经常赶到厂内抢修电气事故，上海电力很紧张，工厂每月还被罚款。上海实行的四步电价制，价格分四种，分别是功率、最高峰负荷、日间用电量和晚间用电量，计算起来很复杂。厂内经常出现用电被罚款的情况，机动车间是有责任的。厂长找我谈话，他说小吴你看看怎么办呢？我马上做了一项"比较笨"的工作，把各车间所有电动机的实际功率测了一遍，发现都是"大马拉小车"，严重浪费电能。

我查阅了苏联、捷克的有关书籍，其中提到用改接电动机绕组来提高功率问题。我受到很大启发，先从数量比较多的细纱机着手，改接电动机绕组，我指导工人在现场怎么弄。改了之后开车后很正常，我胆子就比较大了，利用车间内细纱机停产检修的时间，把电动机绕组改接，很快就把细纱机、粗纱机的电动机绕组改掉了，小功率的电动机基本都解决了。还有很多集体传动、功率比较大的电动机就比较难啃了。有的是100马力的，有的是75马力的，我会同经验较丰富的电气小组组长先把这类电动机的绕组结构弄清楚，然后动手改接，大概用了一年多的时间，把全厂电动机都改接完成。为了压低高峰负荷，厂内采取错峰开车、大的发动机指定专人开启等措施。后来工厂因为节能得到了电力公司的奖励。

然后是变电所的问题，厂内变电所是漏雨的，下大雨就会发生短路事故，而且变压器的容量也不够。我就自己设计变配电所，包括换了变压器、分车间的配电箱等，同时把线路重新用绝缘胶带包扎，车间的线路也做了更新。这样，电气事故基本上没有了，生产比较平稳了。

到了冬天，厂内锅炉供应也发生了问题，车间里经常发生蒸汽不够用的情况。厂内有三台最老式的兰开夏锅炉，是英国兰开夏那个地方发明

在中国丝绸公司，1986年，北京

的。为此我参阅了苏联一本专门介绍锅炉挖掘潜力的书籍，我看了这本书很受启发，就设计外砌炉膛水管式锅炉与原来的兰开夏锅炉相连接。由于水管式锅炉对供水质量要求特别高，否则容易产生水垢，我就把在发电所用氢氧离子处理锅炉的方法用了过来。但设计锅炉要冒很大风险的，弄得不好要爆炸的，我就把设计方案报请局机电总工程师审批，经审查同意。当时上海市劳动局下面设有锅炉监察室，全市各种锅炉、压力容器必须经过这个单位审查签发，我就把设计方案报批，经审查同意，正式批准。我花了大概半年多时间，把新锅炉造起来了，解决了全厂供汽问题。

1954—1956年我连续三年被评为上海市劳动模范，1956年又被评为全国劳动模范。当时纺织工业部很重视我，叫我写了两份资料：一个是有关改接电动机绕组提高功率的；一个是挖掘锅炉潜力，提高出汽的。因为新中国成立后接管的时候，纺织工业除了少数厂是新建的，大部分是民族资本家的和接管日本留下来的老厂，都存在着类似的问题。

大概花了三年多时间，就把四千多台铁木丝织机更新掉了

1960年我调任到上海丝绸工业公司任基建设备科科长，负责全行业基本建设、技术改造等工作。公司是由缫丝、绢纺、人造丝、丝织、练染、印花、机械、科研所等30多个工厂和单位组成的专业化协作企业集团，有职工3万多名，产品以出口为主，所以当时我的担子很重，一个环节一个环节都要去弄清楚。我刚进公司工作时，大部分时间在各厂了解情况，这些厂有些什么问题、什么意见，不懂的就向厂里工程师请教。我初步了解了全行业的情况。

在上海纺织系统，丝绸是较落后的一个行业。棉纺织行业、纺织印染无论在设备上、管理水平上都比我们先进。我组织了厂里有关人员去参观学习，知己知彼。我开了很多座谈会，了解到主要矛盾是工艺设备落后，管理基础也比较差，这是个大问题。特别突出的是两个部分，一个是丝织，一个是印染。与上海纺织系统的棉纺织厂、印染厂比较，人家都是自动织机，一个工人看很多台，而我们都是铁木丝织机；棉纺印染厂大部分是连续化生产，而我们是印花手工操作的木台板，用一缸、二棒、木质绳状染色机等落后设备。这类设备要加工出质量好、售价高的出口产品是难以实现的。

我从铁木丝织机入手，全行业有4000多台，量大面广。我就组织了一个以上海第一丝绸机械厂为主的自动丝织机研制小组，找了几个对自动织机比较熟悉的技术人员和工人，再从棉纺厂调来一个搞自动织机的技师，花了比较长的时间调研，拿出了一个设计方案。

但随之而来的"文革"，我受到了冲击，靠边，下放到厂里去劳动，整整半年多时间。有一天公司关经理（他是参加过两万五千里长征的老干部）打电话给我，他说老吴明天你到公司来。第二天上午我到了公司，关经理说你回到公司来工作，先抓两件事：一是锅炉革命；二是丝织机更新。

我先把市里分配到公司的由锅炉厂制造的30多台快装式水管锅炉调换下各厂的老锅炉，这可以节省大量能源。我大概花了半年时间完成了任务。接下来就是丝织机改造了。由于原来设计的方案已经定下来了，我把原班人马找来商量进行设计工作。那时我经常去一机厂（上海第一丝绸机械厂）了解设计工作进度，有些什么问题就帮他们解决，大概花了半年多时间，第一台样机制造出来了。我选择上海第十丝织厂先去做试验，那个厂的厂长比较容易接受新事物，试了半年多时间，运转比较稳定。然后一下子造了10台，也在这个厂试织。与此同时，派挡车工到棉纺厂去接受培训自动织机操作，再把整个车间40台织机换上新织机。

公司就在该厂开现场会议，请各丝织厂厂长和有关人员参加。看了之后，大家都争相要求尽快淘汰老织机。那么如何组织推广呢？单靠一机厂是承担不了全行业4000多台织机的更新任务的。我知道几个大厂的机修车间设备好，而且技术力量也比较强，我就找这些厂商量搞大协作，组织起来后，大概花了三年多时间，就把4000多台铁木丝织机更新掉了，工作量是很大的。

淘汰下来的铁木丝织机怎么处理呢？当时市委号召要工业支援郊区农业，提高农民的收入。此外，当时上海外贸出口任务急需增加供货量。公司领导决定把淘汰下来的织机支援农业，并把这项任务交给我负责。我选择了几个管理基础比较好的大中型丝织厂，把一部分比较好的铁木丝织机，大约800台，整台搬到郊县的有关乡镇企业，每个厂分配80—100台。由有关丝织厂承担设备搬迁、安装调试、工人培训以及提前准备半成品供应，直到织出合格的产品以及完成加工费结算等。

再就是五个丝绸印花厂的技术改造。由于印花设备十分落后，台板是木头做的，框子也是木头的，重得很。工人劳动强度高，车间环境十分差，为了烘干印花绸，车间内还生了煤球炉。工人们要用双手握住木框定好花位，然后双手推拉印花刮板，把色浆通过木框上绷着的筛网上的花样印刷到绸面上去。当时上海工业展览馆正开着国际纺织机械博览会，有一台大概是法国展出的自动台板印花机，台板是铁制的（电加热），对我们启发很大，但这台机器结构比较复杂，而且是铝合金材料制造的，当时我们还没有这种材料。展览会结束后，我们向市有关部门申请把这台设备要了过来，放到上海第二丝绸印染厂试用。

"文革"结束后，国家十分重视企业技术改造，纺织工业部提出要把重点放在搞纺织产品印染后整水平，以提高产品质量和出口竞争力，我把行业印染企业的技改工作交给科内一位姓陈的印染工程师。当时我们与上海第二丝绸机械厂商量先改造印花台板，采用钢结构，台面铺上薄钢板，台面加热不用电热（对能源耗费太大），而用蒸汽钢管加热，框架用异形方钢管，这样可以大大地降低印花工人的劳动强度，改善车间环境。行业内几个印花厂的印花台板完成了更新工作，接着进行台板印花机的研制工作。这时上海第四丝绸厂一位姓周的技工已搞出了用一只电动机的结构较为简单的台板印花机，但机器的定位不太准确，机械厂技术人员进行攻关，搞出了一台台板印花机，先在上海第三印绸厂试点应用，效果较好，很快在各印花厂全面推广。

那时我考虑到行业内几个大中型丝织厂和印染厂的厂房大梁和立柱受白蚁严重蛀蚀，有的长期被蒸汽腐蚀，情况十分危急，须进行大修，有的还须翻建，工作量很大，需较多资金。为解决这一问题，我建议把行业内房屋折旧基金集中在公司，由公司财务科掌管，设备大修基金仍分配到各厂使用。公司领导同意这一意见。我抽调科内一位土建工程师负责此事，花了几年完成了这项工作，各厂车间内安装了空调设备，生产环境大为改善。此外还有一个里弄丝织厂，台风季节一下大雨，车间就进大水。我多次向市有关部门反映情况，得到市有关领导部门批准立项，让其异地搬迁。

修订了"六五"上海丝绸工业生产发展及技术进步规划，把重点放在真丝绸印染后整理水平上

1978年，上海市工业生产委员会任命我担任公司副经理兼总工程师。1979年初，我会同上海丝绸进出口公司经理组团赴日本考察丝绸生产技术并洽谈补偿贸易事宜，花了一个半月时间，参观了丝织、印染、纺织机械、质量检测、研究机构等四十多家单位。我看到在生产技术和质量管理等方面中国与日本存在很大差距，他们把质量管理放在首位，企业内管理层次少，车间用人也很少，在准备车间夜班几乎不派工人，只备少量管理人员。

经国家和市有关部门批准进行的高档提花和服绸、高档和服腰带以及喷水织机织造合纤绸等三个补偿贸易项目，总金额约1500多万美元，在当时是一笔很大的利用外资项目。生产的产品全部返销日本，用加工费来偿还债款和利息，时间为三年左右。（完成这三个项目所需的）140台喷水织机项目经市同意在青浦征地新建上海市第十五丝绸厂，为加快投产进度还引进了钢结构装配式厂房。这三个项目在纺织系统是首批利用外资项目，得到中央和市领导的关心和支持。公司成立了补偿贸易工作小组，由我总负责。喷水织机项目投产后，中央领导同志亲临视察并做重要指示。克服了种种困难和波折之后，我们按期完成了补偿任务，还清了外债。

在补偿贸易项目进行的同时，我组织了喷水织机及配套设备的消化吸收工作，在第一丝绸机械厂、研究所和上海纺织机械公司所属有关厂的通力合作下，于1984年完成了国家下达的科技攻关中试项目，通过鉴定，获得国家科学技术进步奖二等奖，并为丝绸行业推广喷水织机积累了经验。

此外，我还抓了引进新型络、并、拈准备设备的消化吸收工作。新设备不仅卷装大，而且速度高，效率和质量均高，由市内外有关纺机厂共同攻关，并通过了中试鉴定，在江浙等地得到推广。此类机型经纺织部审定为全国丝织企业第二代准备设备，并由部属纺机厂定点生产。

荣获"庆祝中华人民共和国成立70周年"纪念章，2019年，北京

1979年，我参加中国纺织品进出口总公司率团赴瑞士召开的国际丝绸会议（为观察员国）。会后访问了客户，参观真丝绸印染企业和汽巴—嘉基染化料公司染料、助剂开发部，以及苏尔寿公司片梭织机制造部。1982年，我参加由中国丝绸总公司率团赴意大利米兰举办的国际纺机博览会，团内设联络、贸易、技术三个小组。技术组由我负责，我在意大利期间访问了客户，参观了国际上著名品牌的真丝绸印染企业以及丝织、绢纺、纺织机械厂以及科研单位。通过对上述两国的技术考察，我深深感到我国丝绸产业与国际先进水平相比在生产技术、企业管理、营销策略、市场售价等诸多方面，都存在着较大差距，尤其在印染后整理水平上差距更大。我国是丝绸大国，但不是丝绸强国，要赶超这些国家有着漫长的路要走，须做出艰巨的努力。

我根据出国考察所见所闻撰写了专题报告，在行业内部做了介绍，并修订了"六五"上海丝绸工业生产发展及技术进步规划，把重点放在真丝绸印染后整理水平、提高产品档次和创名牌上。经过纺织部批准，行业内引进了一批关键性印、染、整理设备。

受"文革"冲击，行业内技术队伍出现严重脱节。公司党委决定由我兼任上海丝绸职工大学（相当于高职）校长，抽调组织人事干部、专业技术人员，担任校务、教学等工作。此外，我还与上海大学合作开办电子技术培训班，经过几年努力，培养了一批电子技术骨干。

主持组织制订了"七五"全国丝绸行业技术改造规划，并推动规划的组织实施

1984年我被任命为上海丝绸工业公司经理，并被评为高级工程师。不久我接到国务院和中央组织部调令，到北京担任中国丝绸公司（系国务院直属副部级单位）任副总经理（为正局级），分管生产技术、科研教育、蚕茧等处室。在总公司工作两年多，除依靠分管处室做好日常行业管理工作外，我花较多时间利用到有关省市开会的机会到工厂、研究院所、丝绸工业学院、专科学校、蚕科场、蚕研所、蚕茧收烘站、养蚕大户、蚕桑综合利用单位等去了解情况，听取意见。

我写了一篇有关"七五"全国丝绸行业技术改造规划的论文。按照国家经济政策把投资重点放在出口创汇较高、管理和技术基础较好的沿海出口基地，改造了一批大中型骨干企业，引进了一定规模的无梭织机、针织服装生产线和关键性印染整设备。在引进规模较大的重点项目上，我参与了设备选型、评审工作。通过改造，行业的技术面貌有了一定的提高，出口产品在国际市场上的竞争力也有所增强。调到北京后，组织制订"七五"全国丝绸行业科技攻关规划，我在实施中着重抓了：（1）由国家航空航天部所属西安航空发动机总公司与杭州纺织机械总厂合作实施国家下达的挠性剑杆织机中试项目的组织、协调工作，同时还推动组织部属有关机械厂和浙江民营纺机厂对剑杆织机配套准备设备（属第三代）攻关研制工作，通过两年多的努力，在西安建立了中试车间，并通过了鉴定。（2）蚕茧是行业生产、出口的重要原料基础。蚕品种又是蚕茧质量的关键。"七五"期间我把研究、培育新一代蚕品种和蚕资源综合利用列为国家科技攻关项目，经会同农业部组织有关蚕桑（柞）科研所、农业大学、蚕种场等协同攻关，培育了新一代桑（柞）蚕品种、特细（粗）蚕丝品种。蚕资源综合利用方面，从蚕沙、蚕蛹、桑葚中提取的叶绿素、铜钠盐、蚕蛹氨基酸、桑葚汁等，为医药、食品、轻工业提供了新原料，有的产品已出口。我主持了该项目的总鉴定和验收，并在国家质量监督局的支持下，会同江苏、浙江的丝绸公司在苏州、杭州分别组建了国家级绸缎和桑蚕丝质量检测中心（由总公司和地方双重领导），为合理分配蚕农与蚕茧收烘站的利益，在湖州一个乡试点组建蚕茧质量鉴定站，作为评定茧质的公证单位。

随着国家经济体制改革的深化，中国丝绸工贸结合、政企合一的组织模式，与地方在权责、利益分配等问题上的矛盾日趋突出。1986年，国务院决定撤销中国丝绸公司。1987年初，我调任纺织工业部丝绸管理局（丝绸局）任局长，并被评为教授级高级工程师，兼任部高级职称评审委员会委员、国家科委创造发明奖评审委员会纺织专业委员会。丝绸局成立之初，我花较多时间与部内各司局进行工作衔接，理顺关系。

同年二季度我率团赴日本考察缫丝生产技术，并与日本有关商社洽谈自动缫丝机技术转让事宜。经过多次谈判，由于对方要价太高，未能签约。经浙江省丝绸公司组织以杭州纺织机械总厂为主承担的国家下达的新型自动缫丝机科技攻关中试项目，于1988年完成了中试，我主持了鉴定会议。该项成果缩小了与日本缫丝技术的差距，并成为我国第三代自动缫丝机型在全国缫丝企业中大面积推广。

同年，国家正式实施引进纺织机械国产化专项。我会同部机械局组织纺机、丝绸企业、院校、科研等单位组成选型小组，对行业内引进主机进行技术测试评估，分项写出报告，为将其纳入专项计划做好准备。

1987年第四季度，国务院进行部、委、办机构改革，总的原则是简政放权，加强综合削弱专业，丝绸局于1988年初被撤销。那时我已到龄，从岗位上退下来，调回上海任上海丝绸公司名誉董事长，后被中国丝绸工业总公司聘任为顾问，当参谋，协助总经理抓科技攻关项目的制订和鉴定，并成为评审委员会主任。我直到1997年初才离京回沪。我还曾担任中国丝绸协会、中国丝绸年鉴编委会、《丝绸》杂志编审委员会等单位顾问，以及《中国丝绸通史》编委会顾问。

采访时间：2014年8月

中国丝绸时装的先驱

蒋志铮

蒋志铮

蒋志铮　原上海丝绸进出口公司经理，香港华润（集团）驻上海办事处首席代表

蒋志铮，1950年从上海商学院保险系毕业后进入中国蚕丝公司。曾任计划行情、货源、丝绸、复制品科科员、副科长、科长。1963年筹建人棉科，该科次年就被评为上海市先进集体。1973年任复制品科副科长，努力争取配额，率先开创了用混纺原料加工制作时装出口的做法，并开发出日本和服腰带绣花加工业务，创年出口上亿美元。1977年到日本东京举办和服腰带展销。1978年参与上海首项及丝织四厂、五厂、十五厂的补偿贸易，努力开拓丝绸时装出口。1978年起任上海丝绸进出口公司副经理、经理。1979年首次在东京举办大型时装表演，把中国时装推向世界，上了日本17家报纸的头版头条。1984年又把内地的模特送到香港去表演，推动了我国时装的外贸出口，被著名的法国ELLE杂志赞誉为"中国丝绸时装的先驱"。1983年任上海市外贸总公司副总经理。20世纪90年代初担任香港华润（集团）驻上海办事处首席代表。曾兼职上海服饰学会副理

事长、中国流行色协会常务理事。一生创造了中国五个第一：第一个在国外（东京）举办时装表演；第一个联合工业部门培养中国模特儿；第一个成立上海丝绸流行色协会（因国家只能有一个流行色协会，后被纺织部接管，改为中国流行色协会）；第一个把自己培养的模特送到香港去参加时装表演；第一个在中国开展补偿贸易。2015年9月被上海服饰学会授予特别贡献奖。

我把这个和服腰带做到了年出口上亿美元

我1927年出生于杭州。我父亲是电灯公司的一个职员。我五年级就到上海了，小学在杭州读的，中学在上海读，起先在启秀女中，那是一个地下党员多的学校。后在仿德女中念了高中。1950年我毕业于上海财经学院，以前叫上海商学院，学保险。我们学校最有名的专业是会计，然后是银行，都是算钱的，我不喜欢。而保险系设有高等数学和高等统计，我觉得这个还适合我，我喜欢数理化。

1950年毕业是统一分配的，我被分到上海市丝绸公司，那时候叫中国蚕丝公司。后来一部分人搬到北京，成立了中国丝绸公司，我留在上海。

我在上海市丝绸公司搞丝绸，干了三四十年，丝绸的业务我太熟悉了，我除了秘书、科技没做过，财务做过，什么科，什么绸，什么行情计划科都做过，1963年我被派去筹建人棉科。那个时候是计划经济时代，计划科的权力是很大的，我写一份东西就变指令性的了。

我毕业到公司才两年就做了计划科的组长，1956年就被提为副科长。人事科长对我说你要请客，我说我请什么客，她说你已提副科长，我说你们搞错了嘛，我怎么提了副科长？然后副科长一做做了22年。计划科后来改为计划行情，然后又到丝绸科去做副科长。在"文革"中造反派怕我掌权，我天天被批斗、游街，被抄家。后来我又参加上山下乡慰问团，天天翻山越岭去看学生，我把膝盖走坏了。

1973年，我从"五七干校"回来，被弄到个最小的科室，叫复制品科，一年出口才几百万美元。里面的商品很多很多，有的很有发展的

（左三）参加首届对外洽谈会开幕式，1982年，上海

前途。

上海是没有丝的，丝是浙江的、江苏的、四川的，浙江的丝是最好的。后来浙江自己出口了，丝难做了，我就搞混纺、涤棉、中长纤维等。几种纤维混纺，面就大了。比如我把那个棉跟那个羊绒混纺就变得很高档了，200美元一件衣服。所以说把我弄到"小儿科"，还是最有发展前途的一个科。

"小儿科"当时只做一些传统东西，一年出口只几百万美元。我去了以后，把它改成做时装为主，那个时候没配额，我拼命地做，来料加工也做，什么都做，做完以后，这个配额就是我的了，配额就是钱，所以很卖命。配额有了，我就做和服腰带，来料加工，进料加工，和服腰带还要刺绣。"文革"的时候，有人说我是"台湾加工厂"。有天在交易会碰到姚依林部长，我说姚部长，我怎么变成"台湾加工厂"了？他说，你的人造丝不是进口的吗？我说是。他说人造丝是不是来料加工？进料加工？我一想对呀，我这个人胆儿也蛮大的，我想做的事情，我认准了我就非得要做。

后来我把这个和服腰带做到了年出口上亿美元。姚部长说，在广交会上，你别放在很耀眼的地方。"审查"时，我就把它悄悄地放在一个角落里，前面还拿别的东西遮了一下。所以我的东西都是经过"审查"的。

我1980年就到日本搞时装表演，在日本东京

我丝绸公司做的服装，不是龙就是凤，如浴衣，背上都绣了龙和凤，哪一个东西没有风险的？后来姚部长说，你悄悄地干吧，没事。那个时候周总理来视察，我们都排队欢迎总理，总理说你们怎么全是灰不溜秋的，不是白的，就是灰的，就是黑的。你们到交易会怎么不穿得漂亮一点？我们心里想，我们也喜欢穿得漂亮一点，但是那个时候好像没有那种习惯，就是白灰黑。其实说实在的，爱美之心，人皆有之，但是那个年代没有办法，全都是灰不溜秋的。后来我为了推销我的丝绸服装，我就搞时装表演。

我1980年就到日本搞时装表演，在日本东京。那个时候人家都觉得你这个胆儿真大，你怎么到东京去搞时装表演？我采用了一个变通的办法，

（前排左二）在东京举办时装表演，与举办方合影，1979年，日本

假如说我申报要到东京去搞时装表演，没领导敢批。我找了八木株式会社的人来，我说我跟你商量一下，我给你每件衣服一块钱，这个一块钱就是给你帮我请日本最最有名的设计师，请他来帮我搞，因为我根本就不懂什么叫时装表演，我自己也没看见过，不知怎么搞。八木株式会社的人说可以，然后他就去请，他说日本当时最有名的叫Hanae Mori，中文译出来就是"森英惠"。她人好，跟我是同年的，我们后来是很好的朋友。她倒不是为了钱，她是为了政治，好像政治上表示友好吧，她就来帮我搞了。她是世界著名时装设计师，他们全年的日程都是排好的，帮我是临时的，半年要来三次，了不得了。当时森英惠是世界上坐飞机花时间最多的女人，所以人们说我本事还挺大的，怎么请到她？你晓得我怎么请的？我把八木（株）请来，我说你无论如何想什么办法，非得帮我找到一个日本最有名的，因为你一找到最有名的，其他人都会跟着来了，你找一个没多大名气的人没用的。八木（株）夫人的字写得很漂亮，就请她"娓娓动听"地写了三封信，这么巧的，就这三封信打动了森英惠，然后森英惠半年里面来了三次，她非常认真，说出来都是故事。

这个腰带绣花都是在浙江黄岩绣的。那个地方绣花，女工叫抽拉雕。就是把丝抽掉，把它抽掉以后，缝出一个花来，拉丝，拉出来，雕是剪刀刻掉，他那个抽拉雕有花，有镂空的嘛，所以叫抽拉雕。森英惠到临海、黄岩那地方去看，然后就非常认真地跟我合作。实际上这衣服全是她帮我设计的，颜色也是她帮我选的，限于时间，只有一个款式。七个颜色就在东京舞台表演了半个小时。森英惠的时装表演跟人家一般的还不一样。别人就坐着看，她不是，她自己有一个大厦，里面有一个表演厅，很高级的地方，就在日本的新宿。她是一面吃饭，一面看表演。表演结束后让我上台讲话，我穿西装，穿的那个西装正正规规的，一看就非常土，不像搞时装的。后来我自己看了，都很好笑，但是我也不好笑出来。我非常紧张，紧张得直冒汗，走到台前，我稍微休息了一下，擦擦汗再跑到台上去。他们说我说得真好，其实我也是临时被逼出来的，我自己想想也蛮好笑的，走到那个台上先要擦汗。我们那个翻译比我还要紧张，老挤我，挤得我都没地方站了，他怕犯错，他的日文不是很好。

时装表演我就搞了两次，那个费用太大了，请人也不容易。我第一次用的是外国模特，所以这就是为什么后来我回来自己搞模特。因为当时没办法，我根本就不懂时装表演，我哪来的模特呢？用的是外国的，这个外国的模特还是挺贵的，不过当时我是每件衣服一块钱包给他们了。我也不知道最后轰动得不得了。表演第二天，日本17家报纸都在头版头条报道，反正日本有名的，就是世界有名的，那个法国的"老佛爷"Karl Lagfeld、美国的Bill Brass都来看了。他们都说中国人怎么会懂利用森英惠的名气，让她为中国设计，把在中国生产的绣衣时装拿到日本来表演，觉得很奇怪。

但我还觉得心里不舒服，我为什么一定要用外国人来表演我们的时装，所以我回来后就下了决心，我要搞自己的模特。我自己是做外贸的，这个模特是不好管理的，假如模特一跑掉，那我自己也不好交代。我就请工业部门帮助，他们女工多嘛，可以一面工作，一面排练，成本也低，就这样排起来了。当时那个年代是不能露肩的，模特要穿一个小上装把肩遮起来。

1984年我把自己培养的模特送到香港去表演，去表演的时候，全部都是浓妆

1984年我把自己培养的模特送到香港去表演，去表演的时候，全部都是浓妆。下飞机后，香港的几个头面人物就说了，说你们看，你们还不相信改革开放，现在连模特都出来了。因为他们说上海原来是最保守的，而广东是最开放的。上海市委很高兴，然后把送模特出去的图片，都放进《上海在前进》里面了。一个展览会，你看别人都不敢送出去，辽宁也等着不敢出去，广东也不敢出去，就我们上海模特出去了。那个时候一下飞机，社会影响非常大，原来我们准备演三场，300个人一场，结果演了七场，大概有700个人一场吧，后来人家都站着看了，所以那个真的可以说是空前的了。那个年代大家都不理解，那个裕华国货的老总就跟我说，他说他站着看了三次。那个老总叫俞国春，他说他真不敢相信，你们怎么一下能有自己的模特呢？

当时时装是我们自己的，其实这个时装有一些是"抄袭"的，就是

（左）在香港举办时装表演，1984年，香港

（前排中）与皮尔·卡丹合影，1999年，香港

把外国人的时装拿来改一下。我请来刘培基（梅艳芳临终前一直陪护在身边的那个人）帮助，他非常有名，是香港当年的青年首席设计师。他跟我说笑话，说你晓得我给你看一下得多少钱？我说我不知道，你说好了，我没问题。他说我钱是不会收你的，但是告诉你，我看一下就是20万。当时20万了不得，所以到现在我们还是好朋友。他把香港的房子卖了，移民移到泰国去了，现在买不起了，就买到我们深圳罗湖火车站的旁边。他现在又非常有名了，香港的展览馆，给了他一半的地方展出他的作品。他把我们的衣服，比如说我们的旗袍吧，也不像旗袍，也不晓得什么服装，他就那么一捏，用个带子一缩，就像越南的服装了，所以这个人确实也是一个天才，现在住在深圳。

到外面去演出，都要有人捧的呀，我到日本去是因为森英惠有名，有人捧。你到香港去，谁知道你这个上海人是什么人？没人认得我蒋志铮，所以说我就借了刘培基，在香港都有人捧他的呀，然后我又借了几个香港人的夫人（她们都是做服装的），请他们来帮忙嘛，就火了。所以这些事都是要经常跟他们保持点联系，就是说，本来也不懂的，这点我倒是做得不错，然后跟他们商量，请他们帮帮忙。所以人家不相信，你怎么能请到森英惠呢，好像在讲故事。

我喜欢走别人没有走过的路，做别人没做过的生意

对丝绸产业来说，这些时装表演起到了不少作用。到外面去过以后，回来我们培养自己的模特，带领模特到各地去表演，这样一来，生意好得不得了。那个丝印的厂长石中善跟我说，蒋总你们这个时装表演以后，我的生意翻番了，我的利润也翻了。当时人们好像没看到过什么时装表演，所以静安宾馆借给我排练场所，还提供食宿，都不要我钱的，只要我给他们一点入场券就可以了。

1978年开始，我任上海丝绸进出口公司副经理、经理，一直做到1983年9月。同年出任上海市对外贸易总公司（归属外贸部）副总经理，一个单位两块牌子，我一直都没离开过外贸。56岁那一年，我到上海市对外贸易总公司当副总经理了，是第一副总。上海市对外贸易总公司主要就是搞外贸的，丝绸公司是我们下面的分公司，我也不太去管他们了，没有这个精力，忙得不得了。

我是1990年退休的，刚要退休，就被借去搞一个永丰贸易发展总公司。20世纪90年代初，我又到华润集团上海办事处担任首席代表。华润在世界500强里面是一百四十几位吧。首席代表那是什么事情都管的，上海办事处是过路财神，华润下面好多公司，他们的钱到我的账上过一下，然后再汇出去。我们当时要自力更生，还是赚了点钱，我搞了一个"代表基金"，我们自己就可以用这个钱来办事。但是等我离开华润办事处以后，上面又收掉了，华润的领导都是对我很好的，到现在都是很好的，而我也是尽职尽心。

1950年我从大学毕业，被统一分配到丝绸公司后一直都受重用，所以在"文革"中被斗得很厉害。"文革"中所受的苦，真是苦不堪言，现在都不想去回忆。

1963年我被派去筹建人棉科，当副科长，1964年人棉科被评为上海市先进集体。我曾两次到对外贸易部局长会议上介绍经验，一是介绍科组核算，群众理财；二是介绍人棉科外销业务怎么从被动转为主动，颇受对外贸易部各级领导的重视与好评。当时我已怀孕六个多月，但部长指定要我自己去向与会的各地局长介绍经验，我挺着大肚子上台发言，各地局长听得很认真，反映很好。

我总结我一生做了五次"中国第一人"：第一个在国外（东京）举办时装表演；第一个联合工业部门培养我们自己的模特；第一个成立上海丝绸流行色协会（因国家只能有一个流行色协会，后被纺织部接管，改为中国流行色协会）；第一个把自己培养的模特送到香港去参加时装表演；第一个在中国开展补偿贸易。

我喜欢走别人没有走过的路，做别人没做过的生意，太好强了。

采访时间：2014年8月

平绒（丝绒）改立绒的艰难历程

马赐隆

马赐隆　原上海市丝绸工业公司副经理

　　马赐隆，1964年毕业于华东纺织工学院染化系（夜大），1956—1964年担任上海丝绒染整厂工程师、厂长。任职期间首创丝绸高档产品"立绒"，全部用于外销创汇。1964年调到上海市丝绸工业公司担任生产科科

马赐隆

长，主管计划、技术。1983年担任上海市丝绸工业公司副经理，主抓全市丝绸行业的生产、计划、品种、设备。1987年带丝绸专家组赴阿尔及利亚援外近两年，担任中国丝绸专家组组长兼总工程师。在上海青浦开出了全国第一家使用日本引进的喷水织机的厂，所有产品全部返销日本。主要著作有《丝绒的织造与染整》，主编了《丝绸染整手册》，多篇论文发表于纺织、丝绸期刊。曾兼任中国纺织工程学会染整专业委员会委员、企业管理研究委员会副主任委员。2019年3月30日去世。

从丝绒变成立绒这个过程，我觉得，不单是一个仿造的过程，而是一个创造的过程

我于1929年出生于浙江桐乡石门湾的一个封建家庭，家里是开米行的。抗日战争全面爆发以后我逃难离开老家了，逃到过很多地方。到上海大概是一九四几年，我一直逃难也没好好念书，很早就参加工作了，同时在夜校里读书。开始是在上海纺织工学院的高职班织造组，这个高职班也是半工半读的。我工作进去的时候是练习生，毕业以后当技术员了。所以从上海纺织学院高职班毕业以后，我想继续深造，又考了华东纺织工学院染整系，后来改为染化系，是业余的，1964年拿到毕业文凭。

后来我怎么会到丝绸行业呢？就是工厂公私合营后转变到这个丝绸行业的。其中也有一个特殊的原因，原来的那个厂（前锋毛纺织印染厂）试成功一个产品，就是这个立绒，是丝绸加工成为立绒的，一举成名。毛纺厂有两位老板都是厂长，一个对这个丝绸立绒感兴趣，一个对丝绒（丝绒是一个老产品）有一点研究。

（右）在上海丝绸工业公司行业大会上做报告，1987年，上海

做学术报告，1989年，上海

他们当时看到了国外的样品，产生了一个想法，就是把这个普通的丝绒，改变成高级的立绒。我们普通的丝绒不是平的吗？平面很一般的。如果说把这个绒竖起来，竖起来染

了色，雍容华贵了，又很漂亮，做高档的礼服什么都是好的。其中一个厂长是南通学院毕业的，我名字忘记了，他们两个人一起研究，我们一方面向他们学习，一方面跟他们研究，后来终于试成功了，这个新产品立绒是国内首创的。本来是普通的丝绒，毛站起来了，所以我们起了一个名字叫立绒。立绒这个产品一举成名了，跟外国人特别跟苏联人交易比较多了，他们很开心，一定要这个品种，后来立绒就改成成批生产了。从丝绒变成立绒这个过程，我觉得，不单是一个仿造的过程，而是一个创造的过程。因为它整个整理过程完全是新的，也是我们白手起家把一个毛纺织印染厂（当时毛纺厂的经营情况已经不行了）转变为上海丝绒染整厂的。

原来的毛纺织厂就完全转成了上海丝绒染整厂，专门生产立绒

我主要说明一下这个产品的生产过程，是丝绸技术方面的。平绒是平面的，平板的，很粗糙的，它织造的时候是双层的，把双层剖开，剖开来把这个绒再立起来，就是立绒。因为普通的丝绒不名贵、不华贵，把绒立起来，这就是一个创造的过程，一个革新的过程。立绒要经过剪毛，剪毛以后还要经过染色，最后烘干，让绒毛竖起来。这个过程完全是我们自己搞的，整个工艺要求很高。绒割开以后除了毛上面会高低不平之外，还有染色的方法不同。必须把这个毛剪得非常平。我们是利用毛纺织厂经过改装的剪毛机进行的，要求更高一点。第一步是剪毛，剪毛以后要把这个绒立起来，要有光泽，不能起绉，染色处理的时候就要注意这个问题。（本来普通的丝绸也好，丝绒也好，都是可以在普通的染色机上染的。）

我们制造了一个吊染机，就是新型架的吊染机，把立绒用钩子钩到新型架上，放在一个大的染缸里面，吊上吊下，染缸的液体反复上色。这是一个全新的染色过程，也是专门针对立绒的。采用了这个吊染的设备，在印染过程当中可以防起绉。在新型染缸里面退浆，练了以后染色也可以。染色以后需要烘干，这又是一个关键所在，这个时候我们又研究试验出丝绸染整的设备。毛纺厂原有一个拉烘机，在这个机器基础上面，我们加上了毛刷。烘干过程当中，这个毛刷一边滚色，一边烘干，烘干染色后的坯布接着起绒、立绒。

这个起绒有讲究，比如说我们是正面打的……这个技术详细问题我也不介绍了，反正要达到这个绒毛是90度站起来的效果，这个是不容易的。它的烘干过程怎么低温怎么高温，时间上都要控制好。这一步成功了以后，基本上这个立绒的雏形也就出来了。但是这个立绒立起来是要倒的，后来就加树脂处理。我当时也是技术员，跟两个厂长学习，和大家一起搞技术革新，一起研究。用尿素跟甲醛合成树脂，这个大家都没经验，要反复实验。树脂经过立绒之后，固定好就定型了。上了树脂之后，还要烘干，就是高温烘焙（一百几十度），这个高温的烘焙机设备，以及后面一套整理设备，都是我们自己创造发明的，都是在旧的机器上设计改进的。虽然我们是丝绒染整，可实际上是一个创造发明。做立绒的是生产高档产品的厂子，出来的产品全部外销，基本上都出口苏联，颜色是五颜六色的。我们认为这个是丝绸类产品中比较高档的一个产品，由丝绸外贸公司全部出口了，除非有一些次品，国内内销，但在市场上是没有的。现在上海什么厂都没有了，但是外地的厂还生产这个立绒。

1983年之后我当副经理这一段时间，上海整个丝绸行业增加了很多设备，增加了很多新的产品

1964年，我被调到上海市丝绸工业公司工作，在公司担任计划科科长，管全行业的生产，本来还有一个缫丝厂的，后来缫丝厂没有了。上海在全国丝绸行业当中还是比较可以的，上海的产品跟杭州、苏州的有些不同，我们提花类织物，比如说织锦缎这些东西比较少，主要是平素织物，印花加工做得比较多。我到公司当了计划科长以后，公司知道我是搞技术出身的，又让我做技术科长，计划科长也兼管这个技术科，最后并成一个生产科，我又担任生产科长。

1966年"文革"来了，我们都靠边站，受冲击了。当时在上海有个叫"四个面向"的，我被下放到南京梅山焦化厂，在梅山待了五年，下放劳动，也是普通的劳动，帮当地做做机器设备。

粉碎"四人帮"后，我被调回上海老公司，继续当我的生产科长，还是管理全行业的丝绸生产以及技术指导，当时公司下面有二三十个厂了，我管技术生产部。全行业的发展主要由吴裕贤同志负责，他本来是机械科长。我又管计划，又管技术，等于生产的大头都在我这里，1983年我被升为上海市丝绸工业公司的副经理，那个时候吴裕贤是经理，后来他调到总公司去了。实际上上海市丝绸工业公司是没有总经理的，我负责这个公司，一直到退休。在公司的时候，生产、计划、品种我都要管，丝织厂、染整厂、印花厂都是专业厂。

（左）参观KN大提花织机（大提花龙头）和真丝准备大卷装设备，引进到上海第五丝织厂，1979年，日本

1983年之后我当副经理这一段时间，上海整个丝绸行业增加了很多设备，增加了很多新的产品。苏州、杭州的丝绸产品比我们好，但是我们在印染后处理和染整加工这方面，比苏杭稍微靠前一点点。纺织工业部组织的产品质量评比、交流，主要来自江浙沪。我当副经理的时候，上海丝绸行业方面的厂有39家，包括织造印染都在内。

1987年我到阿尔及利亚，带去了一个丝绸专家组，当了一年多的专家。他们丝绸行业的水平是很低的，他们的丝绸主要是人造丝产品。但是他们从日本进口了一套从织造到印染后处理的全新的最新设备，日本人把设备装好开机以后，就不管了，日本人对丝绸的织造不及我们中国人，所以阿尔及利亚就到中国来找丝绸专家。杭州、苏州好像派不出，他们通过外贸公司到上海来，请上海无论如何都要帮忙。我们没有援外过，只有产品到国外去，但是我们整个技术和水平还是不错的，可以组成一个丝绸专家组去帮助他们提高丝绸生产质量。公司尊重我的意见，让我带队的所有二十多个人，全部是上海组织的，包括从织造开始到印染整理到丝绸成品出来的专业人员。

我担任专家组组长及总工程师，去了两年不到，把他们这个厂彻底整顿了一番。日本的设备不错，但日本人只负责安装设备，我们负责生产的

（右二）在引进日本喷水织机签字仪式上，1980年，日本

整个过程，也算是对援外做了一些工作。

棉纺织厂引进喷水织机，开始应用于国内生产的，我们是第一家

我出国回来，在公司当顾问，1989年底就退休了。退休之后我到深圳去帮助当地搞丝绸厂、服装厂什么的，但是时间不长，也就是去当当他们的顾问。

我真的生逢其时，我对读书有兴趣，读的完全是业余大学，从中专到大学本科毕业，开始一部分脱产，后来完全是业余。开始是读上海纺织工学院，后来是华东纺织工学院，我学历最后是华东纺织工学院，染化系的本科生。我那个时候已经在工作了，业余时间读书。我女儿也是工程师，她现在是搞产品设计的。后来上海市丝绸工业公司跟外贸公司合并了，她负责技术方面、品种方面的，我们产品工艺设计只剩两个工程师，她是其中之一，算是继承我的事业。

此外要补充的是，我跟吴裕贤同志到日本去参观访问，到日本丝绸行业去考察，日本有喷水织机，这是新的织机，我们棉纺织厂都没有进口的设备，喷水织机主要是用于合纤的。我跟吴裕贤同志两个人一看，就说这个设备是新的，速度高，质量高。我们国内也有一部分厂家生产合纤产品，是尼龙的、涤纶的。我们就定制了一批设备，在青浦开了国内第一家有喷水织机的厂，主要生产合纤仿真丝的产品，合成纤维是尼龙、涤纶，用合成纤维做仿丝绸产品，而且质量是很好的，做的产品全部返销给日本。所以，棉纺织厂引进喷水织机，开始应用于国内生产的，我们是第一家。同时我们还少量进口了日本的重磅提花织机，放在上海第五丝织厂，设备比国内的复杂，效率比较高，引进数量不大，还是以国产设备为主，但这也是一个新的设备。

采访时间：2014年8月

实践中出真知　理论中出成果

孙先知

孙先知

孙先知　原四川省丝绸公司规划建设处副总工程师，教授级高级工程师

孙先知，1952年9月毕业于国立中央技艺专科学校（中央技专），被分配到西南贸易部西南蚕丝事业管理局。主要从事桑蚕茧制丝工艺技术、生产管理，丝、绸厂基本建设规划、管理，缫丝厂工程设计工作。任职期间，主持参与绵阳缫丝厂、杭州丝绸印染联合厂等17家丝、绸、绢工厂的设计；主审缫丝、织绸、绢纺工厂设计共50余项。《四川省丝绸业2000年经济发展战略研究》（主编）获四川省1988年度科学技术进步奖三等奖；先后编写出版了《家蚕茧缫丝厂设计》《生丝质量》《制丝设备维修》《四川省志·丝绸志》等书。在《丝绸》《四川丝绸》《四川蚕业》等期刊发表科学论文、学术报告、丝绸史料共30多篇，其中6篇获优秀论文奖。《开发四川蚕丝资源优势为经济优势》一文获四川省1985年度献计献策奖。1986年被四川省科协授予"有成就、有贡献的科技人员"称号。曾兼任《四川丝绸史料》主编、《四川丝绸》编辑

委员会副主编、四川省纺织工程学会理事、四川省纺织学会丝绸专业学术委员会副主任委员，兼职成都科技大学信息与决策研究所研究员等。

1954年初纺织部决定，在全国纺织系统展开以加强计划管理、推行作业计划为中心的工作

我生于1929年12月29日，老家在四川省资中县金李井。我姊妹6个，父亲在新中国成立前是一个卫生院的小职员，挂号、文书、抄抄写写，每月有七八斗谷子的收入，另外有5亩地收租，一年有4—5担谷子，家里生活虽然比较紧张，但还算过得去。新中国成立后，我的家庭成分为自由职业兼小土地出租。我舅父是川南师范毕业的，后来在城里当小学校长，我母亲比较开放，坚持让我们读书，家里再难也要读书。

1948年，我到成都考大学，报了两个学校：一个是国立四川大学师范学院教育系，全公费的；另一个是国立中央技艺专科学校（中央技专）蚕丝科。那时不像现在还要选专业，考上就不错了。我考上了中央技专蚕丝科，考了第二名。家里卖了几担谷子，找人借了一些钱，我就去乐山读书了。读了两个星期后，学校教务处通知我享受奖学金待遇，1949年10月、11月、12月，我享受了三个月的奖学金待遇。每个月4个银圆，一共得了12个银圆。1949年12月乐山解放之后我就一直领助学金。领助学金需要三个条件：成绩好、家庭困难、积极参加社会活动。这些条件我都具备。我在乐山读了三年，家里面没寄过一分钱。

1952年9月，我毕业于国立中央技艺专科学校，分配到西南贸易部西南蚕丝事业管理局（蚕管局），1952年底，蚕管局撤销了，我就到纺织工业部西南纺织管理局搞计划。1954年初纺织部决定，在全国纺织系统展开以加强计划管理、推行作业计划为中心的工作。1953年起第一个五年计划，重庆丝一厂厂长没有完成计划，受到撤职处分，被刊登在《新华日报》头版头条，大家就知道完成计划非常重要，大家很重视。1954年局里确定加强计划管理、以作业计划为中心，就把我调去搞作业计划。

作业计划就是把月度计划分配到每一天每一个班每一个人。如缫丝，一个工作班一台机器，一天要缫多少桶茧子，匀度分数多少。当时主要以匀度决定丝级，缫折要多大，才能完成计划。搞这个作业计划的目的就是要保持每一天能够均衡完成计划，不要前松后紧，开始完不成到月底加班，主要是这个意思。工人有的技术差，有的技术好，原来一个月计划，好一点的帮助差一点的，基本上能完成。现在按计划来，有的完得成，有的就完不成，结果还是完不成，怕又被作为典型批评。厂里领导也很苦闷，后来想到了一个技术民主鉴定，就是按照工人的缫丝成绩，测定的操作成绩，让大家讨论来评定一级工、二级工、三级工，按等级排队，再排车间、车位。成绩好一点的、等级高一点的，就给任务重一点；成绩差一点的，指标就给低一点，这样基本上就能完成。

那段时间全国都在搞计划管理，我常给《新华日报》写稿子。报纸很重视，一般投稿都会登报，虽然不多，几百字一篇，写的稿子，还是比较有影响的，起了很大作用。后来报社聘我当人民监察通讯员，领导对我还是非常重视的。我用的"矢口"这个笔名，就是"孙先知"那个"知"字拆开来的。

西南缫丝厂建在四川绵阳，是国家计委批准建的第一个自动化缫丝厂

1955年5月，上级把我调去搞自动缫丝机去了，在上海康定路1007号国营上海丝绸厂搞自动缫丝机安装，安装的是日本引进的YM式惠南型自动缫丝机，安装的目的是搞西南缫丝厂的设计。西南缫丝厂建在四川绵阳，是国家计委批准建的第一个自动化缫丝厂，纺织部当时成立了一个工作组，专门办这个事情。

我们在上海干了4个月，安装、缫丝、测定和数据都有了，然后一起去北京纺织工业部设计院，搞西南缫丝厂和杭州丝绸印染联合厂两家厂的设计。四川的4个人——李科进工程师（原丝二厂的厂长）、陈光皓（原生产科长），另外还有我和杜静芳。我和杜静芳是技术员，李科进和陈光皓是工程师。浙江的汤池是搞试验的，试验结束后就回浙江去了，后来是陈钟、章行寰，还有柳增庆。纺织部设计院派了1个描图的。一共8个人，搞工艺设计。

这个设计工作是很有点困难的，我们从来没有接触过，不单是缫丝，还有水、电、汽、总平面排列，反正很复杂。我们当时是第一次设计这样的厂，设计资料很缺乏，就到全国缫丝厂去找资料，把这些资料积累起来。总平面设计、厂房工艺排列图都要排四五个方案，每一方案都要经过讨论和争论之后再修改，修改之后再讨论再争论，用了很长时间。总平面和厂房机器排列图搞好以后，整个工厂的情况大致就定下来了。

讨论时有很多意见，我把每一次讨论的意见，特别是苏联专家和一些老工程师的意见都记录起来整理好，再做个小示意图附在上面，记录这个方案有些什么意见，哪个人有什么意见，等等，设计完了以后，基本上就是很厚一个大本子了，收获还是很大的。设计结束时我对厂址选择、总平面设计、厂房机器排列，还有设备选型、水电汽的配合这些设计要领基本上掌握了。

1958年西南蚕丝公司撤销后，成立了轻工业厅

1956年1月，纺织工业部把我和李科进调到纺织工业部设计院，当时我不太愿意留在北京，我对原来搞的作业计划比较有感情，我觉得西南纺织管理局对我也很好，领导对我也重视，经常表扬我。还有一个是北京很冷，我这个人比较内向，不喜欢到处去交友、闲聊，一般没事我就看书，也没什么熟人，在北京感觉不好，想回重庆。后来我就找些理由，比如专业不对口，设计院没同意，给西南纺织管理局写信，也没有同意。之后我把这两个项目设计完成后，又在设计院待了一段时间，整理了一段时间资料，搞了一段时间的小型丝厂设计。6月，纺织工业部通知我可以调回重庆，调回重庆西南蚕丝公司的基本建设处工程科。我除本职工作外就下到工厂里检查生产，编作业计划。1958年，成都在青羊宫办花会，有些丝绸产品要在花会上展览，连那些展品的介绍都要我写，反正我什么事情都干，这一年多在业务上没有多少收获。

1958年西南蚕丝公司撤销后，成立了轻工业厅，我在轻工业厅计划处搞丝绸生产计划，不久组织上又通知我到设计院去搞设计。1958年"大跃进"，遂宁缫丝厂和盐亭县缫丝厂上马了，遂宁缫丝厂筹建处派了一个人，盐亭县缫丝厂派了一个筹建处主任，就坐在设计院等图纸，我出一张图他们就拿一张走，把我调过去的目的就是救急。我手上有一大本资料，

在四川省轻工厅纺织设计院，1960年，成都

对这个工作也比较熟悉，很快就能搞出一些图纸来，我6月18日去设计院，8月1号遂宁缫丝厂动工了，10月1号盐亭县缫丝厂动工了，10月份我就被设计院评为先进工作者，1959年初又被评为设计院和轻工厅的先进工作者，1959年2月我写了入党申请书，5月15日加入了中国共产党，预备期一年，1960年转正。

1959年下半年听说要搞绸厂设计，我又到南充绸厂去学习织绸的技术，收集资料。另外我还把原来杭丝联、西南缫丝厂、遂宁缫丝厂、巴中丝厂和盐亭县缫丝厂的资料整理了一下，加上搞工程设计的心得，我就写了一个书稿《家蚕茧缫丝厂设计》，1960年元旦向党献礼。一些老工程师看了以后，觉得写得还可以，内容比较全面，而且也有一定的深度，建议我向纺织工业出版社投稿。院里派了两个描图员抄正，抄写成一式三份，一份以四川省轻工业厅设计院的名义投稿，那时也不主张个人投稿，也没有个人署名，我留了一份底，设计院留了一份底。1960年9月，《家蚕茧缫丝厂设计》这本书就出来了。1960年7月，轻工业厅任命我为工程师。

1963年起到1973年都在搞政治运动，没有搞业务

1960年初，西南缫丝厂改名为国营绵阳缫丝厂，纺织工业部给它下达了310台织机的扩建计划，同时下达给遂宁缫丝厂搞2000锭绢丝精纺机的扩建计划。我在学校没有学过绢纺，虽然在绢纺厂搞计划时跑过一段时间，也还不是很熟悉。我就和一个刚毕业的学生王君平一起到山东莱阳绢纺厂，那里有国内自行设计制造的设备，先去那里收集资料，之后把设计方案搞出来，请山东一些业内的同行提意见。之后我又到上海绢纺厂，上海绢纺厂里的是20世纪30年代引进的英制设备，搞了20多年，技术力量比较强。绵阳的缫丝厂扩建织机建成了，只是资金不到位，第一期共安装了108台机器。遂宁这个厂的扩建在8月4日接到通知下马，因为没钱，只搞了扩大初步设计，没有搞施工设计。

1960年10月，轻工业厅口头通知：1961年要在四川搞一个1700吨的人造丝厂，由设计院搞设计。当时国内只有三家人造丝厂，一个是保定化学纤维厂，是民主德国在1956年帮助建设的；还有一个是产能3000多吨人造毛的安东（丹东）化学纤维厂；再一个是上海的安乐人造丝厂，很小。人造丝属于很新的技术，保密严格，需要对方审查人事档案合格后，我才能去考察学习，政治审查也很严格。我抄写资料的时候只能在档案室，抄资料的本子要单位编号、编码，每一面都要编码，抄好回来交给单位，不允许个人保存，不准借出。组织选定我和卢仲谋去保定化学纤维厂、安东化学纤维厂搞人造丝设计，四五个月后回来时，这个厂还没正式下达批准建，只有把这些资料作为技术储备存放。后来我代理了一段时间设计室主任。

1963年3月5日，我又被调到筹备中的四川省蚕丝公司，也是搞基本建设。8月搞增产节约和"五反"运动，省委决定由主管部门派工作组去帮助问题比较多的厂搞运动。由主管丝绸的副局长、蚕丝公司副经理蒋彤带队，与我和另一个同志三人住到厂里搞运动。我从1963年起到1973年都在搞政治运动，没有搞业务。

我采取竞争的办法，提倡互帮互学，选了些优秀干部和工人做带头人

1973—1983年，我在轻工局纺织处工作，主要作为丝绸牵头人。1973年在浙江开"修改缫丝操作法"会议，给了四川二十几个工人代表的名额，我们经过省里的操作比赛选出操作能手去参加，其中有8个厂里的新工人代表四川省到全国去开会。1974年，四川出口的一些绸缎都是练白绸，没有花色，而少量出口的印花富春纺是化纤的，不是真丝绸，四川的技术人员在外开会回来后，说千朵花万朵花，四川没有一朵花。江苏、浙江、上海、广东都有出口真丝印花绸，四川没有，怎么搞呢？印花绸首先就要有花嘛，我就在省里组织一些人设计花样，挑选了105张去上海口岸参选，被选中了31张，外商又在31张中选中一些，外商根据选中的花样签约成交。结果被选中的花样设计人得到了奖励，开历史先河，出口真丝印花绸的工厂也得到了表彰。这激励了很多人争当先进的愿望。我采取竞争的办法，提倡互帮互学，选了些优秀干部和工人做带头人。如缫丝的吴栋、张启化，后缫的唐隆光、林国民，工艺设计的荣光远，设备维修的欧祥国、胥吉元、刘应备、邓兴杰，等等，每一个行业、工种，如绢纺、织绸、缫丝都有，依靠这些人带动生产。我是轻工局的丝绸牵头人。

1978—1980年四川茧子发展很快，产量基本三年翻了一番。1978年生产100万担蚕茧，1979年145万担，1980年就有180万担。当时很多人请我讲技术课做技术答疑，我把讲技术课的资料以及我写的一些文章做了一些整理，搞了一个书稿《生丝质量》，绵阳地区纺织学会印了三四百本，发到绵阳地区的各个丝厂作为培训职工的教材。后来钢板刻印的书供不应求了，四川科学技术出版社和我所在的单位一起组织科技人员审稿，有二十几个科技人员参加。大家提了些建议，觉得这个稿子针对性比较强，比如：为何会产生纤度偏差？怎么来解决？怎么来认定这个纤度偏差等检验的方法的内容？还有纤度、匀度、清洁、洁净、切断、抱合力、强伸力，还有外观质量，根据这些专题来写，大家觉得还可以。后来补充了一章，"蚕茧性状"。1983年书稿由四川科学技术

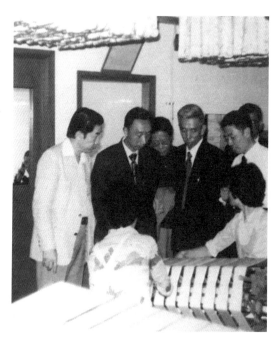

（后排左二）参加四川省首批经贸团到香港考察交流，1978年，香港

出版社正式出版了，印数5200本（册）。之后责任编辑崔泽海又约我写一本丝绸机械方面的书，因为在一九七几年的时候我搞了一本《制丝设备大小修理工作法》（汇编），我就找了一些技术人员在此基础上重新编写。1984

（右二）深入基层企业调研，1980年

年我被调到规划建设处后，由张重渝工程师接替我完成，书名《制丝设备维修》，是1986年3月出版的。

四川的丝绸基本上是1970—1990年这20年间大规模发展起来的

改革开放后，四川蚕茧发展得很快，上级说要选择一批工厂进行技术改造，引进设备，于是，在1984年我被调到规划处搞规划。1984—1986年我就重点搞规划，跑中国丝绸总公司，1987—1990年跑纺织部，跑项目，还有国家经委、中国工商银行、四川省计经委，当时是国家经委立项、财政部贴息、中国工商银行办理贴息贷款来支持这些建设项目的。

1983年一吨丝四万四，1986年五万三，1988年涨到12万到15万，1990年涨到20多万，蚕丝利润非常好，有些工厂一两年就能把全部投资收回来。虽然省里和国家的缫丝产业政策是限制的，下面还是搞了好多丝厂。1983年35万绪，到1990年就搞到57万绪。绸机1983年只有5000多台，1990年搞到19200多台。为啥能搞那么多呢？因为1984年有段时间厂丝滞销卖不掉，但是绸却很好卖，省里绸机又少，就自己搞吧。工厂后来还搞了800多吨真丝针织绸，500万件丝绸服装的生产能力。还有绢纺丝、丝绸印染，都得到了改造提高，能力也增长了很多。四川的丝绸基本上是1970—1990年这20年间大规模发展起来的。

1983年，四川省科技顾问团（智囊团）聘我当科技顾问团成员，我当

（左）与蚕桑专家李泽民商讨《四川省志·丝绸志》，
1991年，成都

了两届：1983—1988年第一届、1988—1993年第二届。那时候纺织学会社会活动很多，我到处讲课。1985年，我被任命为副总工程师，担任副处级的实职。1989年起我开始搞《四川丝绸志》，1994年改称《四川省志·丝绸志》，1998年完成编撰。我是副主编，主要负责丝绸工业部分，即从蚕茧收烘到丝绸生产到设备制造，包括缫丝、绢纺、织绸、印染、针织、服装等的编写工作。我是1991年退休的。

再后来写大事记的时候也是二三十个人，写好以后，我又写资料长编，12个人写，写好后又由3个副主编分篇撰写，主编是原来丝绸公司的经理，另一个副主编是原来的公司办公室副主任，享受正处待遇，还有一个副主编是原来的丝绸科研所所长。

通过这20年发展，四川丝绸每年创外汇2亿多美元，占全省创汇总额的20%—30%，对四川省的经济发展起了促进作用。

我老伴艾玉清，1953年从四川大学蚕桑系毕业后，也一直从事蚕桑工作几十年，因病于2016年去世。

采访时间：2017年7月

丝路风云忆往昔

孙燕谋

孙燕谋　原中国丝绸工业总公司总
经理，高级工程师

孙燕谋

孙燕谋，1950年毕业于中国纺织
工程学院纺织系，被招聘到辽宁省柞蚕
丝织公司。曾任辽宁省纺织工业厅丝绸
处副处长、辽宁省丝绸公司副总经理。
任职期间，"DV型密度梯度粘合滤料"
（与东北工学院合作）获国家科学技术
进步奖三等奖（时间不详）和纺织部四
等奖（时间不详）。1983年任中国丝绸
公司副总经理，1985年提出并实施丝绸
价格改革工作，同年制订"1986"本；会同国家旅游局为在杭州筹建中国
丝绸博物馆的申请下发文件。1987年任纺织工业部中国丝绸实业公司总经
理。1990年组建更名后的中国丝绸工业总公司，任总经理。发表有关丝绸
业、丝绸价格改革等论文多篇。曾兼任中国纺织工程学会辽宁省分会秘书
长，任中国纺织工程学会丝绸专业委员会委员、中国近代纺织史编辑委员
会副主任委员，任《中国大百科全书》（纺织分册）丝绸卷编委会编辑委
员，《丝绸》期刊副主任编委，全国丝绸信息中心副主任委员。2006年获
中国丝绸协会颁发的全国茧丝绸行业终身成就奖。2019年3月14日去世。

丹东有个绢纺厂，当时叫辽东柞丝第一纺织厂

我1929年9月出生在无锡市。我父亲全面抗战以前在苏北如皋县当公务员，我母亲是小学教员。我在无锡上学，在无锡读小学、初中。汪伪政府在无锡办了一所江苏省立无锡高级工业职业学校，我念了两年高中，学的是机械科。1945年抗战胜利了，我就到了南京。当时国民党政府从重庆回来以后对大学生要甄别，所以在南京办了一所临时大学补习班和先修班。补习班是针对已读大学的，先修班是针对高中毕业或同等学力来上大学的，实际上就是审查。

对高中毕业考大学的人也要甄别，要到先修班去上六个月的课，才能参加1946年暑期高考。我考进了中国纺织工学院。我们那个学校是原来申新系统办的，以前是专科，学制2年半。我们那一届是第6届，开始改学院制（本科），学4年。

1950年3月，我提前3个月毕业。毕业后自己找工作，刚好东北有几个招聘团到上海来招聘，当时大连旅大（是一个特区，苏联管的）工业厅到上海来招聘，辽东省工业厅、农业厅和东北人民政府工业部也在上海招聘。学校同班同学一部分就到了大连，我同朱克敏就应聘到辽东省工业厅。工业厅那时候刚好在工业普查，丹东解放以后，他们管的很多企业装备、设备都没有底子。搞普查，有的人连电动机上那个铭牌都看不明白，不内行，我俩去帮着搞了一段时间，后来就被分到辽东省柞蚕丝织公司。不到半个月，正厅长鞠抗捷、副厅长李铁伦，还有丝织公司的经理孙振方，一个副经理罗建华和一个党委书记，请我们吃饭。丝织公司有一个总工程师，山东人，叫钟启宇，他是在法国的里昂学丝织的，抗战胜利以后，他就回来搞本行了，在丝织公司里面的工程师室。我同朱克敏两个人就在他那个工程师室里面工作了3个多月，搞一些设备管理、工艺管理，搞一些制度啊，搞一些其他东西，到几个厂子了解一下情况。当时织机是铁木机，缫丝是干缫，他们叫电缫，很简单的，还没有水缫呢。

丹东有个绢纺厂，当时叫辽东柞丝第一纺织厂，厂长是无锡宜兴人，叫史济德。这家厂原来是东北纺管局管的，因为纺织局专门管棉纺，这个绢纺厂拟交地方管。这家厂就归属辽东省工业厅了，厂长也换掉了。史济

德调回东北纺管局去了，新厂长是原来辽东工业厅的人事处长，叫林路。我调到绢纺厂被安排到生产科。10月份国庆节放假的最后一天，厂长在市里参加市委紧急会议后，召开紧急中层干部会议，宣布中央有关要迁厂的决定。说打仗很危险，要叫工厂做好搬厂的准备，在10天到15天以内，把丹东全市所有的学校、工厂、机关统统搬走，因为10月25日宣布志愿军出国抗美援朝。

这个厂在丹东不算大，有4千多锭子，还有1千多毛纺锭，有1千多人。骨干要跟着厂子走，工资照发，留下来的发一部分生活费。绝大部分人都走了。我属于第二批撤退的，大概10月中旬吧，撤到山城镇。山城镇原来是辽东省管的，1955年被划到吉林省去了，因为它是在吉林省和辽宁省交界的一个地方。

省委书记李涛题词："绢纺厂的重建标志着辽东工业的新生"

1950年的年底，辽东省的省政府就叫我们厂子恢复生产。在丹东五龙背离市区25公里的一个郊区，有一个分厂织长毛绒，供应志愿军，做军用帽子。上海原来有一家做长毛绒的，但它供应不上，所以要我们在五龙背用绢丝同羊毛混纺做长毛绒，专供那家厂子生产志愿军冬天用的帽子。

要恢复生产就要去找地方把绢纺厂恢复起来，厂长带我和一个搞土建的工程师，到东北四平、长春、哈尔滨等七个大地方去看看，找来找去还是觉得五龙背好，有温泉。它原来是辽东省农业厅的一个柞蚕试验场，就是培养柞蚕蚕种的，有一些房子，山坡下面有一片柞林，地方比较大，建我们这个有15000平方米的厂房挺好。回来向省长一汇报，省长说好，柞蚕研究所就搬到了凤城县的四台子，那块地让给我们建绢纺厂。

1952年的春节前后，我们开始设计图纸。请的土建工程师中有两个日本人，一个中国人；一个电气工程师是中国人，我同另外一个低我一届的同事搞工艺。我俩一块儿把排列平面图弄好，3月一开春就施工。上面屋顶在盖瓦，我们在下面就安装设备了，到10月，近2万平方米的厂房统统弄好了。年底设备也安装好了，那个时候效率真高，不到10个月就投产了。省委书记李涛题词："绢纺厂的重建标志着辽东工业的新生。"现在厂没有了，设备没有了，省委书记原来刻在门楣上面的字迹还在。

投产以后，1954年，厂里任命我当生产科的副科长。后来工厂又学习哈尔滨亚麻厂的苏联的企业管理经验，车间不叫车间，叫分场，我不久又转岗到设备动力分场，就是管设备、管动力，后来我又任分场的副主任。

1955年、1956年两年柞蚕茧大丰收，一个绢纺厂吃不了，1957年要建第二个绢纺厂，地点选在鞍山。为什么选在鞍山呢？当时刘少奇去参观鞍钢时，鞍山的市委书记和鞍钢的总经理向刘少奇反映，说我们这个重工业基地男工人多，女职工就业岗位少，鞍山应该是重工业同轻工业一起发展，要照顾轻工业。省里就叫我们工厂在鞍山筹备第二个绢纺厂，筹建处就在五龙背绢纺厂，我又当了基建科的副科长。

第一步就是在1956年的时候，先把我们这个厂从原来的4600多锭子扩大到10000锭。第二步是在1957年5月把筹建处搬到鞍山，筹建第二绢纺厂。鞍山很重视，把一个公园里面的办公楼整个让给我们，我们就在这个公园里面办公。为了把工厂搞得先进些，我们还到哈尔滨亚麻厂去学苏联的亚麻脱胶车间，用化学站形式输送配料液体，把厂房结构委托给沈阳建筑工程部东北工业建筑设计院建筑工程部设计。建新厂的木材、钢筋都已经到货了，结果"大跃进"大炼钢铁，把我们的指标划出到鞍钢去了，我们也到鞍钢的铸管厂去炼钢了。后来项目撤了，厂也不建了，1959年我们这些干部都被安排到鞍山市，我到鞍山轻工业局纺织科任副科长。1958年辽阳棉纺厂、麻纺厂、海城丝绸厂都被下放给鞍山市管，纺织科就管辖这几个厂。1960年，开始实行"调整、巩固、充实、提高"方针，纠正"大跃进"时期一些不当政策，原下放的大型企业又收归省管。1961年我被调到辽宁纺织厅去了，一直到1968年。1968年以后，辽宁省所有干部下放到盘锦干校，我又在干校干了1年，前3个月在深井钻机旁干搅拌泥浆，后9个月回纺织连食堂烧回风灶。

现在很多工厂生产的这种无纺DV型粘合型滤料都采用了我们的这个工艺

1973年开始，下放干部陆续回省，我在近年底的时候回到纺织厅丝绸处当工程师。经过"文革"，国内的工业生产普遍下滑。东北工学院（现东北大学）一个教授叫王金波，现在同我关系还挺好，他是冶金系的。他

（右）参加中国纺大校庆，1991年，上海

对纺织不熟悉，当时武汉钢铁公司扩建，成套进口德国设备，他拿了几块德国进口的过滤材料样品到我们纺织厅丝绸处，想搞一台梳棉机，在实验室里自己搞试制。我一看样品原材料是化纤的——合成纤维，是蓬蓬松松的，粘在一块儿的，就希望给他们解决梳棉机。我说在纺织行业里面有多种梳棉机：梳羊毛的，毛纺工业叫梳毛机；梳棉花的，棉纺工业叫梳棉机；绢纺工业里梳绢纺的叫圆梳机；棉纺里面还有精梳机。我说即使给你一台棉纺的梳棉机，既要包针布，还要磨针，你在实验室做试验是挺麻烦的。我说你把这个样品放在这里，我给你找个有棉又有毛的厂子，再一起一点点做试验，另外再找一些国外的资料看看，两家合作试验，成功的可能性大。

丹东绢纺厂有个家属工厂，里面有旧的棉纺梳棉机、毛的梳毛机和绢的圆梳机，还有做毛毯和拉毛、烘干等的设备。不出几天，我陪同王金波等数人一起到丹东五龙背那个厂，把样品交给厂长看，说是用在钢铁厂的空气过滤，我说今后需求量肯定很大。厂长说用我厂的设备做试验不要一分钱，但是研究成功以后，只要求安排在我这里生产，有个新产品可以扩大生产。

后来，我又领着丹东绢纺厂的人到东北工学院的实验室去看，他们原来做通风试验有一套完整装备。不久他们在一套资料上看到，这个粘合的东西就是以前我们搞的一种原料叫作维尼纶，是聚乙烯醇一类的东西，实际上就是做维尼纶的最后一道工序，没有把它缩醛化的一个半成品，它在60℃就熔化了，化了以后再一冷却就又粘起来了，粘合剂就是那个东西。

接着，又到北京的维尼纶厂，该厂是用中国自己的技术在生产维尼纶。维尼纶的原料是电石，电石出来是乙炔，乙炔是C_2H_2，很简单。我们拿了一包样品回来，手工把它混在里面以后用烤箱一烤，拿出来以后一冷却粘在一块儿了，哈，好极了。后来我们就到北京维尼纶厂买了好几十公斤，带回五龙背，就用合成纤维混在毛纺的梳毛机里面，对比例和温度做了好多次测试试验，研究生产出了第一块过滤材料。在实验室做通风试验，行了。工艺突破以后就生产了一部分，并开了鉴定会。五龙背第一家搞起来，通过东北工学院报到冶金部，得了国家科学技术进步奖三等奖。我那时候刚好被提拔当了辽宁省丝绸公司副总经理，由于得奖名额有限，所以我没有署名。后来这个项目又在纺织部得了四等奖。

现在很多工厂生产的这种无纺DV型粘合型滤料都是采用我们的这个工艺，对于我来说，也是同东北工学院共同搞创新科技的产品。

辽宁省在1979年9月成立了工商贸结合的辽宁省丝绸公司

在省委书记任仲夷和省委政研室主任高士瑾（原东北纺织管理局局长、辽宁纺织厅厅长）的支持下，辽宁省在1979年9月成立了工商贸结合的辽宁省丝绸公司，这是国内首家冲破各种藩篱，而且是丝绸业界众望所归、久盼的行业管理新模式。总经理叫罗建华（我任副总经理），原来是个资本家的儿子，他的父亲原来在上海就是做丝绸生意的。他在丹东有个叔叔搞了一个义泰祥丝绸厂，1941年太平洋战争暴发以后，罗建华在大学三年级就被从上海叫到丹东，来接管这个工厂。他也感觉这个行业没有上面政策保护不好办，如果商业归商业，外贸归外贸，农业归农业，就是普通人家说的"叫娘娘不应叫爹爹不应，我这个孤儿寡母怎么弄啊？"

1982年，罗建华率队访问美国，向美国经销丝绸商介绍中国特产"柞蚕丝绸"，并与数家著名企业达成多项合作协议。如：与美国沙马什公司达成海城"星海柞绸"合作生产协议；与一家商标公司谈成与松树丝绸厂长期合作定制丝织商标；还与另一家美国传统名牌专制高档装饰用悬挂"丝穗"的企业谈定，增加用柞蚕丝的品种，对方还同意我方派两名技术人员去美学习设计和制作技术，这是为了今后把产品生产部分转移到中国。

1983年初，我们还派出两个技术人员小组，分别到瑞士和意大利学习新型染料应用到柞蚕丝绸的技术。同时，除了与日本有名望和实力的日本制服公司（NUC）谈妥丝绸服装（包括日本和服）长期供货外，对方还同意派时装表演模特老师来华培训我方模特，辽宁也由此组建了一支12人的丝绸时装模特队。与此同时，上海第一丝绸印染厂也组建了时装模特队。后期，中国丝绸公司成立，曾组织这些模特去德国法兰克福、法国巴黎和日本东京、大阪等地的博览会参加丝绸时装表演。

1979年9月，由中国纺织品进出口总公司副总经理吴震带队，率8名代表（当时我国还不是国际丝绸协会会员国，只能作为观察员国）参加了国际丝绸协会在瑞士卢塞恩召开的大会，我与上海丝绸工业公司吴裕贤总经理也去了。1981年10月，联合国亚洲及太平洋地区经济社会理事会在泰国曼谷召开"亚太地区发展丝绸论坛"，我国由中国纺织品进出口总公司副总经理袁跃峰率团三人（我与公司李有洲参加）参加。开会前，总公司责成我在江浙等省调研后，执笔大会发言稿，并由新华社译成英文稿，主旨是中国愿意全面协助亚太国家发展丝绸业。我的发言稿得到参会国的一致好评。国际丝绸协会每四年召开一次大会。1983年9月在英国伦敦召开，那时，我国已申请成为正式会员国。由中国丝绸公司总经理王明俊带队，共15人参加（我和上海吴裕贤总经理等5人作为工业代表）。

丝绸行业要改革，必须实现农工商贸一体化，就是由一个部门来管，要有政策保护

陈诚中是中国纺织品进出口公司的总经理。他一直主张丝绸行业要改革，必须实现农工商贸一体化，就是由一个部门来管，要有政策保护。1

吨棉花才2万多块钱，1吨丝现在要卖到33万块钱，一个工厂假如缫了1吨丝，卖不出去压在仓库里，33万块钱的利息要多少？哪一家都压不起，对不对啊？要压只有国家来托底，这个行业本身有这个特点。丝绸的创汇成本很低，1985年平均只有2.35元人民币创1美元（而那时的汇率是1美元换8—9元人民币）。当时，我国出口产品主要是纺织品，机械产品出口很少，纺织品出口中丝绸占比较大，所以当时国家对丝绸较重视。

当时王庄穆、孙和清，一个是纺织部的，一个是外贸部的，都是工程师，以他们两个为主，提出要成立丝绸公司的方案，写了以后叫陈诚中看，往上报，这个方案在20世纪80年代初已经在酝酿了。

在全国丝绸业界期盼下，国务院于1981年12月7日正式发文，批准国务院财贸小组关于成立中国丝绸公司的报告，决定成立中国丝绸公司，委托国务院财贸小组代管（实际上后来由国家经委管理）。随后几年，全国各生产省（市）相继成立了相应的丝绸公司。鉴于全国丝绸业创汇较多而技术装备落后，国家经委在头几年安排了较多的技改项目和费用，企业受惠许多。总公司在成立短短两三年内，协同省市公司发展合资企业，合资

（右一）与老同学相聚，2014年

方主要是德国和意大利，投产发展较好的是山东烟台和浙江杭州与德国合资的企业。丹东与意大利的合资，因后期经济纠纷未正式投产。

北京的中国丝绸公司总经理是王明俊担任的。当时已离休的陈诚中有个想法，我们这个公司成立以后放到哪呢？他的意思是要放到上海去，丝绸大部分出口都放在上海，而且是中央拿了2000万，准备在上海盖个大楼，地址就选在延安西路到虹桥飞机场去的那个地方。在北京成立中国丝绸公司，属于副部级，由经委代管，成熟以后迁上海，文件里面写得很清楚。所以好多原来想要回上海的干部，都要到丝绸公司来。我就从辽宁调北京了，上海的吴裕贤（上海丝绸公司总经理）也调来了。可能因为在丝绸工业行业的高层里我们两人外语和技术比较好吧，我们能同外国人进行一般的对话，技术、贸易的东西都还可以谈一谈。1983年，我作为辽宁的干部，参加了英国伦敦国际丝绸协会的会议，是王明俊带队的，工业方面去了一个上海的吴裕贤，纺织部一个处长，还有一个翻译。出国后王明俊一看我们（我和吴裕贤）懂外语，生产技术业务也很熟悉，回来以后就提名我们去北京，大概有点这个关系。

一个是要求财政部税务总局把丝绸的税降下来，再一个就是要把计算价格的办法改革

1984年上半年有3个月我在大连工学院参加了由国家经委办的高级管理干部培训班的学习，学了一些现代管理的东西，下半年开始我就在中国丝绸公司正式工作了。到北京后，我提出了价格要改革。那是从计划经济转入市场经济的时候，价格双轨制嘛。比方说是计划经济1吨钢材4千块，市场经济就可以卖到5千、6千块钱，很多人不就是从这里面赚了钱嘛。丝绸价格改革就要把原来计划经济的价格突破，一个是要求财政部税务总局把丝绸的税降下来，再一个就是要把计算价格的办法改革。原来卡得很死的计算办法要放宽，工业就有好处。价格改革是1985年执行的，我们价格改革小组还出了一本册子，是王明俊题字的，这本册子我还留了一本。这是丝绸公司成立后的一大功劳。

有了中国丝绸公司，可以考虑丝绸行业的整体利益问题，这个价格起了一个最大的作用，税减少了，价格制定得合理了。企业卖不出去的丝可以得到国家储备，国家一年要储备1万吨丝，把一年的出口量储备在那里，主要是考虑天灾人祸、收成不好的情况；第二年行情好再出去，因为这个丝你放三年五年也没关系，不像其他的要烂的。这个储备丝的钱呢，财政给贴息。农业发展银行的业务里面就有这个内容，我就觉得这个行业依靠这个以后就活起来了，成立丝绸公司第一大好处就是价格的好处。

我现在能记得的就是过去叫"产品税"，从三年里面逐步减少，后来的产品税都没有怎么变。现在纺织品的出口退税不是有百分之多少吗？现在叫增值税。现在纺织品增值税到最后一道一共要缴多少，17.5%嘛，过去退11%，后来退13%，再后来退15%，现在有说退到16%，1%国家拿了。所以税收退了，这对企业有很大的好处。

中国丝绸公司撤销后，又形成工贸分开的格局，工业的成立了中国丝绸实业公司。1986年9月份，国家要撤掉中国丝绸公司。国务院办公厅1986年12月正式下的文，12月底就要撤，撤的时候开了个会，会后下了个文件，说撤销中国丝绸公司。撤销中国丝绸公司的原则是干部哪里来回哪里去，也就是工业来的回工业去，我是工业来的，回到纺织部，当时纺织部成立了一个中国丝绸实业公司，我担任总经理。吴裕贤担任丝绸管理局的局长，政企分开嘛。实业公司成立后不久，与泰国著名的金汤普森丝绸公司合作，由我方援助扩建对方的一个小丝绸印染厂的缫丝车间，由浙江和四川省丝绸公司负责，并由杭州和南充有关企业提供水缫和大条（较粗）的丝设备，以及技术人员和操作工人的培训，实现"交钥匙工程"。

后来我去工商总局，想把公司名称改为"中国丝绸工业总公司"，但是他说你下面没有厂啊，工业总公司下面要有3个厂。我就把一个商店，把一个北京丝绸厂，再把另外一个单位拉在一起，国家工商总局在我退休前半年勉强批下来了，中国丝绸工业总公司一直保留到现在。

当时博物馆的事情是吴文英亲手抓的，一点也不放

两个老者，我们的老前辈们，一个陈诚中和一个朱新予，都是一辈子搞丝绸的。我有一次到杭州医院去看望浙江丝绸工学院院长朱新予时，他一直在跟我讲丝绸博物馆、丝绸协会，他说一定要把这些搞起来，搞好。原中丝公司总经理陈诚中也一直是那样讲的。

浙江省丝绸公司的李善庆与陈诚中是很熟的，为跑丝绸博物馆这些事儿，李善庆一次一次到北京来，我就住在陈诚中隔壁，老李也就经常到我家来一起谈谈这个事情。

我上次看见中国丝绸博物馆建馆20年出版的那本书，书中的大事记有一段东西没有写清楚：这个项目（筹建中国丝绸博物馆）当时是朱新予和陈诚中两个人要求建的。我1985年的时候在中国丝绸公司去跑这个事儿，当时国家计委拿出一笔钱给国家旅游局，1985年以前是没有旅游局的，国家要发展旅游事业，就成立了个旅游局。我第一次去谈，找旅游局的副局长，谈了以后他很高兴，说要在杭州成立丝绸博物馆，因为丝绸是中国有名的传统产品，还有对丝绸之路的这些国家和地区的影响，很重要，他就同意了。

第二次我去是拿文件给他签，他也签了，实际上是中国丝绸公司会同国家旅游局联合向国家计委申报的。国家计委批准后，1986年上半年，中国丝绸公司同国家旅游局联合下了文件，正式明确建立中国丝绸博物馆。但是1986年年底中国丝绸公司被撤掉了，中国丝绸公司正式撤销前，即

与夫人合影，2015年，无锡

1986年年底之前，还下文明确安排了公司负责的基建投资。

国家旅游局1986年拿出500万以后也就不管了。纺织部吴文英呢，一看中国丝绸公司撤销要划归纺织部，而且是带过来一个博物馆，就把博物馆的事情亲手抓起来，一点也不放。

我是1990年9月退休的。无锡要在深圳搞一个丝绸企业，丝绸印染的企业，叫我去帮忙。省里拨了六七百万建厂的钱给无锡供销系统，结果他们把这个钱拿去放高利贷了。当时厂子已经建了一半，设备都进了一大半了，没有钱就停了。1993年我就回来了。

后来几年，我还协助原杭州凯地丝绸印染厂的宋金木，出版了提花丝织的古典文集《论语》、《孙子兵法》（另一册英文版的）、《金刚经》、《养生中草药》、《红楼梦》等。

我2006年获得了中国丝绸协会颁发的全国茧丝绸行业终身成就奖。

采访时间：2015年6月

我在丝纺工业五十年

原礼成

原礼成　原丹东丝纺工业局党委书记兼局长

原礼成，1953—1959年担任丹东丝绸三厂团总支副书记、车间党支部书记、厂团委书记、党委宣传部部长；1960年起分别担任丹东丝绸二厂党委副书记、丹东丝绸二厂革委会主任、丹东绢绸厂党委书记、丹东丝绸

原礼成

印染厂厂长、丹东丝绸公司党委书记兼经理；1986—1992年先后任丹东市总工会副主席、市工业委员会副主任兼纺织办主任、市丝纺工业局党委书记兼局长。1952年带领"原礼成小组"创建了"分工专业织绸法"。在丹东丝绸二厂、丹东绢绸厂和丹东丝绸印染厂任职期间，组织实施"三上"（上品种、上产品水平、上质量）和"一改"（加速老厂改造），进行产品转型，大搞技术革新，使各项经济指标创历史最好水平。丹东丝绸印染厂在1983年创出1个国家银牌产品和4个部优产品，协助辽宁省丝绸公司完成了10家工厂和5个茧站下放丹东市的交接工作，并一手组建了丹东丝绸公司。《对丹东丝纺产品结构调整的调查报告》刊登在《辽宁纺织》杂志

上。1990年，纺织工业部称赞其"从事思想政治工作三十年，为纺织工业的精神文明和物质文明建设做出了贡献"。1993年入选《奉献在丝绸》名人录。

丹东丝绸三厂1952年的产量是110万米，1957年达到1000多万米

我出生于1930年11月27日，老家是山东省长岛县庙岛村。旧社会，我母亲逃荒，把我领到丹东。1942—1943年我在丹东政源号棉织厂当学徒。丹东第一次解放后，我学徒期满了，在天昌祥染厂当工人。丹东第二次解放是1947年10月，我在东北第三纺织厂当织布工。当时，工厂开展增产节约运动，厂长动员我们加班加点，说解放军在等着冬天的服装。我们一天一干就是18个小时，创了新纪录，我被评为生产能手，上了光荣榜。抗美援朝战争时，工厂搬到了佳木斯市，我被分配到沈阳市东北第八纺织厂。抗美援朝战争结束后，我调回丹东，正赶上丹东丝绸三厂（后改为丝绸一厂）在建设，我便投入到丹东丝绸三厂的建设当中。当时，辽宁省丝绸公

（右一）在厂职工大会上发言，1980年，丹东

司有一个老经理，叫罗建华，负责帮助建厂工作。谈起丹东丝绸行业，这个领导不能忘。罗建华是浙江人，是上海法学院经济系毕业的。旧社会，他父亲在丹东开了一个义泰祥丝绸厂。父亲去世后，他在这里当经理。丹东解放后，他参加了革命工作，担任丝绸公司经理、辽宁省纺织工业厅副厅长。

1952年，有一天，罗建华经理安排我组织小组试验"分工专业织绸法"，打破织绸历史上一人看一台机的老习惯，扩大看台量，并把这个小组命名为"原礼成小组"，我愉快地接受了这个任务。我带领的原礼成小组创建的"分工专业织绸法"在丹东丝绸三厂推行，打破了传统的织绸法和看台记录。经过半年的试验，劳动生产率提高了一倍。罗建华经理很高兴，先在全厂推广，后在《辽东日报》和省丝绸公司海城现场会议上让我介绍经验，并在全省丝绸行业推广。

丹东丝绸三厂1952年的产量是110万米，1957年达到1000多万米。那时候，丹东丝绸三厂总产量占丹东丝绸公司总产量的40%。1952年，我们小组被评为先进生产小组，我被工厂评为特等劳动模范，同时加入中国共产党并被选为市政协委员。1953年，我担任团总支副书记。1954年，组织上把我送到东北团校去学习，学习政治经济学和历史唯物主义。毕业后又回到丹东丝绸三厂，先后当过车间党支部书记、厂团委书记、党委宣传部部长。任厂团委书记时，我组织青年开展韩秀芬技术互助、邓玉芝生活互助、李淑芝思想互助等活动。三互助活动得到省、市工会及共青团的认可和推广，她们三人分别被评为国家、省、市级劳动模范。我被团省委授予"青年社会主义建设积极分子"称号。1957年，我被选为中国社会主义青年团第三次全国代表大会代表，5月15日至25日在北京出席中国社会主义共青团第三次全国代表大会，集体受到毛主席的亲切接见。

罗建华经理把我送到这个丝绸平台上，做了一些领导工作，我所取得的成绩，与罗建华的领导是分不开的。他不仅仅在业务上指导生产，在抓干部、抓科技、抓经营上，也确实是能人，像孙燕谋、朱克敏、朱新予、钱建昌，都是他招收进来的。这些人后来都是丹东丝绸行业的技术骨干，其中孙燕谋最后是中国丝绸公司总经理。

扭转了工厂生产经营的被动局面，本人被省丝绸公司荣记一等功

1960年，我被调到丹东丝绸二厂担任党委副书记，主管老厂改造和全厂生产。这个厂是有60年历史的老企业。通过深入车间、班组调研，我发现它厂房老、设备旧、品种单调，我提出并组织实施"三上"（上品种、上产品水平、上质量）、"一改"（加速老厂改造）等规划，使老厂换新貌，各项经济指标创历史最好水平。同时，精心组织贯彻《工业70条》，开展学大庆活动，工厂被评为"省工业学大庆先进企业"，本人被市委评为"学马列、毛泽东思想积极分子"。正在工厂蒸蒸日上的大好时机，"文革"开始了，我被打成"走资派"，关押了8个多月，被批斗了300多场。我到1972年才恢复工作，担任生产指挥组组长，后任厂革委会主任。

1978年，我被调到丹东绢绸厂任党委书记，组织老厂改造，进行产品转型，三年迈出三大步，1979年创利润485万元，1980年创利润904.3万元，扭转了工厂生产经营的被动局面，本人被省丝绸公司荣记一等功。

1980年，我被调到丹东丝绸印染厂任厂长，积极带领全厂进行企业整顿、技术创新，使工厂各项指标创历史最好水平，实现利润730万元，完成出口交货值1602万元。1983年，工厂创出1个国家银牌产品和4个部优产品。1984年，我被评为丹东市先进工作者。

1985年，省政府将丝绸企业下放到丹东市。丹东市委、市政府安排我组建接收组，与省丝绸公司一起对10家工厂和5个茧站进行交接。在完成交接的基础上，市委、市政府安排我组建丹东丝绸公司，我被任命为党委书记兼经理，精心组织所属企业签订责任状，与乡镇企业横向联合，共同开展"三上"（上品种、上水平、上档次）、"一提高"（提高

在企业动员大会上发言，1982年，丹东

（左一）随辽宁丝绸代表团考察美国，1984年，美国

质量)活动，使我市丝绸行业改革迈出了可喜一步。特别是，我亲自组织力量对柞蚕生产进行全面调研，向市委、市政府提出柞蚕生产调整、提高、适当发展的建议并组织实施，使蚕业生产有了回升，1986年收购量比前一年提高10%；1987年比前一年提高75%，有力地保证了柞蚕丝绸产品出口的增长。

明知征途困难多，振奋精神不滑坡，团结协作争上游

1986年以来，我先后任丹东市总工会副主席、市工业委员会副主任兼纺织办主任、市丝纺工业局党委书记兼局长。当时，丹东市的丝纺系统生产经营非常困难，我在主持工作的同时仍然坚持学习，深入企业进行调研、指导并写出书面报告，向全局职工提出：明知征途困难多，振奋精神不滑坡，团结协作争上游。全局齐唱两首歌：一唱《国际歌》，不靠神仙和皇帝，只靠自己救自己，唱出自力更生、艰苦奋斗的精神作风来；二唱《团结就是力量》，唱出全局协作作风成效来，并认真组织实施。在全省开展的局级竞赛中，丹东丝纺工业局获得优胜，山东省纺织工业厅奖给我们一面锦旗。我写的《对丹东丝纺产品结构调整的调查报告》刊登在《辽宁纺织》杂志上；1990年，纺织工业部称赞我"从事思想政治工作三十年，为纺织工业的精神文明和物质文明建设做出了贡献"。

　　我1993年被选入中国丝绸协会和中国国际名人研究院合编、由中国纺织出版社出版的《奉献在丝绸》一书的名人录中。1949年以来，全国共有598名丝绸行业管理、科研和技术人员入选该名人录，我在其中排名第116位。

采访时间：2016年7月

《蚕业史话》

——专业与科普的珠联璧合

周匡明

周匡明　江苏科技大学蚕业研究所教授，蚕业史专家，研究员

周匡明，毕业于苏州蚕桑专科学校，分配到江苏科技大学蚕业研究所，从事蚕业史研究。其所著的《蚕业史话》于1983年由上海科学技术出版社出版，1986年

周匡明

获上海市第二届科普作品二等奖，2007年获第二届全国科普优秀作品奖二等奖。《蚕业史论文选》于2006年由中国文史出版社出版。《中国蚕业史话》于2009年由上海科学技术出版社出版，同年被评为镇江市科学技术协会的"十佳科普图书和科教片"。在《国际蚕丝》《蚕业科学》《农业考古》《农史研究》《中国纺织史资料》等刊物发表论文30余篇。2011年受中国蚕学会聘请担任《中国古代发明创造国家名录》（蚕业部分）主编。2016年7月去世。

我的伯父是搞蚕桑的，对我有很大影响

我1930年出生于江苏宜兴，和老蒋（蒋猷龙）是同乡。那时高中毕业，我家里穷，没钱，父母双亡后，叔叔带着我。他在蚕种场工作，熟悉几个人，这样我就进了苏州蚕桑专科学校，读蚕科。后来职业学校动员下西南，我坚决要读书，学习班对我很有意见，因为我是学生会的会长，不带头会影响大家。当时读的是中等职业学校，学这个蚕桑专业也是有原因的。那时候新中国刚成立，只有蚕桑专科学校可以读。当时，蚕科是第一个开学的。

我的伯父是搞蚕桑的，对我有很大影响。堂伯父周元秀很有名，跟着朱新予在浙江推广蚕桑，所以我也读了这个专业，毕业后就到了这里。

那个时候几个名家都在，王干治先生、夏道湘先生都是当时的教员。学校里有一个进步的教师，姓杨，很活泼，喜欢跳舞，社会活动很频繁。他有一本新出版的《中国通史简编》（范文澜主编），拿来给我看，说："蚕丝历史悠久，你看《诗经》中有讲到春秋战国时候养蚕的故事，甲骨文中也有文字记载。"我觉得很新鲜，问杨老师："你能不能借给我看看？"他说："可以，你拿去吧。"我看后，摘录了一块写写，投到《苏州明报》，结果登出来了。那时我是十七八岁的小青年，感到很兴奋。

后来，我把甲骨文的摘了一段，然后加几句老师在课堂上讲的话，摘摘弄弄，拼拼凑凑，投到当时蚕业界唯一的刊物——由蚕种场办的《蚕丝杂志》，结果就登出来了。这下我很高兴，心想以后要终身搞蚕业了。

我读蚕科时，校长叫管守孟，他后来任上海市××局局长，现在是离休干部，很有名的。管校长教"蚕业概论"，我就问他："管老师，你这上面讲的嫘祖发明养蚕的故事，是不是真的？"他说："我也不知道，你今后好好研究吧。"从此以后，我决心在这条路上走下去。

我没有老蒋那么幸福，他环境比我好，条件比我好，我呢，只有咬紧牙关。1956年，我的论文《嫘祖养蚕考异》发表在中国顶尖的刊物——中国科学院《自然科学》杂志上面。记得发表前的那年冬天，我到位于承德的编辑部出差去，一位姓王的女同志（原来是我们这里蚕业所毕业的学生），就好像家里来了亲人一样，长啊短啊很亲切，说："小伙子，审稿

的东西不能给作者看的，今天例外。"她说两年来第一次碰到有人支持，也有人反对的稿子。支持的人在这里，王毓瑚就支持。有人说："这篇文章已经离经叛道。"王毓瑚说："他离得好，有什么不可……最后请你们的祖师爷万国鼎先生旁征博引，内容翔实……"记不清了，这位姓王的女同志说："下期给你登。"

周尧先生是西北农林科技大学教授，很有名的昆虫史专家，因为这篇论文，他跟我意见不合，两人"打了20年官司"。想不到，后来在全国科学史大会上，周先生第一个站起来（他和我分在同一个组里），向我检讨。我坐不住了，但又不好回答他，只好会后到他房间里去道歉，说："小孩子说话有时重了点。"（20年前我还是二十出头的年轻人，少经世事，争论的时候没个轻重。周尧先生比我年长18岁，所以在他面前，我也自称小孩子，不懂事。）后来，我的第二篇文章《中国桑树嫁接技术的历史演变》刊登在中国科学院刊物的头版头条。

我们所长带来了我那本《蚕业史话》[①]，它曾经获得国家二等奖

我对自己的研究很有兴趣，所以坚持下来了。2007年，我们国家蚕桑界唯一的院士向仲怀老师亲自跑到我家来，我此前跟向老师见过一面，但是不熟悉。当时我们所长带来了我那本《蚕业史话》，它曾经获得国家二等奖。向老师跟我说："能不能把近几十年来的资料补充后扩展点？"我说："可以啊，就是没资金。"他说："一切费用由我来。"这一说我们所长坐不住了。当时不好说明，但有一次到成都去开会，他就把这本书（指后来的《中国蚕业史话》）要回来了。

我们所里对我的评价："文章写得再好，不能增产一斤蚕茧。"

你知道吗？我的研究员职称是部长亲自点名的，而且还挂在农科院……部长当时又是兼我们农科院的院长，他说："再发给他一份工资，我签字。"研究员有正式的工作证，回头你们可以看。向老师最近给我写了一封信，我都很不好意思拿出来（给你们看）。

在向老师的鼓励下，我又出版了一本《中国蚕业史话》，是上海科

---

①《中国蚕业史话》的前身。

"第二届全国优秀科普作品奖"获奖证书

作品名称 **蚕业史话（书）**

奖励等级 **二等奖**

作　　者 **周匡明**

责任编辑 **朱可才**

出　　版

发表单位 **上海科学技术出版社**

《蚕业史话》被中国科学技术协会评为第二届全国
优秀科普作品奖二等奖，2007年

学技术出版社出版的，由我和张健改写。就是在原来的《蚕业史话》上增加了30多万字，将近50万字。还是很顺利的，业务上有院士支持，所以一路绿灯，张处长配合当助手，如果要点资料他也会帮忙。

写《桑考》有这么一个过程，有一次在北京开学术研讨会，陈文华（即后来的《农业考古》的主编）跟我讲："周老师你支持一下，我想办一个刊物。"我说："我只会写写东西，其他没什么，我认识部长，要么请他给你说说话。"结果，杂志办起来了，第一篇文章我就是写了《桑考》来支持他，后来一登出来就有很大的反响。后来，部长在《文汇报》上发表了一个消息：中国地大物博，历史悠久……我看到桑树历史非常有趣，某人写的《桑考》给我们增添了知识。

我终身想写一本关于蚕业史的书，按我的观点写

我终身想写一本关于蚕业史的书，按我的观点写，结果由于环境条件，一直没能完成。你看这张照片，舒部长是顾问，他亲自送过来的（指《中国蚕业史话》），我很感动，尽管我们是老朋友，但是上飞机，下飞机，几十斤，还是要老爷子自己背的。他为什么自己送来？这里有个故事。有一次我们到江西去，讲起蚕业历史，都很感兴趣。我谈到我跟蒋先生从小就是很好的朋友，学术观有两条路，蒋先生说我是遗古派，他有一封信非常有意思（这个历史你们留着，很有参考价值）。他们把我比作顾颉刚，我不敢当。舒部长当时是省委书记，他来了，有很多大事要做，却一定要陪我一个晚上，要我做点事，帮他搞几个模范县。有一次闲谈，他说："你这个老头好像很固执。"我坚持认为自己的观点没错，等这本书写好后，他才彻底明白过来了，老家伙说得有道理，因此他为了表示歉意，把书亲自送过来了。

我们学校副校长要开个欢迎授书大会，就在学校会议室举行，大家见见面说说，副总编辑就这回事（留个纪念，指前面的照片）。有个张处长（张健）学农业经济的，对中国农业近代史比较熟悉。"我想把他扶（提拔）起来，"原来向老师看中小张，"但是我研究生不招了。"他说让我代他挂名，因为我退休了。结果我们处长英语没过关，两次没过关，向老师说不能再等了。所以我就帮处长准备了一大堆需要破格的文件、聘书，帮他报考了。

写蚕业史这个工作是马拉松。我说："我等不及了，年龄有限，与向老师商量从远古到近代主要科技成果形成一篇篇论文，今后要浓缩起来。这事我现在写了9篇半，你们看到的是3—4篇，还有蚕业科学、南京农史研究，还有3篇稿子在编辑部，还有1篇在桌子上没有写完。我跟刘挺讲了，你放心，我能完成。以前写过一篇论文，《举手不见天，一亩才

（左二）和采访者合影，2013年，镇江

三千》。古代1亩有2800多斤，把这篇文章修改起来，就是一篇论文。"我和向老师说，我完成了10篇。

向老师听说你们来采访，他非常支持，说："我过去听过博物馆的事。"朱新予先生对我非常礼遇，戚隆乾带他来我宿舍时朱先生已经83岁了，朱先生眼睛看不见，和戚先生两人来，我非常感动，他们要把我调过去，曾写了一封信："兄向来孤军苦战，后来崛起。"客气得很。实际上朱先生是我父辈，我很怀念他。

采访时间：2013年8月

蚕种的繁育

冯家新

冯家新　原浙江农业大学教授

　　冯家新，1954年毕业于浙江农学院蚕桑系，浙江农业大学蚕桑系系主任。一直从事家蚕良种和育种教学、科研工作。1976年创新了简易蚕种催青法，1997年起草了国家蚕种质量标准。20

冯家新

世纪70年代，和导师陆星垣教授研究的夏秋蚕新品种浙农1号，获浙江省1979年度优秀科技成果奖三等奖，获浙江省人民政府1980年度科技成果推广奖一等奖，获国家农委、国家科委1981年度重大成果推广奖。1982年年底至1985年年初，受联合国粮农组织聘请，到非洲马达加斯加民主共和国担任蚕桑技术总顾问，获得总统颁发的骑士勋章和奖状。编著《浙江蚕品种》《蚕种繁育研究》《蚕种研究文集》《蚕种繁育专题》，主编全国高等农林院校教材《蚕种学》《蚕种繁育选集》《家蚕育种选集》等，共22部，发表论文150余篇。曾兼任《中国蚕业史》《浙江省蚕桑志》副主编，兼任全国农作物品种审定委员会委员、中国蚕学会理事、浙江省蚕桑学会理事长等职。1993年起享受国务院政府特殊津贴。

浙农1号与苏12品种杂交制成的一代杂交种，可以比原种产茧量增加20%

我1931年4月份出生于江苏宜兴，1950年毕业于苏州高级中学，后来考取了浙江大学蚕桑系。我的父亲是搞蚕桑的，我报这个专业跟家里的影响很有关系。浙江大学在当时是很有名气的，所以我第一志愿就是浙江大学蚕桑系，考试后就录取了。读了两年浙江大学，后因全国院系调整，最后毕业于浙江农学院了。1954年7月份毕业留校工作，一直从事蚕业教学和科研工作。1996年下半年退休，实际工作了42年。退休后，我继续搞点科研工作以及整理资料等，我写的著作包括参编的总共22部，发表论文150余篇。

我的爱人是我的同班同学，她也是留校工作的，我是搞蚕种的，我爱人是搞茧丝的，我的主要工作是蚕种和育种的教学、科研。

我做的第一个课题是"家蚕蛾交配中和产卵中的明暗对产卵的影响"，1956年做试验的，发表在《浙江农学院学报》（1957年）上。当时得出来的结论就是：产卵的时候的光线暗，它产卵速度快，产卵量多。这是我的第一篇论文。

我的研究方向主要是蚕种。如何提高蚕种质量，这才是重要的问题，不管是哪个农业方面的，种子都是最重要的，选用优良品种，是最经济、最有效的增产手段。20世纪70年代，我和导师陆星垣教授一起研究夏秋蚕新品种浙农1号。浙农1号品种，在我们浙江起了很大的作用，因为浙农1号与苏12品种杂交制成的一代杂交种，可以比原种产茧量增加20%。这个杂交种具有"三齐"（孵化齐、眠起齐、上蔟齐）、耐氟、抗高温、体质强、产量高、丝质好等优点。20世纪80年代，这个杂交种在生产上大规模进行了推广。其制种量占夏秋蚕品种的比例高达78.96%，就是说100张夏秋蚕种中有将近79张是浙农1号×苏12，累计饲养1223万张蚕种。在当时来讲，这个品种是第一位的，这个夏秋品种，在稳定浙江的蚕茧产量上起到了很大作用。夏秋期高温不容易养好蚕，但这个品种因抗高温、耐氟而得以大量推广，在八九十年代，主要是80年代，占了很大比重。

我们当时选的浙农1号的亲本是141×306，141丝量比较多，306体质强健，所以把丝量大、体质强健两个优良性状通过杂交结合来延续到后代。这个品种在当时产量、质量是很好的，是浙江的主要品种，因此也得到了浙江省科技成果奖三等奖，浙江省人民政府科技成果推广奖一等奖，国家农委、国家科委重大成果推广奖。

我们国内研究的蚕大部分是二化性品种，一年可以繁育两代

1982年年底到1985年年初，我通过农业部受聘于联合国粮农组织，具体任务是到非洲马达加斯加民主共和国担任蚕桑技术总顾问，"发展高原地区养蚕业"。于是我带了我们浙江有关专业的数个成员，去工作了两年多，帮助他们繁育家蚕良种，培养蚕业人才，发展养蚕业，取得了一定成果。当时，马达加斯加蚕业生产比较落后，但在非洲国家来讲，它的蚕茧产量是第一位的。当地的蚕品种是多化性的，而且是没有滞育期的多化性，产卵后隔10天左右又孵化了，它是具有连续性的，我们国内研究的蚕大部分是二化性品种，一年可以繁育两代。为了求丝质好，第一代经化性处理，可以变成一化，以后再用冷藏、浸酸等措施，让它再孵化，这样它身体强健，丝量也多，这是国内的情况。马达加斯加是无滞育多化性品种，一代一代连续养，也是很麻烦的，有的时候桑叶没有了怎么办呢？所以我在那里给它改良蚕种，按中国的模式，育成了两个二化性家蚕品种。此外，对产量低的地方品种进行选育，重新组合，其中一个三元杂种，产茧量提高了将近50%。因为工作上取得了一些成绩，所以马达加斯加总统签发给我一个骑士勋章和一个奖状。我回国后，获得了1984年度"浙江省优秀共产党员"称号。1986年，我开发了蚕种催青法。我们的蚕种等于

（前排左一）获马达加斯加民主共和国骑士勋章，
1985年，马达加斯加

在浙江农业大学实验室育蚕，1983年，杭州

鸡蛋嘛，鸡蛋加温才能孵化出小鸡，在蚕种生产上，蚕卵加温孵化成蚁蚕的过程叫催青。蚕卵胚胎期有十五个阶段，从丙2胚胎到孵化，每个阶段都要有一定的温度保护。我做试验给它简化了，也创新了，就是说丙2到戊2是一个温度，戊3到孵化是一个温度。这样工作省力很多，而孵化率也并不低，我就把它叫作"简易催青法"或"两段催青法"，在全国推广，不光是浙江，全国都在用。从催青开始，对以后的原蚕饲育、种茧保护、制种、冷藏、浸酸等进行一系列试验：选用适叶、改善种茧保护和产卵环境能增加产卵量和提高卵质；过去，蚕种冷藏的有效期只有60天，现在可以延长到120天；浸酸后的冷藏过去只有1星期，现在有1个月，甚至2个月还能正常孵化；等等。就是说，在蚕种生产上运作这些技术，对提高蚕种质量、调节蚕种供应起了很大作用。当然这不是我个人的功劳，但最初我就是搞这些事情的。1997年的第一部国家蚕种质量标准主要是我起草的，现在还在用，没有改过。

我升教授比较迟，当时有限制，就是研究生的导师年龄不能太大。我带了两个硕士研究生：一个现在在加拿大搞基础生物技术研究；一个在苏州大学当教授，也是搞蚕种、育种的教学科研工作。

1982年、1989年，我两次参加了浙江蚕丝综合考察团，到日本考察蚕业，一次担任副团长，一次担任正团长。当时，日本的蚕业在科学技术方面还是比较先进的。我举个例子，譬如蚕种浸酸以后，要求蚕卵快速干燥，过去就靠电风扇吹，后来改进了，日本虽然也是用电风扇的，但使用的方法比我们先进。那个时候的考察比较辛苦，20世纪80年代啊，没有说去旅游什么的，没有这个思想的，就是去学习它的先进技术。这个方面我们还是取得了很大成绩。回来后写了好多调查考察报告，将先进技术用于国内生产，为促进浙江的蚕丝生产起了很大作用。1993年的时候，我开始享受国务院政府特殊津贴。

查看桑树长势，2000年，杭州

1996年我退休以后，因为搞科研的机会少了，房子也没有，经费也没有，我就把过去分散的资料进行收集整理并写些书。这些主要的书都是我退休后写的，退休前没有这么多时间。

《中国蚕业史》，最初由蒋猷龙先生与我商量，策划组织有关人员编写，他对蚕业历史颇有研究，他是主编，我是副主编之一；《浙江省蚕桑志》也是这样，他是主编，我是副主编之一。因为我觉得史志不是我的专长，蚕种才是我的专长，所以我编写了《蚕种学》《蚕种研究文集》《蚕种繁育选集》《蚕种繁育专题》《家蚕育种选集》等科技方面的图书。

退休之后，除了写书，我还继续关注蚕种生产情况。我们两年开一次华东蚕种学术研讨会，我是发起人之一。1988年只有江浙两省参加，1990年扩展到华东地区，后来华东蚕种学术研讨会成为全国会议，全国各地都会派人来参加。我退休后一直坚持参加这个会议，直到2012年，整整参加了17次。在会议上我收集了大量资料，可用于进行新的研究。

采访时间：2013年8月

家蚕母种、原原种、原种的培育研究

潘恒谦

潘恒谦

潘恒谦　山东省烟台桑蚕原种场原副场长，高级农艺师

潘恒谦，1952年毕业于江苏省苏南蚕丝专科学校，毕业后被分配到山东省烟台中等蚕业技术学校。1954年撤校建场，成立山东省烟台桑蚕原种场后，先后担任技术主任、总农艺师、副场长等职务。先后培育出鲁七×9202、新松×新月，投放市场进行推广应用，并获得极大的经济效益，得到了香港新华通讯出版社颁发的"世界优秀专利技术"荣誉证书。"优质高产春用多丝量蚕品种菁松×皓月的推广应用研究"获江苏省1999年度科学技术进步奖三等奖，《桑赤锈病侵染循环发病规律和防治方法》获中国农业科学院1986年度农业科学技术进步奖二等奖。参与了向仲怀主编的《中国蚕种学》的编写工作，以及《山东蚕桑》的编写工作。多篇论文发表在《山东蚕业》《浙江蚕桑》，多篇论文被山东省蚕学会评为优秀科技论文一、二等奖。《烟台场桑蚕微粒子病防治的措施》入选"中国科学技术文库"（科学技术文献出版社），《夏秋用桑

蚕新品种新松×新月的选配研究》入选《世界优秀专利技术精选》（香港新华通讯出版社），并被香港新华通讯出版社聘为技术顾问。曾任山东省农学会理事、山东省蚕学会常务理事等。

我报考了当时的苏南蚕丝专科学校，并在这个学校读了三年桑蚕专业

我1931年1月30日出生在江苏省苏州市吴县，那是以前的县制，现在吴县没有了，应该是苏州市的吴中区。我高中毕业于江苏省昆山中学。

上海快解放那会儿挺乱的，我父亲不让我报考上海的学校。当时，苏州没有大学，只有专科，有工专、医专、美专，还有蚕丝专科。我报考了当时的苏南蚕丝专科学校，并在这个学校读了三年桑蚕专业，原浙江农业大学的金伟教授当时和我同班。

参加全国蚕学会第四届会议，1985年，沈阳

烟台有一个学校，1922—1926年，这个学校变成了师范学院。20世纪50年代，青州一个初级中专搬到这里，成立了一个中专性质的蚕桑学校（属于农业电大类的），叫山东省烟

参加江浙蚕种学术会，1990年，无锡

台中等蚕业技术学校。以前蚕丝专科学校很少，十分缺老师，毕业后国家统一分配。当时山东要蚕桑专业的人，就从我们学校挑了思想、学习各方面不错的来教学，一共7个人，我的老伴是我的同班同学，一起来的这里。这个学校开了1年多点，一共是3个班，2个班是初中毕业考上这里的，还有一个就是老干部班（干部培训班）。后来，某书记感觉丝绸出口不行，一句话就把这个学校撤销了，改制成为一个蚕种生产的原种场，这也是山东省属第一的桑蚕原种场，我们就留下来做技术工作。1981年，省里提出改革，把丝绸、缫丝、工业，还有外贸、农工商贸合在一起成立了丝绸公司，属于农业厅领导，这是山东，也是全国最早的农工商一体化。

《夏秋用桑蚕新品种新松×新月的选配研究》入选《世界优秀专利技术精选》，1991年

《菁松、皓月三眠诱导繁育杂交种试验初报》被山东蚕学会评为优秀学术论文奖，1994年，烟台

我们主要生产原种，原原种就自己用，江苏、浙江、广东、四川都用过我们的原原种

我1981—1984年做副场长，是管技术生产这方面的，1991年退休。退休以后，省公司要培养蚕的品种，我就专管新品种的选育工作。其实，山东场桑蚕茧生产原来发展得还是挺好

的，20世纪80年代到90年代蚕茧生产量最高的时候达到80多万吨。到了2003年，丝绸公司体制不行了。蚕茧属于农业，是比水果业都不如的行业，现在生产也不行了。

我在原种场工作了40年，原来是做技术员的，一直到1958年蚕种场放到这里来，我才评上了技师，那时候的技师比技术员职称高一级。"文革"时进行了体制改革，这个职称也改了，我变成了农艺师，一年后就晋升为高级农艺师。我们生产部门不像研究单位和学校，缺少教授，没有正职，正职是要到农业部的，所以我这个也相当于是个副教授。我当老师的时候开始就是教文化方面的课程，甚至还教了半年物理课，那时候山东省用的都是苏联课本，而我在苏州学的是英美的物理，后来教蚕种蚕桑，我的老伴负责教生产、丝绸这方面的课。学校变成原种场以后，我跟老伴就留下来一直做技术工作。

蚕种生产分三级，有原种、原原种和母种。所谓原种，就是半纯种，农村用的蚕种是杂交种，由专门的原种场生产原种和普通种。原种的上一代就是原原种，原原种基本上是纯种，原种也有杂交的，杂交原种跟生产的一代杂交种不一样，就像一个蚕分好几个系统，主要有日本种、欧洲种，还有中国多化性品种。所以，农村弄的是中国种跟日本种杂交的品种，找原种必须是日本种，什么品种就是什么品种。原原种要更纯，不能有品系什么的。母种实际上就是自己留的种，母种更高级。这就好像祖孙三代，就是品种不一样，杂交形式不一样。这个场一开始都是原种、原原种，是从江苏引进来的。1957年开始，自己生产原原种了，1959年全国种子要改革，因为量大了以后没有地方专门生产，所以江苏就自己留母种，我们也留母种，从1959年开始就有母种、原原种和生产原种。我们主要生产原种，原原种就自己用，江苏、浙江、广东、四川都用过我们的原原种，我主要从事母种、原原种、原种的生产，我老伴从事母种、原原种的生产，我负责全面的生产技术。

鲁七×9202，鲁七是我们这里选出来的，9202是从国外拿来的，我们配成一个新的杂交种

西南农大的校长叫向仲怀，他是工程院院士，我参加了他主编的《中

（中）在家中和采访者合影，2015年，烟台

国蚕种学》的编写工作，另外《山东蚕桑》一书中关于桑蚕生产这一部分的内容几乎也都是我写的。论文我也写了不少，还有好多是得奖的，《家蚕纤度细丝长长的多丝量春用品种东岳A×9204的育成》《桑蚕春用新品种鲁七×9202选育初报》等多篇论文获得山东蚕学会优秀科技论文一等奖、二等奖。有的论文还在《浙江蚕桑》杂志上登载过，但主要是在《山东蚕业》上登。我有个同学是镇江蚕业所的所长，他在我们这里发现桑树上有赤烁病，还专门在镇江蚕业所搞桑树的病害研究，我也一起参加了这个课题的研究，农科院奖励的时候也提到了我的名字。退休以后，我主要参加两本书的编写，一本是《中国蚕种学》，一本是《山东蚕桑》。

我在蚕种场工作的时候场子的规模还是可以的，职工接近200人，像我这样的大学生分配过来的不多。当时农业大学也有蚕桑专业的，我有个同学就从这里转到农大教学去了，本来叫我去的。我们那个老场长说："哎呀，你走了场子怎么办？"我最终还是选择留在场里了。场子后来改制成为省里的丝绸总公司，下面各个市还有分公司，所以我们这个单位还是属于省里的。它原来由农业厅领导，主要给总公司生产蚕种，供应蚕种，各个蚕种场要的种子以及原种也由这个场生产。1991年，我又被返聘回场里，培育了一个新品种，叫鲁七×9202，鲁七是我们这里选出来的，9202是从国外拿来的，我们配成一个新的杂交种。这个杂交种比全国蚕原种培育的青松皓月好，它产量高，丝质相当优越，这个品种省里面都用的，江苏用了1万多张种还是2万多张，生产还是不错的。

我跟我爱人是大学同学，一起分配过来，一直都在做桑蚕行业。我有个孩子也在这个场子，那个时候上山下乡，子女可以留在农业单位。我对蚕过敏，碰到蚕就上不来气了，从1959年就开始犯病，我孩子也是这样子。当时，我没有具体承担多少业务，主要是基础指导，以及生产计划的管理和安排，所以我有时候就是靠吃药来维持。后来民政部来这里做调查，安排了一个协和医院的教授，帮我解决这个过敏问题。1984年，我评上了总农艺师，后来副场长班子调整的时候，我就跟另外一个副场长（她是潍坊中专毕业的）两人变成总农艺师了，跟副场长一个级别。

我还担任过山东省农学会理事、山东省蚕学会常务理事，一般就是开会、写论文、评职称等工作。这么多成果里面，我最看重鲁七×9202品种，浙江农大的冯家新教授都说这个品种比日本的要好。

采访时间：2015年8月

顺应发展　不断创新

张正平

张正平

张正平　原上海第三丝织厂教授级高级工程师、副总工程师

张正平，1952年毕业于南通学院纺织工程系。工作后先后担任上海恒丰纱厂生产科工程师，上海第三丝织厂科研室主任、副总工程师。任职期间，首创单唛试纺，在上海棉纺行业被介绍推广。首创饼装人造丝逐饼吸色分档使用法，在上海丝绸行业被介绍推广。1964年，创造热烘加固法，使171D废金皮恢复了使用价值，共计1吨，当时价值2.8万美元。1980年，"上行回转式圆盘加捻器"（第二发明人）获国家技术发明四等奖，"络、并、捻新工艺和设备（草机）"获上海市1980年度科技成果二等奖，"络并捻新工艺和设备（扩试）"获纺织工业部1980年度重大科技成果二等奖，"SFK系列络、并、捻新工艺和设备（中试）"获国家1988年度科学技术进步奖三等奖。"回转压片式自洁张力器"获上海市专利号88207797X。1983年，参加全国科技奖励大会。1986—1987年，被评为上海市劳动模范。在国家专业核心刊物发表论文数篇。被评为厂级先进

生产者、上海市社会主义建设青年积极分子、厂级标兵、局级先进个人、局级优秀党员、上海市劳动模范等。1995年，被编入《中国当代发明家大辞典》。2019年9月，荣获"庆祝中华人民共和国成立70周年"纪念章。

单唛试纺制度曾在上海棉纺行业中做过专题介绍，并成为行业中的基本管理制度

我1931年出生于江苏南通市。1952年毕业于南通学院纺织工程系。同年，经当时华东军政委员会人事处分配到上海市恒丰纱厂（私营企业）实习。恒丰纱厂是曾国藩的女婿，也就是当时的上海市市长办的。

我进入纱厂的时候，本来至少要实习半年时间，但是过了3个月，厂里就安排我工作了。1953年，任前纺清棉车间管理员，同年又调入实验室任技术员，就是在棉纺厂的实验室工作。实验室负责的是控制整个流水线中的工艺，包括原料的检验、半制品的考察和成品的查验等。

1954年，恒丰纱厂改称公私合营恒丰纱厂。我仍在实验室中负责组建棉检室和全厂原棉管理工作。主要就是原棉各种性能的检验，根据检验结果、成品的质量要求、工艺设备特征来确定各产品使用的原料和混合比例，相应地从原料到厂投入使用，建立了一整套管理制度。特别是建立了单唛试纺，在投产前掌握了每批原料的真正可纺性能，以达到优棉优用、确保重点产品质量的目的。单唛试纺制度曾在上海棉纺行业中做过专题介绍，并成为行业中的基本管理制度。

荣获"上海市劳动模范"称号，1985年，上海

厂里也组织学习了国营厂那一套比较规范的制度和操作程序，到后来，我们厂在8家公私合营厂里面是做得最好的。虽然我们厂整体的管理欠佳，但是我们的棉检室是很先进的，这是其中的一个原因。其二就是，我们上海市（沪东块）原棉协作交流组让大家一起交流，交流产生了良好的效果，当时我是组长，国营厂和我们一起进行交流。

我首创了饼装人造丝逐饼吸色分档使用法，可减轻织物经柳疵点

1956年，我被提升为工程师，1959年就当了实验室代理主任，实际上是让我到厂长室去负责整个工厂的生产调度。那时候有个副厂长被抽调出去了，导致这个位置突然空缺，所以就把我调过去了。

1961年，因国家经济发展需要，全厂改组为上海恒丰立绒丝织厂，我调任生产科工程师，负责全厂原料管理工作。根据棉纺原料管理经验，曾使用移植单唛试纺的办法，根据丝绸原料的特点建立了投产及使用过程的三级试样制度，避免了过去单凭经验拍脑袋而导致由原料质量造成大批量次品的缺陷。

1963年，我首创了饼装人造丝逐饼吸色分档使用法，可减轻织物经柳疵点，曾在丝绸行业中介绍推广。1964年，我创造热烘加固法，使因脱皮而无法使用的进口金皮恢复使用，共计1000公斤，当时价值2.8万美元，也解决了当时原料供应脱节的问题，使绿柳绒不至于停产，避免了外贸不能履约的赔偿问题。同时，通过攻关，也对金银皮原料的分类结构和性能有了比较正确的全面认识。

1968年，上海恒丰立绒丝织厂改为上海第三丝织厂。"文

"SFK系列络、并、捻工艺和设备中试"项目获纺织工业部1987年度科学技术进步奖二等奖，1987年，上海

革"中，干部统一被下放劳动，接受再教育，我是接受再教育的对象，被派到一个车间里去，和普通工人做同样的工作。但是我完全不会做，所以就要从头学起，我认认真真地进行学习，做的产品的质量在班里也算是很优秀的，经常超产无次货。

在1978年以后，我参与设计生产的许多项目拿到了国家科学技术进步奖三等奖和局级科学技术进步奖等奖项

1972年，我调至厂科研室工作。1979年，任科研室主任。科研室要到第一线设置课题。在我设计参与的项目当中，有一个项目是正式获奖的，公司把它命名为"SFK系列络、并、捻"。这个项目分为三道工序，但是它后来拿了市级和国家级的奖。

1976—1978年，"络、并、捻新工艺和设备（草机）"获上海市科技成果二等奖，我是项目负责人。此项目中的发明项目"上行回转式圆盘加捻器"取代了传统衬锭，获国家技术发明四等奖，我列发明项目第二完成人。1978—1980年，"络、并、捻新工艺和设备（扩试）"项目获上海市科技成果二等奖。1980—1986年，"络、并、捻新工艺和设备（中试）"

（中）和采访者合影，2015年，上海

获市部科技成果二等奖和国家科学技术进步奖三等奖，我为项目第一负责人。1988年研制成"回转压片式自洁张力器"，彻底解决了原张力器张力不稳定的问题，获国家专利，专利号为88207797X。

我在恒丰纱厂的时候，就是厂里比较受重视的工程技术人员。大概是从1954年开始，我连续4年获得了厂级先进，在1956年的时候参加过上海市举办的建设社会主义青年积极分子大会。在1978年以后，我参与设计生产的许多项目拿到了国家科学技术进步奖三等奖和局级科学技术进步奖等奖项，随后我在1986年获得了上海市劳动模范的荣誉。我是1991年退休的，起初厂里不同意我退休，但因为我自己的身体情况实在不太好，母亲也生病了，所以不得不退休。

采访时间：2015年7月

都锦生，曾经的辉煌

来成勋

来成勋　原杭州都锦生丝织厂总工程师、生产副厂长兼原杭州织锦研究所所长

来成勋，1982年担任杭州都锦生丝织厂总工程师和生产副厂长，任职期间，该厂获得国家优质产品奖（金牌、银牌）产品4种，部优产品8种，省优产品15种，他亲自设计了2个国家著

来成勋

名商标——"飞童牌""厂字牌"。1986年，产品质量正品率为99.13%，在全国丝绸行业排第一位，各项科研成果和产品设计多次获得省科技三等奖、省丝绸公司科技二等奖、市丝绸公司一等奖和市科委科技一等奖。撰写了《浙江省丝织操作法》，在全省得到应用。20世纪五六十年代，他是《浙江日报》《杭州日报》优秀通讯员，七八十年代是《丝绸》杂志的特约作者。1987—1991年，兼任中国丝绸博物馆筹建处主任。曾为杭州市第二、三、四届政协委员，杭州市科学技术协会第二、三、四届委员和常委，曾兼任杭州市纺织学会副理事长兼秘书长，中国丝绸协会会员。多次荣获省、市优秀质量工作者称号。在职期间，共荣获国家经委，纺织工业部，省、市人民政府、科委，中国丝绸公司，省、市丝绸公司奖状36项。

当时厂党委在向检查团提交的汇报中提到，来成勋同志在打这场质量翻身仗中起到决定性作用

我1932年出生，原杭州市机关业余大学毕业，中共党员。我原来是杭州锦丰丝织厂的管理人员，报考到国营的省丝绸公司工作，后来又到杭州市纺织工业局、杭州市下城区人民政府工作，前后约15年，一直到1962年才到杭州都锦生丝织厂工作。

我从事丝绸工作40余年，由丝织厂到国营企业、机关，再到丝织厂，曾任省丝绸公司杭州支公司、市纺织工业局技术员，调入杭州都锦生丝织厂后，先后任技术科长、总工程师和生产副厂长兼杭州织锦研究所所长，1987年兼任中国丝绸博物馆筹建处主任，直到退休。

我是都锦生丝织厂第一个工程师、杭州市丝绸系统第一个总工程师，也是全省丝绸界唯一的生产副厂长兼总工程师，是集生产、技术、管理于一身的厂级干部。

杭州都锦生丝织厂是全国著名的丝织厂，是当时的大庆式企业，拥有丝织机500余台，职工2980余人，产品独特，工艺精湛。产品质量水平久居同行业榜首，获国家优质产品奖（金牌、银牌）的产品在全国丝绸行业中最多（4种），部优产品8种，省优产品15种，还有"飞童牌""厂字牌"2个国家著名商标，都在人民大会堂由副总理姚依林亲自授奖。

都锦生是全国闻名的丝绸企业，过去的一些外国首相、总理等重要外宾到杭州，十有八九都要到这个厂参观。周总理有四次到我们厂参观，除了毛主席以外，叶剑英、徐向前等国家领导人差不多都来过，评价也非常好。周总理对我们厂非常熟悉，他经常讲这么一句话："都锦生，我可以给你们当讲解员了。""文革"时期，都锦生改名为东方红丝织厂，1972年，周总理将我们厂改称"杭州织锦厂"。到20世纪80年代才恢复"都锦生"这个厂名。周总理向外宾介绍，我们厂8×8梭箱的丝织机在国际上还没有，在上海工业展览馆展出的时候，周总理听说8×8梭箱丝织机是一个工人王祖寅革新成功的，周总理说很了不起，后来看到我们这位工人，就说："老王，你好！"

全国丝绸厂都是传统企业，其规模从小到大都有，所以企业管理虽然比较健全，但并不科学，一些关键的生产技术一般掌握在技术人员手中。全国丝织行业的考核，产品质量放在第一位，即在完成八项指标的前提下，质量正品率最高的就是先进企业。

我主管生产、技术和科研，我负责的指标是总产量、分品种产量和产品质量。1966年，我们厂的质量正品率为99.13%，在全省丝绸行业排第一位，在"文革"期间，一直降到60%左右。后来拨乱反正了，国家提出要狠抓产品质量，当时的奋斗目标是恢复到历史最好水平，争创大庆式企业。

我们厂经过一年多的努力整顿，但由于管理上的一系列问题积重难返，就是达不到历史最好水平，特别是质量正品率和实物质量。当时压力很大，为此我提出了一个质量升级规划，就是必须发动群众，声势浩大地打四场硬仗（设备维修、工艺检查、纹版整顿、操作大练兵），进行彻底整顿。厂党委十分重视，规划实施后不久，产品质量不断上升，消耗降低，工厂面貌大变，质量一等品率超过了历史最好水平，通过了上级组织的大检查，当时厂党委在向检查团提交的汇报中提到，来成勋同志在打这场质量翻身仗中起到决定性作用，有都锦生简报为证。

我厂的丝织风景，早在1926年美国的费城世界博览会上就获得过金质奖章

全国在狠抓产品质量中，建立了国家质量奖（金银奖）制度。当时省、市级评比的条件是：同品种质量一等品率和实物水平均达到第一名，同行业公认的优秀即为省、市级优质产品。其中，经全国评议有突出成绩，并在国内外有较大影响的产品由纺织工业部评定获得金质奖或银质奖。当时，省丝绸公司只报送我厂的53103人丝织锦缎为部优产品。会上我提出异议，我认为我厂的风景织锦和装饰织锦（台毯、靠垫、壁挂等）两个大系列产品有条件上报，当时省公司的理由是这属于丝织工艺品，工艺品要到省二轻系统去评报。我说，省二轻局不是我们的上级单位，怎么去评报呢？我据理力争，最后得到上级公司的支持，省公司才同意上报。在全国纺织会议上，我认真宣传我们的产品。53103人丝织锦缎光泽鲜艳，绸面好似镜子一样光亮，在香港市场上极为畅销，并逼退了日

（中）都锦生丝织厂荣获国家金银质合影，1979年，杭州

本人的丝织锦缎。最后接到通知，两只产品分别被评为金银奖，到人民大会堂领奖。3年后，我厂又有2个产品获得金、银奖牌各1块。一共4个产品（金、银奖牌各2块）。

我厂的丝织风景，早在1926年美国的费城世界博览会上就获得过金质奖章。几十年来，工艺上精益求精，品种上又扩展到名人书画，还有丝织人像，成为独特产品。新中国成立后，厂里织出马克思、恩格斯、列宁、斯大林、毛泽东和朱德的人像，特别是斯大林的以克里姆林宫为背景的彩色全身像，在苏联和东欧民主主义国家中影响极大，这些国家的人民纷纷要来杭州参观都锦生丝织厂，为此厂址从艮山门迁移到西湖边（现在的凤起路厂址）。当时，纺织工业部的郝建秀部长听了都很感兴趣，并询问了不少关于我厂生产环节的问题，周总理也四次陪同外宾来到我厂。

1982年进行了金银牌产品的全国性复查，这又是一场硬仗。当时，纺织工业部指定上海市、江苏省和江西省组成检查组检查我厂（杭州丝绸系统只有我一家有金、银奖牌产品），按当时规定，检查合格的重新发奖，不合格的取消。金银奖的获得，涉及省、市荣誉，所以上级极为重视，市人大、市政府会议上也大讲特讲，同时各级领导不断来厂检查，并说1982年是大比之年，绝不能出问题。厂党委决定由我担任总指挥，不服从指挥的可以先斩后奏。我大权在握，即从设备、工艺、操作方面整顿，后经3个省（区、市）组成的检查组一周多的检查，包括实物质量、全面质量管理、计量工作以及技术管理，并多次召开各类群众座谈会后，一致通过了。

　　在全国丝绸会议上，省公司指定我为浙江省丝绸公司的代表（原本规定的是，企业没有代表名额）。省丝绸公司何祥林副经理作为东道主参加评委会，会上指定我介绍经验，检查组长、上海的工程师介绍都锦生的管理时是没有话讲的，一致通过了。不料，到了国家评委会的时候出了问题，通知浙江省计经委，都锦生厂要减少1块银牌，即风景织锦系列和装饰织锦系列合并为1块，且要把协作厂（练染厂）的金牌取消。当时，任务落到我身上，我放弃了市政府去庐山休养的机会，要求上级单位同赴北京。我随即与省计经委技术处吴工程师、省轻工业厅科技处潘必兴处长及省丝绸公司陆彩琴3个领导单位的同志赶赴北京交涉。在纺织工业部和中国丝绸公司的支持下，到国家评委会秘书长家里请求取消决定。第一、二次交涉未果，第三次我申述了将2个系列产品合并为1块银牌会影响到工人们的奖金，而且两个系列是2个车间分别生产的。国家评委会秘书长宋力穷同志即问省计经委同志是否真的这样。省计经委吴工回答：国家奖奖金由上级批准，在厂里基金中支付。听说要影响工人奖金，宋秘书长这才同意了。至于取消协作厂（练染厂）金牌的问题，我提出，这次是复查合格，协作厂仍应发给金牌。以后新评上的产品，可以按新规定办理。他们听了觉得有道理，就同意了我们的要求，我们终于圆满完成任务而归。

在科研项目上最突出的有8项，其中6项是我个人研究成功的，还有2项我是项目负责人

　　在创优工程中，我为厂里设计了2个产品的商标（飞童牌、厂字牌）。厂里要求这2个商标画得细致，呈简单线条型。因为复杂的商标不能织上去，所以我跟我女儿讲："你帮我画一个。"她是既搞美术

（右）与上海博物馆费钦生合影，1992年，杭州

117

也搞设计的。我跟她说，这个"飞童"要有几根飘带，会飞的就可以了，越简单越好。她搞了1个就对头了。"厂字牌"搞了1个以杭州风景为背景的图案，也通过了。

我设计了3个新产品。当时处于外贸低潮期，生产任务不足，我们是外宾参观厂，不能停台，其中飞童牌褥面锦被沈阳铁西百货公司和天津劝业商场全部包销。有2种服饰织锦缎也畅销，解决了100余台机器的生产任务，褥面是北方人的床上用品，历史上都用花布加两边黑布缝制而成。织锦褥面是全部织成的丝绸产品，档次大大提高，是北方的一个划时代产品，受到广大消费者的欢迎，极为畅销。而且增加了不少利润，织锦褥面的利润率比绸缎高出5倍，即用同样的原料，销售价提高60%以上，从而获得国家经委、纺织工业部、浙江省、杭州市的新产品奖。

我在管理方面建立了全面质量管理体系，大幅度提高了技术管理水平。产品质量因此有了保证。同时，我建立了厂计量办公室和实验室，以及四大管理（原料管理、工艺管理、设备管理、操作管理）制度。我还建立了厂档案室，我负责产品工艺规程、设备、操作、原料和科研项目等方面，并为省公司撰写了《浙江省丝织操作法》，这本手册囊括了在全省操作比武中总结出来的经验，比较实用。我还负责制订了60多个产品的工艺规程，突破了人丝织锦缎"经柳"关，解决了醋纤玉锦缎的静电污染问题，以及电力纺织品种的纬罗纹档等多年得不到解决的生产关键问题，大大提高了产品质量。

在科研项目上最突出的有8项，其中6项是我个人研究成功的，还有2项我是项目负责人。

1. BD2助剂：取消传统的织机上经面手工打蜡的工序，使绸面增加光泽，防止静电，减少织造时的"糙"和"积落头"病疵，减少断头，获省科技三等奖，省丝绸公司科技二等奖。

2. BD3助剂：解决高经密织机上的通丝夹起问题，获市丝绸公司一等奖。

3. 研究成功"静电消除剂"，突破了醋纤原料及双经织物上的"柱渍"，从而完成出口任务，获丝绸公司一等奖。

4. 研究用"硅胶"代替传统的生石灰用于原料防潮，它吸湿缓和，使用寿命长，又不污染车间环境，改变了丝绸厂有史以来的传统工艺，获市丝绸公司一等奖，在《丝绸》杂志上进行了推广。

5. 研究用尼龙代替织机上的铸铁曲轴大齿轮，减少机械噪音10分贝以上，节约了生产成本（省公司项目），这是由我提出和宁波塑料厂合作研制的。

6. "织机多梭箱自动换梭换道"摆脱手工换梭换道（色道），获市科委项目一等奖，我是项目负责人（具体工作由陈雷杰同志负责）。

7. 程序控制计算机监控，对织机运转中的分台时产量、分品种累计产量、单位产量、总产量都一目了然，获市科委科技一等奖，我是项目负责人（具体由周建华同志负责）。

8. 研究成功JU净洗剂，其独特功能是洗掉色纺织产品上的油渍，不影响绸面色泽，不留痕迹（传统上用高级汽油和力士香皂洗渍，弊病是渍洗掉了，但绸面上的颜色也洗掉了），保证产品质量，挽救了不少由污渍造成的次品，并帮助全省不少兄弟厂解决了这个难题。

全厂织机从300台增加到500余台，职工从1600余人增加到2986人，年上缴利润从300余万元上升到近600万元

为了提高全厂工人的操作技术水平，结合升级考试，我制订了全厂48个工种的操作技术考核标准（理论和实际操作），并在市丝绸公司召开的有厂长、书记、劳工科科长和技术科科长参加的大会上汇报推广。质量管理、产品质量水平、科研项目奖、国家金银质奖、部省市优质产品奖和计量工作水平以及全面质量管理，都是评比一个厂所属等级的计分依据。1988年，我厂被评为二级企业。

1980年，我还制订起草了两个重要规划：一是生产发展和厂房改造，二是技术改造。当时，都锦生是在一个小型棉纺织厂的基础上改建的，新建的车间已有30余年。最老的车间已有60余年，厂房破旧。1982年，国家技术局宋力穷局长来厂参观时正逢雷阵雨，到了车间见到到处漏水，用不少塑料布遮盖，工人赤膊。他当时说："你们厂是代表国家的，这个样子怎么能让外宾参观？你们是否有改造规划？"我回答说："有。"我立即把这两个规划交给了宋局长。由于是外宾参观厂，两个规划受到纺织工业部和国家技术局的重视，不久，由省计经委通知厂里派人到北京汇报具体情况，当时杭州市副市长赵玉温亲自到厂，研究后指定由田锡根副厂长和我一起到北京向他们做详细汇报。改造方案不久得到批准。国家同意让我们新建和改建两个织造车间及外宾接待楼、食堂、幼儿园等，合计2.5万平方米，附带1万平方米的职工宿舍，从而全厂织机从300台增加到500余台，职工从1600余人增加到2986人，年上缴利润从300余万元上升到近600万元，解决了1300余人的就业。为了便于外宾参观职工住房，市规划局特批在天目山路、马塍路、余杭塘路3处中心地段建造7幢6层的标准楼，开始改变了不少职工住房拥挤的情况。

20世纪五六十年代，我是《浙江日报》《杭州日报》的优秀通讯员，当时我在市纺织局工作，大量报道了行业中的先进事迹。我的不少报道，《浙江日报》和《杭州日报》都配上了评论员文章，有的还配有社论。其中，我写的采访杭州经绒炼染厂的《下厂访问用户，提高产品质量》还被《人民日报》转载。七八十年代，我是《丝绸》杂志的特约作者，撰写的文章不下30篇。在"文革"初期，我还写了大型传单，由厂里400余人签名，由对开新闻纸铅印1万份，发到全国各地，影响极大，从而也受到造反派的冲击。

筹建中国丝绸博物馆时，我是第一任筹建处主任。当时，建馆的大致地点是玉皇山前，馆址由当时的市委书记厉德馨和丝绸界元老朱新予同志决定。我在筹建处做的工作是：定规模，设计大致布局，广泛征求各界意见，进行建筑设计方案招标和审定。最后浙江省建筑

参加中国丝绸博物馆建馆方案竞赛交底会议，1989年，杭州

设计院中标，由省第一建筑公司承建。建筑招标奠基后开始建设，并选定由上海博物馆负责陈列设计。我1991年退休，1992年中国丝绸博物馆开馆。最重要的是，通过中国丝绸进出口总公司老经理陈诚中，争取到了"中国丝绸

（右）中国丝绸博物馆开馆仪式，1992年，杭州

博物馆"这块牌子，当时苏州市派出全国人大代表先我们一步到北京活动，争取这块牌子。竞争很激烈，最后由中国丝绸进出口总公司党委会投票决定，结果苏州仅以一票之差败给杭州。也还是陈经理的面子，请赵朴初同志题写了"中国丝绸博物馆"馆名。通过香港华润丝绸有限公司的努力，在香港丝绸界募得大批捐助款。据说，该公司先是参加了杭州西子宾馆内我们筹建处召开的大会后，再在香港聘用公关小姐逐户上门联系，最后得到大批款项，解决了筹建费用不足的问题，当时投资拨款只有近1700万元。

退休后的第一个十年，我被乡镇企业绸厂聘为顾问，帮助4家绸厂扩大了生产规模，让经营和生产管理上等级、上水平，受到余杭县（今杭州余杭区）、衢州市、江西省工业厅的嘉奖。我为社会做出了一些贡献，所以荣获"杭州市西湖区优秀党员""杭州市'二十佳'和谐家庭""西湖区'十佳美丽幸福人物'""杭州市优秀志愿者"等30余项荣誉称号。

采访时间：2013年8月

柞蚕的守护人

李广泽

李广泽

李广泽　辽宁省蚕业科学研究所原所长，研究员

李广泽，1953年毕业于辽宁省熊岳农业学校蚕学专业，分配到辽宁省蚕业试验站蚕保室（1956年更名为辽宁省蚕业研究所，1960年改为中国农科院柞蚕科学研究所），从事柞蚕脓病的研究。1982年，担任辽宁省蚕业科学研究所副所长，1984年任正所长。1993年，组建辽宁省农科院大连生物技术研究所，任所长。任职期间，该所获省部级研究课题30多项。科研项目"柞蚕核型多角体病毒病的研究"获农业部1981年度技术改进奖一等奖，并获国家1985年度科学技术进步奖二等奖。研究解决了核型多角体病毒（NPV），并发表了有关防治方法、传染规律等的研究论文5篇。1986年，成为辽宁省第一批有突出贡献的科学、技术、管理人员。1989年，被辽宁省人民政府授予"辽宁省特级劳动模范"称号，同年又被评为全国先进工作者。1992—1995年，兼任农业部科学技术委员会委员。1991年起，享受国务院政府特殊津贴。

我被分配去搞脓病研究，搞了一辈子脓病这个项目研究

我生于1932年，祖籍是辽宁省北镇县，我们整个堡子都姓李，全是满族。祖辈是从山东一个叫荣城的地方来这里落户的，后来发展成为一个家族。我父亲在黑山县八道壕火车站工作，我母亲就是一般家属。

1936年，我们一家迁到北镇县沟帮子镇附近二里地一个叫河下头子的地方，在沟帮子读小学。1946年，我父亲从关内回到东北，在抚顺铁路系统工作，我家就搬到了抚顺，在抚顺第二初中念书。1947年形势混乱，当时我16岁，我父亲说："你自己出去闯吧。"他让我自己入关。当时有一批学生入关，在北京有个"东北流亡学生同乡会"，我在同乡会登记，加入第46期，每期学生大概有六七十人。

1948年，我回到东北抚顺后，考入沈阳铁路中学，初中还没念完就提前毕业了。当时正是抗美援朝很紧张的时期，铁路缺人，我们这批学生都到铁路工作了。我们在铁路当列车员，干了一年以后，1951年考入辽宁省熊岳农业学校蚕学专业。柞蚕在辽宁省生产量很大，在出口换汇当中，也占有很大比重，国家很重视养蚕产业，就增加了蚕业学科。当时，辽宁省农业大学还没有正式建立起来，辽宁就这么一个学校有蚕业专业。

这个学校原来在丹东，1950年搬迁到熊岳后，改名为辽宁省熊岳农业学校。我提前半年毕业，1953年分配到辽宁省蚕业试验站蚕保室工作。

柞蚕"脓病""软化病"是当时主要的蚕病，还没人研究，再就是寄生蝇、线虫。这些大的病虫害都归蚕保室管。我被分配去搞脓病研究，搞了一辈子脓病这个项目研究。

这个脓病的研究工作应该说历史很长，那个时候研究条件很差，研究所里边的仪器只有显微镜，电力设备主要是恒温箱，另外还有一个图书馆。研究所的前身是丹东五龙背蚕业试验站，是日本人建的，隶属于熊岳农事试验站。日本人投降后，中方从日本人手中接收了图书资料，因此，那个图书馆有关日本家蚕的资料比较多。当时国内还没有蚕业刊物，资料的获取主要靠这个图书馆，而一些研究则是靠这些简陋的设备来搞的。

1956年，这个试验站迁到了凤城县附近的四台子村（在山沟沟里面），改名为"辽宁省蚕业研究所"。研究所迁到这里以后，出现了很多

问题，100多名职工带上家属，吃住的问题很多，当时盖了30多座住宅，都是小平房。这个房子，一个屋是厨房，另一个屋住人，条件很苦，就是说一家人只能住在一个炕上，整个屋子只有40平方米左右。买菜都没有办法，就只能到城里拉一点，当时全所只有一辆大马车，但离凤城县有20多里路。

蚕科所有（主要的）蚕病虫害研究室，还有养蚕育种室、养蚕饲料室、资料室，以及养蚕技术室，就是研究怎么养蚕能丰产。1960年，蚕科所被改为中国农科院柞蚕科学研究所。这个所归中国农科院直接领导，从镇江蚕研所调来经验很丰富、很著名的专家王宗武来当所长。他带来一些人搞桑蚕，又增加了桑蚕研究室。

东北有桑树，又成功引进了一些抗冻的品种，一些大叶品种也都成活了，当时家蚕在辽宁也有一定的产量，但是很难和南方相比。

这个所走的是群众路线，告诉你要到农村去，总结群众经验

柞蚕的发源应该在2000年前左右，当时山东农民在山上发现柞蚕茧，把它拿回来撕成棉子做棉絮。大概600多年前，山东开始人工饲养，把柞蚕茧收回来越冬，第二年春天出蛾、产卵，从卵里出来放到山上饲养，这就是人工饲养。后来山东有些移民闯关东，坐船或从辽西那面转过来，逐渐把柞蚕种传到了辽宁。传到辽宁有什么好处呢？这个柞蚕在山东有两种，即一化性和二化性，一化就是一年养一季。在全国来说，辽宁这个气候，最适合养柞蚕，一年养两季正好，这样柞蚕就逐渐发展起来了。辽宁发展柞蚕应该在300多年前，山东移民从大连、辽西锦州一带开始饲养，然后进入辽东。辽东最适合放养柞蚕，拥有大量次生林，即原始的松树被砍了，发展柞树，面积很大，全国柞蚕的70%—80%是在这一带生产出来的，所以当时丝绸行业、蚕丝机械也跟着发展起来。

辽宁柞蚕基本上每年产量都在5万吨，为什么没有大量发展呢？因为怕养蚕太多破坏生态环境。这样的话，原来是20万把，现在是10万把。什么叫"把"呢？就是一个人拿着一把剪子养蚕，使用的柞树面积即为一把剪子，这就是一个生产单位。

一开始研究柞蚕脓病的时候是两个人，一个是我，还有一个叫文会全，后来就剩我一个人研究，所以在很长时间（1962年以前），就是我一个人负责这个脓病的研究。

关于柞蚕脓病，养蚕的历史资料上就有记载。养蚕年头越多，发病也越多。这种病毒，逐年落在养蚕住户的家里面，柞蚕和家蚕不一样，老百姓在家里出蛾、制种，小蚕孵出来送到山上。这样，每年把茧摘回来，茧面上的病毒量也很大，在屋子里面要剥掉茧面的树叶，病毒在屋子里

在试验室做试验，1989年，凤城

参加全国劳模会登天安门，1989年，北京

积存很多。另外，在野外养蚕，病蚕死了以后也都落在了山上。

20世纪五六十年代时，这个病发作严重时"颗粒不收"。轻的话，也是10%以上的坏茧。发病晚点的变成了"油烂茧"，就是成茧以后死了，那个茧变成了酱油色，这种"油烂茧"，在一般年份20%—30%是常见的。所以，老百姓对这种脓病感到很头痛，却没有办法。

这个所走的是群众路线，告诉你要到农村去，总结群众经验。我开始就是这样，在10年的时间里，春蚕期、秋蚕期都和老百姓住在一起，吃在一起，就是了解群众生产，加强对这个蚕病的认识，让他们在蚕生产中发病的时候通知我，我得去看这个病，问这个病是怎么得的，死了多少蚕，

就像大夫的问诊。

一些日本研究资料显示，有关柞蚕脓病的研究也没有人关注，日本于1941年在辽东五龙背建立蚕业试验站，也没人研究。对于这个脓病，群众的说法和历史资料的记载，都提出一个问题，就是"热生老虎"。老虎是什么呢？这是群众给脓病起的名字。看那个照片，得病的蚕体像老虎皮的样子。说是"热生老虎"，就是说蚕种在运输或室内制种时温度高了，当时没有说高到什么程度，只是说"热"是发生老虎病的一个主要原因，历史资料上也是这么说的。这就是当时一个对发病原因的说法。

当时苏联也有柞蚕。苏联的一份材料中的记载，一个叫西罗金娜的研究人员认为，柞蚕脓病是母体传染的，就是说上一代发病，下一代也要发病，她的根据是，发病的蚕体内有一种"巨大细胞"增多，这是传染的一种标志。

在发病的现象上，群众有一种说法："小蚕见一面，老蚕死一半。"就是说，在二三龄时发现有病蚕、大蚕，到结茧时就死了一半。这就是群众对脓病的认识。

我在农村几年，每年都在不停地调查，每年都总结这些问题，第二年改进指导农村生产，也在实验室里做了一些工作。一开始我在所里设计了一个无菌室，就像医院里的无菌室，经过三次缓冲室消毒，再进到屋内无菌室里养蚕，目的就是尽量保证在屋子里没有其他感染。我进行热处理，干热、湿热，极限也就是40℃，这是不死的极限温度，慢慢地到36℃、32℃，然后进行处理。我用的是上一代发病比较重的蚕种，让它们出蛾、产卵，对这个卵面进行消毒以后，拿到无菌室饲养，这样一代一代的在无菌室里饲养。还有一个问题，就是柞树叶子，我对进到无菌室的柞树叶子进行消毒，屋子也消毒，连续养5次蚕，每一次都用这个蚕种养5代蚕，一个病蚕也没有出现。这说明，在没有病原感染的情况下，再热也不能发病，这是我的观点。

不仅在无菌室养蚕，我在一般的室内，经过特殊的消毒处理，也能控制脓病

病原感染是主要原因，那么是怎么感染的？这几年时间就是研究传染的规律，这个问题我费了很大的劲才得以解决。过去柞蚕不能在室内饲养，没人能在室内饲养成功，为什么呢？因为养蚕室内有病毒，柞树叶子上也有病毒。而我在室内养蚕成功了，不仅在无菌室养蚕，我在一般的室内，经过特殊的消毒处理，也能控制脓病。柞树叶上有病毒，采叶要适当地注意，要采用上层的柞叶进行室内养蚕，这样柞蚕室内养蚕便成功了。后来，我寻思老百姓室内养蚕不行，那么就在山上挖一个坑，就像咱们的蔬菜棚似的，挖一个一米多宽的土坑，上面加上木条，盖上塑料薄膜，改成了土坑养小蚕。

1963年，我发表了关于室内养蚕和土坑养蚕的文章。当时，王宗武所长发现这是个新问题。他说："你是搞脓病的，你把这个项目给饲养室吧。"我说："行。"于是，我就把这个项目给了饲养技术室，他们就在这个基础上，开展了小蚕保护育研究，并在全国推广了小蚕保护育。不能全龄养，柞叶供不起，就是野外饲养损失最大的1、2、3龄阶段，进行室内育或土坑育，然后在3龄以后上山放养，这样就解决了小蚕的保护问题。我下乡把这个方法教给了村民，我在农村或蚕种场对卵进行消毒后，把卵交给村民去养蚕，虽然还有蚕发病，但不是那么严重了。

问题出在哪里？我选了一个柞蚕发病最严重的农户家里，户主叫邓连春。我让所里实验室的同志把他家里的蚕卵消毒了，放在磁盘（就是实验室里的那种珐琅盘）里，上边用纸封上；另一个盘不封，把它放在邓连春家里边的立柜上，一连放了3天。拿回来之后，把用纸封盖的这个盘打开，不封盖这一盘，则取一半重新对卵面进行消毒，另一半不消毒，就这样在研究所的蚕场里进行对照试验。结果出来了，经我覆盖的一组和不覆盖的重新消毒的一半都没发病，但不覆盖也没有进行消毒的这组则发病了。这说明，村民的屋里环境中病毒量很大。我原来推广的卵面消毒的办法，在蚕区农村家里面还有一个重新感染的问题，这样就必须解决重新感染问题。村民在卵消毒之后或从蚕种场买回蚕卵之后，不能马上出蚕，也不好掌握哪一天出蚕，只能做一个平盘，卵放在里边，用纸糊上（因柞蚕卵呼吸量很小），糊上之后，等在里面见到蚕再打开，直接把盘子端到山上。我反复试验，解决了春蚕发病的问题。为了在农户中进一步确定这

个问题，我让实验室的同志去把农村养蚕人的衣服用水洗一洗拿回来，把墙上的土抠一点，地面的土取一点，然后给消毒的卵面涂上，包括装卵和养蚕的筐上也都涂上。这样一试验，又明确了一个问题，就是东北柞蚕饲养历史

获得国务院颁发的政府特殊津贴证书，1991年

上，就没有养蚕消毒这个概念，而卵消毒后放在住室中，也会重新感染。我用保卵盒这个办法，就解决了春蚕发病问题。

秋蚕怎么养呢？农户在蚕蛾出来后，直接把它拴到树上，用一种蛾草一头绑一个蛾，另一端再绑一个蛾，再把这个拴蛾的草搭到树上，这样就在树干上产卵。经过10余天时间出蚕后上树，这是农户的养蚕方法。按理来说，蚕出来就上树，就不会发病了，但是不行，如果春蚕发病重的话，秋蚕也会大量发病。秋蚕蛾子出来时，茧子沾上了很多病蚕浓汁。蛾出来时肚子是湿的，就把茧上的病毒都沾到了肚子上。上山产卵的时候，肚下面有个产卵器，产卵时就把病毒沾到卵上。这个问题怎么解决呢？这样就得改一下养蚕方法，上山往树上喷药，不行。也不能保证消毒，一般福尔马林消毒效果可保持20—30分钟呢，这样靠喷药不行。另外，蛾卵在山上十多天，损失也很大，那些乌鸦一天时间就能吃一些，再加上风吹日晒，损失也很大，所以上山拴蛾的卵损失很大，而这种脓病感染也很重。

后来解决了这一个问题，就是用牛皮纸产卵，农业厅在造纸厂买了牛皮纸，供给蚕民，做成大的茧床，把牛皮纸铺在床上，蛾子出来以后把腿剪掉，翅膀也剪掉一部分，放在床上产卵，这样产的卵基本上很均匀，把产卵的纸一起消毒，剪成条，带着卵上山出蚕。为什么用牛皮纸？因为牛皮纸带着卵，用药泡的时候不软，就放在屋里挂上，出蚕送到山上。但是这样还发病，因为在屋里还要挂上几天，就是上面说的那个道理，重新感染。这样不行，怎么办呢？后来我提出一个办法，就是在出蚕前一天，把药准备好，把卵纸放在药液里，消完毒之后用水冲一冲，撕成纸块。明天出蚕，今晚就挂到树上去，这样就没有在屋里再感染的问题。这样，秋蚕大量饲养当中，柞蚕脓病用一句话，即"出蚕前一天卵面消毒直接上山"，就解决了，并很快推广了。

报成果，必须把传染规律、病毒形态、防治方法、病毒在自然状态下的状态等，都反映出来

实用这个问题解决之后，你要报成果，就要求你全面了解这个病毒，你不能没有论文。我有5篇文章，都是涉及这方面的，这样才能报成果，必须把传染规律、病毒形态、防治方法、病毒在自然状态下的状态等，都反映出来，才能报给国家。

老所长王宗武1960年调到这个所之后就提出一个问题：这样一个在山区的研究所知识缺乏，和外界沟通比较少。当时就提出一个大协作，这也是蚕科所成功的两大法宝：一个是群众路线，再一个就是大协作。他到农业部去开会，农业部部长点名说："王宗武，你柞蚕生产中的问题，什么时候能解决？"大会被点名，很难受的，所以后来就提出"大协作"这条路。"总结群众经验"的路子，是原来的刘云亭老所长提出来的，他是1947年辽东地区解放时从山东调来的老干部，这个所坚持群众路线，并把它迁到农村，和他的指导思想有关；而"大协作"是王宗武所长带来的指导思想。

我后期解决核型多角体病毒（NPV）这个课题，得靠科学院系统。当时，沈阳有一个林土研究所，是科学院研究林业和土壤的一个研究所，这个所的设备是先进的，我派课题组的尤锡镇和他们搞合作。病毒的多角体形态显微镜能看，但病毒粒子形态，那是一般显微镜看不见的。病毒粒子很小，形态就像抽的烟卷似的，传染最直接的是病毒粒子。在变成病毒粒子以前，细胞核内是一束一束的，这种形状叫病毒束。病毒束、病毒粒子怎样侵染都得弄明白。像样的材料，如国家发明或填补国际空白的成果都是要有的，不仅仅要在形态上弄明白。下一步就是病毒怎样进到蚕的体内细胞里，这个我们都得研究，是靠合作来完成的。

病毒传染有两条路线：一个是将多角体病毒吃进去，再一个是通过皮肤创伤进去（比较少）。主要是口服吃进去，在胃里面，靠胃液溶化，变成病毒粒子，然后通过细胞进去。病毒粒子钻进细胞壁一半的时候，我拍了照片，把钻进的细胞也用电镜技术切成片来观察，看到它进去以后，在细胞质里没有寄生，却在细胞核里寄生，最后形成多角体。我把这个过程都研究出来，通过"协作"把柞蚕核型多角体病毒研究得比较透彻，在完成成果申报的时候发表了有关防治方法、传染规律等的5篇论文。

这个成果当时在辽宁省科委评了一个二等奖，在农业部评了技术改进奖一等奖，这都是1981年的事，之后又经过申报，报到国家，1985年又被评为国家科学技术进步奖二等奖。

1982年开始，我担任这个所的副所长，两年后任所长。任职期间，这个所获得省部级成果30多项。由于这些贡献，1989年辽宁省人民政府授予我"辽宁省特级劳动模范"称号。同年，我又获得了"全国先进工作者"称号，1991年开始享受国务院政府特殊津贴。

"柞蚕病毒基因载体重组外源基因的研究"，就是把病毒多角体基因作为载体重组有用的外源基因

1993年，我建立了辽宁省农科院大连生物技术研究所。我觉得，柞蚕的一些常规研究差不多了，再也没有什么大的项目，因为重大的成果必须基于生产中的一些重大问题。通过三十几年的研究，特别是改革开放以后，大部分问题都解决了。我当时是农业部科学技术委员会委员，看到生物技术在当时很重要，就和省农科院院长商量，省里应该建立一个生物技术研究所。1996年，这个所完全进入正轨后，我就退下来了。所里的人员都是蚕科所（辽宁省蚕业科学研究所）里来的，我挑了一些这方面基础差不多的20多人，带到这里来。

这个生物所的前身是一个生物技术研究室，也叫新技术研究室。一开始这个研究室为了改善环境而迁到丹东，成立了生物技术研究中心。建立以后，我觉得丹东比较闭塞，经济情况不好，文化系统里没有一个正牌大学，后来和院里商量后，就在大连找了个合适的地方建立研究所。从我的思路来说，脓病的研究前一阶段完成了，但是这个病毒的研究，应该延伸一点。所以，这个所建立以后的主要课题也是第一个大课题——"柞蚕病毒基因载体重组外源基因的研究"，就是把病毒多角体基因作为载体重组有用的外源基因。最开始想用药用基因，重组上以后，通过蛹进行繁殖生产，这是先进的技术，也就是常规的进入基因工程的研究，脑子里当时这样想的，于是，一边建所一边跑计委要钱，开展这个项目。后来这个所发展得不错，开展了很多方面的研究。

这个所里边有一个年轻人叫张春发，建所时我把他带来的，我原来派他去日本东京大学，师从名取进二教授，研究昆虫抗病物质。后来又派他去加拿大，了解这方面的东西。他多次出国，是几年培养出来的，最后取得了博士学位。我想我退了以后把这个所交给他，但是后来他遇到一些个人问题，就走了，使这个所的发展受到了一定的影响。大连的大专院校很多，国家对干部不限制，你觉得不好就可以走，但大部分人坚持了下来。

我退休是1996年，到现在有20年了，像样的、能报到国家进行生产应用的成果没有，但是论文不少，小成果有一些。现在对于生物技术所，我的想法就是在原来蚕科所的基础上形成一个新的平台，常规的我不搞，要提高柞蚕本身的价值，因为价值低，你就无法生存。

再一个是综合利用，把昆虫用到各个方面去，在这方面现在搞得还不错。把昆虫蛹里的抗病物质提取出来，如抗菌肽等，是天然的，没有副作用，可用于畜禽。小鸡刚孵出来爱得病，过去用抗生素，但抗生素不能乱用，会使得鸡蛋出口受限制，于是在小鸡等家禽的食物中加了从昆虫蛹里提取的抗病物质。另外，在水产方面，海参也很贵，也会得病，这种物质也可以用。在其他方面也开展了不少。

我们一开始遇到的困难是提取物弄得不好，抗病物质失活。我们把柞蚕蛹血取出来，制成含抗菌物的粉，做成药，名叫"九如天宝"口服药，可以治疗肝炎等。当时和海南一家药厂合作，但是由于管理经营不善，和海南的合作赔钱了，后来黄了，于是产品就停了。实验方面还没有大批量实用，都是小批量在搞。主要在三个方面：一个是柞蚕综合利用，用在各种产品上；二是基因工程；三是农作物基因工程，往深化方面搞。病毒多角体当中，病毒粒子所占很少，多角体基因比较大，在这个基因上重组外源基因，利用这个基因，为人类服务，这是个课题。我原来以为这个项目三五年就能成，但实际上不行，还要几年之后才能出成果。现在，外源基因的重组，在操作上都解决了，要用细胞繁殖，柞蚕这个细胞培养就研究了十几年，柞蚕的细胞很难培养，没有现成的细胞，把细胞培养活了，还要对重组基因提纯，所以，高端的研究比较难一些，比较复杂。可是这个所坚持了20年，所里已有一批人才，包括硕士、博士。我原来在山沟沟里，人才难进，多是中专生、大学生，没见过硕士，就是到这里才解决了人才问题，也解决了设备问题，现在的设备都很好，你看这个会议室，原来这个所都很土的，现在条件不错。

我爱人和我是同学，一开始分配到农村，后来调到所里和我一起工作。她一开始搞柞蚕饲料，后来又搞蓖麻蚕，以后又搞图书管理，但是在1962年，被精简为家庭妇女（那时候国家精简机构人员），改革开放后又重新回来工作。

采访时间：2016年7月

教学四十载　桃李满天下

吴融如

吴融如　原苏州丝绸工学院副院长，教授

吴融如，1955年毕业于华东纺织工学院纺织工程系棉纺专业。毕业后分配到苏州丝绸工学院任教，承担教学工作40余年，直到1997年苏州丝绸工学院与苏州大学合并。曾任教研室主任、系副主任、系主任、副院长。主讲"采暖通风给湿""绢纺学""丝绸厂供热和空气调节""工程热力学""传热学"和"流体力学"等课程。曾翻译苏联教材

吴融如

《丝的工艺学》中的"丝织准备"部分，编写《采暖通风给湿》教材和《丝绸厂设计》教材第八章"空气调节设计"。主编的《丝绸厂供热和空气调节》获纺织工业部1988年度全国高等纺织院校优秀教材奖；先后为江苏、浙江、安徽、湖北、湖南等地区20多个大中型缫丝、丝织、印染厂设计湿式空调系统，并在多地缫丝厂改用下送上回空调系统。曾兼任苏州市丝绸工程学会副理事长、苏州市未来研究会副理事长、苏州市制冷学会理事长、江苏省纺织工程学会和空调专业委员会副主任等职。

1960年，学校从江苏省划到纺织工业部去了，由纺织工业部领导，成立了苏州丝绸工学院

我生于1932年11月，老家在上海市金山区枫泾镇。父亲在上海铁路局工作，母亲是家庭妇女。小学、初中都在金山老家读，高中在上海吴淞中学读。1951年考到华东纺织工学院纺织工程系棉纺专业。华纺的专业分得很细，整个纺织是一个系，下面再分专业，学纺的要学点织的，学织的也要学点纺的。1955年毕业之后，我就到了浒墅关蚕丝学校，种桑养蚕和缫丝都有的。

当时，种桑养蚕是属于农林厅的，缫丝则属于工业厅。两个系统有矛盾，矛盾主要在于对学校的投资。工业系统钱多，农业系统钱少。有了矛盾之后，由省政府决定，一分为二，种桑养蚕一个学校——浒墅关蚕桑学校，缫丝一个学校——浒墅关丝绸工业学校。

1956年又增加了丝织专业，有丝，有织，就变成了江苏省丝绸工业学校。1958年，学校升格成苏州丝绸工业专科学校，变成大专了，但是这个中专部分还是保留下来的。到了1960年，学校从江苏省划到纺织工业部去了，由纺织工业部领导，成立了苏州丝绸工学院，开始招收第一批本科生。学校就从浒墅关搬到苏州相门外了，买了一些地，建了这个学校。后来，把华东纺织工学院里面的缫丝专业和无锡轻工业学院的纺织专业全部并过来，又把名称改为苏州纺织工学院。

1966年"文革"开始，无锡不并过来了，但把华东纺织工学院的缫丝专业并过来了。"文革"期间，苏州纺织工学院是很有名的。"文革"结束后，纺织工业部又把权放到苏州，由中国丝绸公司来领导，学校又改回苏州丝绸工学院。我从教研室主任到系副主任，再到系主任。1986年，我开始担任副院长。

江苏省丝绸工业学校刚成立时，增加了一个丝织专业，需要一个教织的老师。学校向省里申报，省里向部里打报告，说这个学校要有教师。部里下达通知，下到纺织工学院，要浒墅关派人去。我是学棉纺的，不知道为什么把我派去了，去之后，我就替丝织专业的一个老师翻译俄语教材。那个时候只有苏联的书，西方的书没有。这是一本关于丝的工艺学教材，我翻译了丝织的准备部分（棉织我也学过），翻译成讲义提供给老师。后来，浙江调过来一个搞丝织的教师。

国家规定所有教材必须采用国际单位制，英制的根本不能用，公制的也要取消

第一届丝织专业（中专）升上去了。按照教学计划，纺织需要有空调课程，空气调节、温湿度对产品质量好坏很重要。领导看我读书时学过空调，就动员我担任"采暖通风给湿"这一门课的教师。我那个时候就开始转到空调系统方面了。我又到同济大学进修，学一点专业方面的知识。我在这个学校里面学的主课，就是"采暖通风给湿"。后来到学校里教空气调节，自备讲义，自刻讲义，自己上课，这期间我还教绢纺。

在空气调节方面，我出了一本书。"文革"结束后，大学根据发展需要由纺织工业部统编教材，比如制丝的教材、纹织的教材、丝织的教材，包括丝绸厂供热和空气调节。我的这本教材《丝绸厂供热和空气调节》是在那个时候用的。接下来又同浙江丝绸工学院合编，我是主编，三个教师一起编了一本《丝绸厂供热和空气调节》。教材写好以后，我再统稿，弄好之后送到纺织出版社，后来纺织工业部给了我一个奖。

从某一年（具体哪一年记不得了）开始，国家规定所有教材必须采用国际单位制，英制的根本不能用，公制的也要取消，全部改用国际单位制。空气调节方面、供热方面、热力管道方面，以前都是公制的，那么这些公制的公式、参数、表格，全部要换算成国际单位制。比如说，热量以前叫大卡，现在不能叫大卡，要叫焦耳。电方面还好，没有多大改动，欧姆、瓦特、伏特等这些都没有改。热的方面改得最多。另外重量单位也要改，以前重量单位是用斤或公斤表示，比如买一斤或者两公斤。现在公斤只能代表物件的质量单位。而重量是指地球对物体的吸引力，是重力，所以要用力的单位，用"牛顿"。两者有差别，重力加速度值为9.80米/秒^2，即1公斤力=9.80牛顿，所以改得蛮多。我们就花了不少精力，把《丝绸厂供热和空气调节》这一本书里边，有关供热的、锅炉的、热力管道的、空调的、以及所有公式、表格、参数，等等，全部改成了国际单位制。这本书是1982年统编的教材，1988年获得纺织工业部优秀教材奖。

我是1986年当副院长的，大概是1989年或者1990年我校被批准开设空调专业

项目方面，我主要还是搞设计，设计的地方蛮多的。就是丝厂、绸厂的空调系统，湿式空调系统有喷淋，不像现在的医院、商场、宾馆这些地方就是送送风（送冷风、热风的）。江苏省很多厂家都是我去搞的，其他省的还有如浙江德清的缫丝厂，安徽的黄山绩溪丝织厂、当涂丝织厂，还有一个将军县金寨县丝绸厂的空调系统，都是我去搞的。湖北一个少数民族，来凤土家族，有一个来凤丝织厂，我去给他们帮忙。厂已经有了，就是增加一个空调系统，重新造起来，为他们设计图纸。这个丝绸厂的空调系统跟其他工厂的空调系统不同，纺织系统都差不多的，不同的就是这个温湿度，因为它是丝织厂，同棉纺厂的要求不一样，这个我们都做了好多测定的。

对于丝厂、绢纺厂、丝织厂的温湿度标准，包括夏天的标准和冬天的标准，我们都是根据调查，在厂里弄出来、总结出来的一个标准。纺织厂只要空调，丝绸厂、缫丝厂除了空调以外，都要有蒸汽的，所以我们这本书除了研究空气调节之外，还包含供热的内容。供热就牵涉到锅炉，牵涉到热力管道铺设的设计，所以这本书就叫作《丝绸厂供热和空气调节》。还有一个关于工厂设计的内容，好多地方有的厂已经造好了，要根据现场搞一套系统。有的学校里边就会出于工艺、电力、空调三个方面的考虑，组成一个设计组，先去考察地形，出可行性报告，再提出方案，然后再出图纸，根据这个图纸，再去请建筑设计院设计房子。空调由我来设计，主要是空调。

各个地方都要发展丝绸了，都要造丝

（后排右二）郑辟疆先生铜像迁址落成仪式

绸厂了，学校便考虑成立一个班子，班子扩大了，又有了搞印染的设计。有丝厂、绸厂、印染厂，这里面的空调都是我一个人来弄的。后来，我们空调那边的老师增加了，增加了一个搞空调的张老师，我们就有两个人设计空调了。规模比较大了，大家分工，我搞这个车间，他搞那个车间。原来学校没有空调专业，就向教育部申请增加空调专业。我是1986年当副院长的，大概是1989年或者1990年我校被批准开设空调专业。这个专业不仅针对纺织厂、丝绸厂，还扩大为各行各业设计空调，比如商场的中央空调，以及医院、宾馆、商住楼的这些空调。我校这个空调专业基本上和同济大学、清华大学的这个专业是一样的。

现在，这个专业还在，并到苏大去了，放在物理学院。实际上空调是工科，物理是理科的呀，工科放在理科不是很合理。理科，比如物理专业，它培养老师，培养研究人员；工科则侧重于搞设计，要实习的。那怎么会并到物理学院呢？因为物理学院有一个热能专业，热能、锅炉什么的，空调作为冷的，热能作为热的，两个并成一个系，没有把空调专业放到工学院去。这个工科专业比较好，毕业分配比较好，本来应该放到工学院去才对，归口。

现在丝厂基本上都已经改成地下送风，这个还是符合规律的

原来的空调，包括丝厂、绸厂，都是上面风道，风送下来，下面回风，回进去，再到空调室里去处理。丝厂有一个特殊情况，煮茧子，都是蒸汽，缫丝时还要管子烘干，温度很高，散热量很大，工人都是比较辛苦的。冷风从上面一压下来，根据气流，冷空气向下，热空气向上，热空气再向上，这个冷风要吹下来，热空气一托，冷风吹不下来，这个反了，路线走反了。

后来，我把苏州第一丝厂改成在地下装风道，然后在每一个工人旁边，从地下伸出来，地下送风吹在人身上。吹出来之后冷风加一加热就上去了，上面回过去，下面送出来，这符合气流规律。这是第一丝厂搞成功的，当然不是我一个人搞的，我是提出想法，给他们算好尺寸，全部在厂里面加工，效果很好。

全国缫丝厂的送风系统现在基本上都是这样，德清的技术科长是我们学校的毕业生，他叫我去德清缫丝厂改造。现在丝厂基本上都已经改成地下送风，这个还是符合规律的。

地下送风的成功，让我们开始思考丝织厂能不能改，因为丝织厂也是上面送风的，但没有缫丝厂蒸汽的热量，从上面送下来，这个距离很大，整个车间的空间，就是靠这些风来维持的。但是，空调主要是对人的，要舒适，织机上面只要保持一定的温湿度就够了。上面的空间温度调节很好但没用，浪费了。后来考虑，丝织厂能不能够也改一下，挡车工旁边装一个送风口，织机下面也装一个风口，织机周围送出风，温湿度就达到了丝的要求。搞地下送风，可以节冷量、节风量、节投资、节运行费用，这些都可以节省。

那个时候我正好招了一个研究生，就是搞这个项目的。我和他一起出了一个方案，一起到苏州新苏丝织厂工作，他们划了几台织机给我。我们把原来上面风道的空气引到管道下面，引到工人旁边和织机下面，试下来效果也可以。我退休后，把做的过程、效果写了一篇文章登出来，介绍了一下如何节省冷量、风量、电量。正好，我们苏州市纺织工程学会开年会，我的这篇论文获得了一等奖，后来又得到苏州市科学技术委员会一等奖。

费达生，费孝通的姐姐，是丝绸界的元老，我们学校的副校长

费达生，费孝通的姐姐，是丝绸界的元老，我们学校的副校长。一个老太太，整个人身心扑在教育和丝绸发展上面。她认为，茧子烘得好，烘得坏，跟以后的缫丝和丝的解舒都有很大关系。她想，以前用热能来烘，现在好多地方都在用红外线加热，让我跟她一起弄，去测定。我们去买了一些红外线管，在实验室里按照烘茧的过程，用原来的温度烘好大批茧子，再去缫丝厂用，它的质量到底怎么样，做了这一个试验，但是后来没有推广。

这个土法投资少，烘茧就造一个房子好了，用个炉子烧烧，烟道气把墙壁烘热，茧子放在里面。虽然用远红外线烘出来的效果是好一点，但是一套红外线的设备太贵了，要把这么多茧子烘干，投资比较大，费老先生也晓得用红外线可能推广起来有困难，那个时候科学不像现在这么发达。

我工作做了不少，文章也写了，但推广不开。

我1986年做行政工作，1992年退下来了。担任院长期间，我继续上课，科研工作没有去做。我爱人也是教师，在中学里边教数学的，也是我的好搭档，编这本

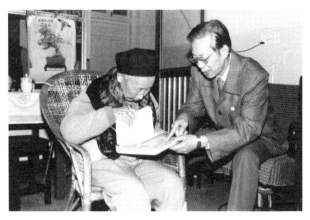

（右）在费达生家观看她的优秀作品得奖证书，
1997年，杭州

《丝绸厂供热和空气调节》的时候，她把所有的数据全部换算成国际单位制，这个换算工作量很大的，那个时候没有计算机，只有一个计算器，是那种手摇的计算器，只有土办法，一个一个换算，热天也没有空调，她拿个扇子边扇边算，所以这本书她的贡献很大。

我1955年毕业，到1997年退休，教学工作没有停过，也没有跳槽过，从中专的教师，一直到大学的教师，最后再评上教授。培养的学生很多，现在学生经常来看看我，比如：钱小萍，就是浒墅关成立丝织专业之后我带的第一届学生；丝绸协会的会长杨永元，也是我的学生；给彭丽媛女士做衣服的设计师，是苏州丝绸工学院服装专业的学生。当然有成绩的人，都是后来在工作岗位上自己通过努力而取得的成绩。作为老师，我们主要是在学校里传授了一些知识，为他们打了一些基础。

采访时间：2014年8月

机械革命是丝绸行业进步的根本

蔡洪第

蔡洪第

蔡洪第　原上海第三丝织厂科研室主任，高级工程师

蔡洪第，出生于1933年12月，1964年毕业于上海交通大学（夜校）机械设计专业。1974—1980年，任上海丝绸工业公司职工大学机械教师。1980年起，在上海第三丝织厂科研室先后任副主任、主任。任职期间，主持研制出分条整经机、热风锡林联合浆丝机、练染绸开幅机、板边机、热定型机、四联动整经机、合纤无捻上浆分条整浆联合试验机、半自动化印花机、D型络筒机，以及真空浸泡机和穿纹版机等数十种机械设备。其中，"SGD16-1型浆丝机工艺及设备"获上海纺织工业局二等奖，SFK系列络、并、捻中试样机及推广机获纺织工业部二等奖和国家科学技术进步奖三等奖，AKJ-1600经轴架获上海纺织工业局科学技术进步奖三等奖。在《上海丝绸》上发表有关机械改造研制的论文《SGD16-1型浆丝机设计特点》《SGD16-1型浆丝机伸长控制》《合纤无捻上浆工艺与设备》《轻型经轴储藏架》等多篇。曾享受国务院政府特殊津贴。

合纤无捻上浆分条整浆联合试验机，这应该算是我们国家的首例

我在18岁的时候进入工厂学习钳工，学习了大约有6—8年，便已经掌握了包括车、钳、刨、锻、焊在内的所有技能。我的师傅十分擅长机械设计，于是我开始学习机械设计，但没过多少年，他就离开工厂去外面打拼了，因为当时我的技术尚浅，就没有跟随他一起出去，而是继续在厂里做机械设计。

随后，我所在的工厂从棉纺厂转到丝织厂了。在丝织厂里，许多机器设备都欠缺，因此我就开始着手设计工厂里所需要的机器。从那以后，我一直在从事机械设计方面的工作。当时我所在的丝织厂机械比较落后，大多是木结构的，我便想将其改成钢结构的。于是在1962年后，我设计出了丝绸摺幅机，效果十分不错。但当时的我没有任何职称，还是一名工人，便在工作之余，去考了上海交通大学的夜校，从1958年到1964年，我在那里学习了6年的机械设计。夜校毕业之后，我基本上一直从事机械设计的工作。

后来，碰巧公司的职工大学需要老师，他们就挑中了我，于是在1974年到1980年这6年，我一直在学校任职，主要负责讲授机械设计这方面的课程。在这期间，公司职工大学十分看好我，认为我是个人才，便在这时候将我升职成了工程师。1980年我回到工厂，在科研室工作，后来升为科研室主任和高级工程师。

在我从事机械设计近30年的过程中，有几项我参与设计的机械产品可以算作我职业生涯中具有重大意义的成果。当时，工厂里需要一种热定型机，而这种机器只在丝绸印染厂里有进口，于是我就同上海绢纺厂的工程师姚明德一起，成功设计出了热定型机。

工厂需要拉幅烘燥机，我便独立设计出来了。后来，工厂里做无捻上浆，也就是涤纶、腈纶丝的织物，而在当时的条件下，涤纶丝是没办法上浆的。于是我就从实验开始，尝试着做无捻上浆，后来设计出合纤无捻上浆分条整浆联合试验机，这应该算是我们国家的首例。

这些机器设备设计出来之后，对工厂而言，也创造了巨大的效益

我设计建造过一台大型设备，把原丝筒子和支架合并，在大烘房前上

进行机械制图，1971年，上海

进行机械制图，1983年，上海

浆，再到烘房里烘干，然后就集中到机器上面。这个机器叫整经上浆联合机，它占地有1000平方米之多。

另外，我还设计过分段整浆联合机。当时的涤纶丝尼龙，一束丝有一百根，如果分散上浆的话，就全部都粘在一起了。于是，我设计出了一个整浆联合的设备，整经同机浆联合，分段浆好了之后再卷起来，这样一来，织造就变得十分便利了。这个设备同传统工艺相比，有着十分重大的突破和进步。传统的工艺锦纶丝无法上浆，只能够增加黏度，而有了我设计的这个机器之后，这些都是可以做到的。

还有SFK系列络、并、捻中试样机及推广机、真空浸泡机、轻型经轴自动储藏架及多功能浆丝机等十几种机械设备，其中SFK系列络、并、捻中试样机及推广机获纺织工业部二等奖和国家科学技术进步奖三等奖。

这些机器设备设计出来之后，对工厂而言，也创造了巨大的效益。比如整经上浆联合机，在这之前，涤纶、腈纶是上不了浆的，只能加捻做绉类织物，而在使用这个机器之后，涤纶、腈纶可以上浆了。于是，我们投入了一百台织机，做无捻上浆的涤纶上浆，起到了十分明显的作用。我一直操作这个机器，于是慢慢就对上浆这方面的操作很熟悉了。

当时我们工厂有一种叫丝绒的产品，上面有一层短短的绒毛状的覆盖面，那层覆盖面需要上浆。如果不上浆，它在折叠之后就会松散开来。我们就上浆，上完浆之后，在亮光下看，绒毛呈现出一高一低的样子，这是因为我们是用人工控制的，没有用机械自动控制，从而导致上浆的力度不同，张力也就不一样了。于是，我就设计了一个有恒定上浆率的机械设备，SGD16-1型浆丝机工艺及设备，获得了上海纺织工业局二等奖。后来，SKJ-1600经轴架获上海纺织工业局科学技术进步奖三等奖。

这是我在快要退休时设计的新型浆丝机。原来，浆丝机有很多缺点，如上浆部分，是用铁辊外面包布的，经常调换会导致上浆质量不稳定，而且其张力、速度都是人工控制的，大大影响了经丝上浆质量。我设计的新型浆丝机在上浆时，经丝张力、速度都是自动控制的，上浆部分采用胶辊，不用包布，所以经丝上浆质量非常好，当时在杭州、常州的丝织厂中推广使用，其中部分机构即卷取张力自动减压装置还得到了发明专利。

新型浆丝机造出来之后，立即产生了十分明显的效果，上海市丝绸科学技术研究所也购入了一台。我们工厂投产了400台绒机，400台这个数量对于当时的工厂来说，是一个很大的数量了，从那之后就一直使用这400台绒机，一直到上海丝绸业彻底调整，工厂才将这批机器卖给别人。

我当时设计出了许多机械设备，却都没有尝试去申请国家专利

从18岁进厂，到1995年退休，我在工厂一共工作了44年。现在，上海的纺织厂全部都关掉了，包括国棉二十厂、十六厂，我们工厂是上海第三丝织厂，也是上海一流的丝织厂，很遗憾，也遭到了关门这样的境遇。

当时缺乏专利意识，虽然我当时设计出了许多机械设备，却都没有去申请国家专利，几乎所有的设备在发明建造出来之后，就都直接投入生产了。

工作期间，《SGD16-1型浆丝机设计特点》《SGD16-1型浆丝机伸长

上丝三厂第十八次敬老聚餐会留念 2014.11.20

（右一）上丝三厂敬老会，2014年，上海

控制》《合纤无捻上浆工艺与设备》《轻型经轴储藏架》等多篇论文发表
在《上海丝绸》上。我还荣获了"全国纺织工业合理化建议积极分子"和
上海工会系统"上海市比、学、赶、帮先进个人"等称号。

我曾经享受过国务院政府特殊津贴，整个第三丝织厂就批下来我一个
人，但后来出于某种原因被退回了。

采访时间：2015年7月

奉献给丝绸科技工作的一生

孔大德

孔大德　苏州丝绸科学研究所原所长，教授级高级工程师

孔大德，1957年毕业于华东纺织工学院染化工程系，分配到苏州丝绸科学研究所，从事丝绸练染、后整理的研制及管理工作。曾任树脂整理试制组副组长，协助苏州市绸缎炼染厂建成

孔大德

了一条树脂整理生产线。1970—1975年，在苏州市绸缎炼染厂工作，建成一条涤纶低弹长丝织物的松式染整生产线，属国内领先。1975—1979年，在纺织工业部纺织局毛麻丝处工作期间，为苏州引进全套树脂整理设备，为上海引进印花制版的连晒连拍机和热定型机等。1980年，任苏州丝绸科学研究所所长，开发出"涤纶仿真丝绸""新型印花糊料""树脂浆料""防水浆料""综丝、钢筘清洗器具""涤纶长丝热变性加工设备和技术"和"智能型丝线张力、线速测试仪"等众多科研成果。科技攻关项目"涤纶仿真丝绸"和"新型印花糊料的中间试验"分别获得国家1985年度和1989年度科学技术进步奖二等奖。编写《中国传统工艺全集·丝绸织

染》的"丝绸染整技术"部分和《中国古今蚕丝绸技艺精华》的"古今丝绸的印染"部分。1987年，兼任国家丝绸产品质量监督检验测试中心主任。曾兼任中国纺织工程学会理事、江苏省纺织工程学会常务理事和苏州市丝绸工程学会副理事长等职。退休后，仍兼任中国纺织工程学会丝绸专业委员会副主任、秘书长。1992年起享受国务院政府特殊津贴。

苏州丝绸科学研究所创办初期，以设计绸缎新品种、新花色和新产品的试织试样工作为主

我出生于1933年11月，祖籍是浙江慈溪，父亲是经营纺织品的商人。兄弟姐妹均在上海工作，有的在化工厂、机械厂工作，有的当护士和音乐教师，现在都退休了。

我生在慈溪庄桥，因父亲在上海经商，很小的时候就跟随母亲到上海定居。在上海念小学到高中毕业，1953年全国统一考试，进华东纺织工学院染化工程系就读。1957年8月大学毕业，由国家分配到江苏省纺织工业厅报到，随即到苏州丝绸科学研究所工作。

新中国成立初期，全国丝绸主要产区浙江、江苏、上海等地，由于遭到战争的摧残，丝绸业日渐凋零。那时的丝绸生产，大多是手工作坊式的，仅生产几台丝织机。在上海、杭州和苏州，虽有缫丝厂、丝织厂和印染厂的存在，但规模不大，设备陈旧落后。新中国成立后，政府对丝绸行业进行恢复、整顿、扶持和合并，丝绸生产逐步变得正常。尤其是1956年的

（右）"新型印花糊料联合中试签字仪式"会议，
1987年，苏州

全行业公私合营社会主义改造，为以后丝绸企业进行技术改造，提高生产能力、产品质量和发展生产，打下了基础。

那个时候，国家要进行社会主义经济建设，需要大量资金尤其是外汇。由于丝绸是我国传统的出口外销商品，而丝、绸的原料是我国自产的，国内劳动力成本较低，因此出口创汇能力高，可以大量出口。在这一背景下，需扩大丝、绸的生产，同时要提供丝、绸的新品种、新花色和优质的产品，以满足外贸市场的需要。

为此，在1956年春，中国丝绸公司、纺织工业部和中华全国供销合作总社在北京联合召开了第一次全国丝绸会议。会上决定在江苏、浙江、上海建立专业的丝绸技术研究机构。1956年6月，在苏州市成立了苏州丝绸科学研究所。同年在上海、杭州亦建立了丝绸科学技术研究所。

1957年9月，我刚到苏州丝绸科学研究所的时候，包括所长、科技人员和管理人员的总人数不满20人，人员都是从各厂调来的有经验的老师傅和管理干部，只有我和刚从江苏省丝绸工业学校丝织专业毕业的钱小萍是专业院校出来的，技术力量较为薄弱。研究所的科研环境甚差，用房是借的居民的老式平房，试验设施简单，试验仪器稀少。当时我的思想虽有波动，但也只有安下心来，踏踏实实地工作了。

苏州丝绸科学研究所创办初期，以设计绸缎新品种、新花色和新产品的试织试样工作为主，并配有一个有7台丝织机规模的工坊和一个染化组。我就在染化组工作，组内只有3个人。

为了配合丝绸新品种，进行了印染后处理的试制工作

我从事丝绸科研工作的时间，大致可分成3个时段，即1957年到1970年、1980年到1994年是在苏州丝绸科学研究所工作，中间1970年至1979年在苏州市绸缎炼染厂和纺织工业部生产司工作。

第一时段，是从1957年到1970年，我到苏州丝绸科学研究所报到后，先在工厂实习半年，当时参加了苏州市丝织工业公司和苏州市外贸公司组织的提高丝绸染色色牢度试验小组，下到丝绸厂的练染车间，进行应用染料的筛选和固色处理等试验，使丝绸的色牢度达到三级牢度的标准，并推广到生产实践。该项试验的起因是，我国出口到民主德国的丝织品，被制成连衫裙，穿着后遇到雨淋，就大量掉色，人家把这条裙子通过大使馆送到了国务院。周总理批示查办此事，经调查是苏州的一家丝织厂生产的。为此，市里的两家公司组织了试验组，来提高丝绸的色牢度。

后来，为了配合丝绸新品种，进行了印染后处理的试制工作，如外销的新产品"玉洁纱"，是由生蚕丝起纱地组织的色丝提花丝织品。成品要求纱地挺括洁白，提花色泽不变。我采用甲醛固着丝胶，再用双氧水漂白工艺，保证了产品的顺利出口。比如，采用喷雾印花的技艺，试制大提花绸缎的旗袍件料，在大提花的花纹上，用数张刻花的油纸板套住花纹，然后用染料液喷在花纹上，经汽蒸等后处理，获得良好的彩色提花效果，获得了外贸部门的赞赏。还有试制印经丝的工艺，先在假织的经丝上印上彩色花纹，再进行织造，织成的绸面显露了隐隐约约的花纹。

1958年，我从蚕丝、绸精练的废液中，提取过"丝氨酸"，就是把精练液内的丝胶水解，再用化学药品进行处理，提取药用的丝氨酸结晶。由于丝氨酸在市面上价格甚高，很多丝绸厂纷纷效仿试制，但事实上，医药公司不需这么多的"丝氨酸"，过了一阵子，也就无声无息了。

又如，在市内掀起了大搞超声波的浪潮，要各单位制造超声波发声器。此发声器很简单，是用一小段铁管子制作的，在其上面锯条细缝就可以了，上面还下达了完成数量的指标。丝研所人人动手，完成了指标，就向市里报喜，最后是把所里的自来水管子截掉了不少，成了废铁一堆。总之，那时乱哄哄的环境让人很难安心搞科研工作。

1960年后，为了增强丝绸产品在国际市场上的竞争力，外贸部门提出，外销的绸缎不仅色牢度要好，还要具有手感柔软滑爽、富有弹性和不易缩水的特征。

那时丝绸的后整理，只使用烘干烫平和拉齐门幅的工艺，烘干只是用张力较大、通蒸汽加热的金属辊筒机烫干或用拉幅机拉齐绸缎门幅而已，所以成品缩水厉害，手感不佳，易皱易缩。为此，从1963年到1964年，纺织工业部抽调杭州、苏州和上海的技术人员组成树脂整理试制组，集中在试验条件较好的上海绸缎炼染厂，由杭州的马家秀和我任正副组长。试验工作包括树脂液配方分析、化学分析、物理测试和工艺技术条件及整理机械设备选用等，试验的织物品种，以人丝/人棉制织的"富春纺"为主，从其小样试制到大样验证，总结出一套树脂整理基本工艺路线，供生产厂参考。

试验组结束后，我返回苏州，在省纺织工业厅领导的重视和支持下，协助苏州

（左）参加中国纺织工程学会丝绸专业委员会的学术研讨会，1986年，烟台

市绸缎炼染厂建成了一条树脂整理生产线，此条生产线的机械设备为今后的丝绸防水、柔软、硬挺等后整理创造了条件。该生产线建成后，就投入到出口非洲国家的树脂整理人丝／人棉交织品的生产中，产量达到百万米。

此后，我的研究方向改为丝绸后整理的研制，如增加真丝绸柔软度的化学处理，降低丝织物缩水率的松式整理、尼龙丝绸防水处理等，都在生产上被应用。

1966年，"文革"开始。那时，我是研究所染整研究室主任，虽未受到冲击，但无法进行工作。1970年年底，出现了一股"斗、批、改"的风潮。1974年，丝研所被定为江苏省纺织工业厅丝绸研究所的直属单位，下放给苏州市丝绸工业公司，随即把丝研所的花色品种设计室和丝织、印花实验工场归并到生产厂，同时将染整研究室的大部分科技人员调出，把他们分到练染厂、印花厂，我被调到了苏州市绸缎炼染厂。

我们返京汇报了各地丝绸企业的状况，并提出对各企业进行技术改造的建议

第二时段是1970年到1979年。我被调到苏州市绸缎炼染厂后，先在厂里的树脂整理车间劳动，并帮助解决一些生产中出现的技术问题。后来调

到厂生产技术科，分管合成纤维长丝织物的染整生产技术，当时采用普通型涤纶长丝的原料，制得的织物绸面呈极光光泽，手感不柔软。

一次，我参加与日商的技术交流，得知国外已采用新型的涤纶低弹长丝原料来织造丝织物。经松式的染整加工，可生产出各类轻薄丝绸，其具有光泽柔和、手感柔软、富有弹性、不易收缩的特征，同时也可织成厚实的织物。见到国外生产的实物后，我就觉得这种涤纶丝织物定会成为国内市场的畅销产品。当时，我就向省纺织工业厅领导汇报，提出开发这种产品的建议和设想，得到了支持。领导要我负责此事，于是我先与丝织厂合作，试制出样品，并拟订染整加工的工艺技术路线。同时，引进高温高压液流染色机，与国产染整机械设备配套，在苏州市绸缎炼染厂建成丝绸行业最早的一条较完整的涤纶低弹长丝织物的松式染整生产线。投产后的产品，属国内领先，产品投入国内市场，大受消费者欢迎。这条松式染整生产线，为以后发展涤纶丝织物提供了条件。

在练染厂期间，规定用尼龙丝原料织成的尼丝纺产品，需有防水性能。于是，我着手进行防水处理试验。防水剂经测试防水效果符合要求后，就投入大批量生产，产品可供出口，也可供制伞厂使用。

1975年3月，纺织工业部下文，将我和来自杭州、重庆的两位技术人员借调到纺织工业部纺织局毛麻丝处工作。当时，纺织工业部有一笔可用于丝绸企业技术改造的资金，要用好这笔来之不易的资金，需要摸清全国丝绸企业的现状，工作量非常大，而当时毛麻丝处分管全国丝绸的只有孙和清和李世娟两人。由于多年的动乱，国家对各地丝绸企业状况不清楚，需深入调查，摸清家底。为此，我和杭州、重庆的同志组成技术改造调查组，被派至四川、广东、山东、江苏、浙江、河南、陕西、上海、天津等地的丝绸企业进行实地考察。我们马不停蹄地工作，历时近半年多，终于完成任务。我们返京汇报了各地丝绸企业的状况，并提出对各企业进行技术改造的建议，把调查中收集到的基本概况，如企业的机器设备的数量和型号、生产能力、厂房面积、职工人数等，汇编成册，供毛麻丝处掌握。

调查工作结束后，来自杭州和重庆的两人各返回原单位，我留在毛麻丝处继续工作，因为毛麻丝处争取到一笔外汇资金，可用于丝绸企业引进国外先进的染整机器，以此提高丝绸印染的生产水平。同时，通过对引进机器的消化、吸收、创新，来研制出我国自己制造的设备。毛麻丝处要我负责引进机器的选型、技术和价格的谈判，如苏州引进的全套树脂整理设备、上海引进的印花制版的连晒连拍机和热定型机等，都是我负责的。

后来，我参加了纺织工业部在辽宁鞍山召开的全国纺织品展览会，由我负责各地申报的丝绸产品的审核和展出，评奖产品的申报单位大多派人等候在评审会场外围，听取消息。评奖气氛很是激烈，经过一个月的评审，被评上金、银奖的欢喜地回去了，受到单位敲锣打鼓地迎接，没有评上的则无精打采，说是无法向领导交差。

丝研所是一个地方性的专业研究机构，应该服务于丝绸经济的建设，立足于丝绸企业在生产中的需要和发展

1979年年底，我离开纺织工业部，回到了苏州。苏州丝绸科学研究所新调来的党委书记，正着手对丝研所进行恢复性整顿。新书记热情地邀请我返回丝研所共同主持工作。我也觉得久坐机关办公，不如在基层干实事来得踏实，何况我久留北京，家属都在上海，部里虽有留我之意，但我还是离京返苏了。

第三时段，是从1980年1月到1994年7月，我回到苏州丝绸科学研究所，被任命为所长。"文革"期间，丝研所的科研工作不正常，科研项目不多，经费也不足。当时我认为，要办好研究所，必须依靠科技人员，明确科研方向，调整机构设置，建立规章制度，改善科研环境，增强研究手段，同时还应通过多种渠道来增加财力。这些思路，在以后的工作中逐步得到贯彻，也在实践中取得了较好成效。

我在全所职工大会上讲过："你们不要以为我所长有多大能耐，打个比方，我是一把雨伞的杆，只是一根伞柄，一定要靠伞骨撑起来，这伞骨就是各研究室主任和管理部门的科长，伞面就是全所的科技人员和职工，这样，这把伞才能抗风雨。如果伞面没有了，伞骨没有了，只剩下光光一根伞柄，有什么用呢？只好当拐杖了。"

我还常说，丝研所正处在"天时、地利、人和"的良好环境："天时"是指党的改革开放政策和丝绸业发展的时期；"地利"是指研究所处在全国丝绸重点产区苏州，此地又是丝绸企业的集中之地；"人和"就是我们的丝研所科技人员和职工的团结，大家都能积极地工作。我讲以上这些话，是希望激励大家更有自信心和责任心地工作。

在全面整顿中，首先明确了丝研所的科研方向。我认为，丝研所是一个地方性的专业研究机构，应该服务于丝绸经济的建设，立足于丝绸企业在生产中的需要和发展。要以应用技术研究为主，不去追求基础理论研究，我认为那应该是大学或大研究院的事，当然有条件搞些也未尝不可。在这种思想的指导下，我明确了研究工作的方向，在以后的实践中也取得了良好的效果。

在整顿中，我先调整了丝研所的机构设置。根据丝绸行业的特点和研究方向，我设立了丝织、染整、机电、物理测试、科技情报的研究室和科研办公室，以及职能管理的科室，后来又在市郊建成了具有一定规模的丝织、染整实验工坊，这样就形成了完整的科研体系。

同时，逐渐引进有专长的技术人员，吸收专业的大学毕业生和硕士生，不断充实各研究室的科研力量，壮大了科技队伍。到1994年，已有科研人员90多人，其中有教授级高级工程师1名、高级工程师10名及工程师近50名。

应国家削减事业费的要求，我们利用国家开放政策，将过去的科研成果无偿转让转变为有偿转让

为了使科研工作能有序地规范化地进行，我所制订和健全了各项规章制度，例如规定每月中旬召开所务会议，由书记、所长、副所长、各研究室主任和管理部门科长参加，要求各自汇报本部门一个月来的工作情况和需要解决的问题，这样就能使大家相互了解和配合。我习惯于先把自己的想法和打算提出来，让大家讨论，然后拍板落实，分头去干。我还提出了"自立自强、求实创新、遵纪守则、协作团结"的所风，并把这16个字制成大的瓷字模，挂在显眼的楼房墙壁上，提醒大家尽量去做到，在所内营造出良好的氛围。

在深化改革的过程中，我制订了"科研、生产、经营、经济责任制"基本原则，以适应增加丝研所经济收入的需要。应国家削减事业费的要求，我们利用国家开放政策，将过去的科研成果无偿转让转变为有偿转让。为此，我们在完成科研任务的前提下，多渠道、多方式地把科研成果与乡镇企业横向联营或合作生产，还包括有偿的技术服务。如开发的新产品"涤纶仿真丝绸"、真丝绸印花用的"新型印花糊料"、合纤长丝上浆应用的"树脂浆料"和"防水浆料"，还有与喷水织机配套的"综丝、钢筘清洗器具"，以及"涤纶长丝热变性加工设备和技术"和"智能型丝线张力、线速测试仪"等众多科研成果，被及时地转变成生产力和进行商品化，给丝研所带来了可观的经济效益。

几年内，所里拆掉了危旧房，新建了科研综合楼、测试楼和生活楼，在市郊购置土地28亩，新建了有一定规模的丝织、染整实验工场，并在市内陆续购进职工家属宿舍，同时购入国内外试验仪器。这样大大改善了丝研所的科研环境，增强了科研能力，职工生活条件也得到了改善。

新建楼房、工场的基本建设和增添仪器设备等时所需的大量资金，除了争取国家拨款，另有丝研所积累的自有资金投入。在科研工作管理上，我着重抓了科研课题申请立项的前期准备和后期的课题总结。而在课题研究过程中，我着重检查进度和需要解决的问题。我平时比较关注部、省上级部门在每个阶段对丝绸发展的意向和丝绸生产中需要解决的技术问题，以及对国外信息的收集工作。然后，根据丝研所的技术力量和实施条件来选择研究课题，指导申报立题的论证材料，这样较容易争取到省部级课题的立项。在课题完成后，要亲自对总结报告和相关材料做一一审核，确保鉴定时能通过。而在课题研究过程中，除了检查工作情况，还要帮助科技人员解决科研过程中遇到的问题。当科研项目确定后，在确定课题组成员的时候，要注意科技人员的专业特长和研究能力，甚至个性等，以此为据，来调配人员组合，使课题完成得更好。

苏州丝绸科学研究所发展成为全国重点丝绸研究院所之一

1980年后，国家颁布科学技术进步奖，分国家和部、省、市的级别，其中又分为一、二、三、四4个等级。那时，丝绸行业内还没有评上过国家科学技术进步奖一等奖的，二等奖也稀少，能评上国家级的三、四等奖就不错了。在我们丝研所众多的科研成果中，也是评上三、四等奖的居多。而我们申报的"涤纶仿真丝绸"和"新型印花糊料的中间试验"的国家科技攻关项目，均取得了很好的社会效益和经济效益，均荣获了国家科学技术进步奖二等奖。在"新型印花糊料的中间试验"项目申报奖项时，课题负责人要把我的名字报上，但因为评奖名额是有限定的，我不宜去占个名额。虽然该项目我有过技术上的指导，也帮助解决过一些具体问题，但我不占名额，更能激发科技人员的积极性，也便于工作的开展。

1982年，国家实施对科技人员的技术职称评审制度，而研究所是科技人员较集中的单位。科技人员对职称评定很是关切，但限于上面下达的评定名额的指标限制，只能逐步解决。要做好这项工作，特别是因为这是首次评审，所以我及时把评审条件和要求透明地告诉大家，尽量做到公平合理，实事求是，不搞暗箱操作，避免出现矛盾。我在这方面做了严格把关，因此，评审工作比较顺利地进行了，科技人员情绪平稳，科研工作未受到多大影响。

1987年年底，国家技术监督局的总工程师和处长对丝研所的条件进行实地考察后，要在丝研所建立国家丝绸产品质量监督检验测试中心。我们按测试中心的要求，在所里物理测试研究室的基础上新建了测试楼，充实了技术力量和测试仪器，历时近两年，经审核合格，通过了验收。我们对全国丝绸产品执行监督检测工作，我兼第一任中心主任。

十余年来，经过全体科研人员和职工的共同努力，苏州丝绸科学研究所发展成为全国重点丝绸研究院所之一。

1982年，我成为中国共产党党员，后晋升为教授级高级工程师，1992年起享受国务院政府特殊津贴。曾任中国纺织工程学会理事、江苏省纺织工程学会常务理事，以及苏州市丝绸工程学会副理事长等职。退休后，仍任中国纺织工程学会丝绸专业委员会副主任兼秘书长，处理委员会的日常事务，组织丝绸学术年会，进行论文的审核评定，等等。我还参与了丝绸科研项目的评定，参加了丝绸学院的硕士生毕业论文答辩，以及江苏省丝绸工程专业技术高级职称的评审，并编写了《中国传统工艺全集·丝绸织染》的"丝绸染整技术"部分和《中国古今蚕丝绸技艺精华》的"古今丝绸的印染"部分。

我自1957年9月开始工作，到1994年7月退休，搞了37年的丝绸科研工作，毕生为丝绸技术进步和丝绸生产建设发展服务，为苏州丝绸科学研究所多出成果、多出人才、多创经济效益而鞠躬尽瘁。

采访时间：2014年8月

蚕、桑基础性研究的伸展

徐俊良

徐俊良

徐俊良　浙江大学动物科学学院特种经济动物科学系教授、博士生导师

徐俊良，1958年毕业于浙江农学院蚕桑系，后留校任教。曾任蚕学系主任，浙江省重点蚕丝学科负责人，浙江农业大学"211工程"建设重点学科——动物生产学科负责人。国家自然科学基金课题"蚕业基础科学和应用基础科学发展趋势及我国蚕业科学远期发展战略初步研究"获浙江省教委1990年度哲学社会科学优秀成果奖三等奖，《中国养蚕学》（常务编委和第二篇主编）获农业部1997年度科学技步进步奖一等奖，《蚕体解剖生理学》（主要参编者）获农业部1998年度优秀教材奖二等奖，《农业大词典》（任编委和分科主编）获国家1999年度辞书奖一等奖和第四届国家图书奖，"通过生物技术用家蚕培育冬虫夏草及其医药品开发的研究"（主要参研者）获浙江省2004年度科学技术进步奖二等奖及浙江农业大学1994—1995年度优秀教学成果奖。获浙江省自然科学优秀论文奖二等奖6项、三等奖13项。1993年获中华人民共和国新闻出版署颁发的

"《中国大百科全书》编辑出版"荣誉证书。1991年，《关于提高家蚕叶丝转化率的研究》被中国蚕学会评为"七五"期间优秀论文；另有2篇在1993年被中国科协列入《高水平论文题录》。1995年入编英国剑桥国际传记中心《国际名人传记辞典》。1993年起享受国务院政府特殊津贴。

蚕桑系当时在全国是最有名的，因为它集中了全国比较多的名教授

我出生于1933年8月，老家在江苏宜兴。我祖父是塾师；父亲是中医，同时也是塾师。我10岁的时候，父亲就过世了。我父亲在的时候，我在家里读私塾，父亲病故后，我就进小学了，大概是二年级插班进的宜兴城南小学，不久抗日战争胜利了。1947年小学毕业后，我在宜兴县立中学读初中。1949年宜兴解放，我们贫困学生读书有了助学金，大大减轻了家里的负担。

1950年初中毕业后，我考入江苏省立宜兴高级农业职业学校蚕桑科，学杂费用，包括伙食，全部由国家负担，而读普通高中是要学费的。1952年1—2月，组织上调我去中共宜兴县委办的党校，即党训班，学习了两个月。1952年3月，我们学校蚕桑科并到了位于苏州浒墅关的苏州蚕桑专科学校，当时叫江苏苏南蚕丝专科学校，整个蚕桑科师生加上仪器设备都并到浒墅关的蚕桑专科学校。我是1953年从苏州蚕桑专科学校毕业的，毕业之后学校又保送我进大学，但要参加全国统考。过去中专毕业是不可以直接考大学的，但从我们这一届开始选拔一批学习成绩比较好的，组织保送考大学。学校要我考蚕桑，希望我毕业之后回苏州蚕桑专科学校当教师，所以我就考了浙江农学院蚕桑系继续学蚕桑。1958年毕业之后就留在浙江农学院蚕桑系当教师，担任蚕体解剖学和蚕体生理学助教，没有再回苏州蚕桑专科学校。1955年，学校党委抽调我到党委办公室工作了一年，然后再复学。所以，本来应该1957年毕业的，结果延迟一年到1958年毕业了。

浙江农学院是由浙江大学农学院在1952年高等学校院系调整的时候分出来独立建院的，后来发展成浙江农业大学。当时浙江大学有几个学院，文理学院分出来后发展成了杭州大学，医学院分出来成立浙江医学院后发

展成浙江医科大学。独立出来的学院都不差，后来都发展成大学了。

蚕桑系当时在全国是最有名的，因为它集中了全国比较多的名教授，如：陆星垣教授，著名的蚕遗传育种家，他是美国回来的博士，1949年一听到新中国成立的消息，就放弃优厚待遇，毅然回蚕桑系任教，是国家二级教授。姜白名教授，中国著名蚕病学家，从事蚕病教学科研工作60余年的老前辈。吴载德教授，中国著名蚕体解剖生理学家，蚕体解剖生理学的主要奠基人，懂英日俄法四国文字。夏振铎教授，蚕遗传学家，蚕体解剖学家，是日本著名遗传学家田中义麿的研究生，知识渊博，人称活字典。王福山教授，中国著名桑树栽培学家。俞懋襄教授，著名养蚕学家。戚隆乾教授，著名茧丝学家。郑蘅教授，著名野蚕学家。他们大多是留日的，当时蚕桑系可以说是教授最多的系。这几个教授都是某方面的权威，他们都给我上过课。

我留校后就跟吴载德教授当助教，搞蚕体解剖生理。吴载德教授是1934年从浙江大学蚕桑系毕业的，教授蚕生理学，在全国蚕体解剖生理方面是权威。我是蚕桑系青年教师中最早上讲台讲课的，当时因为学校要培养一批青年教师、骨干教师，本来要把我送到日本去留学的，后来听说孙梅英在日本遇刺等原因，没有去成功。学校决定把我作为重点培养对象，一面工作，一面进修培养，并指定吴载德教授作为我的指导老师。

"灭蚕蝇"体表喷布防治蝇蛆病在生产上一直应用

1959年，学校把我送到北京的中国农业科学院进修，主攻放射性同位素在农业上的应用技术。回来之后，我开始利用放射性元素在桑树和蚕上进行试验研究，先是研究了桑苗的根外施肥和根部吸收情况的比较试验。这个方法是把放射性元素标记的化合物分别定量涂布在桑叶表面和用指形管埋入土中让桑苗根吸收，经过一定时间后，对桑苗做自显影进行分布情况的观察；还有在桑叶上定量涂布放射性标记化合物，给蚕食下，相隔一定时间解剖蚕体各组织，测量各组织器官放射性物质含量，从而了解放射性化合物被吸收、转运的情况，以及不同时间的分布情况等。

再是研究蚕体壁的透过性。我曾用32磷、35硫、45钙、15氮、14碳等多种放射性同位素进行过试验，跟踪检测这些标记化合物通过食下和体壁进入蚕体后的转运、分布和它们的代谢情况：吸收多少，代谢多少，各个组织器官最后残留多少，等等。利用放射性同位素在蚕体表面涂布，看它能不能进入蚕体，结果发现它能够进去。后来我又定量，自己用玻璃管拉毛细管，拉好之后就定量在毛细管上做刻度，就是0.5毫升还是0.2毫升。确定量后，吸一定量的放射性标记化合物再供试蚕体表面涂布，涂了之后经一定时间解剖蚕体各组织器官进行放射性测量，如经过1小时、2小时、……、5小时到了什么地方。解剖一般都是五条蚕为一组，五条五条这样解剖，再是经过10小时到什么地方，经过15小时、20小时、24小时到什么地方，48小时、72小时、96小时，直至结茧，这样一组一组解剖测试下去，就可以知道不同时间进入蚕体的放射性化合物，被吸收后到达各组织器官的速度、数量、运转、分布和代谢情况，最后有多少留存在蚕体和丝物质里面。

通过研究，我发现蚕的皮肤能够透过化学物质内吸药物。当时有一种多化性寄生蝇对养蚕生产危害很大，它在蚕体皮肤上产卵，孵化出来的蝇蛆能钻入蚕体寄生，这种蚕成熟后结茧，蝇蛆咬破茧层从茧中钻出即成蛆孔茧。这个茧子上面有一个洞，茧丝被蛆咬断了就不能缫丝了，这是一个大问题。当时根据丝厂调查，特别在夏秋蚕中大概有5%到15%的茧子是蛆孔茧，这个损失很大。中国科学院等单位合作研究出了"灭蚕蝇"，把它喷在桑叶上给蚕吃，可以杀死蚕体内的寄生蝇蛆。但有个缺点，喷在桑叶上给蚕吃的话，浓度大了蚕拒食，还会轻度中毒，结出来的蚕茧丝量少；浓度小了，又杀不死蝇蛆。于是，我就考虑能不能把"灭蚕蝇"喷布在蚕体上，通过体壁吸收进入蚕体。试验发现，在蚕体表面喷布2小时后"灭蚕蝇"就开始渗入到蚕体内，6小时后就大量在蚕体积累，同样可杀死蚕体内的蝇蛆，而且蚕不会拒食，不会中毒，蚕吃得很好，不影响蚕茧的产量和质量。

1963年夏秋蚕时，我又用陈子元院士合成的32磷标记"灭蚕蝇"进一步做机理研究，发现蚕的体壁能内吸药物，脂溶性的"灭蚕蝇"比水溶性的化合物更易透过蚕的体壁，"灭蚕蝇"进入蚕体后很快转运到蚕的脂肪体并在其中积累，而寄生蝇蛆是专门摄食蚕的脂肪体的，当蛆体内达到致死剂量，蛆即死亡。这个方法既简单，又安全，能解决问题。这项研究是1963年成功的，1964年春在杭州华侨饭店召开的中国蚕学会学术年会上我宣读了研究论文，受到了有关方面的关注。从此"灭蚕蝇"体表喷布防治蝇蛆病在生产上一直应用。一直到1983年，该成果获得浙江省人民政府科研成果奖四等奖。这可以说是我得的第一个奖。

怎样使桑叶吃到蚕体里之后，能够更多地合成蚕丝，提高桑叶转化成丝的效率

我做的研究大多数是基础性的工作。我利用浙江省自然科学基金，对提高家蚕叶丝转化率做了研究，即怎样使桑叶吃到蚕体里之后，能够更多地合成蚕丝，提高桑叶转化成丝的效率。我的研究以不同的蚕品种、不同的桑品种、营养添加剂、外源激素、蚕室内不同气象环境等各种因素，用正交设计法进行多重比较试验。经过多次研究，发现蚕品种不同，叶丝转化率不同。有的蚕品种对桑叶转化成丝的效率高，有的蚕品种转化率低，这是主要因素。从桑叶来说，同一个蚕品种，不同质量的桑叶转化效率不同。如嫩叶与老叶相比，嫩叶的叶丝转化率高，老叶的叶丝转化率低，即桑叶蛋白质含量高的叶丝转化率高。

我还发现用维生素B6添食对促进丝蛋白合成，提高叶丝转化率有一定作用。保幼激素能延长龄期，增加桑叶食下量，增加茧量，同时增大了蚕蛹，对提高叶丝转化率影响不大。我发现环境因素中，叶质是第一位的，温度是第二位的，在适温范围内，温度高则叶丝转化率高。光线、湿度都是次要的，湿度仅同桑叶保鲜有关系。

关于提高叶丝转化率的研究，我发表了十多篇论文，其中有几篇获得了国家、省级的优秀论文奖。

辐射研究，主要是利用不同剂量的放射线，照射蚕卵观察其孵化情况和是否有个体变异，照射雌蛹看它产出来的卵，观察蚕卵的孵化情况、幼虫个体变异情况，是否有有利的个体变异，看剂量大小同变异的关系等。结果发现：高剂量才能诱发变异，而且这个变异概率很小，且大多是不利变异。后来由于工作量太大，就没有再继续做下去。我们搞解剖、生理的实验，科研经费比较费。陈子元院士是我最敬佩的老师，他同我关系很好。他是中国核农学的奠基人，他跟我说："徐俊良，你有什么问题到我这里（学校同位素研究室）来做。"他对我的支持帮助很大，我上面讲的这些同位素，还有核辐射，这些条件都是陈子元先生提供的，所以这是我的一个很好的条件，有一个好老师。

1987年，我到日本去进修。起因是日本东京农工大学的向山文雄教授到浙江来参观访问时，我参加了接待。向山教授是搞生理的，知道我也是搞生理的之后，邀请我到他那里去，进行合作研究。我到东京农工大学后就进了他的实验室，在向他学习人工饲料的配方的同时开展合作研究。研究方向就是我的课题"提高蚕的叶丝转化率的研究"和"'蚕的人工饲料'能不能提高饲料转化成丝的效率"。相关的研究论文和向山文雄在日本联名发表了，回国后在国家一级刊物也联名发表了，并获得了中国蚕学会"七五"期间优秀论文奖。

"八五"攻关课题中的一个子课题，就是"人工饲料和适应性蚕品种选拔"

我还和蚕完全人工饲料发明者伊藤智夫教授（原日本国立蚕丝试验场生理部部长、日本蚕丝学会的副会长）、东京农工大学的浜野国胜教授一起合作，联名在《日本蚕丝学》杂志上发表了一些科研成果。还有低成本人工饲料方面的研究等，发表在《蚕业科学》和《蚕桑通报》上。

适当提高人工饲料中桑叶粉的含量，可以减少一些化学药品，从而降低人工饲料的成本。人工饲料是我回国之后省里的一个课题，是"八五"攻关课题中的一个子课题，就是"人工饲料和适应性蚕品种选拔"。通过研究，我们提出了两个稚蚕低成本人工饲料的配方、两个大蚕低成本人工饲料的配方，再就是选拔出了两对适应人工饲料的蚕种，通过了省里专家组的验收。

我的一位博士生崔为正（山东农业大学蚕桑系原系主任，博士生导师），人工饲料研究做得很好。他在山东农村进行了大规模试验，效果很好，有好多个地方都用了，这是在我们这里打的基础。人工饲料，不光是我们自己已用了，中国科学院钦俊德院士的研究生做博士论文，也来我们这里讨人工饲料，当时我已不做这方面的工作，就叫崔为正寄给钦俊德院士。这个课题后来获得浙江省优秀科技成果奖。

另外一个博士研究生时连根教授，他主持的一个课题，我是主要参加者，他利用蚕作为生物反应器，培育冬虫夏草。这个研究很有意义，效果还是比较好的，经省里组织专家鉴定，有效成分与药用冬虫夏草一样。这项研究于2003年获得了浙江省科技成果奖二等奖，这个课题应该可以在临床上应用的。但是有个问题，搞药品投资很大，没有一个单位能投资，所以到现在为止还没进行临床试验，虽然通过鉴定并得奖了。

我曾任《蚕业科学》《蚕桑通报》，还有《昆虫学报》《科学通报》等杂志的副主编、主编或者编委；中国蚕学会的常务理事，蚕生理病理专业委员会主任，同时是中国蚕学会学术委员会委员。《蚕业科学》的主编是中国著名蚕学家吕鸿声教授，他是1950年从浙江大学蚕桑系毕业的，是我的学长，留苏博士。之前我是蚕学会聘请的副主编，选为常务理事后仍兼任《蚕业科学》副主编。《蚕业科学》挂靠在中国农业科学院蚕业研究所，所址在江苏镇江市。吕鸿声教授担任蚕业研究所所长时一直在镇江，后来他调回中国农业科学院（在北京），每期稿件要专人送北京去定稿很不方便，吕鸿声教授便同编辑部讲，稿子直接送杭州，叫我看一看，没什么问题就发稿，有问题再同他联系。所以到后来基本上由《蚕业科学》编辑部主任、副主编高治成先生，带着稿子来杭州找我商量并定稿。我大概当了三届副主编吧，后来就当《蚕业科学》和《中国蚕业》的顾问了。

（右一）与来杭讲学的日本蚕丝学会会长吉武成美（左二）合影，1985年，杭州

在蚕桑方面，《蚕业科学》在国内是最权威的学术刊物，它是国家一级刊物、核心刊物。我是中国昆虫学会会员，浙江省昆虫学会常务理事；在第19届国际昆虫学大会上，我担任蚕的生理、生态和

饲养会场的主持人。中国科学院上海昆虫研究所客座研究员、著名昆虫学家、中国科学院院士钦俊德教授，昆虫学家钟鼎臣教授等在开会时我都碰到过，大概是他们推举的，叫我担任这个编委。凡是有关蚕方面的稿件他们都叫

合影，右起徐俊良、朱新予、吉武成美，1985年，杭州

我审，我大概当了两届编委吧。再一个就是《科技通报》。《科技通报》是浙江省科协主办的一个综合性期刊，有关蚕桑方面的稿子由我审。我也是日本蚕丝学会会员，应日本东京大学教授、日本蚕丝学会会长吉武成美的邀请，曾在日本名古屋参加过一次日本蚕丝学会大会和关东地区学术年会。

1991年任博士生副导师，1993年国务院学位委员会批准我担任博士生导师

1994年9月4日至14日，我们应印度纺织部中央蚕丝局邀请，由他们资助到印度去考察。同时他们希望派人到我们学校蚕桑系来进修。我同系副主任楼程富，还有一位教师吴小锋，三个人到印度，访问考察了迈索尔中央蚕业研究所和培训中心、中央蚕丝技术研究所、蚕种生产和管理中心、蚕丝生物技术研究室、原种制造场、卡纳塔克邦蚕业研究所、印度最大的蚕茧交易市场、印度农村养蚕、家庭缫丝和小业主缫丝作坊等。印度迈索尔中央蚕业研究所和培训中心，相当于我们农业科学院蚕业研究所，有650多名科研、管理人员和技术工人，其中高、中级研究人员就有250多人，规模比我们在镇江的蚕业研究所还大。他们研究所和中心的主任全程陪同考察。经过我们考察之后，他们希望派人员到我们这里来学习，他们派遣的不是一般的留学生，都是拿到硕士、博士学位的，要到我们这里来

进一步深造。他们问我们有没有可能，我们说可以的，是友好国家嘛，我们都应该互相支持。当时我们同意他们分几批来，每批人数、进修什么由他们研究所定，结果科研院培训中心、各个邦（相当于我们省）的研究所都派人来进修了，一共办了14期，一直到1996年7月。

印度想追赶我们，我们也晓得他们追赶不上的。主要的问题是他们的蚕品种不行，气候条件不好，高温闷热，基础设施跟我们差距也很大。他们养蚕，搭一个草棚，地面开一条沟，把蚕放进去，在自然温度下养蚕。他们的桑树都是根刈即齐根剪伐，枝条细短，叶小而薄，结出来的茧子小，茧层薄，茧丝短，基本无防蝇蛆设施，蛆孔茧很多。他们不烘茧，蚕茧连簇直接在烈日下晒干，所以他们的蚕丝品质跟我们相差很大。我们建议他们首先要改良蚕品种，桑品种也要改良，并提了几点建议。同时我们接受他们的留学生，有蚕桑的几个邦都来人了，一批一批地来，先后办了14期，每期2～4个月，共85名；另外接受博士后2名，共87名。我们还接受了孟加拉国4名、朝鲜2名、乌干达2名进修人员，他们回国后都成了业务骨干。

印度考察结束之后，应孟加拉农村发展委员会的邀请，我和浙江省丝绸公司的副总经理王象礼（我的学生）一起到孟加拉国去访问。我任团长，王象礼任副团长，考察了孟加拉国农村的蚕桑生产情况和蚕业研究所，考察之后他们希望我们提些建议，帮助规划怎样发展蚕桑丝绸生产。他们几乎没有成片的桑树，只有一个研究所有一点成片的桑树，其他都是分散的路边桑，蚕种是私人企业生产的，多化性与多化性杂交的一代杂种，质量较差，5%是从印度进口的多化性与二化性杂交的一代杂种，比较落后。根据他们的要求，我们考察之后，给他们提了一个书面的蚕桑生产发展规划，他们表示很感谢，根据这个规划他们有可能向联合国粮农组织申请到一些经费，就可以把蚕业生产发展起来了。

我有很多学生在各个领域都有建树，我前面提到的几位如时连根、崔为正、吴小锋在教学、科研方面都很有成就。另外，像徐世清很聪明，他在家蚕卵滞育机理方面进行了系统研究，发现酯酶A4对蚕卵滞育的关键性作用，提出了半活性胚理论，对盐酸处理解除滞育提供了理论依据。徐世清是陆星垣教授的硕士研究生，在我这里读的博士。他的博士论文评价很高的，特别是吕鸿声教授，还有陈子元院士，胡萃、朱江等好几位教授，对他的博士论文评价都很高。他回苏州大学后工作很出色，有很多成果得了

（后排右一）指导学生进行蚕体生理、生化研究，1999年，杭州

奖。我1987年任硕士生导师，1991年任博士生副导师，1993年国务院学位委员会批准我担任博士生导师，共带了10名硕士生，5名博士生，3名博士后。有一个博士生孟智启，是浙江省农科院的副院长，给我的印象很深刻，他是陆星垣教授的硕士研究生，我的博士研究生。他很勤奋，很聪明，很有创新精神，工作踏实，责任心很强，主持过国家和省里不少重大课题，获得过许多科研成果奖。他虽然担任行政领导工作，但始终坚持搞科研，还培养了许多研究生，现在也是博士生导师了。

蚕、桑、茧、丝在综合利用方面可能会有较大发展

我是1999年12月31日退休的。退休之后，学校聘请我担任动物科学学院的教育质量督导，主要是负责研究如何提高本科教育质量。我们几个退休教授，一起商量商量，听听课，对教师特别是一些青年教师讲课中有哪些问题和要改进的地方，提一些参考意见。除了做这个督导之外，上海辞书出版社聘请我担任《大辞海》农业科学卷分科主编，负责组织编写和审定蚕桑方面的有关词条。应石元春院士邀请参编《20世纪中国学术大典·农业科学卷》并担任蚕桑学科主编；参编蒋猷龙先生主编的《浙江省蚕桑志》并任编委；参编夏征农主编的《辞海》。我还给《蚕业科学》《蚕桑通报》《昆虫学报》等审稿，是《蚕业科学》《中国蚕业》《蚕桑通报》的顾问，还被山东农业大学聘为客座教授，干了一辈子的蚕桑教育

和研究工作。

对蚕桑的发展前景，从情感上来讲，我总希望蚕桑丝绸能够有发展，希望它越来越好。但是从整个社会发展趋势来看，我觉得蚕桑要大发展已不可能，规模只会缩小，因为很多别的更易创造财富的产业上来了。蚕丝产业的环节太多、技术复杂、要求高，我国的蚕业水平已很高了，不容易再上去，它不像茶叶、水果、蔬菜等只是种植业。即使是茶叶环节多一些，但可以自己种茶、采茶，自己制茶，自己卖茶叶。蚕业就不行，要栽桑、繁育良种、养蚕、烘蚕茧、缫丝、织绸、印染。外贸出口，包括种植业、养殖业、商业、工业和外贸等，需要经过很多部门，这个就很难，劳动强度大，生产链长，技术复杂，费工费时，且风险大。随着我国经济的迅速发展，农村城镇化等措施的实施，农村劳动力缺乏，因此蚕桑业规模只会缩小，顶多在一些偏远的山区还能略有发展的可能。湖州、嘉兴这些技术水平高的老蚕区，可能还会保留一点，其他地方可能不会再发展。农民和地方政府一样，经济收入一定要考虑的，但是也是不可能消失的，因为中国是蚕丝业的发源地，它历史悠久，且蚕丝具有独特的优良性质，富裕以后的中国人民需要它。另外，国际上还是需要的。

我觉得，根据现在的情况必须寻求新的生长点。一个是向医药方面发展，蚕桑自古就用来制作药物，如白僵蚕、蚕沙、雄蚕蛾、桑螵蛸、冬桑叶、桑白皮、桑芽茶等，中药店都有卖，现在以蚕作为生物反应器，利用基因工程等生物技术可制造各种医用蛋白等。时连根教授以蚕为生物反应器通过基因转移培育出"蚕虫草"，成分与冬虫夏草一样，某些有效成分还高于冬虫夏草；吴小峰教授，以蚕为生物反应器，通过基因工程表达生产各种药用的蛋白；闵思佳博士是搞丝的，我的硕士生，后来到东京农工大学拿了博士学位，她研究利用丝蛋白制作人工皮肤、保鲜膜等；朱祥瑞博士是研究蚕丝化学的，他成功地把家蚕丝素制成了多种固定化酶，这些酶在人体内能很好地保持活性；另外一个我的博士后叫徐豫松，也在以蚕为生物反应器搞医学方面的研究。

蚕、桑、茧、丝在综合利用方面可能会有较大发展。我1997年应韩国蚕丝学会邀请参加在汉城大学召开的国际学术会议，发现日本、韩国都很重视蚕、丝的新用途开发，如开发智能蚕丝、丝素食品、桑叶食品、药用5龄蚕粉等。回国时，我带回了韩国的医学成果5龄蚕粉，是用5龄蚕在零下80度冷冻干燥制成的全蚕粉，配以少量其他药物制成的，它能降糖、降脂、降压，三降，在韩国市场上已有供应了。我把这个配方带回来，本来想做的，因无零下80度的冷冻粉碎设备，结果没有做。日本将丝素用于食品、医学方面也方兴未艾。美国虽然没有蚕桑，但加利福尼亚大学分子昆虫学研究室等，正利用BmNPV等进行基因工程生产生物药品，这是一个方向。

再一个就是蚕丝，向高质量高品位方向发展，制作高档丝绸。还有记忆丝、智能丝、香味丝等特种丝，供应欧洲市场需要，将来国内也需要，短丝、比较差的丝，印度需要用来制作"纱丽"及饰物，如挂毯、地毯、窗帘等。近年来，我系陈玉银教授育出了结彩色茧的蚕品种，能缫制出彩色丝，通过生化调控生产适合特种用途的粗纤度和超细纤度丝。应用基因转移重组、细胞核移植、细胞融合等技术，将天蚕丝素基因、蜘蛛丝素基因引入家蚕，以家蚕为生物反应器，生产超长、高强度蚕丝，既可民用，也可供国防、航天等特殊用途，所以在这些方向将来还是有很大发展空间的。

采访时间：2014年10月

丝长长　路迢迢

周本立

周本立

周本立　苏州大学纺织和服装工程学院教授

周本立，1955年毕业于华东纺织工学院纺织工程系，主研制丝学。1955—1966年任华东纺织工学院助教、讲师。1966—1997任苏州丝绸工学院讲师、副教授、教授。"煮茧新工艺新设备"获中国纺织总会1995年度科学技术进步奖三等奖。"膨松丝加工技术及其产品研究"获苏州市1997年度科学技术进步奖一等奖、江苏省1996年度科学技术进步奖三等奖。《制丝学》获全国1988年度高等纺织院校优秀教材奖、第三届全国1996年度高等纺织院校优秀教材奖二等奖，"制丝学"课程被评为江苏省1996年度普通高校一类优秀课程。1993年被评为江苏省普通高等学校优秀学科带头人。1997年获苏州市优秀科技人才奖。2007年获江苏省茧丝绸行业终身成就奖。1992年起享受国务院政府特殊津贴。

　　我出生于1933年7月，老家是江苏无锡。我出身于职员家庭，小时候在无锡读书，读到高中，辅仁中学毕业的。大学就在上海华东纺织工学院（简称"华纺"），当时学的是纺织工程专业。我父亲是搞纺织行业的，因受到家庭的一些影响，所以我就学纺织专业了。1955年毕业后，就留在华东纺织工学院工作，一直到1966年3月。

　　我毕业的时候，正好纺织工业部院系调整，想在河南和四川成立两个中专，一个是丝绸中专，一个是麻纺中专。当时棉毛丝麻方面人才奇缺。1955年从华东纺织工学院毕业以后，我们六个同学，三个人搞麻纺，都留在华纺了；三个人搞丝绸（我分在丝绸），准备分配到成都去。当时华东纺织工学院的副院长钱宝钧很权威，是党外人士。他找我们六个人谈话说，你们要服从祖国分配，麻纺是很好的，丝绸也是很好的，国内还没有，你们要去开垦处女地，等等。我们当然服从分配。这时情况发生了变化，四川原来有个纺织中专也搞丝绸了，后来在这个基础上成立了成都纺织工业学校，又不要我们去了，于是我们三人也统统留在华纺做助教。后来河南和四川两个中专学校都没有办起来。计划经济时代，我们只能跟着计划走。这就是历史。

　　后来高等学校院系调整，说是苏州成立丝绸工学院。那个时候，我们夫妻两人还不在一起，爱人在东北，她也是华纺毕业的，在吉林省轻工业厅工作，我在上海。当时户口紧张，她不能够调到上海来，我也过不去，学校也不放，实际上我就是过着单身生活。当时我们专业调整了以后，我就调到苏州丝绸工学院了。这个学校是1960年建院的，它的前身是苏州蚕桑专科学校（在浒墅关）。我爱人是"三级跳"跳过来的，先分配到吉林省轻工业厅，再调到吉林化纤厂，然后再调到南京化纤厂；"文革"中，大概是1971年，调到苏州染织一厂，再从染织一厂调到学校。不像现在，那个年代想在一起实在是不容易，都是服从国家分配，她是被分配到那边去的。1966年之后，我就一直在苏州丝绸工学院，所以我还是比较稳定的。实际上毕业了以后我就是在两个学校，没有脱离纺织。

　　我所从事的制丝专业，原来只有一本高等教育教材，还是专科用的。我调过来以后，就一直从事制丝专业教学工作。1978年，在各院校自编教材和讲义的基础上，我组织编写了高等纺织院校教材《制丝学》。这本教材作为大学本科用书，后来获得了部里的优秀教材称号，一直用到制丝专业取消为止。

1997年，苏州丝绸工学院并到苏州大学。苏州大学进行院系调整，北校区（原苏州丝绸工学院）变化很大，曾经更名为材料工程学院，这是根据市场需要，是市场经济带来的，不像计划经济时代，学校名称、专业名称一直不变。现在又叫纺织和服装工程学院了，纺织和服装放在一起，我一直在这个北校区。

"煮茧新工艺新设备"鉴定会，1992年，苏州

（前排中）"煮茧新工艺新设备"科研项目全体研究人员，1994年，苏州

我们那个时候搞科研就是搞科研，教书就是教书

V型煮茧机是我牵头，和我的学生组织了一个团队搞的。这个项目获得了江苏省科技成果三等奖。这个机器参考了日本的形式，我的一个学生是在日本留学的，在纤维学部，实际上接近纺织。我们根据国内蚕茧的特点，做了一些改进。在我们行业里面，煮茧机的形式各种各样，都是这里改一改、那里弄一弄就是一台。杭州纺织机械厂、无锡第二纺织机械厂都在搞这

个东西，竞争也比较激烈。那个时候，上面强调科研要转化为生产力，我们就跟无锡第二纺织机械厂合作制造了一台V型煮茧机，在无锡缫丝厂安装调试生产。由于它的造价比较大，没有大面积推广。这个机器主要是能够适应中国蚕茧的特点，因为中国的蚕茧总的来讲质量不如日本的。我国的茧子丝长都比较短，因为我国农村养蚕条件有限。日本现在也在走下坡路，他们早就没有这个制丝专业了。我们比他们多存在了好多年，我们现在还有缫丝厂，他们根本就没有缫丝厂了。

我还做了一些桑蚕膨松丝的研究。针对膨松丝的研究，我们也有一个团队，当时也是对国外的先进情况了解得比较多，主要是日本，他们也在搞新型丝，而且是天然丝。膨松丝，我们是在苏北的一个乡镇企业研究、实验的，厂方也有兴趣。这个丝的特点是：原来由七八颗茧子组成的一根生丝，用膨松剂进行化学处理以后，其丝体积变大了，因此丝就比较松。做成衣服后，透气性比较好；透气性提高了，服装的性能也好了。主体还是丝，它没有变细，只是丝结构起了变化，里面有了空隙，透气性和吸湿性都能得到提高。这项研究后来不了了之，乡镇企业没有能力继续搞下去。我们去试缫的时候，几个老师一起去，都是国外回来的中青年教师。我们那个时候搞科研就是搞科研，教书就是教书。

我还参与过日本松本介著《蚕茧干燥理论与实践》的翻译。当时日本这方面的理论比较新，设备也比较新，我觉得这本书还是比较好的。我和徐回祥老师一起翻译，他翻译一半，我翻译一半。

我们请他来讲课时，部里专门派人常驻，看我们接待的情况

1979年，纺织工业部邀请了日本信州大学纤维学部的嶋崎昭典教授来讲学，由我们苏州丝绸工学院邀请。这是纺织工业部引进的第一个国外教授，比华纺都早。《蚕丝学杂志》上，他的文章特别多，蚕丝方面的，特别是在制丝和煮茧方面的。我们同时还请了几个教授，制丝化学方面的。嶋崎教授第一个来，他对中国很友好，人也很正派。他的讲学应该说起了很好的效果。

苏州的饭店卫生条件比较差。有一次，嶋崎教授吃炒虾仁吃坏了肚子，讲课讲到中间，肚子痛得不得了，水泻，蛮厉害的，我们马上把他送到苏州第一人民医院去吊水。那个时候连病房都没有，后来学校再三跟医院商量，专门在一个医生的诊疗室里摆放了一张病床，算是改成了病房。当时外面引进来讲学的教授还是很少的，医院里很重视，市政府也很重视。大概一个多礼拜，白伦、陈庆官、羊亚平等4位青年老师6小时轮流值班，因为他只会讲日文，不会讲中文，所以要请这些青年教师做护理员。我们很诚心诚意地对他，他很感激，他的夫人也很感动，大家因此建立了很深的感情。因为这件事他经常来中国，一直到1997年苏州丝绸工学院并入苏州大学的时候还来。80岁以后就不来了，年龄太大了。

信州大学是个综合性大学，丝绸方面比较好。嶋崎教授在纤维学部。学部相当于我们的系，现在是学院。我也去过日本两次，记得有一次是作为纺织部组织的考察团成员去的。考察团里还有浙江丝绸工学院的袁观洛、李志祥。我们和嶋崎教授的关系已经很好了，纺织工业部对他的印象也很好。我们请他来讲课时，部里专门派人常驻，看我们接待的情况，重视得不得了。

凡事开头难，我们开头都开得很不错，所以给他的印象也很深，主要是感情上有联系了，所以他也无保留地把他们一些好的设备推荐给我们。嶋崎教授比我大5岁，今年86岁了，还健在，他在我国丝绸行业与国外丝绸行业之间的联系上起了很好的桥梁作用。不单是我们苏州丝绸工学院派去不少留学生，浙江丝绸工学院也通过嶋崎教授派了好几个老师去。应该说，他在为我国培养丝绸人才方面是出了力的。

我带的学生中，有原来中国丝绸总公司的副总经理蒋衡杰，现在年龄也大了，60岁左右了。他是工农兵学员，行政级别上，他算比较高

（右）参加首届国际丝绸会议，1991年，苏州

的。那时候丝绸行业还没有博士，改革开放以后才有博导的吧。1971级的陈庆官、1973级的白伦、1978级的陈宇岳、1979级的李明忠现在都是博导。

采访时间：2014年8月

丝绸行业

——我一生的依托

蔡雪熊

蔡雪熊

蔡雪熊　原吴江丝绸工业公司经理，高级经济师

蔡雪熊曾先后在吴江华生纺织机械厂、吴江新民丝织厂、吴江印染总厂、吴江纺织工业公司、吴江丝绸工业公司工作。1984年3月任吴江纺织工业公司经理，10月组建吴江丝绸工业公司，并任经理。其间，提出了"抓两头，提高中间""实施三轮技术改造"的发展策略，使吴江丝绸工业的经济总量占全县三分之一，丝绸产量占全国六分之一，技术改造成为全国丝绸行业的典型，丝绸产品质量在全国名列前茅。1986年组建了吴江丝绸实业公司，为吴江丝绸行业组织和供应有关物资。组建了吴江丝绸质量检验所，专门负责全行业的丝绸产品质量和出口丝绸的检验。1987年担任吴江丝绸工贸（集团）股份有限公司总经理。1995年工贸公司更名为吴江丝绸集团有限公司，后成为2000年组建上市的吴江丝绸股份有限公司

的控股公司。1994年5月至2015年担任吴江市丝绸协会副会长、会长，曾组织人员撰写行业调查报告40多篇及《吴江丝绸志》《吴江丝绸五十年》《中国丝绸年鉴·吴江篇》。1994年被评为"全国纺织工业劳动模范"，2007年被授予江苏省茧丝绸行业终身成就奖，2016年获得中国丝绸协会颁发的全国茧丝绸行业终身成就奖。

新民丝织厂是由盛泽一家一户的小生产模式合并在一起的，有一千多名工人

我是浙江绍兴人，生于1934年，今年81岁了。我出生于绍兴禹陵乡岸头村的一个农民家庭，1937年3岁时就到江苏盛泽了，因为我外祖母和舅舅在盛泽经商，再加上日本侵华，局势动荡，所以我父母就带着我们从浙江绍兴来到江苏盛泽。我从小在盛泽读书，小学毕业之后便在一家水果地货批发店里当学徒，学做生意。

1958年"大炼钢铁"时，我从商业转到工业。当时这里有东西两个钢铁厂，我在西边的红旗钢铁厂里担任书记。"大炼钢铁"结束以后，在原址办了电动机制造厂，我就在那里担任书记。1959年电动机制造厂与盛泽的华生农机厂合并起来，我便在两个厂里担任副书记。

1960年9月，我被吴江县委组织部选送到南京省委中级党校学习，当时编在理论干部班，学习了两年半。其间，有半年到徐州市丰县农村参加"反五风"工作，也就是反浮夸风、强迫命令风、瞎指挥风、共产风、浮夸风。1963年回来之后，县委将我分配至整党工作队，一直在吴江太仓、常熟的有关乡镇参加"四清"运动。"文革"开始后的1967年2月，我返回原单位，直到1969年，我再从吴江被调到盛泽新民丝织厂，担任了4年的革委会主任。

新民丝织厂是由盛泽一家一户的小生产模式合并在一起的，有一千多名工人。新民丝织厂主要生产丝绸、棉布，生产效益可观。

在"文革"中，生产不正常，厂内两派斗争激烈。也就是在这时候，我被调来当革委会主任，整顿工厂。为此，我需要从两方面着手做两派人

员的工作。其中，一个工作就是要解放干部；另一个工作是处理群众中的一些冤假错案。

盛泽是一个丝绸之乡，吴江与杭州、苏州、湖州并称四大绸都

1974年，我被调到盛泽镇委当革委会副主任、镇委副书记，主要分管盛泽镇的工业生产。盛泽的工业主要是丝绸。三大改造之后都是国营企业、乡镇企业、村办企业，没有私营企业了，盛泽的这些国营厂都是县办县管。

当时镇上有几家能和杭州、湖州的大厂并列的大厂，分别是新生丝织厂、新华丝织厂、新联丝织厂和新民丝织厂，还有三个国营印染厂和一个乡办印染厂及多个服装厂。1993年是我们吴江丝绸发展的鼎盛时期，这一年生产5300万米真丝绸，占全国1/6，其中1600万米是乡镇企业生产的。

费孝通说的"日出万绸，衣被天下"，指的就是盛泽；明朝冯梦龙的《醒世恒言》里面有个章节也写到盛泽丝绸兴旺发展的景象；盛泽镇西边明朝建造的石桥上，有一副描述丝绸兴旺景象的对联："风送万机声，晴翻千尺浪。"所以，盛泽是一个丝绸之乡，吴江与杭州、苏州、湖州并称四大绸都。吴江的丝绸生产主要在盛泽，盛泽的丝绸发展一直以来都很兴旺。

1978年，我被调到吴江化肥厂担任了三年的党委书记。1980年，我又从化肥厂调回盛泽镇吴江国营印染厂工作了两年，1982年重回盛泽镇担任

书记。盛泽镇的工业产值全吴江县第一，印染厂产值最高。1982年之后，我除了担任盛泽镇党委书记外，又兼任盛泽印染厂书记。这期间我经常到绸厂去了解生产运行情况，也拜师参加一些劳动，参与织

在盛泽先蚕祠宣读祭文

绸。虽然主要做行政管理，但是我对织绸的工序也是有所了解的。

1984年3月，我被调到吴江纺织工业公司，它的前身是吴江纺织工业局。1984年体制改革，有些行政单位就变成公司了，比如吴江有五大公司：机械公司、化工公司、丝绸公司、纺织公司、轻工公司。纺织工业公司管辖全县的纺织丝绸行业。它的编制是事业编制，但是享受公务员的待遇。因为体制改革，公务员的编制要收缩一部分，纺织工业公司的收入主要靠对下面国营企业、集体企业收管理费。公司下面建立了一个供销公司，组织原料、煤炭、钢材等供应企业，所获利润上交公司。

吴江的技术改造速度最快，设备型号最好、最先进，在全国具有典范意义

1984年，全国性的中国丝绸公司成立，江苏省丝绸公司的老总到吴江来，说省里建立丝绸公司了，吴江最好也建立一个丝绸公司。县委研究以后，当年10月，吴江纺织工业公司一分为二，建立了一个丝绸工业公司、一个纺织工业公司。所有的丝绸行业全部由丝绸工业公司管理，而纺织工业公司管纺织方面的一些工厂。由于吴江纺织主要是丝绸工业，所以纺织工业只是一块很小的部分。

1984年10月起，我在丝绸工业公司担任经理，直到1996年退休。在丝绸公司工作期间，我做了几项工作，其中主要的是筹建吴江丝绸工业公司，建立各个科室。公司成立以后做的一项重要工作是对丝绸行业的技术改造。因为丝绸行业是我们吴江的支柱产业，其经济总量占我们吴江经济总量的1/3，所以县委十分重视。

当时丝绸行业使用的设备是脚踏机、铁木机，第一轮技术改造是把脚踏机、铁木机改为全铁机。第二轮技术改造是窄改阔，就是把窄的门幅改为阔幅的；小卷装改为大卷装，也就是说K071、K091原来的筒子是很小的，改为大卷装，即从意大利进口PRP。第二轮技术改造提高了工效，优化了产品结构。第三轮技术改造即有梭改无梭，就是使用剑杆织机、喷水织机、片梭织机。通过三轮改造，工效提高了，劳动力减少了，产品质量提高了。

由于吴江的技术改造速度最快，设备型号最好、最先进，在全国具有

（右一）考察华佳集团广西生产基地缫丝厂

考察吴江鼎盛丝绸有限公司丝织车间

典范意义，所以中国丝绸公司在吴江召开过两次全国技术改造大会，第一次在盛泽舜湖饭店举行，第二次在吴江的山湖饭店举行。

新生丝织厂的40台片梭织机都是瑞士进口的，和服绸的织机是从日本引进的；新联丝织厂引进了200多台两种402意大利型号的剑杆织机；新华丝织厂引进了苏联的片梭织机和日本的喷水织机；新民丝织厂是全国第一家引进160台喷水织机的企业，后来又引进了500台喷气织机；新达丝织厂引进的是日本与德国的电脑绣花机。

除了技术引进方面，我们产品质量也很不错。1983年，杭州进行丝绸实物评比，吴江有9个品种参与评比，其中4个得了全国第一，震惊了全国丝绸业，特别是浙江这个丝绸大省。《浙江日报》连续发表了3篇文章，即"三学吴江"的评论员文章，并且组织浙江的丝绸厂家到盛泽来参观学习。20世纪90年代初，我们的丝绸质量又获得了"三金""四银"和25个部优质产品奖的好成绩。

除了技术改造以外，我们还做了一项很重要的工作，即抓产品质量、数量以及企业管理。1994年，吴江丝绸的年产量达到5300万米，实现了每年增加500万米的可观产量。在企业管理方面，我们要接受一类、二类企业的评审，并保证中国丝绸公司以及国家各个部门的检查质量合格。

我在丝绸行业还做了几项工作

我在丝绸行业还做了几项工作。一项是我们跟江苏省丝绸公司成立了一个吴江丝绸工贸集团公司，吴江县副县长担任董事长，省公司的总经理担任副董事长，我担任总经理。经营期间生意比较好，但是后来中央有通知，行政干部不能兼职，所以副县长辞职了。省公司经过商量后决定由我兼任吴江丝绸工贸公司的董事长和总经理。这个公司建立以后，为我们吴江丝绸行业上市打下了基础。1995年，工贸公司更名为吴江丝绸集团有限公司，后成为2000年组建上市的吴江丝绸股份有限公司的控股公司。

另一项工作是建立吴江丝绸实业公司，这个公司是我们跟中国丝绸公司合资创办的。合资双方都很有诚信，所以公司建立以后经营得很好。当时建立的这个公司与我们国家在价格上有一定的双轨制关系，所以吴江丝绸实业公司的经济收入是很丰厚的。我们公司没有财政补贴，完全靠自己，所以建设好内部经济也是一个很重要的工作。

还有一项工作是建造盛泽舜湖饭店。1984年，我任盛泽镇党委书记的时候，就意识到盛泽镇的经济发展状态很好，来往客人很多，领导也常来，行业内的参观人员也很多，但就是没有一个好的宾馆。到了丝绸公司以后，我也没有放弃想要建一家宾馆的愿望，所以就跟盛泽镇的新领导商量建造舜湖饭店。土地使用的是盛泽镇郊区的一个蔬菜大队，舜湖饭店门前有幢招待所的大楼由盛泽镇政府作为投资，而其他的资金都是由丝绸公司来投入。舜湖饭店建起来以后，对我们的工作有很大的帮助，如召开技术改造会议、同行联谊会等。

丝绸协会是一个非营利组织，它的宗旨是：服务于企业、服务于行业、服务于政府

我退休以后就到丝绸协会工作。这个协会是在1994年5月成立的，第一届的会长是我们县政协的主席，我担任副会长。丝绸协会是一个非营利

获全国茧丝绸行业终身成就奖，2016年，北京

组织，它的宗旨是：服务于企业、服务于行业、服务于政府。具体的服务是帮助企业进行技术改造、申报项目、新产品和新技术的开发、行业人员的培训、对丝绸行业的调查研究等。丝绸协会从成立到现在已经完成了30多篇调查报告，每年有1～2篇的调查报告提供给政府、行业、企业参考。

我在1989年10月被评为高级经济师，1994年被评为"全国纺织工业劳动模范"，2007年获江苏省茧丝绸行业终身成就奖，2016年获得中国丝绸协会颁发的全国茧丝绸行业终身成就奖。

我从事丝绸行业工作40多年，做了一些工作，与丝绸行业结下了不解之缘。丝绸行业是我一生的依托。

采访时间：2015年10月

颇具匠心的纺织机械电子开口的创新与开发

李志祥

李志祥 原浙江理工大学研究员

李志祥，1959年毕业于浙江丝绸专科学校，1966年毕业于浙江大学电子系（成人大学）。主攻电子多臂机与电子提花机研究与开发。1986年任国家"八五"重点科技攻关项目负责人。"八五""九五"期间，开发了电子多臂机、旋转式电子多臂机（填补了国内空白）和电子片梭多臂机与进口片梭织机配套应用。获国家1996年度"八五"科技攻关重大科技成果奖，同时获得国家"八五"先进个人荣誉称号及奖章。

李志祥

"电子提花织带机"获浙江省2002年度科技进步奖三等奖。申请发明专利四项。课题组开发成功的电子多臂机、电子提花机等新型开口装置（制造厂：常熟纺机厂有限公司、杭州奇汇电子提花机有限公司）在国内外广泛应用。主编高校教材《丝绸机械设计原理》（下册）、《电子提花技术与产品开发》《多臂机与多梭箱》《电子提花商标机和织带机》《高速提花机与电子提花技术》《提花机》等，参编《中国丝绸机械》（第三篇新型织机部分）、《机械设计》（机械原理）、《现代织造原理与应用》。培养硕士研究生近10人。发表论文40多篇。2019年9月荣获"庆祝中华人民共和国成立70周年"纪念章。1993年起享受国务院政府特殊津贴。

电子提花机上的"电子阀",是这个设备的核心部件

我1934年出生于宁波,1956年7月考入杭州工业学校(1958年,分校迁址到文二街,改名为浙江丝绸专科学校),毕业于丝织专业。留校后学校为了培养我,把我送到上海华东纺织工学院(现为东华大学)进修。我在杭州工业学校学的是丝织工艺与理论,就是丝织方面的,主要学习织机与织造方面的原理。到华东纺织工学院主要学的是机械设计。回来以后,因电子方面的应用比较欠缺,1961年又考入浙江大学机电系(成人大学),当时分为机械、电子两系。1966年毕业,拿到了浙大五年制的本科毕业证书。以后就在学校里工作,直到2005年退休。我一直在这个学校(浙江理工大学)工作,在不同的系里承担教学工作,从没离开过。

早期写了一篇题为《电子提花机的原理与分析》的论文。这篇论文的内容就是电子提花机的结构原理和其运动分析,获得了丝绸系统全国二等奖。后来汇编到我的书里去,作为新的一部分的内容。

我主要研究了织机、多臂机、旋转多臂机、提花机以及电子提花机等5种产品。我们这个提花机开口一直用到现在,早期提花机叫"纹版提花机"。这是最早的研究。后来研究改进小花纹的织花机,叫多臂机。然后就研究旋转型多臂机,这种机器是用电子控制的,是和江苏常熟纺机厂合作研究的。"旋转型多臂机"这个产品大量投产供应国内市

(左)参加电子提花织带机鉴定会,2001年,杭州

场，当时年产值达到上亿元。

我们又研究了"电子提花织带机"，这是和杭州奇汇电子提花机有限公司合作生产的。这个织带机获得浙江省的科技进步奖三等奖。奇汇公司又把这个产品推广为通用的电子提花机，可以织造各种各样的花纹。这是1991年我们给厂里提供的专利，奇汇公司向我们学校支付了30万元专利转让费。王佰奇总经理，也是董事长，他很用功，进一步把它发展改造成大型的提花机。这对丝绸行业来说，可以进一步发挥更多的功能。

我们对这个产品进行了彻底的研究分析。电子提花机上的"电子阀"，是这个设备的核心部件。这个电子阀上面是电子控制部分，中间是个阀，阀两边是吸片。当它开始工作时，吸合部分作用进行开口。我们为这个研究出的新电子阀申请了专利。根据我们取得的科研成果，共申请了四个发明专利。如今，奇汇公司的电子提花产品不但在国内应用，还出口越南、印度等多个国家。这个产品由于是厂校合作，所以我们对奇汇厂来说是有贡献的。光是电子提花部分，我们就写了两本专著，一本是为奇汇新产品而写的，另一本就是以提花机的产品为例进行开发。这两本以电子织带机的产品开发为主的专著都是我主编的。后一本专著实际上也是为奇汇开发新产品而写的。我们的专利转让以后，中国纺织出版社出版了这两本专著，把产品和书介绍给客户。记得这两本书当时都印了上万册。

用国外引进的织机设备，配套国内生产的开口机构，织造出各种产品出口到国外去

我们的科研成果当中有一个叫片梭多臂机，这是和绍兴红光绸厂合作的。红光绸厂引进了一台瑞士的片梭织机，花费了上百万的人民币。里面的开口机构需要改造，我们给予了重新设计改造。这台机器到目前还在使用。这个过程实际上就是用国外引进的织机设备，配套国内生产的开口机构，织造出各种产品出口到国外去。我们共开发了五种产品，这个是其中之一。当时我们这个团队里都是比较年轻的，现在都已经是教授了，如方园、袁嫣红、张瑞林、沈毅、郑智毓等，有几个是我的研究生，毕业后就留校了，现在是学校里的学科带头人，有的在电子学院，有的在机械学院，有的在材纺学院。1996年获得国家"八五"科技攻关重大科技成果奖

（后排正中）参加PR418型片梭多臂开口机构鉴定会，1996年，杭州

时，他们都是风华正茂的年轻教师，现在都已经过去20多年了。

1996年领这个奖时，江泽民同志接见了我们，要我们继续努力。当时浙江省有浙江大学和我们学校一共7个人参加了这次颁奖大会。后来，我获得了国家"八五"科技攻关先进个人荣誉称号，获得了一个金质奖章。自己虽然做了一些工作，但成绩不是我一个人的，而是我们科研团队的。我不能忘记我们团队的年轻教授、我的研究生们的作用，他们的功劳都是不可磨灭的。我们艰苦奋斗了十几年，两个"八五""九五"项目，可以说是摸爬滚打在厂里。

搞纺织机械主要是要懂工艺方面的。搞这个项目，当初我们中国都是向世界各国引进设备的，有向英国引进的，有向德国引进的，还有向瑞士引进的，世界上这三个国家是最先进的。我们国家每年有大量的设备引进，我作为设备引进的专家，经常要在合同上签字，对方也认得我，邀请我到他们国家去访问。我们到过英国的BONAS公司，到过法国和意大利的STAUBLI公司，我与方园老师一道去那边学习、讲学、讨论、探讨。回来以后我们就把有自己的专利化为产品，这样每年可以减少外纺机引进的上亿元外汇。

在专利方面，你的成果超过了它，你就可以申请新的专利

第二个产品是旋转多臂机。常熟纺机厂以前的多臂机产品全是机械控制的，而要织造好的花纹、好的织品，光是用机械控制，其速度和精度都达不到要求，于是我们就设计改进了这个产品，用电子控制。现在常熟纺机厂每年生产上千台旋转多臂机，多的时候达到三千余台，供应全国各地。这个产品填补了国内空白。一个用电子控制的多臂，一个用电子控制的提花，都得到了国家"八五"科技攻关重大科技成果奖。

《电子提花技术与产品开发》这本书中介绍了上面提到的提花花纹。刚才我给你看的样机，叫电子提花系统。这个电子系统，在工作过程中，吸合的次数几乎可达到零错差。电子阀工作时，一个信号进去，一种颜色就变化了；另一个信号再进去，颜色又变化了。下面就是开口机构，会不断地变化。这一点可以满足纺织系统的生产要求。现在国内的技术改造，就是用国产产品。奇汇生产的国产电子提花机和常熟生产的电子多臂机都可以满足国内要求。

电子多臂装置研制中试鉴定，1996年，常熟

RED50旋转式高速电子多臂机样机鉴定会，1996年，常熟

但是，我们与纺织业发达的国家相比还是有距离的。虽然产品的精度方面逐步上去了，但是材料的耐磨性有差异，比如受气候的影响。温度的变化对精度还是有影响的。与发达国家相比，我们还是落后了十来年时间；当然，与越南、印度相比，我们还是领先的。如果与英国、法国和德国相比的话，还是有差距的，主要是机械加工的精度没提上去，材质得不到保障，两方面还需要提高。

在提花机方面，我们与协作国家的关系还是比较友好的。我们与一些发达国家交流，既要相互探讨，也要讲究有礼有节。不管是到哪个国家，相互探讨也好，相互交流也好，都是推心置腹，但也要留有一定的余地。在专利方面，你的成果超过了它，你就可以申请新的专利。比如，在控制器方面，我们可以有些突破，形成新的发明专利。对于国家来说，因为这个专利属世界发明的，其他国家同样能看到你这个专利，你这个东西到底起什么作用，效果怎么样，他们要对你的专利进行论证的：你的专利与世界上的其他专利有什么不同之处？所以，我们作为科技工作者要脚踏实地地、实事求是地来解决问题。我们搞了五种样机，每搞好一种样机就出版一本书，《多臂机与多梭箱》这本书就是搞了两年到三年时间而出版的一本书。近几十年时间我先后出版了6种专著。

专业方面的东西，已逐步向通用机械方向发展

除了科研外，我还主编过一些高校教材，其中有一本是《丝绸机械设计原理》（下册）。徐作耀教授、康泰教授编了上册，主要是制丝机械的设计；邬显康老师和我两个人主编的是下册，主要是织造机械的设计，还有制丝部分。这是我校的主要教材，我们一直用了二十来年。现在基本上都要改了，已经落后了，因为没有电子体系，缺电子控制部分的内容。我们专业方面的东西，已逐步向通用机械方向发展。就是说，以后的专业方向扩大，不光是丝绸机械原理，一般机床原理也要讲到，专业书方面慢慢就要拉开了。

我大概从1986年开始培养研究生，依靠科研项目平台共培养研究生近10人。这些学生有好几个留校了。如袁嫣红老师在机械学院工作，几年前评上教授；方园老师在材纺学院工作，也是教授；徐英莲老师是材纺学院的高级工程师。这些年轻的教授都是学校里的骨干教师、学科带头人。他们都是通过十几年的科研成长起来的，他们摸爬滚打在工厂，研究在学校和实验室，寒暑假从来不休息，很辛苦。我们的科研成果也得到了学校领导的关怀。我们学校的历任院长，从张友梅院长开始，每一个院长要当5年或6年，袁观洛院长、凌荣国院长、康泰副院长，后来是赵匀院长，都对我们的课题积极支持，帮我们解决困难。我们也得到了图书馆的大力支持。我们要搞一个科研项目，图书馆的很多老师都来帮我们查资料，分析资料，甚至翻译资料。因此，我们的课题应该说是得到了全校教职工的大力支持，荣誉可能挂在我们身上，到北京开会，江泽民同志接见，全校都知道，教授都提上去了，实际上呢，成果是在全校教职工的大力支持下才完成的。这一点我们是不能忘记的，应该要感谢他们。

采访时间：2013年7月

亲历杭州中国丝绸城的创办和发展

鲁灿松

鲁灿松

鲁灿松　杭州中国丝绸城创始人，中国经营大师

　　鲁灿松，杭州市下城区长庆街道原党委书记，曾任下城区区委办公室秘书，区委、区政府办公室副主任。1987年发起、开拓办起了杭州丝绸市场。1987年年底开出了第一期由72家小型乡镇企业和个体经营者组成的丝绸市场，迈出了由计划经济到市场经济过渡的第一步；时隔2年，又建造了由数十家国营大中型企业进驻的第二条街；第3年，再建了第三条街，逐步形成了全国省会城市中最大的真丝绸批发市场，被评为中国行业五百强和中国百强大市场。从1994年开始，提出"两个市场"一起办的方针，到北京等全国各大中城市举办丝绸展销会，随后又举办了"丝绸之路万里行"活动，宣传杭州丝绸。1995年，杭州丝绸市场被命名为杭州中国丝绸城。

这个地段办个杭州的丝绸市场，有天时地利人和的各种优势

我1934年9月出生于浙江萧山，毕业于杭州会计学校，之后就到一个棉织厂工作了大概六七年，曾任计划科副科长、生产办公室主任。1959年，（杭州市）下城区区委把我调到区委办公室当秘书，跟着区委书记到农场、商店、工厂搞调研，写文章。

"文革"时期我曾到"五七干校"劳动，回来以后，原来的区委书记李伯诚担任革委会主任，我当办事组的副组长。"文革"后，我当了一段时间的办公室副主任。由于长庆街道的党委书记调到下城区当区长，我继任党委书记。这就是个机遇。丝绸市场怎么办起来的？这跟我到长庆街道工作有很大的关系。

现在的中国丝绸城，前身就是杭州的丝绸市场。我对棉织厂、纺织厂的情况比较了解，在下城区区委当秘书也好，当办公室副主任也好，经常深入下面的丝绸工厂。那时候市里把大的丝绸厂、国营企业，都下放给下城区。由于这些企业属于我们区管辖，我们调查研究时，就跟各厂的书记、厂长接触得比较多。我到长庆街道以后，浙江省丝绸公司、杭州市丝绸公司、几个丝绸大厂如喜得宝、福华、天成、幸福、永安等，都集中在长庆街道。搞连片共建，搞社区服务，都要发动他们厂里跟我们街道一起搞。接触多了，关系也就密切了。这个时候，我写了一篇文章，认为要发展街道的经济，我们这个地段办个杭州的丝绸市场，有天时地利人和的各种优势。于是我就收集了很多资料，到图书馆了解了一些过去的历史。

南宋以来，长庆街道一带曾经是丝绸之府的一个发祥地，那个时候"机杼之声，比户相闻"。像新华路、长庆街这一带都是丝绸厂、作坊。现在丝绸工厂又集中在我们这里，丝绸公司也在这里，所以我第一个提出要在长庆街道办一个杭州丝绸市场。当时碰到的最大问题是街道不好办市场，办市场只能是工商部门发起的。即使是工商部门办，也只能办一个农贸市场、小吃市场。你要办工业品市场，在改革开放初期还没有先例。绍兴、义乌当时还都只有很小的市场，我都去考察了。

在这条街盖了72间房子，当时叫72家房客

邓小平视察南方谈话给了我一个启示，就是改革开放要解放思想，要

打破一些陈旧的观念。于是，我起草了一个《杭州丝绸之府应该要办一个丝绸市场》的报告，被列为人民代表的议案。刚好这时候下城区开四年一次的人代会，我是长庆街道的人民代表、代表团的团长，又是主席团的成员，我就联系了十几位丝绸界、工商界的代表联合签名，把这个议案送到主席团。主席团根据我的一番讲解，认为这个建议很好，对我们下城区发展经济、对振兴杭州丝绸有好处，于是就立案了，下城区人代会的第一项议案通过了。

紧接着市里面开人代会，我们把这个意见向市里一汇报，钟伯熙市长说你的这个建议真落在我的心坎上了。因为杭州的丝绸厂都提出来要建个丝绸大厦，他苦于没有土地、没有资金，没法办起来。他要我们一定要积极地搞个丝绸市场，说市里一定支持我们。他马上叫市里面的规划、公安、交通、建设几个部门到长庆街道现场来，配合我们一道调查，定下来在哪里办一个丝绸市场。当时就选了十五家园西健康路这个地方，这里原来是杭州的"龙须沟"，脏乱差，一塌糊涂，后来边上造了很多新房子。大家认为这条马路沿街建成一个丝绸市场是有可能的，市里都通过了。但这个市场应该由谁来领导呢？于是大家提出哪个人提这个议案，就由哪个人办这个市场。区长、区委书记认为，让区长挂个帅，我当常务副组长，由长庆街道和工商部门来承办这个丝绸市场。

当时碰到的问题很多，其中最大的问题就是资金问题。当时是30万元起家，从各种渠道筹集起来的，区政府贷款一部分，街道出一部分，工商出一部分，请了一些刚刚退下来的老同志一道来参与。花了大概四五个月时间，在这条街上盖了72间房子，当时叫72家房客。这个丝绸市场，可以形成丝绸一条街，之后就登报招商，积极响应的是乡镇企业、个体户、贩运者。

国营大中型企业当时看不起这个市场，我给市领导、区领导汇报，与丝绸公司的总经理沟通思想，怎样才能促进国营企业从计划经济模式走到社会主义市场上来，市场应该是一个很好的舞台、窗口和突破口。原来原料由国家分配，产品由国家收购，机制不灵活，效益很差，特别是国内市场这一块，有些厂靠出口，国内各个市场基本上只有百货公司在卖丝绸被面，因此，很需要有这么一个市场。

但不管怎么样，1987年年底，我们就把这72家门面开出来了，当时也引起了轰动。许多经济学家还在研究市场经济究竟是怎么回事，现代市场究竟是个什么东西，而且只晓得搞农贸市场，不晓得搞工业品市场，更不晓得搞丝绸市场，这是一个新的突破。于是，《解放日报》和其他的一些新闻单位都给我们做了宣传，杭州市的老市长、副市长、省市丝绸公司的领导全都参加了开幕式。市场是开出来了，但是丝绸的品种质量、档次、知名度都不高，大部分商品都是丝绸的面料和丝绸被面。

市场做大了，我们突破了20亿元的成交额，上交国家税收一千多万元

外地来批发、采购的客商云集，当时的客商全国各地都有，特别是云贵川那边，陕西和新疆那边也很多，生意很好。为了让国营大中型企业进场，我们搞了一些公关、宣传活动。省市丝绸界的领导出面和我们一起搞了一个丝绸界沙龙，当时老省委书记铁瑛亲自参加，周峰（当时的老市长）、省社科院的院长也一道参加来宣传这个市场。

我们让国营大中型丝绸企业先试三个月，试得不好再回去。这样，喜得宝、福华、杭丝联、都锦生一些大厂、名厂都进来了，门店供不应求。我们马上搞了第二条街，就是现在的中健康路，又造了七八十间房子。他们一进来，市场档次提高了，产品丰富多彩了，丝绸服饰、领带、丝绸面料各方面质量都很好。

这个时候经济学家薛暮桥来考察了，他考察以后认为这个市场是社会主义市场经济的一个产物，他觉得杭州丝绸市场是开拓者。国家工商局局长也来了，认为杭州作为丝绸之府应该有这样一个丝绸市

《人民日报》报道了杭州丝绸市场，1990年

场，搞流通，来促进生产，振兴丝绸。

《人民日报》刊登文章，认为这是我国市场新的创举与突破。哪里的市场有国营大中型企业的厂家？当时包括绍兴轻纺城、义乌小商品市场都是以个体户为主的，没有国营企业进入市场的，这是计划经济体制转变为市场经济体制的一个典型、一个突破。所以，浙江省公关协会把这里作为十大试点之一。当时浙江省委副书记吴敏达亲自来调查研究，帮助我们的工作，到了第五年，市场销售额突破了几个亿。

这种情况下，门店还是供不应求，于是又建了第三条街，就是现在的新华路，把杭州第一织布厂、杭州无线电六厂的厂房全部吃下来，因为当时他们不景气，就把厂房给我们了。我们装修以后，古色古香、宫殿式的营业大厅呈现在人们的眼前，很有档次，当时有两万八千、接近三万平方米的营业面积。

之后，我们又动员杭州高级中学破墙开店，因为这是个名牌中学，办个市场好像对他们不利，刚开始他们不同意。因此，我上门找齐栋校长，他是人民代表、政协委员，开座谈会。1987年，学校很苦，如果丝绸市场发展起来，学校的招待所和门店门面一年有几十万的收入，可以改善教师的生活待遇，于是他接受了。

然后再动员省体委，叫体育场也破墙开店，门店一下子增加了，市场做大了，我们突破了20亿元的成交额，上交国家税收一千多万元。这在当时已经是蛮好的数字了，我们因此被评为中国行业五百强，同绍兴轻纺城、义乌小商品市场一样，被列为全国百强大市场。后来，丝绸市场被命名为"杭州中国丝绸城"。这条"中国特色商业街"被新闻界称为"丝绸之府百花园""通向海内外的丝绸窗口"。

明天上午十点钟，我们派车去接你，乔石委员长要在中南海接见你

1994、1995年，出口形势不好，丝绸有点滑坡。于是，我提出要两个市场一起办，固定市场在杭州，流动市场要办到北京、沈阳这些大城市去。当时提出来要办丝绸展览展销会，到外地去办。这时候也有两种不同意见：一种是认为生意做得好好的，再到外面去，不晓得外面好不好。于是，我就带了一批人第一站到北京去调查、研究、访问，到西单商场、王府井等几个有名的大商场去调查他们的丝绸价格。我们发现，第一，与我们杭州丝绸市场相比，同类品种价格高30%～40%；第二，质量没有我们的好；第三，产品单一。营业员也说杭州丝绸在北京很畅销。

我们先带了两百多家丝绸企业到北京工人文化宫举办"首届杭州丝绸展览展销会"，由我任总指挥。《人民日报》、中央电视台给我们大做宣传，结果一炮打响，展销会上人山人海，5元钱一张的门票被炒到30元，甚至铁门都被挤破。当地公安部门认为不安全，要求停下来。停下来怎么办？我们搞保卫工作的同志找到了管文化宫的一个北京市公安局的女处长，她说："按照我管的范围你们不好办，办了也要出事故的，出事故你们赔不起的。"当时温州人在北京办市场曾死了几个人，杭州办这个展览会不能死人。

通过西城区的一个区长，我们跑到北京市公安局张局长家里。我们办丝绸展览会的这个工人文化宫，地点就在北京西城区，中南海也在这个西城区里。这个区长跟我是老朋友，他原是北京西城区一个街道办事处的党委书记，我到北京开联络会、研究会，去他那里参观过，他也到我们杭州

策划的中国丝绸城展销会外景，1997年，北京

街道办事处来过，关系蛮好的。我到工人文化宫办展览会，第一个就找到他，他关照一个办公室主任专门为我们协调各种关系，是他出点子到张局长家里去商量的。

我说："张局长，我是来求你的。我们是杭州来的，办这个丝绸展览会，北京人这么欢迎，假如我们停掉的话，北京老百姓可能有意见，对不起他们。我们销路这么好，而且我们已经飞机空运了很多东西，停掉了以后两方面都不好。对企业是个损失，对北京老百姓也是个损失，还有两天时间你无论如何要帮我们办下去。"于是第二天就有100个防暴警察来帮我们维持秩序，直到结束。

这个时候，浙江省省委书记李泽民在中央党校学习，一天两三个电话给我，要求一定要保证安全，一定要圆满结束。落幕以后，我去中央党校向他汇报，他心中一块石头才落地。他说："你们杭州丝绸城到北京办展览会，是浙江省第一块牌子，开拓了一个我们浙江杭州到外地办会展的先河，办得好。"

杭州丝绸展览会的轰动传到了乔石委员长那里，因为乔石夫人来看过喜得宝一个时装模特队在梅地亚配合丝绸展的一场演出。乔石夫人、陈云夫人、李铁映夫人、钱其琛夫人等都来看了，印象蛮好，给乔石委员长讲，说这个展览会办得好。于是他马上通知浙江省驻京办事处，让他们打电话来说："你不要走，明天上午十点钟，我们派车去接你，中共中央政治局常委、全国人大乔石委员长要在中南海接见你。"十点钟我被接到他那里，他在中南海接见我，很亲切。我把这个丝绸展览会跟他讲，他对家乡丝绸行业很关心，谈了丝绸要如何发展等问题。我回来后向省里、市里领导汇报，一个展览会轰动到引起中央领导的关注，那是不容易的。

通过这种展览展销的形式，扩大了国内的销售市场，也就是扩大了内需

北京一炮打响，"杭州丝绸轰动首都""杭州丝绸风靡京城"，这样的报道各家报纸登了很多。大连、沈阳、哈尔滨、长春，都来请我们办展览会。本来我想一年工夫办个两三次差不多了，结果那么多地方邀请我们去。我还是坚持第二年再上北京，乔石委员长亲自来看了，国务院的几个副总理、副委员长、政协副主席，一大帮子人都来参加我们的开幕式。乔石委员长一方面要看看我们这个喜得宝的模特表演，一方面看看丝绸展览会。第二天，《人民日报》、中央电视台都发了消息，影响更加大了。

1997年11月北京第二届丝绸展览会办成功后，其他城市我们也铺开了，到大连轰动，到沈阳也轰动，到哈尔滨、长春都办得不错。于是第三年又要到北京去，工人文化宫场子不够大了，到北京工人体育馆，场子大了，也很轰动。朱镕基夫人，北京市市长、副委员长陈慕华，还有我们浙江省柴松岳省长参加了开幕式。

在北京办展一共有5年时间，从工人文化宫到工人体育馆一直到北京展览馆。杭州丝绸对北京的影响很大，通过这样办展览会，杭州丝绸同北京十大商场接轨了，可以不要经过批发站了，产销直接挂钩了，而且这样节省成本。十大商场开始时认为办丝绸展览会会影响商场的丝绸生意，结果我们把十大商场同十大企业挂钩了，生产厂商同销售商直接挂钩了，不但产品丰富，而且还互相促进。

北京一下子冒出了几十家丝绸商店，都是拿杭州的丝绸到北京卖，办展览会就到展览会卖，不办展览会就在店里卖，其结果是把丝绸领域一下子打通了，说是西方不亮东方亮，当时一篇报道是这样报道的。为什么？就是有的工厂出口形势不好，出口的商品积压，通过这样一个流动市场，通过这种展览展销的形式，扩大了国内的销售市场，也就是扩大了内需。这样就把丝绸的流通领域打通了，对整个丝绸行业的影响比较大。一方面是出口，一方面是内需，两个市场一起办，国际国内两个市场。杭州固定市场，国内流动市场，这样结合着，两个市场一起办来扩大内需，拓展丝绸的销路，这是举办丝绸市场所起到的一个作用。

有一年，我想到中西部地区去开拓市场，搞些调查研究，刚好浙江省省委书记李泽民找我，问我是不是去做份四川丝绸行业的调查研究。本来丝绸大省是浙江、江苏、四川，最近几年四川丝绸滑坡，工厂停工停产，工资也发不出，比较困难。他建议我带一帮人去四川调查研究，去帮帮他们。我说帮他们可能力道不够，但是我可以去从营销的方面、流通的方面帮帮他们。他同意了，并叫四川省委办公厅来接待我。我马上带了一帮人去了那边，四川省纺织厅两个厅长（新、老厅长）接待我。

到南充市后，市长亲自陪我参观考察，最后谈成一个协议。我根据去工厂的调查研究结果，告诉他们：有一道后整理印染不过关；丝绸服装服饰设计不过关，不符合现在的时代潮流，老式的东西多；营销销路不通。我们杭州的印染要比你们好，印染厂有绍兴、萧山、杭州的，你们可以把面料拿过来印染。再者，我们的服装服饰拿到南充丝绸的一条街和成都来销，肯定销路要好，市民肯定欢迎的，要比你们现在单调单一的质量差的产品好。

我们让他们把丝、面料运到杭州，杭州丝绸城来帮他们销，再把杭州丝绸城的服装面料、印染好的东西运到四川去卖，这样两方面互惠互利，互相促进。我回来以后马上让出20个门店，给四川20多家企业来设点，结果第二年，一年时间不到，把他们仓库积压的面料全部都销光了。杭州、绍兴的印染厂、服装厂都来批发。后来成都丝绸厂停掉了，变成了成都丝绸市场，我们的东西运过去卖。他们原来工资发不出，现在工资发得出了。我们每年都到成都去办展览，那边销路都很好。从此，西南地区的市场打开了。

丝绸行业既要接轨国际市场，又要拓展国内市场

1995年，我们搞了一个"丝绸之路万里行"活动，宣传杭州丝绸，扩大了杭州"丝绸之府"的影响力和知名度，架起了丝绸生产和丝绸贸易的桥梁。"丝绸之路"实际上有两条路，一条是"陆上丝绸之路"，一条是"海上丝绸之路"。陆上丝绸之路从西安开始，经甘肃、新疆，一直到中亚、西亚，并成为连接地中海各国的陆上通道，其最初作用就是运输中国古代出产的丝绸。这一年杭州的一个副市长华丽珍来同我商量，刚好我也有这样一个思路，我说我们搞一个"丝绸之路万里行"，双方一拍即合。杭州搞西湖游船节，邀请了丝绸之路经过的五六个市的市长来参加这个游船节。我们叫"重温古丝绸之路，开拓新丝绸之路"，弘扬丝绸文化，把杭州丝绸沿陆上丝绸之路各城市去宣传、去推销，促进商贸活动。这一活动预算需要50万元经费，于是我去找华市长。华市长说好的，市政府出25万，丝绸城自己出25万，作为"丝绸之路万里行"的活动经费。

杭州日报社、杭州电视台等同行。车队从浙江展览馆出发，从杭州、南京、郑州、西安、兰州，经河西走廊到哈密、吐鲁番，一直到乌鲁木齐、伊犁，再到哈萨克斯坦阿拉木图，刚好两万里。我们一路上考察，每到一地都有一个副市长跟随我们一道，同时沿路邀请市领导到杭州参加西湖游船节。我的重点就是带动杭州丝绸贸易，宣传杭州丝绸。这个活动最大的好处就是把客商拉过来，让他们先到杭州看看丝绸城，原来他们不知道杭州有个丝绸城。当然，我们的目的是要把杭州丝绸城、杭州丝绸之府、西湖美景都宣传出去。经济上的好处就是把许多客商引进来，到丝绸城去批发，包括领带、各种披肩、围巾啊，几万条几万条批发出去，销到河西走廊的各个城市。另外，到敦煌一看，那里卖的所谓丝绸领带和围巾都是化纤的，质量很差。同他们一讲以后，他们有的就买杭州丝绸城的真丝产品去卖，效益很好，这样也开拓了一条丝绸销售的新路子。我们的经验是，丝绸行业既要接轨国际市场，又要拓展国内市场，两个市场都要拓展。

有杭州丝绸城这个固定市场，再到全国各地去办流动市场，这样的机制能够结合起来，就会对丝绸的生产起促进作用，对丝绸产品的不断丰富、提高、改进都有好处。杭州是女装之都、丝绸之都，这张名片要打造好，就要在提高品牌质量上做文章，要向高档次发展。在丝绸城，你看着琳琅满目、五彩缤纷，但真正要提高档次，有很多文章要做。中国是一个丝绸大国，丝绸及丝绸服装等产品的总产量占全世界的70%。但从品种上、档次上来说，我们不如意大利、法国，不如西欧其他的一些有大品牌的国家。我到西欧各国及美国、俄罗斯、日本等国考察过，它们的品牌档次高，利润高于我们几十倍，所以，中国只能说是一个丝绸大国，而不是一个丝绸强国。我们的许多印染、整烫，特别是设计、市场潮流等方面的开拓还不够。当然，这几年我们都在培训，到外面去学习人家怎么弄。杭州丝绸城必须提高档次，或者要进一步开拓新的领域，丝绸文化要和丝绸产品结合起来，这是一个新的路子。

鉴于我在创办、开拓、发展丝绸城方面做出了一定的贡献，经省、市有关部门推荐、评审，我获得了高级经济师职称。1993年被评为浙江省首批经营大师，1994年被国务院发展研究中心评为中国经营大师。1999年，由李泽民题词，邵华泽作序，中国文联出版社出版发行了《新丝绸之路的开拓者——中国经营大师鲁灿松》一书。为振兴杭州丝绸，我自己也写了《杭州丝绸市场》《衣锦钱塘》《岁月回眸，解读人生》等几本书，由浙江人民出版社、浙江大学出版社等出版。

如今我已进入耄耋之年，但对丝绸事业仍壮心不已，非常关心。我的人生格言是：人生的价值在于创造和奉献，我要以春蚕吐丝的精神为振兴国家的丝绸事业奋斗终生。

我曾经写过一首诗，叫《丝路情怀》：

（一）

感恩神州桑梓情，抒写丝路万里行。

六十功名展宏图，天堂构筑丝绸城。

（二）

奥运奉献青花瓷，世博展出云绫锦。

五彩丝绸飘中外，丝绸之府扬美名。

（三）

丝绸书画两结缘，京师授予大师名。

颂歌一曲春茧赋，西子湖畔夕照明。

（四）

冬去春来催人老，朝晖晚霞渡人生。

盛世生活无限好，老骥伏枥重晚晴。

这首诗刊登在报纸上，并被收入庆祝中华人民共和国成立60周年的《中国当代诗词、格言名家精品集》一书中，在同名评选活动中被评为特等奖。

采访时间：2013年7月

染整新技术的研究及应用

陆锦昌

陆锦昌　原上海丝绸公司经理，教授级高级工程师

陆锦昌，1958年毕业于华东纺织工学院染化系。1958—1979年在广东省纺织工业局、上海丝绸工业公司印染工艺研究所任技术员。1980年任上海第一绸缎练染厂厂长。1982—1984年任上海

陆锦昌

丝绸公司副经理，负责技术、科研、新产品研制等工作。1984年任上海丝绸公司经理，负责上海丝绸行业科技、技术引进、设备引进和行政管理工作。任职期间主持参与了多项科研项目，其中"双喷染色工艺设备研制"获纺织部1980年度科学技术进步奖二等奖，"涤纶仿真丝绸研制"获上海市1982年度重大科技成果奖二等奖，"AR-617真丝精炼剂"获国家1985年度科学技术进步奖三等奖，"六五"科技攻关项目"真丝绸印花后整理新技术"获国家科学技术进步奖一等奖（日期不详），"合成纤维印染后整理涂层新技术"获国家级表彰奖励（日期不详）。参加并负责《丝绸染整手册》《丝织物染色》等书的编著工作。发表了多篇技术文章，如《上海丝绸行业联苯胺结构染料使用及代用》《关于丝绸印染技术改造方向》等。曾兼任上海纺织学会咨询部部长。2019年11月1日去世。

这个厂在上海，在全国也是最大的练染厂之一，有900多人吧

我出生于1934年，老家在上海郊区川沙县，父母都是工人。我小时候一直都在川沙读书。1954年考入华东纺织工学院印染专业，1958年毕业以后，被统一分配到广东省纺织工业局工作了5年，当技术员，搞老厂改造。1963年回到上海丝绸工业公司研究所，直到1969年研究所撤销后，就到工厂去了一年。后来公司成立了研究室，放在工厂里面，我为了与生产结合，就调回了研究室。这个研究室就是上海丝绸公司的印染工艺研究室。直到1978年上海丝绸研究所恢复，我又回到那个研究所了。

在上海这个研究所里面，我主要是搞技术、课题和产品，主要是染色方面的。有几件大的事情，一个是大概1972年马王堆出土的时候，部里面让我们上海去15个人，印染方向是我去的。这个东西搞了很多时间，就是搞那个文物出土以后的分析。还有一个就是毛主席逝世以后，他身上的那个党旗、衣服、枕头，也是丝绸的，是上海丝绸染整厂搞的，我与他们一起搞的，也有至少一年吧。其他的就是生产上的问题了，我原来是以真丝为主的，后来从合纤开始，呢绒、涤纶都是从我们手里开始摸索搞起来的。

1980年，我被调到上海第一绸缎练染厂，做了两年厂长。这个厂在上海，在全国也是最大的练染厂之一，有900多人吧，效益是最好的。现在都没有了，都关掉了，改革开放以后关掉的，现在上海一家丝绸生产厂也没有了。

原来的工艺上，真丝收缩率很高，可达8%、10%，后来我们能做到2%

1982年，我到了上海丝绸公司，具体负责老厂改造以及科技方面。当时因为老厂改造引进了很多设备，原来这些厂子比较小，而且分散，都是手工的多。我们引进了技术，引进了很多瑞士、联邦德国的设备。工厂都进行了改造，改造后的效益是很明显的。当时，全国丝绸是这样的，印染以上海为主，织造以江苏为主。技术改造也是这样，印染方面以上海为主，但是江浙沪三个地区的联系很多，像四川、广东是出原料的，但是他们在技术方面不是很先进。上海的练染厂加工的一些产品，不少原料是四

川、浙江的。

　　课题方面，主要的方向是研制双喷染色工艺设备。我们的喷色染色原来是单喷的，后来变成双喷了，效益提高了，均匀度、上色度都好了。现在都是进口的，都是私人的了，公家的没有印染厂了，杭州也很少了。原来杭州有两家很大的厂：杭州丝绸联合厂、杭州凯地丝绸印花厂。当时这两个厂比上海的厂有名，现在也没有了。

　　后来还做了一个涤纶仿真丝的科研项目。涤纶仿真丝就是原料采用涤纶的，但

（左三）在日本考察印染设备，1984 年，日本

（右三）和日本某企业洽谈设备引进事宜，1984 年，日本

是出来的效果像真丝一样，手感像真丝一样。这里面有很多设计问题、花样问题，还有后处理的问题。比如说，印染时，真丝是要收缩的，我们通过拉幅不让它收缩，这些都是一步一步来的。原来的工艺上，真丝收缩率很高，可达8%、10%，后来我们能做到2%。这个涤纶仿真丝研制得比较成功。这个课题是上海跟苏州联合搞的，是部里的项目，在1982年获得了上海重大科技成果奖二等奖。后来这个涤纶仿真丝就大规模生产了。

　　我们跟华东纺织工学院联合搞了一个课题AR-617，发明了一个由各种

化学制剂拼起来的练绸染剂，这个项目获得到了国家科学技术进步奖三等奖。后来投产了，上海一直在用，外地也在用。结果就是原来脱胶脱得不均匀，现在脱胶脱得均匀、脱得好了。

还有一个叫真丝绸印染后整理新技术。"六五"的时候，好像得了部里的一等奖。这种新技术呢，过去是遥遥领先的，如真丝染色出来以后的后处理、单机烘燥、绸缎处理和印花等各方面的技术。

（中）赴意大利考察引进设备，和该公司员工合影，
1988年，意大利

（右）赴联邦德国引进印染设备，和工程技术人员合影，
1986年，联邦德国

工业研究，工厂跟大学一起搞最好了，因为从理论来讲，大学比较好一点

再一个就是合成纤维印染后整理涂层新技术，就是把一种涂料涂在合成纤维上面，可以防水，水滴上去不会漏也不会渗。这个项目后来也获得了比较高的奖励，是国家的表彰。这个项目是我们在研究所的时候，跟工厂一起搞的技术革新。研究跟生产结合起来，最明显的优点是，跟工厂结合起来搞，你小样试好以后可以马上放大样。如果你不跟工厂结合，工厂不给你放，

放要花工夫、花钱，合作就解决了这个问题。放大样，一批放10片、20片，工厂里面生产的，一下子就可以了。另外，工厂有大的设备，研究单位没有大的设备，只有打样的设备，小样跟大样是不同的。这种合作在"六五""七五"时的效果蛮明显的，工业研究，工厂跟大学一起搞最好了，因为从理论来讲，大学比较好一点。

我们这些工作，理论研究也不是太多，主要还是以引进设备、引进原料为主。当时引进的设备，有意大利的、瑞士的，还有日本的、德国的，意大利设备比较多一点。开始是引进日本的，后来开始引进韩国的，韩国的设备是仿日本的，东西差不多，但是它价格比较便宜。印花、染色设备以意大利为主，整理设备以瑞士为主。现在瑞士还是处于领先水平的，中国到现在还赶不上。赶不上的原因，不是说造不出这个设备，而是没有造设备的材料。

我应该在1994年退休，但延长了两年，做到了1996年，主要是在丝绸公司当顾问。上海市丝绸工业公司原来是事业单位，一直到1987年改成上海丝绸公司，变成了企业。1992年，改制成了上海丝绸（集团）公司。上海丝绸公司原来分为两个，一个上海丝绸工业公司，一个上海丝绸进出口公司。两个公司合起来，也就是工业与商业联姻，成立了上海丝绸（集团）公司。这个公司现在还在，但是上海的生产厂家没有了。

退休后当顾问，在嘉兴埃迪尔丝绸厂（意大利合资）干了几年，一直到70岁，我就不做了，身体也吃不消了。

我兼职上海纺织学会咨询部部长，一直搞到今年（2014年）3月份退出。现在在上海市退（离）休高级专家学会，在里面承担点工作。

采访时间：2014年8月

抓技改促发展，质量管理最重要

彭世涛

彭世涛

彭世涛　原苏州振亚集团公司董事长、总经理

彭世涛，1984年毕业于北京工业学院无线电专业（夜大）。1951年参加中国人民解放军，1959年任辽宁锦西海军训练基地技术部室主任。1969—1993年在振亚丝织厂分别任总工程师办公室负责人、党委副书记、书记、厂长。1993年组建了织造、练染、服装一条龙的苏州振亚集团公司，并出任董事长、总经理。任职期间，完成了200台喷水织机以及准备设备的技改项目，实施了2000吨和3000吨能力的FDY纺丝项目。1990—1993年，该厂被列入全国500强、纺织部50强企业；1989年起，企业先后获得了国家档案管理一级企业、国家能源管理一级企业、国家质量管理奖（全国丝绸行业唯一获奖的企业）等称号和荣誉；1993年被列入全国一千家利税大户；1992年由国家相关部门批准为国家大型一级企业。1987年成为中国共产党十三大代表，获全国1988—1989年度优秀经营管理工作者称号，获全国1989年度五一劳动奖章，获江苏省1990年度优秀转业军人、江苏省1991年度劳动模范等称号。连任几届苏州市人大、政协代表。

我是学电子的，在部队里的专业是导弹的无线电遥测，便被派到丝织厂去当电工班长

我是1934年出生的，在苏州参军之前，就读于江苏省省立高级中学，这所学校在当时的苏州是最好的，政治氛围也十分浓厚，当时在我所读的班级里就有一个学生会主席和一个团总支书记。也是当时学校政治氛围十分浓厚的原因，我和班里大多数同学一样，也报名参军了。当时家里人并不知道，直到批准之后，我才和母亲讲明了这一情况。首先，开始在苏州的一个军营里集中，到1951年1月，我们来到了安徽安庆海军通讯学校进行正式学习，那时候给我们发了中国人民解放军的军服，这就算是正式入伍的标志。

在这所学校学习了一年多后，我被派到上海东海舰队实习半年，随后就正式调到了青岛海军三分校去当助教，在那里当了三年多的助教。1956年，大连第一海军学校为了培养舰艇的指挥官，也就是航海长、通讯长，决定成立第二海军指挥学校，到我们学校挑选了一些老师过去进行升级培养，一共有6人，我是其中一员。进修了两年之后，海军司令部改变了计划，于是我在1958年又回到了青岛，到海军高级专科学校去当老师。1959年，我突然接到调令，要把我调到辽宁锦西海军训练基地，现在叫葫芦岛市。从一开始的技术员到后来的营级室主任，我在那里待了10年。

"文革"开始后，因为各种原因，我于1969年转业，回到了苏州。虽然是苏州人，但我在苏州没有任何人脉关系。我是学电子的，在部队里的专业是导弹的无线电遥测，便被派到丝织厂去当电工班长，也就是修理电气。干了几年之后，因为我的表现积极，又很服从上级安排，所以没过多久我就担任了机修车间的副主任。在"文革"期间，任"七二一"工大的校长和厂科研所的支部书记、三师（工程师、经济师、会计师）办公室负责人。从1980年开始，我们工厂里几个比较有经验的老领导，办了不少培训班。我开始做涤纶纤维，当时在纺织部是走在前头的。

1984年时第一轮经营承包制全面实施，就是厂长负责制

我1984年担任党委副书记，1986年正式当上行政职务厂长。在这期间，市里还任命我兼丝绸局副局长。我当党委副书记的时候，刚好要上全面质量管理的课程，我也要参与其中的学习和考试，最终在干部的考试中，我的成绩是第一名。在当了厂领导之后，考虑到自己对丝绸业务的了解一般，所以从管理入手，主要抓各项管理。也是碰上了很好的机遇，1984年时第一轮经营承包制全面实施，就是厂长负责制。如果效益好的话，上缴一定的基数，剩下的全部归厂里所有。开始我们的效益是一千多万元，在我离任的时候是三千多万元，增加了两倍；产值也增加了两倍多，之前是一亿多元，后来差不多是四亿元。1986年实现利润1431万元，后来1962万元，实现利税2309万元，职工年收入达到6300元，增加了两三倍。但在收益好转的同时，也面临着巨大的市场竞争。仅仅苏州市就有四大丝绸厂，浙江省也是如此，而且乡镇企业经常到国营企业来挖技术人员，所以竞争非常激烈。在这种情况下，厂里就想办法进行技术改造。

我担任厂长期间，重点抓了管理上的问题。一是产品的质量管理，质量是企业的生命。二是财务管理，按照国家规定，我厂总结的"资金平衡法"被肯定为六个现代管理法之一，在省内推广。三是我厂作为全市首批放开经营、转换经营机制的试点，坚持以三项制度改革为突破点，实现了岗位技能工资制、全员劳动合同制和干部聘用制，形成了工人能进能出、干部能上能下、收入能多能少的制度。总之，坚持改革与发展相结合，技术与管理相结合，实现了两个同步增长，即速度、效益和后劲的同步增长，企业和职工收入同步增长。1990年，企业获得了国家质量管理奖（全国丝绸行业唯一获奖的企业）。

企业的经营管理离不开档案，特别是科研档案的支撑，离不开前人的研究成果与自身研究发明过程中的积累。我厂档案规范化管理起步较晚，但是我们号召各部门通力合作，将企业的各类档案按国家档案局的标准逐一落实。1989年6月，我厂作为江苏省首家"国家档案管理一级企业"通过了评审。我厂还成为国家能源管理一级企业和江苏省丝绸行业排头兵等。

在体制上进行改革，强化分级管理，实行分厂制

还有一个重点就是发展，我总是强调效益同步。为了创收，我们采取了许多措施。首先就是在体制上进行改革，强化分级管理，实行分厂制，有丝绸分厂、化纤分厂，还有其他的如水电、空调、能源等，设置了一个通用部。分厂及部门实行独立核算，自负盈亏。经过几年的运作，各分厂基本形成和建立了产、供、销一体，责、权、利统一的管理机制。这样一来，工作效率就大大提高了，为完成工厂目标起到了保障作用。

我抓的最后一个问题就是技术改造，通过"七五"和"八五"期间的技术改造，企业活力增强，效益显著。我们工厂里原有的设备都是铁木结构，后来引进了200台日本的喷水织机，及其准备设备的技改。在化纤方面，分两期实施了FDY纺丝项目，第一期是中纺部试点在我厂做的，年产值2000吨。第二期在苏州高新区投入生产，全部为日本进口设备，年产值为3000吨。这是我任职期间对老厂技术改造、发展生产规模的主要投入。这些措施不仅对增强企业发展后劲、提高企业经济效益和劳动生产率起到了一定作用，而且使企业的经济实力大大增强，初步形成了规模经济。

1990年以来，我厂连续三年位列全国500强、纺织部50强和全省50强企业，进入最佳经济效益最大规模行列。1992年，由国家相关部门批准为国家大型一级企业。1993年，被列入全国1000家利税大户。1993年年底，

所在的苏州振亚丝织厂产品在埃及参展，1992年，埃及

企业固定资产原值是1986年的近三倍。后来，工厂越来越好，我们的规模和名声都大了不少。

1993年6月，我们组建了以振亚厂和第四服装厂为核心层，振亚丝织厂、立德（我厂在深圳办的服装厂）、练染二厂等企业为紧密层的苏州振亚集团公司，我出任董事长和总经理。与此同时，借助国家外经委批准我厂具有自营进出口权的有利条件，组建了进出口部。尽管其业务、客户、创汇一切从零开始，但为企业直接参与国际市场的竞争迈出了可喜的一步。因自主出口经营成绩显著，得到了省市外经部门的表扬。

我个人也获得了不少荣誉。我是1989年中国共产党十三大代表，1990年江苏省优秀转业军人和江苏省人大代表常委，1989年获得了全国五一劳动奖章，1991年获得江苏省劳动模范称号，在苏州市的人大、政协当了连续几届的代表，所以现在还经常会参加政协的一些活动。

采访时间：2015年7月

我与丝绸练染之缘

任　振

　　任振　原苏州绸缎练染一厂厂长，高级工程师

　　任振，1958年毕业于石家庄纺织工业学校印染专业，被分配到苏州绸缎练染厂，历任技术科副科长、副厂长、厂长。任职期间，于1979—1984年筹建年产练染绸3000万米的苏州绸缎练染一厂。1984年4月建成投

任　振

产，当年生产绸缎2800多万米，1987年利润达到1502万元。研制成功了真丝绸防缩防皱工艺，开发了丝绸轧绉、轧花、砂洗、低缩水、朦胧染色等新工艺。研制了涤纶仿真丝系列产品，如仿乔其、仿双绉、仿顺纤、仿缎类、仿提花类等新产品。解决了绉类织物缩水率问题，双绉缩水率由原来8%左右降到3%以下，获江苏省金牛奖。苏州绸缎练染厂1988年通过中国丝绸公司的评审成为丝绸行业第一批国家二级企业。练染一厂曾获苏州市全面质量管理奖、苏州市税利大户称号、江苏省先进企业称号、出口创汇先进单位称号、技术进步先进企业称号、中国丝绸公司授予的真丝绸出口创汇二等奖等。1989年、1990年两次获得全国"佳丽丝"杯大奖，一个

产品获创优金质奖，两个产品获银质奖，七个产品获部优，十四个产品获省优。1987年被评为苏州市劳动模范，1994年起享受国务院政府特殊津贴，1995年离休。2019年9月荣获"庆祝中华人民共和国成立70周年"纪念章。

我经历了丝绸染整从原来手工作坊式的生产，发展到具有现代化水平的大型企业的全过程

我今年（2015年）82岁了。我15岁就参军了，在抗美援朝战争中因冻伤，在朝鲜治疗不及时落下残疾。这样一来，就不能再回到部队了，于是就转业到地方上去学习，后来我考上了石家庄纺织工业学校印染专业。1958年毕业之后，被分配到苏州绸缎练染厂。我在这个工厂工作了30多年，历任技术员、技术科副科长、副厂长和厂长等职。在这个厂里，我经历了丝绸染整从原来手工作坊式的生产，发展到具有现代化水平的大型企业的全过程。

我到这个工厂的时候是20世纪50年代末。在50年代末到60年代初的这个阶段，丝绸练染企业都是比较落后的，而且都是由以前的一些手工作坊经过公私合营合并起来的，所以生产方式、管理模式，都是作坊式的。随着时代的发展，就必须进行技术改造。我所经历的首先就是对简单的手工生产进行改造。如原来练白绸使用的练槽，是用木头做的，在碱性溶液的长期浸泡下，木槽很容易腐烂，木纤维会掉下来，这样就导致清理起来很困难，也影响产品质量，所以我们的第一步改造就是把木质的变成不锈钢的，而后又以吊车代替了手工操作。

其次，当时真丝绸染色都是用圆形的缸，也就是那种陶瓷的缸。当时是用那种缸来染整丝绸的，染液在缸里加热以后，织物就用棒挑起来翻动，所以通俗的叫法就叫"一缸两棒"。后来我们就用绳状染色机代替了"一缸两棒"。在技术改造中，我们也面临了许多困难，最大的困难就是缺少丝绸染整专用设备。一是因为丝绸的纤维比较娇嫩，经不起张力的拉伸；二是它批量小、品种多，不像棉布那样大批量，可以用联合设备。所

以，丝绸染整只能用些小型的，能够适应丝绸纤维娇嫩、品种多、批量小的设备，而当时这种设备是没有的，这就给技术改造带来了很大的难度。

引进了这些设备之后，生产面貌有了较大的改善，真丝绸产品质量提高了

我在工厂工作期间，有几项记忆较深的工作。当时我们在研究一个树脂整理项目，这个项目是由纺织部下达的，由江浙沪三地区组成一个工作组，由上海牵头并在上海进行实验。这个生产工艺要求织物浸轧树脂后在无接触的环境下进行干燥，但我们当时没有这个设备，后来我就选择了毛纺用的链条式针板烘干机，将原来的粗针改成适合丝绸的细针，这样一来就解决了烘干的问题。轧在织物上的树脂初缩体还要求在150℃的条件下烘焙，才能在织物上聚合成树脂，这就提出了要有烘焙设备的问题。后来上海和苏州联合设计出了一台高温烘焙机，采用电热，通过电热管加热，用热风来进行烘焙。试制成功后，就把这套设备放在我们厂里。当时有一个出口古巴平纹呢的任务，就交给了我们工厂生产。外贸部门给我们提出了几点要求：其一是织物要硬挺，其二是要有一定的防水性，等等。我们就用这套设备，根据外贸部门的要求生产了200万米经树脂整理的平纹呢，按时完成了出口任务。

另一个任务是当时工厂里要提高丝绸产品的质量，扩大再生产。于是上级考虑批给我们厂一笔外汇，进口一些关键设备，这个任务就落到了我身上。要进行设备的选型，外汇也要计划着使用。当时在提高真丝绸质量方面我们缺少的关键设备是改善丝绸手感和外观的呢毯整理机，也叫毛毯整理机。上海丝绸练染企业有这种设备，丝绸质量比我们好，我们也想进口这个设备。在选型的时候，经过查阅资料、实地考察，选了一台英国的小型联合机，它前面是小布夹短程拉幅，中间是橡胶毯预缩，后面是毛毯整理。选用了这台联合机之后，真丝绸的外观、手感等质量就有了较大的改善。

还有一件大事是扩大再生产。当时合成纤维已在棉、毛等产品中应用，尚未进入丝绸行业。我厂为了准备合纤绸的生产条件，就必须添置必要的设备。我们的计划是引进一台拉幅定型机，既能用于合纤绸的定型又

厂丝绸、服装产品陈列厅

（中）与意大利厂家商谈丝绸染整设备事宜，1986年，
意大利

能用于其他织物的拉幅。在综合考量了许多方面的因素之后，我们选择了一台日本平野的拉幅定型机。因为它是小布夹和细针板，热源是蒸汽加电热，既适合丝绸类织物加工的要求，又不需要解决热源问题，价格也适中。同时我们还引进了一台高温高压卷染机及其配套的打小样试验机。引进这些设备之后，生产面貌有了较大的改善，真丝绸产品质量提高了，同时我们也具备了生产化纤绸的能力。

与此相对应的是必须对老厂进行改造，以便适应新设备的安装。我们翻新了练染车间的厂房，调整了水电气设施。因为我们工厂原来使用的是城市的自来水，而这不能满足我们印染行业用水的要求，第一是压力不稳定，第二是水质硬度和含氯量较高，这对染色是有一定影响的。所以我们后来就开始用深井水加一部分自来水，并且自己设计了一套软水装备，把生产用水的硬度降低到0.5德度以下，就是把水中的大部分钙镁离子经过活性炭的交换去除掉。我们称这种水为软水。软水只能用在生产工艺上，是不能饮用的。与此同时，我们还进行了变配电设施的增容和锅炉的更新。老厂经过改造，生产条件改善了，品种增多了，产品质量也提高了，我们工厂就成了一个中型丝绸染整企业。

精心设计，建设新厂

我们的工厂原来是在居民区内的，也就是在现在北寺塔的边上，在苏州丝绸博物馆的旁边，所以发展起来很不方便。1978年改革开放初期，为了发展丝绸染整工业，苏州市要求苏州绸缎练染厂再建一个绸缎练染厂，这个厂后定名为苏州绸缎练染一厂。厂址选在苏州老城区南门外，厂领导决定由我来总体负责这个项目。这个项目是在一片稻田里建起一个工厂，并且将其投入生产，使其产生经济效益，相当于一切都从零开始。虽然困难很多，但作为一个工程技术人员，能够承担这样一个艰巨的任务，我感到十分荣幸，同时，也觉得这是一个很难得的学习机会，应努力完成任务，精心设计，建设新厂。

当时市政府给我们的建厂条件是：生产能力为年产练染绸3000万米，总投资1000万元，土地54亩，只准造两幢房子。我们就依照这些条件，经

（右一）江苏省丝绸会议代表参观厂生产设备，1990年，苏州

213

过调研，参观了一些国内工厂的建设，包括棉的、毛的和丝绸的，设计出了一个总体的方案。这个厂的生产工艺路线是比较先进的。先进与否的关键在于生产流程的长短，如果流程长，生产起来就会很麻烦。于是我们设计了比较短的路线，整个生产过程呈一个"U"字形。

另外，根据只准造两幢房子的要求，就要把生产用房所有的功能都组合到一个房子里面，包括楼房、锯齿形的厂房和一些小型的辅助用房，全部都要组合在里面。我们就将辅助生产用的楼房设计在外围，将锯齿形厂房隐在里面；生产管理办公和职工生活用房等也组合在一起设计成一幢楼。这样不仅压缩了土地使用面积，工厂的整体外观看起来也比较简洁、美观、大方。

我们从1979年开始筹建，一直到1984年建成投产。因为中间遭遇了一次资金链断裂，停了一段时间，所以才会花费长达数年的时间。1984年4月，新厂正式投产，到当年年底我们一共生产了2800多万米的练染绸缎，已经达到了设计规模。到了1987年，生产利润就达到了1502万元。由于我厂生产设备比较先进，生产工艺比较流畅，产品质量比较好，企业管理比较全面，职工生活设施比较齐全，职工整体素质较好，厂区又整洁、美观、大方，因此被苏州市政府批准为对外开放单位。对外开放后，我们先后接待了包括外国国家元首和其他官员等在内的许多贵宾，向外宾们展示、宣传了苏州丝绸，扩大了我国丝绸的对外影响。20世纪80年代，我还接待了一次美国合众国际社、时代周刊社、苏联消息报社等媒体组成的记者采访团，回答了他们提出的关于"厂长负责制"和"国营企业对女职工的保护制度"等问题。

对内提升企业管理水平，加强技术改造，研制新工艺新产品；对外发展外向型经济

上水平求发展。在生产稳定、经济效益比较好的情况下，我们对内提升企业管理水平，加强技术改造，研制新工艺新产品；对外发展外向型经济。在技术改造方面较多地引进了国外的先进技术设备，可以说从前道工序到后道工序都有进口设备。通过技术改造，提升了生产装备水平，减少了手工操作，提高了生产效率，扩大了产品品种。

在丝绸精练方面，我们引进了平幅精练机，为真丝绸精练摆脱手工操作创造了条件。在丝绸染色方面引进了大卷装染色机、星形架染色机等。在后整理方面，我们引进了真丝绸预缩整理机、拉幅机、轧花、折绉、砂洗等设备，在后整理上进一步提高产品质量，增加花色品种。在成品检验方面，我们引进了经向检验机，使原来全部手工检验的绸缎部分改为机械检验及包装一体化。经过技术改造，我们厂的技术装备达到国外同行业20世纪80年代的先进水平，并获得江苏省科学技术进步奖。

在科研和新品开发方面，我们厂完成了"防缩绉类真丝绸产品开发""真丝绸高温高压精练工艺的研究"等项目。在新品开发方面，有真丝绸轧绉、砂洗、低缩水率和朦胧染色等新品，研制了涤纶仿真丝系列产品，如仿乔其、仿双绉、仿缎类、仿提花等产品。真丝绸绉类的缩水率达到3%以下，获江苏省"金牛奖"；涤纶仿真丝产品获全国"佳丽丝"杯大奖。在发展外向型经济方面，我们厂在深圳和珠海开办了中外合资的印染厂及制衣厂。1988年，我们厂通过中国丝绸公司评审团的评审，成为丝绸行业第一批国家二级企业。练染一厂曾获苏州市全面质量管理奖、苏州市税利大户称号、江苏省先进企业称号、出口创汇先进单位称号、技术进步先进企业称号、中国丝绸公司授予的真丝绸出口创汇二等奖等。

我的职业生涯主要从事的是丝绸染整技术工作。在苏州绸缎练染厂及练染一厂的生产、技术改造和企业发展中做了些工作。在练染一厂的建设中，我设计了全部生产工艺，设计了工厂总体布局，编制了扩大初步设计书。根据苏州市企业调整规划要求，我主持并起草了将苏州化肥厂改造成绸缎练染厂的改造方案并编制了初步设计（该厂后为苏州绸缎练染二厂）。1987年，我被评为苏州市劳动模范，1994年起享受国务院政府特殊津贴，1995年离休。

我已离开丝绸工作20多年了，但我依然关注着丝绸事业的发展。

采访时间：2015年7月

柞蚕新品种的选育

沈孝行

沈孝行

沈孝行　山东省蚕业研究所原科研办公室主任，研究员

沈孝行，1954年毕业于浙江农学院蚕桑专业（现属浙江大学动物科学学院），被分配到山东省方山蚕场任技术员。1959年调入山东省蚕业研究所任技术员，柞蚕研究室副主任、主任，科研办公室主任。科研项目"柞蚕新品种'烟6''789'"获1991年度山东省科学技术进步奖二等奖（首位），"柞蚕新品种杏黄的选育"获1982年度山东省科学技术进步奖三等奖（首位），"柞蚕新品种'C66'和'781'的育成"获1985年度山东省科学技术进步奖三等奖（首位），"天蚕人工饲养的研究"获1996年度山东省农科院科学技术进步奖一等奖。《中国柞蚕品种志》（任执行副主编，编写山东柞蚕品种部分）获1999年度辽宁省科学技术进步奖一等奖，编著《山东省志·丝绸篇》。发表科技论文30余篇，其中13篇获省级优秀论文称号，4篇参加国际学术会交流。1989—1993年兼任全国农作物品种审定委员会第二届委员，1987年兼任全国蚕学会野蚕学

专业委员会成员，1963—1994年兼任山东蚕学会副秘书长、秘书长、副理事长。1992年起享受国务院政府特殊津贴。

合理提高暖茧温度，春秋制种消毒防病

我1934年出生在上海，老家在浙江吴兴，小学到高中都是在上海读的。1952年考入江苏苏南蚕丝专科学校，后全国高校调整，1953年调到浙江农学院（后改名为浙江农业大学）。原来苏南蚕丝专科学校是三年制的，调整以后，浙江农学院压缩为两年制，所以我1954年就提前毕业了。

1954年9月毕业后，我被分到山东省方山蚕场工作。方山蚕场是山东省农业厅主管的，主要搞柞蚕工作，因为当时方山蚕场的主要任务就是柞蚕良种繁育。我到方山第一年致力于了解柞蚕基础知识，说老实话，我们在学校里学的柞蚕知识不是很多，主要是在工作中摸索和了解的，方山搞柞蚕的人也不是很多。

1954—1956年，我主要参加科研活动，生产方面接触得比较少。工作中，我发现柞蚕主要存在的问题是蚕种问题，蚕种质量不高，病毒很厉害，这主要是受柞蚕母体微粒子原虫孢子危害，因此生产水平提不高。1956年着力研究柞蚕春天暖茧，主要是做蛹体解剖、调查蛹期整个发育过程，根据感受的温度观察其发育情况，其基础工作是做生物解剖。

合理提高暖茧温度，春秋制种消毒防病。经过三年的试验调查以后，我们根据蛹体发育情况在生产上予以结合应用。当时柞蚕暖茧从低温7.5℃开始一直到18℃蛹子变成蛾出来，一般的老办法要长达40～45天。后来通过解剖调查，我们发现，实际上不用那么长的加温时间。蛹体发育需有一定的发育温度，10℃以上为发育有效温度，我们的研究就是根据温度来了解其发育情况。通过调查总结分析，蛹体一共分五个阶段，每个阶段都有一定的积温要求，需要根据蛹的发育情况来进行加温。这个方法应用在生产上，可以使原来的45天压缩到25～30天。

一开始怕老百姓接受不了，我们推广的整个加温时间是缩短到30天左右。根据调查来看，真正应用时实际上温度控制在25℃，20天左右就可以

了，且不影响其生长发育。老百姓之所以不敢提高温度，关键是没有了解到蛹体发育和病毒的关系，其实只要控制好病毒并能够进行正确的卵面浴种消毒，就不会产生什么异常情况。以前在制种的过程中，老百姓没有掌握好消毒问题，有时候甚至连蚕种场也不重视，消毒工作当然抓得也不严，因此，制出的蚕种就比较容易发生蚕病。我们通过加温试验，将温度提高并做好卵面消毒浴种，病毒危害就减轻了。

开发柞蚕杂交种生产，迅速提高蚕茧产量

1963年前后，这个成果已在全省乃至全国推广，我自己对柞蚕生产和柞蚕试验也慢慢树立了信心。这是我在方山开展的第一项工作，也为后来的工作积累了一些经验。当时，方山在技术方面比较落后，力量也比较单薄。我参加这项目是一边学习一边掌握知识的，主要是掌握柞蚕的良种繁育技术和建立良种繁育制度。不管柞蚕还是农业生产，繁育种子都是要有一定的技术要求的，所以首先要掌握柞蚕良种繁育的基础。要提高生产产量、生产水平，没有优秀的种子就不能保证生产过关。

种子工作的重点是抓消毒防病，消毒防病的重点是抓春蚕卵浴种，春天的卵面消毒浴种是重中之重。但当时在秋天就没抓，秋天蛾子出来以后它自由交配就不能浴种了，出蚕前卵面不消毒就养蚕了。实际上，病毒的关键问题是秋天病毒传播，制种的时候没有进行消毒，蛾子上山产卵以后不知道蛾子的情况怎么样，更不知道哪个是有病的蛾子。后来我们就采取秋季亦室内制种的办法，把蚕蛾挂在室内产卵以后通过显微镜检查，有病的淘汰，没有病的就保留，再通过卵面消毒上山养蚕。这样，经过连续多年的彻底防病，效果很显著。当然，这个工作不是以我为主的，我只是参加了其中的一部分工作。

我在方山的第二项工作是开发柞蚕杂交种生产，迅速提高蚕茧产量。柞蚕杂交种试验当时全国其他地方也有做的，但是做得都不具体也不细。我1956年开始参加这个工作，当时以我为主在这方面进行研究，从试验到推广搞了四五年的时间。

柞蚕的杂交种分好几种，一个是纯种和杂种比较，另一个是杂种和杂种比较，我们要比较哪个方法好。因为杂种分好几种，一种是两个品种间杂交，叫一代杂种，一代杂种的后代就称为二代杂种，二代杂种里面也不一样，老百姓就不去管这些分类了。我们认为，二代杂种须由正交杂种与反交杂种相互交配，不要用一代杂种后代自交，这样杂交优势不会下降。

（左一）在山东省蚕学年会发言，1991年，济南

第二个类型是取一代杂种与第三个品种来杂交，这个叫三元杂种。还有一种是四元杂种，就是四个品种春天先制成两对一代杂种，秋季将这两对杂种相互交配成四元杂种，通过小区和大田生产的大面积推广，最后成功了。

当时农业厅作为我们的上级单位，要推广这个柞蚕杂交种生产，省里发文件要求全面开展。自从推广柞蚕杂交种生产以后，全省产量迅速大面积提高，最起码提高10%以上，一般达到15%～20%。

我的第三项工作就是做一些零零碎碎的小试验，如根据国外的经验，经交配后母蛾在产卵前剪去蛾翅70%可减少制种室内蛾毛飞舞，同时可刺激母蛾加速产卵，试验下来效果很好。

开展柞蚕群选群育、常规育种、新技术育种三结合

1963年以后，我开始开展柞蚕群选群育、常规育种、新技术育种三结合的工作，主要有两个内容：一个是开展群众大田选种，即开展群选群育，由群众来选、群众来繁育。柞蚕大田选种的方法是其他省里没有的，只有我们省开展这个工作。当时我是结合农业生产搞的大田选种，将农业生产这个技术应用到柞蚕生产上来，选两个品种杂交以后把不同类型的种拿到农村去比较，通过当地环境比较以后来观察那个类型在农村适应不适应。这么做的目的一是抗病，二是单产量高，主要是选适应性强的（茧的

质量这个时候不考虑）。

1970年，我在栖霞县黑夼村设基点，用一、二化杂交选出了黄蚕个体，俗称"黑夼杏黄"。这个种是通过群众选育产生的，发病比较轻，体质比较强，产茧量比较高，通过小区和大面积放养都有这样的表现，农村里反映相当不错。我们将农村里养的种拿回来，因为农村里的生产条件较粗，农村里养的时间长了，其种性和体质保不住，难以进一步提高。搞蚕种一定要靠严格的消毒，但农村里达不到这个要求。所以，我们把农村里的这个种引回到室内，再加工培育、单蛾选育、防止病毒感染，连续反复几次，直至种性提高稳定。通过三四年时间的努力，这个种基本上比较稳定了，把蚕种发到下面去大面积生产试验都比较满意。当时，"杏黄"这个蚕种已占全省30%左右，后来又推广到东北去了。这是柞蚕育种的方法之一，就是一个群选群育，我们要求方山把这个种增加繁育量，在推广的时候很受群众欢迎。这项成果1982年获得山东省科学技术进步奖三等奖。

育种的第二个方法就是进行新技术育种。我们也研究了好几种，如同位素育种，用钴Co60 γ射线等不成功。后来我们又用激光育种，其实激光也有好多种，在产卵期利用CO_2激光来照射卵，照射计量达到66焦耳，后大量死亡。我们又从大量死亡中选出存活的少数个体进行培育，我们的目标是生存能力要强、发育时间要短。有这两项做保证，产量基本上稳定了。这个技术

（左一）参加中国蚕学会年会，1989年，沈阳

代号名称是"C66"，即CO_2激光66焦耳选出的优良个体。

但是光搞纯种不行，我们又培育出"781"多代复合杂交经七年13代育成的后代，这个品种产量不错。找的对象合并起来通过繁育以后，出去一代杂种叫"C66"交"781"。这是一对好品种，不仅生长期短，而且抗病、体质优、产量高。1985年，"C66"交"781"获得山东省科学技术进步奖三等奖。

天蚕丝呈绿色，贵重，在山东可饲养传代

我应该在1994年退休，但是为了搞天蚕试验延长到1995年才退休。天蚕丝呈绿色，贵重，在山东可饲养传代，而柞蚕茧是土黄色的。当时日本对天蚕丝很需要，从外贸的角度来说一两丝等于一两黄金，这个价格比较吸引人。天蚕和柞蚕外形上完全一样，但丝的颜色不一样，最大的特点就是天蚕幼蚕的头是绿色的，茧丝亦是绿色的。通过参观学习，我们引进饲养试验，掌握了天蚕的生活习性，解除复眠蛹控光技术和繁殖规律，首次在山东饲养天蚕成功，获得天蚕丝的成品，部分天蚕丝可供外贸出口。该项目在1996年获得山东省农科院科学技术进步奖一等奖。

我1992年起享受国务院政府特殊津贴。科研工作也获得了一些奖励，"烟6""789"获得1991年山东省科学技术进步奖二等奖；激光照射的"C66"交"781"获得1985年山东省科学技术进步奖三等奖；"杏黄种""黑夼新黄"获1982年山东省科学技术进步奖三等奖。

另外有本书《中国柞蚕品种志》，当时全国要汇编这本书，邀请了各个省的代表参加，山东省有两个人参加。山东柞蚕品种由我负责起草，这本书我是副主编之一，报奖成果由主持单位负责，1999年得到了辽宁省科学技术进步奖一等奖。1995年，退休之后我也参加了一些研究生的学术活动，1994年、1995年浙江农大、沈阳农大的研究生、博士生论文答辩邀请我去参加。学术活动也参加过几次。

采访时间：2015年8月

一把尼龙伞引发的服装、设备大更新

徐书文

徐书文

徐书文　原上海第六丝织厂副厂长，总工程师

徐书文，1952年毕业于河南省蚕丝技术学校，分配到上海第一试验绸厂。1964年担任上海第六丝织厂（上丝六厂）生产技术科副科长，主持军工产品的研发和生产。主要产品为降落伞、伞背包、708大型客机的固架材料和浮桥材料等。1966年年底主持开发我国第一代尼丝纺涂层阳伞。1970年任生产技术科科长，主抓民用产品。主要生产人丝立绒，出口欧洲有关国家以及中东地区。20世纪70年代后期，尼龙绸替代了御寒用棉衣的面料，滑雪衫风靡全国。1972—1985年，先后参加由纺织工业部、中国国际贸易促进会、中国纺织品总公司、上海外贸公司组织的与英国、德国、加拿大、法国、意大利、日本等国家的专业技术交流活动。1978年，组织开发生产全涤绉产品，成为销往美国的拳头产品，生产了近20年。1980年担任生产副厂长，1985年担任总工程师，主抓基础管理、产品开发和技术改造。1984年获上海市"三三一工程"我国第一颗通信卫星协作配套先

进个人称号，1986年获纺织工业部"军工纺织品协作配套管理先进个人"称号。曾为上海市静安区政协第七届至第九届委员。在《浙江丝绸》《丝绸》发表多篇技术性论文。1987年被评为高级工程师，1988年获中华人民共和国国防科学技术工业委员会颁发的"献身国防科技事业"荣誉证章。

这个厂的生产是"军品""民品"相结合，均属于计划经济产品

我1934年9月出生于河南省镇平县，1949年考入河南省蚕丝技术学校镇平织染部，1952年7月毕业，10月到开封教育厅等候一个星期，由当时的纺织工业部统一分配到华东纺织管理局报到。10月底进入中蚕公司下属的上海第一实验绸厂。

从1953年开始，实验一厂、实验二厂、勤丰缫丝厂三厂合并为国营上海丝绸厂。1966年年底，改成国营上海第六丝织厂，因为这个厂在新中国成立前有一部分是公营的，所以新中国成立后它就成为上海第一家国营丝织厂。当时一部分为缫丝，一部分生产丝织品。织造又分两部分，一部分是民用产品，都通过外贸公司出口创汇；另一部分为少量军工试制产品。所以这个厂的生产是"军品""民品"相结合，均属于计划经济产品。生产量的比例大致是15%～20%属于军工产品，大部分属于民用产品。该厂40多年了，总共生产了约2亿4000多万米绸，只有4000多万米属于军工用品，另有各类军工用品丝线约250吨。新中国成立初期，生产规模还属于恢复时期，从两三百个职工开始开单班制，后改为三班制，职工为2000人左右，丝织机从200多台到70年代末增至近700台。厂址在上海康定路1007号。

我进厂后，短期在各车间实习劳动，1954年即参与织造车间的生产管理。为尽快掌握更多管理知识，我充分利用业余时间，积极参加各类业余学校及企业管理培训班，学习相关文化、技术和管理知识。在"产品质量是企业生命线"的思想指导下，在1954年苏联专家来厂指导军品生产的启示下，不断学习、建立完善产品工艺、原料、设备、操作、试化验、质量标准等技术基础管理工作。30多年来持续参与、组织厂内外开展"一条

（左二）在第六丝织厂从事军工产品生产20年职工座谈会
上发言，1991年，上海

在江苏溧水跳伞场观摩，试披降落伞，1990年，溧水

龙"质量攻关活动。20世纪80年代又组织推行全面质量管理，促进企业生产的发展，使我厂尼丝纺、人丝立绒获国家银质奖，全涤绡获国家金质奖，军工产品544锦丝格字绸（翼伞材料）获国家银质奖，18个产品获国家优质奖，28个产品获国家科学技术进步奖。

我国过去长期按照苏联的计划经济模式运作，基本是上面布置任务，企业遵照执行。后来也逐步开始摸索，搞一些批量的品种开发。1958年，外贸公司提供了两个人丝立绒的小样品。经过几年努力，我们攻克了倒绒、经柳等许多质量难关，使该产品逐步形成了完整的生产工艺，生产规模也扩大到200多台织机，年产量约200万米左右，一直持续了30年。坯绒经过精练、染色、定型、剪毛、上树脂、整理加工以后，有两种用途：可以制作各种色彩、印花的妇女服装，也可以做窗帘装饰。产品主要销往欧洲国家及中东地区（叙利亚、伊拉克、沙特阿拉伯等国家）。产品开始叫利亚绒，是从叙利亚引进的名称。人丝立绒产品当时只有我厂开发生产，到20世纪60年代后期，外贸销量逐步扩大，上海第一丝织厂也开始生产。

一个产品的开发，带动了好多设备更新、服装更新

1966年年底，上海工艺品进出口公司提供了一把进口黑色尼龙阳伞，要求用尼龙丝开发这个产品。当时国内只有油布伞（体积大、分量重）及绸质伞、油纸伞。为了尽快开发此产品，由工艺进出口公司3人、合纤研究所3人、本厂1人（由我负责）成立协作小组。我们在军工产品生产的基础上，与上海化纤九厂（上海合纤研究所）共同商定，由外贸引进锦纶单体及部分纺丝零部件。刚开始时，各协作单位都缺乏生产尼龙产品的经验，纺制75D尼龙丝，用加捻工艺生产尼丝纺，经练染、涂层、定型、制伞后，质量一等品率很低，造成了不少的浪费。1970年，在"一打三反"运动中，我们这批人都受到了牵连。工艺品进出口公司3人为此被隔离审查，经过调查核实，后都被释放。调查组也找过我好多次，我跟他们明确地讲，新产品研发大家都没经验，新材料、新技术都是在不断实践中摸索的，成功的也有，不成功、失败的也很多。所以这个产品经过长期的研发，终于形成21165尼丝纺和21175尼丝纺两大品牌，后改为无捻上浆工艺生产，规模逐渐扩大。我们厂有一两百台织机在生产，后来上海好多家厂都生产了。尼龙阳伞很快替代了国内的油布纸伞，并且批量地出口到东南亚。尼龙绸逐步地替代了御寒用棉大衣的面料和毛料。20世纪70年代后期又催生滑雪衫、羽绒服走进千家万户，进而为各地大批引进锦纶丝原料、喷气织机、喷水织机发挥了一定的引领、导向作用。后来国产喷气织机、喷水织机也研发出来了。所以一个产品的开发，带动了好多设备更新、服装更新。

1978年，上海抽纱进出口公司从意大利拿来一个小样品，后来取名叫全涤绡。双方协作开发，用68D涤纶长丝加捻生产一种绡类产品，开始全部是从联邦德国进口涤纶丝，后来少量从日本进口。到了20世纪80年代后期，用上海金山石化涤纶厂、嘉定联华合纤厂生产的国产原料生产，我厂逐步扩大到近100台织机，生产了近20年。后来湖州又搞了有200台机器的厂，是抽纱进出口公司的定点厂，生产了十多年。我们厂里和湖州厂里生产的产品全部供应上海抽纱进出口公司，由他们委托其他单位加工，通过精练、定型、印花、染色、绣花（大的绣花机器，都是引进的，自动化技

术比较高），制成大型窗帘产品，质量比较高，为当时出口美国创汇发挥了很好的作用。改革开放后，企业争抢出口、抢外汇的状况开始出现。外地有个外贸公司在当地也搞了一个厂，仿制全涤绸。我退休以后，这家工厂曾经请我去。我到现场了解了其生产规模和产品销售情况，发现其价格也偏低。这种急功近利、不思创新、只求仿冒的做法实在令人费解，我没有留下，也不愿意留下。

20世纪80年代，我厂试制了不少仿真丝产品，效果不是最理想，形成规模生产的很少。这个有多种原因，当时主要是国内原料生产供不应求，质量水平低，很少把品种开发放到议事日程上。另外，品种开发，像暗盒绒，就是原来为照相机遮挡光线的一块小绒布，过去都是靠进口的，价钱昂贵。保定有一个暗盒厂一度与我们厂合作，也逐步有了一定的生产规模；后来福州有一家暗盒厂又来求助我厂支持。唉，又是相互打架抢市场，打到最后，因为新的照相设备出来了，老的照相机就自然淘汰了。其他如申立绒、华达呢等搞了好多产品。总而言之，形成大量生产的不多，后期可能情况就变了，因为事物会逐步得到发展，品种质量会得到改善。

上丝六厂是新中国成立后上海的第一家国营厂，军工产品全国只有本厂生产

我厂从1952年就开始贯彻"军民结合，军品优先"的生产方针，为支持国防现代化，走过了漫长的"学""创"结合的道路，近40年共研发生产军品约360余个品种，列入国家定型标准的有60个品种。大部分产品除有严格外观质量标准要求外，还有强度、伸长度、厚度和透气量等物理指标。20世纪50年代以蚕丝为原料研制生产的411平纹绸、413格字绸等多个产品，为空军用降落伞、引导伞、投物伞、照明伞等填补了空白。20世纪60年代开始，我厂以合成纤维（锦纶丝）为原料研发生产空军、空降兵用伞衣材料，这种材料以其高强度、低伸长、重量轻为优势替代了蚕丝产品；并逐步为海军气垫船、陆军浮桥高长毛绒材料、防化兵用服、航天用伞、宇宙服、海水淡化用料、708飞机骨架材料、卫星配套材料、大型计算机消静电材料、橡胶制品骨架材料等多行业开发产品。这些产品被统一列为军工产品（特种产品）。70年代中期也为支援越南、古巴、柬埔寨等国家研制生产了一批锦纶丝吊床、降落伞、照明弹等配套材料。随着国际、国内形势的发展，研发军工产品的特点为：品种多，批量小，要求高，效率低。在长期的工作中，我厂也逐步具备了一定的应变能力，为各军兵种及科研单位甘当配角，做出了贡献。

（二排左三）优质先进表彰会

1964年，我任技术科副科长，专职负责军品研发生产，在组织原503、508、509锦丝绸由试制逐步转为批量生产的同时，承担开发601、

国产涤纶欠伸丝试用座谈会

602锦丝格子绸和520锦丝帆绸（代替原棉布降落伞包）的任务。20世纪70年代，军品生产另配专人负责具体工作，我主管技术科全面工作，主要负责民用品生产。军品中若遇重要突击研发生产任务，还是由我以技术科科长或生产厂长名义统一协调组织全厂各方力量来完成。例如，80年代为"八一跳伞队"、森林消防用研发高强度、小透气量的544锦丝格子绸（翼伞用料）；又如1983年11月18日，市国防办下达国防部部长张爱萍指示，限时在20天内生产2000套（1万米绸）58021涤纶抗静电服，为我国第一颗通信卫星"三三一工程"配套，我立即组织全厂相关技术力量，夜以继日地投入生产，提前2天完成坯绸生产任务。1980年年底，我任副厂

徐书文 同志从事国防科技事业 25 年，为国防现代化建设作出了贡献，特颁发"献身国防科技事业"荣誉证章，以资鼓励。

中华人民
共和国　国防科学技术工业委员会

编号：纺 477　　　　　　　一九八八年十月一日

获国防科学技术工业委员会颁发的"献身国防科技事业"
荣誉证章，1988年

长，全面主持全厂的生产管理工作；1985年年底，任总工程师，实际上还是负责抓基础管理、产品开发和技术改造。

我先后会同有关职工在织机上试成并推广停经片踏脚装置，在织机上试成并推广"龙带"缓冲止梭装置，在丝绒织机上试成并推广双幅撑刀割边装置，在络、并、拈、摇机上采用氧化铝导丝器，把当时国防尖端材料F4（聚四氟乙烯）薄膜引入浆丝机包覆锡林，减少浆丝拈搭；引进宝塔式卷筒机替代原纸芯线团机（卷丝容量由20克/只增加为250克/只）；会同中纺机有关工程技术人员开发1515X型锦丝帆布织机；会同苏州丝绸技术研究所有关人员研制开发S801合成纤维浆料等。1975年，针对人丝立绒车间厂房破旧，严重影响产品质量和职工劳动强度的情况，由本人拟定危屋改造申请报告，计划建造4层共6000平方米混凝土结构车间及相关配套设备，投资500万元，经上级批准后另由他人组成基建班子，1976年动工，1979年竣工投产，此为本厂第一期老厂改造项目；1986年，又会同有关人员组织拟订第三期老厂改造方案，拟再建造6000平方米生产车间，配套相关生产设备，计划投资750万元，此方案实施过半，因全市产业结构调整而终止。所有这些工作，都为改善企业生产环境、减轻职工劳动强度、优化产品质量、提高生产效率、节约原材料、降低生产成本发挥了良好的作用。

上丝六厂是新中国成立后上海的第一家国营厂，军工产品全国只有本厂生产。到20世纪60年代后期，中央提出了"备战备荒"方针，要支持三线建设。我厂抽调了100多个人员，包括管理干部、各个工种的生产骨干人员，到四川的阆中帮助筹建丝织厂，生产军工产品。这个厂在1990年前后，一部分搬到成都，叫成都海蓉丝织厂，现划归空军管理。

我1993年退休以后，到苏州的吴江丝织厂工作了3年，帮助他们搞涤纶窗帘产品及蚕丝双绉生产；再后面3年，又到浦东民德纺织品有限公司，协助技术管理工作。该厂一个车间引进的设备是大型经编机，2米宽，用涤纶长丝生产经编产品；另一个车间有50台丝织机，生产涤纶长丝与绢纺交织提花产品，经过深加工成窗帘，自产外销。

采访时间：2015年7月

奉献丝绸一生

姚国舟

姚国舟

姚国舟　原上海第一丝织厂厂长

姚国舟，1966年毕业于上海财经学院夜大财会专业。1957—1978年任上海第一丝织厂财务科科长、生产车间党总支书记、党委委员。1978—1980年任上海第五丝织厂党委副书记。1980—1982年任上海第三丝织厂经营副厂长，任职期间组织干部进行经济管理专业知识培训，健全企业各项经济管理制度，使该厂在1981年创年利润903万元，达到历史最好水平。1982—1993年先后担任上海第一丝织厂副厂长、厂长，被评为上海市优秀厂长。任职期间，1984—1988年创利5802万元，并使该厂通过国家二级企业的验收，连续三年获纺织工业部"三无"企业称号。1990年先后与意大利RATT公司和日本丸红株式会社签订设备引进合同，1992年上半年安装调试100台喷水织机和高速倍捻机，并投入使用。任职期间开发的"02双绉"获得国家银质奖，"锦缎被面"获市优质产品称号。2020年2月27日去世。

15岁就进了上海一家私营企业兴汉丝绸厂，在该厂发行所当练习生

我于1934年出生在一个贫困家庭，老家在上海浦东南汇大团镇，父亲是南北货商店的营业员，母亲是针织袜厂的摇纱工。旧社会生活无保障，工作做做停停，时常失业，家庭穷苦。甚至有时饭也吃不饱，小学读书有时交不出学费，就申请免费。读到小学毕业，初中只上了一个学期。1949年，我15岁就进了上海的一家私营企业——兴汉丝绸厂，在该厂发行所当练习生。因为打仗，企业暂停营业，工厂停产，我回浦东老家，失业半年以上。

上海解放后，工厂恢复生产，我回原单位工作。经"三反""五反"运动，我从发行所转到工厂当学徒，学习生产技能，做挡车工。工厂两班制生产，我每天劳动12小时，日、夜两班轮流生产，每半个月调整一次。虽然生产劳动强度大，很辛苦，但生活有保障。我学技术、学知识，努力工作，积极向上，依靠组织，争取进步，入团、入党，但自己文化水平低，知识少，跟不上形势发展，需要"充电"，增长知识、技能，因此我一边生产劳动，一边积极去业余学校学习文化知识。这段时间工作、生活较安定。

1956年全市掀起公私合营高潮，里弄小厂要合并成一个中心厂。当时有七八个小厂组成公益丝织中心厂，兴汉丝绸厂也被并入，生产统一管理。我努力工作，积极生产，被评为上海市青年突击手。组织培养我，把我从生产工人提拔为科室管理干部，还送我到华东纺织管理第二干部学校学习机物料专业知识半年。我回厂后就在供销科工作，直到1957年。后来，公益丝织中心厂要被并入上海第一丝织厂，我继续在供销科搞计划统计，并积极参加筹建工作，投入各项活动。

1963年，组织提拔我当财务科科长。我知道自己缺乏这方面的知识技能，为了适应财务工作需要，就会同科里的四位同志前去上海财经大学报考工业会计专科。由于文化基础较差，第一年考试科里同志全部没被录取。我不甘心失败，于是请厂校老师辅导代数，准备第二年再去报考。到第二年财大招生时，我再度报考，终于得到了工业会计专科的录取通知书，学制三年。这样白天工作，晚上学习，我坚持在夜大学习了两年。

由于"文革",上海财大被迫停课。粉碎"四人帮"后,上海财大复课开学。我们一些学生向校方提出要求:学生们读了两年书,需要一个凭证,否则两年书白读了。校方请示教育部后回复:学生要拿到毕业文凭,一定要读完三年课程。要文凭需补读一年,故在时隔十七年后我再读了一年,才拿到上海财大工业会计专科毕业文凭,那时我在丝织三厂当经营副厂长。

1981年,三厂的利润指标年初预算为900万元,我以此为奋斗目标

我是1980年从丝织五厂调到三厂的。初到该厂工作时,我看到工厂内部管理基础薄弱,比较混乱,就找到计划科科长和一位技术科科长,依靠这两位同志作为我开展工作的有力支持者,我的左膀右臂。要办好一家企业,重要的是抓住中间力量,才能顺利地开展工作。我一边完善经营机制,一边加强生产经营管理。我举办企业管理讲座,组织全厂管理干部参加。我自己带头向全体干部宣讲企业管理课,然后召集计划、技术、财务、劳资、总务等科室负责人,分别宣讲各科专业知识,做到上下沟

(中)在家中和采访者合影,2014年,上海

与夫人在家中,2014年,上海

通，互相支持，提高全厂管理干部业务水平。同时会同计划科科长健全企业规章制度，一边整理制度，一边动手刻蜡纸，印刷各项制度装订成册，做成一本厚厚的企业内部各项管理规章，分发到各部门、车间贯彻实施。这样既提高了企业管理水平，又提升了企业经济效益。兄弟厂来交流工作经验时，都来借鉴我们的企业管理规章制度。

1981年，三厂的利润指标年初预算为900万元，我以此为奋斗目标。我在匡算利润时，瞄准了厂里的弹涤绸。这是个利润较高的产品，也是花纱布公司的计划产品，可以作为实现年利润900万的主要目标品种。在生产过程中，该产品遇到花纱布公司对半成品暂不收购的阻力，我们自己又不好直接销售到市场，因此产品积压，严重影响企业利润指标的完成。此事不好向职代会交代，我心里备感焦急，就找计划科科长商量怎么样克服困难，寻找出路。由于工厂生产的是半成品，算不上商品，因此不能推向市场销售。我们想方设法去江苏常州针织总厂落实加工单位，后来终于把半成品加工为成品，在第四季度销售了出去，利润就上去了。当年年底最后一天，财务科科长晚上9时左右出来报告，利润达到903万元，创丝织三厂历史利润最高水平。

我在丝织一厂担任厂长之职，首个五年里共为国家创利5000多万元

1957年，上海丝绸公司要筹建一个有一定规模的丝织厂（上海第一丝织厂，简称丝织一厂），将各里弄私营小企业并到丝织一厂，当时有160多个单位并入，原公益中心厂也全部并入。"文革"开始时我是一名中层干部，后被下放到车间劳动。粉碎"四人帮"后，组织派我到丝织五厂担任工作队副队长，整顿企业生产秩序，调整领导班子。1979年12月至1980年4月，我去中共上海市二交党校企业管理培训班学习，获得结业证书。回五厂后给工人上质量管理课等，来提高职工的质量意识和生产水平。工作队任务完成以后，组织要我留在丝织五厂领导班子中，担任党委副书记一职。工作了两年后，我又被调到丝织三厂担任副厂长工作两年。

1984年，丝绸行业各厂领导班子要调整，我又被调回丝织一厂，先后任副厂长、厂长。时逢改革开放，要解放思想、打破计划经济，要以搞活企业为动力，实现以完善经营机制、提高效益为中心的战略目标，我大胆着手组织厂里加强管理，提高质量，开发新产品，满足市场需要。当时厂里有一种"02双绉"获得国家银质奖。我们又开发新产品，把一种尼龙丝与人造丝交织的产品"锦缎被面"推向市场。产品受到消费者欢迎，供不应求，并获得市优质产品称号。另外，我们还开发了彩锦缎面料等10多个品种供应市场，取得了较好的经济效果。

我们对外开拓南北方两个市场，北方是哈尔滨，当时哈尔滨纺织品公司每年下订单，要货量较大，产品从小件包装发展到用火车集装箱发运，在北方市场搞促销活动。同时在哈纺公司的丝绸呢绒商店开展销会，产品有丝绒、被面、棉袄面料等十多个品种。当地电视台也来采访，搞得很隆重。我们振兴了北方市场，搞活了企业经营，提高了经济效益——北方市场每年效益四五百万元利润，企业的经济效益明显逐年提高。南方市场是以香港的真丝绸为主，有乔其绒、真丝双绉、泽纺等。产品通过广东佛山、深圳到香港。开拓两个市场，经济效益就不断提高，企业的生产、经营形势一片大

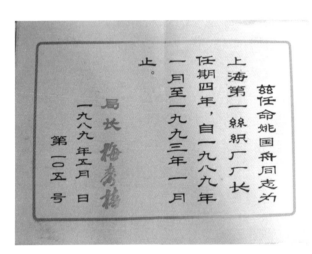

上海第一丝织厂厂长任命书，1989年，上海

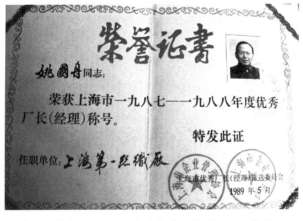

荣获上海市1987—1988年度优秀厂长（经理）称号，
1989年，上海

好，福利待遇大幅提高，职工生产积极性普遍高涨。

同时，我们坚持搞活经济政策，发展横向经济联系。先后与江苏、浙江等地，以及上海市郊的大约十个乡镇企业建立横向经济联系，利用厂里技术改造更新下来的机器设备和多余的技术力量等进行技术帮助，支援发展乡镇企业，共同提高经济效益。我在丝织一厂担任厂长之职，首个五年里共为国家创利5000多万元，可以说相当于每年创建一个丝织厂，因为当时丝织一厂固定资产只有900万元。

丝织一厂有3000多名职工，2000多名退休工人，800多台丝织机设备（最多时上千台）。这是一个县团级企业，国家二级企业。生产品种有30多种，分为5大类，有真丝类、人丝类、化纤类、丝绒类、提花交织类。我被任命为厂长后，坚持改革开放，解放思想，开拓创造，尽心尽责，奋发努力地工作，发展丝绸生产，提高企业效益，为国家多做贡献。1987—1988年度被评为上海市优秀厂长，荣获上海市优秀厂长奖章一枚，业绩在人民广场的宣传栏展出。任职期间，我引进了日本无梭喷水织机和意大利高速倍捻机数台，并对全厂进行翻新改造，企业面貌焕然一新。

1990年后市场形势发生变化，产品更新跟不上，纺织丝绸市场开始走下坡路，丝织一厂也不例外，效益开始下降。加上技术改造、设备引进等因素，企业依靠银行贷款来过日子。4000多万元的负债，压得企业透不过气来。厂里每年的利润支付银行利息都不够，经营生产每况愈下，最终出现亏损，直至1995年以破产告终。我也于1993年因病退休。

正是：

家境贫困童年生活，勤奋工作成家立业。

尽心尽力事业有成，奉献丝绸是我一生。

采访时间：2015年7月

桑海漫漫春风起　丝路迢迢往事忆

赵　廉

赵廉　原四川省丝绸公司总经理助理、高级经济师

赵廉，1954年毕业于南充蚕丝学校制丝科。1979年起先后任四川省纺织工业局供销处副处长、蚕茧公司副经理、丝绸工业公司副经理，分管蚕茧收烘、调拨及茧站建设。1982—1997年任四川省丝绸公司蚕茧生产部主任及丝绸公司总经理助理。1960年主办了全省首次缫丝操作技术比武竞赛活动，1965年参与制定四川省蚕茧收购简化等级质量标准，1970年参与全国蚕茧收购干壳量分级标准的制定并主持四川的蚕茧质量分级测试调研工作，1995—1998年任四川蚕茧收购地方标准起草小组技术顾问。"七五"攻关项目"75-46-01-04新型热风烘茧机"获纺织工业部1991年度科学技术进步三等奖，省攻关项目"CZL84-1型热风推进式烘茧灶"获四川省1989年度科学技术进步奖三等奖，"鲜茧茧层含水率测定仪研究"获四川省1993年度科学技术进步奖三等奖，其他科研项目分别获四川省丝绸公司科学技术进步奖一等奖三个，二等奖三个，三等奖一个。

赵　廉

参与主编的《蚕茧收烘四百问》等六种书由四川科技出版社出版。先后在省部级及以上专业期刊发表论文50多篇，其中多篇获得优秀论文奖。曾兼任省纺织工程学会副秘书长和常务理事，省蚕桑学会副理事长，中国丝绸协会企业管理研究委员会副主任委员，中国丝绸进出口公司蚕茧专家组成员，《四川丝绸》（季刊）主编和中国蚕学会理事等。1959年被评为四川省政府机关社会主义建设积极分子，1989年被评为四川省经协工作先进工作者，1990年被评为全国蚕茧收烘先进工作者，2003年被授予"老科技工作者"称号。

1925年全省产茧量38500吨，产丝量约2800吨，创历史最高年产量

我生于1934年12月，家在阆中市农村。家中一直从事养蚕缫丝，早期既养柞蚕也养土种桑蚕。柞蚕茧缫丝是干缫；土黄茧缫过盆水丝（系四川优质土丝），后期也缫脚踏高车丝。到全面抗战初期，周晦若先生（江苏宜兴人）留学日本归来，到四川丝业公司工作，来阆中推广嫁接良桑和杂交改良蚕种。1939年我父亲认识他后就栽嫁接桑，养杂交种，使茧丝产质量迅速提升（既卖茧也缫过盆水丝）。我从小耳闻目睹，还亲手采桑喂蚕，对蚕丝生产渐生感情，后来竟为蚕丝业的兴盛奋斗一生。

中华人民共和国成立前，阆中有三家丝厂，四川丝业公司的一家较大，另两家很小，都是座缫。1948年，我在阆中中学读初中。丝业公司的阆中丝厂建成立缫车，学校组织前往参观。我站在车头看不清缫丝，想登到高处，伸手一把抓在蒸汽管上，烫伤了手，记忆难忘。那时我二哥已在南充高级职业学校制丝科学习，中华人民共和国成立后，他被分配到工会机关工作，便写信要我到南充学习制丝技术。1951年8月，我考入南充蚕丝学校制丝科学习，直至1954年7月毕业。

1913年，张澜先生提倡实业救国，创南充县立中学（后改称高职校），内设蚕丝专业班，但学的人时多时少——丝绸行情好时就多，反之则少。1925年前后，丝绸市场行情好，丝绸价格上扬，最高时一关担生丝值1000多两白银，那一时期被称为"一两生丝一两银"时期。此时，学

（后排左一）参加纺织工业部"振兴丝绸业及改革丝绸管理体制"专题研究小组，1977年，地点不详

校学蚕丝的多，农村栽桑养蚕的多，办丝厂的也多，全省有铁机丝厂25家，农村还有上万台的土丝车。1925年全省产茧量38500吨，产丝量约2800吨，创历史最高年产量。

1929年世界经济危机，丝价大跌。原来四川各丝厂都各干各的，抗风险能力很差。为求生存，1930年重庆等地十几家丝厂就互相联合，组成大华生丝贸易公司，开始引进杂交改良蚕种，并改一年养一季春蚕为养春秋两季蚕，又努力改进和提高种、茧、丝生产技术，降低生产成本和经营管理费用，从而极大地提高了四川蚕丝业的生存并参与市场竞争的能力。

抗日战争期间，江、浙、沪被日军占领，大批蚕丝业人才进入四川。费达生、赵庆长、周晦若、王天予、韩惠卿、蒋同庆、项志生、席德衡等先生入川后，积极投入科研、教育与技术推广工作，进一步促进了蚕丝生产技术水平的提高和生产的发展。

全面抗战初期，苏联支援我们武器弹药，我们就供给他们丝绸等物资，由此带动了蚕丝生产的兴盛。后来苏联卫国战争爆发，苏联无力东顾。至太平洋战争爆发，日本丝绸输美终止。美国卖枪支弹药给我们，我们就供应丝绸给美国。在日本占领香港后，海运中断。1942年5月始，驼峰航空运输线开辟。到日本投降，共40个月，运进抗战物资50000多吨，运出2400多吨（其中丝绸约占四分之一）。在抗日战争期间，云贵川三省蚕丝业都有发展。

西南蚕丝公司拥有蚕种场8个，丝厂7家，绢纺厂、织绸厂、机械修配厂各1家，还在73个县设专业蚕茧收烘站近300个，职工1.3万多人

1954年我在川北技术学校毕业后，被分配到西南蚕丝公司计划室工作。西南蚕丝公司的前身是四川丝业公司（1936年由大华生丝贸易公司更名而来）。重庆解放后，1950年1月，西南财政经济委员会贸易部接管四川丝业公司，副部长刘卓甫兼任总经理，军代表陈致平任监理。公司被没收全部官僚资本为国有资产，又注入国家资金恢复生产经营活动；使国有资产占到总资产的90％以上，私股不到10％，仍属公私合营企业，但视同国营企业管理。之后又逐步将当时的云南、贵州、西康诸省的蚕丝业务归并进来，并将四川丝业公司更名为西南蚕丝公司。其业务范围是种茧丝绸产供销"一条龙"经营模式。1952年，公司由贸易部转至西南纺织工业管理局领导。刘副部长曾说，以前丝绸销路未打开，公司由贸易部领导是正确的；现在丝绸供不应求，主要矛盾转为发展生产，所以由工业部门领导丝绸公司也是正确的。

西南蚕丝公司拥有蚕种场8个，丝厂7家，绢纺厂、织绸厂、机械修配厂各1家，还在73个县设专业蚕茧收烘站近300个（不包括零星产茧区委托供销社设代购点），职工1.3万多人。种场制种、茧站收茧季节性很强，春季工作量大，因此公司要求各丝厂提前将上年的陈茧剥选好，放在库里供缫丝，待到制种、收茧大忙时，即抽调蚕丝公司及各丝厂非生产部门部分职工与剥选茧工人前往支援。这样，既可减少种场和茧站配备固定职工，又能培养职工掌握多种技能，还减少了农忙季节到农村请临时工的忙乱，有利于降低经营成本。

西南蚕丝公司（公私合营）与在上海的中国丝绸公司（国营）于1952年正式建立购销业务关系，每年都要谈一次价格。国外市场行情好时，川丝可以卖到江浙丝价的97％，不好时可降到93％。这就是说，江浙丝卖1万元1吨，川丝价就在每吨9300元至9700元之间波动。因四川丝类产品较上海价低些，又地处内陆地区，销售费用高于沿海，故四川鲜茧收购价和丝绸系统职工工资都低于沿海茧丝产区，这在当时的生产与交通条件下，完全是合理的。我们每年将鲜茧分级质量标准与价格报省物价局，物价局根据四川主要农副产品生产成本与比价关系，审定批准执行。所以，四川茧丝价格在较长时期中都略低于江浙地区。

1956年，组织上动员大家向科学技术进军。我是个新党员，积极响应号召，在工作之余到重庆大学夜校部机械制造工艺系学习，每周一、三、五三个晚上上课共6小时，作业都在业余时间完成。学了一年多，我还没毕业，反右派斗争就开始了。当时批判走"白专道路"，我被迫停止了学习。

西南蚕丝公司的经营管理体制在1956年就受到学苏联农、工、贸产业分工体制的冲击。虽然我们基层的大多数同志都认为原来的"一条龙"经营体制好处多，但还是服从组织，陆续将蚕桑生产技术指导和蚕种制造业交农业厅，丝绸内销业务交商业厅，并将丝绸工厂全部下放所在地市，将丝绸工业（含原料与产品供销）行业管理权交轻工业厅。蚕茧收烘站则分区交当地丝厂自收自烘自用，轻工业厅按生丝计划产量与实际收烘茧量平衡后，实施余缺调配。外销部分，则由工厂直接参加中国丝绸进出口总公司的定期订货计划会，确保按质、按量、按品种规格、按时完成交货任务。至1976年，轻工业厅将丝绸出口业务移交省纺织品进出口公司，到1982年，成立农工贸一体化四川省丝绸公司时，又合并在一起了。

历经"大跃进"和三年困难时期后，为了使四川丝绸这一传统优势产业得到迅速恢复和大力发展，1962年，四川省委决定将之前下放的8个丝绸骨干企业收回，仍由轻工业厅直管。轻工业厅厅长刘瞻为加快四川蚕丝业的恢复，向省领导建议成立农工贸一体化的四川蚕丝公司，经初步同意后即成立了筹备处。1963年，农业厅、轻工业厅从事蚕丝业的工作人员合署办公一年，年底未获批准，又只好分开。1965年，轻工业厅为管好丝绸工业，报经省经委批准成立四川省轻工业厅丝绸总厂筹备处，我在总厂办公室当秘书。经过大家一年多的努力，各项工作刚好有了起色，"文革"就来了，筹备工作受到冲击。1968年省革委会成立后，生产指挥组即批准撤销丝绸总厂。总厂撤销后，我被分配到省革委会生产指挥组工业组轻工业务组工作，业务组长王克（原轻工业厅副厅长）对我比较了解，安排我搞纺织（棉、毛、麻、丝）原料工作。1970年初，轻工业务组又被撤销，轻化工业局革委会成立，我在后勤组搞蚕茧原料工作。经过多次折腾，走了不少弯路，可以说这就是对社会主义现代化建设道路的探索吧！

经省物价局批准，每人次售茧5千克以上仪测干壳量定级，不足5千克的手感目测定级

四川蚕桑生产和江浙所走的路子不同。我们的桑树都是栽在地边、田边、路边、沟边的，统称四边桑，不准桑树进地与粮食争土地。一户蚕农的桑树少，就养不了多少蚕。四川叫"溜溜种、簸簸蚕、笕笕茧"，大约七户农民一年养两季才能生产1市担鲜茧，养蚕业属于家庭副业。改进提高桑树栽培与养蚕技术，提高蚕茧质量不仅工作量大，而且见效慢。

1974年，王庄穆同志来四川检查工作，在盐亭县城关茧站，看到评茧员大都通过目测评级定价，很少通过抽样测查来确定50克干壳量和上次下茧的比率，他认为不对，就提出了批评。我知道后就向他说明：因为四川养蚕多为家庭副业，售茧量少而人次多，每人次平均售茧量不到5千克（不到江浙每笔进茧50千克以上的十分之一），如果每次都测查，收进100万担茧就将削掉1万担好茧（江浙不超过

（左三）四川省三台蚕种场建场六十周年，1996年，三台

（右二）参加四川省科协第三次代表大会，1984年，成都

（左一）考察千年古桑，1983年，峨眉山

1000担），不仅损失巨大，而且评级进度将大大延缓，蚕农售茧时间亦将延长。因此，我们报经省物价局批准，每人次售茧5千克以上仅测干壳量定级，不足5千克的手感目测定级。同时规定每个茧站每天都进行内部测查，考核与校正目测的偏差。实际执行结果是，目测比测查定级一般高半级甚至一级。我们还将级价差由不等差改为等差，一角钱一级，也是为了计算方便。从四川实际出发，采取这些变通方法后，才较好地解决了蚕农售茧难和茧站收茧难的矛盾。

1978年进入改革开放时期后，四川蚕丝生产发展很快，究其原因主要有三：一是1997年国家提高了鲜茧收购价格，蚕茧在主要农副产品比价中占据优势地位；二是发展栽桑养蚕投资少、见效快；三是农村推行联产承包到户后，大量剩余劳动力要找出路（大量劳动力外出打工是十年之后的事），很容易就找到了有基础的劳动密集型的传统产业蚕丝业。加之我们用生产扶持费和蚕桑改进费对育苗、栽桑、嫁接良桑等给予资金支持，三年时间产茧量就由100万担增至200万担。创下了发展速度的最高纪录。

在此期间我们主要抓了三件事：第一，树立以质量为中心的思想，改变原来单一栽四边桑模式，提倡养蚕户栽小桑园、间作桑与四边栽桑相结合，扶持养蚕专业户与重点户。同时还推广共育小蚕与实用纸板方格簇，促进蚕茧质量的提高。第二，抓收烘茧技术改造。重点是研制热风循环烘茧机，1978年完成设计试制，安装在岳池县坪滩茧站试运行，随后请苏丝院赵庆长、浙丝院陈时若、西农大王天予、省丝科所周晦若等老师到现场审察并提改进意见。经改进完善后，烘茧机于1983年正式通过省科委组织鉴定，并获省科技成果奖。第三，抓蚕茧生产基地建设。虽然四川有160

多个县700多万农户养蚕，有3000多个蚕茧收购站，还是有不少蚕农售茧难。为改变这种广种薄收不利于提高生产效率与蚕茧质量，也不利于降低成本的状况，我们在全省50多个县（基础条件较好，又不与其他农副产品发展生产争农劳力、争土地的县）开展10万至20万担蚕茧建设工程，在育苗、栽桑、嫁接、养蚕上加强技术指导和经费扶持，取得较好效果。

"86本"一经公布执行，各织绸厂生产真丝绸的积极性高涨，不到一年时间，所谓白厂丝积压万吨的问题就解决了

20世纪80年代中期，总公司根据茧丝有积压的情况，提出对夏茧、早秋茧降价收购。我们不同意，理由是：蚕茧收购是按质论价，不是按季定价；四川由南到北农事季节相差很大，在实践中此地春茧未收完，彼地夏茧已开收。我们认为，按季定价收茧在理论上讲不通；按时间划分春夏早秋茧，会造成市场秩序混乱，收茧工作难以进行。我们报请省物价局批准后，就未执行总公司的通知。

1984年至1986年上半年，在总公司的安排和支持下，我们用6000多吨低质茧与次茧生产了2000多吨精干品出口，解决了低质茧积压的问题，度过了"产大于销"的困难时期。

20世纪80年代中期，总公司提出"产大于销"的问题，我对此有不同看法。为什么会出现茧丝积压？我认为原因有三：一是质量问题；二是深加工产品的创新问题；三是茧丝绸的计划价格管理问题。前两个是生产技术问题，只能在发展中逐步解决。价格管理问题就是1966年为保证生丝出口货源，由外贸、纺织两部与国家物价局共同制订并执行的"以外补内"的织真丝绸的用丝价格管理办法，业内称"66本"。就是外贸以4180元每100千克的价格收进20/22D双A级白厂丝，供织绸厂织真丝绸同规格等级用丝则为3322元每100千克，其价差由外贸补贴。这样，对保证白厂丝出口货源起了很好的作用，但也捆住了织绸厂发展真丝织物的手脚，不少织绸厂没有一台织机生产真丝绸。这个办法在改革开放前执行起来矛盾不大；实行改革开放后，茧丝生产增长很快，而真丝织物又不能扩大生产，成为"产大于销"的一个重要原因。当时，中国丝绸公司主持制定了"86本"，放开了织绸用丝和成品价格。1986年，"86本"在杭州开会定稿时，我参加了这个讨论会。"86本"一经公布执行，各织绸厂生产真丝绸的积极性高涨，不到一年时间，所谓白厂丝积压万吨的问题就解决了，显示了政策对促进生产的强大威力。

由于很快又走向另一个极端，导致了连续几年的"蚕茧大战"。在四川，"蚕茧大战"一方面导致蚕茧质量大幅下降，另一方面导致各方盲目建新丝厂，使丝厂总规模由50多万绪增至120多万绪，还有在建的约20万绪丝厂尚未投产就倒闭了。在五年左右的时间里，全省桑蚕茧产量由13万吨增至18万吨，蚕农确实增加了收入，但是茧价紊乱、茧质下降以及盲目建厂也造成了巨大的经济损失。在改革开放大潮不断向前、计划经济加速向市场经济过渡、茧丝产销局势动荡不安的情况下，四川蚕丝业在转型、改制、创新三方面都落后于沿海地区，加之农村剩余劳力不满意低收入的状况，大量劳动力涌向沿海地区打工，使蚕茧产量大幅下降，企业负债累累，不断倒闭。

1993年10月，中国丝绸进出口总公司在浙江嘉兴召开蚕茧工作座谈会，总结经验教训。我做汇报时提了个意见：近十多年来，总公司在关心基层工作和支持生产方面是逐步后退的，希望能够改进。王明俊总经理虽已离开我们，我们这些蚕丝战线上的老兵还是十分怀念他——他最关心基层的生产与工作。

采访时间：2017年7月

我和丝绸的不解情缘

钱同源

钱同源　原浙江省丝绸公司经理，党委书记，教授级高级工程师

钱同源

钱同源，1953年毕业于浙江省立杭州蚕丝职业学校制丝科。长期从事丝绸技术和管理工作，先后担任《丝绸》杂志主编、浙江省轻工业局副局长，兼浙江丝绸科学研究院院长。1980年任轻工业厅副厅长、党组副书记。1983年任浙江省丝绸公司经理、党委书记。1986年组建浙江省经济信息中心，任主任。1989年任省丝绸公司总工程师。任职期间制定了浙江省丝绸"八五""九五"科技规划。1998年担任华泰丝绸有限公司董事长。主持浙江丝绸科技工作时期，"YG541型织物折皱弹性仪"获浙江省1979年度优秀科技成果奖二等奖，"GB 8391—83纺织织物—回复角表示折叠试样折痕回复性的测试"获国家标准局颁发1986年度科学技术进步奖二等奖，"生丝浸泡技术"获国家1996年度科学技术进步奖三等奖，"真丝绸星形架精炼工艺及设备"获国家1995年度科学技术进步奖三等奖，"高精度印花制版新技术研究"获国家1999年度科学技术进步奖三等奖，"D301自动缫丝机（D301A型自动缫丝机）"获国家1992年

度科学技术进步奖二等奖，"丝绸印花、提花电子技术应用研究"与"绢纺原料精炼设备及自控技术"获二委一部国家"八五"科技攻关重大科技成果奖。主持编写了《自动缫丝机工艺设计办法》《自动缫丝机操作规程》《丝绸标准手册》等书。撰写论文50多篇，发表在《质量管理》《丝绸》等刊物上。曾为浙江省第七届政协委员，浙江省科协第三、六届委员，曾兼任浙江省纺织工程学会第三届副理事长和第八、九届理事长。被国家二委一部授予"国家'八五'科技攻关先进个人"称号。2006年获得中国丝绸协会颁发的全国茧丝绸行业终身成就奖。

糊里糊涂地报了这所学校，谁知道就这么干了一辈子的丝绸事业

我是1935年农历三月初七（公历4月9日）出生的。老家在杭州，我父亲是小学教师。我出生后不久，抗日战争全面爆发，我们举家避难到了乡下（杭州留下）。1937年年底，战事稍稍稳定以后，我们又搬了回来，住在一所小学里面。我算近水楼台吧，虚岁4岁的时候，就跟着我哥哥到学校去上课，在旁边坐着。5岁我就上学了，在饮马井巷小学，就是现在的饮马井巷那个地方。

1947年年初，我去考了杭州市中正中学，中正中学是为庆祝蒋介石六十大寿创办的。我很天真，说这个学校肯定是国立的，谁知是私立的。就在现在的玛瑙寺那个地方，我读了一年。因为我要申请免费，一年以后，学校有个规定，一定要现役军官子弟才可以免费，我没办法就退学出来了，又去考了杭州市中山中学。所以一个蒋中正，一个孙中山，我跟他们还是有缘的。我从中山中学读到初中毕业。

初中毕业后，我原来的志愿是考师范学校，子承父业，当个老师。中华人民共和国刚成立，中山中学想办高中，要我留下来，因为我那时已经是共青团员了（共青团当时叫作新民主主义青年团），是学校的骨干嘛，可以一边工作一边读书。但是一个多月过去，教育厅没有批准，说这所学校太简陋了，不具备办高中的条件。这时候其他学校都已经考完，只有一个蚕丝学校还在继续招生，我就去考这所学校了。

这所学校叫作浙江省立杭州蚕丝职业学校，就是后来的浙江丝绸工学院，是现在浙江理工大学的前身。它的历史应该说很悠久了，跟浙江大学是同龄的，是杭州太守林启于1897年创办的。林启创办的一个是蚕学馆（浙江理工大学的前身），一个是求是书院（浙江大学的前身），还有一个是养正书塾（杭州高级中学的前身）。这所蚕丝职业学校当时在杭州应该说还是有名的。因为它是职业学校，去考的学生差不多都是家里比较苦的，从农村里来的人也蛮多的。学校有两个科：一个是蚕科，养蚕的；一个是丝科，制丝的。我也不懂什么养蚕、制丝。老同学跟我介绍：养蚕科就是到农村去，指导农民养蚕；丝科就是到工厂去。我想法很简单，既然可以到工厂当工人老大哥，那就报丝科吧。就这么阴差阳错，糊里糊涂地报了这所学校，谁知道就这么干了一辈子的丝绸事业。这所学校是三年制，相当于现在的高职。

当时的技术难题主要是煮茧煮出来之后，容不容易缫丝

1953年，我被分配到浙江制丝一厂，正好赶上1953年第一个五年计划开始，这个都是在大发展的时候，工厂要准备开双班，招了一大批新工，缺少技术员嘛。我们实习的时候，毕业实习就在这个厂，厂长要了我们三个人，1月19日去报到。放寒假的时候，也就是工厂放春节假的时候，回过头来再到学校去毕业考试。

我在制丝一厂从1953年干到1961年，总共八年，主要是做技术员，开始就是在车间里面做煮茧技术员。那么为什么要煮茧呢？就是在缫丝之前，要把茧子丝胶软化溶解，这属于比较关键的工序，是比较吃香的。实习的时候，好多同学都争着要做这个工序，我是学生干部嘛，总要先让一让。我实习的时候重点不是这个，而是最后一道工序——整理把关。后来我终于被选拔到煮茧这个工序，在这道工序上干到1956年。

1956年，我报考大学，考到了东北地质学院。因为身体不好，我不适应，就退学回来了。当时我是调干生，轻工业厅介绍信上注明"回原单位原岗位工作"。到厂里报到之后，人事科科长说，我们现在生产科缺人，要办工长训练班，想请你去上课。我教缫丝各个工序的技术，这些工人、干部也不完全都是脱产的，是抽出来上课的。白班一个，夜班一个，属于业余培训。一个礼拜上几天，同时我还搞生产调度，搞一些技术试验研究。当时我们有些茧子烘得过干了（俗称老烘），这个茧丝解离时容易断，需要补湿，让丝胶软和。在一个密闭的仓库里面，给茧子加湿度，办法是很土的，就是用一个盛水的缸，蒸汽通进去冒出来。我要做的事情就是控制补湿的量，测定各个角落的湿度是不是均匀。假如说不均匀，以后茧子煮出来也不均匀，缫丝也就不均匀了。

1960年之后，我被借调到轻工业厅办的一个全省缫丝厂工长训练班教了三个月的课。训练班结束后，领导告诉我，你不要回厂里了，调你到丝绸局了。虽然我已经被调到丝绸局，但厂里一定要我回去。回去干什么呢？去收一期茧，去做督导员，到海宁的各个茧站去跑，做"钦差大臣"去。那个时候规定，每个厂都要派一名副厂长去做这个工作。厂里认为你反正要调走了，先把你借回来，让你去顶一下这个位置，茧子收好以后就可以去局里报到。

我在丝绸局是技术员，也是到处跑，平时都在厂里指导一些技术问题。我在厂里面有实际工作经验，互相交流的时候，也算小有名气。生产科科长、技术科科长、生产厂长，还有煮茧的技术员，他们有不同观点的时候会打电话来，要我们的科长，应该说是技术权威嘛，要他去帮着解决问题。后来科长就叫我去了。我每次都是先到车间去看看，再分头听听他们的意见，还有我自己的想法，都糅合在一起，提出意见措施，让他们试一下。试出来好了，那么就皆大欢喜了。

当时的技术难题主要是煮茧煮出来之后，容不容易缫丝，这个叫"解舒"，就是这个茧丝离解容易不容易。解舒好的话，车速就可以开快，出丝产量也高了，丝的质量也好了。还有个嘛，就是消耗低了，我们叫"缫折"。关键的就是看它煮熟的程度，太熟了，这个绪丝拉得很多，消耗就大了。太生了，这个茧丝就拉不动，拉不动就容易掉下来，所以生熟要适当，我们叫"适煮"。

我在技术岗位上一直干到1964年吧，1953年到1964年有12年，真正是做技术工作的。

自找压力，总想把《丝绸》杂志恢复起来

1965年，我被调到《丝绸》杂志做编辑。但是好景不长，1966年"文革"开始了。《丝绸》是纯技术的杂志，也刊登一些管理方面的文章。每期都有一篇评论，都是请一些领导写的，或者我们写好，请领导看后修订署名。每一个时期都有所谓的中心工作，就是说这一段时间要抓什么为主。以节约原料为主，那么就要写这方面的文章；以技术革新为主，那么就写技术革新应该怎么做，带点政论性的。

1971年4、5月份，浙江丝绸科技情报站成立。当时，纺织部和轻工部合在一起了，全国成立了17个全国性的科技情报站。棉纺的、毛纺的，还有什么烟草的、皮革的，等等。这个丝绸情报站就设在我们浙江，《丝绸》杂志跟这个情报站合在一起。我不是搞丝绸的嘛，就到情报站去负责了。这个时候开始算做个小头头，正式负责丝绸情报站的工作，丝绸情报站全称就叫"浙江丝绸科技情报服务站"。不带"省"字。省科技情报所一个同志跟我说，这个"省"字不要，就可以体现你是全国性的，是设在你浙江的，你"省"一挂的话，就局限是浙江省了。所以实际上我们就是为全国服务。

当时我们也是自找压力，总想把《丝绸》杂志恢复起来。所以一开始就搞了一个《丝绸情报》，打字油印，内部发行。慎重起见，注明"内部发行，注意保存"。情报嘛，我们一方面是国外的情报要搜集，另一方面国内的东西也要搜集交流。下到工厂以后，我们会问问技术人员，你们有没有看过这份杂志？你们可以读读，有些什么意见可以告诉我们。技术人员说，我们不知道有这个东西。我就去问他们厂长。厂长说这个我收到抽屉里了。我说怎么放在抽屉里，他说你不是说注意保存吗，注意保存就保存在抽屉里。

到1973年或者1974年，杂志就改为铅印了，改名叫《丝绸通讯》。《丝绸通讯》的文章就比较多了，也有一些管理方面的，每一期都有。管理方面的文章比较难写，"文革"的时候，一定要送到轻工业厅革委会，请他们领导把关、审批。但送上去以后往往就没有回音了。我这里铅印要送到印刷厂去排版、校对，还要这个那个。我就一式两份，一份送上去请

他们审查，一份就到印刷厂排版、付印去了。在送上去的文章上面我改了一个字，一般向上行文末尾都有一句："如无不当，请批示。"我把它改为："如有不当，请批示。"如果你一直没批示下来，就说明没有不当，那么以后你要来处理也赖不了。当然，如果真有什么问题，我也要负责的。等到我们这个出版了以后，他还没批下来呢，我们也不去催了，催了嘛使他尴尬，就是这样弄的。

1976年《丝绸》杂志复刊，也就是丝绸这个情报站办的。这是我们自找压力，实际上上面也没有说，一定要搞这个，但是我们好像从事这方面工作，总想把这方面工作做得好一点吧。当时单位里大概五六个人，我们基本上是比较有规律的，就是多少时间是审稿，多少时间是付印，多少时间是下厂。另外还搞一些情报的互相交流，比如说我们去讲讲那个国内外搜集来的，现在发展的趋势什么的。特别重视的就是情报的效果，我们搜集了一些情报，通过交流或者提供这个情报资料，人家在生产上应用了，取得了生产效果。这个丝绸情报站当时只有浙江有一个，那么其他呢，他们都是在研究所自己内部的情报站，实际也就是我们的"脚"。我下去主要到厂里找些生产科和技术科的人，到研究所找他们的情报站。我们是轻工业厅嘛，就是一个班子两块牌子，还有个叫轻工业情报站，就要负责轻工业的情报，我们也抽出机会去参加盐业、皮革、陶瓷等类别的，做一些交流。

从专业来讲，我是负责纺织和丝绸的；从面上来讲，我是负责科技和教育的

1976年粉碎"四人帮"后，省委就把我调到省委材料组整理材料。大概不到一年，我就被任命为轻工业厅副厅长了。当时还叫轻工业局，好像是这样。大概1978年或1979年，就改为厅了，因为原来就叫轻工业厅。"文革"时成立了革委会，一轻二轻合并就叫轻工业局。我主要分管科技、教育，还有纺织和丝绸。从专业来讲，我是负责纺织和丝绸的；从面上来讲，我是负责科技和教育的。

我搞轻工科技情报和丝绸情报呢，对我也是有一个好处的，就是我的知识面扩大了。再到轻工业厅去负责这方面的工作，我自己认为还是比较满意的。我们在浙江省搞情报交流的时候碰到一个盐业情报站的同志，他说他的盐业情报站设在舟山（岱山）的盐场，岱山的这个盐业研究所也是在一个很偏僻的盐场。他说他们信息都不灵光的，而且通信也很不便。他们这个情报工作应该怎么做呢？我到轻工业厅当副厅长以后，就去跟岱山县的领导商量，我说研究所应该要接触实际，但是不一定要设在盐场。就好像化工研究所，过去一定要去巨化，或者一定要到厂里面，我说现在不是这样的。是不是能够把它弄到岱山县城来，我轻工业厅出一部分钱，你县里面出一部分钱，县长说好啊。哪一年我就记不清楚了，反正是80年代吧，造好房子以后盐业研究所就搬过去了，他们都是一直很记挂我的。

有一次省科协开代表大会的时候，舟山有个同志，舟山科协的副主席，正好坐在我旁边。他说钱厅长你不认识我了？我说很抱歉，你是哪里的？他说我原来就是岱山盐业研究所的，现在在舟山市科协了。他说你为我们出了力，这个盐业研究所搬到县里后，起色很大。因为交流方便了。在农村里面打个电话都不方便，怎么搞情报呢，是不是？

1979年初，我看到纺织部有个简报，刊载了清河毛纺厂怎么开展全面质量管理，怎么提高质量什么的。我就做了个批示，我说这个是不用花钱的一个很好的措施。我说请丝绸公司、纺织公司的领导带队，带领技术人员一起到清河毛纺厂去学习，我和他们一道去了北京。那次下着大雪，我们就住在崇文门的一个小旅馆里面，每天一清早要换三趟车，到那个清河县（北京的一个郊县）的清河毛纺厂去学习。清河毛纺厂又介绍我们到机车车辆厂学习，说他们那儿也搞得好，回来以后我们就在旅馆里面定好规划。一起去的这两个厂，一个是杭一棉，一个是杭州绸厂，有副厂长，有生产科科长，回去就要开展全面质量管理。

我回来后就在轻工业局的局长会议上提出来，让会议安排半天时间，我去讲这个全面质量管理。轻工业很复杂，我就事先到肥皂厂、东南化工厂、杭州烟厂，还有纺织的，还有丝绸的一些厂里，把那里一些例子收集来。不是要用什么数据统计吗？我就讲了这个TQC（Total Quality Control的缩写，全面质量管理），当时还是很有趣的。所以呢，在全省当中TQC在我们轻工行业开展是比较早的，以至全省质量管理协会成立的时候，他们就把我弄去当副理事长了。

共产党员要服从组织分配，这是最起码的觉悟，我就去了

我是1983年的9月份到丝绸公司的，它是全国成立丝绸总公司时，独立出来的。本来都是工业在纺织部，外贸在经贸部，那个时候叫外贸部嘛，后来单独成立了所谓托拉斯，要求各个省的丝绸公司也要单独出来。就说你这个规格升级了，本来是相当于轻工业厅下面处一级，那么你单独了怎么办？其实那时候我跟翟翁武同志讲，我不适合当一把手，我说一把手调和人事，要综合各方面的关系，我喜欢搞单一的一个事情，搞技术比较好一点。他说没人，一定要我去。我是学丝绸的，共产党员要服从组织分配，这是最起码的觉悟，我就去了。

当时我们的丝绸公司，不是那么景气，仓库里面积压的东西很多，销不出去。产品质量倒是次要的，主要是货不对路。原来我也不是那么清楚，我去了以后就发现，当时这个计划经济管得太死了：丝绸公司同工厂是个上下级的关系。丝绸公司决定计划生产什么东西，工厂就生产什么东西。而丝绸公司这个计划呢，本身也没有市场观念，而是根据老一套的，比如说原来哪几个品种好销，就组织去生产。但是，市场是在变化的，你说现在好销，过一段时间就不好销了，产品就都积压了。还有一个，我们对外贸易有个"四按"，就是按质、按量、按品种花色、按时间。比如说一个花有四个色，它印花的时候，三个颜色比如说是好的，是好做的，就印花印上去了，还有一个是不好做的，他就不做了，放在那里。你老不交货，外贸就说你这个交货不及时。仓库里只有三个色，还有一个色没配好，所以交货交不出去，时间一长，这个绸缎在仓库哪个位置，他们自己也搞不清楚。我去了以后就强调了两个事情，就是按合同交货，你合同规定是四个色，你要四个色都好了以后交货，这是第一点。第二点就是绸缎原来都是堆在仓库地上的，我要求仓库搞货架，按品种、花色，分门别类地堆放。还有一个就是搞清仓，这个倒不是我自己去，我们有个副经理去了，我说你去负责这方面的工作。

1984年的春节之后我到法国、意大利、瑞士去考察。到意大利拉蒂（Ratti）最有名的一个印花厂，厂方马上就告状，不是跟你先谈生意，是告状，说你们这个绸缎出来不好，都是压煞印。就是我们出去的绸缎，都是像报纸一样折着去装箱、货运，就有一个印子了。这个印子拿出来他再要去印花什么的，这里印子消不掉，所以叫压煞印，压死了，这是一个问题。接着他拿出一批绸样来，硬邦邦的东西，他说你看这种绸叫我们怎么弄？我说这个是你自己印花印坏的，我说你这个印花浆没上好，是你印花印坏的才那么硬邦邦，不是我这个绸的质量问题。后来厂方和我们谈话的那个经理，去叫了技术员来，他们说话我也不懂，后来他头点点就不响了。我说打了两仗，打平了，一仗我赢了，一仗我输了。我回来以后把装箱改为卷筒装，用卷筒卷起来，就是在厂里就卷筒卷好，然后送到仓库来。最起码的问题都解决不了，还侈谈什么赶超国际先进水平？这个卷筒装在当时也有一些问题，因为要经向检验，我们习惯的都是纬向检验，就是要翻来翻去地翻的，所以刚开始很不习惯。

因为厂丝积压很多，我说要大力发展真丝绸。发展真丝绸就要改机，改机的费用我们公司贴，而且加了一条，你一个月里面改好的，我补贴费譬如是三百块，你两个月里面改好的，我补贴费是两百，就是鼓励他大上真丝绸，快上真丝绸。在一定时间里面真丝绸发展比较快，后来真丝绸供不应求了。

信息没被重视，结果吃了苦头

1986年我调到信息中心做负责人，信息中心全称叫浙江省经济信息中心。浙江省经济信息中心主要是搞经济信息，那个时候不是像现在那么发达。我实际上应该是一窍不通，都是搞计算机的这个东西，我根本不懂的。那么怎么办呢？我这是外行去领导内行嘛。我就从需

（中）在浙江省举办出口商品展销会上，1986年，杭州

求出发，来考虑这个经济信息怎么去搞。我觉得设身处地想，比如说企业要什么样的信息呢，你这个领导要什么样的信息呢，我就为你们服务，从这个角度做了几件工作。

一个就是办了一份经济信息内参，这个是文字的。我跟香港的一些朋友商量好，你把香港有些报纸给我们寄来，这个香港报纸里面有一些什么信息我登载一下。第二个，就是我们把到下面收集来的一些情况做一些反映。当时有个所谓"蚕茧大战"，我们省计经委一个副主任到茧站被人推倒，事情一直弄到国务院都知道了。这个事情从我这个角度来说，我说你是活该，为什么这样讲呢？当时有一家《华东经济信息报》，是无锡出的。因为都是搞经济信息的，他们便聘请我去当副理事长，每一期信息报都寄给我的。里面讲到江苏省临近浙江省的县，茧价可以提高35%，很明显就是来争我们浙江的茧。我马上把这条信息写在经济内参里面了，我说请有关领导要未雨绸缪，要预先考虑采取措施。有关领导到我这里来的时候，说这个经济信息很重要，说了一大摊，把你高帽子戴了一大堆，实际上他根本不重视，我们这个经济内参他根本就没看。所以我就说，以前我们搞情报的时候也是这样的，我说我们情报搞得很勤的，结果他来了个四无：一无资料，二无情报，三无设备，四无资金。他们科研搞出来了，说成绩都是他们的。现在都说信息不灵，那我给你的信息你又不看。信息没被重视，结果吃了苦头。

第二个就是建立这个经济信息网。我到各个地市要他们做起来，比如说杭州市，杭州市对经济信息还是比较重视的。到嘉兴、到湖州、到衢州，还有金华。那个时候，他们那些专员、市长我都比较熟悉，因为我原来是轻工业厅的嘛，大家很熟悉。我举个例子，到嘉兴，先到他们经委、计委，他们说这个都要市长拍板。我就去找市长，市长说他在开常委会，没有空。我就说，那就在午饭之后抽点时间吧，因为熟悉嘛，他就答应了。市长把经委主任、计委主任都叫到他那里一一落实，这个信息网络就开始做了。就是到基层，到厂里面去也建立一些信息网络。

当时我们这个信息中心有很多搞计算机的，厂里没有，他们原来是叫计算中心，后来改为信息中心。计算中心是从搞工业普查开始搞起来的，工业普查结束以后就没有事情了，那么多的技术人员都闲在那里。我去找工厂，我们的人帮助你开发这个信息化管理，搞个课题，你出点钱，工厂也有了信息化管理，就是搞这个东西。信息中心还搞了一个经济信息系统总体方案，就是从需求出发，搞数据计算，大概多少数据，要用什么样的计算机来配，还请了好多专家来论证。

二委一部评定了完成"八五"计划的先进项目，纺织系统是十个项目，我们占了两个，是得奖的

1989年，我又回到丝绸公司担任总工程师，主要是抓技术、抓科研。抓科研都是部里和省里面的，立个项目争取课题经费。我主要抓的是我自己觉得比较好的，就是我丝绸公司出一点钱给你这个丝科院，数目不大，让你去搞个探索性的试验，就是小试，小试有一定眉目了以后，有成果了，我才再去报纺织部的，再去报浙江省科委的，这样立项就比较容易。八字没有一撇的去报什么项目，这个人家也担心你这个项目能不能完成，所谓"吃小亏赚大便宜"。

我收集了国内外的一些资料，制定了"八五"规划，这个规划不完全是纸上谈兵的东西了。初稿形成以后，我召集了工厂和研究单位一些搞科研的同志，把国内外的情况先讲一讲，抛砖引玉嘛。然后呢就是请大家讲，我这个规划先不抛出来的。我说你们头脑风暴一下，不要怕出错，想到什么就说什么。我认真记下来以后，同我这个规划再对一对，有些可以修改的再修改，然后我再抛出去，请他们讨论，讨论以后再把意见集中起来。

"八五"规划、"九五"规划，我负责了两个五年规划。这两个规划不一样，上面要求也不一样。"九五"比"八五"先进，主要就是电子计算机方面的应用比较多。传统的工艺基本上都是差不多的，只是换个名称而已。比如丝绸，原来是提防缩防皱的，到"九五"怎么还是防缩防皱，这个不行。实际上这个课题呢，应该说你到现在都是应该要做的，这个是永无止境的，那么我们就要换个名称了，就是高档丝绸的什么应用，高端什么的换个名称去立项，这个传统的就是说不断进步。我觉得"八五"没有解决问题，那么其他都是信息化、计算机应用、电子技术应用在这一方面，"九五"就比"八五"要强一点，"八五"呢应该说是传统的机械化、工艺的标准化。"九五"的那些计划，现在都达到了吗？现在"十五""十一五""十二五"了，应该说基本上达到了，基本上实现了。

"八五"我们实现得是比较好，当时国家计委、国家科委和财政部，二委一部评定了完成"八五"计划的先进项目，纺织系统是十个项目，我们占了两个，是得奖的。纺织系统有七个先进个人，浙江有三名，其中一个就是我。因为我不光是订规划，一直到实施，我都是盯牢做的。基本上每一个季度我都要到厂里面，到研究单位，我去盯牢你，看进展情况怎么样，有什么问题，包括我们这个自动缫丝机。自动缫丝机现在应该说在我们浙江是比较好的。但是1981年、1982年那个时候，这个自动缫丝机推广还是困难重重的。浙丝二厂（在湖州菱湖那个地方），从湖州丝绸公司一直到厂长都叫苦，说你这个自动缫丝机不行，这个怎么怎么不行。于是我就把杭纺机的人请了去，因为机器是杭纺机生产的嘛，我说你们具体讲到底有什么问题，不行在哪里呢？他们之间交流，交流以后有哪些问题，我

为浙江省立缫机设备维修保养培训班讲课，1993年，杭州

（右）参加丝绸交易会，1994年，香港

说你纺机厂承担去。但是有些零部件不是纺机厂生产的，是外加工的，我说不管你是外加工也好，内加工也好，按照全面质量管理的话，你组装厂是要负责任的，我就盯牢他们抓这个。所以这个自动缫丝机，一方面是设备改进，一方面工艺技术上也要改进，配合起来。现在你看我们D301，现在叫飞跃2000什么，这个就很多了，自动缫丝机，在全国来讲浙江的自动缫丝机占了主要的地位。

1998年退休之后，我就去了华泰丝绸印染厂。华泰是一个中外合资企业，外资是有限的。我去当董事长，全权负责，但我这个负责跟人家不一样，因为我总结出我们中国的企业改革发展状况了，开始是党委领导下的厂长负责制，党委书记同厂长老是在争权。后来是董事长领导下的总经理负责制，董事长同总经理在那里争权。我去了以后，我就跟他讲，不是什么你大我大，年纪我比你大，我已经退休了嘛。我说董事长领导下的总经理负责制，主要是总经理负责，所有的经营、管理和生产，都要你总经理负责。我董事长呢，负责监督、决策，还有个资金调度，这个我来管。还有一个安全生产，董事长是法人，安全生产要出了问题，法人要负责的。

（中）与采访者合影，2014年，杭州

财务我也要管住的，财务也是一个安全生产问题，你要是账都收不回来的话，你就资金不安全了。所以一方面我与总经理关系比较好，反过来总经理对我也很尊重。另一方面也可能是我年纪大了，或者说我资格比较老一点了，他有什么事情都主动来跟我汇报。就这样我一直干到2005年，我七十多岁时才退下来。

我们干事情要有事业心，但我觉得这个事业心是理性的，还有一个是感情。对丝绸有个不解的情缘在那里，这个感情很重要，所以我现在《丝绸》杂志每期必看。里面有些什么问题，我就QQ发过去。对于有关丝绸的事情和信息，我都一直很关心。

采访时间：2014年10月

天道酬勤事业旺　勇于实践事竟成

陈真光

陈真光　原青岛丝织厂科研所所长，高级工程师

陈真光，1959年毕业于华东纺织工学院（后改名为中国纺织大学，现名东华大学）纺织系丝绸专业。被分配到山东省纺织厅的纺织研究所，曾在丝绸中专学校任教一年。1961年调到青岛丝织厂，从事纺织工艺、产品开发、机械设计、印染技术研究、纺织品后整理技术和化工助剂合成等方面的技术工作。任职期间共完成科研获奖项目16项。其中"真丝绸防缩抗皱整理""真丝绸的防缩免烫整理""真丝绸的密厚整理"分

陈真光

别被列入国家"六五""七五""九五"科技攻关计划项目。分别获得国家技术发明奖三等奖、山东省科学技术进步奖二等奖、青岛市科学技术进步奖二等奖各2次。开发的产品获得国家经委金龙奖2次，法国巴黎国际发明展览会金奖1次和北京国际发明展览会金银奖2次，山东省优秀新产品一等奖2次、二等奖1次，青岛市优秀新产品一等奖1次，其中两项获国家专利证书。在省级或省级以上刊物发表的学术论文和重点科普文章70余篇，

曾获陈维稷优秀论文奖等；获全国、省、市及系统优秀论文证书27次；获全国纺织学会第一届科普著作奖一等奖（专著名：《中国丝绸史考》）；获《丝绸》杂志评选的丝绸奖2次。事迹被收入《中国科技工作者名录》《当代中国科学家与发明家大辞典》《中国工程师大辞典》《中国工程师名人大全》《中国当代高级科技人才系列辞典》《中华人物大辞典》等名录。曾兼任中国丝绸协会丝绸史研究会委员，中国纺织工程学会丝绸专业委员会委员，丝绸印染专业委员会委员，山东省及青岛市纺织工程学会理事，山东省丝绸协会、丝绸学会、流行色分会的理事、副秘书长等职。自1993年起享受国务院政府特殊津贴。

我的第一件工作就是把山东省的丝织机统一型号，废除手工作坊形式

我1936年2月19日出生在青岛，祖籍是山东省临朐县。1937年日本发动卢沟桥事变，我跟随父母回到老家山东临朐县——沂蒙山南麓的一个半山丘地带。在那里躲避了三年以后，因没法生活又返回青岛。因父亲工作关系也在天津住过三四年的时间。抗日战争结束以后，我又回到青岛。1954年考取了当时的华东纺织工学院纺织系丝绸专业。当时全校只有2000名学生和2000名老师，师生员工是一比一。教我们的老师有留法的、留日的，后来接近毕业的时候又有了留苏的，各个学派的老师好像都有。那会儿我们读的书基本上都是苏联的教育课本，也就是学工的，很杂。尽管我是学纺织的，但是机械制造和金属冶炼这些知识也要学，实习的时候还学冶金、精加工、热处理等，什么东西都要会做。虽然是一个很烦琐的过程，但我倒觉得对以后的工作有很大的帮助。

说起来很滑稽，我是学纺织工艺学的，但我的第一项任务是搞机械设计。因为当时山东省的丝绸行业还处于手工化的阶段，它一个是继承了中国传统的纺织方法，再一个就是利用日本人留下的铁木机。日本人侵占山东时用的一部分铁木机型号很杂，所以我的第一件工作就是把山东省的丝织机统一型号，废除手工作坊形式。那时山东省还有手丢梭、手拉脚踏车织机，就是用脚踏着开口的；也有用锅驼机，就是以一种土蒸汽机作为动力来拉动三四台铁木机。铁木机型号大多是津田式铁木机和伊藤式铁木机，它们的区别主要是在卷曲部分和机身长度上，也就是拉伸经纱张力的撬不同，就是压砣形式不同。用了两年时间，我就把丝织机全部改造了，把这两种形式统一成为一种近似津田的铁木丝织机。完成这个任务的时候，全国恰逢困难时期，山东也不例外。

1960年，我去教了一年的书。那会儿倡导各种企业都办学校，所以纺织厅在淄博市的周村办了一所丝绸中专学校，我就被派到那里去教学。刚刚教了一年，根据国家政策这所学校就被调整掉了。山东省纺织厅和青岛市纺织局合并时，山东大多数的纺织企业都在青岛市，所以就把纺织厅合并在青岛市纺织局，这样管理上就会比较紧凑一些。

当时青岛只有一个丝织厂，叫铃木丝厂，它是日本人侵华时在山东建的一个缫丝织绸联合企业。企业规模相当大，但是没有漂染，漂染要去日本加工的。中华人民共和国成立后这个企业被一个军工厂接管，因为东海地区是用柞蚕丝织绸做炸药包的。当时农业生产恢复得不是那么快，多年战争造成桑田破败。和南方不一样，山东的桑是一种乔木，可以和麦田同时耕种。乔木桑比较高大、不太遮阳。桑叶可以吃，口味淡淡的。一旦有战争和灾荒，养蚕人就可以采桑叶作为食物。桑树虽然很大却很脆，一掰就断掉了，当兵的到这里以后要开伙，就得先生火，首先遭殃的就是桑树。在没有茧子的情况之下，整个青岛缫丝厂就被改造成了一个印染厂，再后来成了山东省的第一大棉印染企业，后来就只保留了一个丝织部分，就是现在青岛的天幕城。1961年4月我回到青岛，这个厂大概有240台铁木机，只开了120多台机。

我这一生也谈不到什么专业，没有我不做的东西

我这一生恰巧是遇到了中国大变革的一个阶段。当时接管这个企业的领导没什么文化，他们认为我是山东省第一个大学生，大学生就应该是无所不会、无所不能的，不管你学的是什么东西，有活儿你就得干，不会干也得干。当时我很幼稚，我说这不是我的专业。厂长就说，你是大学生，你不会，让我们这些土包子去干吗？大学生你就得会。所以我这一生也谈不到什么专业，没有我不做的东西。

在工厂改造的过程中，我做过丝织机的改造。因为是原先日本人建的工厂，维修车间的机床是用天杠传动的，就是用皮带在这个屋顶上拉上一根轴，然后皮带分别带着几台机床。停车的时候要把这个皮带拨下来，开机的时候再一拨，拨到一个固定的传动轮上头再带动机床。这种方法第一是打滑，效率不高，拖动力很小；再一个很危险，容易把手卷进去。我就从机床改造开始，买一些零件来加工，改造成单机传动。

后来要上印染，印染部分是从厂房设计、工艺设计、安装机械、选型机械开始的。能买到当然很好，但是当时有很多机器，比如织绸专用的印花机没有，手工台板也没有什么定型的，我就从台板的制造开始做。没有连续水洗机，我就得自己去画图，做平洗机。没有打卷机，我就得重新做打卷机。没有蒸化机，我就得自己画图去做蒸化机。甚至是做锅炉——耐压容器是一个专门行业，不是随便可以做的——我们竟然自己做过一台四吨快装锅炉。搞到这方面的图纸后，我就领着几个修机工自己做快装锅炉。那个封头是一个碗状的东西，我们就用翻砂翻一个弧形模埋到地下，然后在地下弄焦炭加热铁板，加热到了一定温度以后，就用枣木槌在这一段弧形的模具上打出形状来，然后把原来的钻床改成一个立铣去钻孔，最后竟然做成了。

"文革"开始后厂房不够，要搞一个试样车间，当时建筑研究所的人都下去劳动了，停止这方面的业务了。没有人搞设计，我就自己去画图。正好我哥哥是同济大学土木建筑毕业的，他给了我一本土木建筑手册，其实就是土建的词典。好在青岛的地层条件好，挖下一米多深就是石头，所以基础很牢，根据土木建筑手册的要求承重没有问题。我还设计了一栋四层楼的房子，就这么都盖起来了。

之后，我带领一部分织绸工人到上海第七印绸厂和上海丝绸炼染厂去实习了一年，学习操作。我自己主要是学如何去搞试验、打样，回来以后就建起了印染厂。这样原来的丝织厂就变成了一个织造、印染联合厂。丝绸公司每年组织的交流评比活动，我们的样品、工艺技术、水平、鲜艳度、牢度和花样的精细度，综合每个部分评比的结果，都能拿到第二，甚至品种做到了第一。当年印花绸就成了青岛丝织厂出口的一张王牌，主销西德和日本。

有了项目后用国家的科技拨款，不花企业的钱

企业搞起来了以后，1976年我成立了一个企业丝绸研究所，接着就报项目。有了项目后用国家的科技拨款，不花企业的钱。我们还搞了一些新产品的开发和工艺的开发，另外也搞工艺的改进，特别是提高技术这方面的。比如，真丝印花绸这个评比有个鲜艳度的指标，而鲜艳度指标很难拿到高分，因为你要用牢度好的士林染料，色牢度是好的，但是色光不鲜艳，而且它是碱性的，对丝绸坚韧度又不好。如果采用酸性染料来做，色牢度达不到，鲜艳度也达不到。我就把阳离子的染料改性成活性染料来做。阳离子染料是牢度非常差的一种染料，它除了在腈纶当中牢度好，其他方面都不好，掉色掉得很厉害。我就想怎么把这个东西改进一下，于是又到染料厂去学习了染料的制造方法，并想办法把阳离子染料改性成了活性染料，就是高温型、中温型的活性染料。这样既提高了色牢度，又保留了鲜艳度。

有了涤纶以后，涤纶印花用常规的直印方法来做的话，精细度一般就很难达到。虽然可以用雕印，但是如果用高温高压染出来的绸子，雕出来有个痕迹，或者是过分精细的部分。雕印剂就是还原剂，用的量少了，它就雕不清楚，即雕出来了以后有断线的样子。于是我就试验不用高温高压的办法，即在染色的时候用轧蒸法把它染出来，通过气蒸达到了半固色，然后不洗就去印花，这样就可以还原得比较清晰，而且工艺很简单、效率很高，解决了涤纶绸的雕印问题。

我们做整理的研究，是因为丝绸最不让大家喜欢的一个地方就是洗了以后会皱、很难看，洗了以后需要熨烫，不熨不烫就不平，而光洁、平挺是人们追求的一个目标。国家的科技五年规划，其中有一个"真丝染色绸"的项目，就是如何提高真丝绸质量的课题。我们就把自己的方案提出来了，那就是要搞真丝绸的洗可穿，即防缩抗皱。当时全国有四家提出这个课题：北方有两家，就是丹东丝绸研究所和我们；南方有苏州丝绸研究所和浙江丝绸研究所。于是，中国丝绸总公司就把这个研究项目分给四家一起做，我们是唯一的一家厂办研究所。大家走的路子不太一样，比如浙

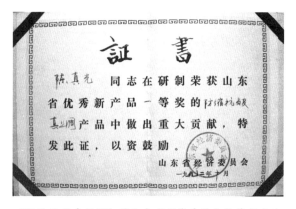

"防缩抗皱真丝绸"获山东省经济委员会优秀新产品
一等奖，1992年

"黄麻纤维在家用纺织品中的规模化研究和生产"获
中国纺织工业协会科学技术进步奖三等奖，2009年

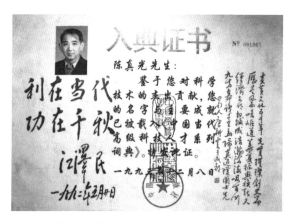

被载入《中国当代高级科技人才系列词典》，1993年

江用的是甲醛气蒸法，还有人用的是环氧树脂焙烘法。最后通过鉴定，发现我们那个环氧树脂汽蒸法是可行的。

这个项目做完之后，为了能让防缩抗皱技术进一步提高，我又搞了第二期的防缩免烫技术。接着，我做了第三个五年计划，就是"真丝绸的密厚整理"。因为丝绸本身丝很细，只能够做衬衣、裙料等这种飘逸性的服装。对于时装，比如西装，就不好用了，因为丝绸太薄了，而且平挺度也不够。那么怎么样能达到这个要求呢？我们就研究了密厚整理，同样的丝绸通过后处理，让它加密增厚，也就是让它的纤维变粗，那么它就密了、厚了，这样它的平挺度就提高了，就可以做西装了。这个项目做成了，还没有等到鉴定，我就退休了。

退休后自由了，我又去研究纺织，特别是茧衣的利用

我1996年退休之后，最后的一个服务单位是洁丽雅毛巾厂。我在洁丽雅做了十年，把一家只有120台旧棉织机的厂改造成为拥有4间全剑杆高速织机的国内第一大毛巾联合企业，我也因此被评为"诸暨市十佳引进人才"。退休后自由了，我又去研究纺织，特别是茧衣的利用。茧衣在丝绸行业当中本是个废料，茧衣就是蚕在结茧的时候把自己吊到半空当中，然后在这个好像蜘蛛网一样的网中结一个完整的茧。缫丝的时候首先要把这一部分丝剥掉，因为它很乱、没有头绪，而且很细、牢度也不够，达不到纺织的要求，所以都把它先剥掉，然后才能去缫丝。因为茧衣没有用处，往往都被人们拿去掺假，把它加到蚕丝被里边冒充蚕丝。

茧衣有个特别不好地方就是有特殊的气味。蚕吐丝的时候有50%左右不是丝质，而是水溶性蛋白质，所以它有股氨的味道。我把这部分丝拿过来以后，利用它脆性高、易拉断的特点，用棉纺的技术纺成纱以后再去漂炼，一漂炼就去掉了50%的胶质，这样就可以细化纱线，可以纺到240支绢纱。真正的丝纺到240支是非常困难的，但是用这个废料反倒可以纺成，纺好了以后再烧毛，光洁度也非常好。这个产品后来我们还得了国家金龙奖。

绸丝是缫丝的下脚料，我也搞过绸丝的提纯，即将它纺成了绢纱，也是用棉纺的技术。要是消除静电，就是在浸渍工序加消静电剂，通过高速梳棉的工序把杂质去掉以后，再把定长控制好，这样就纺成了短纤维类的绢纱。然后通过烧毛把表面毛绒去掉，制成光鲜的绢纱。但是绢纺厂往往自己拿绸丝来纺某种绸纱——绢纱当中的一种低档品，而且也有一定的产品销路，所以这个原料很难买到。我们没有买成，就没有大量地做，但实验都是成功的。

另外我还搞了一段时间的针织，用针织机做丝盖棉产品。真丝优缺点都有，它贴身，但也不舒服，有点薄，所以要单纯用20/22的丝上针织机，织出来的东西是透明的，穿上去也不够雅观。我曾经试验着用真丝2股和3股，与60支、80支的棉纱搞丝盖棉，一层是丝，一层是棉，这样子棉贴身穿，不仅不沾身，而且丝在外面，有很好的光洁性，看上去像真丝一样，

穿起来舒适度好，不皱缩，还很结实。另外，我们也通过外协成功开发吊机针织丝盖棉、吊机毛圈绸和不脱毛丝绒产品，并获得广州专利发明奖。

我研究的"真丝绸防缩抗皱整理""真丝绸的防缩免烫整理""真丝绸的密厚整理"分别被列入国家"六五""七五""九五"科技攻关计划项目，获得过法国巴黎国际发明展览会金奖，两次北京国际发明展览会金银奖。还有真丝吊机织的毛巾绸和丝绒得过广州国际新产品专利发明银奖。这是几个大的奖。防缩抗皱还得过国家科技文明奖、科学技术进步奖四等奖、国家级优秀新产品奖三等奖等等。

我后期对丝绸史也进行过整理。我一辈子喜欢丝绸，所以我每到一个地方就去翻翻县志，找找有没有丝绸部分。我走到哪里，看到哪里，就收集到哪里，然后就记到本子上。我摔伤过一次。因为住处狭窄，我在屋里边搭了一个阁楼。有一次我因为蹲久了，腿就有点麻木没有感觉，下阁楼梯子的时候摔下来了，结果一摔把腰椎摔伤了，有四十多天瘫在床上起不来。但是我其他的部位都好，都挺灵便的，于是我就把那些小本子拿出来，按照夏商周秦汉唐宋元明清这个顺序，把采桑、织造、印染等内容逐步整理完整。中间断续的、不足的部分，伤好后我就到博物馆里边去找这方面的东西补充完整。就这样终于就写成了《中国丝绸史考》。这本书获得了全国纺织学会第一届科普著作奖一等奖。

山东丝绸大概就是分这么几块，它几乎包揽了中国丝绸发展的各种形式

我还用学会的名义写了介绍信跑到湖南去，去看了马王堆的楚绸，然后以这些出土的东西为重点，在丝绸方面写了一篇论文——《马王堆楚绸浅探》。这都是我的爱好。在山东省我也是到处走、到处看。山东的丝绸发展有好多很有意思的地方。按照通常的规律，凡是有丝绸的地方往往都曾经是一个诸侯国的国都。杭州丝绸很发达，它曾经是吴越国建都的地方；苏州丝绸很发达，它是东吴建都的地方。山东古代很有名，孔明说"强弩之末，势不可穿鲁缟者也"。鲁缟是山东的，而且山东丝绸直到如今也是以缟为主，就是以平纹织物为主。青岛丝织厂当时最有名的一个产品就是466电力纺，也就是古代鲁缟一个品种的延续。

　　山东的丝绸集中在周村，它靠近齐国的国都临淄。写《聊斋志异》的蒲松龄是临淄人，他还写了《蚕桑志》，说明临淄在历史上有桑，有蚕，有织造。可是为什么后来没落了呢？因为临淄是个农业区，交通很不方便，逐渐败落了。但是离着临淄不远的周村恰巧是在交通线上，所以它很发达。当地县志就有一则民谣讲："植桑满田园，户户皆养蚕，步步闻机声，家家织绸缎。"说明周村的丝绸代替了临淄的，已经相当发达了。1949年10月以后，我当时在纺织厅的时候下去调查了，那会儿它还有6家成规模的厂，就是3个国营、3个供销社一样的丝织厂，每个厂大概都有二三百台以上的机器。还有一个规模很大的缫丝厂，是全部由国家投资建立的一个新的缫丝厂。因为过去旧社会的缫丝都是手工操作，很简单，就是用一个普通的煮饭的锅子煮茧，全是靠人的眼力掌握成熟度，然后上边搞上一个小纺车，一个手摇着、一个手添绪就纺起来了。所以，当时的缫丝厂没有留下来，但是织绸保留下来了。

　　另外就是畸形特征。比如昌邑也是山东丝绸的一个集中的地方，我到那里一看就非常奇怪，昌邑竟然没有一棵桑树，没有人养蚕，没有人种桑，也没有缫丝厂，但是它的丝织业很发达。而且很有意思的是，大部分还是柞丝织造的。中华人民共和国成立初期，织造还是在地窖中进行的。一眼看上去，地窖只有一个房顶，没有墙壁，没有窗户，而是挖到地下面的建筑。当时我去调查的时候，他们还在这种地下室里头织绸。里边就是点个油灯，手拉梭，脚踏开口，甚至还有手丢梭。因为柞丝如果是湿度不够静电很厉害，它开不了口的，所以当地利用自然空调，在地下室里边用潮湿解决了这个静电的问题。

　　茧子的来源也很

（中）与采访者合影，2015年，山东

有意思。它来自海盗卖丝发展起来的一个地区，靠近渤海湾里的一个小港口，距离营口、大连很近。而东北是大量柞蚕丝的来源地，商人从东北收购了蚕丝后跨过渤海，运到山东的时候就可能会遇到海盗抢劫。抢劫来的东西没有用就要卖掉，会找那些三不管地界来销赃。恰巧昌邑是个滩涂地带，没有阻挡海潮的坝，海潮一冲几十里到岸上来，大潮退掉以后就是沙滩、盐碱地。那里也没法种东西，所以海盗就利用这个既没人收税、又没人管理的地方，把劫来的东西卖掉。大量的蚕丝就在那里疏散了。商人去买了丝以后就在当地雇人织造绸子。丝绸之路就有这么一条支路，从昌邑织了绸以后从西安这条路运出去，多数都是柞绸。

山东丝绸发展的另一条路就是青岛、威海、烟台一线。青岛丝织厂原来叫铃木丝厂，一听就是个日本名字，它用的织机是伊藤式、津田式，这都是过去日本的织机。威海是山东半岛，那个地方像个骆驼头张嘴，日本人侵华时就在那附近登陆，织机就是那时候进来的。而烟台有柞丝和东北丝，也是生产柞绸的。山东丝绸大概就是分成这么几块，它几乎包揽了中国丝绸发展的各种形式。

采访时间：2015年8月

桑树品种及栽培技术的研究

樊孔彰

樊孔彰　山东省蚕业研究所研究室原主任研究员

　　樊孔彰，1959年毕业于西南农学院蚕桑系，被分配在山东省蚕业研究所，主要从事桑树育种、病虫害和栽培的研究。选拔出了湖桑32号、梨叶大桑等八个优良品种，供生产上推广应用达20年之久。育成了高产、优

樊孔彰

质、抗病力强的新桑品种792，经农业部组织鉴定，达到国际先进水平。他在山东省首次提出改地边栽桑为专用桑园栽桑并推广应用，总产茧量由几万担迅速增加到80多万担。研究出亩产桑叶1500千克、2000千克、3000千克不同产量水平的高产机理、高产规律及栽培技术，经推广后山东桑园产量水平跃居全国前三名。大面积桑园创造了亩产桑叶3401千克的高产纪录，突破了1℃积温只能生产0.5千克桑叶的规律。"桑树新品种选792"获1991年度山东省科学技术进步奖二等奖，"桑园亩产桑叶3000—4000斤高产规律及栽培技术研究"获1981年度山东省科学技术进步奖三等奖，"鲁西平原亩产桑叶3000千克高产机理及栽培技术研究"获1993年度山东省农

科院科学技术进步奖一等奖，"早生早熟品种8033育成"获1996年度山东省科学技术进步奖三等奖，"适合条桑育新品种7946"获2001年度山东省科学技术进步奖三等奖。合作编著有《实用桑树育种学》《实用桑树保护学》《实用桑树栽培学》等书。曾兼任中国农科院蚕业研究所《中国桑树品种志》副主编、北方八省桑树科研协作组组长。兼中国民主同盟烟台市委组委、山东省委常委，烟台市政协副主席。1993年起享受国务院政府特殊津贴。

我把山东的叶用桑品种分成了四个大类，分别是黄鲁、黑鲁、白条、鸡冠鲁

我是1936年11月出生的，老家是四川南充。我父亲是小学教师，家里有五亩地，兄弟姊妹五个。从经济条件来说，我们家既不算穷也不算富。如果按农村当时的水平来讲的话，我家是个正儿八经的中农。

从小学到中学，我都是在南充读的，跟父亲在城里上学。我初中在南充一中，那时候叫男子中学（当时男女读书是分开的，一个男中，一个女中，南充一共就这两所中学）。我高中考上了四川南充蚕桑学校。这所学校是张澜（中华人民共和国成立时为中央人民政府副主席）筹办的，后来改成了职业学校，教的是蚕桑丝绸这一块。我读的专业是蚕桑。1955年我中专毕业后，考到西南农学院蚕桑系（现在的西南大学）。1959年毕业后由学校分配来到了山东。

那个时候正好在搞"大跃进"，山东省在潍坊成立了一个昌潍农学院，我被分配到这个学校当老

做报告，拍摄日期、地点不详

师。不到一年吧，学校就变成了昌潍农专，后来又变成昌潍农校。我们那些教大学的老师统统往外调，当时主要是往科研部门调。我去了山东省蚕业研究所，在研究所一干就是一辈子，直到退休，所以我的工作经历是很简单的。

我在蚕业研究所一直做桑树研究。早在昌潍农学院的时候，我就开始搞桑树地方品种资源的搜集整理和利用研究工作了。当时农业部在全国开展这项工作，原浙江农业大学的官明贤教授就是搞这个的。我来昌潍农学院的时候，几乎各个省都在搞，只是有的省技术力量差，搞得晚一点。因为山东的桑树资源很丰富，有叶用桑、果用桑、条用桑、材用桑等，所以我们去了全省各地，所有有桑的地方都去了，把山东所有不同的桑树品种都搜集起来，建立了一个品种资源圃。

山东是北方的重点蚕区。我们把长江以北所有的资源品种都集中到一个品种资源圃，这也是农业部的要求。北方其他省，如山西、陕西这些省，也把他们的品种放到我们这里搞，但我们重点还是研究山东的品种。这项工作就是我在承担。我把经过多年调查收集整理的品种资源进行了各个方面的研究，包括同工酶的测定。我把山东的叶用桑品种分成了四个大类，分别是黄鲁、黑鲁、白条、鸡冠鲁。

这四个类型在形态、生长特点、修剪方法上都有显著的不同。比如，鸡冠鲁必须用留枝留芽法进行修剪，如果你采取湖桑的剪法就坏了，就没有产量了。这个留枝留芽修剪法也是山东鲁中蚕区，特别是临朐县的老百姓经过多年创造出来的，如今在山东普遍推广。黑鲁可以用留枝留芽修剪法，也可以用湖桑的剪伐法；白条可以用湖桑的剪伐方法。对桑树来说，在栽、管、用三个方面，栽培技术的要求是不一样的，管理技术要求也是不一样的，采用桑叶更不一样，所以这样分类。后来，在中国蚕业研究所，我提出了把山东鲁桑分成这几类，他们通过实践，觉得确确实实应该照这个分类方法进行栽培、管理、采用桑叶。

"792"就是1979年选出来的2号植株，它是地方品种梨叶大桑中的芽变植株

山东搞桑树研究的主要就是这么几个人，我自然而然就成了带头人，主要从事育种、病虫害、栽培的研究。育种这一块，我除了搜集整理资源品种，建立资源圃以供研究利用以外，还选出了八个品种在全省推广，并选育了几个新品种。这几个品种里最显著的就是"792"，所谓"792"就是1979年选出来的2号植株，它是地方品种中梨叶大桑中的芽变植株。1979年我在曲阜县梨叶大桑桑园里头发现了一根枝条，把它修剪过后，上面长出来一个新芽，在整个桑园里比较突出，有点像梨叶大桑。显然，叶子从颜色外观上看是非常优秀的，所以我就把这一个枝条剪回来进行繁殖，培育出一个新品种，叫"792"。这个品种通过了农业部鉴定（他们派人亲自来看过，评价比较高），在我们国家算是一个比较优良的品种。它的叶质超过了所有的湖桑，在鲁桑里也不次于鸡冠桑。鸡冠桑的修剪方法太复杂，而这个品种可以按湖桑的修剪方法进行修剪。后来的推广效果也挺好。可以说，在整个北方蚕区，它都成了主栽品种——山西、陕西、宁夏那些桑园里头，几乎都是"792"，我们山东更不用说了。这个品种在国内推广的同时，还沿着古丝绸之路，被推广到了哈萨克斯坦、吉尔吉斯斯坦、塔吉克斯坦、俄罗斯和乌克兰等国家。

再就是桑树病虫害这一部分。当时我是全国高等学校相关教材编写组的成员，编写组要求我们提供有关山东的桑树病虫害的一切详细材料。所以，我到山东蚕科所桑园中去挂了一个大蚊帐作为养虫笼——不是一般的小笼子，可以分门别类地养虫，因为我想很快拿到山东主要桑树害虫的第一手材料。

我的大蚊帐有一间房子那么大，把桑树罩起来，下面用土围起来，四边留门。然后，我安排两个工人每天去记录害虫的状态和生活习性，每一种虫子分开记录：它们的繁殖速度、越冬场所、危害情况等。当时省里农业厅蚕业处的研究人员都说，关于这些害虫的情况他们查资料都查不到，问我怎么知道的。我说我自己养的，有第一手材料。他们说那你干脆别光养虫子，给我们全省的防治工作当顾问吧。我给他们提供一个方法：凡是蚕桑比较多的地区，都建立病虫测报站。于是我们在潍坊、临沂、日照、济宁、烟台等各地都建立了测报站，而且效果还挺好。

后来，丝绸公司建议我干脆在这个基础上建一个测报网。测报网成立以后，有组长、网长等等，定期向我汇报，也免除了我成天打电话找下面了解情况的麻烦，再也不用一个个人去问，一个个人去了解了。总的来说，我主要是搞清了病虫害在山东的流行规律，依靠我的测报站、测报网的记录，把流行趋势、流行规律总结出来，照此防治就行了。在山东，在栽培和病虫防治这方面，省丝绸公司主要是靠我这个顾问吧。

山东要发展蚕业生产，必须走专用桑园的路

栽培技术这方面，我总共学了七年（包括在中专的几年）。书本上就是那么一套：立地条件、株行距、品种选择。所以根据这个情况，我借鉴了农业上从群体的方面来研究的方式，使用动态的方法、群体结构的方法来研究，用光合效率来制定技术规范。原来浙江是全国桑园里产量最高的，各省蚕茧产量虽然四川最多，但四川没有专用桑园。当时山东也没有专用桑园，我提出建设山东的专用桑园。所以从20世纪80年代初起我就大力推广专用桑园，在1964年办全省蚕业干部培训班期间，我就提出，山东搞那个粮桑

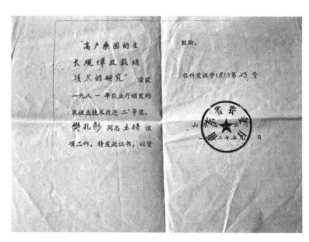

"高产桑园的生长规律及栽培技术的研究"获山东省农业厅农牧业技术改进二等奖，1982年

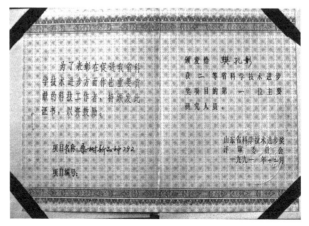

"桑树新品种792"获山东省科学技术进步奖二等奖，1991年

间作、梯田地边桑是没有出路的。山东要发展蚕业生产，必须走专用桑园的路。但我们所长就坚持搞粮桑间作，他认为搞专用桑园违反"以粮为纲"的精神。我说应该是"以粮为纲，全面发展"，你光说前面四个字，忘了后面的。

山东蚕业生产的产茧量中华人民共和国成立初期有两万来担，一直到20世纪60年代中期还不到三万担。那一次讲课我给学员们分析了以后，有些土地比较多的地区，比方说临沂这些土地比较多比较好的地区，就搞了专用桑园。有人说我这个人有点不按套路办事，其实我就是按照实际情况来搞的。在搞专用桑园方面我就借鉴了农业上的群体丰产研究，搞专用桑园就是以群体丰收为标准的。我考虑怎样有利于耕作，有利于桑园的除草、施肥，还根据光合效率、光照这一块来考虑，在这种情况下，来组合一个什么群体，培养一个什么群体，可以达到产量最高，叶质最好。这一套方法是工程院院士俞松烈在农业小麦上研究出来的，我借鉴了他的经验和技术，也亲自去请教了他。

全省好几百个点，每一个点我都去搞：你这里适合什么，他这里适合

（中）与采访者合影，2015年，山东

什么。但是一个省的范围不是很大，点少了，重复的次数就少了，我就制订了一个有利于高产栽培的栽、管、用结合的技术方案在全省推广。原来我们山东的桑园产量在全国是比较低的，跟当时北方的几个省差不多。后来我们达到了大面积的丰产，达到了每亩年产3300多千克，超越了浙江的水平。后来，中国农科院产业研究所干脆把研究基地也迁到临沂了。

中国蚕学会评价北方协作组搞得最好，资料最完善，效果最好

我是中国蚕学会的会员，山东蚕学会的理事，这是学术方面的。其实在行政方面，我什么职务都没有，因为我这个人是一心都放在研究上。发表文章我也不去统计，有20多篇吧，恢复高考后有人请我去写全国农业方面的实用教材，我也参加了。另外一个，中国农科院蚕业研究所提出来写个《中国桑树品种志》，我是副主编。我还合作编著出版了《实用桑树育种学》《实用桑树保护学》《实用桑树栽培学》《蚕桑生产新技术》等书。

在科研方面，中国蚕学会成立了几个协作区，没有长江以北的蚕区。我们后来商量成立了一个北方协作组，叫作蚕桑科研协作组，我们是桑树栽培、育种、病虫害一起上。蚕方面呢，就找陕西蚕业研究所的丞经宇所长当我们这个组的组长。他分管蚕，我当副组长分管桑，就叫作中国北方蚕桑科研协作组。协作组一年一次例会，是合作性质的，轮流着开。会议在哪个所开，就由哪个所主持。我们就布置检查业务，汇报的时候我们组长出面。下一年大家需要做什么，大家提出内容。这个的作用挺大。比如山东搞个病虫害研究，整个北方的情况我都了如指掌，我就可以把我这个研究方案制订出来，大家拿去执行。

后来中国蚕学会评价北方协作组搞得最好，资料最完善，效果最好。这个协作组现在还有，包括宁夏、新疆都有，范围扩大了，还加上了湖北、甘肃、内蒙古了。大家觉得这个是好组织，大家在一块搞研究，效果相当好。我当了十几年组长，这个事大概是在20世纪80年代中期。

我1993年经批准享受国务院政府特殊津贴，到2003年67岁退休。我是晚退休——不是我不退，我早就想退，但是我在烟台市政协当副主席，不换届不让退。说实话，我们是干业务的，不是干行政的，连个话都不会讲。人家讲起来一套一套的，咱只能讲业务。叫我讲业务我讲三天都会讲，但是你叫我讲行政上的那些话，叫我讲半小时我都讲不下来。

蚕桑现在成了夕阳产业，依我的看法，日本也是在走我们的路。原来日本蚕桑业是世界第一，后来中国成了老大。现在日本也和我们现在的状态一样不好。蚕业生产主要不能靠机械化，全凭手工操作、体力劳动。所以随着社会的发展，它起不来也是理所当然的。

目前就是广西发展好一点，现在全国各个省区都不好，它完全靠手工，比较难。要说我们蚕业生产历史相当悠久，农桑为本，但是经济越发达的地区效果越不好，现在浙江、江苏也不太好。真丝绸不像化学纤维，以后科学发展、化学水平提高，也可能赶上丝绸。目前这几年，搞人造纤维的极力想超过丝绸，但是也没超过真丝绸。这方面法国比较先进，但法国蚕业也基本上奄奄一息。桑蚕原来在世界上也是比较多的，断是断不了的，但要大发展也不太现实。

采访时间：2015年8月

纺织短纤维的研究开发

冯杰人

冯杰人　原四川省纺织工业厅副厅长

冯杰人，1962年毕业于陕西工业大学，被分配到陕西咸阳第一毛纺厂科研室。主要从事羊毛、兔毛、苎麻及混纺纱等短纤维的研究、开发、生产和管理工作。1978年起分别任河南第三毛纺织厂技术科长、副厂长和厂长，1986年任四川省纺织工业厅科技处处长，1988年起任四川省纺织工业厅副厅长。2000年推广应用德国汉高化学品公司化学助剂于羽绒洗涤，提高羽绒产品质量达到出口标准，实现羽绒产品批量出口。"河

冯杰人

南短细羊毛半精纺工艺及产品"获1984年度河南省科学技术进步奖三等奖，1987年由四川省纺织工业厅组织省纺织科研所和成都第二棉纺织厂等共同研发的"短兔毛与棉混纺针织成衣"获1988年度四川省科学技术进步奖三等奖，由四川省纺织工业厅组织国防军工厂等研发的"单锭纺气流纺纱机"获四川省1991年度科学技术进步奖二等奖。1990年至1999年，分别兼任四川省科技顾问团轻纺组副组长、中国服装协会副理事长、中国毛纺协会副理事长、中国麻纺协会副理事长和四川省纺织工程学会副理事长。

我们的校长叫彭康，在延安时他是组织部副部长，声望比较高，他的级别高于陕西省委书记

我出生于1936年10月，老家在四川省南充市南部县升钟湖区。我的外祖父是一位私塾先生，外祖父的父亲是清朝末年的举人。我从小跟着外祖父读私塾，从五岁开始读《三字经》《弟子规》，后来读孔孟的《大学》《中庸》《论语》以及《诗经》和古典文学。

中华人民共和国成立后，我到公办保成中心小学插班读五年级。一年后，我去报考四川省阆中中学，在几百人的考试中得了第一名。家里没钱送我去读书，乡亲们都说深山里能考出第一名多不容易，大家就凑钱让我去读书。我初高中都是在阆中读的。1957年正赶上国家收缩大学招生数量，全国只招收10.7万人，当时四个县只招收三个班，也就是150名高中学生。

很幸运，我考上了西安交通大学纺织系。国家把原来的西北工学院纺织工程系并到西安交通大学。1956年西安交大从上海迁到西安，我们被招进去的时候学校还没有建好，基本上是上午上课，下午参加建校劳动。我们的校长叫彭康，在延安时他是组织部副部长，声望比较高，他的级别高于陕西省委书记。

纺织工程系成立的历史是这样的：原来位于咸阳的西北工学院设有普通的民用工程和军用工程两个部分，民用工程部分合并到西安交大，军用部分则成立了西北工业大学。

1960年国家又做了一次院系调整和收缩，当时交大把纺织、水利等分出来的院系成立了陕西工业大学。在那个特殊的历史时期，我们读完三年级时，基础部分在西安交通大学，专业课程是在陕西工业大学学的，所以我们是从陕西工业大学毕业的。

1962年毕业后，我被分配到陕西咸阳第一毛纺织厂，实习了半年后，调到了厂里一个刚成立的科研室。厂总工程师曾留学苏联，重视技术，他认为我国毛纺技术和苏联比起来还是比较落后的，就成立了这个科研室。当时织布纺纱存在两个突出问题：一是由于纺织加工精度不高，针梳机的针板速度稍微不合适就会造成卡针板停机；二是织布车间送经卷取机构不良，导致成品看起来有像搓衣板一样的阴影。我们下定决心要研究攻克这些难题。

第一毛纺织厂原来是精纺，需要成立一个粗纺部门，1963年，我又被从科研室调到粗纺染整车间做工艺技术员。因为当时所有学校都没有毛染整专业，而毛染整是毛纺厂的关键技术，所以我到上海第一毛纺厂培训了一年，又到北京绒毯厂培训了半年，还到了天津的几个厂学习。

1967年纺织工业部立了一个"工牧直接交接"的项目，即工厂直接到羊场收购最好的羊毛

1965年，纺织工业部把对苏联出口的产品生产任务交给我们，主要是毛毯、军毯的生产，当时苏联用的是长毛毯。精纺厂生产苏联海军服的面料，苏联海军服需要白的毛料。因为毛料才经得住海风的侵蚀，要求比较严格。羊毛本身不是白色的，比较偏黄。澳洲进口的羊毛可以达到要求，但进口羊毛需要外汇，当时我国外汇很紧张，所以纺织工业部很重视如何提高国产羊毛的品质问题，要求把这一关攻下来。

1967年纺织工业部立了一个"工牧直接交接"的项目，即工厂直接到羊场收购最好的羊毛，由上海、重庆和我们三家工厂来做，重点由我们负责。我厂到贡乃斯种羊场、塔城种羊场、昌吉种羊场这三个国家重点羊场直接收购最好的羊毛（主要是细羊毛），并且分别打包，不能弄混。1969年我在贡乃斯种羊场待了四个月，牧场条件很艰苦，睡露天羊圈，四个月没吃菜，只有喝牧民的奶茶。

纺织工业部本想在新疆搞试点，选择在石河子建立八一毛纺厂，在伊犁建立伊犁毛纺厂。但由于新疆太缺乏人才，建厂条件有限，所以当时部里的重点还是抓陕西咸阳毛纺厂，但这批毛制作出来的白度依然达不到要求。

"文革"初期我到南京出差，看到一位南京大学曾留美的生物学教授，他搞的橘皮苷酶可以处理竹子上面的斑痕。用橘皮苷酶处理竹子后，竹制工艺品可以达到日本要求的水平。回厂后我跟总工汇报，他让我到西北生物研究所去联系。该所派了一个复旦生物系毕业的研究生协助。我们想在工厂里培养这种酶。他查了一些资料，找到一个菌种带到厂里来培

在四川省纺织工业厅办公室，1990年，成都

（左）在日本福冈桐生高工校交流纺织教育，1996年，日本

养，培养出一种蛋白酶。衣服用这个蛋白酶一洗，汗斑黄色就变成白色了，大家就觉得这个东西很好。

但问题又来了，小规模的蛋白酶可以在实验室做，但大量培养需要无菌条件，还有温度、湿度等要求，工厂里没有这个条件，所以要扩大规模很困难。"文革"开始后，对苏联的出口减少了，转向对香港地区出口。那时候正在做军用产品，所以我们就把生物酶的事情放下来了。

我们厂做军用产品的颜色以草绿色为主（援越产品）。生产的华达尼和凡尼丁是浅色面料，生产起来也有一定难度，我们又主攻染色工艺了。

国家为了鼓励发展就让当地农民养细毛羊，毛纺厂就建在商丘，定名河南第三毛纺织厂

就内地而言，河南的羊毛产量大。1978年，河南省提出来要建毛纺厂。那时商丘是个很贫穷的地方，国家为了鼓励发展就让当地农民养细毛羊，毛纺厂就建在商丘，定名为河南第三毛纺织厂。

1978年，河南第三毛纺厂只有我一个技术干部，其他都是退伍军人和老知青。虽然他们都是技校生或高中生，但是毛纺知识一点都不懂。我就带着他们去济宁毛纺厂和北京第二毛纺厂培训。1979年，培训结束后我们就回到厂里开始试生产。

我在从河南收来的羊毛中发现两个问题：一是农民不懂科学养羊，冬天草少，羊吃不饱，生长的养分不足毛就特别细，我们毛纺厂把它叫弱节毛，一拉就断。二是农民没有电剪，是用普通剪刀剪羊毛，剪出来的毛长短不一，而作为精纺的羊毛都必须要六厘米以上，所以制成率很低。

我看到国外有半精纺的报道，半精纺羊毛的长度是三至五厘米。国内已经开始生产黏胶纤维和涤纶，盛行中长纺了。我就想用这个设备来纺毛呢，便到棉纺厂收购旧设备。回收的价格很便宜，有的厂直接送给我们。我把他们的梳棉机和并条机买来自己改造，组织工人把它改成中长纺的一套设备，掺和一些黏胶或腈纶跟羊毛一起用毛纺设备制成条，再放到中长纺设备纺成纱，最后成功了。做出来的产品是黏胶和羊毛，或轻腈纶和羊毛。

我们用这些混纺纱生产出的花做成女装，拿到上海的几家服装店里，因为价格不贵，色彩靓丽，顾客们都非常感兴趣，纷纷前来订货。当时只有两台设备在生产，所以供不应求。由于大家都很感兴趣，这个半精纺就出了名，河南省的领导也就比较重视。在国内，这还是第一款由毛纺厂生产出的半精纺产品，厂里因此设立了一个"短羊毛半精纺工艺和产品研究"项目，1984年获得省科学技术进步奖三等奖。

当时河南第三毛纺厂规模较大，连半精纺在内大概有7500锭。从羊毛进厂到成品出厂，我都熟悉。

浙江奉化那时候也想建毛纺厂，希望我们定点供应产品。我们想既然服装这么热销，就请奉化方面帮我们建一个服装厂，奉化市教育局就来帮助建了300人规模的服装厂。我们的人去他们那里培训，他们也派些师傅过来。那时候很流行中山服，做西服销路也很好。

1986年我离厂调回四川时，全厂有员工将近2800人，是商丘员工人数最多的工厂。最初河南只有一个生产毛线的开封毛纺厂，后来在商丘建立了河南第三毛纺厂，又在开封建了一个拥有1万锭产能的全能第一毛纺厂，在安阳把一个棉纺厂改造成3000到5000锭产能的毛纺厂。论排名，商丘厂第三，安阳第二，开封第一。

1986年我回到四川后，被安排到四川纺织工业厅科技处当处长。当时四川省棉花45%靠从外省调进，原料很紧俏。新品种开发也少，而新产品开发是工厂发展的生命线。我调查后发现，四川养兔业非常发达，长毛都出口了，短毛没人要。我觉得这无论是对外贸业还是养兔业都是大问题，就提出来要解决短毛处理问题，到省科委立了一个关于"兔毛和棉混纺"的项目。

当时上海纺研院也正在研究这个项目，我们决定迎头赶上。我们把厂里的总工和技术骨干聚到一起做实验，新上任的厂长很支持。我们做小批量实验，兔业协会提供了短兔毛，纱就这样纺出来了，是32支针织纱。纺织环节没问题，我又和科研所的印染人员一起研究染整工艺。

我们做出来的针织衫非常漂亮，手感好，保暖性强，吸汗性能也很好，对中老年人特别有益，唯一的缺点就是价格不便宜。当时的内衣棉毛衫一套3到6块钱，我们这个产品一套要12块钱，因为它的工艺整理比较麻烦。当时试销都说好，就是价格太贵，大家都觉得很遗憾，所以这个事情就没有继续做下去。

北棉南麻，北方发展棉花，南方发展苎麻

四川有很好的苎麻，农村里用苎麻制成绳子，用来做鞋底非常牢固并耐腐蚀。于是我就想把苎麻给开发出来，我在纺织战略科技研究的时候就提出来了，我们厅长也支持。厅长提出北棉南麻，北方发展棉花，南方发展苎麻，纺织工业部也同意，所以当时我们厅就把这作为一个纺织战略重点来发展。

20世纪80年代初，涪陵苎麻纺织厂建成。因为当时麻纺技术很落后，技术开发没跟上，特别是脱胶技术劳动量大、噪音大、产量低、污染严重。当时提出搞这个项目后，我们跟省里上上下下的领导讲它的重要性，两三年后才把省领导的工作做通。省里把这个项目作为四川省的重点项目，给我们五年时间完成，一年资助30万元，五年共资助150万元。

我们制订了五年攻关计划。第一步就是要攻克脱胶这个难题。原来脱胶是用强碱煮，人工用敲麻机叮叮当当地敲，敲后又漂洗，所以这个劳动量相当大，特别是冬天，工人在冷水里操作非常麻烦。我们就组织了中科院成都生物所和成都化工研究院一起研究，以生物脱胶为主，以化学脱胶为辅，这样可以同时解决污染问题、劳动量问题和质量问题。

（右）在四川省纺织工业产品展销会，1988年，成都

生物脱胶有了苗头，试了下还可以，但还要用化学方法来处理。我们就在这个问题上反反复复地磨合，慢慢地大家思想基本统一了，先用生

与华闽（集团）有限公司谈合作事项，1988年，福州

物酶来处理，再用化学药剂碱来脱胶。但胶脱后的敲麻又是个问题，过去是用敲麻机，劳动强度太大，我们就想解决这个问题，去掉敲麻机实现能够连续开纤。

科研所和实验厂联合攻关。实验厂设在重庆，过去是涪陵白马寺镇的一个军用柴油机实验基地。改革开放后迁走了，留下了一批技工，他们在机械方面的技术能力、设计能力和动手能力都很强。厂长很年轻，也很有科学头脑，比较支持这个科技项目，我们就把这个难题放在实验厂里做。但后来，重庆成为直辖市后，科研所跟这家厂的合作也停止了。

五年期限已经到了，纺纱问题也攻克了，纱支达到60支，这在全国来说也很少见。我们已经批量生产，布也织出来了，但开纤的机器没有完成，不过我们已经有了思路。实验厂在努力地做，现在终于投入生产了，实验厂一直在用这个机器来生产苎麻产品。

我1999年退休。1992年，我去抓苎麻工作而没有参加压锭改造，是因为我觉得根本不是锭子多少的问题，关键是纺织的技术含量低的问题，如何提高产品档次和技术水平才是我们的重点。

我在厅里是省科技顾问团的一员，在1990年到1999年期间，全省项目评审和项目鉴定我都有参加，我热衷于这样的事情，喜欢吸收各行各业的新东西，这有利于促进我们行业的发展。

1991年，单锭气流纺是我们在抓科技的时候和国防军工厂一起做出来的。我认为军用转民用的做法比较好。该厂专门生产飞机的仪器仪表，有着较强的技术力量和科技队伍。迁到广汉后，我们就一起研究单锭纺（以前气流纺都是集体传动），因为它的噪音小，能力大。投产后在全国卖出去很多，特别是武汉地区。本来还想把单锭纺断头自停和自动接头这一套做出来，但随着军工的转型，这件事就搁置下来了。当时这个项目"气流纺单锭纺的研究"获得了四川省科学技术进步奖二等奖。

羽绒里鸭毛、鹅毛的洗涤也是个难题：洗涤剂质量不过关，导致出口受阻，因为国外要求羽绒服十年不能发臭，一发臭就要赔。我是搞印染的，有一定的化工技术，于是就在羽绒的洗涤上推荐德国汉高配套助剂，并去各个羽绒洗涤厂指导帮助，使羽绒成功出口。

采访时间：2017年7月

见证北京丝绸厂的建设及兴衰

黄兴昌

黄兴昌　中国纺织物资总公司原副总经理，高级工程师

黄兴昌，1959年毕业于华东纺织工学院（后改名为中国纺织大学，现名东华大学）纺织系。1959—1990年先后任北京丝绸厂技术科科长、副厂长、厂长，从事

黄兴昌

主设备改造、技术改造、科学研究、生产管理工作。20世纪60年代初对全厂107台1511型棉织机进行了改造，研制成功适用于织丝绸的织机。80年代，在清河地区重新建造了一个占地125亩的丝绸厂，引进了大批国外新型的络并捻织造及印染设备。任职期间，大搞技术革新，率先将计算机应用于丝织生产管理，率先研发出自动转移印花机，率先在织机上设置电子控制断头自停装置，率先在浆丝机上进行电子自动测温等。在1982年的企业整顿验收中，该厂成为北京市第一批合格企业。1990年他担任纺织部物资总公司副总经理。发表论文《关于合纤长丝上浆工艺探讨》《丝织机、计算机监测系统的实践与探讨》《日本丝织设备和真丝绸染整技术》等数篇。曾兼任纺织工程学会北京学会理事，第一届中国丝绸协会理事。

285

我和一位老工程师一起研究，把1511型棉织机改造成丝绸织机

我是1936年1月出生的，老家在上海崇明，父辈都务农。我1955年上大学，1959年从华东纺织工学院毕业。当时我在崇明农村，对整个专业根本不了解。在乡下读书，没有资料可查，也不了解外面的行业现状，什么都不懂，只知道轻工业可能轻松一点，再一个离家近一点，就是随便瞎报的。说实话老师也没指导，就填了这么一个纺织。读了纺织以后才知道，在纺织里面丝绸相对来说比较干净一点，空气污染不那么严重，灰尘少，所以选了丝绸专业。毕业以后，我被分配到北京丝绸厂。

北京在1958年就开始筹备建造一个大而新的丝绸厂（原来北京没有丝绸厂）。1958年招了华纺三个学生，1959年是我一个人。丝绸厂这个项目是时任国务院李富春副总理亲自批的，所以规模是相当大的，从缫丝到印染一条龙，引进了国外的许多设备。

1960年后遇到困难时期，这个项目就下马了，订购的国外设备也取消了。当时在北京市已经招了不少人，包括技术人员和技术工人。一般的操作工都是从南方培训的，有的来自上海，有的来自杭州。新厂下马了，培训人员回来没法安排。原来的一个老棉织厂被改造成丝绸厂来安置这些人员。我也到了这个丝绸厂。厂里的小铁机机身都很短，后来搞了一些铁木机，机身长一点，当年就把这个小铁机淘汰了。

从整个丝绸厂的发展，到最后的改制、下马，说实话也是体现了我们丝绸行业国营企业的一个发展过程。所以我说，丝绸厂作为行业中的个案，展示出丝绸行业国营企业的路子是怎么走下来的。对于我个人来说，我觉得在这个行业里边，我做了应该做的工作，既没有什么可骄傲的，也没有什么可遗憾的。

1960年，我实习结束以后就被分配在厂技术科当技术员。当时，真正定型的丝织机咱们国家还没有，已生产的丝织机还不太成熟。我们就买了107台1511型棉织机，我和一位老工程师一起研究，把1511型棉织机改造成丝绸织机。我们改了38个零件，并把机身加长。我们从梭子开始设计。丝绸行业的梭子小、窄，梭子的宽度、高度随着梭子的变化都要相应变化，我们梭箱改得还是比较成功的。开口装置也改了，踏盘也重新设计了。改好以后，织美丽绸——当时的美丽绸都是做里子用的，出口外销。之后，丝绸行业的单位经常到我们这儿来参观，模仿我们修改，影响确实比较大。用现在的话来讲，就是自己改造，既短平快，成本又低，效益还高。当时铁木机的转数也就不到160转，我们这个可以达到200转，效率比较高。总的来说，这个项目还是比较成功的。这家厂子起死回生，在北京纺织业系统里面也算得上效益比较好的一个企业，慢慢就渡过了这个难关。

1962年，厂里分配来十几个华纺的大学生。北京印染厂当时很困难，上级决定让我们跟他们合并，因为我们赚钱，而他们那儿还刚在筹建，有亏损。合并工作一直进行到"文革"时期，丝绸厂扩大了一些，又买了一部分像样的丝织机。丝绸厂分为两个车间，一个在棉花胡同，一个在祖家街。

国外贷款一部分是世界银行贷款，一部分是我们厂里通过银行贷款，搞引进项目

1964年我下去搞"四清"了，作为培养干部的下放锻炼，去了一年半。1965年调回来，因为刚才说的那位老主任（老工程师）退休了，让我来接这个班。技术科分了两个组：一个是产品组，主要是设计图案（有印花图案，也有织花图案）；另一个是工艺组。我回来后当工艺组组长，做技术管理和工艺设计工作。"文革"开始后，一切停止，我也被下放劳动。后来军宣队来厂后又恢复生产了，我被调到生产组抓生产。这个时候叫"抓革命，促生产"，就是一批人搞革命，另一批人搞生产。我们三个人成立了一个生产领导小组：一个是原来的党委书记，一个是原来的技术员，还有我，三个人抓生产。后来又正式成立了革委会，主任是上面派来的。再后来又恢复到党委领导下的厂长负责制，重新让我回到技术科，既当技术科长又当科研室主任。

1978年，我被提拔为管生产的副厂长，1980年开始接厂长的班。我当了厂长以后，觉得丝绸厂必须发展，老是停步不前局面是打不开的，所以就千方百计向上级领导提要求。一开始，市里面同意我们在昌平那边找一块地来建新厂区。由于当时主管部门没有资金来源，就拖到1984年。那一年成立了中国丝绸公司，是工贸合一的公司。我就抓住了这个机会，给丝绸公司做了一个规划，搞国外贷款。国外贷款一部分是世界银行贷款，一部分是我们厂里通过银行贷款，搞引进项目。喷水织机是日本的，剑杆织机是意大利的。我们还在清河地区征了125亩的地，重新建了一个丝绸厂，从织绸到印染都涉及。我们引进了剑杆织机72台。喷水织机分两期引进，计划是200台。第一批先到100多台，我在的时候已经生产运转了。后面的整套印染设备也都是引进的，包括意大利的漂洗机、德国的自动印花机等。自动印花机一共有两台，都是七套式的，是较大型的机械。

这段时间应该是北京丝绸总厂发展最兴旺的一个阶段，职工最多时有2600人，年利润最高时达400多万元，年产值也有1000多万元

从1984年开始筹备、征地、盖房子，到1986年厂房造成，设备到齐，原来的小厂全部搬到清河新厂去了，工厂规模比较大。从厂房的设计、设备的引进，一直到工艺布局，我都亲自参加，没有请外面的设计队伍。所有工作全是我和厂里员工自己搞的，所以我自己也确实积累了一些工作经验。说实话，在新的事物、新的技术革新方面，我是抓得比较紧的。比如说转移印花，当时我们是全国第一家搞自动转移印花机的。这个项目是北京一个纺织科学研究所的一位老工程师提出来的，我们就跟他合作，搞了一台自动转移印花机。自动转移印花机是什么？就是画好的纸，直接通过这个印花机的热压就可以印出产品来。当然这是针对化纤涤纶产品的，真丝绸还不行，因为是高温转移印花。转移印花的图案层次很清楚，颜色丰富，手工印花或者机器台板印花印不出这个效果。自动转移印花机是我们自己搞的，我们同时还搞了一个三元色印花。

新技术我们还搞了几个，都是有关电子控制的。我组织了一个电子控制技术小组，对电子控制感兴趣的人都可以参加。如断头自停技术，用在织机上面，经线断了就会自停。又如浆丝机自动测温技术，现在看来很普遍了，当时还没有，我们先搞出来了。同时，我们还专门搞了几台计算机，这在纺织行业也是第一家。当时计算机很神秘，存放必须恒温恒湿，我于是专门搞了几间房子，用空调保证恒温恒湿的条件。为了让自己能够提高，能够"钻进去"，我利用星期天骑自行车到北航学习计算机。那是

1982年，我一边当厂长，一边忙中偷闲，利用星期天骑自行车从东大桥到北航听计算机课，一听就是大半天。然后我请一位专门搞计算机的老专家到厂里来讲课，培养了十来个人，所以我们厂是用计算机用得最早的一家。

进行计算机操作，1986年，北京

当时厂里面，新引进的织造设备就是喷水织机和剑杆织机。剑杆织机有两种，一种宽的，一种窄的。宽的是VAMATX，窄的是SOMET，一共是72台。印染后整理基本

（中）在北京丝绸厂（新址）进行喷水织机试车，1984年，北京

上是进口的。准备设备也引进了不少，就是自动络筒机和并捻机。当时引进的剑杆织机生产的主要产品一个是双绉，另一个是电力纺。喷水织机主要生产化纤涤丝绸这一类的。

厂里搞的品种也不少，像织锦、宋锦、传统产品都有，还有军工产品降落伞绸，这在当时也是费了很大的劲搞来的。北京部队要降落伞绸，这个是在老的织机上生产的，当时也很难——原料采用尼龙丝，尼龙里面也要挑选，尼龙织成绸子要求很高，透气量必须要达到多少，还不能有次品，有疵点都不行，因为降落伞人命关天。

另外，我们特别需要的还有一个是筛网，筛面粉的那个网。筛绢，筛

在北京丝绸厂春节联欢会，1991年，北京

网，这个也是搞了三年，北京市需要嘛。就是织那个筛网，比如说面粉厂，它要过滤面粉，就要用筛网。就是我们过去那个一家一户用的这个圆的、筛面粉的网。工业用的就是绢网，筛绢用的筛网。上海有一个筛网厂，我们到那儿去参观学习了一下上海的筛绢，在那儿学习后回来自己开发。这段时间应该是北京丝绸总厂发展最兴旺的一个阶段，职工最多时有2600人，年利润最高时达400多万元，年产值也有1000多万元，在当时来说是相当不错的。当时也挺忙，晚上还加班，动员群众一块装箱，大家都挺愉快。

我的一生见证了一个丝绸厂的兴衰

1990年，我调到纺织部物资总公司工作，担任副总经理。在我离开丝绸厂以后的几年里，国内经济形势发生了很大变化，许多国营企业，包括纺织丝绸行业的国营企业，都面临产品销售不畅，资金周转困难等情况。北京丝绸厂也不例外，当时仅靠化纤绸一个品种的利润，已无法维持整个工厂的运转，尤其是国内外银行贷款的还贷十分困难，债务越背越重。当时在国营企业（特别是劳动密集型企业）普遍改制的情况下，北京丝绸厂通过清标破产的途径，把所有设备、厂房全部廉价处理掉，由此代表北京丝绸行业的这么一个厂子就此消失。丝绸厂的倒闭，确实使我感到痛心和惋惜，这个厂伴随着我一步步走过来，从条件很差很艰苦的阶段，逐步走向现代化，最后走向衰败和消亡。

我的一生见证了一个丝绸厂的兴衰。

采访时间：2014年7月

亲历国务院发展轻纺工业的决策及改革过程

李世娟

李世娟　原中国丝绸工业总公司总经理，高级工程师

李世娟，1959年毕业于华东纺织工学院（后改名为中国纺织大学，现名东华大学）纺织系。曾在纺织工业部纺织科学研究院及纺织科技情报研究所工作。1969年作为第一批纺织工业部的年轻干部被下放到干校搞基建。1973—1978年在轻工业部纺织局任技术员，管丝绸生产。1978—1985年在国家经委轻工业局任工程师，负责轻纺工业纺织。1982年参与起草了一些国务院关于发

李世娟

展轻纺工业的政策文件，提出了"三为主"为国家出口创汇。同年，担任了轻纺局纺织处处长。1985—1986年担任中国丝绸公司总经理助理兼生产部经理。1986—1987年在纺织工业部丝绸局任副局长，从事行业管理。1987—1989年担任纺织工业部生产司副司长，主抓纺织原料和出口。1990—1996年担任中国丝绸工业总公司总经理。曾兼任中国流行色协会副理事长、纺织工程学会常务理事、中国丝绸协会副会长等职。2006年获中国丝绸协会颁发的全国茧丝绸行业终身成就奖。

1969年，我被下放到湖北安陆（纺织工业部的干校所在地）

我出生于1936年，老家在浙江嘉兴建国路那里。我父亲最早是经营肥皂厂的。后来肥皂厂在抗日战争时期被炸毁，倒闭，他因身体有病就基本上不工作了。家里有一些田地，主要靠这些生活。

我是在1959年从上海华东纺织工学院（后改名为中国纺织大学，现名东华大学）纺织系毕业的。说来挺奇怪，其实我自己并不喜欢纺织。因为我的家乡、我的父母兄弟姐妹都在上海、杭州、嘉兴一带，他们不希望我离开太远。父母说，女孩子学学纺织挺好，毕业后可以留在上海。上海纺织工业比较发达，起码在南方嘛。可是，我一毕业就被分配到北京的纺织工业部纺织科学研究院毛麻丝研究室，还先去南方实习了一年。实习完以后，过了不到一年吧，就回到纺织工业部。那时候，纺织工业部很少有年轻人进去。在中华人民共和国成立初期，纺织工业部从全国各地调来了很多人才，都是各行各业，包括企业里专业齐全的优秀人才，所以不需要刚毕业的大学生。那时候正好有一个和我同专业的人，他是工程师，被调到南方去了。这个人非常有能力，对专业也非常熟悉。那时纺织工业部内部系统就把我这个大学生从研究院调剂到部里了。

我是1962年到纺织工业部的，具体分在技术司毛麻丝处。那时候年轻人大学毕业后就是技术员，什么都干，搞丝织方面、科技方面的工作，主要是组织标准制订、设备鉴定等。后来纺织工业部要成立一个情报所，1964年就把我调到情报所去工作了。我在情报所的一个科室负责搞纺织科技情报。现在纺织工业部的信息中心前身就是纺织科技情报研究所。1966年，"文革"开始，我基本上就不工作了。

1969年，我被下放到湖北安陆（纺织工业部的干校所在地）。我是第一批下放干部，那时候的下放，首先是年轻人下去。我是部里最年轻的，部里大多数都是老人，都是各地方调来的专家或权威，起码是工程师，像我这样的技术员是很少的。下放干部连家属都要下去，我是先遣部队的负责人，所以我去搞基建，建了一批房子以便迎接大批干部下放。那时候还学了很多跟专业无关的东西，也懂了一点建筑方面的知识。我在干校待了一年多。除了一些留在部里的干部家属先回去以外，我是属于下放的一般干部里边第一批回去的。那时候部里要求回去的人政治上没什么问题，工资要低，要有一定经历，工作能力要强一点。最早回来五个人吧，我是唯一的一个女同志。不久，我又回到丝绸专业，因为那时很需要人。可能是1973年吧，我又回到当时的轻工业部纺织局，管丝绸生产，还是技术员。

国家连续三年每年给5000万元，我们就抓这个蚕茧

1973年，邓小平同志出来抓生产了，那个时候全国蚕茧大积压，大量的蚕茧霉烂变质。中央知道了以后，要抓这个工作，把我调回来可能有这方面的原因。全国各地主产区都有这个问题。四川是主产区，这些蚕茧积压的原因就是缫丝厂生产不正常：蚕茧丰收，却消化不了，管理不善又加重了损失。当时国家非常需要外汇，但能创造外汇的茧子却积压霉烂变质。当时适逢"文革"，各行各业基本上都不正常，维持生产的很少。当时中国能够出口的产品中，丝绸算是最大的商品了，但又出了这样的问题。邓小平同志复出以后，责成国家财贸领导小组抓这件事，就抓到纺织工业部了。我们是管丝绸的，说当时给我们一年5000万元拨款。那时候的5000万是相当厉害的，要把这个积压的茧子处理掉。我们就下去调查了，把现有的设备充分地利用起来，完善起来，生产能力不足可以创造条件增加。这样就把一些缫丝厂抓起来了，丝生产出来了，积压的茧子也慢慢消化掉了。

国家连续三年每年给5000万元，我们就抓这个蚕茧。我去全国调查，到四川去，这些工人把我拉到车间、宿舍里看。他们的生产、生活条件非常非常差，根本就没有像样的住房，到处破烂不堪。年轻的工人结婚，一张床就是他们的家。根据调查情况，我和孙和清两人回来就把这笔钱拨下去。后来又出了个交通事故，孙和清是工程师，他挺有能力的，他出了交通事故腿摔坏了，剩我一人根本不行了。我决定从地方上抽调三个人：四川的陈厚生、江苏的孔大德、浙江的朱善兴。我们前段时间已经搞了一些调查，他们知道我们去干什么，所以这三个主产省非常配合，派了三个非常得力的人，配合我们一起去调查。这一段时间，他们做了大量的工作。

1976年唐山大地震他们都没有回去。唐山大地震对北京的影响非常大，室内这些东西，上面的都掉下来。我们都不住在家里，都住地震棚。

（左）在杭州丝绸研究所，1993年，杭州

在全国丝绸生产工作会议上发言，1992年，北京

那时候没办法，那么多任务需要抓。我正在准备召开一个全国丝绸会议，各省市都要来人开会，就是研究这些问题吧。我刚发出通知，大地震了。第二天人家都要到了，急得不得了，我当晚赶快给全国各地打电话，但打不通，地震以后这个电话线路有问题了。最后总算打通一个省吧，哪个省我现在记不起来了，我求他帮我通知所有的省市，就是因为大地震不能开会了。结果基本上开会的人都没来，只有新疆的来了，因为新疆非常远，他提前出来的，没有及时得到消息。我们度过了一个非常困难的时期。

要发展轻纺工业，因为国家需要外汇，而我们轻工业局就是一个重点

蚕茧积压解决了以后，又出现了丝的积压，因为国际上丝的消费量是有限的，太多了它也出不去。那怎么办呢？从蚕茧的积压到丝的积压，那个时候国家还是给我们钱，每年都给钱，就是要解决丝的积压问题。丝有了，织绸厂怎么样来增加绸缎的生产？经过调查研究，要增加一些坯绸出口，坯绸国外要。至于印染绸，我们的水平还是没有达到外国的要求。当时就是对一些丝织机进行了改造，因为过去生产真丝绸的设备还是比较少的，主要生产的是人造丝绸。生产真丝要求比较高，因为真丝有络丝、并丝、捻丝，需要用络并捻设备，人造丝不需要这些设备。要增加这些设备，另外也要增加一些提花的设备，因为真丝还有一些提花绸。通过调查以后，就是给各个工厂增加了一些生产真丝绸所必需的设备。大概用了两三年吧，到1988年，我们基本上解决了设备问题。

这些设备是从哪里来的呢？都是我们纺织机械厂生产的。过去纺织机械根本看不起丝绸小行业，不给我们生产的。国家开始重视丝绸了，他们便专门为丝绸厂生产了这些设备，包括缫丝机、络并捻设备，专门配合我们——那时候全国的纺织机械厂专门为丝绸服务。重点生产缫丝机和织绸设备的厂，有杭州的，还有青岛、郑州和上海的，山西的。因为我们在纺织工业部嘛，纺织机械的同志配合我们。说实在的，国家一重视吧，大家就支持丝绸，为丝绸让路。部长也支持。中央派了得力的同志，有财贸小组的领导，那时候陈云在抓。他给我们开会，我们坐在后面，他专门点名，说你们这些年轻人给我坐到前面来，将来就要靠你们的。你别说老一辈很着急，就希望把这个丝绸生产搞上去，这一阶段我经历了。因为正好在这个年代，正好我这个年龄段的人，在部里没什么人，就是这么依靠地方上抽调的力量，完成了这个蚕茧积压、丝的积压的处理工作。

王庄穆当时是负责外贸出口的，我们互相配合，经常一起研究，想着怎么把生产搞上去，把出口搞上去，非常融洽。那时候工贸关系没有什么矛盾，我们关系都非常好。茧子的问题解决了，又出现了丝的积压。成品出来以后，坯绸出口也是有限的。因此国内消费了一部分。为什么过去国内真丝绸很少？因为价格贵。为了消化这些东西，便搞一些适合国内消费水平的，搞了不少。所以，国内的丝绸印染也要同时上去，因为你不能光穿白绸子，需要色彩搭配，所有问题都在这一段时间解决了。

1978年我被调到国家经委，在经委一待就是八年。当时杨永元、蒋衡杰这些年轻人都到了纺织工业部，这时国家经委要人，点名要我去，我还非常不愿意去，因为我已经把工作搞得顺风顺水了。当时国家计委（计委成立得早）、经委商量，经委新成立需要人，就让我去了国家经委轻工局。那时候我已经是工程师了，没有行政职务。

我在纺织工业部的时候，我们的一个老同志（老工程师）摔坏了，让我独立工作，这是一个很大的锻炼。在这个阶段丝绸行业有了很大的发展。国家经委的作用比纺织工业部更大，要全盘考虑。当时国家要发展轻纺工业，因为需要外汇，而我们轻工业局就是一个重点。国家经委领导跟工商银行研究怎么扶持轻纺工业上去的事情，每年给纺织工业部和轻工业部共20亿元贷款而且有贴息，1.2亿元的贴息。为了用好这笔钱，我们轻工业局组织了人跟银行的同志一起去沿海地区进行调查，就是去了解那些地方怎样发展的问题。我跟银行的张肖（她后来当了工商银行的行长）一个组，我们一起去的。调查回来以后就立项了。那时候我和各个省市经委的同志联系就比较多了，主要是轻纺工业。我是负责纺织的，其他同志负责轻工。

在全国经济工作会议上，我们跟各个省市的相关负责人研究怎么发展轻纺工业，各个省市也带了很多的项目来。在这个基础上，我们每年就是把这批轻工纺织的项目弄下去，当时主要是哪些项目呢？丝绸业主要是发展各省市丝绸行业的农工商贸，有农业蚕种方面的，有商业供销合作社收购的，还有丝绸，主要是丝绸生产方面的，等等。当时这个20亿有个比例的：农有多少，工有多少，等等。我管的是纺织，国家纺织跟轻工的比例中，轻工的面非常广，纺织好像是比轻工稍微少一点，共20亿，纺织不到10亿。纺织里面丝绸又是个大头，按照比例丝绸应该是很小的，生产总值很小，但丝绸创汇高，所以丝绸给的也比较多。

棉毛麻丝那时候也是大发展的，记得以前我们的床单都是幅宽很窄的，都要拼起来，后来变成很宽幅的，就是那个时候搞的。我们要搞很宽幅的后整理设备，也要很大的投资，几年时间一下子就把这个行业搞起来了：棉毛麻丝、针织印染，各行各业都得到了较大的发展。20世纪80年代中有将近五年的时间，反正是我离开的那个时候基本上搞完了，所以这个时期是我一生中最难忘的。我被调到国家相应主管部门，掌握了资金的调配权，就努力让我们的轻纺工业，特别是纺织部门有机会得到这笔资金。我负责的纺织这一部分有了很大的发展，这不是我个人的问题，也不是我能力强，而是因为我处于这个地位，我有这个机会，我有这个条件，我能做这些工作，所以我为我们纺织工业做出了贡献。从我们人民的生活水平已经可以看到这一点，那时候人们穿得一色灰，到后来都穿上五颜六色的衣服，这就充分体现了这一点。

根据国家发展形势需要，当时国家就是需要外汇，外汇来得最快的就是轻纺

1982年，我有幸列席了国务院的常务会议，会议主题就是为发展轻纺工业制定一个政策。各部门领导去参加，最后由我负责起草一个国务院的文件，几号文件我都忘了，自己不留底的。会上提出了轻纺为主、沿海为主、出口为主"三为主"的原则。沿海为主，即这个钱主要放在沿海。我起草了几个国务院的文件，最重要的就是这个文件，是我亲自起草的。根据国家发展形势需要，当时国家就是需要外汇，外汇来得最快的就是轻纺，轻纺条件好的就是沿海地区，那么沿海发展就为了出口，因此提出"三为主"的原则。因为我列席了这个会，我自己思想很明确，所以回来起草了这个文件。后来我被提为轻纺局纺织处的处长。

1982年中国丝绸公司成立，他们要调我回去，但是国家经委不放，我想去，因为我毕竟是搞丝绸的。一直到丝绸协会成立，我还是代表国家经委去参加的，就是理事会，都有很多照片的。有些照片我给了苏州档案馆了，这几张很珍贵的，别人都没有。我有两张照片，理事大多数都是各部委的领导，因为当时丝绸公司成立，理事会需要中央领导来参加，我是替我们主任去的，所以我去参加了这个会。

一直拖到1985年，后来高修同志出面，跟经委说通了，把我调到丝绸公司，调去当总经理助理，兼生产部经理。但是丝绸公司到1986年就撤销了，我在那儿非常辛苦的，那时候因为丝绸缺人吧，总经理不满意抓丝绸生产的原生产部经理，所以把我调去给总经理当助理。我这个助理只当了两年，1985和1986两年。做助理这一段时间，利用在经委多年的工作经验，我发挥了不小的作用。当时丝绸企业需要支持，需要政策上的扶持，包括财税方面，我是经委出来的，我和这方面的人都比较熟，所以我在丝绸、在政策上、税收上的优惠或者什么的需要，人家非常支持。我在丝绸企业的减轻税务，获取政策上的优惠等方面做了很多工作。

我在丝绸公司两年，为中央领导服务也做了一些工作。当时国务院领导出国需要一些东西，总经理就把我派去给他们服务。当时总理穿着一套西服出席国际会议，外国人欣赏得不得了。这个西服非常薄，非常轻，又非常漂亮，还很挺。人家说你这是什么材料那么好？原来是中国的柞丝绸，柞丝做的西服。结果总理回来特地找我们总经理，还想要做一套。可是柞丝绸的发展始终很坎坷，再去找材料没有了，工厂不生产了，原因主要是柞丝绸产于北方，我估计是生产利润的问题还是什么的。照理这么好的东西，出口也很好，为什么不生产呢。外贸愿意出口茧子，出口丝，也不愿意出口这种产品。当然做这个柞丝绸西服面料是很难的，要求很高，我估计可能是因为利润问题。我去了公司以后首先熟悉捋顺关系，解决丝绸行业发展的建设、经济政策方面的问题。各个方面都需要理顺，需要慢慢做这些工作。

在部里生产司当副司长的三年，抓了纺织原料和产品出口

1986年，真正撤销了工商贸合一的中国丝绸公司。人员从哪里来回到哪里去，我是从纺织工业部出去的，我就带了我们生产部的人回到纺织工业部。其他的人到外贸部，就是外贸进出口公司，我们是工业公司了。当时撤销的时候是挺惨的，纺织工业部没有编制，重新申请要有一个过程。我带了几十个人回去，经费都没有，连工资都没地方发，结果我们靠贷款发了三个月的工资。回到纺织工业部之后，部里成立了一个丝绸局。纺织工业部丝绸局，那时候局长是吴裕贤（原中国丝绸公司的副总经理），我是副局长。还成立了一个丝绸实业公司。回到纺织工业部的原中国丝绸公司领导，因为他们都是地方上来的，不太了解纺织工业部的情况，所以具体都是我去谈判的。我提出要成立一个局，为什么呢？因为我们有行业管理的职能，部里给了我们20个编制。我们那么多年纪大的快退休的人，他们的退休工资怎么办？这些人退休以后，可以退到纺织工业部去。丝绸实业公司相对都是年轻的人，将来只能退休在企业。丝绸实业公司也有几十个人，反正人挺多的，后来发展也挺快的。

在丝绸局还是正常的行业管理吧，跟我以前在中国丝绸公司，工商贸合一的那个丝绸公司是差不多的职能。无非是我从生产部到纺织部了，我还管这些工作，具体的还是行业管理吧。1988年后丝绸局又撤销了，好像还是有点精简机构这一性质的。撤销了以后我们丝绸局的这一拨20个人又没地方去了，只好又回到部里了，因为你是部里的编制。当时很关键的一个就是什么呢？侯忠澍（他现在已经去世了）说撤销了，我们成立一个丝绸处，放在纺织局里面。我不同意，我说这样我们那么多处长上哪儿去？都在丝绸处吗？他叫我去当生产司的司长（当时吴裕贤退休了）。我可以去当司长，但是这些人，那么多处长待在一个丝绸处里怎么弄？我坚持说把我们的人分成

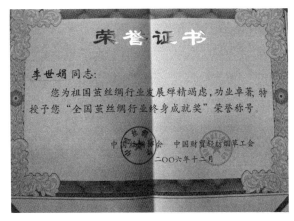

获全国茧丝绸行业终身成就奖，2006年

被中国纺织总会授予全国纺织"巾帼建功标兵"称号，1995年

计划、生产、科技等，分到各个司局去。将来有一天，如果再有工业公司成立的话，我说还可以把他们抽出来的。我坚持了我的意见，后来看起来是对的。我们这批人就被分到纺织工业部的各个司局。那时候我在纺织工业部生产司当副司长，管出口和纺织物资，主要就是这些。

我到纺织工业部生产司后，重点抓了化纤绸，这是跟化纤司合作的。因为人民生活提高了以后，原有的天然纤维远远不够，需要发展化纤。化纤除了短纤维以外又发展了很多长纤维，当时生产出来性能很差的，不吸水，非常闷。需要有专用的设备来生产，我们跟化纤司合作，搞仿真丝。化纤仿真丝我们搞了很多年，把化纤绸搞上去了。当时使用化纤丝的纺织

厂主要集中在上海、苏州、杭州这三个地方，其他地方也有，四川质量就比较差，苏州、上海生产得挺好的。丝绸有一个缺点，穿起来皱皱巴巴，消费起来、用起来很麻烦，不仅是价格的问题，消费要有一定的档次，你要经常熨，非常麻烦，消费者不大愿意，价格又贵。而化纤便宜，又很实用。现在化纤一代一代上去了，能够吸汗，透气非常好。运动员穿的那个运动服就是化纤的，说明到了很高的程度了，是真正的仿真丝。

除了抓化纤仿真丝，还有麻纺、毛纺也都有很多问题，也需要抓。特别是毛纺，司里曾派我去解决国产毛的积压问题。国产的羊毛质量不好，积压的很多。而进口毛质量好价格又便宜，各地就大量进口。在这个矛盾下，我召集了全国的毛纺企业，到内蒙古去开会，大家研究对策。最后怎么样把国产毛用好，还是需要政策上的支持，税收上的扶持，我又用这个经委的关系，解决了这些矛盾。另外我还抓出口方面的工作，不光出口坯布坯绸，花色品种也要上去，就是说设计人员要上去。当时已经停顿了多少年，我又召开了全国纺织设计人员的会议，大家非常高兴，非常感动，大大调动了设计人员的积极性，而且工厂里领导也重视了。召开全国的设计人员大会，互相交流经验。我抓了1987、1988、1989三年，我1987年下半年到部里的，在部里生产司当副司长的三年，抓了纺织原料和产品出口，还有棉花和麻等的问题，那时候经常去国务院开会，这些都是日常的工作，因为我管物资。

总要有这么一个人，为我们的行业服务，为丝绸、为纺织服务

我这一生是在忙忙碌碌中度过的。本来应该在60岁退下来，我要求58岁时先退到二线，实在太累了。1990年丝绸实业公司不行了，内部矛盾积累太多，部长希望我去抓一抓。生产司上上下下对我都很好，我不愿意离开。部长再三做工作，希望我去，因为他知道我热爱丝绸。我再三考虑后还是去了，去后我们就成立了中国丝绸工业总公司，我当总经理。我几乎一辈子是公务员，最终却是退在企业，是在退休之前进的企业。我把当年丝绸局分散在各个司局的人都抽回来，当时这个丝绸工业总公司大概有四五十人，它有两个职能：一个是行业管理；一个是经营，要自己养活自己。当时就明确，中国丝绸工业总公司属于事业编制，钱要你自己赚的。

虽然属于事业，名字听起来又像企业不是？实际上就是企业，但是享受部里的一些待遇，工资执行部里的，是属于事业编制、企业化管理。

当时我们有物资进口，量比较大，主要靠进口物资里边的一些利润（国内外有差价）来养活自己。后来便慢慢做一些绸缎、服装什么的。中国丝绸工业总公司现在还运行着，但是它的行业管理的职能到哪儿去了？去了丝绸协会。丝绸协会从外贸转回到工业。丝绸协会早在1984年就成立了，我参加了理事会。1996年退休之前，我一直在中国丝绸工业总公司当总经理。那时候的行业管理就归到丝绸协会去了，在丝绸工业总公司的这段时间，实际上我主要还是抓行业管理。我照样像在纺织工业部一样的，把每年的什么科研经费、基建立项、技术改造项目的费用拨下去。另外，还要抓我们自己的生存。20世纪90年代重点抓了丝绸服装，逐步把服装搞上去，丝绸服装你不能全靠出口，还要靠国内销售。先出口的，接单子，逐步国内也可以生产一些。过去我们出口服装很少，都是原料出口，原料、坯绸。印染绸很少的，主要是我们的技术达不到到人家的要求。

我1995年退二线，1996年正式退休。退休之后他们希望我在公司担任高级顾问，当了一年顾问以后我就要求彻底休息了。在深圳我们有一个中联丝绸公司，跟几家合作的，包括深圳华联、丝绸工业总公司，还有国家的一个投资公司，三家合资，我当董事长。我每年还要去，后来又待了两年不干了，彻底休息不愿意再干了。我这一生跟人家不一样，从干校回来以后就没有停下来过，很辛苦。

现在回想起来，你说我干了什么，我没有留下什么东西，我不写东西。我这些工作都是我应该做的，无非是我有这个机会在这个岗位上能够发挥更大的作用，因为总要有这么一个人，为我们的行业服务，为丝绸、为纺织服务。那时候我在国家经委搞轻纺投资的时候，纺织工业部非常重视，部长经常找我，说明工作的重要程度，我愿意为这个行业服务。

社会兼职方面，中国流行色协会、纺织工程学会等，我都兼职过。这种兼职实际就是挂名而已，不干什么具体事。

采访时间：2014年7月

柞蚕原种、原原种的繁育

潘传荣

潘传荣

潘传荣　山东省烟台桑蚕原种场生产科原副科长，副总农艺师

　　潘传荣，1959年毕业于西南农学院蚕桑系。1991年任山东省烟台桑蚕原种场生产科副科长。曾在烟台地区行署林业局、烟台地区崑嵛山林校、山东省方山蚕校、山东省方山蚕业研究所、山东省方山柞蚕原种场从事蚕业技术推广、教学、柞蚕选种、柞蚕良种繁育工作。"柞蚕优质原种配套技术规范的研究"获山东省1991年度科学技术进步奖二等奖（首位），"柞树修剪管理新技术的研究"获1998年度烟台市科学技术奖二等奖（首位），"柞蚕卵感光与出现滞育蛹的研究"获山东省1989年度科学技术进步奖二等奖（二位），"柞蚕卵期控光解除滞育蛹的方法"在1992年获中华人民共和国国家技术委员会颁发的国家发明奖三等奖（二位），"柞蚕多丝量新品种'方山黄'的选育研究"获山东省1990年度科学技术进步奖三等奖（首位）。撰写论文35篇，在国际野蚕学会上以及国家级和省级刊物发表，其中7篇获省级优秀论文二等奖、三等奖。《柞蚕

多丝量品种'方山黄'选育研究》被国外权威期刊《农业索引》1992年第1期摘录。1993年起享受国务院政府特殊津贴。

我们山东省方山柞蚕原种场是山东省唯一的柞蚕原种场，主要生产柞蚕原原种、原种和少量的普通种

我于1936年1月出生在四川平昌县。我小时候家庭比较富裕，6岁就上了学，小学是在本镇上的。初中是在达县石桥乡宝善中学上的，高中是在四川省巴中中学上的。

1955年，我考上西南农学院蚕桑系。我们西南农学院是中华人民共和国成立后由几所院校调整组建的，有8个科系。我读的是蚕桑系蚕桑专业，学习内容以桑蚕为主，柞蚕只是一门辅助的课程。我小时候家里养过蚕，但没有实际操作过。桑蚕要经过好几次实习，第一次是在学校进行养蚕制种的教学实习，1958—1959年又到农村去进行生产实习。

我们学校主要收的是西南地区的学生。那一年我们入学的时候，班上共有31名学生，毕业了28个，被分配到12个省市，而我被分配到山东。到山东省人事厅报到后，我被分到烟台地区行署林业局。工作后不久，我就被调到崑嵛山林校任教师，主要教蚕生物学、蚕病学。1962年林校撤销后，我被调到了山东省方山蚕业研究所，1963年被调到山东省方山柞蚕原种场。我们山东省方山柞蚕原种场是山东省唯一的柞蚕原种场，主要生产柞蚕原原种、原种和少量的普通种。不同时期也生产部分桑蚕原种和桑蚕普通种。我初来任技术员，经过工作锻炼，个人的技术水平也逐渐提高。1983年任柞蚕室副主任。1985年被提为方山柞蚕原种场副总农艺师，享受副场级待遇，负责全场桑蚕、柞蚕生产技术。

方山柞蚕场繁育出来的柞蚕原种不光本省说好，连东北也都夸说方山出的原种好

蚕种生产分为三级繁育制度，即原原种、原种和普通种（供蚕民养缫丝茧）春秋两代为一级。

柞蚕原原种是蚕种的老祖宗，柞蚕种在繁育过程中同一个品种分设

2～3个品系，同一个品系又分设2～3个亲系。原原种制种根据生命力的强弱和其他因素采取不同的交配形式。当生命力强时为纯化某些性状可采用同亲系异蛾区交配，当生命力较弱时采用异亲系异蛾区交配。有时为了复壮可异品系的异蛾区交配单蛾采种，幼虫期单蛾饲育，各个发育阶段严格选优去劣。分群体淘汰——系统观察性状表现和生命力强弱，在卵、蚕、茧（蛹）期整区淘汰。个体淘汰——把体质弱、个体小的卵、蚕、茧、蛾在各期随时进行淘汰并记载清楚。一人放养春30蛾左右，秋60蛾左右。

柞蚕原种以小组为单位采种，春制种采用同品系内异亲系交配，秋制种采用同品种异品系交配。春蚕饲养20～30蛾为一组，秋蚕以100蛾为一组饲养，淘汰不如原原种严格。一人放养春60～80蛾，秋250蛾左右。我场生产的原原种除少量留着继续繁育原原种外，大部分供本场繁育原种用，繁育出的原种茧供本省普通种场和农村育种点繁育普通种用。

蚕的微粒子病是蚕茧生产的大敌，危害极其严重，也是个全国性的问题。桑蚕的微粒子病在20世纪60年代基本控制住了，柞蚕的微粒子病有部分地区至今仍未解决。方山柞蚕原种场20世纪50年代柞蚕微粒子病相当重，60年代中期控制住了，到70年代彻底解决了。防治微粒子病最重要的是蚕种母蛾检查，杜绝母体传染是个很重要的因素。再一个就是在放养当中要注意严格消毒防病，避免互相传染，及时淘汰病弱小蚕。只有这几个方面做好了，才能奏效。

方山有个得天独厚的条件，即它是个孤山，山上养的蚕或山下养的蚕，两个是绝对分开的。蚕种场用山上的柞岚，有3200多亩，柞树都是人工种植的，十亩地一方，方与方之间有大道或有小道分开。

（右）进行单粒称茧操作，1989年，烟台

柞树横看起来成行，竖看起来也成行，种植是挺规矩的，应该说那是前人规划得好，是搞生产或搞科研的好地方。柞树株行距适当，树枝互不连接，光线充足，柞修剪得比较好，柞叶的品质也好，适于养蚕。这里的柞树都是养柞蚕最好的品种——俗称麻栎，这个品种叶质比较好，育出来的蚕种也比较好。

在饲料的调节上，柞叶本身就比较好，柞树修剪质量也比较好，适合蚕生长发育的要求。柞的喂食控制得当，蚕就长得壮而不胖，体质好。蚕种质量好，哪里都想要。老话说，蚕种是从北方往南方走，结果方山柞蚕场繁育出来的柞蚕原种不光本省说好，连东北也都夸说方山出的原种好。我场春制的原种卵大概接近一半都卖到东北，打破了柞蚕种由北向南流动的惯例——过去是山东从东北去引种，后来改变方向，山东种销往东北去了。方山蚕种质量提高，蚕民就欢迎，虽然相对来讲定价较高，但是蚕民都愿意要。

柞蚕品种的选育当中搞得比较好的就是"方山黄"，后来成为我们山东柞蚕的当家品种，它的主要特点是茧层率比较高

我1975年在蚕场结合生产搞了部分研究，主要研究柞蚕品种选育。柞蚕品种的选育当中搞得比较好的就是"方山黄"，后来成为我们山东柞蚕的当家品种，它的主要特点是茧层率比较高，新品种鉴定时专家检测的茧层率达到14.94%。不光茧层率高，而且生命力比较强，出丝率也比较高，所以说这个品种深受欢迎，不光是山东，甚至东北也引进不少。该品种1990年获得了山东省科技进步奖三等奖。还有方青302、305、309作为内部品种保留，被当作选种材料。对柞树的砍伐和修剪、老柞树蔬枝等也做了些实验研究，改良叶质，提高产量，消毒防病。对于药品种类的选择、工具改革也做了些实验，改进了技术，提高了效率。

栖霞县属柞蚕二化性地区（一年春、秋两次放蚕），春蚕收茧后接着羽化出蛾制种，秋蚕大面积放养缫丝用的原料茧。随着生活水平提高，环境条件的改善，20世纪70年代，春蚕收茧后蚕蛹不出蛾（不羽化），导致秋蚕缺种，致使秋蚕严重减产（丝厂缺缫丝的原料茧）。

那时栖霞县春秋两季召开蚕业生产动员大会，都会邀请我去讲生产技术课。关于大面积发生滞育蛹的问题，我们提出来讨论研究。经过调查研究，发现由同一个制种单位制出的同批蚕种，分到不同的生产队的蚕室暖种孵蚕后，同时又在同一个山坡放蚕，结果邢家庄生产队秋制种时发生大批滞育蛹（不羽化），而前水峪生产队则无滞育蛹（全羽化了）。比较分析后，确认问题出在暖种期。调查比较这两个生产队的暖种处理，发现邢家庄生产队比较富裕，新建蚕房屋高大，玻璃门窗。天黑时生产队直接发电，直到夜里10点半停电，蚕室暖种用电方便，大灯泡很亮堂，光线充足。而前水峪生产队仍用原来的蚕室暖种，房屋矮小、纸糊窗，晚上照明仍是小油灯，光线很暗，其他技术处理温度、湿度等都一样。初步认为，发生滞育蛹的问题出现在暖期的光线上，为此根据卵期日光照长短设区做了重复试验。结果进一步证实，产生滞育蛹与否就是卵期光照长短决定的，日光照8～11小时就产生滞育蛹（不羽化），日光照少于8小时则产生发育蛹（羽化出蛾）。我们就采用卵期控光的方法来解决蚕蛹的滞育与发育的问题，实际上，为了获得稳定的滞育蛹卵期，日光照控在10小时以上，为了获得稳定的发育蛹卵期，日光照控制在7小时以内。以前认为柞蚕分一化与二化地区是由纬度决定的，实际纬度也与日照长短有关。

作为蚕业战线的老战士，我认为要继续努力，提高技术，降低成本，复兴

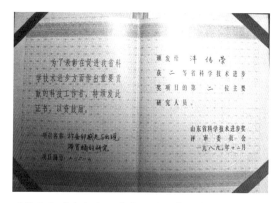

"柞蚕卵感光与出现滞育蛹的研究"获山东省科学技术进步奖二等奖，1989年

1995年起享受国务院政府特殊津贴，1995年

蚕业。

方山蚕场的柞蚕在全国是有名的，好些人都到那里学习过，吉林蚕业所的曹明荣、张德永到方山蚕场随我以师傅带徒弟形式跟班操作。还有山东农业大学的董兴纯，他是沈阳农学

（中）与采访者合影，2015年，烟台

院毕业的，被分配到山东农业大学教书。后来学校派他到方山，叫我带他。再有一个是省蚕业干部，也是农学专业毕业的。为了很好地掌握熟悉山东的生产情况和柞蚕技术，也被派到方山来叫我带一带。还有烟台市蚕业干部开会的时候，也请我去讲一些柞蚕方面的生产情况和技术理论知识。1994年技术人员晋升职称，有些学历不够或者中专毕业的同事也邀我去培训讲理论课。还有从外地专门来跟我学的。我场分来的大中专毕业生，我作为老同志也对他们传、帮、带。外来学员也带来很多蚕业经验，互帮互学使我受益良多。

20世纪70至80年代，我国桑、柞蚕茧产量高，丝绸出口量大，创汇也多，对支援国家建设起了很大的作用。改革开放以后，工业技术水平提高，人造纤维用机械化生产，成本降低，产量大增。蚕丝天然纤维虽然有品质优势，但需要经过栽桑、养蚕、缫丝、织绸各个步骤，工序多，成本高，销售难，故蚕茧产量逐步下降。这也是世界蚕业的趋势，难以改变。

采访时间：2015年8月

柞蚕病虫害研究及防治的基础与开拓

魏成贵

魏成贵

魏成贵　辽宁省蚕业科学研究所研究员、辽宁省蚕业科学研究所蚕保室原主任、中国柞蚕病虫害防治专家

魏成贵，1962年10月毕业于沈阳农学院，被分配到辽宁省蚕业科学研究所蚕保室，长期从事柞蚕病虫害的研究。"柞蚕饰腹寄蝇防治的研究"获得了国家1969年度技术发明奖二等奖。自1973至1982年，主持"柞蚕线虫病的研究"课题，在我国首次进行索科线虫的分类研究。其中"应用'灭线灵'一号、二号防治柞蚕体内寄生线虫的研究"获得农业部1978年度农牧业技术改进奖一等奖，"柞蚕线虫病的控制法"获得国家科学技术委员会1987年度发明奖三等奖，"柞蚕线虫病发生规律及防治"获得辽宁省1983年度重大科技成果奖二等奖，"栎粉舟蛾的发生规律及防治研究"获得辽宁省农业厅1987年度科学技术进步奖三等奖，"黄瓜黑星病的发生规律及防治研究"获得辽宁省1988年度发明奖三等奖，"柞蚕吐白水软化病研究"获辽宁省农业厅1997年度科学技术进步奖一等奖，"柞蚕

新品种'H870'的研究"获辽宁省1999年度科学技术进步奖三等奖及辽宁省农业厅科学技术进步奖二等奖，"柞蚕绒茧蜂病控制技术研究"获得辽宁省2008年度科学技术进步奖二等奖。参与了《中国森林昆虫》《中国养蚕学》《中国柞蚕》《中国大百科全书—蚕业卷》等图书的编写。先后在省级或省级以上刊物发表论文（译文）50多篇，《应用"灭线灵"防治柞蚕体内寄生线虫的研究》获得辽宁省科协1982年度优秀论文二等奖，《柞蚕线虫病的研究》获得辽宁省农学会1985年度及辽宁省科协1988年度优秀论文一等奖。1983年起兼任辽宁省政协第五、六、七届委员。1986年被辽宁省政府评为"辽宁省第一批有突出贡献的科技人员"，1988年被评为丹东市劳动模范，1991—1994年被丹东市人民政府授予"市级专业技术优秀拔尖人才"称号，1991年被国务院授予"中青年有突出贡献专家"称号，1991年起享受国务院政府特殊津贴。

我第一篇发表的论文是研究瘿蜂的，我的毕业论文也是关于柞蚕瘿蜂的

我是1936年5月出生的，老家是在辽宁义县。家里世代务农，生活贫困。上高中后我家更贫困了，学费也出不起，我就选择读农学院。农学院助学金多，家里不用负担我的学费。当时我就读的沈阳农学院现在叫沈阳农业大学。我1958年入学，正值"大跃进"时期，大学生们白天干活，晚上上课。大学毕业后，我就到辽宁省蚕业科学研究所蚕保室工作。那年分配困难，正常情况是国家安排和调整分配计划。但因为我大四第一学期在《辽宁日报》上发表了一篇文章，被蚕科所研究人员看到了，他们就找农业厅想办法把我分到蚕科所。当时我那篇文章叫《柞树的大害——瘿蜂》。

其实，我入大学后对科研的认识也是经历了一个过程的。入学时，大家都说农学院不好。但是在学习过程中，我不断地参观实验室，看着那些设备，一边体会着老师的教学，逐渐加深了对科研的兴趣；尤其是参观到吴友三教授的研究室时，看到这位全国小麦锈病专家的玻璃实验室，

"柞蚕饰腹寄蝇防治的研究"课题，在凤城四台子做药剂实验，1966年，丹东

那实验室的布局和设施让我着迷，因此对科研增加了好感。后来听人介绍吴友三教授的成果，又听闻他那些很有名的一个个事迹，我心想，我要好好学，像吴教授那样干出名堂来。另外，大学里边的课程对我来讲根本不费劲，这样我就有时间看好多书，越看书，对科研的兴趣就越浓厚。那个时候，农学院鼓励学生搞科研，学生可以向系里报课题。在我老师呼声久的支持下，我报了两个课题：一个是对柞蚕绒茧蜂的观察，另一个是对柞树瘿蜂的观察。其实那时候也不懂什么是研究，就是多看多琢磨呗。这些课题的产生，是因为我上山做野外考察对什么都感兴趣，看什么都觉得可以研究一番：这柞树上怎么这么多东西？原来都是瘿子（就是俗称的树瘤子）。所以我第一篇发表的论文是研究瘿蜂的，我的毕业论文也是关于柞蚕瘿蜂的，工作以后在老师的鼓励下整理出来了。我不懂英文啊，就自学了英文，论文写了英文摘要，寄给杂志社，被采用了。我到研究所来了，大家就把我当一个"专家"用，导致我压力很大，因为一切都刚开始，我还没能对这个领域有深入的了解。回想大学时代，当时我所在的系是植保系，植保系有两个专业——植保专业和蚕学专业。蚕学专业在辽宁是第一批招生，所以我选择去蚕学专业。那个时候新专业的师资力量很薄弱，没有教授，后来从四川西南农业大学（现西南大学）调来一个叫王道容的教授。王教授是学家蚕的，20世纪80年代留日的，年纪也比较大了。但是教我们的呼声久老师是

沈阳农学院真正的第一批毕业生，1952年入学，1956年毕业的，他教我们害虫学。呼老师很和气，我就跟他学着摆弄各种科研设备，觉得挺有意思。我说，我跟您做标本吧。我就开始跟他一起做标本，他干啥我就观察啥，他有事的话就说："魏成贵，你去给我弄去。"在观察和实践中，我一点点地就入门了。

把一年一次变为一年两次测试，用赵拿来的"乐果"提前测试

我是1962年10月12号到的辽宁蚕科所，之后到蚕保室工作。来了蚕保室以后，要熟悉情况，我就把蚕保室过去所有的研究资料都借来，在三个月内都查完，还做了笔记，加上我自己的一些想法：哪些工作应该做得更加深入，哪些工作的路子可能需要转变，等等。做完笔记，如果还有时间我就上图书馆，把有关林业、农业方面的书全看了。当时我把书看得都熟悉到这个程度：有人问我有没有某本书，一说书名我就指给人家在第几架、第几层。

1963年3月下旬，因为新一年的工作开始了，从镇江调来的所长王宗武亲自挂帅搞研究。他来这里还有一段渊源：当时蚕科所要挂个牌子叫中国农科院柞蚕研究所。这牌子都挂上了，后来不是因为"调整提高"嘛，这牌子又摘下来了，而王所长这些人就留在蚕科所了，由王所长挑头做研究。

1963年，"怎么干？干什么？"成为摆在大家面前的一个急迫问题。当时柞蚕害虫寄生蝇的问题是个老大难课题，科研人员压力非常大。王所长说："在沈阳的会议上，农科院的秘书长提出来能否通过用药将蚕的害虫杀死在蚕体内？现在情况紧急，必须死马当活马医，尽快拓宽思路，大胆实验，解决问题。"他继续说："去年那个叫赵又新的不是拿来了几种药吗，今年要好好试试。能不能想办法搞点提前试验？把一年一次变为一年两次测试，用赵拿来的'乐果'提前测试。"有人说话了："还是让老魏做提前实验吧。"这样子这个任务就落到我肩上了。

当时的实验条件简陋，有一个玻璃温室，我自己弄了一个玻璃缸，采了一些柞树芽，把蚕卵放进去。因为没做过这种实验，一时门路不清，弄了半个多月也没见预期的实验现象。还需要干些什么呢？我陷入思考。因为正常是五一节前后收蚕，要提前10到15天见到初步实验现象。随后，我按时间间隔分了三批进行实验，第一批小蚕出来不行，因为山上没树芽，没有啥可以吃的。又过了一个多星期，接近10天，第二批小蚕出来了，这个时候柞树芽刚刚出来，还不能喂蚕，我上山，大山小山都看了。从山上下来的时候，在山底下河沟旁，我看到山丁子树上有一小点一小点的东西。我心想，它发芽早，叶都已经这么大了，1～2厘米了，这山丁子树叶小蚕能不能吃啊。我就采了一大把回来。第二天早上出蚕，我就往那个小蚕上面放。头一个小时它们不吃，就是爬。过了一段时间，它们就开始吃起来。我利用山丁子叶把第二批蚕养到二龄，正好第三批开始出蚕。4月28号这个时候山上就有柞树叶了，我就改用柞叶，在一个消过毒的屋子里面养蚕。

当时给我配备了一个工人，他叫赫崇远，中专才毕业。后来，他被调到丹东农校当书记了。这个小孩挺精明，你告诉他的事，他马上帮你做好。蚕养好后，需要得到寄生蚕（就是蚕体内要有蝇蛆），我就让小赫带着一部分5龄蚕到袁家沟第一队去引诱蝇子。因为不是5龄蚕的话，蝇子还不肯产卵呢。它产卵就产在5龄蚕吃的叶子上。这样蚕很快就可以将蝇卵吃进去。小赫在第三天下午回来了，拿回两只蝇，我解剖一看卵成熟了。次日他又去了，再过了两天拿来了4只蝇。我又开始解剖，这样就得到了实验需要的所有寄生蚕。之后进行了药剂实验。药剂实验的是小样，不是大样。因为蚕少，一次取20头蚕。6月10号要开会，大家都希望我拿个结果出来。我8号开始解剖，9号傍晚解剖完，然后整理材料。解剖时大家很高兴，发现吃药的蚕肚子里的蛆死了，而且都发黄腐烂了，把药吸收了。对照组的蚕（没有打药的）肚子里的蛆还活蹦乱跳呢，效果明显。这样一统计，蚕吃柞叶上喷的药，体内的蛆是完全死掉了。我和王所长说了效果，农业厅的佟处长一听就同意了这个方法。我写了一个报告，由韩熹莱教授在会上讲，他按照我写的报告读完。农业厅领导马上指示，给上海农药厂发电报，订80瓶乐果。

他给我提供苯并咪唑33、44两个型号，两个型号实验都有效

柞蚕害虫很多，寄生蝇是最主要的。另一种大害虫是线虫，还有捕食类的如鳌蛳、蜂类，再有埋葬虫，等等。我参与了"饰腹寄蝇的柞蚕害虫研究"项目，该项目获了一个发明奖二等奖。在研究中，我设计了一个提前实验，进行了一些科研上的创新探索。同事曲天文要把我的蚕场作为材料蚕的蚕场，他说："我来山上做，你休息休息。"他按照我设定的实验浓度和方法丝毫不差地进行了实验。正式实验做完，后续实验却没有结束，一些关键问题不可忽视：天下雨有没有影响啊，蚕吃多少天药有效啊，这个寄生多少天的蚕做实验时最有参照性啊，用什么做饲料最好啊。在思考和观察的基础上，我又设计了一个补充实验，附在报告上。春蚕是给秋蚕做种子用的，甚至第二年还要用，所以我就设计一个子代观察，即蚕吃了药以后就对其下一代进行观察。到此这个科研项目的整个过程就基本完成了。工作大都是我做的，可是报发明奖的时候，因为我才到单位不久，是新人，报成果时就按年龄排，把我排到后面去了。

1973年我开始做线虫研究。当时是"文革"期间，我一家人被下放到岫岩县卢家沟村，当地环境十分恶劣。第二年换到海城瓦子沟村，那里条件稍好些。在卢家沟的时候呢，住宿要自己花钱，户口转到村里了，但是工资关系、人事关系还在研究所。到瓦子沟好一点，住大队的房子，还给了块菜地。卫生所就在大队，也能看上病了。开始拿咱当技术人员了。这个时候就是帮队里繁殖蚕种，建立大队蚕种场。

这蚕种场刚刚有个眉目了，1973年的11月王宗武所长点名让我回去主持线虫研究。因为王宗武所长在岫岩插队的时候，那天和老蚕民唠嗑，老蚕民从山上下来，一草帽子茧也就十来

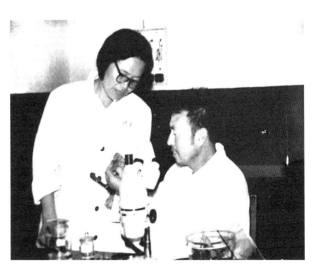

（右）在蚕保室实验室与课题组同志一起观察药剂杀虫效果，1985年，丹东

个好的。他问这是怎么回事，蚕民就和他讲了线虫，他的收成都叫线虫搅了。"我放养一年就这么一点收获。"蚕民哭了。王宗武也哭了，说："我是蚕科所所长啊，我没做好工作啊。"这些话是蚕民学给我听的。

1973年12月我回到蚕科所，第一次开会，王所长就提出来一定要我主持研究线虫。我当时很犹豫，因为有搞寄生蝇而被下放的前车之鉴，为搞科研遭的罪让我心里不舒服。有些人在我们科研出成果时来插手，摘胜利果实。王所长说，不管这个那个，你就想其他办法自己科研创新。

我终于接受任务，不到三个月，就把国内外我能收集到的线虫材料整理完了。我一边整理一边写，把想法都写上，整理出一个主材料。这里头有我老伴做的许多工作，还有一个工人帮忙。那位工人不懂外文，我还刻印了一份翻译稿。这是做的第一件工作。

第二件工作是做了实验设计，我基本上有了研究思路。柞蚕线虫是日本人占领东北的时候研究过的，但是研究并不深入，就是在地面撒小苏打（他们称之为草打），或用羊粪，再没有其他方法。我的研究思路是：大线虫和小线虫一般都在土里生活，寄生期间在蚕体内生活，我就针对在土里和在蚕体内两个阶段做文章。使用一种药剂，用药剂防护地面，这是一个途径。另一个途径就是熏蒸，在蚕场柞树底下灌药，看能不能把线虫都熏死。再有一个途径是看能不能给蚕吃药，就像杀死寄生蝇一样，在蚕体内杀死线虫。三个途径的研究同时进行，我带领三个人同时干，希望像王宗武所长讲的，赶快解决这个问题。前面两个途径牵涉到上药，有点效果，但是药期短。当时往土里面灌威百亩和DD这两种农药，虽然线虫大都死了，但两年以后柞树也死了。柞树也受不了农药，所以我们放弃了往土里打药的办法。

尝试给蚕吃药这个办法，头一年实验找了几组，这里头李广泽（后来当了蚕科所所长）帮了我不少忙，他给我提供了一些药。他提供的是苯并咪唑33、44两个型号，两个型号实验都有效。有效到啥程度呢，一开始这些寄生蚕哪个寄生，哪个不寄生，也搞不太清楚。后来我扒开了看，看里头有线虫了，就给它喷药。吃完了，过一个星期，蚕肚有一些地方发黑了。再细看线虫死了，撕开以后看线虫已经马上要化了，这才确定有效。

接着就安排人去乡下买蚕，回来实验。这个主要是（我爱人）吴佩玉做的。马上又重新做了一次，蚕来了再喷，留一部分作为对照，作为对照的90%都好了。喷药的基本没有线虫，都做茧了，就这么确定了效果。

后来我又研究灭线灵2号。2号原来是打虫药，造价特别高，咱们国家后来就不产了。原来是上海第14制药厂生产的，后来从美国进来一批，也不知道是结构不一样还是什么原因，不好使，没有效果。之后又对喷药时机的把握啊，降雨的影响啊，等等一系列的问题做了后续研究。

"蚕得乐"这个农药研究都30多年了，照样好使，到现在吉林、黑龙江、辽宁还在用

"蚕得乐"是用来防治软化病的。1987年做这个"柞蚕吐白水软化病的研究"课题，就是为了解决这个老大难问题，前人一直在研究也没出什么成果。1987年有两个大的柞蚕病害：一个是微粒子病，另一个是软化病。我想接那个微粒子病的项目，因为微粒子在显微镜下容易看到。虽然原本想做微粒子病，但由于种种原因，我和我老伴吴佩玉接了软化病课题。

接手以后，我看了不少日文资料。日文资料中有一个叫浓核病的，跟这个病有很多相似的地方。这个软化病以前有一位同志和武汉大学合作研究过，确定是细菌作乱；后来研究更进了一步，发现了病毒，当时叫无包涵体病毒。我根据他们的方法，高速离心、融和，并提取病毒。提取病毒后，给蚕种这个病毒，蚕就得这个病，但是发病率不高。所以我基本确定这个病毒就是蚕的病源。我并没有止步于此，而是在此基础上进行病毒的理化和各方面测定，再将细菌和病毒配合，研究对发病的影响。最后发现有其他杂菌加上这个病毒，发病率会显著提高。这样把这个得病原理搞清楚了，就可以着手搞防治了。化学的东西，农药啊什么的都用了，我们发现效果并不理想。

后来想到能不能用中草药，在实验的20多种中草中发现一个有作用的，就在这个药上面反复下功夫，就是以白头翁做主料，再加上其他几种配料，制作出"蚕得乐"。这个中草药一是对蚕无害，吃多少都无害，且可以抑制病菌病毒，二是对蚕还有促生助长的作用。"蚕得乐"不仅

证书

魏成贵同志：

为了表彰 您为发展我国 农业技术 事业做出的突

出贡献，特决定从一九九一年十月一

起 发给政府特殊津贴并颁

证书。

中华人民共和国国务院

国务院

政府特殊津贴第(91)921094号   一九九一年十月一日

1991年起享受国务院政府特殊津贴，1991年

促进蚕的生长，还对蚕的性有影响，可以显著提高母蚕的生殖能力。

蚕民用了"蚕得乐"以后，都一箱一箱地买了往回背。所长姜德富召开了一个蚕民座谈会，蚕民就把这个药用完以后蚕的变化及丰产的情况都讲了。一样的种子，我在山这边放，他在山那边放，用了"蚕得乐"的就比不用的高一倍收获。"蚕得乐"这个农药研究都30多年了，照样好使，到现在吉林、黑龙江、辽宁还在用。像那个"灭线灵"除了在辽宁使用以外，山东、河南有一段时间也用过，吉林桦甸那边现在可能不放蚕了，那边也用过。但是主要是辽宁在用，辽宁虫害太严重了。辽宁养蚕的多，老百姓把蚕从这个场子拿到那个场子，另外蚕的蛾子也会乱飞，这都会造成大范围的害虫扩散和传染。

原来我做柞蚕的研究，但也能把科研精神迁移到其他病虫害的研究中来

黄瓜的研究是我的一个社会招标的课题。那几年，我做这个课题觉得很轻松，当时正赶上丹东地区"黄瓜黑星病"很严重，可以说市场上没有一根好黄瓜。在这种情况下，丹东市蔬菜办找到咱们李广泽所长，说你们能不能抽个人帮着整治一下。李广泽就推荐了我。一年只给一万块钱作为实验费，三年要拿出防治方法来，否则钱就收回去，要我自掏腰包。

签这个合同是1983年，三年后我就研究出了"黄瓜宁"。一开始黑星病谁也不懂，丹东市蔬菜办叫它"冒油病""流胶病"，签的就是流胶病的防治合同。后来我查资料确定为黄瓜黑星病，研究出克星"黄瓜宁"。"黄瓜宁"是组织全国专家鉴定的，架势挺大，而且评价挺高，但是没得大奖。主要是丹东市蔬菜办这个行政部门的操作，我们研究得差不多了，他们派两个人来整理，马上出了个鉴定。人家鉴定简单，把两个搞菜的技师，加上把农学院的蔬菜教授找过来就鉴定。鉴定完了，立即上报。

咱们鉴定的时候，不仅要有录像，还要有很翔实的数据。蔬菜办一看，还是你们的好，马上报到丹东市和省里。但咱们专业是搞蚕的，报到人家蔬菜的主管部门，省里就把搞蚕业研究的看成不对口，给开掉了。再是报农业部的时候，植保总站的相关人员，把我们拿下去了。他们还在协作条款中找到有一个农药没登记。我们之前认为，新药登啥记啊，要好使了才登记，结果又被人家以这个瑕疵为由，夺去了成果登记的机会。

外语方面我先学的俄语，俄语后来不常用到。日语呢，是因为查资料太多了，所以说又学的日语。英语是没办法了，我也发表这个绒茧蜂的文章。谁给我写啊，研究所也没那人啊，我学了一年，借助字典，就把它写出来。写出来居然就可以用了。翻译的文章主要是日语方面的。日语的我一般看书的话，看完了马上就明白了意思，一边看着一边就翻译过来了。我就翻译材料，有很多家蚕方面的我不能翻译，因为镇江所主要是做翻译那方面的。我看到感兴趣的材料，而且这个材料他们都没翻译的，我再翻译。

我的爱人吴佩玉也是做这方面工作的，她比我小一届，也是学蚕学的，后来调到蚕科所。1966年农业厅让我去工作，安排我去果蚕处，并让我爱人吴佩玉也来农业厅。有事都是我们夫妻两个配合研究，有的时候我工作多了，就由她主持，观察和对照实验都是她帮我做的。我发表那么多的成果，很多不是有关专业课题的，就是感兴趣，另外又是国内外没有报道的，所以说投出的稿子杂志社就刊用。

我是1996年退休的。原来我做柞蚕的研究，但也能把科研精神迁移到其他病虫害的研究中来，原理都是一样的吧。你看看我是从研究虫到研究病的，不同的研究思路是一样的，是因为我长年琢磨积累探索有了基础。

作为科研人员想搞出东西来也是不容易的。比如，我曾看到原单位的一个内部刊物，1998年，我那个选育H8701的科研课题如今被利用了，那是老伴吴佩玉主持的，怎么后面跟了5个从来没有参与过研究的人呢？有的人我根本都不认识。

　　还有那个"黄瓜宁"，那几年全国打上这个药，黄瓜的病很快就好。后来有人造假，都起我这个药的名字，河南有一个造假的都卖到我这里来了。另外现在药种类多了，基本上都能解决这个病了。现在技术手段和设备都更好了一点。

采访时间：2016年7月

六十载春华秋实　系丝绸不解之缘

姚代芬

姚代芬　原四川省丝绸公司科技处处长，高级工程师

姚代芬，曾任四川省丝绸公司科技处处长，高级工程师。1953年从南充职中制丝科毕业后，被分配到南充第二制丝厂。1976年调入南充地区轻工局纺织科主管棉毛丝绸；纺织科从轻工局分离出去后转到地区丝绸工业公司，负责缫丝生产技术，组建了南充地区蚕茧试样厂。其间制定了"原料管理办法"和"工艺设计管理办法"，并在地区12个县（市、区）的40多家企业贯彻实施，还带领南充地区选手参加了1978年全国

姚代芬

缫丝操作比赛，包揽了四项单手基础操作和全能缫丝比赛的冠军。1983年调至四川省丝绸公司组建丝绸检验所，并任所长，参与了桑蚕干茧国家标准的制定（历时五年）。1985年任四川省丝绸公司科技处处长，主笔制定了"八五""九五"四川省丝绸业发展规划。制定的"四川省桑蚕干茧标准检验方法及分级计价标准"获四川省丝绸公司颁发的技术进步奖一等奖；《SR型茧质智能测试机的设计与应用》一文发表在《四川丝绸》上，

并荣获中国纺织工程学会第十届陈维稷优秀论文二等奖。1996年退休返聘后，申报并承担"自动缫丝机智能工艺设计"（软件）和"与自动缫丝机配套的蚕茧智能检测设计、技术和装备开发"两个课题。2005年"自动缫丝机智能工艺设计"（软件）获得国家实用新型技术专利奖、四川省科技成果奖二等奖，并作为全国新技术推广项目在全国推广。主研项目"蚕茧收烘新技术及装备研究开发"获四川省人民政府2005年度科学技术进步奖二等奖；"真丝绸涂料印花""缫丝企业管理研究""䌷丝转杯纺"三个项目获省科学技术进步奖三等奖。"八五"期间被中国丝绸工业总公司和四川省经贸委等评为科技管理先进工作者，被四川省老科学技术工作者协会授予"老科技工作者"称号；2006年荣获全国茧丝绸行业终身成就奖。

那时候全省出口创汇三亿，丝二厂是创汇大户，在四川省居第一位

我生于1936年5月。老家在四川省广安市岳池县，家庭成分是小土地出租兼工商业。父亲是做中药材生意的，做中草药零售和批发。四川刚解放的时候我在南充读初中，还差一个学期毕业，提前回了家。乡镇上消息不灵通，也不知道解放后是什么样的一个情况，就不敢再回学校了。我父亲比较重视教育，于是就和几个家长联合起来，请了一位私塾老师，给我们补习了一个学期的古文。

1951年，我看到南充职中补招，就去试一试，考上了制丝科。学校有八个科目，有蚕桑、制丝、农业、水利、会计、银行和交通等。

1953年夏天我毕业后，由重庆西南纺织管理局分配到南充第二制丝厂（简称"丝二厂"）。这是一个很老的老厂，解放前就有了。当时只有坐缫机，是最古老的一种落后的设备，机械化程度很低，缫丝工人是清一色的男工。1952年厂里成立了立缫缫丝车间，拥有立缫、坐缫两种机型，也就成了全国乃至全亚洲最大的丝厂。

当时全省有五个丝厂，南充地区有三个丝厂。除了丝二厂在乡下外，南充丝三厂、重庆第一制丝厂、南充阆中第四制丝厂，还有一个乐山制丝厂都在城里。我们那会儿一无所知，不知道这些情况，因为参加工作时才

17岁。我们在填志愿的时候，都要求到祖国最需要的地方去，包括要求到新疆、西藏去。

从1953年到1976年，我在丝二厂干了20多年。先后在生产技术科、厂办、党办、生产指挥组和出口检验组工作，主要负责制丝工艺设计、先进操作和管理经验的总结与推广，还有出口生丝检验、生产调度、工艺管理、工艺检查等，以搞技术工作为主，工艺设计搞了十几年。

丝二厂不同于其他丝厂，它有立缫、坐缫两种机型，年产生丝600吨，约占全省的三分之一，后来坐缫机逐渐被淘汰了。厂里有一万多个职工，其中女职工占绝大多数。厂长、党委书记等各级领导，差不多都是从男职工提拔起来的，男职工里很大一部分走上了领导岗位和管理岗位。厂里在职工文化生活方面以及其他很多方面搞得很好，有川剧队，文工队，篮、排球代表队，各个车间都有篮球队。厂里建有养鸡场、牛奶场，还有合作社。因为厂在乡下，什么东西都要到十几里以外的地方去购买，职工生活非常不方便，又没有通车，就连天天送信送文件的通讯员也是骑一辆自行车来回，早出晚归。

丝二厂生产的丝绝大部分是出口的，坐缫机生产双宫丝，就是粗条生丝。立缫机生产大宗产品，有五种规格，主要出口到日本。那时候，日本的这个行业是最先进的，我们那时都是去向他们学习的。他们的和服需要丝绸，日本普遍还是穿和服的，因此生丝需求量很大。此外，丝二厂生产的丝还出口到印度。那时候全省出口创汇三亿，丝二厂是创汇大户，在四川省居第一位，省委、省政府很重视。

随着工业的发展、社会的进步，像我们这样的传统产业关停并转的很多，不过现在好像还保留了一部分，我退休了对这些都不太了解。丝二厂解放前叫"六合丝厂"，听说它现在又改回来叫"六合"了。现在除了生产生丝原料以外，还生产服装、丝绸，其他的床上用品，就是一些深加工的产品。

南充地区由我带队，包揽了四项单手基础操作和全能缫丝比赛冠军

1976年，我离开丝二厂，在南充地区轻工局纺织科主管棉毛丝绸。两三年后，纺织科从轻工局分离出去，成立了地区丝绸工业公司，我就转到地区丝绸工业公司工作了。

这期间我主要负责缫丝生产技术管理，组建南充地区的蚕茧试样厂，搞缫丝生产技术管理，开展厂与厂的劳动竞赛，搞操作技术培训，开展技术练兵。南充地区是四川茧丝绸比较集中、居第一位的主产区，有40多家企业分布在12个县（市、区）。我深入这12个县（市、区），摸清了基本情况，抓基础管理，制定了"原料管理办法"和"工艺设计管理办法"，包括从原料入库到成品出库，并制定了相应的细致的实施细则，使企业有章可循；然后在这个基础上组织设备检查，在检查的基础上开展技术培训，还建立了一系列设备保养维修制度，定期检查、评比考核制度，使设备始终保持在正常安全运转的状态；另外还制定了运转操作管理办法，大力开展技术练兵。我先后总结了全国劳模谢珍玉、省劳模蒋素碧、陈静碧以及全国缫丝操作种子手王碧等人在缫丝操作方面的先进经验，通过讲技术课、组织参观表演等形式来推广。我还根据推广经验，写了一篇题为《老种子发新芽，茁壮幼苗开红花》的报道，由中央人民广播电台向全国广播，我厂也组织了全厂收听，对学习交流经验起到了很大的推动作用。

地区公司把这些先进经验列入了推广练兵的项目中，缫丝车间两年开展一次选拔，扬返车间、织绸厂的织造和经纬车间等其他辅助车间三年开展一次选拔，层层树立标兵，使大家赶有对象，学有榜样，大大推动了技术水平的提高。其间我们总结了阆中丝绸厂后缫车间的先进管理经验，以开展同工种竞赛的方法在全区推广，大大提高了生丝正品率。同时我们把练兵进行了

（举牌人）全省缫丝行业技能大赛，1979年，南充

经常化、制度化。

在1978年全国缫丝操作比赛中，南充地区由我带队，包揽了四项单手基础操作和全能缫丝比赛冠军。前几届都是江苏、浙江的队伍获得冠军的，就那年被我们包揽了，其他的省份都是空白，四川其他地区就更别说了，什么奖都没有。那年我们出乎意料得了大满贯，我和公司都受到了地区领导的表扬。我在南充地区工作了八年，每年都被评为先进工作者。

任职期间，我主笔制定了"八五""九五"四川省丝绸业发展规划

1982年四川省丝绸公司刚成立，需要业务骨干，我跟我的老伴吴栋便一起于1983年从南充调到省丝绸公司。丝绸界老同志都知道我老伴，他从原来的苏州丝绸工学院毕业后被分配到西南蚕丝公司，在生产科、技术科当过科长，蚕丝公司撤销后调到丝二厂。我老伴本来是搞技术生产的，他那时候已经担任厂长了，四川省丝绸公司就任命他为丝绸总公司生产部部长。我本来也是搞生产的，但是我们不能在同一个部门工作，公司就让我搞丝绸检验。

公司任命我担任所长，由我独立组建了一个丝绸检验所，在成都、南充、万县、绵阳、重庆这几个主产区建立了蚕茧试样厂，主要对全省蚕茧的质量进行检测，划片定点检验，包括出口鉴定检验。绢纺原料检验组主要是检验绢丝、绸丝、棉球、精干品、下脚原料等。同时我着手进行技术培训，制定检验方法、操作规程，建立包括层层检验、目光校对、定期考核评比等的一套严格的制度。丝检所每年不定期进行巡回检查指导，凡是经过我们检测后的产品都没有发生过质量事故，也受到了使用厂家的欢迎，出口产品也没有发生过索赔事故。

我本人还参与了桑蚕干茧国家标准的制定，历时五年。1978年，日本信州大学嵨崎昭典教授来华讲学，讲稿的题目是《茧质测定与计价》，这个很适合我们。我翻译后，讲稿由省纺织学会铅印成册，在省内发行，国标起草小组也采纳了，在下发国标时把它作为附件，向全国主产省下发，起到了一定的作用。

后来省丝绸公司又任命我担任科技处处长。任职期间，我主笔制定了"八五""九五"四川省丝绸业发展规划，根据这个规划，来组织桑、

（后排中）随浙江省丝绸公司代表团赴日本参观学习交流，1990年，日本

蚕、种、茧、服装和科研院校等部门，向国家科委、中国丝绸总公司、国家计委、农业部、纺织工业部、省科委、省计委和省丝绸公司等申报科研项目，以发展我们的行业。

我首先抓自动缫丝机的推广。当时国内已经引进了日本的（定纤自动）缫丝机，经过杭州纺机厂消化、改进后，在国内已经得到推广，尤其是在江苏、浙江推广了90%以上。唯有四川省使用清一色的立缫机，很多年都不变。立缫机使用时手工操作占大部分，机械化程度不高。那时候大家有个错误的思想认识，总认为自动缫丝机质量没有保证，不稳定，不能缫高品质丝。再者，一次性投入资金很大，企业没这个经济能力，不想负债，于是将引进自动缫丝机一事拖了好多年。我觉得这是个大问题，影响了科技进步。我们的工作范围主要就是新产品、新原料、新设备的研制和开发，新技术推广、成果转化、引进设备的消化吸收，利用微电子技术改造传统产业，而立缫机影响了生产力。于是我就配合丝绸生产部和规划处，层层开会，解决了地区工厂负责人的思想问题，还组织他们到江苏、浙江有自动缫丝机的工厂参观、考察和学习。规划处帮助他们立技术改造项目，科技处有科研拨款经费，还有全贴息贷款，1000万、2000万、3000万都可以贷，在资金上加以支持。通过大家的努力，到1985年中期，自动缫丝机在四川省90%以上的地区得到了推广，全省缫丝效率和产量大幅提高。随着自动缫丝机的推广，我们又开发了适合自动缫丝机的煮茧机。科研所承担了这个项目，开发出了真空煮茧机并推广应用，淘汰了老式的煮茧机，这也是一大进步。

还有一件大事，就是1989年我在省丝绸公司的时候有一部分地区爆发了微粒子病。这个病相当于蚕的癌症，是毁灭性的，而且传染速度非常快，一时间可以让蚕农养的蚕全死光，直接影响到蚕农的收益，还影响到我们的原料。省委、省政府非常重视，省委书记杨汝岱亲自给公司老总下了命令，要科技灭病，总经理当时就把这个任务下达给我，要由我们科技处解决，并拨了专项资金。我们不敢懈怠，马上行动起来，组织了蚕桑局、蚕种公司、西南农大等院校以及各地区丝绸公司、各地蚕种厂的相关部门，分成若干子课题进行攻关，开发出了有效治疗蚕病的药和桑树、桑叶、蚕室、蚕具等蚕种生产全过程的消毒药。当年我们就消灭了微粒子病，有效扼制了它的蔓延。清洁消毒工作很重要，当然蚕种的基因也很重要。西南农大的向教授就是搞基因研究的，他从基因发病的病源去研究，当然更重要的是蚕种的品种好坏以及养蚕的全过程消毒工作，要不然感染了细菌就容易发病。这个任务完成后，我还受到了省政府的表扬。

从"童子军"到80岁退役，60多年，我没有一天离开过这个行业

1996年退休后，我继续在丝绸科研所当顾问，我主动向所长提出想申报"自动缫丝机智能工艺设计"（软件）和"与自动缫丝机配套的蚕茧智能检测设计、技术和装备开发"这两个课题，得到了所长陈祥平同志的大

（前排左四）"家蚕微粒子病防疫技术研究"课题验收暨专题技术鉴定会，1996年，温江

力支持。我作为主研人员承担了这两个课题，带领课题组数十次到离成都一两百公里的缫丝企业去调研，进行实验，调试修改参数。经过无数次对比实验，我们取得了准确的数据，于2005年完成了两个课题并通过了鉴定。

第一个项目是智能工艺设计，属于软件开发，主要解决设计人员烦琐的计算问题。立缫试样机从原始数据出来到一单原料的工业设计完成，要通过很多数据反复试算，差不多要花上几个小时，经常出差错，效率很低。采用这个软件后，几分钟就解决了问题，又快又准确。

我们这个试样机不仅适用于缫丝厂的制丝工艺设计试样，还可以运用于科研教学，也适合蚕品种的培育部门等进行茧质测验。这个项目属于国内首创，处于国内领先水平，还获得了国家实用新型技术专利奖和四川省2005年度科技成果奖二等奖。

第二个项目是茧质智能测试机装备开发，我们共设计了两种机型，一种是"十绪"，另一种是"五绪"。"十绪"型采用自动缫丝机的机构设置和配件，属于微型机电一体化，利用了微电子技术，具有输入、储存、记录、计算、修改、查询、显示、打印等八种功能。所有数据一下子都能打印出来，效率很高，很准确，而且机型小，节能，占地少，外形美观，符合自动缫丝工艺，因此很受欢迎。"五绪"型的体积小又轻便，可以随身携带，在不用煮茧的情况下，只要有两百伏电，它就可以放在桌上试样，很适合在蚕茧的收烘、异地交易等时测试茧质。

这个研究在我们丝绸总公司被列为全国的新技术推广项目后，我们随着推广组分别到江苏、浙江、广西及四川省内各县（市、区）讲技术课，带着我们的"十绪""五绪"样机，巡回演示宣传。很快地，这两种机型在国内，比如江苏、浙江、山东、广西、四川这些地方都得到了推广，镇江蚕研所也买了几台；后来沿着"一带一路"还销往很多国家，甚至还远销古巴。

再一个就是烘茧设备。烘茧一直以来都是采用土炕土灶的，既耗能，产量又不高，而且质量也得不到保证，于是我们就配合蚕茧生产部先后开发了三种型号的热风循环式烘茧机。这个机器问世后，我们淘汰了土炕土灶烘茧。这个机器不仅在我们省内很快得到了推广，还销往省外的几个主产区。

还有设备方面，我们率先引进了德国的德洛针织大圆机。真丝针织技术是新的技术，是国家科委"星火计划"项目，是由省丝绸研究所申报并承担的。这个针织机是用于化纤生产的，如果用于真丝针织就有个适应的过程。课题组先后攻克了真丝筒装丝技术、真丝针织技术、绢丝针织技术、真丝针织印染后整理技术、真丝针织绸印花技术等技术难关，又开发了真丝针织绸、绢丝针织绸、真丝针织印花绸这三个新品种，扩大了丝绸的应用领域。当时真丝针织绸在市场上很畅销，很快就有十几家企业引进了这个成果，全省真丝针织绸从无到有，再到年产2000吨真丝针织绸、600万件真丝针织服装的生产能力，年创汇1000多万元，在行业内形成了一个新的产业，这是以前没有的。

我返聘后还开发了桑树芽接技术、良桑扦插一步成园技术、多个蚕新品种的培育技术、䌷丝的新原料和涂料印花真丝绸，填补了国内多项空白。研究所用苏木植物染料染真丝绸面料这个成果，被纺织工业部列为重点技术成果。同时，我们还开发了丝绸服装和床上用品、装饰用品和旅游产品。通过这些项目的实施和完成，我们四川省丝绸行业从单一的原料型向深加工型发展了一大步，不仅提高了产品的附加值，还提高了行业的经济效益，因此做深加工的企业多了起来。

原来四川主要靠生丝蚕茧出口，因为后整理技术比较薄弱，所以在攻关的时候，我们就把这列为重点。虽然没有超过江苏、浙江，但四川还是通过这些前进了一大步，提高了很多。

（中）和采访者合影，2017年，成都

我还在全省和邻省做技术培训、技术咨询、技术服务，参与成果鉴定和项目认证，还有科技攻关，组织全省操作比赛，并带领全省选出来的操作能手到全国去参加操作比赛。另外我还搞了两个攻关项目，直到2016年。

我所参与主研的"蚕茧收烘新技术及装备研究开发"项目获得了四川省人民政府2005年度科学技术进步奖二等奖，另有"真丝绸涂料印花""缫丝企业管理研究""绅丝转杯纺"三个项目获省科学技术进步奖三等奖。"八五"期间我被中国丝绸工业总公司、四川省经贸委等评为科技管理先进工作者，被四川省老科学技术工作者协会授予"老科技工作者"称号。我所制定的"四川省桑蚕干茧标准检验方法及分级计价标准"获公司（省厅局级）颁发的技术进步奖一等奖。2006年，我还荣获全国茧丝绸行业终身成就奖。撰写的《SR型茧质智能测试机的设计与应用》一文由《四川丝绸》杂志发表，并荣获中国纺织工程学会第十届陈维稷优秀论文二等奖。

我最庆幸的是毕业后被分配到丝厂基层，受到了锻炼，不但巩固了在课本上学到的知识，还学到了更多在学校里学不到的东西，既提高了我的技术水平、业务水平和管理能力，又锻炼了我的组织能力、表达能力、写作能力、动手能力、沟通协调能力，为我以后在管理部门工作创造了条件，打下了基础。我觉得这一点是值得庆幸的。若不是这些经历，我工作起来也不会轻松。我14岁就进入了制丝行业，到17岁毕业进入丝二厂都未成年，算是"童子军"吧。从"童子军"到80岁退役，60多年，我没有一天离开过这个行业。通过基层的锻炼，我不仅提高了技术，还培养了吃苦能力，建立了正确的世界观和人生观，所以我没有其他的想法，一直坚持。好多同志都已跳槽转行了，我就算在丝二厂那么艰苦的环境中也还是坚持下来了。

采访时间：2017年7月

编辑委员会

主　编：楼　婷

副主编：罗铁家

采　编：黄义枢　傅晓怡　楼　婷　张远满　胡文杰

摄影、摄像：杨金林

桑下记忆：
纺织丝绸老人口述

Remembrance of Mulberries Past:
Oral Accounts of China's Textile and Silk Industry Witnesses

（下册）

◎主　编　楼　婷
　副主编　罗铁家

ZHEJIANG UNIVERSITY PRESS
浙江大学出版社

与丝绸四十八年的不舍之情

曹永官

曹永官　原吴江新华丝织厂厂长兼党委书记

曹永官，1959年任新光丝织厂车间主任；1965年任新生丝织厂车间主任、党支部书记；1981年任新生丝织厂副厂长；1983年任吴江新华丝织厂厂长兼党委书记，主抓行政管理。任职期间，积极响应吴江市市委、市政

曹永官

府提出的"三保三争"丝绸生产方针，确定了厂级"三个围绕"经营策略，与时俱进，开发出真丝绸重绉系列产品，全部外销，出口创汇。产品不断翻新，由素变花，由狭变阔，使企业新花样获奖次数在同行业中名列前茅。新华丝织厂被国家经委授予"六五"期间技术进步先进企业（单项奖），并被中国丝绸总公司授予真丝绸出口创汇二等奖。在组织产品创优升级中，6种产品获国家金银质奖，7种获部、省优质产品奖，2种获省新品金牛奖，全厂丝绸优质品率达50%，获得纺织工业部、江苏省丝绸总公司颁发的质量管理奖。1990年获"苏州市劳动模范"称号；1994年被评为市优秀厂长。

盛泽都是小企业，资金不足，便采取了收绸供丝，即"以丝当绸"的方式扶助生产

我1937年出生于盛泽，老家是盛泽农村的，父母都在盛泽镇上的丝织厂里打工。我的家族到现在为止，26个人中有18个人依靠丝绸为生，我12岁（1949年）进入一家私营企业工作。

当时正处于新中国成立前后，丝绸生产断断续续，1950年中国花纱布公司驻盛泽的营业机构与盛泽电机业同业工会接洽棉布织造加工业务。1952年7月，中国蚕丝公司苏南分公司派员到盛泽开展丝绸加工收购业务，首批业务包括委托盛泽电机织造业加工电力纺。翌年，该公司在盛泽设立收购推销站，以扩大业务。盛泽都是小企业，资金不足，便采取了收绸供丝，即"以丝当绸"的方式扶助生产。依靠中国花纱布公司和中国蚕丝公司两家大公司的支持，盛泽近1000台织机开动，从以产定销，逐步转为以销定产，被纳入国家计划轨道。

盛泽地区的电机行业被划成6个加工组，并受驻盛中国花纱布公司和中国蚕丝公司对企业分配生产任务和质量要求的委托。如一匹布为30码，在30码中累计缺给头路不能超过22公分，百脚不能超过2条。如超过就成为次品，有一匹次品就扣任务一匹。当时工人的定计件是减少任务就减少收入，出一匹次品就减少一匹任务。

原料、蚕丝、棉纱由国家统购统销、调拨，这种加工生产形式一直持续到1956年公私合营为止。先是6个加工组撤并为6个布厂，县政府组建染织工业公司，后称为纺织工业公司，再更改为丝绸公司。但计划经济加工生产形式没有变，工厂负责组织生产，保证产品质量，按时按质交货。

做到"三个围绕"，即企业围绕市场转，产品围绕用户转，生产围绕经营转

1982年"十二大"上，中央提出以计划经济为主、市场调节为辅的方针，吴江市委、市政府按照中央的方针，根据吴江的情况，制定了保计划内、争计划外，保本口岸、争外口岸，保加工、争自营的"三保三争"丝绸生产方针。企业要自行组织原料，自行设计推出产品，自行寻找客户销售，还要从单一出口渠道、单一口岸转向多渠道出口、多口岸外销。这既

在办公室，1985年，吴江

增强了企业积极性，也给企业增加了压力。过去一头系在计划经济上，现在则是把企业推向市场。

于是厂部确定必须转换思路，面向市场，具体要做到"三个围绕"，即企业围绕市场转，产品围绕用户转，生产围绕经营转。我们厂领导亲自带领经销人员三进广州城，趁小交会、春交会、秋交会之机与所有的老用户和一些新用户见面，了解国内外茧丝绸行情，从而做出企业计划外真丝绸品种的选择。我们充分发挥本企业的技术设备、品种设计优势，开发真丝绸重绉系列产品。签约投产的有17153桑绌葛、H003精纬绉、12576新乐绉、12785采新绉、12858重绉和12015罗纹绉等系列重绉。为香港老板毛益民开发的提花产品12751骏花缎就用了154台织机。为了加快该品种的花影变化，我们从香港引进了一台电脑制版机，加上自己设计的自动穿版机，使得换一个花本从原来需要的10天到2个星期缩短为4—5天，仅仅骏花缎一个产品就有200多种花型出口到香港，其他真丝重绉系列产品则出口到美国CM公司等。

我们还开发了提花万锦缎、丝绒、平绒产品。为了开发两种绒类产品，我们把K611织机改装为喷气织机；而织平绒、丝绒都需要割绒机，所以我们又自己研制了割绒机。另外，我们还采用了锦纶高弹丝生产山河绉、峰轮绉等10多个品种。

我们的产品不断翻新，由素变花，由狭变阔，使企业新花样获奖次数在同行业中名列前茅，为增加丝绸出口创汇做出了应有的贡献。我们企业被国家经委授予了"六五"期间技术进步先进企业（单项奖），被中国丝绸总公司授予了真丝绸出口创汇二等奖。

"十二大"提出以计划经济为主、市场调节为辅的方针后，逐步全面放开

我在组织产品创优升级中取得了优异成果。6种产品获国家金银质奖，7种获部、省优质产品奖，2种获省新品金牛奖，全厂丝绸优质品率达50%，我也因此获得了纺织工业部、江苏省丝绸总公司颁发的质量管理奖。

当时厂里有技改科、新产品设计室，设计人员3—4人（其中有一人后被提拔为副厂长），设计新品一个季度评选一次。吴江新华丝织厂在1987—1994年最兴盛，后来由于大形势不好，于2002年转制为民营企业。

在盛泽街头，1990年，盛泽

现在真丝绸已被便宜的化纤绸替代了，蚕农也不太愿意养蚕了，因为蚕农看一张蚕种要两三个月，一张蚕种产茧80—100斤，售价仅1800元。工作很辛苦，所以他们不太愿意养蚕了。

我在吴江新华丝

织厂当了14年厂长，前两年因为计划经济和吴江丝绸生产的特殊性，为省丝绸公司和纺织品公司加工产品，他们给产品、花样、原料。工厂不用"操心"产品开发、产品销售、原料采购等事情。"十二大"提出以计划经济为主、市场调节为辅的方针后，逐步全面放开，国家不再统销厂丝、棉纱。1988—1989年开始蚕茧大战，工厂，特别是吴江丝绸的特殊"加工"计划的厂家"断奶"，要自找产品、客户、原料、合作伙伴，我们就找广东省丝绸公司、湖北省丝绸公司、贵州省丝绸公司、四川省丝绸公司，并同湖北省丝绸公司合资办了一个服装厂。

我1996年退休，在丝绸行业48年，对丝绸行业有一定的感情，对盛泽的丝绸发展有着美好回忆。

我现在在丝绸协会做一点丝绸行业的调研工作，为企业服务。

采访时间：2015年10月

印染墨香　花漫宜人

戴鸿峰

戴鸿峰

戴鸿峰　上海第一丝绸印染厂教授级高级工程师

戴鸿峰　1961年毕业于华东纺织工学院染化工程系，1962年分配到纺织工业部生产司毛麻丝处任技术员，1964年调入苏州丝绸印花厂任技术员。1974年调到上海第一丝绸印染厂，先后任厂技校专业教师、科研室主任。任职期间，科研项目"SF重氮感光胶"获得1984年度中国丝绸总公司科学技术进步奖一等奖，"尼龙伞绸印花工艺的研究"获得1983—1984年度中国丝绸总公司科学技术进步奖二等奖，新产品"桑面绸"获得1989年度上海市科学技术进步奖二等奖，"对真丝绸产品的起绉、砂洗工艺的研究"获得1992年度上海市科学技术进步奖一等奖。1992年起享受国务院政府特殊津贴。

1977年，外贸公司提供了一些日本和服里肩花样，花样有龙、虎、鹰等，要求我们制作出来

我1937年8月出生于浙江江山，在衢州第二中学读高中，1957年考入位于上海的华东纺织工学院染化工程系。这个系有两个专业，一个是化纤专业，另一个则是印染专业。

1961年我大学毕业，那一年身体出了一些状况，在医院住了一段时间，到第二年才去工作。我被分配到纺织工业部生产司毛麻丝处工作，在人脉方面累积了一定的基础，和负责技术方面的一些人也比较熟悉了。但所在的这个单位规模太大了，我觉得自己缺乏实践经验，工作时总是会显得比较生疏和青涩，于是我就和组织反复要求去地方企业工作。

1964年秋天，纺织工业部在苏州召开全国花色品种会议，许多重要的领导人物都出席了。我和苏州那边的同志反映了希望能去地方工作的这一想法，而正好当时苏州需要印染方面的专业人才，年底我就被安排到了苏州丝绸印花厂工作，一直在苏州工作到1974年。因为家属当时都在上海，于是我向上级反映希望可以调去上海，所以在小孩出生之后，我又被调到了上海第一丝绸印染厂。

当时"文革"还没有结束，中学生无法继续上学，每个大型企业都需要接收一部分学生进行培训，所以我厂就办了一个技校。我自己编撰教材，在厂里的技校教了两年书。

1976年粉碎"四人帮"以后，工厂立即把我调去科研组搞科研。第一丝绸印染厂是上海规模比较大的一个工厂，功能设备等方面都比较齐全。1977年，外贸公司提供了一些日本和服里肩花样，花样有龙、虎、鹰等，要求我们制作出来。样品的工艺十分复杂，在日本属于手工的范畴，我们也分辨不出是用何种工艺生产的。当时各方面的条件都十分有限，无法做出很精细复杂的东西，像现在的电子分色之类的技术都是没有的。在这种情况下，我们就开始了漫长的研究工作，采用了多种工艺进行试制。当时我们的厂长是在印染制版方面非常有经验的一个工程师，他带领着我们做研究。我们采取了多种工艺，如网印配合刷印、渗化印及喷印（当时也没有照相制版和新型的制版感光胶）等，最后采用手工丝网印达到了比较理想的综合效果。在这项工作完成以后，我们总共做了一万幅（每幅约2米）和服的里肩，在当时引起了比较大的轰动和反响，得到了国内外的高度评价，《解放日报》记者也曾来拍摄报道。从这之后，工厂的名气也更大了。

我们是国内第一家开发出SF重氮感光胶的厂

1981年，我参加了纺织工业部组织的一次活动。活动上，日本人前来交流，主要是来推广日本的感光胶项目，当时部门指派我去负责和他们联系，于是我就拿着许多资料回来参考研究，开始了丝网印花关键工艺材料——SF重氮感光胶的开发应用研究。该项目的主要内容是合成重氮光敏剂、感光制版乳胶以及胶膜固化剂。该项目于1983年下半年基本完成，获得成功，并在江山市化工涂料厂的协作支持下投入生产，1984年在全国推广。我们是国内第一家开发出SF重氮感光胶的厂。

该感光胶试制的成功，在当时对我国提高丝网印花产品的效果、质量起到了重大的推动作用，如极大地提高了精细度、花型轮廓的光洁度等，同时还可消除原来制版带来的重金属铬污染，获得了网印同行的高度评价。当时丝网印刷行业才刚起步，国内也派了许多人去日本专门学习这一项技术。这个东西在日本卖得很贵，我们的设计在生产出来之后卖得很便宜。

北京印刷研究所在拿到我们生产出来的这个东西后，要求我们发表一篇丝网印刷的相关文章（我在《丝绸》《丝网印刷》发表了相关论文）。后来有一次丝网印刷领域举办了一次全国的交流活动，也叫我们去参加并进行全国性的推广。1984年这个项目获得了中国丝绸总公司科学技术进步奖一等奖。

丝网印刷对于纺织行业中的一些小行业，例如手帕等行业影响比较大。在之前，厂里的丝绸印染和印花技术都是用这个丝网。棉布印花有罗拉滚筒的，也有圆网的。现在各行业打通了，该产品可以用于丝绸，也可以用于棉布，还可以用于纸张、塑料等的印刷。该产品在全国推广应用后，取得了很好的效果。

于是我就着手准备这个项目，做了成千上万次的试验，测定了上千个数据，最终彻底解决了尼龙伞绸印花的难题

20世纪50年代，国内制伞业就已大批量进口印花尼龙伞绸了。国内各个有关单位都进行过研究，但都未能突破关键技术。我厂石中善工程师从"文革"时期就开始研究贴绸的热塑树脂（类似于现在市面上的压敏胶）并取得了成功，但仍不能解决尼龙伞绸印花的难题。

在深圳考察，1985年，深圳

尼龙伞绸印花有一个最大的缺点，就是它的纤维特性和其他的纤维都不一样，它印染的时候是伸长的，而一般布料的纺织纤维印上去是收缩的，这是一个很多年都无法解决的问题。之后，也就是1982年

在上海第一丝绸印染厂办公室，1985年，上海

时我就提出，这个事情不能顺着原来的思路去做，便开始了对印花坯绸在张力状态下的低温预定型的研究，并自制了相应的试验设备。我设想把尼龙伞绸预先拉伸，再将它进行低温干燥，干燥了之后就不会那么快地收缩，在这之后再贴上去、印上去，就不会起泡了。于是我就着手准备这个项目，做了成千上万次的试验，测定了上千个数据，最终彻底解决了尼龙绸伞印花的难题。该项目获得了1983—1984年度中国丝绸总公司科学技术进步奖二等奖。

1989年左右，我要求对人棉织物进行深加工，以提高产品的档次，还对其后整理工艺进行了改革，取得了突出成效。本厂的桑面绸风行市场，

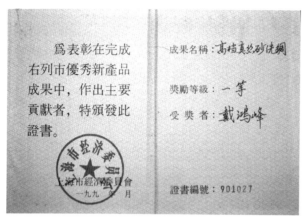

"高档真丝砂洗绸"获上海市经济委员会优秀新产品一等奖，1991年

获得国务院颁发的政府特殊津贴证书，1992年

经济效益突显，获得1989年度上海市科学技术进步奖二等奖。

1990年，我对真丝绸砂洗工艺进行了研究。这个产品是在香港、深圳那边开始做的，那边的染色厂远比我们这里的染色厂要多，在上海，我厂主要是做印花产品。印花有一个很大的缺点，就是在同样一块布料中，里面有深色，也有浅色，还有白色，在砂洗时，通过碱洗和摩擦，就会有大量的染料掉下来，那么白底的、浅色的就沾上了污渍，这是一个比较麻烦的事情。我对我厂真丝绸产品的起绉、砂洗工艺以及有关助剂的开发应用做了许多研究，解决了上述问题。1991年我厂服装出口创汇1000多万美元，在当时12块多人民币等于1美元，因此这个产值是相当高的，在上海也算是数一数二的，起到了一个领头的作用。我们这个项目获得了1992年上海市科学技术进步奖一等奖，这是十分宝贵的，而且也是在同一年，我个人获得了享受国务院政府特殊津贴的荣誉。

采访时间：2015年7月

风雨春秋六十年

侯宗骐

侯宗骐　四川省蚕丝学校原校长

侯宗骐，1959年毕业于西南农学院蚕桑系，被分配到山西省农业厅直属的原蚕育种场，从事栽桑养蚕制种工作17年。1985年任四川省蚕丝学校校长，任职期间把只有蚕桑专业的学校办成了拥有蚕茧收烘专业、制丝专业、丝织专业和丝绸财会专业的全能学校，培养出了大批具有真才实学的技术骨干和优秀干部。该校先后获得"四川省文明单位""省级校风示范单位""全国模范职工之家"和"全国纺织系统先进单位"等荣誉称号。1985年被评为"四川省劳动模范"，1986年被评为"全国丝绸教育系统先进工作者"，1995年被评为"南充市有突出贡献的中青年拔尖人才"，1998年被评为"全国优秀工会积极分子"，1998年被评为"南充市学术和技术带头人"，1999年被纺织工业部评为"全国纺织中等职业学校优秀校长"。连续三届兼任中国蚕丝学会理事、四川省蚕丝学会副理事长、全国纺织职教学会理事和四川省老科学技术工作者协会理事。

侯宗骐

西南农学院历史挺久的，是50年代时由几个学校合并起来的

我生于1937年，老家在四川省南充市。我出生的家庭有点复杂，成分是工商业地主。

新中国成立后一切都变了，我父母有六个子女，供养不起。1949年我在南充读正规小学和初中，初中毕业后就不想念高中了。其他学校都需要自费，而政府照顾技术学校和师范学校，连伙食费都不用交，为了这个我就选择了读技术学校。1952年我考上南充技术学校。当时我很会读书，一般是班上前三名，而且篮球也打得好，很受老师的喜欢。毕业以后国家保送，允许优秀中专学生上大学，所以班上50多个学生，选了10个人参加大学保送考试，考进了9个。

1955年我就去读西南农学院蚕桑系，1959年毕业。这个学校最有名的老师是蒋同庆，国家二级教授。在蚕桑方面有名的老师还有易永、许恩远和韩惠卿。我们学校在西南地区甚至于在全国都是比较有名的，能读大学我很高兴。毕业后我们就是国家未来的高等建设人才、农学家、蚕学家。

西南农学院历史挺久的，是50年代时由几个学校合并起来的（包括云南大学、乐山技术专科学校和四川大学等）。栽桑、养蚕、制种都要学。反右派斗争期间，6个学生被打成了"右派分子"，30多个学生最后剩下了20多个。1959年毕业后，剩下的这20多个学生里，只有7人留在了四川省，其他都被分配到了别的地方，山西地区只有我一个人。我被分到山西省农业厅直属的原蚕育种场，在晋南夏县。

原种场有2000多亩，在当时晋南运城和夏县交界处

山西的蚕跟四川的蚕倒是一样的，就是山西的条件差一点。因为气温低，农民养蚕的量不像四川、江浙，普遍很少。举个例子，比如蚕种，山西蚕种每年只发4万到5万张，我们四川有400多万张，一年的差距这么大，所以山西的产量很少，只有当时晋东南的晋城和高平、陵川、沁水这几个重点县养蚕。我场是1958年新办的。国家要求大力发展蚕业，所以山西省也要办。原种场有2000多亩，在当时晋南运城和夏县交界处。1958年办场，我是1959年去的。场里有1600多亩桑园、100多亩农田，还有几十亩果园、100多亩菜园，非常富裕。我觉得去山西真是运气好。在1960

年，全国很多地方连饭都吃不起的，我在山西却吃得很胖。随便吃，有的是粮食。

山西的蚕种算比较好的，中国农业科学院蚕业研究所派工作组到我们场里来驻过，感到非常满意。山西的蚕种和江浙、四川的相比，只有一个问题，就是由于天气干燥、水分少，蚕卵看起来要稍微小一些。一般江浙、四川的一克蚕卵有1700粒，而山西的一克则有1800粒，但这不影响养蚕。农民养一张蚕种产40斤茧子。后来育种场被改成山西省蚕桑研究所，也生产蚕种。

山西省原蚕育种场既生产普通蚕种，也生产原种。原种就是纯种，纯种再杂交，是一代杂交种，发给农民饲养，所以叫原蚕育种场。场里每年生产四五万张普通蚕种，生产5000到10000张原种，可以满足需要。我场有三个任务：生产蚕种，培养县、乡基层蚕业干部，搞小型实验研究。另外还要挑选全国的好品种进行饲养，看哪些品种适合山西养。

我们有7个大学生待了17年，我入党的时候，蚕桑学校（后改为蚕丝学校）的副书记和办公室主任来调查我，他们看了之后就说：侯校长，你能在那里待17年不可想象。场部孤孤单单一个地方，离周围小镇有五六里地，离县城有20多里地，买点东西都要骑好久的自行车，非常艰苦。我是主要技术员，和工人一样劳动，栽桑养蚕、洗桑匾、消毒，工人做什么我也要做什么，而且技术工作也要我做。场里的生产计划、劳力计划、物资计划、技术处理报告、总结都要我写。场长不懂业务，只管行政。

在蚕种场做17年非常辛苦，我摸过的蚕有上亿条，我一锄一锄挖过的土地有100多亩，我一根一根剪的枝条有几十万根。他们都说我不简单，十几年真的很辛苦，但是我也习惯了。我跟工人关系好，而且锻炼了自己，所以后来我能当好校长。能做好这些事，也是跟之前做的事情分不开的。

学校后面是山，前面是河，我是临危受命吧

1976年我从山西调回南充当老师。因为我当时支气管扩张，经常发病，我们在山西住的那个地方小，又那么远，早晚来去不方便，太辛苦，所以我们还是想回四川。

当时好几个地方任我选。一个是西南农学院蚕桑系，另外三个地方是南充的蚕研所、蚕种场和蚕丝学校，我选择去南充当老师。

我当了9年老师，因我中专读的是蚕校，大学4年又读了蚕桑系，栽桑养蚕，制种17年，非常有经验，教书对我来说轻而易举，驾轻就熟。我也有决心和信心把学到的本事教给学生，因此我教书的效果非常好。直到现在很多学生都以听我讲学为荣耀。我会手把手教他们，他们学出来都技术过硬。他们都很服气，都会认真跟着我学。我很受学生欢迎，而且声名远扬，全省各地都知道我教书教得好。很快我就当上了南充市人大代表，连任四届，后又被评为省优秀教师。我们学校归省农业厅管，要评讲师时，我又被提为评议组的领导组成员，因为我是首批被评为讲师的。我的材料被当作典型、标准、学习材料。而且领导已经暗示要提拔我，在农业厅的时候就要提拔我了，因为上面的领导已经看上我了，要提拔我去当校长。我说当不了，我没有当过官。1982年，四川省桑、蚕种、茧、丝、出口合为一体，成立了四川省丝绸公司，我们是其直属单位。丝绸公司知道我能干，便于1985年任命我当四川省蚕丝学校校长。我没有当过科长、副校长，直接就当了校长。

1913年，张澜创办了南充县立中学和实业学校、高等小学校。在实业学校设立有蚕桑班和制丝班，经过多年发展后，单独设立了蚕丝职业学校，到现在已经有100多年历史了。"文革"时期，学校被迫搬了好几次家，到处破破烂烂的，我任校长的时候，它只有几千平方米的面积，是南充卫生校招待所，根本不具备办学条件。老师们情绪很低落，学校后面是山，前面是河，我是临危受命吧。我当校长16年，

（前排）参加四川省蚕丝学校75周年校庆，1988年，南充

学校每年要评议一次中层干部和校级干部，我经常说，只要三分之一的人不满意，侯宗骐主动请辞，我敢说这个话。如果做不到我还当什么校长呢？

请社会上同行业的专家来上课，我们学校教师质量很高

1985年我上任时，全国丝绸行情还是很好的，蚕桑生产大发展，四川省70年代年蚕茧产量为百万担，80年代提高到200万担，90年代初则有300万担，1995年时有400多万担，出口创汇3亿美元。建设学校、修房子需要钱时，省里都很慷慨，基本都会直接拨款，省财政、省隶属公司都会给我们学校钱。这些领导不是毕业于蚕校，就是毕业于西农的。我们学校门槛很高，也很热门，每次要90多分才能录取。考上我们学校的学生，户口直接"农转非"，毕业出来就是干部，工作是有保障的，学校保证毕业分配工作，饭碗是绝对没有问题的。所以我去要钱，走一圈喊一喊，领导们都会支持我搞学校建设。慢慢地学校就发展起来，房子从不到1万平方米扩大到4万多平方米，学校的设备从价值百万增加到价值几千万。职工的福利待遇也上去了，最高的时候，学校职工每年可以发到18个月的工资。

学校原来只有蚕桑专业，随着社会发展，逐步延伸，增加了蚕茧收烘专业、制丝专业、丝织专业、丝绸财会专业，各种专业全办了。我派出30多位年轻有为的教师，到苏州丝绸工学院、浙江丝绸工学院等大学去进修。另外我还高薪聘请有名的教师，比如要办丝织专业，就把丹东丝绸工业学校编写丝织专业教材的老师高薪聘请过来，请他坐飞机往返。他讲课非常认真，学生学得相当好。要办制丝专业，就把成都纺织专科学校编写制丝专业教材的老师请过来。要办汽车维修专业，就全部从汽车维修厂请人来教。我们是半个月、一个月地上课，不是按正规安排上课，实习就安排学生到工厂实习，我们学习的是日本、美国、加拿大等国的方法。学校的老教师，能留下来尽量留下来，还有地方上的丝厂、茧站、丝绸公司的老专家，我都聘请过来当顾问。我还请社会上同行业的专家来上课，我们学校教师质量很高。我们学科不缺人才，我们用这种方法解决了师资问题。

学校学生规模扩大了很多，从400多人发展到了2000多人，后来经常

（左六）参加全纺优秀校长与职教先进工作者颁奖会，
1999年，北京

保持在1500多人。我们的经费也很充足，省公司、省财政给我们的钱都够用了。一个学生每年要交2000多元的学费，这些招生的钱，省公司分文不取。学校办了蚕种场、织绸厂、牛奶场、花木公司等很多企业。

我觉得，人一定要有所作为

我还拍电视，为啥要拍电视呢？栽桑养蚕是群众性的工作，有很多先进技术，那么怎么教群众呢？四川面积那么大，全省蚕农800多万户，我们管不过来，但拍成科教片就可以，把栽桑养蚕、防病、消毒工作全部拍成电视，群众喜欢看电视。购设备需要60万，公司经理马上就批了，到北京买了好几大箱，我们的设备甚至超过了南充电视台。拍摄的时候，我们负责蚕桑方面的专业把关，南充电视台管拍摄。慢慢地我们自己也学会拍了，成立了一个拍摄班子，我们既拍了片子又赚到了钱，一年赚几十万。他们说侯宗骐不简单，全省这么多年想拍电视都没有拍成，没想到他都做到了。蚕茧部拍不成，蚕研所拍不成，他却拍成了。真的不容易，他们很服气。所以我觉得，人一定要有所作为，我跟我的学生都是这样讲的。你没有作为，其他啥都别想，你做好事情，人家自然会相信你，服你，要什么别人才会给你。这样也锻炼了教师，因为重点的地方他们全部去看了，先进的东西也学到了，同时还改善了学校和地市公司的关系，对提高教育质量有很大帮助。

我是专业学校出来的，我要求学生们能说能干，并且一定要亲自动手去做。我校的主要技术是必须考试的，比如养蚕，要学会解剖蚕卵，蚕卵在催青的时候每天要解剖一次，每天看蚕卵发展到什么阶段，要怎么处理这类技术。所以对于会做的人来说就简单，对于不会做的人来说，就是做不来。每个人必须通过考试，要嫁接、育苗、剪枝、除虫。说起来很简单，但都要考试。每年学校开展技术评比会，举办各种活动，进行奖励、鼓励，大家也积极向上。全国专家到南充来出差开会等，我都会想办法把他们请到学校来跟学生做报告，讲一些蚕桑丝发展的动向及主要的科技问题，以此来启发大家，学校里也因此欣欣向荣。

我还注重对学生语言表达能力的培养。每天晚自习时，我要求学生们先读10分钟报纸新闻，读完之后还要讲读后感。每天晚上5个人上台，随便说什么，不限制，如果不说话，站也要站满5分钟，哪怕做自我介绍也可以，就这样锻炼他们天天说话。开始时很多人都不会说话，慢慢地都锻炼出来了，两三年下来都很会说话了。

我还注重培养学生党员，让优秀学生入党。我们学校毕业的学生好多都升职了。我还帮特优秀的学生推荐好单位、好学校，省一级、地区一级的研究所。向院士是蚕桑方面的专家，让我帮他选几个好学生，他需要实验员，我就答应帮他推荐，挑了一个学生会主席给他当助理。这个孩子很聪明，当实验员，自学大学课程，两年就把大学课程学完，拿到了大学文凭，之后又拿到研究生文凭；后来表现好，被派到哈佛大学去留学，又拿到了博士学位，现在是国家重点实验室副教授，带硕士研究生，非常优秀。

地区里面好多都是我校送去的人才。我能把学生送过去，还能把学生要回来。

在北京人民大会堂参加"五一"劳模招待会，
1999年，北京

如果学生在那边得不到重视、提拔，我就会把他们要回来，他们回来后常常很快就升职了。据我统计，全省180多个县（市、区），都有我校的学生，而且都做得很好。产茧万担的50多个县（市、区），骨干全部是我校的学生，西南农业大学（现名西南大学）、四川省蚕桑研究所、四川省丝绸公司各地市公司的主要领导或者技术骨干都是我们蚕校毕业的。

我在他们这里当顾问，78岁时才完全退休

我本来是1997年退休的，但是省公司不让我走，要推迟退休。公司向省政府打报告破例给我延长了三年，延长三年后又延了一年，所以我是2001年64岁才退休的。我校在四川省蚕桑行业起了很大作用。1999年我校增挂"四川省服装艺术学校"的牌子，一校双牌，被评为国家级重点中专。我是基层工作出身的，喜欢做实事，我们全省180多个县（市、区）的800多万蚕农，每年蚕茧收入是25亿，产丝从每年8000吨发展到20000吨，丝绸企业有700多家，茧站有2590家，蚕种场128个。县级不算，光这些单位都需要很多干部。我们学校培养出来的有近一万人，现在还在工作的有几千人，要是没有这几千人吆喝做事情是不行的。现在是什么情况

（右）在学校，2000年，南充

呢？省里没有蚕丝公司了，有的地区还有，但区里乡里就没有了，管事的没了，茧子也没有好好收购了，没人卖消毒药品了。现在这个学校还有一千多名学生，学校搬到了新校址，因为市里要修一条路，把老校舍占了，他们出钱新修学校，修得非常好。

我的一个学生和原来的丝绸公司总经理合办了一个丝绸公司，办得相当好，他们把全省几个重点县的桑蚕茧经营权买了，如中江县、乐至县、三台县、金阳县，还有六七家丝绸厂，以及房产，办得非常好，年创收近亿元。我在他们这里当顾问，78岁时才完全退休。

回顾一生，我从1959年大学毕业到78岁完全离开这个行业，一晃近60年。弹指一挥间，回首往事，我问心无愧，无怨无悔。我没有虚度年华，没有辜负党和国家对我的培养和教育，我在任何岗位上都是称职的兵。

采访时间：2017年7月

蜀锦，一朵千年不败的璀璨之花

胡玉端

胡玉端

胡玉端　四川省丝绸科学研究院高级工程师

胡玉端，1957年毕业于四川省纺织工业学校棉织专业，1957—1959年去苏杭两地进修丝绸织造技术，1960年分配到四川省轻工厅轻工研究所，分管情报工作。轻工厅分家后，留在纺织厅。

之后，主要从事蜀锦品种、工艺和织物组织的研究。1986年起先后帮助乡镇新建井研县第二丝绸厂及三江丝绸厂。2015年指导民间花边传承人用丁桥织机成功复制出新疆出土文物《舞人图》（两色平纹经锦）。"蚕丝吸色性能"的研究为绸厂、丝厂原料排序提供了理论依据，对提高染色绸的质量起了一定的作用。"蜀锦传统工艺的开发"获纺织工业部1983年度科技成果奖四等奖；"苎麻混纺和桑绢苎麻混纺产品的研究开发"获四川省1985年度科技成果奖二等奖。1984年在四川省峨眉山市《中国纺织科学技术史》定稿会上，提出"古代蜀锦可以用多综多蹑织机织造"的观点，获得大多数人的认可。发表多篇论文，其中《经锦织造技术的探讨》（《四川纺织科技》1980年第2期）被四川纺织协会评为优秀论文。

1976年纺织工业部安排了关于蜀锦的"传统工艺的开发与研究"项目

我1937年7月出生于四川省井研县农村，新中国成立后才就读于正规小学。小学毕业考中学，虽然考了县里第一名，但由于家庭贫寒无法上学，只好到离家一百多公里的乐山五通桥中学读书，靠叔父的资助，坚持读完了中学。

由于纺织工业学校有全额助学金，我便于1954年考了四川省纺织工业学校棉织专业。因四川要发展丝绸产业，毕业后全班又改学丝绸专业。1957年我们20多人被派到苏州新苏丝织厂和振亚绸厂实习半年，1958年到杭州都锦生丝织厂学习织造技术。实习的两年多时间里，我们不仅学习了丝织专业的理论知识，而且到各工种跟师学艺，达到顶岗上机的水平，为后来的工作打下了坚实的基础。

1960年回四川后，我被分配到了轻工厅轻工研究所，负责全省科研技改项目的管理，我重点分管情报工作，还参加了中科院举办的全国第一期情报培训班。

后来轻工和纺织分开了，独立出一个纺织厅，我留在了纺织厅研究所从事情报工作，没有承担具体的科研任务。1963年我调到科研室后，才开始接触科研项目。"文革"中，科技人员都被下放到车间劳动，顺便搞些研究，我先是搞了一个"苘麻和柞蚕纤维的研究"，建立了一个织绸研究实验室。

1976年纺织工业部安排了关于蜀锦的"传统工艺的开发与研究"项目。英国人李约瑟写了一部《中国科学技术史》，周总理指示：为什么中国人的科技史要让一个外国人写，中国人为什么不自己写自己的科技史呢？他要求各个部委组织专家写科技史。四川省在全国而言学术能力并不雄厚，所以在部里没有四川人员参与科技史的编写，只是给了四川这个项目，由万德惠担任课题组组长，肖晓华、王菊芳两位同志协助我负责蜀锦品种、工艺和织物组织部分的研究。蜀锦已有几千年的历史，《诸葛亮集》里提到："今民贫国虚，决敌之资，唯仰锦耳。"这说明蜀锦在三国时已成蜀国支柱产业。有专家研究称，当时蜀锦产业可以说已占到蜀国国民生产总值的40%到60%，并设有专门的作坊。

厂里找到一些民间老艺人，恢复了一台花楼织机

新中国成立后，成都的个体手工业者合作组建了蜀锦厂、丝绒厂和东方红丝绸厂，南充、乐山、阆中等地区的很多绸厂都生产一般的锦缎，对现代蜀锦的产品风格、织物组织、生产工艺，课题组同仁是熟悉的。而出土的实物，仅有成都市文物考古研究所提供的明代"落花流水锦"，而蜀锦有几千年的历史，绚丽璀璨的古蜀锦是什么样子，是通过什么技术方式、什么设备生产的？

带着这些疑问，我们三个同志查找了当时四川能够查到的所有资料，比如到省图书馆、省博物馆、四川大学博物馆查询，走访当时健在的老艺人，查阅古籍、图片、家藏实物等。那时候整个项目的经费很少，条件很差，采访时连照相机都没有。所有获得的资料我们只能用手抄、描图的方式记录，光整理的笔记大概就有五六十万字。从这些图片、文字资料中，我们初步归纳出，中国织锦在唐代以前为经线起花，组织是平纹变化组织，多数为平纹排列，有的是斜纹排列，纹样沿经向很短，仅几公分，且经密很大；而沿纬线方向却左右对称，有的横贯全幅。整幅以经丝不同色彩来显现花纹，不分花

参加"蜀锦国家标准研讨会"，2016年，成都

参加"四川蜀锦继承发展研讨会"，2019年，成都

纹和地纹，织物组织结构完全相同，全幅色彩十分丰富，这种产品风格沿袭了1000多年。虽然考古出土了许多实物，但我们看不到实物，在民间找不到类似风格的产品。

这个问题困扰了我们一年多的时间，我们上下班都在讨论，以现代丝织工艺也是无法生产出这样的经锦来的，因为纹样横贯全幅，总经丝数达上万根，每一根经线都要进行不同的运动。从流传下来的花楼织机来看，小花楼480根櫑线，大花楼960根櫑线，所以不可能吊上万根环综，用现代的纹版织机也无法生产。

我们那个年代还没有数码提花机。当时蜀锦厂也是我们的一个协作单位，蜀锦厂有个电子提花机的研究项目，尚在研发初级阶段，但我们的研究被难住了。当时厂里已经停止了手工生产，都使用现代织造设备。于是，厂里找到一些民间老艺人，恢复了一台花楼织机，还抽调了两个技工来专门学手工提花织机，虽然能恢复纬锦的织法，仍不能解决古代织经锦的工艺要求。从事纺织研究、品种设计的人都知道，每件纺织品都带有它当时的生产设备特点和工艺技术路线的时代烙印。

新中国成立后生产织造的蜀锦有月华、雨丝、方方锦、云龙八宝和百鸟朝凤等产品，国家领导人出国访问时将方方锦等蜀锦作为礼品赠送给外国友人。这些织锦从织物组织的角度来看，除了有彩条熟织这个特点以外，我觉得和现在的织锦相似，只是后来大家用作被面的少了，基本上就不生产了，后来织的都是一般的软缎类产品，像苏杭地区的花软缎和织锦缎等类似产品。

我们再也找不到以前经锦那种历史风格的产品，但不管色彩怎么变化，每件纺织品总离不开织机的特点。比如我们现在的无梭织机、剑杆织机，或是喷气织机和喷水织机做出来的产品布边是毛边，有梭织机织出来的一定是光边，无论原料、组织、花色怎么变，绝对如此。

代金如家生产的一种"五朵梅"花边，用的是32片综32根躐

古代提花织机又是什么样的呢？这个问题困扰了我多年。一直到1979年6月，我经过一个菜地时，看见一对进城拉肥料的农民夫妇，女的围了一条围腰，围腰的腰带和经锦的组织非常相似。我当时很感兴趣，问她这个腰带是在哪里买的。她说娘家那边有人做这种腰带，我当时很开心，因为终于找到了经锦组织的织物，只要找到了织物就能找到生产的织机，并且能找到它的生产工艺。

当天，我们赶去中和镇，看到一台手工织机正在织脚带，就是少数民族用来绑腿的带子，带子的织物组织和两色经锦的组织完全一样，红黄两色。织工介绍我们去中兴镇，说那里有一种叫"丁丁脚"（丁桥）的织机，他们的综片更多。我们马上去了中兴镇，首先见到一个裹着小脚的织工老太太唐大娘，她介绍我们去找织花边的师傅代金如。代金如就住在中兴公社反帝大队，已经70多岁了。我们查资料时就发现《西京杂记》记载有50综50蹑和60综60蹑的织机。当时代金如家生产的一种"五朵梅"花边，用的是32片综32根蹑，最大的特点是一根经线穿很多片综框的综环，这是在当时的中国乃至其他国家的纺织教科书上所没有的，而且在历史上也是失传了的，我们查过《天工开物》等古籍，其中都没有类似记载。

当年9月，课题组到北京调研，我们把访问代金如的情况带到了中国社会科学院考古研究所，接待我们的是王㐨。我非常感谢这位老前辈，敬佩他在这方面的丰富学识。他平易近人，热情地接待了我们。

听完我们的介绍后，王㐨说这是一个很重要的发现，并帮助我们拟了调查提纲，告诉我们在调查中的注意事项，叫我们赶快回去写一份调研报告送到纺织工业部去，他推荐我们去纺织工业部的纺织史编写小组。后来我就把我们在四川发现的多综多蹑丁桥织机、一经穿多综的织造工艺及生产的产品向编写小组做了汇报。

纺织工业部纺织史编写小组的成员都是专家，比如周启澄，还有朱新予、赵承泽等都是老前辈，学识渊博。陈维稷部长还接待了我们，鼓励我们回去后把这份调研工作做好。我们回来后跟所里的领导汇报，领导也支持，因为仅靠我们三个人的力量远远不够，就把课题组的王君平和周祖宛调过来，和我们一起成立了一个调研小组，在中兴公社住了整整一个星期。

我爱人陈廷玉是计划科的，一起参加了这一次的调研工作。我们花了半个月时间就把调研报告写出来了，发表在《中国科技史资料》第一期

（上部）上。

在此之前，纺织界跟考古界对古代的织锦技艺有争论，当时最早提出一经穿多综的是中国社会科学院考古研究所夏所长，他是在分析新疆出土的锦鞋面料时提出来的。他在文章中

（中）参加"丝路之魂"座谈会，2016年，成都

画了一经穿多综的上机图，同时文中又怀疑多根踏杆合理操作的可能性。搞纺织的人都知道，一根经线哪能穿那么多片综的综丝，不管是花综还是素综，都只穿一片综上的一个综眼。纺织界不赞成夏老的设想，却也无法说明古代经锦的生产工艺，这种争论把整个经锦的研究带入了一个死胡同，所以对出土的汉代经锦的研究就无法深入下去了。而这次我们找到了一经穿多综的实例，这就好像在一个池塘里丢下了一颗小石子，打开了一个新世界——原来民间还存在这种织机和这个织法。丁桥织机在代家传了六代，他们保存下来的最珍贵的是它的上机工艺，也就是一经穿多综的方法和脚踏板上竹钉的排列。

民间的丁桥织机，生产的产品是平纹或缎纹地上起经浮花，也有经、纬线同时起花的"花边"，它的织物组织和经锦的织物组织完全不同，直接用丁桥织机是织不出古代经锦的。

我提出的"古代蜀锦可以用多综多蹑织机织造"，得到了90%的人的赞成

我在分析经锦织物结构的基础上，根据丁桥织机的结构、穿综特点和上机工艺，写了一篇《经锦织造技术的探讨》的论文，设想用多综多蹑丁桥织机和一经穿多综的原理复原古代经锦，我还为经锦的复原画了一张草图，设计了一个基本的模型。该论文为以后经锦复原的研究起了个抛砖引玉的作用，该文在《四川纺织科技》上发表，当年被四川纺织协会评为优

秀论文，后被多篇文章引用。

调研报告写出来以后有一个小插曲。因为我的文中有一些论述与夏老前辈不同，还驳斥了他的一些观点，我当时初出茅庐什么都敢说，单位怕引起一场学术争论，就不准我们用科研所的名义发表，只能以个人名义发表。这个调研是我做的，调研报告也是我执笔写的，织机示意图是同事王君平画的，我自然要第一个署名，王君平第二个署名。我爱人撰写了调研提纲并全程参与了调研工作，他第三个署名，另外两个同事署名第四和第五。由于观点比较尖锐，如果出了什么问题主要责任人是我，检讨自然由我承担。后来，有些人看到我是第一作者就不服气，说我领了"头功"，我只好把领导在调研报告上的批示要求给他们看，才平息了这场风波，为此我受了不少委屈。

调研报告在发表后首先得到了《中国纺织科学技术史》编写小组专家的重视，他们特邀我参加1984年4月在四川省峨眉山市召开的《中国纺织科学技术史》定稿会。会上，我提出的"古代蜀锦可以用多综多蹑织机织造"，得到了90%的人的赞成；上海纺织科学研究院的高汉玉老师坚持认为应用束综制造。在《中国纺织科学技术史》里，我们两人的观点都被收录进去了。会后，浙江丝绸工学院的朱新予院长、华东纺织工学院的周启澄教授和自然科学史研究所的赵承泽研究员托我帮助购买多综多蹑丁桥织机，同时委托我邀请该技艺第六代传承人代有权夫妇去浙江丝绸工学院安装调试并演示丁桥织机的生产技艺。至此，我们团队在该项目中的发现和研究成果，引起了大家的重视和深入研究。日本、韩国的学者不断来四川考察研究丁桥织机技艺，但是我们四川不大重视这个研究，包括蜀锦厂也不重视。

我第一次去中兴公社调研的时候，反帝大队还有300多台织机，整个中兴公社包括劲松大队有700多台织机，当时还有一半多在生产，生产中所需要的经线和纬线由东方红绸厂提供，成都纺站收购后再销售到少数民族地区。纺织业是当地的主要副业，所以从业的人员很多。

2015年我再到中兴时，一台织机都没有了，以前农家院子大，可以随便存放织机，但后来农民进城搬进了楼房后，城里房子小，织机又很占地方，所以很多人就把它们扔了或者拆了。现在成都博物馆想找一台老织机做陈列品都找不到，到处拼凑着才找了一台。在市场经济的情况下，四川要承担这样的研究项目，地方是不提供研究经费资助的，工厂更不可能做无经济效益的项目投入。这是令我很伤心的事情！

那时候我的工资40多块钱，有次去阿坝出差，花了三个月的工资从藏民手里买了一台腰机，是多综多蹑丁桥织机的前身，它织的是两色平纹经锦。我因承担的科研任务重以及为省内新建的多家丝织企业做设计，没有时间去分析。但有空闲时间我总是拿出来看看，想把老祖宗的智慧分析理解清楚，了解他们当时是怎么做的。里面有很多值得我们学习的东西、值得探索和研究的地方，但是我们对老祖宗的智慧在理解上还有很大距离。

成都有锦江、锦里，锦江还叫濯锦江。锦是熟织物，为什么织了后要拿到河里去洗呢？是不是这里面有什么工艺秘密值得我们去探索？比如近几十年出土了很多经锦，对经锦织物的组织结构特征却众说纷纭，有的讲是经重组织，更多的人则认为"两色"就是"两重"经锦，"三色"就是"三重"经锦，"五色"就是"五重"经锦，更有甚者说是"七重"经锦。这是一个误区。认真分析经锦的组织结构可以发现，不论两色、三色、五色，在经浮花下背衬的都是多头平纹。认清了这个基础，在复原古代经锦时，我们可在工艺上简化很多东西。

2015年，我曾指导代如金的儿子代有权，教他了解经锦和花边的区别，花综、地综的不同作用，在丁桥织机上用一经穿多综的原理，再结合藏族艺人用腰机织两色平纹经锦的穿综方法。他带着一个从未接触过纺织的学生，大概只花了一个月时间，就成功复制出了新疆出土的《舞人图》两色平纹经锦小样，非常顺利。

纺织文明与农耕文明是两大古老的中华文明，源远流长。纺织不仅影响了中华文明，还推动了世界文明的发展进程。几千年间留下了众多精妙绝伦的纺织产品。纺织的工艺技术影响深远，比如2012年在成都老官山汉代古墓出土的一钩多综式提花机表明，人们在西汉年间就采用了杠杆原理，打孔提花纹版采用了二进制计算原理，这与现代的计算机原理是多么相似啊。我虽年迈，仍在不断探索中国纺织技术的发展、织机设备的变迁过程。希望纺织同仁们，特别是年轻的纺织工作者，不要把纺织产业看作夕阳产业，先人们留下了许多宝贵的东西，需要你们去传承，去发掘，去抢救！2010年前后，我曾多次接待一位日本博士，她到中国读研、读博，就是要找寻最适合生产日本传统腰带"博多织"的织机。"博多织"是一种平纹地上起经浮花的织物，日本工业虽很发达，但数百年间都未解决花经和地经的织缩问题，而丁桥织机上一根小小的但能自由下落的竹棍解决了她的问题。她在博士论文中更是阐述了成都的丁桥织机是最适合日本"博多织"的织机。

绢麻混纺的研发成果为四川后来的混纺产业提供了技术支撑

1982年，我做了一个省科研项目"苎麻混纺和桑绢苎麻混纺产品的研究开发"，形成了较大的生产力，在麻纺设备上纺出了100支纱，突破了麻纺精纺机的最高设计数，获四川省1985年度科技成果奖二等奖。

当时主要提倡真丝产品外衣化，但是真丝产品比较贵，做厚了成本很高，而麻比较便宜也很硬挺，做夏季服装服用性能好、透气性强。我曾经把我的产品买来做了一条裤子，如果你穿过棉裤子或者化学纤维裤子后，再换那条苎麻混纺裤子，就会感觉非常凉快而且很挺括，就算穿一个星期，前面的褶印也还在。重庆市现在还在生产这类产品。绢麻混纺的研发成果为四川后来的混纺产业提供了技术支撑，绢棉、麻棉、绸棉等混纺产业如雨后春笋般发展起来。

我还承担了"蚕丝吸色性能"的研究项目。当时省里的染色真丝绸由于色差问题，合格率很低，但四川阆中丝厂染色丝绸的合格率能够达到95%以上。这个厂的丝绸技术不及南充绸厂和其他的一些老厂，但为什么合格率这么高呢？我们调研后发现，他们厂做的是庄口专供，有做经线的，也有做纬线的，哪怕是达到5A级丝的标准可以出口，他们厂都不做出口，而是把丝用在绸上面。他们有特定的庄口来做经纬线，所以我们收集了60多个不同品种、不同季节、不同产地的蚕茧，单庄缫丝织绸，最后做成染色绸色谱，发现不同庄口严重的色差达两级以上。这项研究为绸厂、丝厂的原料排序提供了理论依据，对提高染色绸的质量起到了一定的作用。

此外，我还承担了多个科研项目，如烂花绸、重磅真丝绸、少数民族专用绸等相关项目。

1986年，我被派到乡镇的新建丝绸厂做工艺设计、人员培训、设备选型、安装调试、生产运营。我带领一个十多人的技术服务团队在乐山地区井研县待了六年，建成井研县第二丝绸厂，在其正常运行后回到所里继续进行科研、经管工作。一年后应井研县请求又带领技术团队新建三江丝绸厂。在技术服务期间，我和我的团队吃住都在厂里，不仅把刚放下锄头的农民培养成各工种的产业工人，还为工厂培训从班组到生产厂长的管理人员。现在当地有20家纺织厂，其中有18家的厂长是我们带出来的徒弟，他们已是纺织行业新的领军人才，管理着上千台设备、数十亿的资产。纺织行业已成为该县的支柱产业，不仅解决了当地农民的就业问题，还为国家创造了利税，既富了国，又富了民。

我一生从事纺织事业，热爱纺织事业，可惜直接从事技术工作的时间有限，对纺织行业特别是丝绸行业贡献不多。丝绸是中国的伟大发明，不仅历史悠久、文化深厚，而且技术先进、工艺精湛、艺术璀璨，是中华传统文化的一块瑰宝。我虽年迈，丝绸的情怀仍然难以割舍，还想为她做出力所能及的贡献。

采访时间：2017年7月

毕生致力于丝绸纺材的研究

李栋高

李栋高

李栋高　苏州大学材料工程学院教授、博导

李栋高，1958年毕业于华东纺织工学院织造专业。主要从事纤维资源的开发与利用，新材料与纺织新产品的研制开发，纤维材料学与CIMS技术的应用，以及感性工程技术与科学的研究。曾参与苏州丝绸工业专科学校、苏州丝绸工学院丝绸专业的创建工作。国家级新产品"三异型涤纶牵伸网络丝"（20世纪90年代与银川涤纺厂合作开发）获江苏省科学技术进步奖三等奖，"蚕丝变形丝纱的制造方法"于1990年获国家发明专利授权，"宁夏蚕性状分析与优化利用"获苏州大学2001年度科学技术进步奖二等奖，"生物防毒织物的研究"获苏州大学1998年度利苏奖。1992年"真丝绸的结构与服用性能"经纺织工业部鉴定达到国际水平。1996年"宁夏蚕丝生产试验示范及综合开发研究"经江苏省鉴定为填补国内空白的研究。1994年编审出版了《丝绸材料学》教材，著作《纺织新材料》及《丝绸的结构与风格》由中国纺织出版社出版，在国内外发表论文80多篇。1997年应聘担任国务院学位办、研究生学科专业目录、专业简介编案组和纺织学科专家组成员，曾兼任四川依格尔纺织有限公司高级顾问、宁夏回族自治区科委高级科学技术顾问、西安工程科技学院客座教授、海南琼中黎族苗族自治县蚕桑产业发展研究院名誉院长。

那个时候我们没有纺织材料课，丝绸学科不重视纺织材料科学

我出生于1937年，老家在江苏镇江，我母亲是搞染织的，家里有一个小布厂。我是1958年从位于上海的华东纺织工学院（华纺）毕业的，毕业以后被分到苏州。那时候苏州大学还不是大学，只是个专科学校，我就做专科的老师，专科就办了两届，国家困难时它就停办了。后来苏州丝绸工学院成立了。我当时学的是织造专业，到了丝绸工学院以后一开始时也是教织造专业，后来教的课很多了，有几十门课，主要是基础学。我也是从助教做起的，开始跟一个老先生——詹启芳老师，跟他做助教。本来学校没有丝织专业的，丝织课只是作为一种辅助课，后来我把它变成基础课，再变成专业，这样就可以把丝绸作为特色来做。我校是以丝绸为主的，可是我学的是纺织学，不是丝绸，所以我就把纺织学院的基础课和丝绸的基础课结合在一起，把丝绸织造搞起来，成立了丝织专业。我把这个专业搞成了特色专业。

那个时候我们没有纺织材料课，丝绸学科不重视纺织材料科学，也是我把它作为一个课程开出来的。华纺的这门课在本校开出来之后就变成了自己的特色课程。我们把原料这块做大，后来变成了原料课程，再之后原料课就变成纺材课了。这个很不容易的，这是个革命的过程。当时大家根本不重视，因为大家觉得做丝绸的就是匠人，没什么的。后来纺材变成一个主要的课程，而且我们把纺材做成了特色。即使现在纺材不是主要的课程了，但是这个特色，在整个纺织界里面还是很有名气的。我们搞成自己的一套，就是以丝绸为主，搞成自己的特色，我估计现在再做是很困难了。大家很尊重丝绸这些特色。假设把这块特色拿来讨论，那丝绸是很突出的。这是我们几十年来努力的方向，应该说现在已经成功了。

纺材这个课程从"文革"以前就开始了，"文革"时这个学校没关，丝织专业把这个学校挽救了。就是因为保留了这个专业，我们保留了两届学生，一起有五六十个学生吧，于是我们就把这个专业保下来了，后来专业就变大了。

真正的马海毛是很细的，很弯曲的，很高级的，这是普通的羊毛做不起来的

科研项目方面，我就是从理论的角度搞一些课题，一般比较深入透彻。首先从双绉搞起，平纹结构的。平纹结构一般来讲很简单，就是经纬交织在一起，但丝绸不是的。丝绸平纹中的经纬丝不是直的，是立体弯曲的，丝绸本身是弯曲的，不拉它，它不会直，所以怎样形成弯曲的一个形状，这是我们研究的主要方向。好比双绉，双绉是平纹组织，按道理很简单，就是平的嘛，但双绉不是平的，双绉就是弯弯曲曲、高高低低的。怎么来的呢？生丝绝对不可能是直的，而是弯曲的，它是周期弯曲。生丝截面是圆的，你把它拉直，再松掉形成一个一个圆圈，但每个圆圈不是一个组合，每个圆圈有很多组合在里面，我后来就专门研究这个丝绸的结构。后来我把这些写成书，使它成为一门学问。

关于马海毛纤维这个研究呢，其实马海毛是中国的，中国是马海毛的故乡。这个马海毛并不是全部的毛都可以用，有一种毛是可以的，这种羊毛是弯曲的，它可以很细，也可以很粗。通常好的羊毛是很细的时候采集的，但细的都是长的，细度和茧子差不多。这个毛是很有特色的，它是很长的，截面不是圆的，是三角形的，可以有三角形的截面，怎么样也不能跟普通毛一样。马海毛之所以好就是因为它是细的，羊毛一般都是很粗的，只有马海毛可以很细，很细就能用，这也就变成一个很高级的羊毛，所以真正的马海毛是很贵的。但是马海毛也有问题，它不能很长。丝绸可以利用它。我可以利用这个截面，纤维的截面变成三角形，可以把蚕丝切成很短，这是我能做的。用蚕丝去纺羊毛，这就是最理想的做法。

蚕丝最有价值的地方，我认为是在混纺上。现在才刚刚做，估计还要一二十年才会成为现实。现在是少量用，只是作为点状来使用，将来我们可以把蚕丝做成羊毛来卖，可以卖很高的价钱。我们曾经尝试过，这种蚕丝可以很细，可以切成很短的。可以拿羊毛做，也可以拿蚕丝做。那为什么叫马海毛呢？这就是一种羊，就是马海羊，在它小的时候毛可以用，量很少，马海毛很少。这个长度是不如羊毛的，很短。现在拿蚕丝做羊毛有问题，它是不能弯曲的，但是我可以想办法让它弯曲起来，可以做成像羊毛这样弯曲，这就非常好。真正的马海毛是很细的，很弯曲的，很高级的，这是普通的羊毛做不起来的，但可以用真丝做，蚕丝完全可以做，而且在我看来这是用废丝做的，将来的发展就是把真正的蚕丝切短来做。我在海南搞的试验就是这个试验。

退休后，我一直在海南那儿搞试验，海南比江浙一带的蚕丝产量起码高四倍，产量非常高。我在海南搞蚕丝，已经搞起来了。其实海南将来发展丝绸是非常有前途的，因为它一年到头养蚕，这是不容易的。

化学纤维和天然纤维是完全两样的，尽量想办法模仿到差不多，但是也没有办法真正取代

仿真丝纤维我也做过，可以用化学纤维做，也可以用普通纤维做，但主要是用化学纤维做。就是仿几个形状，本身断面、透明度或者界面的规整性，变化一下来做。这个做出来毕竟是化学纤维，化学纤维和天然纤维是完全两样的，尽量想办法模仿到差不多，但是也没有办法真正取代，它还有很多特别的毛病。我们现在做的跟真丝很像，但是真正取代蚕丝是不行的。涤纶仿真丝大家可以做得很漂亮，也可以做得很像，感觉很像，这个已经比蚕丝细了。单个茧丝只有2—3旦尼尔，我可以做到0.7旦，做到0.7旦以下也可以，但是过细也不行，过细没有丝绸的骨骼也不行。这个东西和蚕丝到底是不一样的，性质上还是有差别的，我可以做得很像，可是有一些缺点，没有办法克服。

三异涤纶形的长丝是用涤纶做的，三异嘛，无非形状上有些不一样，或者是截面不一样。截面形状本来是圆的，我做成了三角形的。蚕丝不是标准三角形，是各种各样的三角形，有60%是三角形，40%是普通形，这个天然的和人造的总之是两回事，我们只能模仿，不能做到全像。模仿到最后，也只是接近，毕竟还是有些差别的。由于本质上不一样，涤纶丝和真丝是不一样的，真丝的衣服穿在身上很舒服，它吸湿什么都可以，但是那个涤纶丝的不行。我们可以做得很像，做到比真丝的更细，看起来跟真丝差不多了，但实际穿起来却不一样。我有一个研究叫"丝绸光泽与形态结构的关系"，我们都说这个纤维的光泽度对视觉起了一个很大的作用。关于纤维的光泽与形态，首先以涤纶为例，因为涤纶这样的形状很多，这个形状是可以做成与真丝相似或接近的，或者一样，或者完全不一样，都是可以的。问题是，我们可以看出来双绉的外形颜色是一样的，比如说我们做成0.5旦的、0.6旦的，看起来颜色样子差不多，但是实际不行，这样的纤维太软，真正的纤维就是要和蚕丝一样，也就是0.9旦。但是这样的仿蚕丝也达不到上述的要求，你要颜色相近就得更细，仿蚕丝就得觉得更像蚕丝。

在国产仿真丝绸新工艺学术市场开拓研讨会上发言，
1991年，广东

（右）赴巴西考察蚕桑，2000年，巴西

有一个办法就是混纤，就是有粗一点的、细一点的，这个摸起来差不多了，这也是个改进的办法，这些改进的办法我们都在做，但是都没有什么更大的前途。虽然效果还是不错的，我们把它做成了混合的、颜色多样的，但是这个后来大家感觉不能接受，不值得去进行更新。

关于生物防毒织物的研究，当时是有很多的，我现在都忘记了，这是好多年之前搞的，但是它的洗涤效果比较差，一洗就可以把它洗掉的。假如说不洗的话，那是有用的，效果很好的，但是洗的话就受影响了。把这个涂剂涂在丝绸上，涂在衣服上都可以，效果都可以，我们也曾经在军事上试验过，但是后来没有持久做下去。

（左一）参加纺织学术界权威组织的博士论文答辩，
2003年，苏州

我还搞过蚕丝仿羊绒纱产品的研制。因为我发现现在冬天的很多围巾都是蚕丝仿羊绒的，摸上去和羊绒制品一样，但实际上是蚕丝的。

我申请的专利有三五个吧，但我自己都忘记掉了。在教材方面，我出版了很多书，有二三十本书吧，《丝绸材料学》《纺织新材料》这些都是我参与主编的。以前出的书都不可以署名的，很多都是不署名的，到后来可以署名了。

我自己喜欢的面很宽，但是在学校里的时候，还是比较保守的。退休以后我也出了好多书，在真的可以自己出书的时候，我出了好多本书。

采访时间：2014年8月

毕生致力于家蚕基因的研究

向仲怀

向仲怀

向仲怀　西南大学教授，中国工程院院士，家蚕基因组生物学国家重点实验室学术委员会名誉主任，原西南农业大学校长

向仲怀，1958年毕业于西南农学院蚕桑专业并留校任教。1991年起任西南农业大学蚕桑系主任、蚕桑丝绸学院院长，西南农业大学校长，西南大学蚕学与系统生物学研究所所长。毕生致力于蚕桑教学科学研究，主持建成国际最大的家蚕基因资源库，研究发现家蚕新基因20余个，构建了家蚕全套染色体检索系统和全套染色体标记的近等位基因系。先后主持育成推广家蚕新品种三对。"家蚕种质资源库"获国家1994年度自然科学奖四等奖；"家蚕基因组的功能研究"获国家2015年度自然科学奖二等奖；"家蚕基因库、基因分析及其应用"获四川省1991年度科学技术进步奖一等奖；"家蚕优质高产新品种'夏芳×秋白'的研究""家蚕基因组框架图""家蚕突变基因研究"分别获重庆市1996年度、2006年度、2010年度自然科学奖一等奖；2005年"家蚕基因组框架图"获日本蚕丝学会特别奖、香港何梁何利基金会科技进步奖和香港桑麻基金会纺织科技大奖，1997年获

中华农业科教奖。2003年完成世界上第一张高质量家蚕基因组框架图，研究论文《家蚕（*Bombyx mori*）全基因组框架图》在《科学》（*Science*）杂志发表；2009年主持完成40个基因组的重测序，研究论文在《科学》（*Science*）杂志发表；2013年完成微孢子、桑树基因组计划，桑基因研究，论文在《自然通讯》（*Nature Communications*）杂志发表。主编《家蚕遗传育种学》《中国蚕种学》《中国蚕丝大全》《蚕丝生物学》《蚕的基因组》《桑树基因组》《家蚕转基因技术及应用》等多部学术专著，发表学术论文200余篇。曾兼任国务院学位委员会委员、中国蚕学会理事长、农业部蚕学重点开放实验室主任、教育部蚕学与基因组学重点实验室主任、国家蚕桑产业技术体系首席科学家。

曾荣获"全国先进工作者""全国农业科技先进工作者""全国优秀教师""第三届孺子牛金球奖""第一届中国教育基金香港柏宁顿金球奖""重庆直辖10周年建设功臣""重庆市科技突出贡献奖""振兴重庆争光贡献奖"等多项荣誉称号和奖项。2006年获全国茧丝绸行业终身成就奖。

就这么一来，农民的产量马上从5公斤增加到二三十公斤。这种病在国内是第一次发现

我1937年出生于涪陵。我从小读私塾，读四书五经，私塾出来就去读高小。1948年考上了涪光中学，读初中。1951年初中毕业时，我看到一本宣传苏联的书——《伟大的自然改造者米丘林》，于是进入了涪陵农校学习。农校是从一个老的学校恢复起来的，师资不错，土地也多，当时老师教种番茄育苗，讲到什么嫁接呀，我觉得很新奇。当时我想，如果番茄和洋芋嫁接，上面结番茄下面生洋芋，应该很好玩，我就去做，桃子什么的芽接我都去试了。在农校的系统学习，特别是对米丘林遗传的学习，使我对农学产生了浓厚的兴趣。

1954年，我从涪陵农校毕业。当时学校可选送一批人参加高考，我们班里20多个学生选了3个，我是其中之一。我考入了西南农学院蚕桑专业。那时整个学校也就只有700来人。学校的设施这一块还是非常好的，

学校当时全是新建的，房子都是按苏联的样子修的，学生宿舍是5个人一个房间，宿舍里有衣柜、书架。学习都是按苏联的教育模式来的。

四年我学了三十六七门课程，那个时候的教材比较少，有些是老师自己编的。1954—1956年这三年学基础、学专业课，受政治运动的干扰不多。1957年反右派斗争开始时，我们已三年级了，从3月下旬开始就出去实习两个月，在北碚蚕种场，课程学习没受影响。四年级到农村实习，我们分别去两个地方。那个时候我是班长，还有一个书记，我们两个当组长，各带一半同学到农村进行生产实习。老师把我们带过去，交代好后就回来了，之后全是我们自己管理自己。我去的是合川铜溪，即现在的合川农场。后来毕业实习一回来等待分配，我被派出去搞蚕桑发展规划，我记得到江北搞土壤普查时，侯光炯教授还是领队。1958年我毕业留校，1958年年底下放到南充，这是一个老蚕区，我在下面带学生，跟学生一起劳动，学大寨，学挖地。

1959年3月，我参加了省蚕病工作组，到射洪县金华蚕区搞蚕病研究。参加人员有四川省农业厅的、四川省农科院蚕研所的，还有西南农学院的。因为四川也是棉区，比如三台、射洪、盐亭这一带既是蚕区也是棉区，这些县每年的春蚕都发生灾害性的流行病，有的是全军覆没，平均一张蚕种只有5公斤茧子，正常应该是30公斤。

但那是什么病我们一直搞不清，因此省里在1958年成立了一个蚕病工作组进行专题研究。我是后来参加这个组的，我们的研究工作，首先是每日到各个养蚕室查看病情，把病蚕标本一个一个地编起号来，查看病蚕的形态，病变是什么，状态是什么样，详细检查比较，还要把病蚕拿来培养病原菌，看是什么病原菌，发病过程是怎样的。到5月初，全公社第一批蚕几乎全部死掉了。这个蚕病有个规律，从蚁蚕开始发病，但从头到尾我们都不知道它们是怎么死的，看也看不见，慢慢地蚕就没有了，在3龄前都死了。

开始时，蚕病工作组的人都在那个地方。但蚕从1龄到3龄都会死，反正过不了3龄，因此一些工作组的人在1龄、2龄时差不多都因事走了，只剩下蚕研所的夏儒山和我两人。我带着显微镜，负责观察病蚕，他负责接种和病原培养。有一天下午我照例坐在门槛上，前面搭一个高板凳，显微镜就放在这个上面，进行例行观察。我看到一个病蚕身上有一个小虫子在爬，不知道是什么，想来想去又放心不下。第二天我看到桌子下面还有一包蚕没有检查，是前一天漏掉的，我十分不甘心，就又打开看看，看到一个虫子腹部非常膨胀，这个特征很明显。我一查日文的蚕桑宝典，这个就叫壁虱病。这个虫子就寄生在蚕身上，使蚕

（右二）在云南蚕研所考察，2008年，云南

（右二）在四川宁南县考察，2015年，宁南

致病。我们再仔细检查，发现每一个死蚕多的地方都能检查出这个虫子，后来扩大到整个县，只要哪里蚕死多了，我们去看，都能找出这个东西来。知道病原就好办了，在棉区，棉花一收上来就要晒，一晒这个原寄生在红铃虫上的壁虱就要跑，什么缝里都爬，春天你一养蚕，它就爬出来，集中在养蚕的这个地方。这个虫在显微镜下面才看得到，我们一下子就把这个事情搞清楚了，知道了这个蚕病是从红铃虫那里来的，知道是棉区这样一个环境导致的，因此只要把消毒这些搞好，先把病原灭了就可以防治了。这样一来，我们就把这个事情解决了。这个事情其实真的是一件大事情，就这么一来，农民的产量马上从5公斤增加到二三十公斤。这种病在

国内是第一次发现。那时候用的显微镜就是一般的显微镜，实际上不需要太高的倍数，几十倍就可以了。

真正做蚕的遗传研究的人是极少的，除了我们这个地方以外，极少有人做，哪怕是在我们这里也只有几个人坚持了下来

1959年回来后，组织分配我干什么我就干什么。我进行养蚕研究，自己学养蚕，冬季没有桑叶就用莴笋叶喂。后来组织确定让我搞遗传、搞品种研究。组织上让我搞遗传研究，给蒋同庆老先生当助手，我就开始做基因库了。在读农校的时候老师搞什么虫的研究，那时候棉花虫多，我就抓来自己养着；老师讲嫁接我也去试试，一直有好奇心，特别是对自然的东西有兴趣。我对蚕的遗传的研究，都是在养蚕室里进行的。怎么做怎么分辨，遗传关系是什么，我都跟蒋老先生学。应该说我学得也快，学了就能用。接下来开遗传学课程了，蒋先生讲摩尔根遗传。如果没有人讲米丘林遗传，遗传学课就不好开。所以一定要开成两门课程，因为米丘林遗传以前我学过一些，没人讲的话我也可以试试。蒋先生讲摩尔根遗传时，我做这门课的辅导老师。他讲课用的是苏北话，学生有时候听不懂，每一次辅导我都去给学生答疑，实际上我也是学生，但我得特别地用心学、用心看。他的一本教材我先看一遍，这本教材是从日文翻译过来的，有些读起来很拗口。

关于基因库，有一个阶段调查记录的东西，都是我写的。最初进入基因库学习时，如何认识什么性状和它们的遗传关系、应该怎么继代等，蒋老先生都要教我，后来他就让我来做，看我做得对不对。我是经过这样的实际考试过来的。1962—1966年，基因库的工作和基因分析研究我都有参与，这些年我把做基因库和蚕体遗传研究的基本方法掌握了。1964年"小四清"，蒋老先生又受到了冲击。从反右派斗争开始之后就是我在边学边做，独立地完成研究。全国真正的蚕遗传系只有我们这里保留下来了，我们不仅把它保留下来，还发展了、增加了。一个是材料保存下来了，这个很难，还有一个是技术传承下来了。

这个材料是从中山大学过来的，他们那里后来都没有了。全国只有我们这里的一套。华南农大说我们这些研究材料是从他们那里传过来的，因为华南农大早先搞的也是蚕遗传学这一套。后来镇江搞实用品种，蚕遗传这一套是我们一个学生分配到镇江时带过去的，所以真正做蚕基因遗传研究的只有我们。从蒋先生受冲击开始一直到1978年，主要是我和钱立民先生在做这个研究，"文革"带来的影响每个人都会受到，只是大小而已。我历来做事比较低调，只做研究，所以材料能保存下来。

"文革"前后我做的有这样几件事。一个是基因库，这一块主要是我在做。1964年后我做这个事，是有很大压力的，有很多老师说摩尔根派是脱离实际的，要把家蚕基因库搞掉。幸好我们教务长刘明剑（也是后来的西南农学院院长）支持我们做这件事。有人说要取消这个研究，他没有同意，没把基因库的材料撤掉。所以1964年到1978年我一直都在坚持。在这个困难时期能够把这些研究材料保存下来不容易，现在就是宝贝了。那时候我每年都要养蚕，也做一些小的研究，会发现种种问题。在做的过程中，每个系统内容有各自的基因，我要甄别一个群体内哪一些要留下继代，下一代会出现什么情况，基因能否保存下来都要弄明白，这就要求对它的遗传关系有比较深入的了解，那是一个很长、很难，也要用心学习的过程。通过这个，我不仅学了一门技术，而且提高了自己的思维能力，学到了科学精神。这也是一种磨炼，让自己自然而然变得更加成熟了。

我这里所说的基因库是从遗传科学系统来讲的，没有地区，没有国内、国外的区分，是从科学系统上来保存这样一些材料的。我们现在的基因库大概有700来个系统，已经发现蚕有200多个形态突变位点，我们这里大概存有90%多，突变是多样性的。研究不同于正常形的突变，这实际上是生物学的一个根本问题。有这些东西，我们可以去认识它；没有这些东西，我们就没办法去认识它。我们能逐步推进蚕业科学，跟这个是有关系的。我逐步加强认识，积累就多了，所以这是一个基础，是非常重要的，对基因库的整个发展来说是很重要的。要说全国，没有一个地方是从事遗传系统保存的。另外，真正做蚕的遗传研究的人是极少的，除了我们这个地方以外，极少有人做，哪怕是在我们这里也只有几个人坚持了下来。

"文革"后期，我们把基因库做了拓展，许多研究工作有了新的发展。1979年我考上农业部的留学人员预备班，要去培训外语。我赶紧把我那些年做的一些基因研究做了一个梳理，在当年发了一连串的文章。我提出把蒋老先生请回来。比如第五白卵、隐性灰卵等新突变的发现，在遗传这一块的研究还是比较多的，这些突变是属于形态遗传的，我提议以蒋先生为主来做这个事。还有一些是我自己做的，比如我搞了数量遗传（也就是把动物遗传这一套引到蚕这块来）；野桑蚕杂交研究也是我在此期间做的；我还研究了一些品种，如"东钟×武七苏"这个品种。遗传、品种，我在出国之前就把与这些有关的研究文章写了，有十来篇。

出国前我把事情都交代得清清楚楚的，遗传方面我交给蒋老先生主持了，品种这一块给徐文奎先生他们去做了，于是我就一心去做新的了。在这段时间我做了几件事，包括拓展了基因库并交给蒋老先生，同时也搞了些新的东西，如搞遗传的研究方法。

我的目标很明确，我就是为提高我国蚕桑学科水平而搞研究的

我是1982年出国的，出国前我学了一年多日语。我到日本的时候，日本的导师长岛荣一教授就说，我知道你已做了不少的研究，到我这里你可以自己出题目搞研究。我总觉得蚕业科学祖宗是在中国，我们一定要把蚕桑学科搞上去。在日本信州大学，我的老师长岛教授（他得过天皇的旭日勋章）是学部长。有一天他跟我说：我知道你搞过不少研究，我们做两个约定，一是你可以自己列题做研究；二是我当学部长也没有多少时间来具体指导你，你自己确定题目，想做什么，我给你创造条件，要到哪里去访问，我给你联系，给你出路费。国内当时蚕桑方面去了那么多留学生，后来才知道只有我一个人享受这个特殊待遇。还有日本国立遗传学研究所所长田岛弥太郎，他是蒋老先生的同学、日本学士院院士，住在三岛市，他也写信邀请我到他那里去。总之我感到他们对我十分友好。我觉得派我出国留学是很不容易的，我不是来拿个学位混个资格的，也不是来打零工赚点钱的，而是来学技术的。我计划三到四个月就做完一个题目，学习掌握一项研究技术。首先要学数据处理，当时的电脑PC800已经是好的了，我把清华一个姓谭的先生编写的一本BASIC语言书带到日本，对照学习。那时候很艰苦的，我自己学习编程序。

学会数据处理后，我开始研究饲料效率。蚕每天吃多少桑、剩下多少、排出多少、长了多少，都是要大量调查数据的，这是个很麻烦的事。养蚕就是20多天时间，但是数据处理和整个过程是需要相当长的时间去完成的，所以这一块必须做，做了之后也很熟悉了。这个做好后就做放射免疫分析。然后研究雌雄蚕的生理遗传。研究雌雄蚕性激素的差异和规律就用液闪分析，搞液闪，现在已经普遍了，但在那个时候国内还很少。这个是在标记之后，测同位素放射强度来分析的。这样一来，我又进入生化遗传方面的研究了。这个做好后我又做蛋白质研究。后来我又去做电镜，在日本的时候那个扫描电镜室科是我在管。我还做蛋白质电泳。日本的学生做电泳实验时，老师就把我做的拿给他们看。在日本如果你只想学技术，别人是不会教你的，如果你说要做研究，人家会支持你的，所以我接触的面就很宽。

两年下来，我用最后三个月做总结调查。日本的蚕丝实验场，很少有中国人能进去。老师跟我说：你去了要少讲话，他们也分不清楚你到底是日本人还是中国人，话讲多了人家会怀疑，少讲话就没问题了。老师带我去的时候交代了一声就走了。我在那里待了一个礼拜做育种调查。

九州大学的家蚕基因库是全日本最大的，我待了两个礼拜做基因库这一块。我一去他们就对我说，你是熟悉这个的，不愧是从蒋先生那里出来的。我们那时候是很清苦的，每个月6.8万日元，一个月伙食费都要3万，住宿费2万，剩下1万多日元就是做其他杂用。

九州大学的老师对我很好，我提出来要把这里的样本拍一套照片，土井良教授就把每一系统都给我留下标本，于是我拍好后就拿回来，这是我拍的第一套幻灯片。我跟他们说：我在这里做的研究的材料，回国的时候我希望带回国继续研究。他们也同意了。

我除了搞蚕的研究以外，还到桑树研究室去搞桑树的组织培养，研究桑树的染色体和多倍体。搞了两个月，那里的人都熟悉了，技术也学到了，材料也有了。我的目标很明确，我就是为提高我国蚕桑学科水平而搞研究的。1984年我带回的材料、书籍、资料、药品和小仪器有300多公斤，全都放在实验室作为公用。

日本的人工饲料开始得早，20世纪60年代就开始了，但日本的人工饲料是保密的，不对外的。我跟老师说，蚕、桑叶我都学了，我还想做人工饲料的研究，所以人工饲料这一套怎么操作，他都会教我。人工饲料的一些厂家，我都去看了，其他一些很少去的地方我也去了，只是很低调。老师对我挺好，也没有太多顾忌，我就像个学生一样到处看，做一样事情就学到一样技术。我做的领域很宽，我做生化遗传，做分子遗传，成果也不少。1987 年我就当教授了，当时我还不到50岁，是全国最年轻的蚕桑学教授，当时我的老师有的还不是教授呢。我当时是从讲师直接升上教授的，后来也是直接当院长，直接当校长，我没有当过副的。

当校长就要一心一意做好校长，学校里要大力发展学科，建设平台

1991年我当上西南农业大学蚕桑丝绸学院的院长，1995年当上院士，1996年当上校长，当时我还没有思想准备。我先申请当博导，当时博导要国家批的，1991年申请到博导，我就建立了一个博士学位授权点，建立重点学科重点实验室。蒋先生1988年就走了，我把大家组织起来，在传统遗传的基础上，又拓展了生化分子遗传领域。在国内很多事情都是我们最先做的。1995年年底，我和中科大教授李正刚就准备搞蚕的基因组，向国家自然科学基金委员会写了一个报告，那时候条件不具备，委员会没有批准，但我们已开始准备了。

1996年重庆准备转变为直辖市了，1997年成立直辖市，和四川分开了。当时我校80%的研究不在重庆，我当校长第一步就是要处理好这件事。我只有去找省委书记、省长。和省委书记一见面我就跟他说这个事，一个是重庆要和四川分开了，我们的学校怎么办？他就下了一个指示：招生不变，科研不变，支持不变。第二天我又找到省长。一个礼拜内我把省里几个相关的领导都找过了、见过了。这是很重要的，我把我们在四川的项目稳定下来了。

第二步是争取"211"。我提出学校要进"211工程"，农业部很支持，派来副部级的总经济师跟重庆谈，市委秘书长接待并支持我们申请"211"。我一心就是想办好学校。当时我作为校长，手里只有几十万元，经费困难，学校各个地方都需要钱。记得我的前任校长，年终时还曾向下属单位借钱应急，光是校长、书记说了还不行，还要财务写借条。我觉得当时当校长有点讽刺，我是法人代表，但管不到财务，所以我坚持要财务统一，取消二级财务，严格按财务制度办事，要有规矩，不能乱来。幸好我早就在"三金三乱"整治前把相关问题处理好了，所以学校没受到什么损失。

担任几年的校长对研究当然有影响，因为又做行政又搞研究是很难的。而利用学校资源发展个人和小集团的事情，我是不喜欢的。当校长就要一心一意做好校长，学校里要大力发展学科，建设平台。我当校长这些年修建了很多房子，有科研大楼、教学楼，还改善了住房，给教授住140平方米的房子。

我刚接手的时候学校就只有一点钱，但在任期里我们是没有欠债的，还买了500多亩地。那个时候发展是第一位的。我还在绵阳买了1700多亩地，搞了一个农业科技园，那是个非常好的地方，在绵阳大学城。项目论证搞好之后交给继任者，我以为这是我交接班前给继任者留下的好事，结果他们认为现在这里都没办好，绵阳大学城那么远就不去了。

过去桑树这个学科是不完整的，所以桑树基因组标志着我国在蚕业科学领域起到了系统性的引领作用，这也是一个里程碑式的研究

2013年1月15日，重庆市委组织部批准了我不当校长的请求，到校宣布后，我很高兴。于是我开始了另一个阶段的研究（基因组的研究）。以前的基因库和选育的几个蚕品种，为蚕基因组打下了基础。从生化遗传到分子遗传我都是在培养新人，我一批一批地送学生出去，学生学成后我又把他们招回来做基因组的研究。1995年我提出这个蚕基因组计划，当时条件不足，但现在可以推进了。基因组起到了一个什么样的作用呢？这是蚕业学科从传统到现代、科学发展的里程

（左二）指导研究生，2019年，西南大学

（左二）在四川南充蚕桑基地考察，2019年，南充

碑式的东西。它是现代学科中很重要的一个研究，当时只有水稻和人有这个基因组研究，蚕基因组的研究是第三个。这个研究促进了学科的提升和改造，还促进了队伍的培养，形成了这么一个团队。学科打开了，平台建设好了，队伍齐全了，带动了下一步的发展。这是21世纪蚕业科学研究中第一个具有重要标志性意义的研究。

我还进行了桑树基因组的研究。桑树基因组的新发现很多，建立了一个新桑树学科。过去桑树这个学科是不完整的，所以桑树基因组标志着我国在蚕业科学领域起到了系统性的引领作用，这也是一个里程碑式的研究。

对于现代产业的发展，从2005年开始，我对蚕桑蚕业发展做了一个系统性的研究，提出了现代蚕桑业要多元化发展的思路，行业要拓展、要改造，要从传统产业改造到一个现代的产业，所以我提出了要立桑为业、多元发展。我提出了一个新的蚕桑发展的观念，把桑树看成一个植物蛋白源，不只是能养蚕，还有许多新功能，由此可形成若干新产业。所以这个产业应该有一个大的发展。这个新的指导思想是，桑既可以养蚕又可以作为粮食和畜禽饲料，还可以做生态治理，这是一个很宽的领域。蚕丝可以被看作一种新型蛋白质，是生物医学工程的极好材料。蚕丝除了传统用途外，在服务人类健康方面还有很大潜力。蚕桑科学也将进入一个新的发展阶段。这几个基因组，即蚕基因组、桑树基因组、微孢子基因组这三大基因组，可能就是我们这一个世纪蚕桑业创新发展的理论基础，也是我国蚕业科学发展体系的一个标志。我说的这个系统的理论，就是我们现在所讲的供给侧改革的路线图。

我把中国蚕业今后的发展重点划分为几大块：一是亚热带，今后将作为一个栽桑养蚕的主体；二是北方的黄河流域一带，以生态治理和饲料为主；三是长江流域一带，是高效发展、多元化发展的地域。我们需要在桑树方面建立一个新的学科体系，为桑产业发展提供有效的科学支撑。

采访时间：2017年7月

质量，开启出口创汇的一把金钥匙

傅佩云

傅佩云

傅佩云　原上海绢纺织厂生产技术副厂长

傅佩云，1961年毕业于华东纺织工学院纺织系。主研军工产品的开发与生产，以及技术、质量管理。任职期间，"30104双马牌绢纺绸"获得1987年度国家经委的银质奖，畅销欧美、日本等地，年创汇1000多万。该厂的产品质量优异，还获得了1984—1991年的纺织工业部优质产品奖和外经贸部的荣誉奖。于1967年、1975年和1984年参与制定了全国通用的《特种工业用丝绸技术标准》（FJ336、FJ337、FJ338）。1978年受到上海纺织工业局、上海丝绸公司的表彰，1985—1986年两次受到纺织工业部的表彰。1985年在组织管理国防军工纺织品协作配套工作中成绩显著，被纺织工业部授予"先进个人"称号。1988年获得中华人民共和国国防科工委荣誉证书。1991年被评为上海市质量管理先进工作者。

我们每年要创汇1000多万，那个时候单价比较低

我是1938年10月出生的，上海浦东人，在农村长大。两个哥哥参加革命，因此我从小受革命思想的教育，立志长大后为党、为人民俯首甘为孺子牛。我与纺织结缘是1957年在华东纺织工学院读大学的时候，一年级时老师带我们去参观工厂，我看到原料进去一道道挺复杂的，很感兴趣，就选择了绢纺专业。我1961年大学毕业，当时是全国最困难的时期，我们也不觉得苦，读书也很用功，觉得能够读书也是很幸运的。

1961年毕业之后我被分到上海绢纺厂，这家厂是全能厂，从原料进去一直到练绸都做。我学的是绢纺专业，只学到了纺丝工序，后面都没有学。但是厂里的领导把我分到织厂，在车间里做技术员。我没有学过丝织，便于业余的时候再去进修了丝织学。后来厂里又让我负责军工产品，军工产品涉及练绸和后整理。后整理这个专业我也没有学过，于是我再去进修了印染专业，所以基本上把纺、织、印、染等后道工序都学了，纺织全套的书我也都读过。

我边读书边在厂里实践。以前我们厂里的老师傅都非常好，工程师技术都非常好，肯带我们，每天还要教你写实践笔记，你今天做下来有什么心得，他们看了以后会给你指出，哪里哪里还不行，还要进一步加强。我感到自己的实践知识很缺乏，应该虚心向老师傅、工程技术人员学习。当时我住在厂里，便利用晚上补习实践知识、记笔记。

我们厂的规模是比较大的，工人有3500多人，工程技术人员有80多人，包括从原料进去纺丝后一直到织造、后整理。我们还有一个机动车间，相当于一个小的机械厂了，机床等一些设备都是自己制造的。厂的规模比较大，产量也比较高。我们每年要创汇1000多万，那个时候单价比较低，跟2013年的单价是不好比了，现在的绢纺单价要五六十块，那时候只要两块，产品主要销到欧美，还有日本、中国香港地区也比较多。我们的牌子叫双马，这个商标在全世界都是有名气的。双马牌的质量在1987年拿到过一个国家经委的银质奖，这个是我们得到的最高奖。

真丝降落伞是飞行员遇到危险时的救命伞，需要在两三百米的低空打开

1964年以后我负责军工产品，主要是降落伞，还有通信膜以及精密仪器的擦布，主要是这三大类。降落伞我们分两种，一种是尼龙丝做的，另一种是真丝做的。真丝降落伞是飞行员遇到危险时的救命伞，需要在两三百米的低空打开，在高空打开比较容易，而低空时它的性能各方面都要好，假如来不及打开，人的生命就有危险了。我们主要是做备用伞。飞行员有两把伞，一把是高空的，另一把是低空的精密伞。前面一把打不开了，后面一把再打开。当然我们也碰到好多问题，譬如说我们真丝降落伞的含铁量，就有各种各样的化学指标、物理指标，都很严格的。我刚刚负责军工产品的时候，有一次降落伞出口到朝鲜时出了问题，由于这个降落伞里面含铁，有的就生锈氧化了。后来我们厂里想了各种办法，最后用络合剂把它去掉了。还有高空跳伞，真丝绸在高空打开的时候，相互之间摩擦，一摩擦就会灼伤。关于这个问题，我们想了各种办法，做实验，使得高空打开的时候不会灼伤。

获得"献身国防科技事业"奖章，1988年

在通信上做隔离膜的时候，由于它老是绕到机器车辊里面去，解决不了问题，后来我们参考了一些文献之类的，取长补短，再结合我们自己国内的办法，跟我们自己学习的东西结合起来，这个问题就解决了，纺丝过程中就没有这个问题了。真丝绸是丝织六厂织，我厂是负责后道成品处理工艺。绢纺的军工产品是我们自己做的，但是长丝的尼龙原料是进口的。后来没有进口了，改由上海第九化纤厂供给，降落伞就用丝的。蚕丝的原料、绢纺的原料是在我们国内采购的原料

当中分出好的原料，用来做军工产品。军工产品有好几种，一种是绢纺产品，一种是蚕丝，一种是尼龙绸的，还有过氧乙烯化纤产品。在我为国防科技事业奋斗了20多年的时候，1988年10月，国防科工委特颁发荣誉证章给我，我很受鼓舞。

在组织管理国防军工纺织品协作配套工作中，成绩显著，获得"先进个人"称号，1985年

谁做得好不好，不是说要拿多少钱，那个时候大家都要荣誉感

这个厂最兴盛的时候就是在20世纪80年代，我进厂的时候也已经是蛮好的了。我1961年进厂，90年代前后一年比一年不好了，生产质量什么的都降下来了。我当副厂长是1981—1988年，主要管三项工作：技术、质量、品种开发。要质量搞得好也非常不容易，因为我们厂人多，有30多道工序，经手的人也比较多。我刚刚进去的时候年纪还很小，刚刚20岁出头，他们对我都挺好的，叫我小傅。我每个车间都去过的，工人当我像自己的家人一样的，无论是车间主任、工段长还是工人，我做副厂长的时候主要靠他们，主要力量还是他们。怎么做啊？我们建立了一套质量保证体系，工业技术标准是我们一起制定的，尤其是每道工序的考核标准。

我实际做副厂长的时候，觉得这个厂人太多了，工序道数太多了，要怎么控制呢？这么多工序，只好控制指标，跟下面一道商量，每一道工序的指标要怎么考核。这个考核不是假的考核，是真的考核。一道一道考核，他们思想上也非常重视，我们也给他们一点小小的奖励。考核呢，我们有厂部的指标，厂部的指标分解到每个车间和每个科。80%是按指标考核的分数，20%是灵活的，大家评的，一个月评一次。根据出来的指标，比如你得了90分，另外一个得了80分，再定几分是什么奖。奖了以后呢，还有20分是灵活的，比如你做了什么好的事情，大家来评比，大家

在上海绢纺织厂副厂长办公室，1987年，上海

来开会，车间主任、管生产的人员一起开会来评定。谁做得好不好，不是说要拿多少钱，那个时候大家都要荣誉感。我们车间得了多少分，比如90分以上什么的，我们大家都非常看重这个。车间的指标还要分解下去，车间分解到每个工段，每个工段分解到小组，小组再分解到个人。工段里面的工段长，他们责任心也很强的，指标达到多少，他们把它当作荣誉一样，所以那个时候有这点好，大家都有荣誉感。质量经过一道道考核，考核落实到个人，还要落实到技术员检查。

我们管质量的技术员，还有设备技术员每天上午十点钟到检验科碰头一个钟头，每天出来的产品，有毛病的，检验科摆在旁边给你们看，这个产品有什么问题，分析这个问题是哪里产生的。分析好了问题来自哪里后，大家就赶快带回去解决，因此那个时候质量提高得很快。后来我们产量、质量评上银质奖，创汇还是很高的，那个时候好像是最有干劲的了。

我们了解了军工厂的情况，就以民用里面的一些好产品代替它们

在1967年、1975年、1984年，我们分别制定了《特种工业用丝绸技术标准》FJ336、FJ337、FJ338。这个绢纺技术标准是根据军工厂的需要，根据他们的要求和他们的实验，再来制定的。这也不是我一个人写的，是我们局里、公司里、军工厂里的人一起主导，有关生产厂的技术人员分工写的，这个标准是这样弄的。这个标准主要是规定这个产品的强度、透气量，透气量是很重要的。强度、透气量、伸长、弹力强度、克重等各方面的物理指标要定得恰当，既能满足军工品的需要，又要我们厂里能够生产出来。主要是要掌握这个尺度，标准不能无条件地严格的，要符合军工要求，有些方面是要严格的，有些方面不需要过分地严格。

比如我们以前做军工产品的绢纺，做了四个特殊的绢纺。军工给人感觉神秘得不得了，我们以为标准做得越高越好，但其实这过分地耗费人力、财力、物力。后来我们了解了军工厂的情况，就以民用里

和采访者合影，2014年，上海

面的一些好产品代替它们，比如用来擦精密仪器内部的那种绢纺。所以这个标准不是说越严格越好的，这个标准是根据军工的用途来定的，他们有什么样的要求，我们就定什么样的，不能脱离实际。能和一些民用品结合起来的就结合起来，不要浪费国家的财力、物力。我们做这种技术工作要实事求是，用对待科学的态度，了解实际情况，去经营。当时这个标准是全国通用的，一直在用。后来我退休了，也就不知道了。

我是1993年退休的，没退休的时候还负责新产品的开发。品种有交织产品、丝织产品，还有混纺产品，像绢丝和毛纺产品，绢丝和涤、和亚麻的混纺产品。混纺产品也得过奖的，1991年的时候得了纺织工业部的几个奖。我们厂大，靠大家一起做。靠自己的话能有多少本事？必须要拧成一股绳大家一起做。

采访时间：2014年8月

纺织染整技术研发的漫漫之路

梅士英

梅士英

梅士英　苏州大学材料工程学院教授

梅士英，1962年毕业于华东纺织工学院染整工程专业。长期从事纺织（丝绸）染整方面的教学与科研工作。曾任苏州丝绸工学院染化系副教授、教授，教研室主任、系副主任，硕士研究生导师。1993年6月任苏州丝绸工学院教授。先后讲授"纤维化学和物理""纺织品练漂工艺学""毛织物染整""蚕丝纤维结构与性能""新纤维染整"等课程。担任纺织工业部及外国专家局项目（中澳合作项目）"丝/毛织物防皱整理技术"的负责人；纺织工业部项目"加强捻真丝绸高温高压精练技术"获江苏省科学技术进步奖三等奖；科技部项目"丝/棉复合丝牛仔织物加工技术研发"（参与者）获国家科技发明奖二等奖；纺织总会项目"真丝绸多功能整理技术"（负责人）获江苏省科学技术进步奖二等奖；"真丝蛋白质整理剂防皱整理技术"（负责人）获江苏省科学技术进步奖二等奖，并获一项发明专利授权；科技部项目"含大豆蛋白纤维纺织品加工技术及产业化应用"（负责人之一）获科技部科学技术进步奖二等奖；科技部项目"竹纤维纺织染整加工技术及产业化"（参与起草可行性报告）获科技部科学技术进步奖二等奖。撰写专著《丝织物染整工艺学》（1980年版）部分章节、《Lyocell纺织品染整加工技术》部分章节和《双组分纤维纺织品的染色》部分章节。参编论文集以及在国内外杂志和学术会议上发表论文近百篇，主要有：第四、五、六、七届全国染色学术会议论文集（编辑）；《蚕丝纤维聚集态结构》（《印染》，1980年）；《丝/毛混纺织物防皱整理技术》（第一届国际丝绸会议论文集，1991年）；《蚕丝/棉复合丝织物柠檬酸防皱整理工艺研究》（《丝绸》，1998年第1期）；《蚕丝/其它天然纤维复合丝织物前处理加工性能研究》（《染整技术》，1998年第2期）；《真丝蛋白质整理剂防皱整理工艺及机理研究》（《染整技术》，1999年第3期）；《纺织品功能整理发展趋势》（《上海丝绸》，2000年第2期）；《再生蛋白纤维性能及其织物染整加工技术》（《江苏丝绸》，2002年第5—6期）；《大豆纤维/绢丝混纺针织面料染整加工和产品性能》（《染整技术》，2005年第2期）；《功能性纺织品开发及功能整理技术》（《印染》，2007年第10—11期）；《新型多组分纤维染整》（《印染》，2009年第15—24期、2010年第1—10期连载讲座）；《竹纤维结构性能与染色性》（第五届全国染色学术讨论会专题报告，2003年10月，无锡）。曾兼任第21、22、23届中国纺织工程学会印染专业委员会染色学组组长，兼任苏州经贸职业技术学院纺化系专家委员会专家。1992年起享受国务院政府特殊津贴。

在研究院工作时打下了较好的科研基础

我是1938年10月7日出生的，我父亲是经商的，那时候开了一个商店。原来我家在上海郊区崇明县，新中国成立前夕我念小学三年级时，全家搬到了虹口区居住。

我是1962年从华东纺织工学院染整工程专业毕业的，这个学校后来改叫中国纺织大学，现在叫东华大学。我们是最后一年的四年制本科。毕业以后就被统一分配到位于北京的纺织工业部的纺织科学研究院，在毛纺研究室工作。毛纺研究室有三个组：毛纺组、毛织组、毛印染组。我在毛印染组搞科研项目，主要当技术员，大学生刚毕业就是技术员，我在这个单位待了七年左右。

"文革"开始以后，精简机构，1969年研究院撤销，人员都下放了。那时候我离开北京，到了湖北安陆五七棉纺织厂。纺织工业部的"五七干校"有两个农场、一个工厂。我先在农场里待了几个月，然后就调到工厂里去了，在车间。当时主要还是以下放锻炼为主，什么都干。棉纺织厂对我来讲，专业也不是很对口的，厂里面没有印染。后来建了一个针织工厂，里面有印染车间，我就去筹建那个印染车间。从设备安装一直到技术人员培训，我负责制定生产工艺和质量管理。厂建成以后，工艺技术和产品质检由我负责。

1977年"五七干校"开始陆陆续续解散了，有很少一部分人留在了湖北。纺织工业部下面有两院，一个是设计院，另一个是研究院，有许多人都回去了。我当时不想回北方去，生活习惯不太适应，就调到了苏州。1978年9月底，我调到了苏州丝绸工学院染化系。当时我们丝绸工学院主要有三个系，一个染化系，一个丝绸系，还有一个机电系，后来又成立了一个美术与服装系。

我在研究院工作时打下了较好的科研基础，比如怎么选题，怎么制定方案，怎么实施措施，怎么完成任务。这一套基本功，我在研究院的这几年，都锻炼出来了。在研究院，一个小课题让你自己负责，独立搞，从查资料、制定方案开始。所以那个时候，在六年多的时间里我搞了三个项目不到一点，主要是跟羊毛有关的，是毛涤的一些产品。20世纪60年代化纤还比较少，涤纶染不了深色，我就研究了涤纶深染色技术，然后又研究腈纶纤维的染色。1958年以后，国家大量发展化纤，工业化生产的化纤产量慢慢地多了，腈纶这一块的染色（主要做毛线、腈纶衫）也有问题。

我在研究院的时候，基本上是搞了涤纶的染色、腈纶的染色这两个项目。后来第三个项目呢，是"毛织物的起毛"这个技术以及设备与工艺，这个搞到一半，"文革"开始了，研究工作也就停顿下来了。在"五七干校"我也搞了几个课题，结合了我抓的工艺和质量方面的一些问题，基本上都是结合生产实践的。

我凭借20年的教学和科研积累了丰富的经验和成果

1978年调到苏州丝绸工学院以后，我基本上与丝绸的关系就比较密切了，参与的这些项目，得了一些国家级、省部级的奖项。随着工作时间的增加，我积累了一点经验，对我们丝绸行业的发展也有了些了解。在这个情况之下，有的项目我跟其他老师一起搞，有的我个人承担。

我第一个承担的国家科委项目是"蚕丝理化性能研究"。理化性能分两大块，一块是丝素的结构，一块是丝胶的。我们染化系主要负责丝素那一块的研究，丝绸系负责丝胶那一块的，我负责丝素一块里面的一部分。这个项目是国家科委比较大的一个项目，是理论性项目，最后是以出版论文集的形式作为成果的，所以我们编了一本《蚕丝理化性能研究》论文集，作为这个项目的成果。当时国家科委给了20万的经费，1980年学校能拿到这些经费也已经算多了。我们在《印染》杂志有关丝素那个版块发表了一些论文，这些论文也被国际上的一些学术刊物如《化学文摘》摘录并转载，这几篇是理论性强一点的文章。当时第一个项目完成后，没申报评奖，就评了优秀论文什么的。

大概搞了一两年科研以后，因为当时老师紧缺，有个别老师调走了，我就开始上一些课了。比如"丝绸染整工艺学"，这门课学时数比较多，有200多个学时。我们分白线、色线这样两大块，我基本上白线那一块，染色印花我没上，就是上脱胶前处理、后整理这一块，上的是没有颜色的这一块。后来我又上了"纤维化学和物理"这一门专业基础课。同时我搞一些科研项目，基本上都是跟丝绸有关系的项目。比如新纤维、新产品的开发，新产品的染整应用技术，产业化，等等。我一边上课，一边搞科研。

1987年，我有一个比较重要的项目，就是"加强捻真丝绸高温高压精练技术"。织物加强捻结构，像一般双绉、重磅双绉，这些真丝绸脱胶比较难，如果采用快速的高温这样一个精练技术，由于温度高、渗透性强，可以使它脱胶脱得均匀，对丝素的损害比较小。这个项目是我们学校牵

（左二）"薄型丝毛混纺复合织物染整加工技术研究"鉴定会，1987年，苏州

头，跟苏州第一绸缎炼染厂合作的，他们主要生产真丝绸。当时项目组想自己造设备，高温精练这样的设备，但因为自己造的话不仅成本高，技术方面还不好过关，所以我们就从日本引进了一台高温精练的设备。我们在这个基础上，研究开发了一些生产的工艺和技术，这个项目后来得了江苏省科学技术进步奖二等奖，同时也发表了好多篇文章。项目是我牵头的，也是科技部的一个支撑项目，有拨款的。项目由纺织总会牵头，由我们学校、炼染厂和苏州丝绸研究所三个单位共同完成，总的负责人是我。大概搞了三年，因为要引进设备，等了半年多，手续上有一些问题。

1989年，我到澳大利亚做访问学者，去了一年半。去之前，这个项目实验室的实验已全部完成，这一年多的时间里就在等这个设备进来。1990年我回国时，设备刚刚安装好，正好一年多一点的时间，中试基本上完成；大试的时候正好设备来了，我也正好回国了，大家一起试。从设备一直到工艺，再到产品开发，一条龙的生产，算是比较大的一个项目，难度也比较大。本来是常压间歇式的，不是连续化的，与常规精练是高温精练设备及技术完全不同。完成以后，这个设备留在厂里一直在用。

后来杭州也引进了一台这样的设备。这种设备国产较难，因为高压容器的形状不是圆的。高压容器圆的还好制造，但耐高压又是方的设备的制造很难，所以设备是从日本进口的。这个项目当时在丝绸行业也算一个比较大的革新吧，不是所有的品种都在这个上面做的，一般要加强捻厚重的织物在此设备上做比较好，做一次可以有1000公斤左右，但大面积的推广没有。做真丝绸的后来越来越少了，1992年以后丝绸不景气，好像是慢慢走下坡路了。这个设备苏州丝绸炼染厂一直在使用，就一台，但产品还是做了很多。

我到澳大利亚去时是带了项目去的，申请了一个"丝毛织物抗皱免烫整理"的项目，是跟澳大利亚合作的。后来通过了由国家外国专家局跟我们纺织总会一起组织的鉴定，但是这个项目没报奖，因为牵涉许多原因，就只在国际丝绸会议上发表了几篇文章，这也是我负责的。

还有一个比较大的项目就是"丝棉复合丝织物的加工技术与产业化"，名字不一定很确切。这个项目的印染部分由我负责，丝棉复合丝是在缫丝机的改进基础上面进行包覆的，这个是搞丝绸的专业人研究的。缫丝机上的包覆技术这方面，就是由我爱人总负责的，他负责这个项目，从缫丝设备的改进，到制造了多台真丝复合丝的设备，同时又研究新产品织造。这个项目也搞了四五年，是一个比较大的产业化项目，得了国家技术发明奖二等奖。因为它有机器的制造，还有工艺的改革，都是比较新的，申报的不是科学技术进步奖，是发明奖。

我主要负责解决蚕丝跟棉复合丝织物的染整问题，这两种都是天然纤维，但是它们印染的性能不一样，两种纤维吸色深浅不同，颜色色光是不一样的。通过印染加工的一套工艺改革，在一浴里面染色，能够比较一致。这是一种比较节能的加工技术，能够染成同一个颜色，这个本身比较难，一直到最后也不一定所有颜色都能做到同色，因为蚕丝和棉纤维的纤维性能不一样，有些颜色还有一些差别，但大部分颜色都能做到一致。

牛仔绸也开发了一些不同的颜色，可以做成彩色的牛仔布，做出两种不同的色彩，一个留白，一个蓝的或者其他颜色的彩色牛仔，外观也不错，这种产品我也开发了一些。这种包覆机设备苏州丝绸工学院设计与制造了好多台，包括苏北淮阴，还有山东乳山都有转让，复合缫丝部件和技术工艺也转让给他们了，这是实施产业化成效比较大的一个项目。我凭借20年的教学和科研积累了丰富的经验和成果。

科研工作要保持严谨、实事求是的态度

我是1999年退休的，退休以后我还继续在学院搞科研。大概2003年的时候，有人找到我们学校，想解决大豆蛋白纤维的产品开发问题。河南的李官奇当时发明了大豆蛋白纤维，里边含有25%到30%的蛋白质，其他的是聚乙烯醇（简称PVA）。这样一种含大豆蛋白和PVA的纤维是国产的，但是它的印染技术一点都没办法解决。我们立了横向项目，搞了一年多的实验帮他们解决，并申报了科技部的一个项目。

后来李官奇他们制造纤维那一块，又与我院立了一个横向项目，搞了一年多，基本能够解决生产技术上的关键问题。我们在常熟建了一个工厂，建了一个有6条纺丝生产线的工厂，但是纺出来的纤维很黄。为了解决它的漂白和染色问题，我们在这样一个技术问题的解决过程中，又单独立了一个科技部的项目，叫"含大豆蛋白纤维的染整加工技术与产业化"。因为印染难度很大，它纺出来的丝很黄，要漂的话，漂得厉害就把蛋白质去掉了，不行。所以这个单独立的项目，差不多经过两年左右的开发以后，才研发出一些新的方法和技术。

在常熟大豆纤维制造厂里，我们另建了一个车间，生产出漂白大豆纤维。出来的纤维先经过漂白，然后再纺纱，织成布以后，我们印染后道加工这块就好加工。当时在常熟搞了几年，投入也很大，但是这个蛋白纤维的确是先天不足，因为它里边用的交联剂是甲醛。当时我们也提出来不能用甲醛，含甲醛的话，我们纺织品都是被限制使用的，对环境也有污染，车间也有污染，希望改用其他的。大豆纤维的发明者、董事长不听，后来就基本无声无息了。常熟那个厂嘛，基本上也转让了，老板不想搞了。

从实际开发的产品来看，研发针织产品较好，技术含量比较高。大豆蛋白纤维和其他纤维混纺交织的这些产品，也是有一些发展前景的。那个大豆榨了油以后的豆渣里面大多是蛋白质，把这个蛋白质提取出来，用PVA跟它混在一起，纺丝前搅拌均匀，然后喷丝头喷丝出来。喷丝出来以后，这个蛋白质跟PVA基本上都混融在一起了，而不是包在PVA的表面，可以相混在一起，所以纺出来的一根丝里边，有一部分是大豆蛋白质，一部分是PVA。这样一个纤维呢，它手感柔软，像羊绒一样。把它织布做成衣服，皮肤感觉很柔软很舒服。它的吸湿性也比较好，这是由于它有孔隙，出了汗散湿散得比较快，穿着比较舒服。

据说大豆里面还有一种成分，它有抗菌作用在里面，这个成分也没有测，到底有没有抗菌效果也不好说。抗菌是做了检测的，的确是有一点，但是甲醛也有抗菌作用，所以这两个无法区别开。在这个项目里，我们主要给它解决一个漂白问题，一个染色问题，还有一个是去除甲醛。如果一件衣服甲醛超标的话，那根本没有发展前途的，所以我们得把好每一关和每道工序，把甲醛都去掉。纤维刚出来时甲醛的含量差不多有400到500 ppm，而接触皮肤的纺织品的要求是75 ppm以下。假如做儿童衣服或内衣那种，则要求在20 ppm以下，基本上不能有甲醛。

我们在印染加工过程中，就要想办法既去掉甲醛又不能损伤纤维，若蛋白质流失的话，就等于是化学纤维，纯化学纤维就没什么优点了，所以在这个攻关过程中难度比较大。最后我们完成了这个染整加工技术项目，得到了国家科学技术进步奖二等奖。的确，我们那时候大概做了有三年多，包括产业化做了不少工作，也开发了很多产品。有大豆蛋白纤维和绢丝混纺做针织的T恤衫，也有大豆蛋白纤维和棉混纺的，还有和化纤混在一起的，做的产品很多。后来为了大力推广大豆蛋白纤维，我们做了手感比较柔软的毯子，但是弹性没有羊毛好，容易压扁平，而羊绒、羊毛有回弹性，压了以后它还很蓬松，所以在这点上大豆蛋白纤维有很大的缺点。

最大的问题还是甲醛问题，所以我们也申请了一个发明专利授权。怎么去掉纤维中的甲醛，发明人是我，还有我们学校的唐人成老师，是我们两个人发明的专利。我在这些项目里，申报了两个专利，都授权了。一个是真丝绸的抗皱整理，用蛋白质生物整理剂来解决抗皱问题。还有一个就是大豆蛋白纤维去掉甲醛的这个方法，在企业里推广应用了。当时市场上生产的大豆蛋白纤维，基本上都去除甲醛了。大豆蛋白纤维在棉、丝绸行业和针织这一块用得还是比较多的。

人们对大豆蛋白纤维有两种不同的看法。一种认为它一点发展前途都没有，这是很有争议的。另一种认为，不是说它没有一点发展潜力，而是要看你怎么样发挥它的作用，它的确有先天不足的地方：一是里面含有比较多的PVA化纤的东西；二是在制造过程中有甲醛，污染环境，对皮肤有致癌性，不是环保、生态的纺织品。如果解决了这些问题，发挥它的优点，那么它还是一种新型的国产纤维。当时我们纺织总会的领导也给它定调了，调子定得较高，由于当时对它太肯定了，没有把它的缺点指出来，因此那个发明人也有点骄傲了。我再三跟他说，科研工作要保持严谨、实事求是的态度，有缺点不怕，就是要想办法怎么样解决，但是捂在那里不让消费者知道，你不讲清楚的话，人家时间长了都要投诉的呀。

现在常熟不生产这个纤维了，河南大概还在生产吧。这个纤维一定要跟其他纤维混纺，纯的话它太软，抗皱性比较差，跟其他化纤混用的话弹性就好一点。跟棉混纺了能够发挥棉纤维的舒适性和吸汗效果，跟蚕丝混在一起做针织衫，做那个吸汗的针织衫，做得好的话就像全羊绒一样，但价格只是羊绒的百分之几，很便宜的。所以做得好能够达到环保生态要求的话，还是有一定前途的。但是很鲜艳的颜色，像这种浅蓝的、紫的，总是还带一点黄的不够鲜艳。漂好以后，一般的颜色都做得到，甲醛也能去掉，我们也经过商检局检测，基本上甲醛能够达到75 ppm以下，有的做儿童内衣的、婴儿服装的，都能够达到要求了。

我们将Tencel纤维与其他材料做了很多的对比

在20世纪90年代后期，莱赛尔纤维（lyocell）是国外一个叫兰精的化学纤维制造公司生产的，它的商品名叫Tencel。我们国家现在也有国产的这个纤维，投入比较大，要差不多10亿到20亿，才能建这样一个化纤厂。我们国家把这个兰精公司的Tencel纤维称为"天丝"，天丝就是莱赛尔纤维，莱赛尔纤维是它的学名。

我们将Tencel纤维与其他材料做了很多的对比，实际上它是再生纤维素纤维，是跟粘胶、莫代尔属同一个大类的再生纤维素纤维，它跟粘胶纤维和莫代尔也差不多。莫代尔比粘胶的模量高一点，强力高

（右）参加第二届中国国际丝绸会议，1993年，苏州

一点，所以称为莫代尔，实际上它的化学结构、制造过程基本跟粘胶纤维是一样的。Tencel的制造过程呢？跟莫代尔和天丝的溶剂不一样，粘胶和莫代尔溶剂用的是二硫化碳，在碱性条件下用二硫化碳作为溶剂。二硫化碳有毒，生产过程对环境也有一些污染；天丝不用二硫化碳作为溶剂，它用N-甲基吗啉氧化物（一种有机化合物），这个有机化合物溶解纤维素，纤维素溶解变成流体以后才能纺丝。这个化合物溶剂是可以99.8%回收的，但是回收技术要求很高，投入也很大，回收的设备大概要投入好几个亿。溶剂回收以后，可以再生循环使用，在生产过程中就没有污染环境的这样一个问题，这种新的纤维就叫莱赛尔纤维（天丝）。这个天丝跟粘胶纤维和莫代尔结构大同小异，生产原理基本上是一样的，只是工艺条件有所差别，吸湿性、吸收染料的能力和色牢度也有些差别。我们对这种纤维的染色性能与其他的材料做了一些对比。

关于Tencel纤维的染整加工性能跟粘胶纤维、莫代尔有什么区别，我们也做了很多的试验工作。天丝这个纤维有一个特殊的性质，叫原纤化。它可以做成桃皮绒风格，在专用设备里面滚动以后，表面出现很短的绒毛，像桃子的皮一样，我们称它为桃皮绒。这个技术在国外，也是经过了比较长的时间才研究出来的，我们稍微迟了两三年时间吧。怎样开发莱赛尔纤维的桃皮绒的风格？绒毛要全部出来，又不能太长，要整齐。要采用什么样的生物酶来处理？这些都有很多的关键技术在里边。这个项目在实验室里做了很多研发工作，因为合作单位出了问题，最后就没有组织鉴定。后来纺织总会说，你们前面做了那么多印染方面的工作，就把它总结一下吧。于是我们就出了一本专著，我写了一部分，主要是唐老师研究的多项关键技术起了重要的作用，所以把他放在第一个作者，我是第三个。这本书销量很大，基本都销完了。培训班可以用作教材，有时候还作为研究生的教材或参考书。

横向项目方面，有时候我们也要帮企业解决一些实际生产中的产品质量问题，或者进行新产品的开发和技术的攻关。企业会把三五万经费给学校，然后学校组织一些相关的老师，组成一个小的团队，帮着企业一起解决。比如新纤维及多组分纤维混纺织物的染整，厂里都没有搞过，类似新

（右）考察德国第斯（Thise）机械公司气流染色机，
2001年，德国

的参考资料也没有。像这些项目我们学校基本上帮他们企业一起搞，新的纤维，怎么混纺，跟其他纤维蚕丝什么的一起开发，以解决工艺方面的问题。

我报考大学时为什么考这个专业呢？其实我是喜欢医学的。我家庭出身不好，不是"红五类"的，在20世纪50年代后期考医学类要求特别高，不敢填。所以第一志愿填了华东纺织工学院，第二志愿是同济大学，医学院不敢填，没填。那时候我们可以填三个志愿，后来我第一志愿就被录取了，于是进了华东纺织工学院。进了以后我也很喜欢，到现在从事这个行业50多年了。从1958年入校到1962年毕业，我也逐渐喜欢上了这个专业。我感觉到纺织这个专业还有很多要搞的东西，跟国际上比，我们很大一部分还比较落后，尤其我们的印染那一块落后国外比较多。虽然我们的纺织品中80%都是出口的，但是有的档次不高，品牌也不够大。

采访时间：2014年8月

择茧缫丝 情系丝绸

芮留凤

芮留凤 原无锡市丝绸公司副经理，高级工程师

芮留凤

芮留凤，1958年毕业于江苏省丝绸工业学校制丝专业。1979年任国营无锡市第二缫丝厂副厂长，1983—1998年调至无锡市丝绸公司任副经理，分管生产、技术和企业管理工作。参与了我国第一代定纤自动缫丝机（D101型）的研究、试制、中试工作，负责大生产过程中的技术攻关、技术管理工作。首创国内自动缫丝机生产5A、6A级高品质生丝及40/44D、13/15D各种特殊规格的生丝。1980年、1982年"KE白厂丝"两次获国家银质奖。1980年受纺织工业部及江苏省丝绸公司委托，完成了全国"定纤自动缫（80）操作法"（任组长）的测试、论证和定稿工作。任无锡市丝绸公司副经理期间，无锡市丝绸行业获得市级鉴定成果61项，市级以上科研成果11项，国家金质产品奖2个，银质奖3个，部质量奖7个，省质量奖16个，金牛奖8个。10家工业企业中有6家获得国家二级企业称号。无锡市第二缫丝厂被纺织工业部授予"全国缫丝大庆式企业标兵"的荣誉称号。科研项目"人工饲料养蚕结茧"获经贸部1996年度科学技术进

步奖二等奖。1991—2012年兼任江苏省丝绸协会第一届至第六届理事及地区秘书长，同时兼任中国丝绸协会理事和制丝专业组组长。1998年退休后组建了无锡市丝绸协会，1998—2012年连任协会副会长和秘书长。2003—2009年多次编写《中国丝绸年鉴》的无锡地方篇，2008年和2010年两次编写《无锡市行业发展报告》。2007年获江苏省茧丝绸行业终身成就奖。

无锡的民族工业发展，离不开丝绸缫丝工业

我老家是江苏溧阳，我出生在国难深重的1938年。1955年初中毕业后，我考取了江苏省丝绸工业学校制丝专业。1958年毕业后，我被分配到无锡市第二缫丝厂工作，尽管缫丝厂是丝绸行业里面最脏、最累、最苦的工厂，但是我对这份工作感到喜出望外，觉得我与丝绸结下了缘，庆幸来到了无锡这块丝绸宝地。

无锡是一个丝绸宝地，它有3200多年的历史吧，泰伯迁徙到无锡的时候就开始栽桑养蚕。1903年，农户已经达到14万户，种桑养蚕的农户占到农户总数的99.9%，那个时候已经很发达了。无锡是民族工商业的发祥地，像荣氏家族那样的民族工商业始创者有好几家，所以有发祥地之称。无锡还有丝都、丝码头、布码头、米码头之称。

无锡的民族工业发展，离不开丝绸缫丝工业。无锡市第一家缫丝厂在1896年就开办了。抗日战争时期，这个地方有103家缫丝厂，解放的时候有93家，都比较小，10部车、20部车就是一个厂。生产的生丝从上海出口，出口量占到全国出口生丝的54.8%，1936年无锡就成为国内外享有非常高声誉的丝都。当时在全国，上海、浙江、江苏、广东是生丝出口大省（市），无锡的生丝量要占广东、浙江、上海总出口量的45%，"丝都"这个称号是来之不易的。

1936年的时候，无锡市的产业工人有63700人，而丝厂工人就有37600人，缫丝工人占无锡总工人数的50%以上

1958年，无锡市将丝厂合并成七家，其中有国营的第二缫丝厂，在无锡市的规模是第二，但是它的声誉、质量水平不是很高，只有第六七名的

样子。

这个工厂肯定要改变面貌的，我就是怀着这颗心踏进第二缫丝厂的。我爱我的工厂，爱无锡这块宝地，比家都爱。那年进厂时我虚岁19岁，从工人做起，一进工厂就大炼钢铁，炼了两三个月。1958年"大跃进"时炼钢铁，废钢铁都往炉里面送，缫丝厂也不分昼夜地炼钢铁。有一次，我晚上干了12个小时，早晨想睡觉，就去向保卫科长请假，说我想请个假睡2个小时的觉。他说："你还想睡觉啊？"我吓坏了，就再也不敢睡了。那时干24小时是经常的事情。后来呢，炼钢铁忽然就结束了，不炼了，恢复了生产。

我在第二缫丝厂待了25年，把工厂当成了家，奋斗了25年。我们工厂后来成了全国缫丝大庆式企业标兵。我厂最多的时候有2700个职工。我们是手工劳动嘛，用工还是比较多的。1936年的时候，无锡市的产业工人有63700人，而丝厂工人就有37600人，缫丝工人占无锡总工人数的50%以上。可想而知民族工业的发展跟丝绸工业、缫丝工业有多大关系了。

我进厂后从工人做起，接着做检验员和测定员，然后做台长。台长管两台车，一台车是26个人，两台车52个人，相当于部队里的一个班。车间主任和厂长说："芮留凤，你当好这个台长，这52人蛮难管的，技术、生活什么都要管，你就是他们的领导，你要做好这个小领导不容易，他们的家庭情况你要掌握，他们的技术情况更要掌握，他们的性格你也要掌握，是个不容易的工作啊。"我做台长一做就是两三年。当时有30多台车吧，后来我又去当检验员了。1966年，我就到科室里去了，技术科领导要起用年轻干部了，我就到了生产技术科。"文革"期间工厂抓革命促生产，我做工厂的抓革命促生产领导小组副组长。

"文革"时期的工厂效益，工人吃饭是没有问题的，我们厂只停过两三天生产，还是能连续生产的。有一个厂部秘书，担任革命生产领导小组组长，我做抓革命促生产领导小组副组长，生产、经营都要安排。当时老的领导都不太好联系，遇事我只好自己根据书本或者他们原来的资料、报表、安排程序来学来弄。每天白天工作十几个小时，晚上钻研如何领导业务、安排全厂的生产。那时候很忙，也是我最好的锻炼时机。

"文革"以后我就从生产组长成了生产科长，后来就被提升为生产厂长（副厂长）。从小小的技术员当到副厂长真的很难。党的培养是首要的，自己一步一个脚印的奋斗也是必需的。

我们是全国第一个自动缫丝机推广有效的工厂，生产了各种规格的出口丝

当时我只想做好我的本职工作，只有一个想法，要抓好我的生产，使我们厂不比兄弟厂落后。

1965年无锡受到了重视，因为无锡是缫丝宝地，当时浙江、江苏是全国的发达地区，无锡是代表江苏的。要推进工业化，从手工劳动到半自动化，国内掀起了一个技术革新高潮，当时叫"革命的高潮"。无锡有一个纺织研究所，跟我们厂里合作，搞自动缫丝机的试制研究项目。1965年已经初试鉴定，之后叫我们厂里中试生产再鉴定。生产线有四个组安排在我们厂里生产，试制机器在无锡机械厂制造，试生产就定在无锡市第二缫丝厂。从1965年试制成功、中试生产，到纺织工业部的鉴定，再到在全国推广，主要都在我们厂里。

这个自动缫丝在全国来说是缫丝工业的一个新的发展阶段，很不容易，国家一声号召，中国制造的自动缫丝机就诞生了。当时浙江、四川乃至全国都还没有一个地区有中国自己制造的自动缫丝机正式投入生产。当时全国，包括我们厂里有很多人反对自动缫丝机。我是中试的生产科长、技术科长了，就是管技术的，搞生产试制。后来我们把D101自动缫丝机的工艺管理、操作管理和设备管理总结出三个小册子，又总结了一套生产方法，用D101自动缫丝机生产出多种规格的高等级生丝，其中4A、5A、6A用来出口。前前后后大约花了10年左右的时间，才把D101自动缫丝机推进到大生产。

这期间中国丝绸总公司叫我们厂到全国缫丝会议去介绍了三次，三次都是我代表工厂到全国会上做介绍的。后来全国有20多个厂到我们厂里来培训，培训技术人员，培训操作工人，培训机械师傅。包括浙江先进的浙丝一厂、新华丝厂都到我们厂里来过，都在我们厂里学习交流。我们是全国第一个自动缫丝机推广有效的工厂，生产了各种规格的出口丝。这是我们国家第一代自动缫丝机，为今后我国自动缫丝机的发展走出了有效的第一步。

当时，D101型自动缫丝机在全国的推广得到了领导的认可，工厂的效益也比较好了，1980年、1981年我们的自动缫丝机生产的生丝两次得到了国家银奖。1982年工厂被评为"全国缫丝大庆式企业标兵"。这个自动缫丝机除了生产5A、6A，还可生产13/15D、27/29D、40/44D等各种规格的生丝，就是特别细的生丝，像13/15D，这个丝可以做医学缝线，是出口美国的高档生丝，原来只能手工做，现在自动化的缫丝机也可以做了，这也打破了外界的一些有关自动化不能代替手工机械的论调。自动化缫丝机使劳动生产力提高了5倍。

当时无锡纺织工业有10万职工，我们丝绸工业只有3万人，但是我们的行业有得天独厚的出口优势

我1983年到丝绸公司工作，我是从副厂长提到公司去当副经理的。因为那个时候要重用知识分子，我的入党问题也解决了。我是中专毕业的，我这个人啊，热爱丝绸，还热爱学习。缫丝工作每天12小时，12小时以后

（前排左二）所在的无锡市绢纺厂被评为国家二级企业，1989年，无锡

到了晚上，我再去上业余大学，上了七八年，上到26岁才拿到工业大学的文凭。

1981年春天的时候，公司挑选45岁以下的干部到市中青干部培训班学习（一起培训的人里80%以上是正式大学毕业生）。我在市中青干部培训班学习了半年，就去当副经理了。我仍然做技术工作，分管生产、技术，负责企业管理。我下到每个厂去熟悉丝绸、印染、绢纺、服装，我们公司下属有十大工业企业。这段时间是无锡的丝绸行业在历史上发展最好的时期，也是我学习行业管理、锻炼的又一大好时期。

1985年北京丝绸公司成立后，全国丝绸人的腰杆子也硬了，无锡丝绸公司成立，丝绸行业跟纺织行业行政平级了。行业虽提升了地位，但仍比纺织小很多。当时无锡纺织工业有10万职工，我们丝绸工业只有3万人，但是我们的行业有得天独厚的出口优势，无锡市的纺织工业出口创汇占到全市创汇的72%，丝绸占全市创汇的20%，丝绸要占到纺织创汇的近三分之一。虽然工人少，但我们的创汇是100%的创汇，因为纺织需要拿出一

（前排左一）中国纺织工程学会丝绸专业委员会专业分会合影，1994年，无锡

些外汇去进口棉花，而丝绸就是用自己国家的原料，直接创汇放到国库里去。我们丝绸对创外汇的贡献很大。一吨丝绸可以换回208吨优质钢，或者100多吨大米，无锡的丝绸出口可供无锡人民吃饭。无锡市工业化的路上有丝绸厚重的脚印，这使丝绸人感到自豪。

1985年成立的丝绸公司，随着改革的不断推进，2001年又并到纺织系统去了，再过了两年全市全部产业局都并成国有资产集团公司了。全市产业局，机电、纺织、化工、电子等，一共八个局全部资产并在了一起。

真正在行业一心一意工作了55年

1936年是无锡茧丝行业历史上的巅峰时期，1985年是新中国成立后丝绸行业的巅峰时期。当时市区国营工厂不多，产值也仅是40亿元左右，在无锡市各行各业中丝绸行业很不起眼，但却是一个宝贵的行业。

无锡市丝绸行业从头到尾不仅产业链齐全，而且环环优秀，从制种、种桑、养蚕、烘茧、制丝、织绸，到绢纺、印染、服装、机械、针织、丝化工以及产品检测、进出口贸易……应有尽有，每一环节不仅在全省领先，而且在全国甚至国际上知名度也领先，这是值得无锡丝绸人自豪的一个行业。

我从1958年至1998年在无锡丝绸行业工作，没有因病因事请过一天假。60岁我正式退休了，很是舍不得离开。于是我和一位与我同时退休的薛经理，在无锡丝绸公司的支持下，积极筹备成立了无锡市丝绸协会，继续追寻我的丝绸梦。

退休后我又在协会工作了15年，担任副会长和秘书长。我的优势是退休前我是省丝绸协会理事（第一至第六届），并且长期分管省协会无锡工作委员会的工作，熟门熟路。协会工作是一项无权无利的工作，在那里工作凭借的是我对丝绸行业的满腔热爱，我真正在行业一心一意工作了55年。

在协会工作的15年，困难也是有的，记得最困难的是我曾一个人独自工作过两年之久，但是这更让我体会到在协会工作是很有意义的。协会对上要联系政府和上一级行业协会，对下要连接企业；还要外联国际，内连地区。需要及时处处沟通信息，加强企业交流，促进企业创新、创优和创

（左一）考察巡塘古镇蚕业会馆，2011年，无锡

业，促进本地区行业不断发展，目标是实现地区行业的不断前进。

在协会工作的15年，也是我身心愉快的15年。2012年我已经虚岁75岁了，在无锡会员企业的共同努力下，我终于找到了更合适的无锡协会新人——沈治波和曹公武同志。我高兴地退下来休息了。我很怀念自己在行业一心一意工作的55年。2007年行业给了我最大的奖励，颁给我江苏省茧丝绸行业终身成就奖，这是我一生中最幸福和快乐的事！

采访时间：2015年6月

潜心于织机设备改进及柞蚕茧缫丝机的研究

王宝贤

王宝贤　辽宁柞蚕丝绸科学研究院原常务副院长

王宝贤，1962年毕业于辽宁纺织专科学校纺织工程系机织专业，分配到辽宁柞蚕丝绸科学研究所工作。曾任辽宁柞蚕丝绸科学研究所科研计划科科长、所长办公室主任，丹东丝绸公司外贸办主任，丹东丝绸二厂厂

王宝贤

长，辽宁柞蚕丝绸科学研究院常务副院长等职务。主要从事织机设备改造、柞蚕茧筒子缫丝机研究、柞蚕茧自动缫丝机（任感知、添绪组件组组长）研究和工厂管理工作。主笔编写了"辽宁省丝绸公司科技发展规划"。所设计的"柞蚕茧自动缫丝机的研究"的组装样机获辽宁省革委会1977年度重大科技成果奖。曾兼任国家"八五"计划丝绸行业的专家评审组成员和原辽宁省纺织厅丝绸专业高级职称评委。1999年退休后，先后任丹东福成集团副总经理兼集团下属企业丹东亚麻厂厂长、辽宁西丰美麟丝绸集团顾问、丹东中天柞蚕生物科技有限公司副总经理和技术顾问；参与的"柞蚕茧壳中性酶脱胶"研究课题于2016年获中国发明专利。

1979年我被派到丹东丝绸二厂，主持把K251丝织机改成刚性剑杆织机的工作

我是辽宁锦州人，出生于1938年。我1962年毕业于辽宁纺织专科学校纺织工程系机织专业，被分配到辽宁柞蚕丝绸科学研究所工作。见习一年，期满要求写见习报告及答辩，我写了三个技术革新内容：（1）改进捷克进口的花线机成花机构。我利用丝织多臂机纹针提综的原理，使花线机的花色可按设计要求达到随意循环。（2）设计丝织机织边的自动机构。（3）设计提花织机上的自动幅撑。在答辩时，这篇包含了这三个内容的见习报告得到了在场专家的一致好评。1964年，辽宁柞蚕丝绸科学研究所分成了两个单位：辽宁柞蚕丝绸科学研究所（以下简称为"丝绸研究所"）和丹东丝绸试样厂。我被分配到了丝绸研究所。

1964年，丝绸研究所派我到北京丝绸厂学习将G1511棉织机改造成丝织机的技术。回所后，在此基础上，我改进了G1511棉织机，增加了机身长度并降低了后梁高度，改进了织机各项参变数，以适应丝织物的织造要求。我完成了一台样机，效果很好。

当时我们丝织研究室主任是孟庆荣，他于1965年调到丹东丝绸二厂任生产副厂长，他了解我们将棉织机改造为丝织机的全过程。丹东丝绸二厂购置了40台G1511棉织机，以改造成丝织机，并将我借调到丹东丝绸二厂，指导改造工作。

1968年，为使科研工作和工厂生产相结合，我被派到岫岩丝绸厂，在K251丝织机上改造喷气织机，将有梭织机改成无梭织机。不到半年时间，我改进了一台喷气织机，可进行正常生产。在此期间，我还参加了柞丝低捻上浆的研究项目，并在丹东丝绸一厂将其应用于大生产。之后又参加了柞丝大卷装的研究，研究成果在凤城丝绸厂得到了推广应用。

"文革"结束后，丝绸研究所的丝织研究室恢复了工作。1979年我被派到丹东丝绸二厂，主持将K251丝织机改成刚性剑杆织机的工作，与几位老技工组成了研究小组。我们运用了螺旋控制剑杆成直线运动的原理。从设计方案的提出、图纸的绘制，到个别零件的加工制作，以及安装调试，我都亲力亲为。丹东丝绸二厂的领导和工人们都夸我：研究所出来的科技人员就是不一样，是样样都拿得起来的多面手。

我们对一台样机反复试验和改进，使其最终完全达到设计要求。在此基础上，又扩大规模，将8台K251丝织机改造成刚性剑杆织机，实现了正常织绸生产。改造后，极大地减轻了劳动强度，扩大了看台，显著地提高了产品质量，增加了效益。当时，丹东丝绸公司领导非常重视这个项目。其他丝绸厂也来观摩学习，项目得到了一致好评。

辽宁省经委领导得知丹东丝绸二厂将丝织机改造成了剑杆织机，专程来厂考察。见到实际情况，他们坚定了引进国外剑杆织机的决心。当时，丹东丝绸二厂领导不熟悉剑杆织机，便由我与省经委领导面谈，研究引进剑杆织机事宜。该项目成功获得了省经委在省丝绸系统的首笔投资，用于批量引进国外剑杆丝织机。之后，丹东丝绸一厂和凤城丝绸厂也相继引进了剑杆织机。

我提出把喷气织机的虹吸效应应用到筒子缫丝的超喂机构上

柞蚕茧筒子缫丝机的研究分两个阶段。第一阶段，研究筒子缫丝机的丝条烘干机械送丝机构。1974年，丝绸研究所正是停产"闹革命"的时候。一天，所革委会军代表打算派我和党员工程师林树桐以及老工人张万有三人到凤城丝绸厂去搞筒子缫丝机研究。

在组长林树桐的带领下，我们和工厂骨干组成了筒子缫丝机研究小组。大家干劲十足，全心投入到研究中。筒子缫丝机工作时，在缫丝过程中将丝条直接卷装成筒，所以，丝条的干燥问题是该项目的核心研究课题。林树桐提出了一个方案：由操作工将丝条在可移动小滑轮上绕行三圈后，再送入烘箱。丝条在烘箱中要经过6米的烘燥长度，面对面的两部车可以利用一个烘箱同时干燥。此机构简单、易操作。最后，我们按此方案完成了两部车的改造样机，达到了正常生产的要求。

1974年年末，辽宁省科委给我们丝绸研究所下达了完成"柞蚕茧自动缫丝机的研究"项目的要求，并拨款50万元作为科研经费。所领导研究决定，任命林树桐为该项目负责人，要求他立即回研究所组建项目组；任命我为筒子缫丝机研究组组长，留在凤城丝绸厂继续进行筒子缫丝机的研究工作。经过我们的努力，筒子缫丝机在原来的基础上得到了进一步的改进和提高。

1975年年初，纺织工业部科技司陈工在辽宁省纺织工业厅徐朴的陪同下，视察了凤城丝绸厂的筒子缫丝机。因为全国还有好几家丝绸厂也在进行桑蚕茧筒子缫丝机的研究，有的采用电热来烘干丝条，也有采用蒸汽热风来烘干丝条。纺织工业部和省纺织工业厅一致认为我们搞得最好，他们当时就敲定，要在凤城丝绸厂召开一个全国筒子缫丝机的现场会。

举办全国丝绸方面的现场会，对工厂来说是件大事情。厂

（右一）在丹东丝绸节指导布展，1993年，丹东

（前排）主持辽宁柞蚕丝绸研究所晋升研究院大会，1996年，丹东

革委会非常重视，研究决定：要搞两组筒子缫丝的规模，即432绪×2=864绪。由我总负责现场会的筹备工作，工厂要人给人，要钱给钱，一路开绿灯，但必须高质量、按时完成计划。这几千人的工厂的重大任务交给我，我感觉压力很大，同时干劲也很足。我们首先抽调人员，组成图纸绘制、零件加工、安装调试、挡车培训等小组。经过几个月的紧张工作，完成安装、试运转，最后操作工熟练掌握两组车、864绪生产正常运行，各项指标达到设计要求。1975年下半年，纺织工业部、省纺织工业厅组织在凤城

丝绸厂召开了全国筒子缫丝机现场会。与会专家们对我们采用的送丝干燥机构给予了一致好评，认为值得借鉴。这一阶段的紧张工作，对我来说是一个很好的锻炼和提高的机会，也为我以后参与更大规模的科研工作——柞蚕茧自动缫丝机"大会战"打下了基础。

第二阶段，研究筒子缫丝机超喂烘干送丝机构。全国筒子缫丝机现场会结束后，我回到研究所，丝织研究室的部分人员被调到制丝研究室，从事筒子缫丝改进提高工作。

柞蚕丝有一个特点，就是在湿态下容易伸长。其伸长部分在绸面上呈现"明丝"疵点。为了使丝条在筒子缫丝过程中不产生"明丝"，我们采用超喂的方式，使丝条在干燥定型时处于"无张力"的自由状态，确保筒子缫丝在后道工序中不产生"明丝"现象。因为我搞过喷气织机，我提出把喷气织机的虹吸效应应用到筒子缫丝的超喂机构上，事实证明，二者的结合是"绝配"，更是发明。这一发明用超喂的方法，使2米湿态丝条在无张力的状态下通过烘箱中的U型紫铜管，使伸长的丝条充分回缩定型。

接下来的一个难题出现在出烘箱后的过程：松弛的干燥丝条必须增加一定的张力才能完成卷装成筒，而锥型筒子有大小头之分，其卷绕线速是不一样的。我们又研究了一套既能增加丝条张力，又能调节线速的机构，使得筒子两头的丝条松软一致、成型完美。在此基础上，我们完成了24绪的筒子缫丝样机，使缫丝卷绕容量大、质量好，省去复摇、整理、包装等工序。

采用定粒式定纤机构来改良柞蚕茧自动缫丝机比较可靠、有效

桑蚕茧自动缫丝机的纤度控制装置可以借鉴日本杠杆隔距片式定纤感知器的原理来调节丝条的纤度。但柞蚕茧不同于桑蚕茧，它茧形大、色深、杂物多、毛丝多，若柞蚕茧也采用隔距片来定纤，那么茧上的丝毛、杂物就经常会堵塞隔距片，使之运转失灵，这种情况下必须由操作工剔除毛丝和杂物，增加了工人的负担。所以，我们发现，采用定粒式定纤机构来改良柞蚕茧自动缫丝机比较可靠、有效。

柞蚕茧自动缫丝机的研究分为两个阶段：先是小样机的研究，测试达标后，接着是下一阶段的中试生产。

在项目组组长林树桐的带领下，研制人员分成了若干研究小组。我任感知、添绪组件组组长。纤度控制是整个自动缫丝机的心脏部分，而关于定粒式感知在限度控制中的作用，前人没有留下任何参考资料，我们的设计方案全是凭空思考。在这18个月里，全体研究人员主动放弃休息日，每天晚上近10点才回家，甚至吃饭、睡觉时都在考虑研究方案。研究人员每想到一个成熟的方案，就拿到小组讨论，通过后立即绘制草图，到机修车间制作零件，然后安装调试，有问题再修改。全部亲自动手。当时，缫丝车间的条件较差，东北的冬天，下班后暖气供应不上，调试人员躺在滴水的缫丝机器下冰冷的水泥地上，坚持完成调试。研究小组成员个个废寝忘食，热情高涨，不感到苦和累，更想不到加班费、奖金什么的。那时候辛苦一年，如果能评个先进，奖一本《毛主席语录》就很满足了。

柞蚕丝的目的纤度为35旦尼尔，每根茧丝的平均纤度为5旦尼尔，定粒茧就为7粒茧。其原理是当1粒茧落绪后，缺少了茧丝的牵引，自由的浮茧利用水流排出，落绪茧接触到后面的感知板后，就发出信号进行补茧添绪。

各组完成试验后，就组装样机进行试运转，同时，对机械、工艺、丝条质量进行全面测定。各项指标达到要求后，就进行样机的小试鉴定会。与会专家对样机评价较高：设计独特，结构生产可行，工艺数据先进完善，可以中试生产。样机还获得了辽宁省革委会1977年度重大科技成果奖。

1978年，在完成样机的基础上，我们又进行了柞蚕茧自动缫丝机的中试会战，决定中试样机为1组车，324绪，分成两个阶段进行会战。第一阶段为设计会战，抽调丝绸学校、丝绸机械厂及省内各丝绸厂的机械设计人员，进行绘图、描图、晒图等工作，统一在丝绸研究所内进行。我任感知、添绪组件组组长。我除了负责绘制完成感知、添绪组件图、装配图外，还要完成自动缫丝机全机的装配图绘制工作。

第二阶段则是全省丝绸系统加工会战。为确保科研工作顺利进行，省丝绸公司领导决定组织全行业大会战，并成立了会战办公室。我是会战办公室的主要成员，负责零件加工进度和质量。我主动到各加工厂进行巡回察看，发现问题并及时解决。设计图纸如果有问题，就由我现场修改，图纸上有"王宝贤"的签字就生效。加工工艺如有问题，就现场找出原因予以解决。我肩上的责任很重大，因为柞蚕茧自动缫丝机是复杂的大型设备，零件繁多，如有一点马虎的话，上万个零件中的几百个零件就可能报废，或要在组装时全部返工。这个工作要求我对整个机台的设计图纸、零件加工工艺、安装调试等非常熟悉。除了做技术工作之外，我还要做领导工作。大兵团作战，要及时调配人员和加快加工进度。这个阶段的工作，对我工作水平的提高，有着很大的促进作用。

加工零件会战结束后，我们同步进行了安装调试、试运转，达到了正常生产水平，并对各种工艺数据、丝条品质、生产效率等进行了较长时间的测定，直到最后鉴定完成。

我一手操办了将研究所变更为研究院的全部事宜，并担任常务副院长

1983年，组织上派我到省委党校学习半年。回所后，我先后担任科研计划科科长和所长办公室主任，负责全研究所的人事教育、科研计划、物质分配和财务供销等管理工作。20世纪80年代，我每年从国家科委，省市科委、经委为研究所申请近60万元科研经费。在此期间，国家计委拨款400万给我所，启动柞丝绸染整试验车间的项目。国家计委一把手来丹东检查进度时，在市委、市政府领导的陪同下，听了我代表研究所所做的限时30分钟的对本项目进展情况的汇报，计委领导表示非常满意，并希望我所继续努力，加快进度，按时鉴定，完成任务。在这个染整项目进入鉴定准备阶段时，所长特责成我为该项目撰写鉴定报告。

1989年，我被调到丹东丝绸公司任外贸办主任，主要任务是为公司争取进出口权及"三来一补"等工作。在此之前，柞蚕丝、柞蚕绸等产品一直统一归辽宁省丝绸进出口公司出口。丹东是柞蚕原料、丝绸、服装的集中产区，有六个丝绸厂，而且科研单位、丝绸学校、丝绸质检单位等配套齐全，出口交货值达5个亿。后来，经贸委批准了我公司的丝绸进出口权。

1992年，丹东丝纺局派我到丹东丝绸二厂当厂长。该厂当时已连续亏损4年，有4000多名职工（退休职工占1/3），是个老大难单位。我到厂后，先是成立了销售公司，加大了推销产品的力度。丝绸产品主要靠出口，计划经济时期，出口靠外贸。在向市场经济转型之初，工厂一时也找不到外商；内销又受到南方和本地众多私营企业冲击，难度很大；加上工厂外债多，成天有要债的、法院来扣车的，弄得我焦头烂额。后来，我想出一个办法，就是划小核算单位，全厂划分成六个分厂。债务由总厂背，分厂轻装上阵，负责生产。我向市领导汇报时，称这个做法为"大船搁浅，舢板逃生"。后来，市委书记在电视讲话中也引用了我的说法。当时，丹东丝纺局效仿我的方法，对丹东绢绸厂进行了划小核算单位的改造。我的想法是3—5年后，等各分厂的日子好过了，再回头来救总厂，这样总厂也会转危为安了。但总厂当时扛着债务，日子还是很难过的，市政府允诺给二厂投入的启动资金也不给了，所以我决定退出二厂。当时，好几个单位要我。东北国际投资公司请我去，且待遇优厚。同时，丝绸研究所所长亲自来我家，让我哪儿也不要去，还是回研究所。我感觉回原单位是轻车熟路，很乐意。于是，我回到研究所任常务副所长。之后，我一手操办了将研究所变更为研究院的全部事宜，并担任常务副院长。在此期间，我加入了国家第八个"五年计划"丝绸行业专家评审组中的蚕业专业和制丝专业两个评审组，还被辽宁省纺织工业厅聘为丝绸专业高级职称评定的评委。

新工艺生产的柞丝纤维，脱胶净、丝质亮、强度高，绢纺出丝率高

我在1999年退休后，连续被多个丝绸单位聘为高级技术管理人员。开始是在丹东福成集团任副总经理兼集团下属企业丹东亚麻厂厂长。2004年，辽宁西丰美麟丝绸集团想聘我为总经理。集团杨董拿出早已拟好的聘用合同让我签字。合同内容包括聘任职位为总经理，月薪为2000元，另给20%公司股份。但我拒绝了，我认为，自己年龄已大，不适合这项工作，后来仅接受顾问一职。

从2014年开始，我在丹东中天柞蚕生物科技有限公司（以下简称"中天"）担任副总经理，现为技术顾问。

中天刚成立时遇到了一个难题，就是柞蚕茧按传统的皂碱法脱胶工艺脱胶会产生废水，污染环境，因此工商、税务部门不给该公司办理登记。

中天的老总慕德明请到了来自台湾地区的屈先生，屈先生提出用中性生物蛋白酶进行柞蚕茧的脱胶。他们经过一年多的试验，均未成功。主要是因为使用这种酶脱胶工艺，单浸泡时间就长达一个星期，蛋白酶发酵过程中散发的臭气四处弥漫，车间工人无法操作，蚕丝纤维也有臭味。后来采用复合酶搞试验，他们在一次认为很有把握的试验前，邀请了业内几位专家到场，我和老伴徐友兰也受邀到现场，但试验结果还是很不理想。之后开了现场会，分析失败原因。

接受丹东电视台关于"柞蚕茧壳新工艺脱胶"的采访，2014年，丹东

接受丹东电视台关于如何振兴柞蚕事业的采访，2015年，丹东

在会上，我首先提出，试验失败的主要原因是整个工艺过程缺少关键步骤——柞蚕茧的前处理，必须通过这个步骤使酶进入茧腔才能发挥作用。但当时与会专家并没有理解我的提议。

柞蚕茧脱胶不同于桑蚕茧脱胶，柞蚕生长在野外山区，茧层组成较复杂，除了含有丝素丝胶，还有较多的灰分、蜡质、单宁酸等不易溶于水的无机物。传统的柞蚕茧脱胶，采用皂碱法或用烧碱煮，也采用过碱性蛋白酶脱胶，碱性脱胶液的pH为13，仍有污染。现在采用中性蛋白酶，通过增加脱胶时间来达到脱胶均匀的效果，可是产生的臭味污染了环境，危害了操作工人的身心健康，说明这种方法不适合大生产。

关于柞蚕茧壳中性酶脱胶这个项目，丹东市政府及凤城市政府有关领导都知道并一直关注着。如果不成功，慕总无法交代，所以他着急上火，亲自到我家求我们老两口想办法帮忙解决。当时，我提出必须经过前处理，并认为通过正压法进行前处理工艺是非常可行的。当着慕总的面，我画了草图，并向他详细讲解了原理。慕总同意了我的提议，当即拍板，安排设备进行加工。

设备安装完成后，进行了柞蚕茧壳的中性蛋白酶脱胶试验：正压法前处理一小时，中性酶处理一小时。结果100%茧壳脱胶，无一滑皮茧，试验取得了圆满成功。丹东电视台记者记录了试验的全过程。

在此基础上，我们进行了正常脱胶中试生产。新工艺生产的柞丝纤维，脱胶净、丝质亮、强度高，绢纺出丝率高。之后进行了技术鉴定，专家们评价很高，一致认为这个方法改变了柞蚕茧传统的皂碱法生产工艺，给行业的发展增加了活力；生产出中性的绿色纤维原料，杜绝了环境污染；脱胶液还可作为有机肥原料。

绿色纤维为今后的新产品开发带来了更强的生命力。如当前中天开发的柞丝毯床上用品及内衣产品，用绿色柞丝纤维制成的无纺布卫生巾、尿不湿、美肤面膜，其市场广阔，深受消费者的好评，尤其是无污染的丝肽，得到了外商的青睐。

这个对柞蚕茧壳进行正压前处理脱胶的工艺，在2016年获中国发明专利。

采访时间：2016年7月

柞蚕丝绸的华丽转身

徐友兰

徐友兰　原辽宁柞蚕丝绸科学研究所丝织研究室主任，高级工程师

徐友兰，1958年毕业于苏州丝绸工业学校丝织专业。毕业后分配到辽宁柞蚕丝绸科学研究所工作，后担任丝织研究室主任。从事柞蚕丝绸新产品开发，以及新工艺及设备的研究，重点主

徐友兰

持柞丝纤维与羊毛、亚麻、苎麻、棉、栗蚕和聚酯等纤维的研究，以及采用混纺、交织、包芯、包缠等方法形成复合纤维，对混纺比、支数大小及纺纱工艺，织造工艺及染色后整理工艺的研究。所主持的"柞蚕纤维与亚麻纤维混纺产品的研究"获辽宁省1989年度重大科技成果奖三等奖；"柞蚕纤维与其他纤维混纺产品的研究"获得辽宁省1991年度科技成果奖三等奖；"柞蚕纤维与栗蚕纤维混纺产品的研究"获1982年辽宁省丝绸公司三等奖；"柞蚕纤维与羊毛纤维混纺产品的研究"获1986年辽宁省丝绸公司三等奖；"柞蚕纤维与涤纶包芯产品的研究"获1989年辽宁省丝绸公司三等奖。1991年"柞蚕丝包芯丝编织带的设备研究"（合作）获实用专利；

2016年"柞蚕茧壳正压前处理及中心蛋白酶的脱胶技术"（合作）获发明专利。参与撰写《柞蚕丝织技术基础知识》；多篇论文发表在《浙江丝绸》《苎麻纺织技术》《柞蚕丝绸》等刊物，其中《柞蚕纤维与亚麻混纺产品的研究》发表在《江苏丝绸》上，获1988年全国丝绸论文一等奖。退休后，曾先后受聘于辽宁西丰美麟丝绸集团公司、丹东中天柞蚕生物科技有限公司、河南南阳纵横丝绸纺织公司等多家单位，主要研究、开发膨化柞丝，膨化柞绢纱出口日本。所主持的"柞蚕茧壳高压煮漂一步法"已经申请实用专利；1989年和1991年获得丹东市突出贡献奖。1991年被选为辽宁省丹东市第七届党代表。1993年起享受国务院政府特殊津贴。

柞蚕茧壳的脱胶工艺，采用高压前处理的方法和中性蛋白酶脱胶

我是江苏张家港人，1938年出生的。1958年毕业于苏州丝绸工业学校，所学专业为丝织专业，是第二届毕业生。本来我是留校的，但因为那时候我是班里的团支部书记，听党的话，国家的需要就是第一需要，所以没有二话，就跑到丹东了，我那时候22岁（虚岁）。从分到辽宁柞蚕丝绸科学研究所，到1993年退休，我一直在该研究所工作。

桑蚕又叫家蚕，吃桑叶；柞蚕是野蚕，生长在山区，吃天然的柞树叶，春夏秋冬都在野外生长，所以柞蚕丝和桑蚕丝的结构不一样。桑蚕丝内是没有孔的，就是横截面没孔，柞蚕丝是有孔的。我在1972年搞柞蚕筒子缫丝时，曾研究柞蚕茧缫丝时落绪率为什么那么高。桑蚕茧通常一根丝缫到头，而柞蚕茧平均一粒茧要落绪一次到两次。我在显微镜下看，慢慢拉，拉出来看一个断头，这个头就是柞蚕碰到天然的风吹或者受到惊吓而停止吐丝产生的，这时候我就发现了一个问题：在显微镜下丝里都是气泡——无数气泡。这就说明柞蚕丝是有孔的。

后来日本也证实了它是有孔的。开野蚕协会会议的时候，我还特地通过翻译问日本的迟井弘（日本野蚕协会主席），他们是什么时候发现这个问题的。但他只说桑蚕丝没有孔，柞蚕丝有孔，柞蚕丝纤维比较粗，是5个旦尼尔，而桑蚕丝是3个旦尼尔，桑蚕丝比较白，比较柔软。

柞蚕茧里面有很多杂质，特别难解舒，一般要用碱、碳酸钠、肥皂，还有其他各种助剂。煮茧漂茧，工艺复杂。碱水排到地下，有污染，税务、工商不给公司发证。后来台湾有个人曾经用复合酶来进行解舒（时间太长，有人用过），使用2709碱性蛋白酶脱胶，蛋白酶也是碱性的，在pH=13的情况下进行，才能完成脱胶任务，也不符合我们的要求。我们采用中性蛋白酶，为了这个项目，到苏州丝绸工学院请教权威的老师，才知道答案：酶必须得七天才发酵，发酵了才能脱胶，但是七天以后臭味大，就没法生产了。

大连有所学校说，他们是搞酶的，可以做，但是要150万元。可是他们连柞蚕茧脱胶数据都不了解，还要我们告诉他们。1989年，我去印度考察，印度的柞蚕茧有鸡蛋这么大，很硬，打在脑袋上就是一个大包。用印度柞蚕茧织出的印度绸，在国际上很有名。印度利用压力解舒，就是利用高压锅产生两个大气压，然后再放一点其他的助剂，比如氨什么的，以帮助解舒。

我受到启发后和老伴说，用压力试试看行不行。我们在缫丝解舒的时候搞真空渗透，老伴根据工艺要求画压力锅的草图，压力锅厂就按照这个草图做了一个压力锅小样，我们就拿去试验。试验那天，丹东电视台记者拿了一个摄像机来采访我们，早上和我们坐车到宽甸。当时用柞蚕茧壳做实验，加了两个大气压，再用上中性蛋白酶——完全中性的，一小时就处理好了，我拿出来一看，一个滑皮茧（就是特别难脱胶的茧，滑皮茧拿掉之后，出丝率就高了）都没有，一举获得成功。这个是我退休后参与搞的一个发明专利，2014年申报，2016年获批。鉴定时专家的评价相当高，他们认为，这种柞蚕茧壳的脱胶工艺——采用高压前处理的方法和中性蛋白酶脱胶——与传统的皂碱法脱胶相比，本来化学的方法脱胶现在改成物理的方法脱胶了，从而减少了对环境及柞丝纤维的污染。

柞蚕丝适合做外衣料，透气，做丝毯、丝被也都非常好。柞蚕丝被不会板结，价格便宜，又保暖。中国丝绸博物馆贵宾室那个墙衣就是柞丝绸的，隔音很好；他们馆黑白色织的馆服也是柞丝绸的。

（左六）参加辽宁省第七次代表大会，1990年，沈阳

我搞了一批柞蚕丝和亚麻、苎麻、棉毛混纺的产品，还有一个包芯丝产品，这几个产品都是比较成功的

1958年毕业以后，我实习了一年，后来就在丝绸研究所的试样车间工作。这个试样车间的任务就是为全省提供新产品的试样，每一个季度必须把所有柞丝绸新产品拿出去，供丝绸公司开计划会，各厂计划科长都会来。我一直在试样车间里搞丝织工艺，16个产品设计人员里就我一个人搞工艺。我在底下锻炼了两三年，天天都在车间里面。我为设计人员审查设计表，审查出来的错误必须改过来——工艺上很难的。设计成功一个新产品，设计人员什么名利都有了，工艺人员却是无名英雄。工艺方面有大量的问题，比如说边的问题、设计上的问题太多了，但这几年我不管多难的问题都能解决，这也为我在今后整个柞蚕丝绸工作中解决技术难题奠定了一个扎实的基础。

我设计了一个产品，名为"四季料"，品号9504，这个四季料也是我独创的。柞蚕丝是扁平的，特别容易起毛，因此都是将两股并在一起做经丝的，而我这个产品是单股丝做经丝，单股丝做经丝比较薄，经丝密的时候产品就特别亮，效果特别好，而且还柔软，纬丝则采用120支柞绢纱。这个产品上市以后一直在生产，还供出口，连续生产了半个多世纪，换取了大量外汇，直到现在，杭州还在订货。这个产品每年有四五万米销售到世界各地。

1964年，我们单位分成了研究所和试样厂。试样厂专门试样，后来我就到研究所搞科研了。当时我搞了一个提高柞蚕丝绸质量的科研项目。柞蚕绸有一个致命的缺点，叫"明丝紧纬"，这是桑蚕丝没有的。什么叫"明丝紧纬"呢？就是绸面出现一根很亮的丝，这是和柞蚕丝的特点有关系的。柞蚕丝，尤其在潮湿的情况下，给它一点点力，就伸长得特别长，伸长超过13%时，就会出现明丝，比如你绊一下或者操作不当了，张力过大了，就造成了明丝。那么，如何消除"明丝紧纬"呢？我们花了很大的精力，写了一篇如何提高柞丝绸质量的论文，收录在《中国丝绸论文集》中。

新产品设计主要是从原料特点的角度来考虑的，纯柞蚕丝产品毛病挺多。比如说柞蚕绸有四个缺点：起毛、泛黄、褶皱、掉色。比方说起毛问题，丝本身是扁平的，柞丝产品洗洗就掉色变硬，容易起毛；柞丝的泛黄比桑蚕丝厉害，太阳一晒，马上就晒出两个不同的颜色了。用四聚甲醛和2D树脂处理柞丝绸，这四个问题就基本解决了，但是要用到甲醛，没有甲醛就不行，就处理不好，但含有甲醛的丝绸不允许出口。所以我就从原料特点出发，尤其从外衣料方面着手，搞柞蚕纤维和其他纤维混纺交织的产品，如包芯丝产品，取长补短，充分发挥柞蚕丝的特长，再把其他纤维的特长也发挥出来。我搞了一批柞蚕丝和亚麻、苎麻、棉毛混纺的产品，还有一个包芯丝产品，这几个产品都是比较成功的。柞蚕丝和苎麻混纺的产品还获得了省政府重大科技成果奖三等奖，其他奖还有很多，但我记不清楚了，反正我的奖状红本就有一大摞，那都是80年代以后的。以前做的都没有什么奖，给你一本《毛主席语录》就挺好的。1991年，我当选省市党代表；1993年起，享受国务院政府特殊津贴。

我曾经针对柞蚕丝和苎麻混纺产品的特点写了一篇论文。但现在这个产品不生产了，全军覆没，没有一家厂生产柞蚕绸了。现在柞蚕茧的一个用处就是吃——吃蛹，另一个用处就是做丝绵被。真的非常可惜，我们作为柞蚕行业的老兵，感到挺悲哀的。

丹东是柞蚕之都、柞蚕之乡，丹东一共六个丝绸厂，全搞柞蚕丝绸

柞蚕丝绸业最兴旺的时候是20世纪80年代，就是辽宁省丝绸公司刚成立的时候。那时，全国其他地方都没有成立产、供、销一体的丝绸公司，就我们辽宁成立了。那时候，我到纺织工业部去开会，大家都赞扬辽宁，都向辽宁学习。后来，好像是说丝绸公司的这个体制（统购统销）弊大于利，辽宁省丝绸公司因为这几句话，有点受不了了。后来中国丝绸公司撤销了，我们辽宁省丝绸公司在压力下也被砍掉了，砍掉以后就一盘散沙，各自为政。1989年到1991年，我去辽宁开省党代表会的时候，我说原来我们是辽老四——江、浙、沪、辽，辽宁可厉害了，会都到辽宁来开的。现在呢？江苏、浙江、山东、广东，这些地方的丝绸公司全上来了。人家的丝绸公司在学习辽宁的基础上都完善发展了，我们自己却散了，所以我提议继续完善辽宁省丝绸公司，这条提议后来成为丹东唯一的党代表提案。为什么当时柞蚕的基地会落在丹东这个地方？因为丹东是产地啊。原来讲全国柞蚕的产量占世界的80%，这个讲法对不对呢？现在也不知道，有人说不到80%。而全国的80%在辽宁，辽宁的80%又在丹东。所以丹东是柞蚕之都、柞蚕之乡，丹东一共六个丝绸厂，全搞柞蚕丝绸。从丝绸一厂到丝绸六厂，分布在丹东市的各个地方，那个时候真的很辉煌。

柞丝薄的品种做服装出口甩片率超过了15%，包芯丝的产品甩片率5%都不到，而且质量还好

我在丝织研究室当主任时，还搞了一个项目，就是做包芯丝产品和柞丝包芯编织带。包芯丝产品的研究以王宝贤（我老伴）为主，我为辅。一根涤纶丝在中间，在绢纺的时候放在粗纱上，柞丝在牵伸的时候，涤纶丝不牵伸，然后粗纱就包裹在涤纶丝上，这就是包芯丝。我用包芯丝设计的产品还是相当不错的，我到印度去穿的这套包芯丝衣服，还给了有关人员试穿。柞蚕丝绸洗完之后有褶皱，要熨，而这个包芯丝产品就不用熨烫，穿着凉快，而且洗完很快就可以干，大家都反映不错。这个产品利用了各种材料的优点，还是很好的，日本一下就看中了，日本的伊藤忠开始要了1.5万米，后来要了15万米，大连业务员就说了，日本人是用它来做睡衣的。柞丝薄的品种做服装出口甩片率超过了15%，包芯丝的产品甩片率5%都不到，而且质量好，没有明丝，疵点很少，所以这个产品还是比较成功的。

我们在搞柞丝包芯编织带的时候，有两个刚分配来的大学生，就让他俩负责这个项目，我指导技术。包芯编织带的这个样品是日本来的，这个锦旗的穗是空心的，里面没有芯，我让他们到市场找找，了解一下是哪里生产的，结果他们两个到商店转了一圈，回来说是苏州排须花边厂生产的。我说："赶紧借款，你们去趟苏州的厂，完成两个任务：第一个任务，就是必须把那个关键的设备给我买一台回来，磨损的、报废的都没有关系，买一台回来就可以；第二个任务，就是给我弄两米或者三米有芯的，因为在编织旋转的时候，这个芯和外织纤维要搅在一起的。"

他们回来时，没拿到机器，人家保密，不肯给我们。后来我通过关系，让人家给我寄了一个废品。就这样，我们搞了一台样机，后来国家科委副主任朱丽兰来了，我给她介绍了20分钟，她马上给我们拨款30万元。后来大连桑扶兰公司派来五六个日本人，问这个产品是不是抄袭他们的。我说："你们来岫岩绸厂的时候，整个样机都包得严严实实，你们就给我们看了一眼，底下是什么结构我们都没看到，怎么抄袭你们的？"说

柞丝彩色大条绸——七彩绸

完，我就告诉情报室，说赶紧去拿一个意大利的样本，日本是100锭的，而意大利那个是单锭的，拿来给日本人看，我说我们就按照这个制作的。

桑蚕丝的针织编织衫的领子卷，柞蚕丝的挺，挺的比较好，但是柞蚕丝的尺寸不稳定，洗完以后，一下就长出来两寸，容易伸长，所以一定要把它固定住。日本就搞了一个包芯编织带的针织衫。外贸尤经理给我一件衣服，说买一件包芯编织带的衣服的钱，可买台电视机，那个时候一台电视机3000多块钱，我们听了就挺积极的，就搞了。最后完成一台20锭样机，并在1992年获实用专利。

柞蚕茧壳膨化后做绢纺原料——绵条出口日本，因为绵条膨化以后体积要增加20%多

1992年中国丝绸博物馆开馆的时候，辽宁省纺织工业厅让我和老程（我的同学）负责柞蚕丝绸部分的布置，用柞蚕丝绸布置中国丝绸博物馆贵宾室，从墙衣到沙发、窗帘，全部用柞蚕丝绸。当时有一个地毯也是柞蚕丝做的，因柞蚕丝毯优点多：绒面丰满，弹性好，不倒绒，绒的直立度好。

1998—2000年，我退休后，上海一家香港公司聘我仿照国外来样的新产品，就是把法国、意大利的各种高档面料拿过来，让我们仿造，我就负责仿造这一块。当时李广泽在大连，他向在大连的一家台湾公司老总屈清辉推荐我，就是这个屈总搞了一个膨化的柞蚕丝。李广泽给我打电话，他说："你是权威，你给他看看，怎么样？"屈清辉两口子就到上海去找我。我一看膨化的柞蚕丝，就发现不行啊，他用柞蚕丝一绞一绞的丝来进行膨化的，丝都乱了，那之后的工艺怎么做呢？我就提出："搞原料膨化，要搞茧壳膨化，你可以试试看。"屈清辉回去就搞茧壳膨化。后来，我从上海回辽宁，就帮他一起搞，主要是开发产品，重点是搞柞丝毯。丝毯我也不熟，经过各方面了解，找到了一个丝毯生产基地，在桐乡的屠甸，他们做的丝毯质量比较好。我们就把膨化的丝拿去给他们做，他们工人看了，说从来没有看过这么好的丝，柞丝膨化以后，不染色，不漂白，就是金黄色的亮亮的丝，非常高档。

膨化丝产品从丝毯开始做，做了围巾及很多系列产品，后来我把这个项目带去辽宁西丰美麟丝绸集团公司（以下简称"美麟公司"），屈清辉跟他们合作，将柞蚕茧壳膨化后做成绢纺原料——绵条出口日本，因为绵条膨化以后体积要增加20%以上。后来，这个项目作为美麟公司的技改项目上报，当时美麟公司派了三个人去国家发改委答辩，我是作为工程技术人员去的。去了之后，有很多化纤方面的专家对柞蚕都不熟悉——他们问那个膨化的空隙率多大，就是把原来的丝孔扩大了多少，我说大概是1.2%吧。他们说："不能大概。"我说这个只能"大概"啊，因

为什么呢？这不像涤纶丝，涤纶丝如果有孔再扩大的话，它的孔是固定的，因为它是机械的。柞蚕丝是天然的，茧朝阳光这面和背阳光那面就不一样了，茧子大小不一样，茧的品种也不一样，另外呢，茧的产地还不一样，所以一根丝无数个孔，根本就不能测得这么精确。专家说："那你就多做点。"我说："多做点也不可能，孔扩大，体积也就扩大20%左右，肯定是扩大了体积好测。比方说，在纺纱过程当中，5公斤一个棉条一个桶，等我们膨化

接受电视台采访，2014年，丹东

（左一）考察印度柞蚕事业，1989年，印度

了，5公斤就放不下了，就多出了很多。"我们测增加20%左右，这个是国家权威机构测的。在美麟公司纺纱的时候，这个绵条就给日本了。日本一家公司做了一种非常漂亮的衣服，是女上衣，13万日元/件。这个产品日本处理得很好，特别是后整理方面比我们确实好多了，确实是顶尖的产品。我们还发明了一个膨化丝绵被，这个丝绵被是有香气的；还有负离子远红外消灭螨虫、细菌等的多功能丝棉被，这些产品还是深受消费者认可的。这个柞蚕茧壳膨化的项目是在1998年左右搞的。

2003—2009年，我又被河南南阳纵横丝绸纺织公司聘请了，为他们做出口西班牙的产品，解决工艺上的问题，搞了七八年。我刚进美麟公司时，美麟公司提出王宝贤当总经理，我当总工程师，月薪每人2000元，然后还给我们20%的股份，技术入股，其实挺有诱惑力的。第二天早晨，老伴说不行，我们年龄大了，只能是出点力，有这个平台，我们能帮忙就帮一下。当时，美麟公司的合同已经写好了，只要我们两个签名就可以生效了。我们说考虑考虑，第二天，老伴对他们说不行："我们是吃柞蚕饭的，一辈子对柞蚕有感情，你需要我们，我们责无旁贷，就是一定要帮你，但是不用谈效益。如果你要谈这些，就是太商业化了。"后来那个老板就说："从没有碰到像你们两口子这样的。不怕什么都要，就怕什么都不要的。"

我们现在加入了丹东中天柞蚕生物科技有限公司的专家团队，这两天，公司要我们去做那个七彩绸——七彩绸就是我退休后研究的新产品，是仿造印度绸的。像印度总理莫迪身上穿的那个背心，就是印度绸的。我们做的七彩绸不止七个颜色，而是五颜六色的，你需要多少颜色，就有多少颜色。退休前我到印度去考察后，写了可行性报告给领导，当时领导是搞化学的，他不熟悉这个东西，也就不了了之。退休后，我自己搞，后来上海"丝绸大王"啊，北京瑞蚨祥啊，王府井的柞蚕丝绸店，还有北京元隆公司等纷纷来订货，都看上了，虽然我们的售价很高。这个七彩绸是全手工的，摸着也挺舒服，很柔软的。最近，专为领导设计服装的北京服装设计师也看上了我们的七彩绸。

采访时间：2016年7月

为丝绸事业奋斗的四十五年

严婉如

严婉如 原北京丝绸总厂总工程师

严婉如，1961年毕业于华东纺织工学院纺织工程系丝织专业。1961—1964年在北京印染厂丝绸车间任技术员；1964年起，先后担任北京丝绸厂检验科、技术科、计划科副科长，喷水织机分厂厂长，

严婉如

从事工艺管理、质量管理和生产技术管理；1988—1994年任北京丝绸总厂副总工程师、总工程师，主抓全厂技术管理、产品开发、创优和涤纶仿真丝绸等科研项目，负责北京丝绸总厂喷水织机引进设备的安装、调试、生产。任职期间，缎背绉、旅游纪念品真丝印花方巾等产品获得北京市优质产品奖，北京丝绸厂多次在华北地区质量评比中获得地区第一。涤纶仿真丝绸曾获纺织工业部中国丝绸总公司全国优质产品总会最佳仿真效果奖、最佳花色品种奖。退休后，2001—2006年被聘为中国纺织出版社特约编辑，参与编辑了《喷水织造实用技术》《蛋白质纤维制品的染整》《提花织物的设计与工艺》《丝纺织工艺学》等18种书，字数多达598万。

组织产品质量评比，都是实物质量评比，我们获得了两次第一

我出生于1938年，老家在江苏省靖江市。那里是老解放区的新四军驻地，所以我有机会上学。1957年进大学学习，读的是华东纺织工学院纺织工程系丝织专业，1961年被分配到北京印染厂丝绸车间，那会儿丝绸厂和印染厂是合在一起的。1964年9月，丝绸厂和印染厂分开了，我分到了北京丝绸厂。

北京丝绸厂在新街口，是由一个小棉织厂改造起来的。一开始我们用的是1511棉织机，技术员、老师傅将其机身加长，进行部件改造，最后改成能织美丽绸之类丝织品的机子。提花机是铁木织机，很简陋的。但是北京就这一家丝绸厂，所以生意还是挺红火的。北京的纺织品公司、百货大楼和北京主要商场的有关丝绸产品，都靠本厂供应。生产原料中真丝主要是从南方购进的，基本上是四川和江浙的，四川来的比较多。本厂也有一个缫丝车间，但是比较简单。人造丝基本上是保定化纤厂和丹东化纤厂供应的，偶然也用南京化纤厂的。主要就这两种原料。

北京丝绸厂员工多的时候有七八百人。我先是技术员、工段长，后来做过检验科的副科长、技术科的副科长和计划科的副科长，从事工艺管理、质量管理和生产计划管理，还搞过机械制图。你还别说，人家纺织品公司要什么产品我们就能生产什么。素织物美丽绸用于出口，其他的都是提花的。北京这个市场主要靠我们，我们有线绨被面、软缎被面、尼龙被面，还有织锦被面、古香被面，反正被面种类很全。我们的线绨被面比别的厂生产的要长一点，所以在北方特别受欢迎，其他花色品种也适合北方。

还有一个产品叫"冷月锦"，它是个提花织物，也是出口的。华北地区山西、天津、河北——就是我们这一圈吧——组织产品质量评比，都是实物质量评比，我们获得了两次第一。大家都是国营企业，经常组织这种竞赛活动，包括操作竞赛等，基本上在华北地区我们是最好的，但跟苏、杭不太好比。我们当时还做了一些产品，如花软缎、缎背绉、宋锦、降落伞绸等，其中缎背绉产品获得了北京市优质产品奖。

有一个旅游纪念品做得比较成功，是真丝印花方巾（头巾），采用故

宫的角楼、颐和园等景点作为装饰图案。在20世纪80年代旅游业还不发达的时候，我们搞的这个旅游纪念品很受欢迎。在开往八达岭的火车上卖，卖5块钱一条。这个旅游产品搞得还是比较不错的，后来被评为北京市的优质产品。无论从花色品种，还是从销路、思路来讲，在当时，我们都是很超前的。

20世纪60年代在老厂的时候，我们还做了一些属于特种工艺的产品，比如说降落伞绸。南京有一个降落伞厂（对外叫某机械厂），是个专门做降落伞的厂，我们为他们供应降落伞绸。降落伞绸要求比较高，要做透气量实验之类的。我们还有喇叭绸，有为人民大会堂迎宾厅做的金银丝专织的壁锦。另外，我们还搞了一个转移印花法，把照相技术应用到印花上，先印纸，再把图案从纸上转移到布上，等于说是干法转移印花，不用水。后来还做过三原色印花产品。

1988年，我们厂搬到城外扩建，改名叫北京丝绸总厂

1988年，我们厂搬到城外扩建，改名叫北京丝绸总厂。总厂按生产线设立了五个分厂，即喷水织机分厂、有梭织机分厂、剑杆织机分厂、准备分厂、印染分厂，另外还有一个旅游纪念品车间和一条成品生产线（做丝绸服装）。中间还搞过一段时间的针织，织真丝袜子。厂扩大以后，各种设备就"鸟枪换炮"了，新设备应该说是很先进的了。喷水织机是日本全套进口的；剑杆织机是意大利的，包括前道工序的设备；倍捻机之类用的是意大利的，印花机也是意大利的；染整设备一部分是联邦德国的，一部分是西班牙的，还有中国香港的。设备条件还是配套的，厂里想做什么就应该能做什么。

我负责120台喷水织机和整个配套设备的安装、调试、生产，是最大的一块。我当喷水织机分厂厂长（未改分厂时是车间主任），最多的时候，有十多个日本人跟在我后头，是日本派来指导安装的技师。在这之前，我们临时组织了一个班子，有保全工、挡车工，我还和他们到苏州去培训了一趟。我们这些技术人员，都去日本培训过，我回来以后，这些设备就全归我管了，从安装机器到工艺制定，到生产什么产品，做什么东西，一直到试验投产，甚至于工人的吃喝拉撒睡，我都管。当时我们这个新厂搬过去以后，喷水织机分厂是第一个投产的，但整个生活设施、道路设施都还不齐全。新厂投产以后，我们从心底里美得要命，跟我们家开了这么个厂一样高兴。当这个设备安装好以后，就可以看到那个产品很快织出来，因为织机一分钟能转500多下，所以说挺快的。我把喷水织机分厂弄好以后不久，就当北京丝绸总厂副总工程师去了。

这两个奖杯，我记得是我从王府井百货大楼用自行车推回来的

剑杆织机投产遇到了一些困难，剑杆织机所用原材料主要是真丝，但当时碰到了通货膨胀，我们设计的时候蚕丝是3.5万元一吨，等我们设计完以后，18万元一吨也买不着了。北京没有原料，我们开证明去四川买，盖了中国丝绸总公司的章，盖了纺织工业部的章，也盖了厂里的章，三四个大章盖好去买，也买不着。好不容易弄来两吨丝，也是庄口混杂、乱糟糟的一堆，给投产造成了很多困难，经济效益一下子就没有了。我们原来是无息贷款，后来是低息贷款，再转过头来遇到通货膨胀，利息最高的那个月份到了18%，那就很可怕了，整个生产就无法进行了。

但是这个设备已经买回来了，意大利的技术人员也来了，还得生产。当时这个生产、工艺设计，还有什么品种安排，都是我在管。剑杆织机分厂设备安装的时候不是我负责的，但投产的时候我参与了。

北京丝绸总厂最后形成的年生产能力是，织造能力达到1400万米，印染能力达到1500万米，拥有职工2000多人，这个规模、能力在华北地区是数一数二的。我一天到晚要接待的人川流不息，参观人群是很多的。

重点就是说涤纶仿真丝绸了。从80年代开始，大家就都想搞涤纶仿真丝绸了。北京纺织工业局组织机械能一条龙研究开发，参与单位有北京化纤厂、北京化纤研究所。我们织造作为后道工序，有一个涤纶长丝深加工一条龙科研小组、一个高吸水细旦长丝及产品科研小组，还有一个涤纶空气变形丝产品开发研究小组，共三组。这三组我都参加了，我负责织造，直到产品生产出来。我们做了好多这方面的工作，基本上我都是主要参加者，整个织造和染整就靠我们。

涤纶仿真丝绸这个项目，刚开始做的话，只能说我们生产出来了，碱减量这些东西无法做，条件不好。但我们建成新厂以后，碱减量机也有

（左二）与到北京丝绸总厂招聘研修生的日本丝织企业主合影，1992年，北京

了，涤纶双绉等长丝产品，包括仿毛产品，都必须有一个碱减量设备来处理。碱减量做完以后，柔软度、松散度、弹性就出来了，再加上后期整理好，这个效果就比较好了。1990年在北京百货大楼举行的，由中国丝绸工业总公司组织的全国丝绸产品展评会上，我们得到了一个最佳仿真效果奖、一个最佳花色品种奖，拿了两个奖杯。奖杯颁发方是纺织工业部中国丝绸总公司全国优质产品总会。这两个奖杯，我记得是我从王府井百货大楼用自行车推回来的。

北京不产蚕丝，基础就比较薄弱，真丝绸做得少，整个丝绸行业跟南方没法比。做化纤丝之类的话，大家就差不多了。我觉得我们厂的技术力量挺强的，而且好多老师傅——真正的老师傅，好多是杭州、苏州、上海过来的，技术操作能力都很强。技术人员基本上是华东纺织工学院和苏州丝绸工学院的，很少有别的地方的人。我们有一百多名各种各样的技术人员，其中美术设计人员都有十来个呢，有中央工艺美术学院的、中央美术学院的，也有苏州丝绸工学院和浙江丝绸工学院的，他们的图案设计能力还是很强的。

（前排左四）在全国丝绸产品展评会上领奖，1989年，北京

20世纪60年代到80年代，整个北京市主要靠纺织和钢铁两个行业，"一白一黑"，撑起了北京的经济，出口则主要靠纺织

北京的丝绸厂就我们一家，在市场经济下形不成气候。我去福建看过，比如说福州丝绸厂，是跟台湾人合资的，人家的设计人员每个礼拜上一趟台湾，上一趟香港，那儿有什么产品，立马就能回来做。广东顺德那边也是这样，家家户户前店后厂，要做这个品种，要做那个品种，跟买菜一样方便，比如说要做个条纹，要加两根黑丝做条子，弄两个筒子回来就可以做了。如果在北京的话，就得上外地去买，半吨丝都不好意思买呀，最起码也得买一吨吧，而且人家一车皮一车皮地往这儿发。我的意思就是，在花色、品种翻新上，在产品设计上，我们跟不上潮流。我们的设计人员说，人家三天两头去台湾、香港学习，出去看看，我们三年也去不了一回，就是死守在家门口嘛。北京不像南方，北京的丝绸行业太单薄。广东、福建那边主要做化纤丝，站在街上一看，家家户户在卖这个东西，你买两个筒子也行，买五个筒子也行，我们北京不行。要说技术人员，说实

在的，我们厂的实力其实挺强的，但就是从规划上来讲，与南方还是有差距。后来，北京的劳动力是从外地引进的，原料也不是本地的，所以整个行业就不行了，北京的纺织业现在基本上没有了。

20世纪60年代到80年代，整个北京市主要靠纺织和钢铁两个行业，"一白一黑"，撑起了北京的经济，出口则主要靠纺织。北京的大棉纺织厂、大毛纺织厂都是很强大的，还有丝绸总厂（唯一一家），最后都没有了。现在那些厂都变成了什么公寓之类的，都卖地卖掉了。北京的整个纺织行业基本上没有了，有也是零零星星的，原来丝绸厂的技术人员各奔前程。

后来整个北京的纺织行业就不行了，到北京郊区、山东和四川招工人也招不到，工人没有，原料没有，最后就关停了。

我1994年退休，退休后做了八年美丽绸之类丝织品的批发生意。河南那儿有个生产坯布的厂，我在北京给他找个地方染，然后卖给服装厂，后来效益也不太好，就不做了。

2001年到2006年，我在中国纺织出版社当特约编辑，编辑的书挺多的，一共18本，都是跟丝绸行业有关的。像范森他们是责任编辑，我叫特约编辑，就是帮他们把把技术关，稿子拿回来时乱糟糟的，我把把关，看有没有生产、技术上的错误，或者是原则性的错误。中国纺织出版社也培训过我们，接受培训的一共有十几个人，培训了两个礼拜，就是把基本的编辑知识教了教，然后我们就把书一本一本拿回来，按照他们的要求来编，不过当然没有人家责

（左一）陪同20多国驻华大使夫人团参观北京丝绸厂，1991年，北京

任编辑那么严谨。我们改完以后，主编还要再看一遍的，我的工作主要是解决了他们在实践知识方面的不足。我参与编辑的书有《喷水织造实用技术》《蛋白质纤维制品的染整》《提花织物的设计与工艺》《丝纺织工艺学》《新编丝织物染整》《衣用纺织品学》等，一共18种，598万字。我参与编辑的书中很多是教材。

另外，1985年我还援建了一个小丝绸厂。山东周村有一个丝绸厂，建在周村萌水，是我们厂帮助支援建设的，我带了一帮保全工去，从画地线、安装机器、打地基、下地脚螺丝开始，到准备设备，一直到安装好机器，把机器开起来，连带工艺什么的，一起统统帮他们搞好，在那儿待了有两个月。

采访时间：2014年7月

勤奋耕耘　硕果累累

范　森

范森　中国纺织出版社原编审

范森，1961年毕业于华东纺织工学院，先后在丹东毛绢纺织厂、本溪绢纺织厂、第二机械工业部五七干校、中国纺织出版社工作。1979年调入中国纺织出版社做编辑，工作27年，共编

范　森

辑各类图书125种，约3504万字（其中丝绸类图书72种，约2374万字），复终审116种，约2041万字，涵盖高等学校及中专教材、生产技术读本、工人读本（制丝、丝织、丝织保全等读本）、科普读物、专业词典、工具书、丝绸文化历史等领域。其中，《柞蚕茧制丝技术》和《柞蚕丝绸染整技术》弥补了有关柞蚕丝绸图书稀缺的遗憾；《丝织常识问答》于1987年获第二届全国优秀科普作品三等奖；《中国历代丝绸纹样》于1990年获第五届全国优秀科技图书一等奖，1991年获全国服装图书展评会最佳服装图书奖，1997年获部级科学技术进步奖二等奖；《纺织品大全》于1995年获第三届全国优秀纺织图书一等奖；《中国丝绸史》于1995年获第三届全国优秀纺织图书二等奖；《丝织学》（上、下）于1996年获第三届全国

纺织高等院校优秀教材二等奖;《含蚕丝复合纤维的纺织和染整》于1997年获上海市第四届优秀科普著作二等奖;《丝织技术集》于1997年获上海市第四届优秀科普著作二等奖;《民国丝绸史》于1998年获第四届全国优秀纺织图书二等奖;丝织长卷《清明上河图》于2000年获杭州西湖博览会金奖;《中国丝绸科技艺术七千年——历代织绣珍品研究》被列为国家"九五"重点图书,于2003年获第十一届全国优秀科技图书一等奖,同年又获第六届国家图书奖(全国图书最高奖);《纺织空调除尘技术手册》获中国纺织工业协会2005年度科学技术进步奖二等奖、2008年度科学技术进步奖三等奖。1991年获部级"双文明建设先进个人"称号;1992年获部级"优秀共产党员"称号;1992、1994、1998年获部级"巾帼建功"荣誉称号。被《奉献在丝绸》《无锡名人辞典(四编)》二书收录。1993年起享受国务院政府特殊津贴。

父亲说女孩子学什么地理、地质,要学纺织,他非要叫我填纺织

我生于1939年1月23日,阴历腊月初四,属虎,老家在江苏无锡西门。我父亲是无锡庆丰纱厂(后来叫国棉二厂)的职员,他是当会计的。我在棉花巷小学上学,1951年小学毕业。初中就读于无锡市辅仁中学(之后改名为无锡市第二中学),我们一个班全是女生。辅仁中学的高中不收女生,故高中我就考到无锡市第一女子中学,1957年高中毕业。毕业后就考到华东纺织工学院,现在叫东华大学。我喜欢地理,所以填的志愿全是和地理有关的,像北大的什么地球物理系。父亲说女孩子学什么地理、地质,要学纺织,他非要叫我填纺织。我还不大愿意,只在第二志愿填了纺织,结果被录取到上海。我妈倒挺高兴,我对上海有意见,说上海花花世界,不太愿意去,想去北京。

我报的是纺织系,学校那时候分得细,有纺织系、染化系,机械系,好多个系。纺织系里面又分十几个专业,棉纺专业、棉织专业、丝织专业、缫丝专业、绢纺专业、针织专业……我学的是绢纺。大二分专业,老师带领我们去上海绢纺厂参观,绢纺就是把废的东西变宝了,都是把缫

丝下来的下脚料、坏茧子什么的，处理以后纺成纱了，我觉得这个倒是不错，所以就填了绢纺，这个是最小的一个专业了。当时我们班有30个同学，后来华东纺织工学院升级成为纺织大学了，成立了数理系，班里有10个同学被分到数理系去了，我爱人也学物理去了。大二的时候，只剩下20个同学学绢纺。

1961年毕业分配工作的时候，7个同学被分到丹东毛绢纺织厂。这地方还比较有名，当地有温泉。这里专门做绢纺，就是把织绸、缫丝不能用的下脚料，经过绢纺前处理以后纺成纱，再就是做成绢纱，织成绢绸，也是丝织产品。绢纺是短纤维，缫丝是长纤维。我们一开始在车间实习，后来就在试验室做化验、检验。

1966年我调到本溪，筹建本溪绢纺织厂。到本溪之后，开始筹备建厂，我什么事都做，厂建成后任试验室技术员。从1966年一直到1974年，我在本溪一共待了8年时间。我爱人一直在北京，我提出来要调走，厂里还不放我，厂里领导告诉我："要培养你当厂长的，你干吗要走？"我说："算了，总不能我的两个孩子，老大在老家爷爷奶奶带，小的自己一个人带，一个东一个西吧。"

1974年，我们夫妇两个调到位于河南的第二机械工业部（以下简称"二机部"）五七干校（我爱人户口没动，我把户口迁到河南），1975年河南发大水，家里全都淹没了。1975年大水以后，二机部把干校搬到北京，我们那时候还想回老家，我联系了老家，无锡纺织工业局同意我们回去，但要自己解决户口。那时候户口挺重要的呀，粮票、煤球，甚至布票全要凭户口领的，没有户口怎么办？户口不能老留在河南上蔡。我只好说要到北京，干校领导就说："你们不是要回无锡吗？那我们干校就不考虑你了。"我说："那边办不成，我们还是在干校吧。"1977年，二机部在北京大兴庞各庄盖了房子来办干校，就把在河南上蔡的干校管理人员（只有一小部分，实际上大部分分到别的地方去了）迁回到北京庞各庄。我管基建仓库，因为在建庞各庄干校，有些原材料如钉子、劳保衣服、五金等全都要管。

我在纺织出版社编辑的书总共有125种，其中有72种与丝绸有关

1979年，中央要求"技术归队"，我爱人想回原子能研究所，在房山的，叫401所。但他回不了401所，因为他原来在原子能研究所人事部，也没搞物理研究，做的是技术人员的档案管理，所以对于二机部来说，他也不算是技术人才，只能仍留在干校。辽宁省丝绸公司孙燕谋经理（无锡人）和我是老乡，在丹东五龙背的时候我们就认识了，他给我介绍了纺织工业出版社（现中国纺织出版社，以下简称"纺织出版社"）和中国纺织科学研究院（以下简称"纺织研究院"），这两个单位都要人，两边都同意我们去。但是纺织研究院说现在没有住房，得自己解决住的。纺织出版社说现在暂时没有房子住，老王（我爱人）可以先到纺织出版社，那时候纺织出版社位于白堆子（甘家口）。出版社领导说："房子到11月份才能完工，到那时照顾你们，可以分给你们房子，但是有个条件，你们得两个人都到出版社。"我本来想上纺织研究院，他去纺织出版社，这样一来，就只好两个人都到出版社了。1979年11月份，我俩就从庞各庄搬到位于中纺里的宿舍，到出版社上班了，从中纺里

（右一）在苏州丝绸工学院召开的《丝绸学》修订复审会议上发言，1990年，苏州

第五届纺织出版社工作会议在青岛召开，（右一）与丝绸专家周本立、王庄穆、陆锦昌（从左一至左三）合影，1990年，青岛

到白堆子，坐车就得个把小时，挺远的，他骑车上班，骑车也得一个半小时。

出版社1953年就成立了，最早的时候为纺织工业部计划司下属的编译处。1972年，同中国轻工业出版社合并，称"纺织工业出版社"。1978年，与轻工业出版社分开，称"纺织工业出版社"。1993年，改名为"中国纺织出版社"。那时候也就十几个人，一年就是出点教材、翻译书什么的。到1981年的时候，出版社搬到纺织工业部里面，待了三年，1984年搬到光华路办公，1989年又搬到东直门办公。东直门的房子算是出版社盖的，部里出的钱，这回有了自己的一个办公地方。出版社原来都没有固定的办公场所，都是这儿挤一挤，那儿挤一挤。所以我那时说，出版社三年一搬家，现在又搬家了，因为规模大了嘛，叫"中国纺织出版社"。东直门的地方租给人家了，在百子湾那边买了一层新的办公室，把所有的图书和杂志的办公室都搬到了一起。现在还办了《中国服饰》《昕薇》等好多杂志。

1979年，我刚调到出版社，开始是一点门儿都没有，因为我没接触过编辑工作。出版社领导就说："你不是学绢纺的吗？绢纺就是丝嘛。"所以把丝这一摊全叫我负责，我是叫苦连天。我说我学的绢纺，与毛纺和棉纺基本是一样的，仅原料不同，而纺纱工序多，缫丝我根本没有学过，我也不太懂得缫丝，缫丝和纺是不一样的呀。出版社领导说："你就边干边学吧。"孙传己是我的老师，他带我，一点点教我看稿子，找资料，那时候真的是有点吃力。当时四十岁了转行，这个弯转得挺大的。我到出版社后，出了《绢纺学》《绢纺织》，本来应该还有一本《绢纺生产》的，后来嘉兴绢纺厂搞来搞去，书稿都成了，结果没能成书。后来我组稿、编辑、出版了缫丝、丝织，还有美术一类的图书。没办法，边干边学呗，那时候真苦。

我编的第一本书是1980年出的，是自己独立发的稿，叫《簇绒生产入门》，是从英文翻译过来的。那时，我看了稿子以后，一遍一遍地改，改完了，孙传己老师看后说不行，还得拿回来再改，来回改。我在出版社编辑的书总共有125种，其中有72种与丝绸有关，占了一大半。

正是孙燕谋在中国丝绸公司的时候，拨了款给出版社，不然丝绸图书真的出版不了

刚开始是老同志给我一些选题，因为我不熟悉业务。记得开始是一套"制丝工人读物"，后来又有了"丝织工人读物"。以后就开始自己组稿、策划选题，《丝织学》是浙江丝绸工学院、苏州丝绸工学院合编的。我和两个工学院的老师一起工作，组织他们开审稿会，听他们意见，就跟他们慢慢熟悉了。后来只要我一去学校，老师们就互相告知："赶快找范森去，她挺积极的。"

我们那时候有出版联络员，苏州丝绸工学院的联络员是盛卫东。盛老师挺热情地说："老范，你就待在招待所别动，老师们都会来找你，你哪儿都别去，否则找不着你。"老师们来了以后，我们就谈呀，聊呀，他们告诉我有些什么想法。后来，浙江丝绸工学院的作者出了不少书，像浙江丝绸工学院区秋明老师的《小花纹织物设计》、沈干老师的《丝织物设计》，浙江丝绸工学院花色品种研究室编写的《被面纹织设计》。我边干边学，有些东西我也不懂的，但是不懂也有好处，因为不懂就很容易发现问题，就得问老师。老师说，这是最简单的问题。我说："你讲给我听。"他讲给我听，我也学会了。跟着老师学呗。老师和我关系都很好的，社领导还有意见，说："你怎么老是站在作者的角度呢？"我说："我不站在作者的角度怎么办？总得为他们考虑是不是？他们也挺不容易的，要找资料，要写，要改，我就光提要求。"做书的过程中，要思考这本书给谁看，读者对象是谁，是工人、技术人员还是管理人员，慢慢地思路也打开了。

我出的书有各种类别，有的是学术性的，有的是教材，有的是通俗读物，还有一个比例分配问题。开始出版社是有个整体计划的，从社会需求来说，对出版哪些读物是有要求的。我们列计划、报选题，也得从各个方面考虑：一个是根据社里要求，另一个是看看作者有什么稿件是我可以拿过来的。有些作者可以不在你这儿出，到别的出版社去出。所以我每年总是要出去调研，调研一两次，去组稿，主要是去浙江、江苏这两个地方，还有东北，组一些东北柞蚕丝方面的稿件。

有一本《柞蚕丝的织造》最后没弄成，作者写了半天不写了。《柞蚕茧制丝技术》和《柞蚕丝绸染整技术》这两本有关柞蚕丝的书，得到了当时仍在辽宁省丝绸公司的孙燕谋经理的大力支持。因为丝绸专业在纺织业中是个小专业，棉纺是个大专业，所以社里把好多精力都放在棉纺上，出的几本丝绸的书，印量又不大，最后没办法，我就和孙经理说，得到了孙经理的大力支持。

孙经理资助的最早的一本可能就是缪良云编著的《中国历代丝绸纹样》，这本书最后获得全国优秀科技图书一等奖。因为这本书是彩色的，成本挺高，社里都不敢出。后来我就和中国丝绸公司商量，中国丝绸公司便拨了10万块钱给出版社，这本书才得以出版了。像这种申请经费的事情也经常是我自己出面，我和中国丝绸公司的孙燕谋（当时他已到中国丝绸公司）说："我们社里感到这些书印量小，成本又高，是不是你们公司给我们补贴一下？"前前后后，丝绸公司补贴了出版社不少钱，几十万补贴，每年都可以出版两种丝绸图书。我每年也把丝绸图书出了哪些以及销售情况报个清单给公司，他们研究以后就会拨点经费给我们。正是孙燕谋在中国丝绸公司的时候拨款给我们出版社的，不然丝绸图书真的出版不了。

他说这一套书保证能赚钱，赚下来的钱就可以补贴出这一本《中国丝绸科技艺术七千年——历代织绣珍品研究》了

《中国丝绸科技艺术七千年——历代织绣珍品研究》是黄能馥和陈娟娟两人编的一本书，一算出版成本，可能要50万，20世纪90年代，50万不得了。社里说不行，没钱，别出了，反正丝绸又是小行业。我就和作者商量，黄老师也说："老范，我不为难你了，我到别的出版社出。"我想想不对呀，我说纺织出版社出丝绸书是正经对口的，到别的出版社，他们不一定懂得这些专业知识啊！我不肯把稿件还给他，说："我帮你争取。"后来我给黄老师提了一个建议，说我看到他们中央工艺美院有一套工艺美术丛书，是工艺美术设计专业的一套书，内部搞的，老师自己一条线，做印刷、发行，量挺大的，我就看上这一套书了。我和黄老师说，你这一套给我去出版，黄老师说这一套不好办，他说牵涉到发行，牵涉到好些事

（后排）和《中国丝绸科技艺术七千年——历代织绣珍品研究》作者黄能馥（前排
左）合影，2004年，地点不详

情，老师都不愿意放弃这一块。后来呢，工艺美院的教务主任崔栋良老
师，搞了一个工艺美术自考的教材，是和北京市教委合作的。崔老师告诉
我："这一套销路挺好的，要不你拿去。"黄老师也帮我争取，就这样，
我争取到了这套工艺美术自学考试的稿件，他说这一套书保证能赚钱，赚
下来的钱就可以补贴出这一本《中国丝绸科技艺术七千年——历代织绣珍
品研究》了。

　　这一套书原名叫"北京市工艺美术自考教材"，是自学考试指定教
材，发行量挺大的。工艺美术和纺织的关系好像不是太大，但是实际上工
艺美术在纺织、丝绸方面用得还挺多的，被面设计、面料的图案、花纹
什么的都得靠工艺美术，都要用得上的。但是社里从没有发行过工艺美术
这方面的图书，我们很少出版这类图书。第一次印，北京市教委让印1万
册，社里都不敢，那是1996年，万一销不出去怎么办呢？没想到，这一套
书出来，其中一本《素描》没几个月全都卖光了，又重印，到现在还在重

印呢。这一套书，开始是以北京市教委的名义出版的，后来大家就说，你要指定北京市的话，外地就感觉这是北京市的，不是全国的，销售会受到影响，后来就改成"工艺美术专业教材"，读者面扩大了，只要是学工美的读者，都需要这套书。这套书印了多少次，我都数不清楚了，总发行量大概达到十几万册吧。年年都要印，有时候一年重印两次。

我出《中国丝绸科技艺术七千年——历代织绣珍品研究》这本书时社里还不太同意，因为没这么多资金，后来社里申请科学出版基金，我和爱人王文浩费了好大劲，准备申报材料等，终于获得了2万元出版基金，促成了该书的出版。

过去出版社出书，作者自己是不掏钱的，出版社都是国家的，部里要出书，就每年拨钱给社里，越到后面，社里就越要考虑成本和开支。到最后，部里都不给钱了，作者自己要拿钱了。像丝绸专业，总共才多少人，所以选题不多。后来选题的面放宽了，就不单做丝绸稿件了，工艺美术这方面的稿件也算接近的，再有就是杂的选题了，还有医药方面的，"检验结果"什么的，反正能出版的就帮作者出版。好些作者和我关系特别好，说："我们就是冲着你来的（把稿件给你）。"

崔栋良老师总说："老范，我就是要跟你打交道，给你出，要不我到别的出版社出。"真的是这样的，他在河南、河北都出过，他著的《图案》《平面设计》《色彩》等都是工美基础教材。他给我稿件，我看了以后给他提意见，他说："我到别的出版社，一个字都没给我改就出了，你们出版社怎么要那么抠字眼呢？"我说："崔老师，这个是教材，我看不懂，等于学生也看不懂，你给我讲讲。"他就讲给我听，我说："你一讲我就知道了，我懂了，我帮你改。"最后他服了，说："老范，你改得好，人家不敢给我改的。"他是教授，谁敢动他的文章？人家拿去以后就给他照原样出，错的也就是错的了。

还有一本讲透视的书，作者家在中山公园那边吧，叫什么胡同。为了弄懂透视的原理，我和老王特意跑到作者家去请教他。他给我们讲了好多好多，讲完了以后，公交车也没了，我们两人只能走回家。

中国丝绸公司成立后，国家开始重视丝绸，对外贸易主要靠丝绸去创汇，我们一年得出好多种丝绸类图书

除了工人读物和关于生产技术的丝绸图书外，我还出了一些手册和工具书，比如《制丝手册》《纺织品大全》，还有钱小萍写的《丝绸实用小百科》。我还组织了一套"艺术设计丛书"，也是工艺美院的老师写的。还有宋金木的《孙子兵法》，是丝织的，他把它织成绸了，用织绸方法把那些字都织进去了，算是第一本丝绸做的读物吧。李加林老师的《清明上河图》《富春山居图》，也是我组的稿，也是我们出版社出的。这些读物都是有关丝织的，算是我们出版社的精品吧。

缪良云的《中国历代丝绸纹样》差一点出版不了，也是中国丝绸公司补贴后才得以出版的。出版后，缪老师还说，他都没用上。我说："你怎么没用上？"原来这本书出来之前，他在评教授，等我给他出版以后，他已评上了，是用不上了。1990年，这本书得了全国第五届优秀科技图书一等奖，后来又得了部级科学技术进步奖二等奖。里面的内容还是比较珍贵的，把咱们祖辈的东西都集中在一起了。

那时候丝绸行业比较繁荣，国家也比较重视，中国丝绸公司成立后，国家开始重视丝绸，对外贸易主要靠丝绸去创汇，我们一年得出好多种丝绸类图书，主要有高等学校教材、中专教材，也有工人的技术读本，还有生产技术方面的专业工具书，比如说《制丝手册》《丝织手册》，另外就是有很多文化历史方面的图书。我策划、编辑的科普读物《丝织常识问答》得了全国三等奖，那是第一本，这个工程也是非常浩大的；高等教材《丝织学》获第三届全国纺织高等院校优秀教材二等奖。

再说陈娟娟，她是沈从文的学生，她接触的都是故宫里收藏的丝绸，所以有机会亲自分析这些丝织品，她的研究很有价值，但是她没有机会出版著作。那时候，她分析了好多好多东西，特别是明代、清代的。她和黄能馥是两口子。后来陈娟娟病逝了，但是她的研究成果留了下来。

我1999年就退休了，但是退休后一直干到2006年，而《中国丝绸科技艺术七千年——历代织绣珍品研究》是2002年出的。黄老师当时说："老范，你都退了，书稿我拿走吧。"我说："不行，为这本书我眼泪还掉了不少呢。"我和领导去说，领导就说没钱，说出版社要从经济效益考虑，而且这个发行量也不会太大的。没想到该书出来以后，得了全国优秀科技图书一等奖。经费就是靠出版社出的那一套工艺美术的书赚的钱和申请的科学出版基金2万元，因为出版社也需要弄点精品的东西，但没想得国家图书奖，得国家图书奖太难了。到现在为止，这也是我们出版社唯一的一本国家图书奖作品，丝绸图书里应该是唯一的，纺织图书里也是唯一的，以后能不能得就难说了。

开座谈会的时候，好多人都说："前无古人，后无来者，以后没人能继承了，现在谁还有机会到故宫去看那个绸子？不给你看了，你拍一张照片都得拿钱。你还得去分析。你没有这个机会了，所以她（陈娟娟）这个技术是相当珍贵的……"从1996年《中国丝绸科技艺术七千年——历代织绣珍品研究》开始立项，到1999年社里开始同意，稿子一直也没怎么定下来。她家离我家也近，就在红庙对面，我们过马路就走到她家了。有什么问题，拎着稿子就上她家去了，和陈老师分析改稿，我们不懂的话就问她，不断帮她改。

2006年之后我就在家休息了，出版社还叫我审稿，我说不行了，现在体力不够了，脑子也不行了。而且毕竟脱离编辑工作很长时间了，现在编辑书稿都是电脑操作，我都不怎么会操作，好多东西跟不上形势了。

采访时间：2014年7月

呕心沥血搞设计　两鬓染霜仍操劳

钱小萍

钱小萍

钱小萍　苏州丝绸博物馆原馆长，教授级高级工程师

钱小萍，1957年毕业于江苏省丝绸工业学校。先后在苏州丝绸研究所和苏州丝织试样厂工作，主研丝绸品种设计。1989年苏州丝绸博物馆成立，钱小萍担任馆长，重点从事古代丝绸文化技艺的挖掘、抢救和保护。2000年至今，致力于宋锦工艺的挖掘、保护和传承，并成立了古丝绸复制研究所和宋锦大师工作室。设计的产品花绒绸、凤羽绡获国家经委1983年度优秀新产品金龙奖；机织涤纶毛绒型人造血管获1983年度国家发明奖三等奖，1986年又获第14届日内瓦国际发明镀金奖和第35届布鲁塞尔尤里卡国际发明博览会银质奖；"古代丝织品复制研究"获国家文物局1992年度科学技术进步奖三等奖；"青海都兰热水出土唐代织锦复制研究"获国家文物局1996年度科学技术进步奖一等奖；1994年"丝毛复合长巾"获国家专利，同年获国际妇代会金奖。2014年创制了宽1.72米、高3.86米的宋锦巨作"西方极乐世界"图轴。主编《丝

绸实用小百科》《中国传统工艺全集 丝绸织染》《中国宋锦》《中国织锦大全》等著作。曾任第六、七、八届全国人大代表（1983—1997年）。2007年被评为"宋锦织造技艺唯一国家级传承人"，1988年被评为"国家级有突出贡献的中青年专家"，2007年获得全国茧丝绸行业终身成就奖，2019年荣获"庆祝中华人民共和国成立70周年"纪念章，1992年起享受国务院政府特殊津贴。

一条巷子走完，我都没找到那个研究所的门，后来发现巷子里面有个门口挂着一个小牌子，那里面就像家庭作坊

我是1939年出生的，老家在江苏常州武进县。1954年，我考取了江苏省浒墅关蚕丝学校。原来学校只有蚕桑缫丝专业，我那一届有了丝织专业，但非常难考，我们那里好多人都没有被录取。我1957年毕业，三年制嘛。我们是中国第一届丝织专业毕业生。那时候全国都没有丝织专业，后来这个学校搬到苏州，变成了以后的苏州丝绸工学院。我读书的时候，没有专业书的，专业课上用的都是老师编的讲义，因为丝绸是一个传统行业嘛，没有理论什么的，当时用的是一些苏联教材。我毕业后被抽出去参与编中专的教材和高等教材，在浙江编的。

毕业后，就我一个人分到苏州丝绸研究所，从事丝绸设计、产品设计。这个研究所在张家桥巷，那就是一个小巷。我们一共8个人留在苏州，7个人分在工厂，我一个人分到丝绸研究所，我很高兴，心想：这个研究所是怎么样一个研究殿堂啊？结果一条巷子走完，我都没找到那个研究所的门，后来发现巷子里面有个门口挂着一个小牌子，那里面就像家庭作坊。有传达室，但传达室和原料仓库是在一起的，里面有几台机器，有一个客厅。那年我19岁。当时有一些设计人员，我跟了一个姓金的，金纯荣老师，跟他学习品种设计的技能，他教我分析，教我设计。

后来丝绸研究所搬到公园路一幢很漂亮的房子。我这一生都在从事丝绸品种设计，经历了"文革"，到车间劳动过，后来我被调到苏州丝织试样厂，搞品种设计。杭州和上海也都有一个试样厂，试样厂就是搞丝绸试样的。从20世纪60年代到80年代，我一直在研究所和试样厂搞品种设计，直到苏州丝绸博物馆成立，我才离开试样厂。到了博物馆，我又开始从事古代的丝绸文物复制研究，从商代、战国、两汉、隋唐，到明清，我复制了一系列的产品。我退休以后从事宋锦的研究，我是宋锦的国家级传承人。60多年来，我没有停止过对丝绸的研究，即便是"文革"期间，也没有中断过丝绸品种的工艺操作实践。

第二代的人造血管是以我为主发明的，从结构、工艺，一直到产品出来，都是我主持的

当时纺织工业部下达了一个人造血管项目，应该是1958年的一个项目，那个时候我老师金纯荣先生还在的，他带领研究团队，我作为学生跟随他，做一些具体工作。后来在"文革"期间，金老师去世了，研究就中断了。20世纪70年代初，上海市胸科医院的医生找到我，后来又找到苏州丝绸研究所，叫我跟他们研究新一代的人造血管。我当时在车间劳动，我说："你们去找上海的吧。"他们说："不，我们非得要你，因为你在第一代人造血管的研究里面有经验嘛。"就是要叫我再做。"文革"期间，我白天在车间劳动开机，晚上偷偷地研究设计图稿，星期六、星期天再到苏州织带厂里去做试验。

后来，我们在丝绸试样厂成立了一个研究小组，那时丝绸研究所已经变成丝绸试样厂。从设计方案、进行工艺织造、做成成品，再到上海医生做动物和临床实验，这样一个过程，经历了五六年时间，到1976年项目成功了，这是第二代人造血管研制成功的过程。后来就进行临床应用，到现在还在临床应用。"文革"后期，这个项目得不到支持，好像因为我们的上级丝绸公司觉得，做这个医学人造血管也不是我们的主业，所以也没有投入资金。那时候我为这个产业奔波，希望争取10万块钱，就可以搞一个中试工厂。但当时没有得到上级领导的重视和支持，就没搞出来，没有投入到大量的生产，可小批量的在不断地做着，因为人体应用的也不是大量的。上海市胸科医院自己在医院里弄了一个车间在做，一直做到现在。我们曾经把这个人造血管应用到好几百个病人身上，挽救了他们的生命，是很有意义的。

我在国际上也取得了日内瓦国际发明镀金奖，他们觉得我们这个血管，不仅可以搭桥，而且可以永久性替代。我曾经在《丝绸》杂志上发表了一篇有关人造血管的论文。第二代的人造血管是以我为主发明的，从结构、工艺，一直到产品出来，都是我主持的。它原来不是真丝的，真丝血管只能用于人体的小血管，胸腔血管必须是合成纤维的。我发明的第二代人造血管的合成纤维采用了一种特殊加工工艺，加上我设计的组织结构，再和织造工艺配合，形成了一种绒毛，卷曲性的绒毛，这个绒毛就形成了一

在宋锦纹制工作室工作，2010，苏州

（左一）指导宋锦制作，2007年，苏州

个独特的管壁结构。当人体患有动脉瘤切除血管后，就把相同口径的血管接上去，当血液流过去时，血液细胞就在这个管壁生长，生长以后，就可形成具有内皮细胞的新的心内膜，这个内膜可以永久性替代，使人造血管变成一个活的血管。胸腔血管是主动脉，可以永久性替代它，所以这个人造血管是非常有意义的。

中国的第二代人造血管，国际上也是公认的。但当时没有展开国际合作。我们国内的大医院，包括沈阳医院、北京阜外医院、上海市胸科医

院，还有南京鼓楼医院，都用过我们的人造血管，差不多各大医院都用过第二代人造血管，而且好像病人都存活下来了。

第二代人造血管获得了一些国内和国际上的奖，国内的是发明奖三等，那一年没有一等奖和二等奖；国际上的是第14届日内瓦国际发明镀金奖和第35届布鲁塞尔尤里卡国际发明博览会银质奖。

我一生一直有这种创造性的思路，但等你创造出来了，说不定人家也要跟了

关于设计方面，比如说像花绒绸吧，花绒绸是一个既传统又创新的品种，是非常精美的织锦类型的产品，曾获国家经委的优秀新产品金龙奖。当时生产出来以后，好多姑娘都买来作为结婚的礼服布料，甚至到后来都排队买，上海也排队，苏州也排队。这个产品在苏州东吴丝织厂生产，也销到了东欧好几个国家，国内是非常热销的，因为当时新娘穿上这个产品做的衣服觉得可以艳压所有宾客。如果穿别的衣服，说不定宾客穿得比新娘还要美，但是新娘穿了这个衣服以后就可以压阵，很美的。后来也陆陆续续地做一些中式服装，到后来因为时代潮流的变化，人们也不太穿这个中式的棉袄了。再后来也就不生产了，因为丝绸行业都垮了。

凤羽绡当时设计出来，做了马可斯夫人的晚礼服，很美，很有特色。浪花绉是全真丝的波浪形的结构，很精美素雅的，可以做春夏季的各种服装。以上两个品种曾分别获国家经委的优秀新产品金龙奖。

双面复合长巾是我发明的专利产品。如果我们纯粹用丝绸做长巾的话，比较单薄，纯粹用羊绒做围巾呢，又觉得厚，也不是很美，我就设想了丝绸跟羊毛的复合材料，一面是丝绸，一面是针织的羊毛，针织的羊毛很柔软。两者的色彩也可以搭配，比如说这个羊毛织品是深红色的，那我这个丝绸面料就是深红底上面印花的，用真丝印花绸；如果丝绸面料是咖啡色调的，那么我就配咖啡色调的羊毛。这个围巾出来以后风靡全国，大街小巷都在做，好像浙江也做，上海也做，还有江苏，到处都做。

我们馆里有卖，我们申请了专利。后来我要去找仿制商打官司，也无法打，各种仿制产品一下子涌了出来，层出不穷。我是在博物馆里研制的，当时我们也没有赚多少钱，但这个仿制比较容易。第一个构想的人不容易，构想出来被人们发现了就很容易仿制的。我蛮有创造性的思路，我一生一直有这种创造性的思路，但等你创造出来了，说不定人家也要跟了。当时这个产品获得国际博览会金质奖，也申报了专利，但是后来全国的不少地区都来仿制，而且越做越烂。本来只有我是正宗的嘛。比如说，我的产品要用真丝面料做，羊毛也要求用正宗的羊毛，镶边要手工缝制，质量要求很高，都是很高档的。我的双面复合丝巾是一个品牌，叫"丝梦"，"丝绸之梦"的"丝梦"。后来就是越做越烂，人家有做化纤的了，本来是羊毛的，也变成腈纶的了。像我的丝巾的价格是190块，后来仿制的变成几十块了，越来越便宜，越来越便宜就销烂了呀。我们的丝绸往往就是有这种情况，原来高品质的产品，后来大家都跟着做，偷工减料，粗制滥造，削价竞销，就烂掉了。

一天到晚忙忙碌碌，辛辛苦苦，就在搞研究设计，晚上也研究，这个研究很累，很花力气的

我再谈谈文物修复方面。苏州丝绸博物馆成立以后，我因为是丝绸专家，应该从事古代文物的研究，但是要研究，仅仅是空研究也没有意思的，我就觉得应该把出土的文物、已经失传的东西复制、再现出来。所以我们就跟中国国家博物馆合作，他们出经费，我们博物馆出技术。我就带领几个学生成立了一个中国刺绣文物复制中心，复制有意义的文物。从商代的素帛，到战国的舞人动物纹锦、塔形纹锦等，到汉代的经锦，以及东汉的"五星出东方利中国"锦、"王侯合昏千秋万岁宜子孙"锦，我们都复制过。你（中国丝绸博物馆楼婷）们上次是用手工多综织机做的，后来我们是用花楼织机做的，都是自己复制的。特别是"五星出东方利中国"锦，因为它是五色锦，特别难做，但是也做出来了，这是跟新疆维吾尔自治区博物馆、中国国家博物馆合作的。新疆维吾尔自治区博物馆跟我们签协议的，复制品他们那里有一块，中国国家博物馆也有一块，我们博物馆没有，因为这是特别珍贵的一个文物，但技术是我们出的，尽管我们可以收藏一些产品，但是不能公开展示。"五星出东方利中国"锦复制得很像，有形似、质似、神似的效果，难度也很高。

唐代的，我们也复制了好几个，如"花鸟纹锦"和"花瓣团窠瑞鸟

在工作中，2011年，美国

衔绶"，好几个团窠也都做了，是纬锦。前面做的都是经锦，后来我又致力于宋锦的研究，一直到现在。我工作室下面的展厅里都是我的作品，中国南京云锦博物馆收藏有我的作品，深圳也有博物馆通过赵丰馆长的夫人袁老师来采集过的。日本肯定也有收藏，其他国家我没去宣传，好像有一些人来采集，我不太管。好多地方都来要我复制的产品。因为市场上已经买不到原汁原味的宋锦了，就算有复制品的话，也多是廉价的，比如说化纤产品，腈纶、人造丝做的，没有全真丝的，没有像我这种体现传统风格和传统技艺的宋锦作品。

　　因为我是国家级传承人，所以我一定要坚守传统工艺、传统风格，做一些失传文物的珍品的复制品，再做一些宋锦的创新艺术品，但是也要用传统工艺来做的。我不在国内或国际上做展览交流，我自己一天到晚忙忙碌碌，辛辛苦苦，就在搞研究设计，晚上也研究，这个研究很累，很花力气的。这些产品都是我研究出来的，难度也很高。我搞宋锦的第一个产品，是根据故宫博物院的一些文物照片，根据照片上的原件图案，思考用什么宋锦组织，用什么工艺把它织造出来。所以我大部分的时间，就是忙于这个研究、挖掘、试验，不断改进，一直到这个产品成功。

　　像这个《百子图》宋锦，就是我根据南宋一位画家画的一个扇面画做的，那仅仅是个扇面画，我想这个扇面画是宋代的，把它变成宋锦不是很好吗？但是我考虑到这幅宋代的扇面画是圆形的，不能够挂着，所以我必

446

须让图案再增加些什么内容，我要用宋锦的结构的底纹来衬托一百个孩子，包括服饰、脸形，都要做得不一样。我酝酿了好长时间，反复改进，思考用什么组织，用什么装造，用什么工艺，然后再到工厂去试验。做一件作品很费功夫，前前后后要花两年时间。我有好多作品了，包括《唐卡》《璇玑图》《杨枝观音》等，我这几年一直忙于做这些，因为我想多做些作品留给后世。

我的孩子都在美国，我完全可以享享天伦之乐，但我都没有停。早晨忙完孙子、孙女的早饭，等孙子、孙女去读书以后，我就用空闲时间来做研究。我在美国可以在iPad上改，图稿拍下来发回国内，我的学生和助理沈芝娴根据我的修改稿再去指导工厂怎么弄，一直没有停止过。我在美国可以不回来，因为我有绿卡。但是我的事业在苏州，虽然我的亲人都在美国，我的儿子、儿媳、孙子、孙女都在美国，而且在美国有非常好的条件，山上有别墅，我完全可以在家里享受，但是我好像老是闲不住，我还是惦念着这一块地方。我的同学什么的，像我这个年龄的人，都在修身养性。

他把他保留了大半生的放大镜和一本他当年在法国留学时的笔记本给了我，这个放大镜一直伴随着我分析织物

美国人平时很少穿丝绸的，他们差不多都穿棉质T恤，但也愿意参与丝绸文化交流。有几个展览跟我联系过，还有墨西哥的，他们叫我跟他们合作展览，但这些都是要人力、物力、精力的。你说我现在只有一个人，就这个大师工作室，我只有一个小沈，还有两个做辅助工作的，怎么办？我原来带的学生都在博物馆，都是书记、馆长、副馆长，他们都在忙博物馆的事业，也很忙。我已经没有精力做这些外界的交流了，我还是想在我的有生之年，把我的技术、我的本事传下来，我就觉得这是对国家和人民的贡献。

到现在为止，我倒是可以说，中国很少有一个像我这样的老专家，既熟悉古代技艺，又熟悉现在的丝绸技艺，并且不停步地在第一线研究这些。我都是自己来做的，没有其他人。我这本有关宋锦的书，写的都是宋锦的技艺，包括宋锦的结构，我都分析出来了，没有第二个人能做出这个结构，所以我把它写在书里，人家看了就知道宋锦的结构是这样的，宋锦装造是这样的，以后变变花样就比较方便了。所以我做了这么多实实在在的工作，有些书写得、印得很考究，一张图一个说明，包括我最近完成的《中国织锦大全》，这本书我是主编。我写的这个《丝绸织染》，大部分是文字，讲述了工艺、技术、结构等，特别难，编得特别费劲。再说这个《中国织锦大全》，我把全书分成几大部分：古代织锦、近代织锦、现代织锦、中国三大名锦和少数民族织锦。我把每个部分的提纲都列得很详细，编者分成好几个小组，照我的提纲来组织内容，包括简单的历史、织物结构、配图。图案纹样的特色要画图，包括它的工艺、装造工艺和上机工艺都要画图。原来的风格、创新的风格也要体现出来，每一个锦的部分我都这样要求。问题来了，做的人不会写。我正好既是理论总结者，又是实践操作者，既懂古代又懂现代，我帮他们审稿，改组织结构图，改工艺图，都很累。就是像现在写的这个宋锦的稿子，也是我写的。因为很少有像我这样理论、实践知识那么丰富，做得那么严格，自己又很懂这个领域的人。

我觉得现在要培养年轻人也很难，很少有人甘于寂寞。做这个很苦的。我亲自到锦州市博物馆，在库房里分析战国、汉代纹锦的结构，虽然纹锦照片有很多，但看上去它们的结构都是黑乎乎的，一片酱油颜色。库房条件也不好，光线暗淡，而且文物是不能碰的，一碰就要碎的，几千年了，战国时候的嘛。所以我只好隔着显微镜远远地看这种丝线不同的转换状况，分析出它是三色锦，色彩是根据纺织研究院的色彩分辨仪来定的。我分析了这个三色织锦结构，后来四色织锦和五色织锦我就依此类推了。这些在书上也都标示出来了。我是特别熟悉组织结构的，我这一生都在研究这些，分析了几百种织物结构，国内外的很多样品我都分析过。

我曾在法国一个博物馆的库房里，分析过他们的很多样本。法国样本的结构也有好多品种的，我很佩服。我觉得不仅我们中国的丝绸好，法国的也很好。我汲取了好多知识，现在织物到我手里，我看看——当然我也要分析分析——我就知道它是什么结构。我现在就要培养出这样的人才。

我有一个放大镜，是当初在上海非常有名的王行素老师送我的，是一个法国放大镜。当时因为我搞品种设计，他觉得我这个年轻人特别好，蛮赞赏我的。他在"文革"中受到了冲击，后来我去看他，他就把他保留了大半生的放大镜和一本他当年在法国留学时的笔记本给了我，这个放大镜一直伴随着我分析织物。

我们有一个市长说，钱工办博物馆像武训办学一样，像鸟做巢一样

苏州丝绸博物馆的创办是我发起的。1981年，我就开始为这事奔波，花了10年，博物馆才落成开放。当时全国没有人要办博物馆，国家也不注重文化产业，那时候好像要上经济吧，所以当时丝绸行业的领导并不怎么支持我。但是一些有远见的省领导、市领导都还是支持的，包括张謇的孙子张绪武。张謇是南通博物苑——中国第一所公共博物馆的创办人。这个人在历史上很有名，他的孙子张绪武后来做了江苏省的副省长。我那时候发起创办丝绸博物馆，也得到了张绪武的支持。我们跟中国丝绸博物馆不一样，是我们自己要办这个馆，不是上面要成立的。

那时，试样厂有几个人跟着我出来——大概有5个人，我都是有记载的——反正就是决心要跟着我出来。自己办博物馆很苦的，我们花了10年时间。所以我们有一个市长说，钱工（他叫我工程师）办博物馆像武训办学一样，像鸟做巢一样。我租了苏州报恩寺塔两个大殿——观音殿和藏经殿——办了一个古今丝绸展，就是为博物馆的筹办做准备。那时候你们杭州来学我们，说："你们办苏州博物馆，我们杭州也是一个丝绸之乡，也应该办。"

杭州的领导决心很大，中央也很支持，后来杭州得到了"中国丝绸博物馆"的牌子。我在人代会上，曾提出要办中国丝绸博物馆，后来上面给我的回答就是："你们先在苏州办苏州丝绸博物馆，办得好再全国论证，论证你有条件了，你再申请变成中国丝绸博物馆。"我想也对的。所以我就苦苦地一直在办这个苏州丝绸博物馆，花了10年办出来，不容易。

我有很多社会兼职，但花的精力不怎么大，有些会议不太去参加的。比如说像以前开人代会，每天有两部戏可以看，不是电影就是戏，在人代会休息时间，代表都去看，而我就在想我的博物馆，应该怎么办，晚上还要去访问什么人，去请教什么人。我没有心思去看电影，去享受。在苏州，我担任过一个女知识分子联谊会会长；担任过科技学会的会长，我担任了差不多30年，后来我年纪大了，让给新人了；还兼任过科协副主任，有时开会，我都在思考事情。我这个人就是一直钻在业务堆里的。我当过三届人大代表，第六届、七届、八届，应该是15年吧，这上面挂的是第七届的照片。

后来，我还创办了两个研究所，一个是中国丝绸织绣文物复制中心，一个是后来的古丝绸复制研究所，当时就叫"大师工作室"，我说我不喜欢"大师工作室"这个名称，我喜欢"研究所"，我就自己起了一个名字。后来前者撤掉了。现在我的学生丁馆长开始重视这个博物馆了，文广局也开始重视了，原来是丝绸行业领导的，现在属于文广局领导。我这个研究所是我们文广局的一个领导帮我去奔波的，他说："钱老师你声望那么大，对古丝绸的复制那么有造诣，水平那么高，你自己成立一个用你钱小萍的名字命名的研究所吧。"

1999年《人民日报》做了"共和国50年50人"专题报道，写我的报道题为《钱小萍：丝绸路上啼血杜鹃》。2017年苏州市政府建立了"钱小萍丝绸文化艺术馆"，其序言中阐述："钱小萍既是一位科学家，又是一位工程师、艺术家和学者。"

我的两个儿子，一个是复旦大学国际金融专业毕业的，一个是浙江大学光学专业毕业的。他们毕业后就到国外去了，从事的是国际金融和光学电子行业。我的孙子、孙女也在美国读大学。他们都不会回来继承我这个事业。现在唯一可以继承我这份事业的，就是我的外孙女小沈，但她是不是有志于一直坚持下去呢？我现在还说不准，但是最起码她现在在我身边苦苦学习，不是出于功利主义，要出去挣多少钱，她也是热爱这个事业的。现在我这个研究室要招聘人才是很难的，没有编制，我也不能发固定工资，我们只有国家发的一点资助研究的经费，我又必须放在研究上。研究宋锦是有一定资金的，是文化和旅游部的非遗司拨下来的，但也只有少量的一点。

采访时间：2014年9月

潜心于丝绸工艺技术研究　致力于行业纺织基础教育

裘愉发

裘愉发　教授级高级工程师

裘愉发

裘愉发，1959年从浙江纺织专科学校毕业后，先后在上海丝织二厂、上海丝绸研究所等单位工作。1975年担任上海丝绸工业公司职工大学副校长。1979年起任上海丝绸工业公司技术科科长、生产管理部副经理。主编、参编了《真丝绸织造技术》《丝织技术集》《喷水织造实用技术》《喷水织造实用技术300问》《喷水织机原理与使用》《丝织准备机械保全》《丝织常识问答》《丝织手册》等，其中《喷水织机原理与使用》被评为中国纺织出版社的优秀图书，《丝织常识问答》获第二届全国优秀科普作品三等奖，《丝织技术集》获全国优秀作品二等奖。论文《论丝织机的机身长度》被评为"第一届陈维稷优秀论文"三等奖（1989）。主笔了全国性文件《丝织厂产品开发展望——兼论我国"九五"及2010年丝绸产品的结构调整》《丝绸行业结构的调整》

《跨世纪丝绸原料的品种开发和创新》。在《丝绸》《纺织学报》《丝绸技术》等杂志发表论文500多篇。曾兼任中国丝绸协会科学技术研究委员会副秘书长，中国纺织工程学会丝绸专业委员会副秘书长，《丝绸》编委，《中国丝绸年鉴》副主编。被收入《中国当代名人词典》《中国专家人才库》《世界名人录·中国卷》等60多种词典、名人录等。

我学的是丝织专业，我当时以为能够评工程师就蛮开心了

我1939年出生于浙江嵊州一个小贩家庭，我是在嵊州长大的。我爸爸的兄长是做小学校长的，我去上课的时候，是不用付费的。后来我考到嵊州第一中学，中学毕业后考到杭州的浙江纺织专科学校（后来变成浙江丝绸工学院，现在是浙江理工大学），我学的是丝织专业，我当时以为能够评工程师就蛮开心了。

我1959年毕业后被分配到上海丝织二厂，到单位3个月后，领导叫我参加"高速丝织机"的革新研发，让我把理论上的东西应用上去。结果，大家将织机的车速从200 r/min提到300 r/min，使织机出现了新面貌。同年12月，我发表了第一篇文章——《高速丝织机》，在丝织界有点影响。

高速丝织机的关键是解决梭子发热的问题，过去采取"快、大、紧"策略，即车速快，投梭力大，制梭力紧，这样皮带升温而烧焦，生产不能继续。采用新措施后就车速快，投梭力小（降1/3左右），制梭力小（降2/3左右），主要是在织机皮吉的机械上进行改进——安装"钢皮弹簧"，织机的车速从过去的150 r/min可达250—300 r/min。

学校我要办好，但是我的工作也不能丢掉，要领导工作和业务水平两手抓

1960年，我又去读夜大，5年后毕业。从学校一毕业，我就到上海丝绸工业公司去了。先是到上海丝绸研究所，1971年调回丝织二厂。公司把各个厂里有关的同志组织起来，在丝织二厂成立了一个公司织机研究小组，让我担任组长，主要目的是把丝织厂里所有的木机都改成铁机。当时无梭织机已在使用，而且丝织二厂有改进后的绒机无梭织机，所以就决定先搞无梭织机。

我把丝织工艺学的制图技术全部用上了，织机的主要结构、五大运动、墙板图、开口机构的主要设计图，都由我绘制，我还并将老师傅的绒机改革结构都放

生活照，1992年，上海

上了。工厂自己绘图做木模，自己加工，连墙板都自己搞；在织机安装前，领导叫我上技术安装课，我把自己的意图和老师傅的技术都在课上讲出来了，进行了详细解说。最后我们搞了两个各有110台喷气织机的车间：一个富春纺车间，一个双喷平绒车间。那个时候，我们厂在整个丝绸行业也是有点名气的。当时上海人民广播电台有个老总，他带了一个实习生到我们厂里来蹲点，以我厂搞出来的200台织机为素材，创作了一个名为《草窝里飞出了金凤凰》的广播节目，在全上海广播。

1975年，我被调到上海丝绸工业公司职工大学当副校长去了。当时是"四人帮"还未被粉碎的时候，我不肯去，公司派了一个头头来说服我，一定要我去。我是搞技术的，去了之后，在学习班搞了丝绸机械工艺、财务两个班。第一年，厂里把认为比较好的人送出来，放到我们这个学校里学习，进行培养、深造。

我们学校人数最多的时候大概是200多人，我们学校办得比较好，最后我们的经验还被上海人民广播电台报道了。"四人帮"被粉碎以后，经上海市批准，上海丝绸工业公司职工大学成为市里发文凭的大学，这样正式大学和职工临训班放一起，延续了几年。我担任副校长，领导跟我说，你把这个学校办好，就是你的成绩。我跟领导说，学校我要办好，但是我的工作也不能丢掉，要领导工作和业务水平两手抓。我总是去讲授一门

课，我给他们讲丝织学，这个东西我讲起来还是可以的。这样搞了6年，我为整个公司培训了一定数量的技术骨干。我到浙江丝绸工学院开会，碰到老前辈、老校长朱新予先生，他非常高兴地说："我们学校毕业的人去当大学校长了，真好真好。"

按行业需要多出书，出好书

1979年之后，我调到上海市丝绸工业公司技术科担任科长，我立志在这期间，一定要把公司的生产搞好。

工艺工作是整个行业的基础工作，我主要抓工艺的制订和工艺的贯彻。工艺的制订方面，我把整个行业的规范本交给工艺技术员，和他们一起交流，以制订出合理的工艺路线。丝织厂的综平度、经位置线、梭口大小、经丝上机张力等工艺参数，对生产影响都很大，大家一起商量，可以制订出合理的参数。随后，我们花一个月对行业参数进行检查，把不合格的东西改掉，使合理的工艺路线在行业内贯彻，保证产品质量上去。

此外，我还对重点工艺进行了贯彻研究，得到一定体会，从而写出了《真丝绸织造技术》和《丝织技术集》等受到读者欢迎的著作。如《真丝绸织造技术》这本书出来以后，对行业影响还是比较大的，四川马上要买去学习。本来我跟中国纺织出版社、四川的相关人员讲好，一起到四川去办学习班，后来工作一多，就没有下文了。这本书首印出来马上售光，翻印了第二次。有一个厂给厂里的每个人都发了一本，厂领导说要按书里写的做。

1999年我到退休年龄了，上海按照市领导意见，把两个丝绸公司并在一起，我被返聘了。我回来以后搞《中国丝绸年鉴》和《丝绸》两种期刊。

后来我到上海纺织工程学会担任咨询部的副主任。我对喷水织机比较熟悉，而这种织机在丝绸界的推广很多，在纺织品中的应用很多。1997年进口的喷气织机织的绸达25亿米，为了改变这个状态，纺织厂都搞喷水织机，到2000年，我们自己的产品已能"取代进口"。那时绍兴和盛泽的喷水织机数量已达到20万台以上，但20年来少有喷水织机的参考书出售。

为了按行业需要多出书，出好书，我和大家一起出了三本书，第一本就是《喷水织造实用技术》，第二本是《喷水织造实用技术300问》，第三本叫《喷水织机原理与使用》。这几本书均由中国纺织出版社出版。《喷水织造实用技术》首印出来的时候，买的人多得不得了，首印卖完以后，马上就翻印了。依据生产经验，我们又出版了第二本书——《喷水织造实用技术300问》。第三本书——《喷水织机原理与使用》被评为2012年中国纺织出版社优秀图书。

5年下来，我们培养了600多人，大家晋升工程师的情况很好

我在上海纺织工程学会主要提供技术咨询服务，我对许多工厂的技术咨询提出参考意见，获得了大家的好评。从2007年开始，我们学会根据上海纺织工业的意见，对市里提出了工程师晋升的标准，我做了一些技术培训，凡是要晋升工程师的，都要接受当时的课程培训。我从行业中有实践经验的高级工程师和上海纺织大学的教授中物色人才，组建师资队伍；按课程要求，编成教材；并按要求录取学员，每周上一次课，完成计划后再发给学员市里的毕业证书。这样对学生的触动很大，大家认为拿到证书

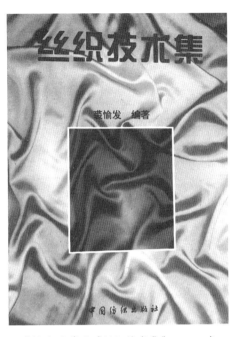

裘愉发编著的《丝织技术集》，1995年

裘愉发、吕波主编的《喷水织机原理与使用》，2008年

（中）和采访者合影，2014年，上海

可以有助于晋升职称。5年下来，培养了600多人，大家晋升工程师的情况很好。

上海市纺织工程学会每两月出一份《纺织学会通讯》，我是主编，为大家出一份32页的专刊，分为学会动态、学术论文、学会活动等版块，作为学会和学员之间的交流工具，发给会员和有关领导。

我们还完成了上海市科协交给我们纺织界的定期工作调研任务，为领导制订纺织界的课题提供保证，如2010年搞的项目"纺织界今后应发展的材料"获得了市科协的良好评价，我们出专刊登载此文章，供市领导参考。我们还组织了江浙沪地区的定期学术交流，请纺织界的著名人士提供意见，如2011年11月举办的"第八届长三角科技论坛纺织高峰分论坛'泰坦杯'征文"，收到了来自上海、浙江和江苏的专家组的55篇论文，论文从纤维、纺纱、织造、产品开发、服装和印染等方面进行了探讨，活动得到了浙江泰坦股份有限公司的支持，形成了纺织产业"由价格竞争向高新技术为导向，以品牌竞争为核心的"更高层次的竞争。需要以科技与时尚为引领，实现产业创新发展的宏伟目标。

　　《丝织手册》由上海市丝绸工业公司编写，王进岑为主编，他把我叫去当副主编，我们为出这本书倾注了不少心血。当时丝织这么大的工艺程序，却没有一个好的样本，情况很难，材料也蛮难弄的。我们要求各厂提供丝织方面的材料，我把所有的书稿集中起来，改的改，编的编，把它编成一本具有一定实用性和应用性的图书，《丝织手册》上、下册终于由出版社发行了。后来，我又提取了《丝织手册》的精华以及我听取的有关丝织方面的东西，把它们放进了《纺织品大辞典》中的丝绸部分。

　　我是中国纺织工程学会丝绸专业委员会的副秘书长，中国丝绸协会科学技术委员会的副秘书长。我们一般每年都要开会，每年都要发表文章，两个会议经常放在一起召开，那个时候每年搞得比较多的。我除了做好本职工作和完成上海的工作外，还发表了一些文章。

　　　　　　　　　　　　　　　　　　　采访时间：2014年8月

桑蚕茧（干茧）分级国家标准的制定与实施

——我的四十一年丝绸之"路"

朱明宝

朱明宝

朱明宝　原山东省茧丝检验所副所长，高级工程师

朱明宝，1958年毕业于江苏丝绸工业学校，制丝工程专业。先后在山东淄博制丝厂、山东淄博丝绸研究所、山东省生丝质量检验所（后更名为山东省茧丝质量检验所）工作，曾任车间技术员、工程师、高级工程师、副所长等职。1981年主持、参与制定《山东省桑蚕干茧验质计价办法》，获中国丝绸公司1985年度技术进步奖三等奖；担任桑蚕茧（干茧）国家标准制定的"分级"标准起草组组长，参与起草的《GB9176-1988 桑蚕茧（干茧）检验方法》国家标准获国家外经贸部1992年度科学技术进步奖二等奖。《概论桑蚕干茧标准的实施》获第四届陈维稷优秀论文三等奖、山东省纺织工程学会优秀论文一等奖、山东省丝绸协会1994年度学术论文一等奖和中国标准化协会纤维分会第一届优秀论文三等奖。所撰写的《论桑蚕干茧解舒丝长分级》为第一届中国国际

丝绸会议上的交流论文。参与编著《山东蚕桑》和《桑蚕茧质量与收烘管理》。主持编写《山东省桑蚕干茧质量概况（1981—1990）》。曾多次兼任山东省丝绸学会及山东省蚕学会理事，曾任首届中国茧丝绸交易市场监事。

有幸走上了丝绸之"路"

我是1939年12月29日出生的，老家在江苏省常州市武进县农村，我来自农民家庭，成分属于贫农。我初中是在横林初级中学读的，1955年毕业后，就直接去了苏州浒墅关的一个蚕桑学校，我在那里学的是制丝工程专业。第二年学校就改成江苏省丝绸工业学校了，这个学校是国家办的，那个时候，中专生的费用全部是由国家来负担的，食宿、学费学生自己一分钱都不用花。就这样，我有幸走上了丝绸之"路"。

学校开设的制丝工程专业是按照中等专业学校的课程设置的，除普通课程外，还开设有"金工""机械零件""电工""热工"这一类的基础技术课程，以及"制丝学""复摇""绢纺原料""制丝化学"等各种专业课程。毕业后，我和另一个同学分配到了山东淄博制丝厂。那个时候的学生很听党的话，党叫你上哪里你就上哪里，特别是像我们这些学生，大多数是农村来的，家庭也比较贫困，觉得能够找到一个工作就很高兴了。

山东淄博制丝厂是国家1953年投资建设的，我是1958年来的。按照国家规定，工作的第一年是见习。1958年正值大炼钢铁，之后就是搞化工综合利用。那个时候，缫丝综合利用很受宠，它虽然效益不高，但是发挥了经济杠杆的作用，所以厂里就让我从事综合利用这一块。后来我就去了化验室做综合利用，负责产品质量检验。

我先做化验工作，后来就做缫丝的蚕茧检验工作，那时候叫试样，通过试样进行工艺设计，工艺设计是决定每一批原料的产量、质量、消耗这三大缫丝生产指标的关键。我一直在工厂做技术工作，在检验室从车间技术员做到高级工程师，见习后就是助理技术员，以后每三四年晋升一次。我在车间也待过一段时间，做车间管理，就是车间技术员。后来随着生产的发展，特别是十一届三中全会和全国科学大会以后，技术人员的作用得到了更大发挥。

淄博制丝厂是山东省最大的一个缫丝厂，1978年后，厂里成立了一个科研室，我在科研室里负责产品开发以及自动缫丝试验研究这一类的工作，那个时候我就是技术员了。

1992年，该标准获得外经贸部科学技术进步奖二等奖，我是得奖成员之一

1979年以后淄博市成立了丝绸研究所，我就调到丝绸研究所去了，还是在实验室里搞试验，主要负责化验、化学分析、检验这类工作。在这期间，山东省丝绸公司成立了生丝质量检验所，随后要求对桑蚕茧开展检验，1981年，我就调到这个生丝质量检验所，负责桑蚕茧检验这个工作。

当时，桑蚕茧检验没有国家标准，山东省就根据自己的需要制定了桑蚕茧的检验办法和相应的分级定价办法。后来国家纤维检验局需要制定桑蚕茧（干茧）检验的国家标准，就筹建了检验方法标准起草小组，我是起草小组的成员。但是光有检验方法标准不行，还得有一个分级标准，我又担任了分级标准起草小组的组长，具体工作是桑蚕茧（干茧）分级国家标准的制定与实施。另外一个组长就是杭州的张贤璋。

实际上分级的一些最初方案是根据山东省的具体情况来做的，山东省是较早对干茧进行检验和分级定价的。1985年，山东省的定级计价办法获得中国丝绸公司的技术进步奖三等奖。

《GB9176-1988 桑蚕茧（干茧）分级》国家标准是1985年开始起草、讨论的，1987年在庐山开审定会议，1988年由国家标准局正式批准。同时，《GB9111-1988 桑蚕茧（干茧）检验方法》国家标准也由国家标准局批准，这两个标准是1988年5月一起公布的。1992年，《GB9111-1988 桑蚕茧（干茧）检验方法》国家标准获得外经贸部科学技术进步奖二等奖，我是得奖成员之一。从80年代后期一直到我1999年退休，我一直在负责桑蚕茧检验。1989年，我评上了高级工程师。

补充一点，桑蚕茧（鲜茧）是蚕农生产的茧，卖给茧站，鲜茧不能够保存，要烘干成干茧，因为缫丝必须要用干茧来缫丝。烘成干茧以后的质量如何，得有个标准去衡量，这就要通过检验，按照分级的规定（标准）来判断它属于什么等级。烘茧现在还是由茧站来做，茧站收购鲜茧后进行烘茧，烘成干茧后，调拨给缫丝厂进行缫丝。

在桑蚕茧（干茧）调拨到缫丝厂的过程中，要给它检验、定级计价，当时按照国家标准，干茧分18个等级，主要是根据标准等级和出丝率来计算价格的。当时嘉兴有个茧丝绸交易市场，我去当监事，其实就是让我去搞一个计价办法，根据干茧的茧级和出丝率，用计算公式来计算价格。

在做这个标准的时候当然要有些论证报告，说明为什么分级、怎么分级、理由是什么，必须要论证、搞试验。我亲手验证了一个关于解舒试验的筬速与解舒的关系，主要确定检验方法的筬速（线速度）。再就是关于解舒丝长的分级。关于解舒丝长怎么分级，我写了个论证报告——《论桑蚕干茧解舒丝长分级》，发表在国家纤维质量监测中心主办的期刊《中国纤检》上；在中国国际丝绸会议上也做了交流。

在我整个工作生涯中获得过的所有奖项之中，我比较看重的就是外经贸部颁发

出席桑蚕茧（干茧）分级和检验方法国家标准宣传贯彻会议，1989年，北京

讲解国家标准操作方法，1992年，淄博

（第二排右四）参加桑蚕茧（干茧）国家标准座谈会，1994年，淄博

的科学技术进步奖二等奖，还有中国丝绸公司颁发的技术进步奖三等奖。其他的论文奖就比较多了，最主要的是陈维稷优秀论文奖。《概论桑蚕干茧标准的实施》获第四届陈维稷优秀论文三等奖，还在全国贯彻桑蚕干茧标准的经验交流会议上做了交流。

编撰总结，辅导传接

1999年退休以后，我基本离开了蚕桑茧检验的岗位，当时淄博市有一个丝绸学院，这个学院就聘任我当客座高级讲师，我也参加过几次他们教师的技术职称评定工作。2000—2006年，为了贯彻改革时的茧丝流通办法，山东省纤维检验局举办了桑蚕茧验收培训班，让我去做了4期讲座，主要还是宣传国家标准、讲解怎么正确贯彻国家标准等。当时省纤维检验局办了许多学习班，但是纤维检验局里没有人熟悉蚕茧检验这方面的工作，所以就让我去搞培训班，培训了4期，培训班的学员都来自地方上的茧站。

我还担任过山东省丝绸学会和蚕学会的理事，主要参加一些学术活动。我们这一行也没有徒弟正式拜师这一套，但是从1981年开始，我们检验所成立了个试样组，当时就是我负责技术工作，也招了很多供销学校的学生，还有些转业的军人。除培训本单位的人员外，我还担任全省丝绸职业教育的讲师，进行编撰总结，辅导传接。1997年，我荣获了山东省"丝绸职业教育先进工作者"的称号。

退休之初，2000—2002年，我参加了由山东省农业科学院牵头编写的山东农学专著《山东蚕桑》的编撰、审核工作，基于我长期以来整理的蚕茧技术资料，编撰、审核了桑蚕茧质量检验部分的主要内容（该书于2002年5月出版）。

另外，我还参与编写了由山东省丝绸公司编写的《桑蚕茧质量与收烘管理》一书，编撰了"蚕茧质量""茧质评定与计价"两部分（该书于2000年5月出版）。

2006年，我的丝绸生涯正式告一段落。

采访时间：2015年8月

丝绸与花样的相得益彰

范存良

范存良

范存良　原苏州丝绸印花厂副厂长、总设计师

范存良，1978年在中央工艺美术学院进修，主攻产品设计、开发。1978—1980年连续3年在全国丝绸评比中获设计优秀奖，同期所设计的花样出口订货数量在全国名列前三。1984—1985年，长驻中国丝绸公司德国代表处工作，负责花色品种调研，赴英、法、意、瑞士和比利时等国学习交流并参与设计。1986年初任苏州丝绸印花厂总设计师和副厂长。所主持的国家重点攻关项目高格真丝印花绸获江苏省1992年度科学技术进步奖二等奖，仿提花印花丝绸获江苏省1988年度优秀专利实施项目"佳利奖"、发明奖三等奖。发表数十篇专业论文，其中《印花自动调浆配色系统的消化吸收》一文被纺织工程学会和中国丝绸协会评为1995年度优秀论文。所著《西欧时装与花色》由《丝绸》杂志社出版。曾兼任《丝绸》编审委员、中国流行色协会常务理事。1980年被授予"全国设计能手"称号（全国仅3人）；1979年、1983年两次被评为苏州市劳动模范；1984年被评为

全国纺织工业劳动模范；1987年获"全国纺织产品首届最佳设计工作者"称号（全国丝绸行业仅有4人）；1988年获"江苏省突出贡献中青年专家"称号；2007年获江苏省茧丝绸行业终身成就奖。1988年起享受国务院政府特殊津贴。

临摹了两三年吧，在这个过程中我们克服了非常多的困难

我1940年出生于江苏苏州。母亲读苏州女子师范学校，喜欢画画。父亲在苏州书楼画社画国画。1959年我刚刚进入工厂的时候，条件是十分简陋的，它大概是在1957、1958年左右匆忙建起来的，所以工厂里所有的设备都很落后，学徒大多是中学生，年纪很小。我有一个同学也在这个工厂，当时的工厂需要选拔人才进行培养，他就把我推荐给了厂长。同年，我就被送到上海的一家工厂进行培训了。这家厂是上海外贸方面的工厂，专门负责做出口产品。

当时上海有一家著名的技术研究所，坐落在外滩，这家研究所里的设计人员都是中华人民共和国成立以前留下来的老一辈技术人才，是经过重重竞争才留下的精英。国家也十分重视对他们的培养，所以将他们集中起来进行管理。我们常有机会去那个研究所进行学习，到后来就养成了每周去一次的习惯，去了之后，我们就站在一旁看他们创作图案，看他们如何进行设计，从开始到结束的整个过程，我们学到了很多东西。

到后来，条件变得更好了，每个月公司都会对研究所人员所设计的作品进行挑选，选中的作品就会送到我们所在的工厂来制版、配色，印成样品，然后再推销出去。于是，每天下班之后，我们就在他们描稿工序室边的一个房间，把他们的作品一张一张地临摹下来。

我们不是美术学院毕业的，都是学徒，所以当时也没有其他的途径，只能临摹。如果这一张没画好，那就再来一张。临摹了两三年吧，在这个过程中我们克服了非常多的困难，在那个阶段我们吃不饱饭，晚上还要加班干活，但咬着牙也要坚持下去。之后，我们就各自回到自己的单位去了。

如果一个人仅仅会设计，不懂得生产工艺，那这样往往只是纸上谈兵

回来之后，我搞了一些设计，大多没有被用上。因为在我们学到的东西中，缺少了把纸样做成产品的过程，而这个过程又是十分复杂的，需要很多技术力量才能做出来。所以我们在回去之后也很无奈，就只能硬着头皮慢慢去学习和掌握每一道工序，尝试着把纸样上的花型色彩搬到丝绸上去。所以，那时候不单单要设计，还要熟悉所有的工艺过程，再投入生产。这样操作下来，也有一个很大的好处，就是可以深入生产的核心部分，既掌握了设计，又明白了工艺，这是在工艺美术这个领域中非常重要的一个要求。如果一个人仅仅会设计，不懂得生产工艺，那这样往往只是纸上谈兵，脱离实际，或者会导致在生产出来之后设计效果大打折扣。

设计纹样，1975年，苏州

范存良与设计人员探讨图案设计的流行趋势，1983年，苏州

我们在经过长时间的磨炼之后，在这一点上很少有人能和我们相比。当时大学毕业生根本不明白这一套做法，因为在当时的美术专业里，是没有设置这个课程的，在大概五到六年之后，他们才慢慢适应工厂的实际。后来一批一批的学生毕业之后进入工厂，慢慢

地就成了工厂里的主力军，而我们在这个过程中恰好是起到了一个过渡的作用。

苏州有一个隶属于江苏省的丝绸研究所，后来有一段时间，省里的意思是将设计员都集中起来。于是，1965年，我就被调到这个研究所工作了一年，这一年对于我来说也有着很大的作用，我们接触了许多来自各方面的专业人员，并且接触到了很多国外的资料，学到了很多。

到了"文革"快结束的时候，上级又把我们这些人全部调回了工厂，从那之

（左一）指导设计人员绘画，1987年，苏州

后，我就一直在工厂工作。粉碎"四人帮"之后，工厂里要选拔一些人到大学进修，我就是第一批。1978年，我被送到中央工艺美术学院去进修了一年，我在这里接触到了一些老一辈的教授，他们是庞薰琹、雷圭元、李有行、常沙娜、温练昌等人。

欧洲的调研结束之后，《丝绸》还特意出版了一个集子，记录我这一次的调研成果

20世纪80年代，纺织工业部领导很重视设计工作，经常来到地方进行指导，并发起了一个奖励先进的评比活动，就是将每个设计人员的工作成绩进行核实上报，连续3年，每年进行评比。1987年我和上海的其他两位设计师（蔡作意、黄耿雄），还有一位佛山的蔡国棠，被授予"全国纺织产品首届最佳设计工作者"的荣誉称号。

在这之后，我想在理论层面上有所建树，于是我就尝试撰写关于丝绸

图案设计的理论方面的文章，向当时浙江省的一本著名刊物——《丝绸》投稿，在这前后一共发表了几十篇作品。杂志社那边十分重视，他们认为我的理论是从长期的实践当中提炼出来的，是很有价值的，这些文章也吸引了不少人的注意。

1984年，中国丝绸公司要派人到欧洲进行调查研究，就将我选上了，我在欧洲待了一年半的时间，去了许多国家，了解了市场上所流行的东西，并不断地把相关资料发回来。但因为当时的通信手段并不是特别发达，也没有手机，所以每次写下来的东西都只能邮寄回来，又因为那时候拍照很不方便，拍彩照也相当贵，所以整个过程其实是很艰难的。欧洲的调研结束之后，《丝绸》杂志社还特意出版了一个集子，记录我这一次的调研成果。

我从欧洲回来之后，就开始担任苏州丝绸印花厂副厂长了，设计工作减少了许多，大部分的时间都用在了新产品开发上，其中有不少是科研的项目。

1988年起，我开始享受国务院政府特殊津贴。2000年我正式退休。2007年获江苏省茧丝绸行业终身成就奖。

采访时间：2015年7月

细水长流丝绸路

高国樑

高国樑　原浙江省丝绸集团公司新
产品设计公司总经理

高国樑

　　高国樑，原浙江省丝绸集团公司高
级研发设计师，从事丝绸品种设计，他
一生设计的品种不计其数，获奖也不计
其数。曾于1973年和1983年两次为钓鱼
台国宾馆等十大宾馆设计装饰绸，所设
计的烂花缎、佳丽绸、桑波缎等产品备
受国内外客户欢迎。1956年接触丝绸，
1958年进入胜利丝织厂（1985年改为杭
州丝织试样厂），1991—1995年任杭州
丝织试样厂副厂长、总工程师。1996年
进入浙江省丝绸集团公司，担任新产品
设计公司总经理。所设计的14354桑波缎、12568丰春绉获得中国丝绸公
司1980年度优秀品种奖，12526蝶花绉获浙江省轻工业厅1980年度优秀品
种奖，10180彩条绢、H9321色春绸获得浙江省轻工业厅1982年度优秀品
种奖，13682绢宫绸、H7045富丽锦被面、14663丰绉缎获国家经委1983年
度优秀新产品金龙奖，13674绢宫绸、12686争春绉分别获得中国丝绸公司
1986年度新产品二等奖、三等奖。14354桑波缎获得1986年国家金质奖，

真丝弹力缎获浙江省计划和经济委员会1995年度浙江省优秀新产品二等奖，"真丝交络复合加工技术及产品开发项目"获中国纺织总会1996年度科学技术进步奖三等奖，双弹泳绉获2001年"中国纺织产品开发中心秋交会优秀产品"称号。所撰写论文《多层次多变化的组织结构——谈近年来真丝提花绸花纹组织的处理手法》获得1983年第二届《丝绸》杂志的优秀作品奖。1979年获浙江省轻工业厅"浙江省轻纺优秀设计师"称号，被纺织工业部授予"最佳设计工作者"称号，2000年被授予"全国纺织系统劳动模范"称号，2016年获得中国丝绸协会颁发的全国茧丝绸行业终身成就奖，1992年起享受国务院政府特殊津贴。2017年6月11日去世。

那时大家的产品要到上海去评，如果某人的产品评上优秀，大家就都很羡慕。但如果自己的产品几年都没有评上优秀，就很难过了

1956年，刚刚16岁的我开始接触丝绸行业，进入当时被称为"纹工生产合作社"的设计单位。刚进去的时候，我是学画意匠的，就是画大样的。到了1958年年底，纹工生产合作社与胜利丝织厂合并，搞了一个大的设计室，有品种设计、花样设计、意匠、花板，整套设计系统就齐了。不算设计花板的另一个车间，整个设计室加起来就有100个人左右吧。也就是在那个时候，我从意匠这个工种换到了产品设计。胜利丝织厂的产品设计师都是老先生，都是原来各个厂过来的搞产品设计的老师，有八九个人。和我同一批从意匠转到产品设计的有十几个人，但进去后的筛选非常严格，一看你这个人不行就立刻换掉，再不行再换掉。这样下来，最后剩下的就只有四五个了。

当时我们学习产品设计的人还是很幸运的，因为基本上是师傅带徒弟的方式过来的，学得比较扎实。但我们之间的竞争也是相当激烈的，我们一起进去的那些同事每年、每季度都要评比，这个时候不看你说得怎么样，就看你成交情况好不好。那时大家的产品要到上海去评，如果某人的产品评上优秀，大家就都很羡慕。但如果自己的产品几年都没有评上优秀，就很难过了。那时候，要是一年下来我高国樑没有什么贡献，那我真是要愁死的。

当时我们搞的产品主要出口到苏联，还有欧洲的其他社会主义国家，丝绸的主要成交地是苏联。一年下来，我们浙江最多可以拿出去二十几个样本。我们当时小有名气，是因为我们几个老师和学生每年每人送到苏联的样本平均至少有两个，这就很有名气了。其实我的产品算是很多的了，运气好的时候，我一个人就能拿出去两三个产品。成交了的品种就会用于生产，而且是大批量生产。

提花龙头只有1440针，但要做两米多长的床罩提花，很难的

我觉得丝绸行业的巅峰期就是在20世纪70年代以前。因为与苏联关系不错，当时的产品大多销往苏联，另外那些东欧国家每年订多少产品，我们就生产多少。苏联每年的订单量都很大的，比如我们的织锦缎一年的订单大概就有几十万米。

杭州胜利丝织厂是一个资格很老的厂，认可度非常高，对我们浙江丝绸行业的发展贡献是很大的。比如1959年国庆10周年的时候，我们老一辈的老师们就集体到北京设计过十大宾馆的装饰绸，钓鱼台国宾馆、北京饭店、前门饭店、北京友谊宾馆、新侨饭店，甚至人民大会堂等，里面所有的装饰绸产品，全部都是胜利丝织厂设计的。

1973年，纺织工业部又通知浙江，说之前的装饰绸设计得很好，让我们再去设计一次。那一次我也参与了，说真的，我在钓鱼台国宾馆看到老师傅们1959年设计的产品时感叹：我们的老师真不简单。提花龙头只有1440针，但要做两米多长的床罩提花，很难的，但老师们样样都做得很好。之

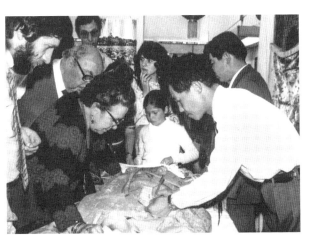

（右一）在意大利米兰，1983年，米兰

后，我1983年又去设计了钓鱼台国宾馆的装饰绸。这两次我负责的都是组织设计规格，包括沙发面料和各类床罩的装饰绸。

那么多年下来，我设计的品种还是蛮多的。比较好的一个就是桑波缎，是相当有名的，最好的时候，桑波缎光是在浙江就有1000多万米的销量，一个季度大概就要300多万米了，还不包括其他地方的销量，香港还有很多客商特意赶过来买。

1996年，浙江省丝绸集团公司成立，我在那年年初到了浙江省丝绸集团公司下属的一个新产品设计公司担任总经理，那时我设计量最高，一年就设计将近100个品种，还不包括给下面工厂设计的那些产品。

（前排右二）在日本考察，1988年，大阪

（前排左一）与香港恒昌公司的员工合影，2008年，香港

那年6月，有个韩国人拿来一块样品，我一看就知道这个样品是老底子的时候有的，现在没有了，就想办法再设计出来，投产以后，当年销得很好。它的原料是人造丝跟蚕丝，蚕丝做底版，人造丝做缎面，烂掉人造丝就成了一朵朵的花，被称为烂花缎。而且我将规格也做了改进，比民国时期的规格更好，那个时候东西很粗犷的，我设计出来的很细腻。还有一个佳丽绸，那时也卖疯了。刚刚前两天还有

人来跟我说："老师你的佳丽绸做得真好。"

我在这个公司一直干到了退休，总共设计的品种不计其数，现在还一直义务帮他们设计产品——这么多年了，有感情啊。

为了进一步创新技艺，我还曾经做过专门的调查研究。其实每种丝绸产品都是由很多组织组成的，明暗、交叉，就产生了层次变化，也就是组织点的变化。要做出好的产品设计，把组织研究透彻是很重要的。几个组织怎么样变化，怎么样明暗、交叉？有的地方要亮一点，经丝点就给它长一点，有的地方暗一点，经丝点就切入多一点，不断变化纬线跟经线的交叉。后来我把研究成果写成了一篇题为《多层次多变化的组织结构——谈近年来真丝提花绸花纹组织的处理手法》的论文，在1983年获得第二届《丝绸》杂志的优秀作品奖。

做了几十年的品种设计，当然也有过低迷的时候，但我从来没有要放弃这个专业的念头

做了几十年的品种设计，当然也有过低迷的时候，但我从来没有要放弃这个专业的念头。即使在"文革"这样比较艰难的时期，我们也搞了一些很好的东西，比如一些色彩很多的缎，仿古的，拿到交易会上去，我到现在都记得，一拿出来就有很多中国港澳地区和新加坡的客商表示很喜欢。

后来丝织厂改制，这是我们浙江丝绸的大转折、大趋势，这点我是承认的，但我认为把那么有历史的胜利丝织厂搞掉是不应该的。

当时真正做产品设计的最高层次是试样厂，这点是不能否定的，我们当时的几个老先生真的是顶尖的，不简单的。把这样好的一块东西拿

（右一）在杭州胜利丝织厂接待香港客户，20世纪80年代，杭州

掉了，那今后浙江丝绸再要发展估计是很困难的，因为这一块的人才没有了。

当时厂档案里有很多浙江丝绸珍贵的资料，国内的、国外的都有，有些是孤本，还有杭州丝绸的很多好的东西，在当时试样厂组成的时候都集中到厂里了，包括后来设计的产品，但现在都不知到哪里去了。织锦缎花样有1000多个，桑波缎也有1600多个花样，现在都不齐全了。其中法国样本至今有300年历史，还有1956年以来的出口花样的样本，都已交给中国丝绸博物馆，这也是最好的安排。

这些都是老一代的心血，也是后代人的无价之宝。厂子倒闭后很多好东西不知去向。我当时不在厂里，要不然怎么都要把它们保住的，因为有很多资料不是哪个人自己的设计，而是十几个老师傅集体搞起来的，现在要复原都很困难。从这点上讲，实在是心疼。

我现在年纪大了，不大负责产品设计了，但我在家里照样一刻不停。今天就有两个下面的工厂寄来的东西，要我帮着看看。我虽然退休了，但我从来没有离开过这一行，这跟钱不钱的一点儿关系也没有。

为了把这门技术传下去，我带了很多徒弟，遍及全国，有山东、河南、贵州、四川、浙江的等。可惜的是，现在基本没有人再专职从事丝绸品种设计了。

采访时间：2013年7月

为蚕桑事业耕耘五十年

华德公

华德公　山东省蚕业研究所原所长，研究员，高密市原科技副市长

华德公，1963年毕业于昌潍农业专科学校蚕桑专业，同年分配到山东省蚕业研究所，主要从事情报资料、柞蚕发展史、蚕桑病虫害等方面的研究。任职期间，所主持的项目"桑树叶片和雌幼穗培养研究"获山东省1995年度科学技术进步奖二等奖，"蚕用消毒剂及其制造方法"获1997年国家发明专利。已出版专著《山东蚕桑》、《图说桑蚕病虫害防治》、《蚕病图鉴与防治要法》、《中国古代农业科技》（合著）、《柞

华德公

蚕放养》、《蚕桑专业户技术指导》等10余部，其中《中国蚕桑书录》获山东省科技进步奖三等奖，《蚕桑实用新技术》获全国优秀科普作品三等奖，丛书"现代农业实用新技术"获山东省优秀图书二等奖。已发表研究论文《我国柞蚕业起源问题的探讨》《中国古蚕书的检索与评介》《从〈野蚕录〉等书看清代柞蚕饲育技术》《人工放养柞蚕以鲁中南山区为早》《中国古代的野蚕及柞蚕人工放养》《桑黄白化病的发生与防治》

《杂交桑全草本栽培试验及其推广模式》《〈中国桑树栽培学〉中桑树栽培简史几个提法的商榷》等数10篇。参与编写《中国蚕业史》（上、下卷）、《中国丝绸史（专论）》和《山东省志·丝绸志》。曾任《山东蚕业》主编，兼任《蚕业科学》编委，中国蚕学会常务理事、荣誉理事，山东蚕学会副理事长，中国农史学会理事，中国生物史学会会员。

在临朐搞大面积的桑蚕新技术推广，并成功研究出了桑蚕虱螨病和烟草中毒的防治方法

我是1940年10月28日出生的，老家山东潍坊。我的父亲30多岁就去世了，我母亲拉扯大了5个孩子，当时家庭条件十分困难。我在潍坊四中毕业以后，报考中央美术学院附中没考上，当时全国就招40人。我在家里待了一年，在生产大队里干会计。第二年我考了昌潍农业专科学校，读的是省里唯一的蚕桑专业，当时这个专业比较吃香。因为我是专科，学的就是蚕桑的基本知识，包括桑树的育种栽培、嫁接，再者就是一些养蚕的基本知识，包括桑蚕、柞蚕养殖。我们这个学校的特点是实习比较多，到蚕种场跟工人一块儿养蚕、制种，所以蚕业的知识掌握得比较扎实、全面一些。我在这个学校待了5年，头3年学高中课程和大学基础课，后两年学桑蚕专业，实习的地点为学校农场及南院蚕种场，当时学生很受基层群众欢迎，因为能干，实践经验也比较丰富，这个学校现在改成潍坊职业学院了。

我在学校学习是好的，毕业分配的时候，山东省蚕业研究所就看中我了。单位的领导看到我文字功底比较好，就让我办情报资料室。蚕业研究所以前没有这个室，我去了后，先到山东省科技情报研究所学习，回所后就搞蚕业情报资料的收集和分析，就是给研究人员提供情报资料、各种会议的资料，通过各种手段收集关于蚕业的资料并登记编号，为研究人员和领导服务。

干了一段时间的资料收集后，开始响应当时上级的政策大搞样板田。1965—1966年，一开始是科研为两"当"服务——就是科研要为当地的生

产和当前的生产服务，后来发展为大搞样板田，就是科研单位将技术送到农村去示范。当时，一个老所长就领着我们几个年轻人，到烟台牟平县，去搞柞蚕样板田，我当时的实践经验不多，便一边向同事和蚕农学习，一边搞柞蚕和桑蚕样板田，以点带面，促生产发展。当时的技术措施主要是柞树留桩放拐，肥山旺柞，以及科学养蚕。

第一年在牟平，之后我又到了栖霞县——都是在山区，当时我自己就负责一个村，这个村面积很大，有几千亩山，我跟村民一块放蚕，但实际上还是搞技术推广。在这块样板田上我工作了三四年的时间。1970年，单位要我把我在样板田编的一个油印刊物办成正式刊物，刊物名叫作《蚕业生产经验交流》，现在叫《山东蚕业》（"文革"期间，全国很多刊物都停刊了）。

我编刊的时间很长，在这期间也编了大量的科普材料。1982年12月，我获得了"山东省科普积极分子"的称号，就是因为我的这种技术推广搞得比较好，影响也比较大。我推广的主要是桑树新品种和密植高产栽培技术，以及病虫害防治、养蚕中的消毒防病新技术和室外养蚕以解决蚕室不足的技术。根据工作需要安排，1976年我住到了临朐县，因为它当时是山东省桑蚕的重点县，它的蚕茧产量全省第一，年产几万担蚕茧，但是这个老蚕区是粮桑间作，生产技术相对落后，蚕茧单产低，我们就在临朐搞大面积的桑蚕新技术推广，并协助杨经伦同志成功研究出了桑蚕虱螨病和烟草中毒的防治方法。那里当时叫临朐桑蚕综合样板田，山东省农科院有些专家在那里搞小麦和玉米的高产栽培，我们就在那里搞粮桑间作和桑蚕的大面积高产栽培。

柞蚕业的历史远没有桑蚕业的悠久，柞蚕的人工饲养始于明代中叶的山东省鲁中南山区

1978年前后，中国科学院自然科学史研究所的领导和生物史研究人员到我们所里来，他们认为山东是柞蚕的发源地，但是不清楚柞蚕是怎么起源的，问我们能不能一起合作探究下柞蚕的起源，因为柞蚕业在我们国家蚕业当中也是一个重要的产业，特别是对出口影响很大。当时我们领导接受这个任务后，就把它分配给我，我就结合编写山东省蚕业志的工作，跑

"桑树全年草本栽培条桑育"的研究获成功，2007年，高密

（右二）指导农民剪伐桑树，2005年，高密

遍了全国各地包括北京、上海、南京、重庆几乎所有的大图书馆、博物馆、生产基地和涉及农史研究的院校，也走访了若干前辈和知名专家。我对柞蚕起源和中国柞蚕发展史的研究有了突破性的收获，也发现过去有一些专家笼统地认为柞蚕与桑蚕的起源同样悠久的观点不对的。柞蚕业的历史远没有桑蚕业的悠久，柞蚕的人工饲养始于明代中叶的山东省鲁中南山区。桑蚕有5000多年的历史了，柞蚕是没有的。

古文献中关于野生柞蚕成茧的记载是很早的。晋代《古今注》就有了，说山东的东莱郡有一个东牟山，野蚕成茧，大于卵，老百姓采集了很多，用于制作丝绵。这是老百姓利用野生的柞蚕茧制作丝绵的最早记载。以后每个朝代，一直到明朝前期，史书上记载的野蚕成茧，包括柞蚕成茧的故事很多，但都是老百姓利用野生的资源做成丝绵，或是捻成丝线。

从清初开始，就有正式柞蚕放养的记载了。主要有三个证据：第一个，是山东淄博有个人叫孙廷铨，明朝时他在北京做官，清初南征，1650年，他从北京的琉璃厂到了山东省的诸城县，他看到当地农民在山上放蚕，就做了详细的记载，即蚕怎样收蚁、吃光叶后怎样换树、长大后怎样结了茧、怎样把它采下来、怎样把它捻丝织成绸子，以及这个绸子穿着有什么好处，等等，都记录得非常详细，这是第一个正式的关于农民放养柞蚕的记载。第二个证据，是清初诗人张纲孙游鲁中南大山时有诗描写山东蒙阴县老百姓放柞蚕非常辛苦。第三个证据，是江苏苏州人徐杨画的《盛世滋生图》（又称《姑苏繁华图》），如实描绘了清朝康乾时苏州的繁荣盛况，画中有一家五间门面，上横排10个大字——"山东沂水茧绸发客不悮"，茧绸即柞蚕绸。再联想到明代柞蚕绸的始盛情况，即《寄园寄所寄》所记载的"茧绸（柞丝绸）……明初尚未盛行，明季崇祯时臣僚闻上恶其华丽，遂以茧绸为服始盛行"。故认为柞蚕放养起源于明朝中叶是可靠的。这个观点和中国农科院遗产研究室章楷先生的观点是一致的，他也认为柞蚕业起源于明朝中叶，起源于山东，具体地点就是现在的鲁中南山区的诸城、沂水、莒县、蒙阴等各县。

《禹贡》说山东有"檿"，产"檿丝"。古人对"檿"的解释是山桑，即今天所说的野生桑、实生桑，这些桑上的野桑蚕茧所缫的丝则被称为"檿丝"。进贡时，冠以"檿丝"之名显然比"野蚕丝"之名文得多。后来有好事者认为山东产"檿丝"，又产柞蚕丝，可能二者为一，以此推测起源不太久远的柞蚕业与桑蚕业有同样悠久的历史，这是没有道理的。

原先也有专家认为柞蚕起源于山东胶东地区，我考察后，把这个看法推翻了，山东胶东地区的牟平县从汉朝开始就有野蚕的记载，但当时是采野生茧，没有人工放养的记载，清朝牟平县志上记载，该县是1706年从青州请人来教植柞放养的。胶东地区的另一个柞蚕大县是栖霞县，它是从诸城县请蚕师来教民放养的。有关这些蚕业起源的文章，在《蚕业科学》和《中国丝绸史》上发表了。

老百姓用柞蚕丝做的被面可以盖一辈子，柞蚕丝绸的衣服穿十几年也不坏

柞蚕丝最大的特点就是它比桑蚕丝要坚硬、结实，但也有缺点：容易生成水印，即被汗水浸湿，或淋到雨以后，容易生成印痕，不好看。但是柞蚕绸有五大优势，清初孙廷铨在《山蚕说》上说得十分准确，他的话我能背出："色不加染，黯而有章，一也；浣濯虽敝，不易色，二也；日御之，上者十岁而不败，三也；与韦衣处，不已华，与纨縠处，不已野，四也；出门不二服，吉凶可从焉，五也。"所以人们说，老百姓用柞蚕丝做的被面可以盖一辈子，柞蚕丝绸的衣服穿十几年也不坏。

1691年，在山东省内，柞茧放养技术由诸城传到栖霞，不久又从青州传到了牟平。1698年，诸城人刘荣将柞蚕放养及织绸技术传到了陕西宁羌州（今宁强县）。后经多人的传播和提倡，陕西的柞蚕丝绸业于清代初具规模。河南与山东相邻，清康熙时期起，山东人常带蚕种到河南与当地人合伙放养。河南的柞蚕业发展很快，也很稳定，至今仍是我国柞蚕的主产地之一。从清代雍正时期起，"闯关东"的山东农民不断将柞蚕带到辽宁放养，由于辽东柞树资源丰富，这里的柞蚕放养业发展相当迅速，产茧量在清末民初居全国之首。例如，1911年，仅运往山东烟台缫丝的辽宁蚕茧就达24.4万担。贵州、四川是清代乾隆初年开始从山东购种并学习柞蚕饲养、制丝、织绸技术的。鸦片战争后，我国形成了辽宁、山东、河南、贵州四大蚕区，1921年柞蚕茧产量最高，为197万担（98500吨）。

柞蚕丝绸业以山东昌邑县柳疃镇最为发达，其次为烟台及周边地区（以缫丝为主）。清末民初，柳疃及周围村庄有织机约2万架，一日织绸约4200匹。织绸和从事丝绸贸易的人不下10万，年出口绸约60万匹，总值约400万元。当时出口柞蚕丝称为"灰丝"，柞蚕丝绸称为"山东绸"，均是我国出口货物的大宗。1931年后，由于战乱及丝绸质量下降，柞蚕丝产量及出口量锐减。

1949年以后，政府提倡大力发展柞蚕业，但是该产业没有达到历史的最高水平。后来水果行业发展了，不少较平缓的山坡的柞树都被砍了，人们开始种苹果树了，因为苹果的单位面积效益比柞蚕高。老百姓喜欢吃蚕蛹，蚕蛹很保健，现在部分蚕茧是拿来取蛹吃的，厂家就把茧皮做成丝棉被。但是总体来讲，辽宁、河南的柞蚕业还行，山东的是下降得比较厉害的。

我指导全市在两三年内就建立了5万亩高标准专用桑园

1985年，我开始担任蚕业研究所的领导，当时科研单位要搞改革，最大的问题是上级拨款不够，所以自己要创收，因为单位人员也比较多，得发工资啊。企业对我们的支持也不够，领导要给科技人员争取项目、跑项目，还要组织一部分职工上项目挣钱，总之很辛苦。

这期间，我参与了蚕病与桑组织培养的研究，后者获山东省科学技术进步奖二等奖。我获得了一个国家专利，就是"蚕用消毒剂及其制作方法"，还参与了一个研究克红素的项目。这两种药物的杀菌面比较广，价格也比较便宜，用起来非常方便，后来成为山东省最主要的蚕业消毒药物，对于提高蚕茧质量，应当说我做出了贡献。

我1999年从蚕业研究所所长的位置上退下来，当了挂名的名誉所长。

2000年之后，我开始担任高密市的科技副市长，这9年的工作，应当说在我的人生中留下了深刻回忆。高密市的土地比较多，过去都种粮食和棉花，但是粮棉的经济效益不高，所以市委、市政府就决定发展桑蚕业，我到那里担任科技副市长，有一定的权力。那里多个乡镇都有发展几千亩桑园的任务，都要一两年内完成。这会儿就是发挥技术的时候，我指导全市在两三年内就建立了5万亩高标准专用桑园。在养蚕时，我们推广大

（前排）在"省农科院十部农学专著总结大会暨赠书仪式"上讲话，2002年，济南

（中）做发展蚕桑生产的动员报告，2002年，安丘

棚省力化养蚕，因为得提高效益啊。当时高密还有棉花、果树、黄烟等行业竞争，得让老百姓认为桑蚕业有效益，它才能发展和巩固。不过近年桑蚕业有萎缩趋势，原因是多方面的。

必须要说的是，我与高密蚕农在后期进行了一项成功的研究与改革，即在当地（以及长江以北整个华东、华北地区）栽种杂交桑或对桂桑一年三次根刈伐条，实行全年草本栽培和条桑养蚕。此项配套技术，颠覆了我国五千多年来采桑养蚕的传统，可将养蚕工效提高二至三倍，是我国北方桑蚕业巩固和发展的必经之路。遗憾的是我离开高密后，由于某些企业的不作为和破产，这项成果和技术革命仅作为刊物文章停留在文字层面上，未能很好地推而广之。

我想，在我一生当中，这9年的贡献比较大，很受老百姓欢迎，高密市委宣传部把我推上电视，做了个节目，这个节目在潍坊市比赛的时候，获得了一等奖，《大众日报》和《农民日报》也做了报道。

我整天在桑田和蚕棚里转悠，丰富了我管桑养蚕的实践经验，我还拍摄了大量的照片，这些照片非常典型

我在高密的时候积累了很多资料，这些资料都很宝贵。我整天在桑田和蚕棚里转悠，丰富了我管桑养蚕的实践经验，我还拍摄了大量的照片。这些照片非常典型，有关于桑树病虫害的、蚕病虫害的。此外，我还有一些从日本专家那里索取的宝贵的微生物病理照片，除个别照片已在我的书里发表外，其余全部交给蚕研所的年轻人了，在生产和科研上发挥了些作用。

我著有一本书，叫《中国蚕桑书录》，这个书的名字本来叫"中国蚕桑古籍考"，当时考虑到如果叫这个名字的话，书会不好卖，没有几个人会关心桑蚕古籍，我就改名为《中国桑蚕书录》。这本书研究了从汉代开始一直到清朝末年（1911年）中国所有的蚕桑古籍，并做出了介绍和评价。这本书获得了同行内特别是农史界的一些老同志，包括日本专家的较高评价。日本有出版社想把这本书翻译成日文出版，我也答应了，但最后出没出来我不太清楚。蒋猷龙先生也建议我继续研究下去，把民国期间的蚕桑文献也搜集研究一下，但我还没来得及做这些工作。另外，前些年我也研究了山东蚕业史，也还没来得及进行系统整理。总之，退休后我还有不少工作要做。

桑蚕业在中国是一个非常古老的行业，历史上是相当辉煌的，改革开放以后，无论是家蚕业还是柞蚕业，都得到了很大发展。尽管目前这些产业遇到了一些困难，有的行业特别是柞蚕业、蓖麻蚕业都有点滑坡，但是它们是不会消失的，因为蚕丝是化纤所不能取代的。

我最近在《健康指南》杂志上发表了一篇文章，讲内衣面料的选择和健康息息相关。我分析了棉、麻、蚕丝、化纤，以及天丝等的利弊，发现蚕丝对人体的保健作用是不可取代的。当然，因为科技和时代的关系，蚕丝业可能也很难恢复历史上的辉煌，但是依靠科技创新，它是不会衰退的，更不会消亡。有人说蚕丝业是夕阳产业，我是不同意的，我对这个行业还是蛮有信心的。

采访时间：2015年8月

一个行业（丝绸）的体制改革

——计划经济转向市场经济

凌人才

凌人才

凌人才　原浙江省丝绸公司经理，党委书记

凌人才，1965年毕业于河北大学物理系。毕业后在鞍山钢铁公司钢铁研究所工作了七年。1972—1982年，分别在浙江省轻工业研究所和浙江丝绸科学研究院做研究工作，并担任理化室主任。1983年，在上海纺织工学院进修高级经济管理研究一年。1983—2002年，任浙江省丝绸公司副经理、经理兼党委书记。任职期间，科研项目"检验纺织物的褶皱弹性仪"（和上海纺织科学研究院合作）获得国家创造发明奖三等奖，制定的GB 3819—1983《纺织织物　以回复角表示折叠试样折痕回复性的测定》（与他人合作）获国家1986年度标准化科学技术进步奖二等奖。1992—1995年，兼任中国丝绸博物馆馆长。2002年起，担任深圳华丝企业股份有限公司董事长，2011年起，任浙江德清华丝纺织有限公司董事长。曾兼任中国丝绸协会副会长。

检验纺织物的褶皱弹性，这个项目搞了大概五六年时间，获得了国家创造发明奖三等奖

我1940年出生于烟台龙口，1965年毕业于河北大学，学物理的，毕业后分配在鞍钢研究所，在那里搞一些技术分析工作，干了7年。我爱人在浙江省轻工业厅，她搞酒的。由于两地分居问题，1972年，我调到浙江省轻工业研究所。大概1973、1974年的时候（应为1978年）在浙江丝绸科学研究所的基础上成立浙江丝绸科学研究院，我主要是搞一些研究工作，研究纺织物非接触物质的物理性，我们穿的颜色、牢度等这些功能。后期担任了理化室的主任。

1983年，纺织工业部调了一批人到上海纺织工学院进修一年，我也去了，从纺织管理这个搞科研的岗位上一下就转到经营管理了。后来我就从研究单位转到公司。1983年9月调到浙江省丝绸公司，任副经理，分管一些经营管理的工作。1986年7、8月转为主持工作。我在丝绸公司有19年的工作经历，从副经理、经理，到后来的党委书记，都一人兼，一直到2002年10月退休。

在浙江丝绸科学研究院的时候，我和上海纺织科学研究院一起做了个课题，检验纺织物的褶皱弹性，这个项目搞了大概五六年时间，做出的仪器获得了国家创造发明奖三等奖，这是国家第一批发明奖。这个仪器被国家用来作为检验的一种试验方式。我们要看某个纺织物熨得挺不挺，硬挺度怎么样，这种时候就用这个仪器，现在还在用。这个标准叫GB 3819—1983《纺织织物：以回复角表示折叠试样折痕回复性的测定》，是1986年我跟郭文英、沈志耕等制定的，后来也获得了国家标准化科学技术进步奖二等奖。

应当讲国家的整个改制这一块，我们浙江是走在前面的

我在丝绸公司的这段时间，主要就是一个体制的改革，计划经济逐步向市场经济过渡，主要是沿这么一条线来开展工作。

丝绸这一块，原来是国家统一经营的，所有工厂生产什么产品，都归国家统一管理。在管理过程中，工厂所有的计划全是丝绸公司下达，所以它生产出的东西都交给公司统一经营，主要是外贸经营。这个公司发展到最好的时候，应该是90年代吧，这个时候我们国家整个的出口额是400亿，我们公司占4亿，占到1%，外贸出口这一块很重要的。改制就是从计划经济，逐步走向市场经济，现在我们浙江省整个丝绸行业基本上都是市场化的。

改制的难度在哪里？国家要完成一定的计划，要有任务指标的，同时又要改制。在这一点上，人们的认识还不统一，有的要走个体经营，有的要计划经济，所以说这个矛盾还是蛮大的。那怎么办？像个体经济就是逐步地一点点过渡，逐步地一点点发展。应当讲国家的整个改制这一块，我们浙江是走在前面的。

丝绸行业又与其他行业有些不同，丝绸行业这个计划都是国家的，依赖国家，依赖比较大，自身的能力不是太大。在这种情况下需要国家一定的补贴，是逐步地这么走过来的。国家的补贴不是给你多少钱，最后国家把东西拿走，它要你的东西，要返给你钱的话，就是国家以外汇来买你这个产品。

德清这个厂一年能达到大约3亿多元的产值，以外贸加工为主

我2002年从省公司退休后，就到华丝（深圳）担任董事长了。2011年开始就不去深圳了，又担任华丝（德清）这边的董事长。

1985年就开始有深圳的华丝了。这个厂的资历很老了，有一定的管理水平。这个企业开始是国营的，是省公司控股的，后期省公司退出来了，从大股东变成小股东，这样企业就不是国营的了，带有一点私营性质。这个厂大约以每年10亿元资产的规模在经营。

德清的华丝大概是1999年创办的，开始创办时的规模没有现在这么大。300亩地搞了四五个企业，不光是一家华丝。后期把对面一个德清华高时装有限公司并下来了，现在占地将近150亩，其中还有一块地属于省公司，省公司还有一半的资产在这里。华丝最早的产品是以仿真丝、真丝为主，产品出口。现在这两年真丝的地位在往后退，各种纺织品都在做，只要是可以做衣服的都做。目前我们开始逐步向内销方面发展，做到内外销并重。

德清这个厂一年能达到大约3亿多元的产值，以外贸加工为主，深圳那边以经营为主，没有这么多的人，但是接的订单都送往这里。

关于筹办丝绸博物馆的情况是这样的。1986年省里的副省长（翟翕武）很关心丝绸，这是一点。另外，我们浙江作为丝绸之府，从这个角度来看，可以搞一个丝绸博物馆。在这种情况下，纺织工业部部长吴文英，还有当时的旅游开发公司（旅游局），大家都有一种想法，也有这么个意图来搞。省里的一些领导协调搞这项工作，当时苏州也在搞这个项目。

我们省准备建一个国家级别的。在这

（左一）拜访客人，1988年，日本

（右二）与向中国丝绸博物馆捐款3000美元的美国客人合影，1994年，杭州

方面花了一点力气，前前后后找了国家一些认识的人，经过大家统一的认识，认为这个博物馆放在浙江比较合适。这种情况下，纺织工业部下决心，最后决定把这个项目放在浙江，主要是得益于几个老领导做的工作。博物馆建好后让我先担任馆长，直到后来因为经费原因，博物馆交给省文化厅管理。

协会主要是组织大家一年来开两三次会，有什么重大问题大家通通气研究研究

我兼任中国丝绸协会的副会长，是因为当时计划经济逐步向市场经济转变，省公司不管行业管理了。行业管理的事情总得有人抓，我们就以协会的形式来管行业这一块。协会主要是组织大家一年来开两三次会，有什么重大问题大家通通气研究研究。

中国丝绸业发展前景不乐观，主要是因为这个行业对丝绸生产原料本身有一定的要求。而且丝绸买来你不是光穿一穿就可以了，还要花很大的精力去维护它。丝绸这个产品，蚕茧涉及农业，它这个原料又不是单一的，要靠农民的积极性来生产，在这种情况下，它这个价格有很多因素在里面。所以，丝绸产品可以作为少量的、带有一种代表性的产品，而要大批量地发展上去，很难。

丝绸企业主要是靠海外订单，你要想拿到订单，就要能在产品质量上过硬，这就要靠管理了。从这个服装的管理来讲，一针一线，你钉一个针脚的大小都得管，要这样来提高你的产品质量。公司这几年纳税额都是在逐步增加，3000万，然后4000万、5000万。

我们在内销这方面也下了很大力气，主要就是搞自己的内销品牌网点，派人出去自己开店，销我们的东西，这样名气上来了，慢慢这个内销也就上去了。

现在招工比较难，而且还要能够留住人，一个是待遇，再一个就是生活不要搞得太苦，我们这里礼拜天基本上还是休息的，另外，平时的业余活动也要有一些。我们还有宿舍，所以我们在周围招工，他们基本都会来华丝。队伍稳住了，企业的管理也就会上去。

采访时间：2013年8月

我与寸锦寸金"南京云锦"之缘

俞征智

俞征智 南京中兴源丝织厂原总工程师，高级工程师

俞征智，1964年毕业于苏州丝绸工学院丝织专业，毕业分配至北京丝绸总厂工作。1970年调入南京化学纤维厂，1974年进入南京中兴源丝织厂，曾任车间主任，生产、技术、设备、能源、机动科等科科长。曾被南京市人事局、市委组织部聘为"南京市江宁县东山镇科技镇长"。任职期间，主持组织企业产品创优工作，负责从制定产品标准、技术规范、精选工艺参数、优化上机操作规程、原料精选、前处理到上机织造、产品检验等全过程的质量监控，并跟踪织物生产终端的后整理。"松鹤牌南京云锦"荣获1983年国家银质奖，"水榭牌真丝练白电力纺"获1991年度纺织工业部优质产品奖，"真丝经编针织绸"获得1989年度南京市纺织产品开发一等奖。出版学术论著《CTb片梭织机概述》，发表论文《南京云锦绝艺的手工织造性解说》《底蕴丰厚而精深的云锦图案文化》等10余篇。退休后曾被聘为南京市云锦研究所所长特别顾问、中国工艺美术学会织锦专业委员会专家组顾问。

俞征智

苏州是丝绸工业基地，每年老师都安排我们到工厂实习

我是1940年出生的，江苏扬州人。祖籍是江西婺源，因为婺源有木业、盐业、茶叶产业，甚至还有养殖业，我祖父从婺源到镇江后就从事了木业贸易。新中国成立之前，我祖父就迁到扬州江都，所以我父亲也从事木业贸易。我在扬州江都中学就读，这学校现在也是省重点了。1960年我考上苏州丝绸工学院丝织专业，1964年毕业。实际上当时我填报的是南京工学院，而我们这个学校本来是大专层次的，后来把它提升到本科了，所以我们是第一届本科毕业生。当时它的招生是跟着南京工学院来的，也就是说当时我是被南京工学院分给苏州丝绸工学院的，所以这个专业也不是自己爱好的，是学校老师根据招生情况安排的。

我在读大学之前根本没有接触过云锦。我们学校是很有历史的，最开始有一个叫郑辟疆的专家，先是在日本留学，后来到我们江苏浒墅关办了一个蚕桑学校，后又改为丝绸专业，变为丝绸工业专科学校，从中技、大专这样一步步提升上来，1960年成为本科院校，就是苏州丝绸工学院，现在并入苏州大学了。我们先在学校里上基础课，第三年基本上都在工厂里实习。因为苏州是丝绸工业基地，每年老师都安排我们到工厂实习。这个实习就是跟班劳动，直接跟工人在一起，开机子、操作、织绸，所以我们毕业到工厂里去的时候织云锦技术已经很强了，随便怎么样的工作都能做。我会开机子、操作、织绸、安装设备，我们有这些实习内容，把机器拆下来再重新装起来都行，学校要求我们能够适应工厂里不同的工作。一开始课程是丝织设计，就是产品组织设计、品种设计，然后就是设备、机械工程，还有包括工厂的选址设计，我们都需要学习。有这个技术之后假如把我们分到一个单位，这个单位要建一个新厂，那我们就要从选址开始做起，所以连丝织厂的设计我们都要学习。学校要求我们到工厂以后，根据工厂的需要可以适应不同岗位的工作内容。

我毕业之后被分到北京丝绸总厂，当时分到北京是不容易的，毕竟是首都。我在技术科，搞品种设计即产品设计。1970年，我调到南京化学纤维厂，但是化纤厂和我的专业不对口，我学的是丝织专业不是化纤，所以之后就又调到南京中兴源丝织厂。这个厂是个百年老厂、国营企业，我在

工厂里干过好多工作，从机动设备到搞能源都干过。我当过车间主任，直接从事产品的生产和创优，还到技术科当科长。随着我工作干得多了，厂里就提拔我到厂部当总工。在厂里，总工是总管技术的，工艺、技术、设备都要掌握，虽然压力很大，但对自己也是个提高。

经编的特点是不脱圈，纬编要脱圈的

这家工厂是1874年建厂的，主打产品就是云锦，现在南京云锦已经被评为世界非物质文化遗产了。我们厂是出口企业，南京云锦也是很有名气的，松鹤牌南京云锦曾经获得过国家银质奖。云锦在我们南京市也是唯一的，这个银奖可以说是国家的最高质量奖。还有一个素织物，就是真丝电力纺，其制作要求也很高，质地很轻薄，被纺织工业部评为部优秀产品奖。

改革开放后，我们厂也对外开放，搞出口交流，就跟日本伊藤忠株式会社搞了个补偿贸易，就是说日方提供德国产的卡尔迈耶经编机，我们负责织造桑蚕丝针织经编绸交付给日方，搞了一个产品项目，就是真丝经编针织绸。因为我们丝织跟针织是不一样的，日本对经编针织的质量要求也很高，我们把这个产品织出来，日本人就直接取走，叫补偿贸易。

（左三）陪同厂部领导亲临一线了解生产情况，1990年，南京

我从开始组织设计、生产制造，到去纺织工业部争取这个项目都全程参加了，我这里还留有最后的产品以作纪念。真丝经编针织绸可以说在针织这个行业中是个后起之秀，因为经编的特点是不脱圈，纬编要脱圈的，比如汗衫之类的产品就是纬编，而经编以不脱圈著称。我们这个经编用桑蚕丝织造，所以要求很高。这个产品补偿贸易项目由江苏省丝绸进出口公司针织科牵头，与日本伊藤忠株式会社合作，由中国纺织工业部审核，批准下达实施。日本人想掌握工艺技术，包括等级、档次、分等，他们都和我们一起研发，最后这个项目获得了南京市纺织产品开发一等奖。

针织分纬编和经编，纬编比较简单，属于大圆机，比如我们的汗衫、羊毛衫都属于纬编，就是有点像筒状的；经编不一样，经编用针是经向织造进行交织，它的特点就是高速，比我们的有梭织机还要高速运转，所以对蚕丝的质量要求很高，特别是蚕丝的前处理，如果这个蚕丝处理不好就会断头，就织不起来了。日本人为什么和我们搞这个补偿贸易，因为他们就是想学我们蚕丝前处理的技术，而这个处理技术比我们有梭机的要求还要高，如果处理不好，最终的产品效果差，质量也差，但我们把这个技术难关攻克了。针织织出来后还要经过后整理，我们这个项目是跟针织厂（当时是南京市第二针织厂）合作的，后面还要练染后整理，三个企业合作攻克这个难关，上面是外贸牵头出口。这个产品的工艺要求很高，主要的一个是丝，桑蚕丝要4A级顶级丝，上机织造就不会断头了，就能保证产量和质量。这个项目，日方和厂里还是比较满意的。

我搞这个产品有将近两年的时间，从到纺织工业部争取这个项目申报，到织造，再到最后完成任务，总共有将近两年时间。这个产品后来其他地区也在做，比如无锡、苏州，但是这个产品最后都没有形成大的批量。因为它对桑蚕丝的要求太高，成本太高，一般人消费不起，但是日本人不一样，他们拿过去价钱就不一样了，而且这个经编织物做和服穿很舒适，它不脱圈不起毛，效果很好。国内组织生产的时候，想大面积地生产就困难了，最后没有形成大批量生产，主要原因就涉及成本。有梭机织绸，原料的要求要差一个档次，成本就低了。而经编质量控制很难，因为它高速运转，只要有一根断头，这个经向就会形成一条路，那就很难看了。我们厂在与日本补偿贸易结束以后就不再织造了，我就回到主产业云锦，云锦是丝织而不是针织。

妆花云锦的织法是通经断纬，断纬就是挖梭，对于颜色的要求很高，可以逐花异色

我退休后在南京云锦申报世界非物质文化遗产期间，是南京云锦研究所所长特别顾问，做了不少工作。因为南京云锦原来是皇家的贡品，民间是很少的，老百姓对它可以说是知其名不知其实，所以我当时就组织宣传南京云锦，如果申报世界级遗产，南京人对它都不了解怎么行呢？后来我就组织宣传、写文章。当时南京市政府搞一个新闻发布会要对外宣传，我就到发布会上宣讲南京云锦。

南京云锦其实有好多品种，有库锦、库缎等，但其中最珍贵的就是妆花，我们申报世界非物质文化遗产的就是妆花云锦。几大云锦，如库锦、库缎、织锦这些都可以用现代的织机进行生产，我们厂里生产出口货物都是用有梭织机，也就是现代的织机生产，以此来提高产量，供贸易出口，我们厂还是出口创汇大户。但是妆花云锦就不能用现代织机来生产，因为妆花云锦的织法是通经断纬，断纬就是挖梭，对于颜色的要求很高，可以逐花异色。

云锦是多色纬，颜色可以根据设计不断地变化，比如为了一个花型，可以用几个颜色变化织造，即下一朵花还可以改变，换别的颜色把它织出来，这叫逐花异色。这个技术即使是现代的织机，比如说进口剑杆织机也做不到，尽管剑杆织机可以选择颜色，但是一旦设计好了以后就不能改变了，要按照它的程序运作。我们的妆花云锦不一样，可以根据变化手工变换色，这是电脑织机做不到的。电脑织机可以做得快，可以快速换色，但它不能变化，必须按程序来运转，这就是织造妆花云锦为什么不能用现代织机替代的道理。所以这次申报世界非物质文化遗产的就是妆花云锦，而且是木机妆花。木机是花楼木机，下面一个人织造，上面一个人拉花，用手来拉花。

为了宣传南京云锦，我们用南京云锦给中央电视台的主持人做了服装，当时非常轰动。南京云锦研究所与故宫博物院一个专家合作把乾隆皇

（前排右一）出席真丝针织经编绸产品鉴定会，1989年，南京

帝的龙袍拿出来进行复制，并已经复制成功，下个月（2015年7月）就可以拿到米兰世博会去展示了，还是行服。皇帝的龙袍是有区分的，上朝时穿朝服，出去搞祭祀时，到祭坛、到天坛就穿行服。

达·芬奇的《蒙娜丽莎》也复制成功了，《蒙娜丽莎》是一幅油画，油画的色彩是由很多的层次堆砌起来的，用南京云锦来复制是很有难度的。南京云锦研究所攻克了这个难题，成功达到了逼真的效果，一共用了70多种颜色，都是桑蚕丝染色配好，因为油画画面的颜色层次很多、很丰富，要逼真再现就必须用多色。颜色是可以人工配置的，需要什么颜色就挖梭，所谓挖梭就是按照需要的颜色把梭的色丝织进去，这就有了多层次的效果，否则《蒙娜丽莎》的效果是达不到的，这也算南京云锦的一个杰作。这个产品从去年（2014年）开始到今年（2015年）才刚刚完成，下个月也要拿到米兰去展示了。

妆花木机产量很低，一天织五公分，可谓"寸锦寸金"

我们厂里的南京云锦是机织云锦，是批量的，就是能大量生产的库缎、库锦、织锦。木机妆花云锦量很少，因为妆花木机产量很低，一天织5公分，可谓"寸锦寸金"，所以说现在妆花云锦在南京云锦研究所的产量也是较少的，能大批量生产的还是机织云锦。但是机织云锦也要保证产品质量，就是尽量要保证使用桑蚕丝，现在好多个体企业以价论战，把丙纶丝也织进去，那就不是真正的南京云锦了。假冒伪劣的产品也有。

南京云锦还有一个特点，除了织造技术以外，文化底蕴也很深厚，它的图案有丰富的文化内涵。所以南京云锦是一个综合载体，既体现了云锦工艺技术，同时也体现了历史文化内涵。当时西藏自治区成立30周年，我们厂的产品"万字缎"就被国家选中，作为礼品送给西藏，因为我们厂是国家的民族贸易产品定点厂。

我写过不少与云锦有关的著作和论文，因为我从事过技术工作也组织过生产，所以就义不容辞地宣传云锦了。我的文章在苏州大学的学报上登载过，到现在苏州大学的学报《现代丝绸科学与技术》每期都还会给我寄过来，我主要就是宣传对云锦的保护与开发研究。

我在厂里主要是抓工艺技术和产品质量，厂里的产品创优可以说是我义不容辞的责任，我要牵头负责组织。当时从工商业执照的商标选定阐述、产品组织设计、设备的选定、上机质量到最后的后整理，一条龙我都要抓好，否则产品的质量最后得不到保证。另外我厂的"练白电力纺"的质量要求就很高，原料质量要求高，织造要求高，还要后整理好，否则练白电力纺的毛病很容易暴露。我组织创优，从技术一直到质检、成品一条龙都要抓好，否则产品质量达不到要求，织出来以后还要进行后整理，就是到练染厂进行练染处理。最后产品获得了纺织工业部的优质产品奖，这有奖状为证。

另外真丝针织经编绸获得南京市的纺织产品开发一等奖。我的工作重点主要是在创优方面，当时创优有好多产品，我是抓技术的，肯定要参与、要组织，企业是一个整体，从车间到科室再到后整理都要组织抓好，否则质量达不到要求。这么多的产品中我最看重真丝针织经编绸，因为我们丝绸行业，丝织专业做针织产品了，把它织出来最后获奖，还跟日本补偿贸易成功。

云锦制作有二三十道工序，每道工序都有它的工艺技术要求

我没有带过徒弟，国营企业不像私人企业有带徒弟的说法，我给大家组织培训，这也是工作之一。学云锦制作最起码你要懂工艺、懂原料、懂织物组织和产品设计，云锦制作有二三十道工序，每道工序都有它的工艺技术要求，从原料桑蚕丝的选择还有染色设计、图案设计、制作纹样和绘制意匠，到制成提花纹版，再到上机织造等。

现在我们工厂厂里机织云锦是用花本，先把图案制成纹样和意匠，再把意匠制成花本上机织造。但是木机云锦、妆花云锦就不是这个工艺流程

在新产品投产前组织相关工艺技术培训，1985年，南京

了，它要通过意匠来挑花结本，用绳子在机上面拉花，用它提起经丝，下面用手工抛梭，所以这些技术都要全面掌握。产品织物组织提花部分有不同的组织，地部花纹也都有要求，都必须要全面掌握，要组织生产你就要掌握，这是职位的要求，把学习的专业知识和现代生产结合起来才能成功。

南京云锦在历史上很辉煌，最多的时候南京有几百台织机在生产，规模很大的，先在我们本厂放样，再把这个产品放到普通人家去织造，之后再把绸收回来。过去南京云锦都要进贡到皇宫去的，像库缎都要送进故宫的"缎匹库"，所以历史上云锦是很辉煌的。现在南京通过申报世界非物质文化遗产把它保留下来了，这是一大喜事，但关键是今后怎么样保护和发展，我坚信这个遗产很有发展前途，但要与时代结合起来，比如说南京云锦过去做花卉多，现在用它做《蒙娜丽莎》，用云锦把它体现出来，这就是一种创新。

现在南京云锦依然璀璨，因为南京云锦不断地开发出好多结合时代的产品，比如奥运特许商品"长城"和"天坛"，以及云锦龙袍，这些资料我都有收集。未来南京云锦通过不断地创新开发，也可以进入寻常百姓家，因为它有好多品种，档次不一样，老百姓普通消费的又是一种档次、一个品种，不同的品种适合不同人的需求。比如说我们要代表南京市政府到米兰世博会去展览，那这个云锦就不是一般的云锦了，特殊的云锦价格也非常高昂，要上万了。

再比如我们制作的龙袍，复制的乾隆皇帝的龙袍，一般老百姓消费不起的，但是也有国外的华侨华人，有的人很有钱就定做，把龙袍买回去，在家里布置一个大的寝宫，弄一个透明罩子把龙袍罩起来，展示出来，体现他的富有。这样一件要好几万，这就是不同的需求。

老百姓做衣服用的云锦现在也在开发，要预定，根据你的需求，比如说要做一个结婚的礼服，可以定制，图案也都可以定制。普通的南京云锦还可以作为礼品赠送，现在开发了好多品种，不同层次不同档次的云锦可以作为礼品销售。所以整个云锦产业的效益有几大块：一是精品，一是特殊用品，还可以复制文物。比如云锦研究所复制出了马王堆那个薄纱和皇帝的龙袍，这些属于特殊云锦。所以，南京云锦的未来可以说会比较好的。不断地创新、不断地升级就会更好，通过世界非物质文化遗产把它保护下来了，结合时代再创新开发，南京云锦会越来越璀璨！

采访时间：2015年6月

质量求生存

张贤松

张贤松

张贤松　原盛泽新联丝织厂厂长

张贤松，不到16岁时师从父亲在家庭作坊学丝绸，1956年进入棉织合作社（"文革"期间更名为红旗布厂）工作。1979年"棉改丝"完成，红旗布厂改名为新联丝织厂。1980年起，先后任新联丝织厂副厂长、厂长。任职期间，主抓全面质量管理、原料把关与计量管理，曾带领新联丝织厂获得中国丝绸公司质量管理奖以及国家技术监督局颁发的"国家一级计量合格企业"证书、"档案管理国家一级企业"合格证和"国家节约能源一级企业"证书，由国务院生产办公室颁发的"大型企业"证书，成为中国500家最大的纺织工业企业之一。12102双绉在第一次全国织物评比中获得第一名的好成绩；12102双绉、14101素绉缎等产品曾获得国家银质奖。在化纤原料风靡全国期间，新联丝织厂真丝绸产量保持全国第一，年创汇2000多万美元，获得中国丝绸公司和江苏省政府颁发的出口创汇奖。

在艰苦的环境中不断地创造机会，做到精益求精，所以最后才能在第一次织物评比中获得第一

我1940年出生于盛泽，我父亲是浙江绍兴人，他以前也是以丝绸为生的，当年日军侵华，父亲携全家逃难至此。盛泽原先做印染丝绸的人是不多的，但是由于很多绍兴人都在日本侵华时期逃难过来，带来了手艺，所以那个时候盛泽印染丝绸业发展得很快。

由于那时候小学的教师很少，师资力量不强，我小学毕业以后，就跟父亲学丝绸了，那时不到16岁。当年都是家庭织机，也就是新联丝织厂的前身。1951年，国家实行合作社的时候，盛泽的家庭作坊都是有一台或者两台织机，后来这些人就被组织起来参加合作社，后来又改成"棉织合作社"，在"文革"的时候叫红旗布厂。

在日本某和服绸厂考察，1993年，日本

1976年，我们感到这个厂没有发展的希望，因为在丝绸之乡，只有我们一家做棉布，并且也做不好，产值低，利润低，梭织机也不多，当时身为车间主任的我向领导提了些建议，我认为只有跟大家一起攻克丝绸生产

（左一）20世纪90年代陪同费孝通（左二）考察新联丝织厂，盛泽

的难题才能有出路，所以在这一年进行了转型（即"棉改丝"）。但转型之路是艰难的，我们提出来"以棉养丝、稳棉改丝"的想法，并以此为口号做了三年。

1979年"棉改丝"完成后，1980年我开始担任副厂长，当时我们生产的第一个外贸品种12102双绉，在第一次全国织物评比中获得了第一名的好成绩，这个成绩是我们不懈努力的成果。我们还增加了很多的丝织品设备。当时改织丝织品的织机设备还是K611布机，丝绸的工艺要求很高，所以我们需要专门培训相关的工作人员，完善工作流程及维护设备。

在丝绸织造过程中，需要空调来调节温湿度。我们没有那个条件，便想出别的办法加以解决：在织机边上浇点水，机身后面浇点水，在机身后面铺一点柴草，然后把热水浇上去让蒸汽出来，通过这个办法尽量使温湿度达到要求，但是这个做法是相当麻烦的。

在原料方面，我们并没有足够的资金去买较好的原料。自己用的原料质量不够高，但只有好的原料才能做出好的产品，我们就只能从现有的原料里，一根一根地把瑕疵的挑选出来。在艰苦的环境中不断地创造机会，做到精益求精，所以最后才能在第一次织物评比中获得第一。

做真丝可以多创汇，一年大概可以创汇2000多万美元

1983年当厂长之后，我主要做了以下几个工作。一是坚持生产真丝。在1983到1985年期间，化纤织造比真丝织造要容易得多，化纤的工艺要求低、易生产、高利润，但我们还是坚持真丝生产，这也成为我们厂的一大特色。二是由于我们从织造棉布转型至织造真丝，在管理方式上也做出了相应的调整。在管理方面，我主要抓全面质量管理，在获得了省一级与部一级全面质量管理奖的基础上，进一步申报国家级质量管理奖。当时资料都已经准备好了，后来因为一些原因终止了。直到现在我都认为我们厂在质量管理这方面做得还是不错的。

三是我们做到了原料把关与计量管理，我们的内控质量标准跟国家的标准是不一样的。比如国家规定当时一匹绸长度是45米，其中只能有15个瑕疵点，但是我们厂里自己规定只能有10个瑕疵点。后来新联丝织厂获得"国家一级计量合格企业"证书、"档案管理国家一级企业"合格证

（右四）陪同波兰经贸人员到新联丝织厂交流，1989年，吴江

和"国家节约能源一级企业"证书，并获得由国务院生产办公室颁发的"大型企业"证书，成为国家统计局发布的中国500家最大的纺织工业企业之一。在质量方面，我们厂还贯彻一个思想，就是"以质量求生存"，12102双绉、14101素绉缎等三种产品获得了国家银质奖，八种产品获得了省、部优质产品。

新联丝织厂在发展过程中，有许多东西都是我们自己努力创新，而不是照搬人家的。随着政策的放开，我们以补偿贸易的形式引进了瑞士和意大利80台剑杆织机和络、并、捻设备，还引进了日本的喷水织机，也做了些化纤，扩大了生产范围以适应市场需要。

我们厂在1983到1993年期间最繁荣，但是到1995年就开始衰落了。当时我们做真丝可以多创汇，一年大概可以创汇2000多万美元，真丝产量全国第一，我们还获得了国家级、省级出口创汇奖。80年代我们就搞联营了，进口的80多台剑杆织机需要空间安置，但是我们的厂房不足，我就考虑把80台剑杆织机放在总厂里边，把原来厂里196台国产织机放到梅堰、庙港，分成两个分厂，后来又配套了一个纺机厂和一个钢丝绳厂，用这样的模式经营。我们厂提出的"发展真丝绸为主，横向联营多种经营"的方针搞活了企业的经济，企业从1983年固定资产834万元的小型企业发展到国家二级大型企业，经过了艰苦创业的发展过程。

1996年之后我当党委书记（不做厂长了），直到2001年退休。后来丝价上涨，我们厂就不再以生产真丝为主了，最后被并入了赴东纺织集团，不再有法人代表。想当年我们的总厂有将近3000名职工，联营之后，一共是4000多人。这十年改革让新联厂发生了巨大的变化。

采访时间：2015年10月

天鹅绒毯产品研制之路

耿志霞

耿志霞　原南京艺新丝织厂副总工程师

耿志霞，1959年从江苏省丝绸工业学校丝织专业毕业后，分配到南京艺新丝织厂先后任技术员、设备科科长、技术科科长、副总工程师。任职期间，担任主要起草人起草制定了专业标准ZB W

耿志霞

56001—1986《机制天鹅绒毯》，于1986年予以实施。天鹅绒毯被上海土畜产进出口外贸公司定为免检产品，80年代创年产值3000万元人民币。1984年引进了比利时双层剑杆提花机生产经向多彩和纬向多彩两个品种的豪华装饰绒，填补了该项目的国内空白。自主设计的"TK型天鹅绒毯织机"获南京市1979年度第二轻工业局科学技术进步奖，"豪华天鹅装饰绒"获纺织工业部1987年度科学技术进步奖三等奖。2007年"天鹅绒织造技艺"被列入江苏省非物质文化遗产。

年初还在画图纸，还在制造设备，年底就要交付产品

我是1941年出生的，老家是无锡的。我妈妈是家庭妇女，爸爸是银行职员。1959年我从江苏省丝绸工业学校丝织专业毕业。当时选专业的时候，我爸爸说现在生活好了，大家都要穿丝绸，这个专业还是蛮有发展前途的。我听了以后也觉得蛮高兴的，就到这学校里来学这个专业了。

毕业后我被分配到南京艺新丝织厂，这里当时是个比较落后的小厂，是1954年好多小业主合在一起，1959年"大跃进"时变为国营的。厂里当时有300多人，生产主要还是以手工云锦木机为主。产品有三大类，一个是妆花，一个是库锦，还有一个是库缎，都属于手工木机生产的产品。还有一小部分就是铁木机，是从苏州、杭州买来的那种人家已经用过的铁木机。

当时生产的品种有花的织物金玉缎，素的织物就是很低档的羽纱、富春纺这一类的产品。产品由外贸公司出口到蒙古及苏联，还有就是少数民族用品比较多，像这些云锦都是用于少数民族服装以及少数民族的宗教用品，所以工厂还蛮欣欣向荣的。

上班时间是早上6点到晚上6点，还没有三班制，12个小时的工作，劳动强度蛮大的，但是大家因为"大跃进"还是干得热火朝天的。1963年以后，工厂就比较困难了，那个时候因为我们那些工人有的要下放，然后任务要减少，任务减少了以后就非常困难了。这个时候上海外贸土畜产进出口外贸公司拿来一条中东的祈祷毯，问我们能不能生产，那个时候云锦研究所还在我们厂里，所以厂里就组织了一个班子，专门研究新的品种以走出困境。

首先就是在木机上试验，木机毕竟是手工操作的，一天只能织1米长，这怎么可能扩大生产，所以我们就想到在原有的铁木丝织机上面进行改造。普通的丝织物是单层的，提花也是很普通的平面提花，而外贸的这个产品是双层织物，双层提花又是绒织物，经纬线比较粗，是比较厚重的产品，所以机器需要进行整体改造，这部分的改造需要我们自己重新画图、制造配套设备。第一次的改造成功了，我们就搞了20台这样的织机。一个班也只能做到10米，虽然产量提高了，但那个时候外贸的任务蛮多的，我们需要再扩大生产。

这个时候我们进行基本建设盖厂房了，就是在原有厂内空地上盖厂房。我记得很清楚，我们年初还在画图纸，还在制造设备，年底就要交付产品。所以在房顶还没完成的时候，我们已经在下面浇地脚（固定机器的地脚螺栓），当年就投入生产，完成了任务。

接着我们又再扩大生产，搞了个三层楼的楼房，厂的规模就比较大了，包括前道工序、后道工序以及我们的织机都在原有的基础上进行了改造。我们买了很多台K611型丝织机，在这个基础上，把需要改进的部分都装到了这些机器上，配套起来。班产达到了25条，生产量已经很大了。

引进了比利时豪华装饰绒的织机，填补了国内空白

80年代初期，企业从一个300多人的濒临倒闭的厂慢慢发展到1000多人，拥有3000多万元的年产值，设备也增加到几百台。我们原来的设备都是买来的丝织机，零件也不统一，各有各的尺寸，我们自己搞了以后，每个零件都有图纸，有简图也有备品备件，所有产品和设备我们都进行了符合科学的标准化的管理，产量和质量也都提高了。

（右一）在比利时考察范德厄尔公司期间与同事合影，1984年，比利时

当时的艺光丝织厂没有机械化织机，我们就给了他们5台织机，他们也开始生产天鹅绒毯。后来苏州织锦厂也到我们这里参观学习，因为天鹅绒毯也属于织锦的范畴，属于工业美术品。上海和杭州好像都有工厂在做，但几个厂比起来，我们的产品质量、效率相对来讲，在同行业中算比较好的。后来由我们牵头、主笔制定了天鹅绒毯的产品标准。

改革开放后的80年代，我们引进了比利时豪华装饰绒的织机，填补了国内空白。两伊战争以后，我们的产量严重下降，要找新的产品来替代，所以我们就引进了豪华装饰绒产品。当时在国内像这样的织机是没有的，这个产品也还没有，直到现在像这样的产品我还是没看到哪里有，因为它属于比较高档的装饰用材类。引进了以后我们自己消化吸收，原材料全部用我们自己的，包括纹版制作，我们编好工艺后，请上海丝绸研究所用电脑制作的。

那时候生产科、技术科都在一起，我做技术员，设备、工艺都要搞，后来又分开来了。设备改造的时候就在设备科了，设备基本定了以后，配套都差不多了，开始要抓产品质量了，我就到了技术科当科长，后来担任副总工程师。

中东祈祷毯（天鹅绒毯）的标准当时都是我们制定的，包括产品本身的标准、物理的指标以及外观各个方面的指标。在设备上主要是织机的改进，原来都是丝织机，丝织机如果不改造就没法生产这个产品。这个产品是双层的，要有两个开口装置，一个开口是底经，还有一个是上面提花部分的绒经，一个是提花的，一个是提素地经的，这是一个部分。还有一个部分是前面卷起来的部分，我们原来的丝织物都是直接一层一层卷起来的，但这个是厚的，卷起来要卷好大的，所以就卷到后面，把它挂在后面。还有后面的绒经，有的不提花的，那提花的张力和不提花的张力都要控制好，要是没有一定的张力，它不是拱起来就是瘪下去，所以一定要调节好它的张力，这个部分就叫绒经，这个都要全部重新配起来，配好以后才能生产。当时在国内没有厂来帮我们生产这个设备，只有我们自己制造。

1979年那一次设备改造以后，我们提高了天鹅绒的生产效率，设备改

比利时豪华装饰绒织机投产，1985年，南京

造获得第二轻工业局科学技术进步奖；"豪华天鹅装饰绒"获得南京市的
科学技术进步奖三等奖，还得过一次部级的科学技术三等奖。我也带过很
多徒弟，1973年以后我们正好扩大生产，有一批高中"老三届"分到我们
这里，他们基础知识各方面都比较好。虽然他们没有专业知识，但他们因
为是高中生比较容易接受，学东西比较快，又是跟我们一起成长的，有些
项目就跟我们一起参与。

**中东祈祷毯基本上是外贸，外销就是到中东，如伊朗、伊拉克、沙
特，都是伊斯兰国家**

中东祈祷毯的制作工序蛮多的，前道工序就要给原料染色，然后要
络、并、捻，就是络丝、并丝、捻丝，然后是整经、摇纬，这个是属于前
面的工序。到了织造后要割绒，割绒机也是我们厂里自己配套的，原来
都是老式的横向割绒机，后来我们搞了履带式割绒机，效果就好多了。割
绒、刷毛，然后编须。编须原来是手工的，后来我们厂里的一个劳动模范
发明了机器。我们有了这个产品以后，经济状况很好、效益很好，就吸引

了好多人，知青回城都希望到我们这里来，厂里从300多人发展到1000多人。刚开始的时候祈祷毯必须是手工编的，下面的绒经有一部分起绒的，不起绒的就挂在后面，我们剖开以后要把它拔掉，还有一部分上面没有绒毛的要把它补起来，叫织补。这些工作都是由居委会到工厂里来拿然后发给居民带回家织补，以此改善生活，好多人家里的缝纫机、自行车都是从这里挣出来的。拔下来的毛集起来打成棉花，再纺成毛线卖给大家，又可以解决大家的穿衣问题。因为在那个困难的年代，每人只有一尺二寸布，羊毛什么的都没有，所以我们虽然只有一个产品，那个时候也解决了社会上的很多问题，比如就业，帮大家度过了很困难的时期。

中东祈祷毯基本上是外贸，外销就是到中东，如伊朗、伊拉克、沙特阿拉伯，都是伊斯兰国家。他们是每天都要用的，到教堂去的时候就挟一块去。上海土畜产进出口外贸公司给我们这个任务时就说是作为祈祷毯，就是伊斯兰教的教民每天去教堂的时候都要铺在地上，然后跪在上面祈祷的。那我们为什么叫它天鹅绒毯呢？因为上海外贸出口的系列产品如鸭绒等都叫天鹅绒，我们这个产品就沿用了那个系列的叫法，叫天鹅绒毯。

在天鹅绒毯的基础上，我们又扩大开发了一些产品，一个就是少数民族用的毯，他们也很欢迎这个。原来他们用的有些是羊毛的，我们开发的这个是用粘胶纤维做的，相对来讲价格便宜，他们也可以多用一点，都可以买得起。我们还做了一些艺术品，用名画家的一些画，比如仙鹤、梅花还有牡丹等，还有徐悲鸿的奔马，我们把这些画织成天鹅绒毯成为艺术品，这个系列的产品蛮多的，作为艺术品大家也蛮欢迎的，这是第二个。第三个就是开日用品，比如电视机的罩子、缝纫机的罩子这一类的产品。我们就是开发了这三大类，这些都是延伸的产品了。

原来我们有一部分是云锦的产品，后来产品并到南京云锦研究所了，现在搞得不错，因为把传统的产品开发成了适应时代的品种。这次在米兰的世界博览会上展出了云锦复制品《蒙娜丽莎》，还有龙袍。产品需要不断创新才能走得更远、搞得更好。

采访时间：2015年6月

柞蚕和天蚕人工饲料及饲育方法的研究

王蜀嘉

王蜀嘉　辽宁省农科院大连生物技术研究所副研究员

　　王蜀嘉，1964年从沈阳农学院蚕学专业毕业后，分配到辽宁省蚕业科学研究所（蚕科所），主要从事柞蚕育种、人工饲料方面的研究。1971—1976年于蚕科所育种室主持"人工引变"课题，对多丝量品种"三里丝"进行改良。1977—1992年主持"柞蚕和天蚕人工饲料及饲育方法"的研究。1993—1998年在辽宁省农科院大连生物技术研究所工作，参与"柞蚕综合利用"课题的研究。

王蜀嘉

参加了柞蚕蛾酒的研制及小批量生产；利用柞蚕蛹生产抗菌肽；利用育成蛹生产蛹粉提供给药厂制药。1984年"柞蚕全龄人工饲料育的研究"获得辽宁省农科院大连生物技术研究所一等奖；"实用天蚕人工饲料及室内饲育法"获辽宁省1993年度技术发明奖一等奖；"天蚕人工饲料及饲育方法的研究"获得辽宁省政府1998年度科学技术进步奖三等奖；《人工饲料饲育舞毒蛾幼虫繁殖NPV病毒的研究》《天蚕人工饲料及饲育方法的研究》等多篇论文发表在省级、国家级刊物上。

1993年生物技术研究中心搬迁到大连，成立了大连生物技术研究所

我出生于1941年，籍贯安徽，在四川出生长大，从我的名字可以看得出来。父母在抗战时期，从安徽经湖南再到四川。父亲王道容生于1899年，贫农。家族选派他到日本去留学四年学蚕桑专业，毕业后在日本工作了两年。回国以后就一直从事蚕业教育，先到南充的蚕桑学校，后来到乐山中央技专。父亲1942年调到成都的四川大学蚕桑系当系主任，1952年全国院系调整，又调到重庆西南农学院（现西南大学）蚕桑系担任系主任。西南农学院的蚕桑系是由乐山技专，还有云南、贵州和四川等的多个院校的蚕桑系合并组建的。1957年反右派斗争开始后，父亲被打成"右派分子"。1958年沈阳农学院新增蚕学专业，我父母就调到了那里，直到1966年退休。

1960年我在沈阳高中毕业，高考时受父亲"右派分子"的影响，连农学院都没考上，给我弄到一个农学专科去了。1960年年末，父亲"摘帽"了，希望有一个孩子将来接班搞蚕，我母亲向院长提出申请把我转到农学院，我就是这时候转到沈阳农学院学蚕的。1964年我从蚕学专业毕业之后被分配到辽宁蚕科所。1993年生物技术研究中心搬迁到大连，成立了大连生物技术研究所，我就跟过来了。

当时科研和学校是一个班子，两套人马，我在学校教桑蚕养蚕学，教到1969年。后来转到科研，先搞育种（柞蚕），后搞人工饲料，主要是这两块。

1971年我到育种室主持"人工引变"课题，选用柞蚕"三里丝"做诱变材料。"三里丝"品种的特点是茧层厚、丝量多（丝长有1500米，故叫"三里丝"），但缺点是龄期长、体弱多病，选它做诱变材料就是试图通过核物理处理，改善龄期长、易发病的缺点，而茧层厚、丝量多的优点能保存下来。我们选用镭—铍中子源以及放射性同位素钴60及磷32分别照射柞蚕卵，将同位素注射到5龄蚕体内。这种人工诱变在那个时代还是比较先进的，处理后的幼虫有缺足的，有的蛹缺一个"小马甲"，羽化出来的蛾有些没有翅膀，但这些形态上的变异都不遗传。之后发现有些个体龄期大大缩短了，后来又在龄期上选择早早就做茧，而茧层厚的特点没有变，

并可一代代遗传下来的蚕卵，那批材料叫三117，用放射性同位素磷32处理的计量是117居里。

用该饲料全龄饲育柞蚕，结茧率可达到80%以上，茧层率达到8%—10%

人工饲料在当时对我来说完全是一个新的概念。镇江蚕研所的蔡幼民也是刚开始搞桑蚕的人工饲料研究，资料比较少，先后设计了很多配方，逐一筛选、改进。人工饲料的组成必须要有营养成分、诱食成分、防腐剂、固型成分，还要考虑各成分中有没有蚕忌避的物质等。例如日本桑蚕人工饲料中作为蛋白源的大部分都是大豆粉，但给柞蚕直接添加大豆粉，蚕大多数不吃，即便少数吃了也只能存活到3龄前。后来我们经过炒制，把大豆中的皂苷破坏掉，这样柞蚕就可顺利存活到3龄、4龄、5龄直至结茧。但茧还很薄、羽化出的蛾也多是畸形，产卵量也低。

人工饲料的研究在1978年被省科委列为重点课题。那个时候，一年的课题经费1万元，还算是多的，当时该课题立项的目的是实现工厂化

测定吃人工饲料的蚕的茧重，1983年，丹东

养蚕，探索适于柞蚕生长发育的饲料配方，以及适于柞蚕生长的生态环境。经过五年，我们研发出了全龄人工饲料育的饲料配方。用该饲料全龄饲育柞蚕，结茧率可达到80%以上，茧层率达到8%—10%，顺利羽化交配的产卵量可达到200—300粒/蛾，孵化率可达到90%以上，可顺利地完成一个世代（四个变态，卵—蚕—蛹—蛾）。这为柞蚕营养生理的研究提供了有利条件，同时也为本单位及外单位多个课

测定吃人工饲料的蚕的茧重，1983年，丹东

题组提供了大量人工饲料，让他们能在冬季继续饲育柞蚕，增加繁育代数，从而加速了品种选育的进程。该项课题"柞蚕全龄人工饲料育的研究"因距实用化还有一段距离，属于超前研究，经1984年所里鉴定，被评为所里一等奖。这个课题研究当时在全国来讲还是没有的。

后来我们把人工饲料应用在饲养有害昆虫上，用类似柞蚕的人工饲料饲养这些害虫，养到5龄虫体最大时给虫子感染病毒，使虫子发病再把病虫尸体收集起来防治这个害虫，这就是生物防治害虫的模式。若要搞生物防治，人工饲料饲养害虫是不可或缺的重要环节之一。

舞毒蛾是柞树及多种树木的害虫，我们与东北林学院合作，我们负责

提供人工饲料，他们负责饲养舞毒蛾繁殖病毒，收到了很好的防治效果。另外辽宁美国白蛾防治站也给我们立项，"昆虫生物防治的繁毒模式"的研究也取得了很好的效果。北京林科院王教授给我们提供害虫沙枣尺蠖虫卵，我们用人工饲料饲养获得了成功。

累计饲育卵量80万粒，收茧54万粒，缫丝55公斤，在我国室内批量人工饲养天蚕首次获得成功

天蚕是后来搞的，天蚕是一种珍贵的绢丝昆虫。它的茧是绿色的，它的丝具有天然的绿宝石光泽，而且不易染色，有"丝之皇后"的美誉。这种丝的价格特别昂贵，是桑蚕丝和柞蚕丝的数十倍。

天蚕主要分布在黑龙江大兴安岭一带，黑龙江收到的茧都是野生的，没有人工饲养成功的先例，主要问题是制种和饲养问题没有解决，蚕种尚未得到驯化，野性极强，体弱易发病，人工饲养特别困难。为了满足市场需求，开发利用我国的天蚕资源，实现批量饲养天蚕，我们将"天蚕人工饲料及饲育方法的研究"课题立项。我们首先考虑的是如何解决天蚕的发病问题，如何在小蚕的时候用人工饲料共育，大蚕抵抗力稍强时，再改用鲜叶分发给农户饲养。为此，我们先后做了以下这几项工作。

首先我们依据天蚕的营养需求及摄食习性，采用正交设计法设计了上百个配方进行对比试验，研制出了中国天蚕稚蚕实用人工饲料配方，稚蚕吃食率达到94%，二眠蚕体重达2.18克/10头，饲料成本3.0元/公斤，饲育100头稚蚕大概是2.0元，占产值的0.7%左右。小蚕的时候用人工饲料最有利于防病，容易做到杜绝病源。

然后要筛选最佳的叶粉消毒方法。人工饲料中有部分成分是柞树叶，但也怕这个叶子有病毒，必须对叶粉进行消毒。我们利用杀菌剂HY对拌有病毒的叶粉进行真空熏蒸消毒，结果病毒灭活率达到98%，而对叶粉的营养成分没有破坏，还不残留异味。这个方法对稚蚕的摄食及生长发育都没有任何影响，明显优于蒸煮及高温高压的消毒方法，应用这个方法灭活昆虫病毒在国内外均未见报道。

再者，针对1至2龄的天蚕抗病毒能力弱、喜欢群居共食的习性，而3龄以后天蚕抵抗病毒的能力逐渐增强、喜欢独处的习性，我们采取小蚕用人工饲料群体混合育，并找出稚蚕共育时的最佳生态条件及饲育标准。在蚕孵化的前一天，将压成长条的饲料打在养蚕盒里，装卵的小盒放在饲料上，把养蚕盒封好。第二天把温度调到28℃，全部遮光，保持黑暗，孵化出来的小蚕马上就能找到饲料吃。第三天打开蚕盒，看到小蚕长得很好，把蚕粪倒掉，再补点儿饲料。第四天蚕就眠了。第五天蚕眠起，继续喂人工饲料。从二眠起，改用鲜叶分发给农户单头育，这样有效地控制了蚕病的发生。

虽然掌握了室内饲育天蚕结绿色茧的技术要领，但是在室内饲育天蚕最后结的茧多为黄色，不是天蚕茧的本色。经实验查明，影响天蚕茧色的因素，一是结茧前的感光强度必须达到4000勒克斯以上，二是光照时间必须超过12小时，只要满足以上两个条件就能保证结出绿色茧。所以我们总结出在5龄起蚕后9天将蚕拿到室外感光，这是天蚕茧丝获得绿宝石天然色泽的关键。

最后，我们确立了室内批量饲养天蚕的成套实用技术，先后在辽宁的北镇、凤城、绥中、庄河等地的800余农户中推广人工饲养天蚕，累计饲育卵量80万粒，收茧54万粒，缫丝55公斤，在我国室内批量人工饲养天蚕首次获得成功，这在当时是很了不起的事情。

我们在搞这个课题的时候，日本某株式会社曾多次来我们所，还给我们提供了人工饲料和天蚕卵，他们是想卖给我们人工饲料。我们拿自己的饲料饲养做对比，结果我们用自己的饲料养的蚕比他们的好，我们把照片给他们看了，我们经过人工饲养的天蚕能缫出那么多天蚕丝，日本人根本做不到，后来再也不来了。我们采用人工助交的方法共制出天蚕卵上百万粒，因为都是用自己饲养的天蚕留种，而且种卵也经过选择，蚕卵的孵化率都能保证在90%以上。1992年，辽宁省科学技术委员会组织专家鉴定，专家有中国农科院的吕鸿声研究员（原镇江蚕科所所长），辽宁大学生物系前系主任和现任系主任，省农科院院长，沈阳农大教授冯绳祖，以及省里主管蚕业的吴忠恕农艺师以及我们所里的两位所长。各位专家对我研究的课题评价很高，认为这个研究是世界领先水平的。该课题于1998年获得省科学技术进步奖三等奖。

采访时间：2016年7月

从事丝绸品种设计、产品开发与科技管理的四十年

武良矩

武良矩　原江苏省茧丝绸行业总会会长助理兼科技处、丝绸处处长，高级设计师

武良矩，1961年从南京纺织工业学校丝织专业毕业后，分配到江苏省纺织工业厅丝绸研究所，从事绸缎新品种设计工作。先后任江苏省丝绸工业公司科技科科长、江苏省丝绸集团公司科技产品开发处处长、江苏省茧丝绸行业总会会长助理兼科技处和丝绸处处长，负责全省丝绸行业产品开发和科技工作。任职期间，建立了江苏出口绸缎新品种新亚花色新型开发体系；组织实施了

武良矩

"六五"至"九五"国家科技攻关项目33项，省级技术开发项目97项；完成了"九五"国家二期"双加"技术改造项目11项，国家重点工业产品结构调整技术改造项目32项，国家重点工业扩大出口专项技术改造项目4项。设计的新产品50155条子花绉于1979年获"国家名牌产品"称号并于

1979年、1984年获国家银质奖，12580玉玲绉、12596色条双绉被评为全国1980年度丝绸行业出口绸缎品种花色评比优秀品种，"金银线织锦被面"获全国1982年度旅游新产品优秀新产品奖，并获国家经委1983年度优秀新产品奖金龙奖。主要著作有《中国绸缎规格手册》（统稿），《丝织品单位重量与原料含量的计算》（主稿），《中国出口绸缎统一规格》八五本、九〇本、九五本（江苏省部分主稿），《江苏省丝绸行业引进设备汇编》（主稿），发表论文和调研报告数篇。曾兼任中国纺织工程学会丝绸专业委员会第一届丝织分会主任和江苏丝绸工程重点实验室学术委员会委员。1981年、1991年获"全国丝绸行业出口绸缎新品种设计优秀个人"称号和纺织工业部颁发的"从事纺织设计年满三十年"荣誉证书。1991年、1998年获纺织工业部颁发的"'七五'科技攻关成绩突出"荣誉证书和"'九五'科技攻关先进个人"荣誉证书；2000年获中国丝绸工业总公司"中国丝绸行业'八五'先进科技管理人员"荣誉证书，2000年5月被人事部、国家纺织工业局授予"全国纺织工业系统先进工作者"称号。

我们一年大概要设计近百个品种，其中失败的也很多，在设计实践中锻炼成长

我是1941年12月13日出生的，生在山东，后来随父亲来到南京。1958年考上南京纺织工业学校丝织专业，毕业之后被江苏省纺织工业厅丝绸研究所所长亲自挑选过去了。因为我的毕业论文和毕业创作比较吸引人，所以我被直接分到了研究所的绸缎品种花色研究室品种设计组，从事绸缎新品种设计工作。当时研究所的所长非常重视培养年轻的设计人员，给我们创造了很好的学习条件，专门安排了在丝绸设计方面有造诣的前辈们给我们传授经验，指导我们学习优秀的传统绸缎品种的设计技法，还让我们大量学习国外的文献资料。研究室领导要求我们边学边实践，注重品种设计的技能技法的锻炼。当时我们一年大概要设计近百个品种，其中失败的也很多，在设计实践中锻炼成长。年轻设计人员也很努力，大家经常钻研学习到深夜，我也花了两年多的时间把大学丝绸专业的相关知识自学完了，为从事品种设计打下了理论基础。

丝绸是我国的大宗出口商品，是出口创汇的传统产业，国家在20世纪70年代末到80年代大力发展绸缎出口贸易，增加外汇收入。在新的形势下，纺织工业部、贸易部非常重视出口绸缎产品的开发，大力支持、鼓励设计人员开发新品种、新花色，组织设计人员参加出口商品交易会和出国学习考察，多次召开总结、评比交流会，表彰奖励做出成绩的设计人员。70年代我设计的两个新品种被评为全国出口绸缎优秀品种，1981年又被评为全国出口绸缎品种设计优秀个人。

上级部门的重视使绸缎品种、花色创作进入了高峰期，促进了我国出口绸缎产品的创新和出口贸易的快速发展。当时全国主要丝绸产区江苏、浙江、上海、广东、辽宁等地专业绸缎新品种、新花色的研究部门都取得了丰硕的成果，同时也为国家培养了一批优秀的设计人员，努力为丝绸产业新品种、新花色的开发做出贡献。多年的设计工作使我认识到绸缎新品种最后呈现的是一个商品，商品就要为国家创造效益，新品种的设计要取得成效，设计必须与贸易、生产结合，这样才能设计出适销对路、风格新颖、生产可行和生命力强的出口绸缎新品种，才能为扩大出口、多创外汇做出贡献。当时凡是将设计、贸易、生产结合好的设计人员都取得了理想的成果，片面追求效果完美的品种，不适销对路最终也不能成为成交的商品，有的表面效果新奇的品种即使适销对路，但生产繁杂，也只能是昙花一现。

我设计的87个优秀绸缎新品种（含合作设计）连续成交、生产出口，远销欧美、日、非、中近东、俄罗斯、新加坡等国家和地区，为国家出口创汇6000多万美元

30多年来，我在绸缎新品种研究设计上，不断学习，不断实践，注重设计技法、技能、技艺的锻炼，取得了成效，我设计的87个优秀绸缎新品种（含合作设计）连续成交、生产出口，远销欧美、日、非、中近东、俄罗斯、新加坡等国家和地区，为国家出口创汇6000多万美元。连续多年成交、生产出口的有28个品种；间断性成交、生产出口的有30个；一般性

（左一）在"江苏省第二届涤纶仿真丝精品展评会"的新闻发布会上，1990年，南京

（右二）主持"丝织梭子涂层"科研项目鉴定会，1986年，苏州

成交、生产出口的有29个。

有两个品种被评为1980年度丝绸行业出口绸缎品种花色评比优秀品种。一个是1976年设计的12580玉玲绉系全真丝高级时装面料，这个品种体现了真丝绉类织物的内涵，又能展现织纹和印花相结合的多层次美感，仅1976—1982年就连续成交、生产出口50.19万米。另一个是1977年设计的全真丝绉类高档男士衬衫面料12596色条双绉。该品种是在我国优秀的传统真丝"碧绉"的基础上，运用练不褪色的传统工艺，由彩条丝线和加捻丝线与组织结构的巧妙配合而设计的，质地绉效应明显，弹性丰富，织物表面点缀的彩条明亮高雅大方，仅1977—1982年就连续成交、生产出口31.96万米。

1979年荣获"国家名牌产品"称号和国家银质奖，1984年又荣获国家银质奖的50155条子花绉，是我于1965年根据优秀传统绸缎绉类品种的结构，在观摩了大量具有东方民族特色装饰图案的基础上，结合中近东民族服饰爱好、流行色彩与图案花派的特点而设计的。它是全人丝彩条花形的绡类新品种，质地柔软、飘逸舒展，外观明朗悦目、绚丽多姿，是中近东阿拉伯地区国家妇女最为欢迎的服饰面料。据当时《苏州日报》报道，该面料被誉为"东方绚丽的彩霞"，"阿拉伯神话中美妙的仙女"所着。在1965年秋季广州交易会上客商争相订购，连续成交、生产出口20多年，盛销不衰，仅1965—1982年就连续成交、生产出口367.29万米，成为我国绸缎绡类品种的一枝新秀，该品种在原苏州新苏丝织厂生产。

畅销东欧市场的K6144玉叶缎，是我与同事1975年合作设计的，该新品种系采用细旦尼龙与粘胶人丝、金银线交织，是利用金银线的光亮，细旦尼龙丝的细腻柔软，粘胶人丝的明亮，交相辉映衬托，使织物呈现得高雅精致、富贵华丽，是宴会礼服的高档面料，深受东欧市场欢迎，仅1976—1982年就连续成交、生产出口10.19万米。

荣获全国1982年度旅游新产品优秀新产品奖和国家经委1983年度优秀新产品奖金龙奖的"金银线织锦被面"是我在传统织锦被面的基础上，应用金银线的光亮使被面外观高贵华丽、光彩闪耀夺目，是婚庆的高档被面，数年来在市场上保持了销售优势地位。

我1968年在苏州丝绸科学研究所与蒋泰刚同志一起研制了工业用新产品"导电绸"，将其应用在高压输电工程上，基本上解决了带电作业工人的安全操作难关。"七五"期间，我参加省丝绸工业公司承担的国家级星火计划项目"优质桑蚕茧丝绸综合技术开发和应用"，该项目于1988年荣获国家星火科技奖。1977年我成功完成了南京梅园新村革命文物——周恩来总理和董必武副主席在南京革命时期用过的"蜀锦被面"的复制工作，受到各界好评，复制品至今仍在南京梅园新村纪念馆中展出。

不断地把自己从事绸缎品种设计、产品开发的实践经验和探索的问题总结提高，撰写了一些学术文章

80年代末，由我参加编写并统稿编辑的《中国绸缎规格手册》，是一本适应当时我国绸缎品种的发展需求，在对外贸易的迅速扩大的形势下，解决绸缎品种规格规范化科学化的急需所编辑的绸缎规格编制和计算方面的工具书。鉴于绸缎品种规格是绸缎生产、对外贸易、商品检验、财务核算、院校教育、品种设计等的重要依据，江苏、浙江、上海的丝绸公司受中国丝绸工业总公司、中国丝绸进出口总公司委托，组织了"绸缎规格手册编辑组"负责编辑工作。该书于1991年10月出版后在相关行业内使用，至今仍是国家制定丝绸相关标准的重要依据。

我在任职期间，不断地把自己从事绸缎品种设计、产品开发的实践经验和探索的问题总结提高，撰写了一些学术文章，对丝绸品种的创作设计和新产品开发起到了一定的推动和指导作用。其中，《谈谈起绒织物的设计》一文发表在《丝绸》1966年第2期；《涤纶膨体织物的初步试验》一文发表在《江苏丝绸》1972年第2期。发表在《丝绸》1980年第1期和中国纺织工程学会第三届全国代表大会专辑上的《丝织独花被面品种设计方法的探讨》一文，是我从1966年起，对丝织独花被面品种设计方法进行了研究，深入到生产一线进行调查研究，收集资料，走访前辈，进行总结分析，归纳整理，终于找出被面品种设计关键技术的规律后于1976年撰写的。该文重点是推导出如何充分利用现有提花机纹针数，确定独花被面最大自由花区幅度的计算公式，该文被中国纺织工程学会选中为学会第三届全国代表大会论文，评审专家意见是"文章归纳的公式在被面品种设计中对被面幅度、经密、把吊数、纹针数、纹幅等综合考虑，对被面设计有实际参考意义"。该文核心内容还被选编在高等纺织院校教材《织物组织与纹织学》"被面"一章中。

1986年6月在全国丝绸品种花色交流会上，我以"发扬江苏丝绸特色，搞好出口产品开发"为题在大会上进行了发言，全面阐述了江苏丝绸产品开发的方法措施以及成效，同年论文发表在《丝绸》第9期，10月被日本三菱商事株式会社上海事务所的山口大幸先生推荐，参加《丝绸》刊物三十年征文。文章对搞好品种花色设计，促进产品开发有重大指导意义和实用价值。

80年代以来我8次出国考察，10多次参加广交会与客商洽谈，把调研的信息传达给设计人员，撰写了10多篇市场调研、市场分析、产品发展趋向的文章，发表在《丝绸》《江苏丝绸》《流行色》（季刊）等刊物上，对品种花色创作设计起到了指导作用。其中，我与中国丝绸进出口总公司程文彦老师撰写的《48届英特斯道夫国际衣料博览会调研汇报》分别发表在《流行色》1982年第3期和《丝绸》1982年第2期上，文章图文并茂地在上海对设计人员进行汇报展示。同年，《浅谈绸缎产品发展的特点与趋势》一文发表在《流行色》第3期上；《绸缎产品发展的特点》发表在《丝绸》1983年第1期上；《堆云叠翠的丝绸新产品》发表在由《香港经济导报》出版的《中国出口商品交易会特刊》1985年第2期上。

我在丝绸行业工作了40年，其中前20年是从事绸缎新品种设计，后20年是从事丝绸品种花色设计开发、科技管理工作

1981年7月以来，因工作需要，我调任江苏省丝绸工业公司、省丝绸总公司、省丝绸集团公司、省茧丝绸行业总会，从事丝绸品种花色设计、开发、科技管理工作。20年来我主要做了三方面工作。

一是拟定丝绸产品发展中长期规划，指导江苏丝绸产品发展。

20世纪七八十年代是我国丝绸行业的繁荣期，国家重视行业的整体发展，企业注重产品的升级提高，为了指导江苏丝绸产品的发展和扩大丝绸产品出口创汇，为各级领导决策提供可靠依据，在省里统一安排下，我组织和参加制定了"江苏丝绸行业产品发展规划和技术政策"。1980年我以题为《关于发展江苏丝绸品种花色

（右二）在美赛拉公司考察丝绸染色设备，1994年，意大利

（左一）拜访国际羊毛局，2000年，澳大利亚

的几点设想》的文章阐述了发展江苏丝绸产品的基本思路，1983年以《绸缎产品发展的特点》一文阐述了当时绸缎产品的发展趋向，1984年又以《发扬江苏丝绸特色，搞好产品开发》一文，基本勾画出丝绸产品的中长期发展规划的轮廓设想，为制定丝绸产品发展规划打下了基础。实践证明，当时在各级领导支持以及全省丝绸行业设计人员、科技人员的努力下制定的江苏丝绸产品产品发展规划符合省情，符合市场需要，符合发展趋势，可行性强，推动了江苏丝绸的发展。

二是建立了江苏丝绸行业出口绸缎新品种新花色新型开发体系，为江苏绸缎多出口多创汇做出了贡献。

我由一个专业的丝绸品种设计人员到一个在省公司从事绸缎品种花色设计开发的设计人员，20年来的实践使我认识到要抓好这项工作，适应丝绸发展的繁荣期，促进江苏绸缎多出口多创汇，要在管理体制上"上下结合、工贸结合、技贸结合"，把原来各个管理环节松散的联系变成紧密的协作。通过几年的实践，我们逐步组建了一个以工贸结合为主体的由省市公司产品开发人员、设计人员、外销人员、计划人员、货源人员组成的出口绸缎品种花色开发组，负责出口绸缎新品种、新花色开发的方案制定，信息反馈、出口销售、批量生产工作。把开发工作的各个环节有机联系起来，形成一个工贸、技贸结合分层，分级多样统一的新型一条龙开发体系。

这个开发组于1986年正式成立，由我任组长，外贸绸缎科科长廉祖麟任副组长。开发组坚持"三个统一"，做到"五个及时"，搞好"四个衔接"。新的开发管理体系使绸缎品种花色开发、设计做到开发准、见效快，取得了明显的效果，出口创汇逐年增长，1987年出口成交新品种86个，出口量819.65万米，出口额3054.43万美元，比1985年新产品成交品种数增长30.3%，出口量增长21%，创汇增长35.46%；1985—1987年新花色出口累计有2068个花，6204个色，总量1161万米，创汇4647万美元。1986年江苏出口绸缎品种开发工作荣获中国丝绸公司出口绸缎新品种开发工作成绩显著奖；1987年获纺织工业部纺织产品设计工作先进集体荣誉称号。

我分别于1986年、1987年在全国丝绸品种花色交流会和全国纺织产品设计人员代表大会上以"发扬江苏丝绸特色，搞好出口产品开发"和"抓好设计、抓好开发、增加出口"为题做了大会发言和经验介绍。1992年5月，又在《丝绸》上发表了《关于出口绸缎产品开发工作的探讨》一文。

三是科技项目管理工作的三个转变，提高了江苏丝绸科技管理水平。

针对"六五"至"九五"期间江苏丝绸行业承担的国家科技攻关和省级技术开发项目多、任务重的情况，我在项目管理上实施了"三个转变"。（1）抓重点，带全面，在管理思想上实现转变，转变了所有项目都要省公司直接管理的思想；（2）用法规，抓指导，在管理方法上实现转变，改变了单纯依靠行政手段的方法；（3）搞联合，抓协调，在项目承担的组织形式上实现转变，转变了项目由工厂、研究所、院校单独承担的模式。三个转变的实施使江苏科技项目管理井然有序，展现新面貌，做到省重点地区、重点项目由省市联合成立工作组组织实施，承担单位由科研人员、企业领导、管理人员联合组织实施；省级以上项目分层分级签订经济技术合同，按合同办事；重大项目实行"产、学、研"联合承担，联合攻关。项目能按系统工程全面管理，做到项目组织协调经常化，及时解决项目实施过程中的问题；进度报表制度化；实施鉴定验收程序化；确保项目按要求、进度顺利完成。

江苏的丝绸科技管理工作分别于1986年、1988年荣获中国丝绸公司科技管理表彰奖，纺织工业部丝绸局科技管理奖；我于1986年和1988年在全国丝绸科技工作会议上分别以"搞好科技工作，促进技术进步"和"加强科技管理，促进科技进步"为题做了经验介绍，个人也受到了表彰和奖励。

我在丝绸行业工作了近40年，其中前20年是从事绸缎新品种设计，后20年是从事丝绸品种花色设计开发、科技管理工作，非常荣幸地经历了我国70至90年代的丝绸行业发展的繁荣期和丝绸产品设计人员创作、科技人员研发的高峰期。在那个历史时期，非常幸运的是各级领导给我创造了学习的平台，展现的平台。我热爱丝绸事业，希望现在我所回顾的丝绸工作实践能给今后从事丝绸工作的同行留下一点可参考的资料。

采访时间：2015年7月

纺 织

——共和国不能忘记的行业

许坤元

许坤元

许坤元 原纺织工业部副部长

许坤元，1966年毕业于华东纺织工学院纺织机械系。1966—1976年，先后在华东纺织工学院任教、4688部队锻炼、湖南邵阳第二纺织机械厂研究所工作。

1976—1986年，分别担任湖南省轻工设计院技术科科长、副院长，湖南省轻工业局科技处处长，湖南省纺织工业总公司副总经理、总经理、党委书记，岳阳洞庭苎麻纺织印染厂党委书记、指挥长。1986年调任纺织工业部计划司司长。1992—2011年任纺织工业部副部长、中国纺织总会副会长、国家纺织工业局副局长、中国纺织工业联合会副会长。1993年兼任中国丝绸集团总公司筹备组组长。

父母亲希望我去学洋机器，学纺织机械，将来代替手工作业，他们认为这行很有前途

我1941年出生，老家在常熟。我是一个标准的农家子弟，务过农，父母一个字都不识。我从1949年新中国成立开始读书，高小毕业后，因家里没有钱，停过一年学，在家干农活。后来听到别人介绍说，国家对贫困学生有助学金，第二年我便考上了江苏省常熟中学。

我老家常熟是一个纺织重镇。老祖宗在那里很早就从事纺织业，这对我的专业选择很有影响。我家有土纺纱机、土织布机，我母亲会纺纱织布，我父亲也曾在县城厂里当过染工。考大学时，父母亲希望我去学洋机器，学纺织机械，将来代替手工作业，他们认为这行很有前途，所以1961年我报考了华东纺织工学院纺织机械系。

1966年大学毕业后留校当老师。留校后，我在上海七纺机厂工作过。1966—1969年不招生，因为没有学生，也没有书教。按有关文件，我们这些人要接受再教育，我们留校的几位老师一起到天津4688部队锻炼了一年多。华东纺织工学院是纺织工业部直属院校，由纺织工业部直接管理。1970年，因学校仍没有招生，我们就随同纺织工业部的下放干部，一起到了湖南邵阳第二纺织机械厂，工作了5年。先后在车间当技术员、厂研究所当副所长。1976年离开邵阳第二纺织机械厂，调到湖南省轻工设计院，先后任技术科副科长、科长、副院长。后来又调至湖南省轻工业局，任科技处处长。1978年，轻工业部的轻工业和纺织分家后，纺织工业部恢复。地方上也一样，纺织从轻工业局分出去，成立正厅级湖南省纺织工业总公司，我被任命为副总经理。

岳阳洞庭苎麻纺织印染厂，是个几千人的新建厂，是个生产苎麻纺织产品的现代化工厂。为了加快这个厂的建设和试生产的步伐，省公司决定要我去当这个厂的一把手。组织上要我去，可能考虑到我比较年轻，也在工厂工作过。在厂里当一把手很辛苦，清早起身，常常忙到深夜，有干不完的事。

党的十一届三中全会以后，国家实行改革开放。在80年代初，我从报纸上看到了河南胜利造纸厂、浙江步鑫生服装厂关于企业改革承包的报道，很有启发。我也在厂里采取施工、安装和生产线的承包，平均奖金10元左右，同时加上思想政治工作、干部队伍建设等措施，全厂职工和干部积极性很快被调动起来，有的职工深夜还在车间上班，全厂很快改变了面貌。由于工厂实行承包等改革，当时社会上也在争论，所以厂内有部分人对我的做法也不太"感冒"，向省里反映我不讲政治、搞物质刺激，但我没拿一分钱。结果省里组织来厂调查后，觉得绝大部分人对我的反映都还是不错的。这在我的政治生涯里也算是一个转折点。

改革开放，为中国纺织工业插上了腾飞的翅膀，让中国纺织工业成为一个具有国际竞争优势的行业

1984年，省总公司领导因年龄关系，进行班子调整，把我推到一把手正厅级，在当时纺织行业中，我算是一个年轻的正厅级干部。1986年6月，我被调到纺织工业部任计划司司长，1992年被提拔为副部长，2001年任纺织工业联合会副会长一直到退休。

在纺织工业部工作20多年，我先后负责或参加制定了纺织工业的5个"五年规划"，亲身经历了我国纺织工业这二三十年的变革和巨大变化，也看到了今天这样一个以前想都不敢想的辉煌成果。

80年代前，中国老百姓缺衣少被，全国居民发布票限购，一个人每年

（前排中）参加"八五"计划编制时留影，1989年，北京

发3—4米布票，年轻人结婚的时候，要几家人把布票拼起来，才能结得了婚。我在计划司编年度计划，要考虑到国家有多少棉花，多少化纤，要加工多少纱、多少布，把计划下达到各省市和主要纺织企业。当时纺织工业部是纺织行业的统帅部，编制年度计划，还有全行业生产、基建、物资计划，出口计划等，还管理行业的教育、研究院、设计院、出版社等单位。中国丝绸博物馆当时也是由纺织工业部管理。我在纺织工业部20多年，应该说，我的心一直紧随着行业的脉搏在跳动，我见证了也参与了整个行业一系列重大决策、规划、计划的研究和制定，天天在学习、探索，也时时饱尝着行业发展的喜悦。

改革开放，为中国纺织工业插上了腾飞的翅膀，让中国纺织工业成为一个具有国际竞争优势的行业，彻底改变了中国纺织工业的面貌。原来我们老百姓缺衣少被，今天我们中国纺织市场琳琅满目，应有尽有。这二三十年，我国纺织行业发生了哪些变化呢？原来我们是一个落后的纺织工业生产国，现在变成了世界最大的纺织生产国，而且具有国际竞争优势。特别是在2001年我国加入世贸组织后，中国纺织工业进一步与世界接轨，生产能力快速增长，竞争能力不断提高，成为国民经济十分重要的产业部门。纺织工业的发展有以下几个方面的益处。第一，解决了13亿人的穿衣问题，衣食住行是老百姓最基本的生活保证。13亿人的衣着消费，要靠进口是难以想象的。第二，纺织行业解决了2000多万人的就业问题，减轻了就业压力。第三，为国家创造了大量外汇。我国80%左右的外汇储备是纺织行业创造的。现在，我国那么多外汇储备，几万亿美元，美国也借了我们的外债，这些主要就是我们纺织行业的全体职工凭我们的辛勤劳动创造的。

中国纺织工业翻天覆地的变化，我认为主要原因第一是国家的重视。纺织工业部是新中国最早成立的工业部。为解决全国人民的穿衣问题，在改革开放以前，已经建立起了一批纺织生产基地和纺机生产基地，还采取了一系列政策措施，确保棉毛麻丝等纺织原料的供应。特别在70年代，国家批准建设四大化纤基地，加快我国化纤工业的发展，解决纺织原料短缺问题。如果中国不发展化纤，很可能现在纺织品还要定量供应，因为现在纺织原料80%以上是化纤。改革开放前有一幅宣传画，叫《工人阶级有力量》，画面上有一个钢铁工人，一个纺织工人，可见国家对纺织的重视和纺织在国民经济中的地位。

第二，国家改革开放政策给行业带来了巨大的生机和活力。改革开放以后，经济体制、机制发生了根本性变化，纺织行业是最早从计划经济体制向市场经济过渡的一个行业。原来全行业几乎全部是国营企业和集体企业，现在国有企业数不到百分之一，几乎都是民营企业或三资企业，它们机制灵活，具有适应纺织品市场快速变化的特点。国家开放政策对行业的作用包括如下几点：（1）我们的产品可以出口到国际市场，特别是我国加入世贸组织后，纺织品出口速度明显加快，原来出口都有配额，2005年出口配额全部取消后，给中国纺织企业提供了前所未有的好机会；（2）大批引进设备经过消化吸收后变为我们自己的技术和装备；（3）通过对外合作交流，吸引外资来我国投资，建立三资企业，带来先进的工艺技术、管理经验和专业人才。这一切，大大加快了我国纺织工业的发展步伐，也大大提升了我国纺织业在全球的竞争优势和地位。

现在，中国纺织纤维加工总量已超过了全球加工总量的一半，化学纤维的产量已超过全球总产量的60%，中国纺织服装出口额已占到全球纺织服装贸易额的35%以上。中国纺织工业在我国国民经济中有着重要地位，概括起来三句话：第一，传统的民族支柱产业；第二，重要的民生产业；第三，具有国际竞争优势的产业。

改革开放以来，中国纺织工业有了巨大的发展，但也存在不少矛盾和问题

我从事了一辈子纺织工作。我们小时候穿的衣服都是土布，就是农村家里母亲织的那种土布，而机器织的布叫"洋布"，小时候看到富人穿着"洋布"衣服，非常羡慕，"洋布"衣服又薄又软又好，希望将来也能穿上"洋布"的衣服。从那个年代一直到现在，我一个农村的农民踏入了纺织这个行业，并且走上了行业管理岗位，为行业发展做了一点工作，也实现了我小时候穿"洋布"衣服的梦想。现在让我最安慰的，就是看到13亿人生活水平的改善。每当看到满街琳琅满目的纺织品，看到孩子们、年轻人、老年人穿着时尚的衣服，那么漂亮，穿得那么舒适，感到很有满足感。现在年纪大了，退休了，但也一直感到很欣慰，人生很踏实。

改革开放以来，中国纺织工业有了巨大的发展，但也存在不少矛盾和问题。纺织工业是个门类广、产业链很长的行业，包括棉、毛、麻、丝、化纤、染整、服装、纺织机械等行业。从棉花、纺纱、织造、染整到服装成品，一直到营销，到消费者手上，是个很长的产业链。在每个产品的产业链中，特别是深加工高附加值的产业链中有很多薄弱环节，创新能力比较弱，但潜力巨大。同时，现代纺织产品，不仅是服装、家用纺织品，还延伸到产业用纺织品。现代产业用纺织品，是现代工程材料。导弹、航天器、民用飞机、汽车车体等都是用高性能纤维和高强树脂合成制造的。产业用纺织品还广泛应用在医疗卫生、交通、水利及民用产品上。产业用纺织品在发达国家已占纺织纤维加工量的60%—70%。我们在高性能纤维的研发、产业用纺织品的生产和应用方面，与发达国家比仍有较大的差距，需要奋起直追。在纺织机械方面，改革开放以来，我国纺织机械进口比较多，一些先进的纺织机械几乎全部靠进口。随

（左二）和84岁的皮尔·卡丹先生合影，2006年，北京

（左二）与中国宇航员合影，2008年，北京

着对进口设备的消化吸收，我国纺机水平有了大幅提升，现在进口设备少了，出口纺机逐年增加，仅有少量高档次设备仍需进口。我国纺织品市场仍不完善，国内棉花体制一直没有理顺，企业生产与市场脱节。现在纺织产品完全市场化，但也有不少企业缺乏应对市场快速应变的能力，产品设计开发能力弱，上下游结合不紧密，更缺少著名品牌，好多国外品牌占领了我们的市场。以上行业的薄弱环节，正是建设纺织强国的突出矛盾和主要问题，只有攻克这些问题，我国纺织工业才能登上一个更新更高的台阶。

我国茧丝产量占到全球70%—80%，但长期以来中国丝绸没有发言权、定价权

1993年，国务院任命我筹建中国丝绸集团总公司。当时纺织工业部撤销后成立两个总公司：一个是中国纺织集团总公司，一个是中国丝绸集团总公司，两位副部长任集团公司筹备组组长。当时为什么要筹建丝绸集团总公司，我认为主要有两方面的原因。一方面是理顺丝绸行业管理体制。

（右）在中日纺织业界发展与合作会议上与日本东丽株式会社社长前田先生合影，
2004年，日本

如种桑的归农业部门管，蚕茧收购供应属供销部门，生产企业归工业部门管，出口由外贸部门管理，各部门相互脱节，各省市独立，经常出现"蚕茧大战"，严重影响了行业的正常生产。另一方面原因是提升国际竞争优势。我国茧丝产量占到全球70%—80%，但长期以来中国丝绸没有发言权、定价权。因为我们只是出口茧丝等初级产品，丝卖到法国、意大利加工成最终产品，获取高利，我们仅得到劳动力的费用。所以国务院下决心，把丝绸行业整合起来，形成国际竞争优势，统一起来，不要分散，这个设想应该是非常好的。当时，我负责组建，跑了各个部门，到各个省，与省领导及有关部门通气，想把各省丝绸公司、外贸公司，全部并到中央。但问题来了，响应的几乎没有，阻力很大，环节也很多，很不容易。最后我给当时的国务院李岚清副总理汇报，他感到时机不成熟，因此集团公司也没有成立起来，至今也没有撤掉我这个筹备组组长的职务。

我感到国家那么重视丝绸行业是有道理的。为什么中国到今天还把"丝绸之路"叫得那么响？而且还作为中外合作的纽带和桥梁，这个课题非常值得研究。中国丝绸史是一部灿烂辉煌的文明史。我们浙江的余姚河姆渡遗址，发现了距今约7000年的蚕蛾遗迹；仰韶文化，5500年前已有蚕丝的记载。丝绸历史、丝绸文化给中华民族带来什么文明呢？人类从原始社会到现代社会，经过了几千年，经历了用树皮、兽皮、麻等织物来避寒保暖，装点人们的生活，但这些材质都比不上丝绸那么舒适，那么豪华，那么飘逸。对于中国来说，种桑养蚕，是农耕文化的一个重要组成部分，男耕女织，长期延续下来，直至现代。丝绸是一个重要的历史纽带，丝绸开辟了中国与其他国家交流合作的渠道，给世界各国传送了中国的丝绸文化。今天我们再提丝绸之路，应该说是中国进一步开放，扩大国际合作的广度和深度的一个非常有战略意义的决策。

改革开放，为丝绸这个古老的产业增添了新的生机和活力。目前，我国茧丝产量已达到15万吨左右，是1980年3.5万吨的4倍多。原来浙江、江苏等沿海地区是主要的桑蚕丝产区，现在因沿海地区种桑养蚕成本大幅上升而逐步退出。广西、四川、贵州等中西部地区的桑蚕丝产业得到了快速发展，行业布局发生了变化。

现在，种桑养蚕成本很高，一吨厂丝的价格高达40多万元，而一吨化纤的价格仅1万多元，而且现在化纤仿真水平也越来越高，因此，丝绸产品在纺织品市场中面临前所未有的激烈竞争。只有开发高附加值的产品，如高档的丝绸服装、家用纺织品，才能解决丝绸生产成本不断上升的问题。

中国纺织工业，是一个大有作为的行业

我们要大力宣传丝绸产品，宣传其"天然、保健、舒适"的这张名片。蚕丝是一种动物蛋白质纤维，有18种氨基酸，它对人体皮肤确实有保养作用，是高档服装、高档家用纺织品的最好纤维原料。随着中国经济的发展，老百姓消费水平的提高，我坚信，中国丝绸行业有着美好的前景。

我们要牢牢记住，中国是一个有13亿人口的大国，世界上没有哪个国家能来解决中国人的穿衣问题。中国的纺织行业，应该立足国内，放眼世界，为全中国人民生活水平不断提高做出贡献。中国纺织工业，是一个大有作为的行业。中国纺织行业不仅要解决老百姓穿衣问题，更要在高科技纤维、高附加值产业用纺织品方面进入世界的前沿，我国纺织行业有做不完的课题在等着我们。

中国丝绸博物馆是学习、研究和弘扬中国丝绸文明史的重要平台。博物馆筹建时，我也参加过讨论，当时纺织工业部也拨了款。为什么当时要成立这个博物馆？我认为，第一就是要把中国丝绸的历史记载下来，展示出来，让后人了解、学习，一代代传承下去。丝绸在中国，无论从衣着角度、文化角度、社会角度都有着丰富的内容和内涵，如何把它展示出来，很值得研究和探讨。要把从远古到现在，如何种桑养蚕，如何缫丝，如何设计，如何织造，设备、技术、样品都展示出来，让观众一目了然。丝绸博物馆还可以用图表等形式展示中国丝绸行业的生产史、出口史。例如，我国从清朝顺治年间到民国初期，一直到现在，都有桑蚕丝的生产、出口记载，包括生产的省份、出口的国别，这些历史资料的展示，让观众更加深入地理解和学习。第二，我们要在现有展览内容基础上，展望未来。博物馆可介绍一些和中国丝绸史相关的现代精品、图片，以丰富我们博物馆的展出内容。同时，可与相关大专院校、博物馆开展合作交流，通过现代影视、电子技术等更生动的形式，增加展出内容，提高展示水平。也要开展国际合作交流，把国际丝绸行业的历史、丝绸行业先进的东西介绍给观众。最后，我觉得，一个博物馆要搞好，必须提高管理水平和服务水平，培养一批热心展览工作的专业人才，要让他们成为掌握中国丝绸文化精髓的专家，有了这样一个团队，才能管理好博物馆，才能给观众做生动深刻的介绍。衷心希望中国丝绸博物馆更上一层楼，为中国丝绸行业美好的明天，为弘扬中国丝绸文化做出更大的贡献！

采访时间：2014年8月

热忱忆辉煌，翘首盼重振

——桑下老科技工作者之梦

陈荣生

陈荣生

陈荣生　原四川省万县市（重庆市万州区）丝绸公司总工程师，教授级高级工程师

陈荣生，1962年7月毕业于成都纺织工业专科学校丝绸专业，被分配到四川省万县市丝织厂。1988年任四川省万县地区丝绸公司"四师"办公室主任。任职期间，主管38家丝、绢、绸厂的生产技术、质量管理和科研工作。1998—2008年，成为重庆市首届纺织学科学术带头人，任万州区第一届人大常委会副主任及中共万州区委、区人民政府科技顾问团常务副团长。"劣质茧创新工艺"项目获四川省纺织局1979年度科技奖，获万县地区行署1982年度科技成果奖一等奖及四川省青年科技成果奖一等奖；"提高粒内差大的劣质茧生丝品位研究"获四川省1991年度科学技术进步奖一等奖；"重庆市桑蚕标准体系建设及应用"获重庆市人民政府2018年度科学技术进步奖三等奖。曾指导阆中的军工厂、成都飞机公

司（132厂）和都江堰市无线电厂获国家质量管理奖；曾指导南充南泰集团和乐至红旗丝绸厂等获得四川省质量管理奖。著作有《现代丝绸科技》（合著，1992年成都科技大学出版社）。2008年起兼任重庆市教授级高级工程师评委、轻纺专业组组长，兼任重庆市工程师协会常务副理事长。1993年先后担任四川省万县市政协常委，第七届、第八届四川省人大代表，第八届全国人大代表。1994年获得"国家级有突出贡献的中青年专家"称号，1995年获得"全国质量管理小组活动卓越领导者"称号。1992年起享受国务院政府特殊津贴。

四川省有700多家厂，我厂率先把六A级丝攻下来了

我1942年3月出生，老家成都，在那里生活了20年。1962年7月毕业于成都纺织工业专科学校，分配到万县市丝织厂。由于质量管理业绩显著，1982—1984年我被四川省经济委员会和省质量协会推荐在职读成都科技大学（原来的成都工学院，现在并入四川大学）的质量管理专业，读了三年，拿到了文凭。之后便从事桑蚕丝绸质量管理工作，并负责各行各业的全面质量管理，先从企业质量管理达标开始，然后企业质量管理上档升级，按照ISO9000系列《质量管理和质量保证》的国际标准执行，再评省、部和国家的质量管理奖，经历了这样的一个阶段。当时国家对质量管理这块抓得比较紧，先是从日本学来的，就是所有企业都推行全面质量管理。

粉碎"四人帮"后，我在万县丝织厂当生产技术科副科长、科长，直到调离工厂。刚毕业时，那个工厂只是缫丝厂，很小，有3台立缫的缫丝机，经过20多年，它已经建成为一个集缫丝、织绸、印染、服装于一体的联合企业。我在工厂先是负责第一线工程技术的管理人员，后来担任生产技术科科长的岗位，总计在工厂23年时间，做出了些业绩，特别是在组织、指挥生产方面。

万县地区丝绸公司是一个集企业事业单位和行政主管部门为一体的单位，管9个县、1个县级市的10个区科级丝绸公司，辖38家工厂，以及整个

万县地区桑、蚕、种、茧生产经营，农工、商、贸一条龙实体（含蚕茧生产和蚕种制作），公司的出口创汇额占了整个万县地区的82%。我1985年调到万县地区丝绸公司丝绸工业科当工程师，主要是负责这38家工厂的生产技术指导工作。1993年万县由地改成市了，原来的万县地区改成了万县市，辖8个县、3个县级区，共11个正县级行政单位，万县地区丝绸公司改为四川省万县市丝绸公司，在去公司之前我开始在工厂主持科学研究项目。

当时川东地区的蚕茧质量都比较差，我们主要研究如何用劣质茧造出好的丝。出口是要创品牌的，出口丝的最高等级是六个A，然后有ABCD级，最差的叫E级丝。当时的国际标准就是按这个检验的。六A级丝就是最高等级丝。四川省下达了任务，由三家工厂负责把六A级丝攻下来。一家是南充丝二厂，一家是阆中丝绸厂（当时全国最大的丝绸厂），还有一家就是万县市丝织厂，我担任六A这个项目攻关的总指挥。工作很艰苦，经常上两个班，一天要搞十五六个小时。用劣质茧生产高品质丝，煮茧就是制丝的关键，后来我就是在煮茧这一个工序上取得了突破。我们发明了一个玻璃隔距式除颣器，它的主要技术关键是不要让很小的颗粒，就是直径非常小的颣节进入丝条，这样就起到了一个隔距作用，玻璃隔距式除颣器可以把颣节除掉。用隔距夹住容易造成丝条扁平，而丝条穿过去就不像原来那样有向心力，也有离心力的拉动，这样丝条是圆的。开始这样做的时候丝条扁了，后来经过改进滑动，从力学的角度让它有一定的旋转。经过国家进出口商品检验局检验，丝条达到了要求。记得当时在四川省有700多家厂，我厂率先把六A级丝攻下来了。四川省轻工业厅纺织局还给工厂发了贺电。1979年"劣质茧创新工艺"项目获得了四川省纺织局的科技奖，接着1982年12月煮茧项目获万县地区行署科技成果奖一等奖，之后又获得了一项四川省青年科技成果奖一等奖。

蚕茧收购实行市场经济后（不仅是丝绸行业），没有人去投入了，蚕茧质量就保证不了了，行业也遇到了发展的瓶颈

1986年我被调到四川省万县地区丝绸公司，主要是抓丝绸工业的产品质量和管理。万县有近40家较大的丝绸工厂，出口都是以一年创汇多少美元这样来计价的。当时的四川省丝绸公司在全省的正厅级部门中地位高，待遇也高，那时候的丝绸公司是非常红火的，分管我们的是马麟副省长。省丝绸公司每年召集一次全省丝绸大会，总结工作，部署任务，场面壮观。那时候行业管理非常严格，行业管理权威性也大。我抓工业产品质量，还要强调管理，那阵子单位效益好，我去基层指导，也有权威性，各企业的领导和职能人员都能接受。后来行情不好了，效益差了，本来按照道理应该更重视质量管理才能起死回生，恰恰当时不少人把前途看得很暗淡，就觉得抓不抓都一样。质量好卖不掉，质量差也卖不了。反正当时行情急转直下，主要是国际市场对丝绸的需求减少，所以出口量少了，优势削弱。再加上自己的技术有缺陷，后整理丝绸的印染、服装这个板块水平跟不上，服装跟不上市场要求，再有就是丝绸的缩水率解决得不好，缩水率比较大，抗皱关键技术没有拿下来，用户不满意，不愿用丝绸做服饰用料。

为了渡过难关，丝绸行业也组织了一些技术攻关，但全国

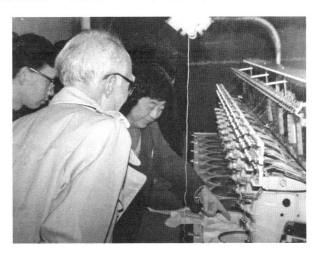

在四川阆中海荣绸厂指导工作，1990年，四川

（左二）被授予"国家有突出贡献中青年专家"荣誉称号，1994年，北京

效果都不明显。四川省当时是丝绸大省，也搞了一些技术改造，成效却不显著。染色固色能力还是不行。韩国的染色好，但技术对中国是绝对保密的。中国也组织攻关，但是没有得到突破，紧接着形成了恶性循环，质量越差越卖不掉，情况就越来越不好，丝绸行业就逐步开始走下滑之路。

举个例子，在蚕桑生产、蚕茧收购环节，蚕茧产出就有一笔政府投入的生产扶持费，这笔费用很大。生产扶持费在回收了蚕茧后，就在蚕茧价格上体现出来，然后成本才过得了关，所以说卖蚕茧，就必须要丝绸公司统一发种统一收购。国家收购就要严格地按照质量论价，哪个等级的茧给多少钱，绝对不敢乱提价格，乱提价是犯法的事情。而茧贩子收购就不存在这个问题，乱收购乱出价格，收了他承担得了，因为茧贩子不给生产扶持费，收购成本低，出得起高价来收购，只要抢到蚕茧，就很赚钱。茧贩子只管把茧子抢到手，根本不保证质量，不按科学的办法来烘干，照样卖得出去。过去茧贩子是国家严厉打击的，由公安部门和工商部门配合，每年收蚕茧的时候就要发很多文件，严禁茧贩子私自买卖蚕茧，抓到茧贩子后把收购的蚕茧全部没收，而且还要判行政拘留，打击得很厉害。但是受利益的驱使，不怕死的人还是多，虽然会流失一部分茧子，但是冲击不了主流。总的量还是由国家正规渠道收的。后来蚕茧收购实行市场经济后（不仅是丝绸行业），没有人去投入了，蚕茧质量就保证不了了，行业也遇到了发展的瓶颈。日本的这个行业就是这样子垮了的，日本还有一个问题是，桑、茧、丝绸的附加值比较低，原来日本从科研、工业技术到设备研究，都是处于全世界最先进水平，当时我们的很多自动缫丝机都是从日本引进的，然后我们自己再仿照日本的进行设计。后来日本的这个行业也是国家整个放开后，就全线崩溃了。除了科研这一块被保住以外，其他的全部完了，彻底死了，丝绸成了进入博物馆的东西了。所以当中国出现这样的情况，我们就知道恐怕要过不了这一关了，结果呢，这个情况就一直延续到现在，还是只能企盼重振雄风。

课题的先进性就是用很差的茧子照样能够生产出高档丝

我们一直把希望寄托在科技进步上，1985年我搞了一个用特别劣质的蚕茧生产出高档丝的课题，经历7年时间的研究和实验，把处理劣质茧的技术拿了下来，它的理论和技术研究都很成熟了，课题的先进性就是用很差的茧子照样能够生产出高档丝。我运用了一些特殊的统计方法，并推导出公式，专门用一个计算方法推导出了一条曲线的方程式，整个生产工艺过程就使用一个作业指导书。四川省在万县丝织厂举办了由80多家丝厂参加的大规模推广学习班，时间为一个月，在全省各地推广这个项目，效果比较显著。我应西南农业大学蚕丝学院创办人王天宇教授之请，去大学讲了两小时的研究成果的数理统计理论和可靠性数学研究，几十位听众全神贯注，听得津津有味。之后四川省每年都要请我去做一次培训班主讲，并请全省相关的科技人员参加。1991年"提高粒内差大的劣质茧生丝品位研究"被评为四川省科学技术进步奖一等奖。

课题还有些小的配件，需要有些小的质量指标，我为此也设计了一些小的设备，都推广得很好。随着整体上缫丝企业的萎缩衰退，原来的万县地区现在只有一家丝绸工厂保留下来，近几年我还经常带领丝绸公司的领导专门去进行技术指导。

当时我看到这个情况，预感到整个发展形势不利，就组织了一个规模比较大的科研项目"'新合纤、大丝绸'系统技术研究"，建议四川省和重庆市建立新合纤大丝绸生产基地，搞丝绸新布局。新合纤大丝绸包括蚕丝，包括各种化纤丝、化纤绸，把合纤的原料引进到丝绸，同时搞混纺组合。围绕这个课题，我写了一篇很长的文章。我在第八届全国人大代表会议期间，请吴文英为我们写的那本《现代丝绸科技》（40万字）题个书名，那届她当纺织工业部部长，对下面基层的人非常好，她写好后委托《中国纺织报》的主编给我送到驻地。听取汇报后，她对我这个"新合纤、大丝绸"的项目十分支持。她题词的时候，我跟吴部长一起拍摄照片，其中有一组照片在《中国纺织报》刊登了，四川省丝绸的杂志上也都全部登了。当时她就说，丝绸发展之路，从大纺织的概念去谈丝绸，这个很有前途。只是后来科研经费解决不了，最后也没有进行完项目。

质量管理有很大的通用性，我把纺织（丝绸）质量管理的经验运用到了其他行业

1998年我当选人大常委会副主任，就专职驻会。但在丝绸行业我是

（左一）参加第一届中国国际丝绸会议，1991年，苏州

专家，行业的科技活动我照样去，还当过全国缫丝能手选拔大会的总指挥。丝绸科学技术活动，比如办学习班或者做学术报告我还是积极去，评审教授级高工和推荐评审重庆市的国务院特殊津贴人员我也都去。当时我还去讲质量管理，我把丝绸质量和广义质量管理结合得比较好，用得活，有实效。我是首批中国质量咨询师，搞的时间比较久，在丝绸行业推行质量管理比较有成效。像阆中的军工厂（海容绸厂），在我的指导下得到了国家质量管理奖，还有我指导的南充南泰集团（原南充丝绸厂）、乐至红旗丝绸厂得到了四川省质量管理奖，属于国家和省级政府给予的企业质量方面的奖励。

这些工厂请我去负责咨询指导质量管理，制定管理文件和作业指导书，给他们上方针目标管理办法的课，做一些指导性的工作，建立质量保证体系，就是按现在ISO9000系列《质量管理和质量保证》的国际标准执行，推动了很大一批企业抓好质量管理。每年都要搞一次质量管理培训，全国多数纺织企业基本上都是我带队去的，如上海嘉丰棉纺厂，它是全国纺织行业第一个国家质量管理奖的获得者；还有无锡色织一厂以及四川省的一些棉纺织国企。这些企业现在全没了。

从管理的角度提高整个企业的管理素质，我有一套办法，以方针目标管理和质量管理为中心，然后强化质量管理监督，建立质量保证体系。其中质量体系文件和质量检验文件全套技术性比较强，理论性也比较强。这个质量管理有很大的通用性，我把纺织（丝绸）质量管理的经验运用到了其他行业。其他行业包括机械行业，比如成都飞机公司（132厂）也是我带队过去指导的，还被评上国家质量管理奖，还有都江堰市的南京内迁的无线电厂（宁江机床厂）等。

我在质量管理方面的奖和优秀论文很多，还在第二届亚洲质量与可靠性大会上宣读论文，每一年我都是四川省优秀质量工作者。我离开四川四年多了，四川省"推行全面质量管理三十周年"大会还专门请我回来参加，把我评为四川省质量管理优秀推进者。特别是我把质量管理的理论与方法，与大纺织行业结合得比较好。在质量管理方面，纺织与丝绸方面的专家不多，我算其中一个（主要得益于在成都科技大学读了3年书）。再一个就是取得了中国质量咨询师的资格，但因为国家要求每年有一个月的时间参加这个活动，后来我去人大常委会了，要坐班，不好意思每年请一个月的假，连续几次不去，中国质量咨询师的资格就自然解除了。

他们专门为我编了《代表风采》的册子，把我的专业都做了详细的记录

我到人大后还搞了两个科技进步奖。一个是移民方面的，叫"三峡移民适用法律研究"，2002年获得了重庆市政府的科学技术进步奖三等奖。一个是省社科联的，按照工业技术专业思路来搞科研，把它移植到软科学课题方面来，按照这个思维逻辑取得结果，还能够上档次，还能够出成果，也有成效，这是我最后一个获省级奖的科研成果。

我当时分管环境保护和三峡移民工程，再一个就是科技这块，兼任区党委、政府的科技顾问团常务副团长。科技这一块面就大了，不仅仅是本行业，行业里面包括技术鉴定和项目鉴定。四川省丝绸科学研究院的陈祥平院长每次有大的项目、好的项目都请我去当鉴定委员会副主任。四川省丝绸协会每一次换届，或者是新成立、换名字，都是请了我去发表讲话的。我就把重庆的情况通报一下，丝绸发展和纺织发展通报一下，也了解一些四川的情况。回来了以后，我专门把丝绸公司和丝绸行业的这些人员召集起来，给他们讲一下四川的情况。去年他们第三届换届还给我很多资料，每一季度的杂志都邮寄给我。

2008年8月我不再当人大代表了，地方人大常委会和两届重庆市政协常委的任期也结束了，我在"官方"职务都没有了，但专家的活动还有很多，要参加一年一度教授级高工职称和高级工程师职称的评委会会议（最近新换届的高工评委会请我当主任委员，到2021年12月任满）。另外，我还是全国和重庆市多个专家库的成员，熟悉科技方面的评审程序和鉴定程序，所以我每一年都要参加重庆市级和下面地区的科技进步奖的评审工作。另外一部分的专家活动都是在重庆市工程师协会和重庆市老科学技术工作者协会的。

请你们看我拿的这些资料：《重庆工程师》杂志，我是编委会的第一副主任，杂志挺好，内容比较丰富。重庆工程师协会学术性很强，我当全国人大代表的时候，他们专门为我编了《代表风采》的册子，把我的专业都做了详细的记录。

工程师协会完全是跨学科、跨专业的，包含了所有的工程方面，团体会员很多都是大型企业、特大型企业。比如重庆长安集团、重庆轨道交通公司、太极药业集团、林同炎国际咨询公司等（很多团体会员都是尖子企业）。我是重庆市工程师协会常务副会长（不驻会，不拿工资津贴），参加的活动多一些，要主持每次大会。所以我经常来往于成都、重庆和万州。去年，重庆市老科学技术工作者协会换届，原国务委员、全国人大常委会副委员长陈至立（中国老科学技术工作者协会会长）亲临大会做报告。这次换届会，绝大多数老同志都退了下来，但他们要我继续任一届副会长，兼任万州区老科学技术工作者协会会长，让我发挥专家余热，我也愿意为桑、蚕、茧、丝绸事业的振兴而努力！

采访时间：2017年7月

蚕茧、丝绸

——我的一生缘

王象礼

王象礼　原浙江省丝绸集团公司副总经理，教授级高级工程师

王象礼，1965年毕业于浙江农业大学蚕桑系。1965—1980年，在浙江省农业厅原蚕种场任技术员、科研室负责人。1981—1985年，担任浙

王象礼

江省特产公司业务员、副科长、副经理，从事全省蚕茧收烘技术和管理工作。1985—2003年，任浙江省丝绸集团公司副总经理，主要负责蚕茧收烘、丝绸行业生产技术和行业管理工作。主持制定了浙江省丝绸行业"八五""九五""十五"发展规划和技术进步、技术改造规划、"十五"科技发展规划，并组织实施。发表论文20多篇。主持《生丝》《生丝试验方法》国家强制标准修订工作，新标准获中国纺织工业协会2004年度科学技术进步奖二等奖。曾兼任浙江省蚕桑学会副理事长、浙江省丝绸协会副会长、浙江省流行色协会会长、中国丝绸协会缫丝分会会长

和全国农作物品种审定委员会第二届委员会委员等职。2006年获中国丝绸协会颁发的全国茧丝绸行业终生成就奖。

浙江省当时就这一个原蚕种场，是专门生产原蚕种、原原种、母种的，全省农村饲养的杂交种都是从这里繁衍出去的

我1942年10月出生，老家在山东沂蒙山区的蒙阴。我父亲是南下干部，我在杭州读的中学。1961年参加高考，我的志愿是理工科的，但是国家统一分配，把我分配到了浙江农业大学蚕桑系，拿到录取通知书时我是不想去读的。小时候玩玩养蚕，但终生从事蚕桑业我觉得没花头，不想去读。但后来听说丝绸是我国的瑰宝，蚕茧、丝绸、外贸是我省的支柱产业，虽然我不满意，但还是去浙江农业大学蚕桑系报了到。

1965年从农大毕业后，我被分配到了浙江省农业厅的原蚕种场（在杭州留下小和山）。全省有很多普通种场，普通种场是拿原种场生产的原蚕种饲养后进行不同品种杂交，然后发到农村里去养，这是杂交种。浙江省当时就这一个原蚕种场，是专门生产原蚕种、原原种、母种的，全省农村饲养的杂交种都是从这里繁衍出去的。刚毕业进入这个原种场，我就从事原蚕种、原原种、母种的生产。我还在科研室搞试验研究，原种场是生产单位，我主要就是结合生产，做一些与生产有关的试验研究，后来就负责这项工作了，一搞就是16年多。

原蚕种场的研究工作主要是以下几个方面。

第一是如何保证原蚕种的质量。原蚕种的质量就是这个品种固有的性状，提高不行，降低也不行，因为提高了或降低了就不是这个品种了，退化掉了，所以要研究怎样保持这个品种的品种性状。品种退化了要给它复壮，像夏秋用的品种，要抗高温多湿。在浙江养的时间长了以后，可能产量上去了，但抗高温抗各种病的体质就下降了，这个时候我们经常在夏季高温下饲养母种、原原种、原种，使得它保持原来的性状。一些品种，我们引进以后，时间长了会退化，就要想办法给它建立两个品系，让这两个品系相交，那么它的下一代就保持一定的活力，这个就叫异品系复壮。有的时候我们可以到异地引进相同的品种，如广东、山东等地的蚕种，同自己的品种相交，虽然是同品种但地区上不同，性状上也略有差异，进行交配后，也有复壮的效果，这叫异地交复壮。

第二是饲养中桑园品种的搭配。因为蚕种场有七八个桑品种，1至2龄小蚕的时候吃什么品种，3至4龄大蚕的时候吃什么品种，桑品种怎么合理搭配要研究。桑园施肥，氮、磷、钾施用比例等也要进行试验。

第三就是研究春天生产的蚕种要明年用，蚕种怎么保护。有的时候春天生产的蚕种秋天要用，就是要在盐酸里面浸，刺激它一下，它秋天就出来了。不然的话当年生产的品种要明年才能用，到了秋天是出不来的。蚕种的保护、冷藏、浸酸中的问题也进行过多项研究。对一些蚕品种的性状遗传情况也做过很多调查。

第四，我们还要从国外引进一些品种。日本这方面比较发达，日本和中国是竞争对手，他们的品种是不会给你的，你要想办法引进。那时候日本的品种是很难引进的。有一年中国乒乓球体育代表团到日本去，通过友好人士引进了一些品种，拿回来后我们进行试养、对比，有几个产量、质量比较好的品种在我国都有广泛推广应用。

第五，还有科研单位研究出来的桑树品种、蚕品种，我们要进行比较鉴定，鉴定哪个品种比较好。省里有个品种鉴定推广领导小组，我是成员之一，就是通过鉴定确定哪些品种可以在浙江推广应用。当时浙江比较适合夏秋天的品种主要是华十、306、东34、苏12、603等，春天的品种就是东肥、华合、杭8等。杭8、东肥是日本系的，杭7、华合是中国系的，还有些其他的品种。这些都是经过多次鉴定，由省农业厅和品种鉴定推广领导小组决定能否在省内推广应用。这项工作必须要很慎重，它关乎农民和国家的利益，有的都培育了很多代，鉴定了很多代，最后才能少量地一点一点推广。

第六，我们自己也要培育品种，主要是杂交育种比较多，就是品种杂交以后进行选育。过去也有通过激光、射线照一照让它基因突变，然后进行选育，但我们很少用。现在科技进步了，可以把种子带到那个神舟几号飞船上到太空去转一转让它基因突变进行选育。那时候我们也搞了一

（前排左四）参加"全国制丝学术研讨会暨制丝分会"会议，1997年，杭州

参加第18届国际蚕茧会议，1999年，埃及

个品种，也就是浙江省原蚕种场2号（浙原2号），质量、产量还是可以的，在浙江省也有一定数量的推广。

有的时候我们省5月份养蚕，蚕种不够了，或者是一些优良的品种要加快推广，怎么办？因为广东省2月份就可以养蚕了，所以我们可以提前去生产一次蚕种。1968年2月，我就去广东佛山地区普通制种场为我省生产了数万张苏16、苏17普通蚕种。1970年2月，我又去广州石牌原蚕种场为我省繁育生产了东34、苏12、603等原蚕种。

我主要做些联络和指导工作，也解决了生产上的大问题。

在蚕种场主要是搞这些东西，很多研究就是为生产上提供意见，有的在生产上得到使用。品种复壮、氮磷钾施肥、冷藏、品种性状研究，还有品种鉴定的东西，每年要搞的实验还是比较多的。那时候是"文革"期间，其他科研单位大部分都歇工了，我们生产单位还要生产，要解决生产上的一些问题，结合生产搞点试验是少不了的。

组织计划收茧，安排好计划，轮流投售，轮到哪一户顺序都是排好的，都是像预约挂号一样

1981年我到了浙江省特产公司，主要就是从事蚕茧收购和烘茧的技术和管理工作。刚开始是办事员，后来是副科长、副经理。农村供销社是具体收茧的，省特产公司是省供销社下属负责蚕茧收烘的职能管理单位，供销社是给丝绸公司代收代烘代运的，茧子收烘好交给丝绸公司，丝绸公司给特产公司手续费、管理费。1981年农村实行联产承包责任制，桑园等都承包到户了。那时候蚕茧收购，开始时是以生产队投售的，一下子就变成农户投售了，整个杭嘉湖地区大概原有近3万个生产队，一下子到了七八十万户了，鲜茧是个鲜活的农产品，不及时收上来，不及时烘干，蚕蛹要孵化变蛾，茧子要霉变，蚕丝要变质，那损失就大了。蚕茧收购规定晚上不能收茧，不能收夜茧，茧子都要一筐一筐装好，要通气，要及时烘干装运，所以收购工作十分紧张，压力很大。

原来收茧的评茧标准和办法主要是抽取一定数量的样茧，削茧去蛹把茧壳烘到无水衡量，称称干壳量是多少，以此来分级定价，耗时长。本来一个生产队取几个样就行了，现在每户投售每笔做一个样，一户上簇时间不一致又要投售好几笔，压力就更大了，现在首先只能简化，我们要把这个评茧方法简化，但评茧标准、价格标准不能动，要有科学性，不能乱弄啊。简化的办法要经过测算论证反复试验，还要宣传讲清楚，各方都接受才行。另外一个大量的工作就是组织计划收茧，要组织生产队、农户一起座谈，根据每户上簇时间的前后进行排队，几点到几点是哪几户，几点到几点又是哪几户，一户一户都排好队。也就是说，组织计划收茧，安排好计划，轮流投售，轮到哪一户顺序都是排好的，都是像预约挂号一样。通过这些改进措施，全省各茧站收购秩序还都是不错的，蚕民也好，地方政府也好，省级各领导部门也好，也都还是满意的，这个大难题得到了解决。另外还有国家的评茧检验标准的修订，还有什么样的茧是次茧、下茧，定出标准样茧，我也参与了标准制定。还有烘茧的方法、烘茧设备的改进等，我也做了不少研究工作。

1985年，省政府决定进行丝绸体制改革，要搞农工贸一体化，就是蚕茧的生产、收购、加工和贸易等，成立一个一体化经营的公司。当时把供销社省特产公司一批人划归丝绸公司，供销社不用代购了。本来农业部门也要过来的，农工贸嘛，但据说农业部门认为，我们是蚕茧生产大省，蚕桑生产在农业厅里可能要更加重视一点，如果并到丝绸公司，担心作为公司内部一个管理部门，会对蚕桑生产管理有影响，最后农业部门没有过来。只是蚕茧的收购加工出口这一块，搞了一个浙江省丝绸联合公司。由于丝绸行业管理落实不好，所以省政府又把全省丝绸行业管理的行政职能交给了省丝绸联合公司，公司变成政企合一的公司了。

1986年以后出现"蚕茧大战"，蚕茧收购秩序混乱。随着社会主义市场经济体制的建立和不断完善，蚕茧收购逐步平稳

我是丝绸公司的副经理，因为我一直是搞蚕茧生产收烘的，所以这一块是我管。刚进丝绸公司就遇到国家的改革开放，从计划经济到市场经济的改革。第一步就是实行计划为主市场调节为辅的经济体制，茧、丝、绸原来一直是实行国家全额统购统售的产品，当时省政府按蚕茧140万市担、丝8500吨的基数划分给各县市，计划外多余部分由各县市自行安排。也就是一部分是计划，一部分放开给地方、给县里自行安排。以后逐步向市场经济过渡，慢慢放开。改革开放后国家为鼓励出口创汇，对外贸企业给予优惠政策，实行汇率的双轨制，有平价汇率和议价汇率。当时国家又成立了深圳等经济特区，这些特区企业无创汇计划，外汇留成比其他地方的企业多。

由于丝绸产品80%以上是出口的，但政策的不平衡，造成丝绸产品计划内外价格存在巨大差异。那个时候外贸是承包的，如果你收不上茧来，完不成承包任务，省里就要扣你地方财政，所以地方政府就要千方百计完成计划，还要盯牢计划外的那一块，因为计划外的那一块可以享受议价优惠，可以挣大钱。各地你抢我的茧，我抢你的茧，省与省、市与市、县与县，相互抬价抢购，当时有人说抢到了蚕茧就是抢到了钱。1986年以后出现"蚕茧大战"，蚕茧收购秩序混乱。随着社会主义市场经济体制的建立和不断完善，蚕茧收购逐步平稳。

当时我省出口创汇10亿多美元，而丝绸创汇就有2亿多美元。创汇不仅仅是财政税收的重要来源，还关系到社会稳定，杭嘉湖地区更是如此，管好蚕茧生产收购是当时各级政府的重要任务。那个时候我管蚕茧生产收烘，一直到退休。为了制止"蚕茧大战"，加强蚕茧生产收购的管理工作，我每年都要为省政府主持或者参与起草管理的文件，有的时候是春天发一个文件，到了秋天了，又要发一个文件。每年省政府春天要开全省的蚕茧收烘会议，到秋季还要开个电视电话会议，很多领导的讲话稿也是由我主持或参与起草的。省长讲，只有你们丝绸一年要弄一两个文件。除了这些文件，我还参与政策的制定。为了加强茧丝绸市场的管理，我当好政府参谋，制定了征收茧丝绸调节基金、茧丝实行准运证制度等管理制度。

1995年以后外汇汇率并轨，外贸承包计划取消了，再加上丝绸内外贸市场疲软，蚕茧收购秩序逐步平稳，大战基本结束，但是影响蚕茧收购的一些因素还存在，因此省政府管理力度并没有放松。

由于各地产业结构的调整，传统产业比重降低，小缫丝厂的整顿淘汰，蚕茧的供求矛盾减少等原因，蚕茧收购秩序逐渐平稳。2000年开始，丝绸公司的行业管理职能交给省经委，部分行业管理职能由丝绸协会来管了。蚕茧收购都是由丝绸协会每年召开两次（春、秋）协调会议进行的，由我主持会议，分析一下当年的行情、蚕茧生产形势，预测今后的走向，然后全省四五十家收购单位大家协调一下，确定当期蚕茧收购的价格水平，自律收好自己的蚕茧。虽然蚕茧收购放开了，但国家还有一个收购的资格证认证，每个县的收购单位的资格是要进行审批的，最近这一项也在改革，可能也要取消了。收购资格的认证，就是每个收购站要有场地、资金、设备和专业人才，不能说放开后就谁都可以收。一些新发展地区，问题就出在这里，个体收购户弄个塑料布，茧子来了一称，不管蚕茧质量好坏，价格乱报，大家抢。农民现在同过去不一样，现在都是摩托车、电瓶车，甚至是拖拉机拉着鲜茧到处跑、询价格，这是鲜活的东西啊，一弄就乱套了，对茧质破坏很大。浙江省基本还是比较稳定的，每年丝绸协会召集收购单位分析行情，定一个行业里大家自律的价格水平，自觉遵守。

我是管丝绸行业的，主持制定了"八五""九五""十五"行业发展规划和技术改造、技术进步规划，"十五"科技发展规划

内部的管理方面，我就不多说了。我是管丝绸行业的，主持制定了"八五""九五""十五"行业发展规划和技术改造、技术进步规划，"十五"科技发展规划。规划制定好了之后，上报省政府。这些都是政府对整个丝绸行业的规划，而我们丝绸公司作为主管部门再制定具体的规划，一个课题、一个课题地规划。

"七五"期间，我主持制定了我省丝绸行业企业管理等级标准，组织企业抓管理上等级，一大批企业管理水平大大提高，荣获了国家级、省级先进企业的称号，我们公司也被评为对外经济贸易部二级先进企业。

"八五"期间，丝绸行业进行全行业技术改造，政府也很支持，给我们低息贷款。那个时候我们搞了30多亿元，130多个项目，在丝绸公司我管这些工作，要跟企业研究立项、论证，要去实施，要督促检查，最后验收。这些项目的实施使浙江省丝绸企业装备水平和技术水平大大提高。

"九五"期间，整个国家的经济都下滑，受国际影响嘛，资本主义经济危机来了，我们丝绸行业大部分外销也都不行，整个行业亏损。我们国内各行业也有个调整阶段，"九五"期间我们为了抓住这个机遇，制定了一系列产业结构、产品结构和落后的产能调整、规划，我主持制定了全省丝绸行业结构调整方案和实施措施，加强了技术改造、技术创新、创名牌等一系列工作，使我省丝绸行业技术装备、深加工水平、科技含量、经济效益等综合水平在国内居领先水平。

茧丝绸、贸工农是一个系统工程，但经营、管理分在不同的部门，环节多、扯皮多，影响经济效益，我们会同有关部门，经过调研，向省政府建议在各县市实行茧丝绸贸工农一体化的体制，我主持为省政府起草了《茧丝绸实行贸工农一体化管理体制》的文件，使我省蚕茧重点产区实行贸工农一体化经营管理体制，理顺了体制，减少了环节，提高了蚕茧质量和经济效益，稳定了蚕茧收购。我还为省政府主持起草了《整顿压缩落后缫丝加工能力的意见和实施方案》，该方案在省政府领导下实施。我担任督查组长，省政府给各县市下达了计划，拆机压台计划和完成时间截至

1999年6月。通过整顿，我省缫丝加工企业和能力从407家、5.4万台压缩到178家、3.1万台，自动化水平、生丝质量、劳动效率、经济效益等明显提高，在全国率先完成了拆机压台任务。

"九五"期间，我们利用国家纺织行业扭亏为盈、兼并、破产和重组等有关政策，争取到国家给企业解困资金28亿多元，通过三年多的努力工作，使国有资本在改革中从我省丝绸企业中逐步退出，完成了丝绸企业资本结构的民营化、多元化、股份化的改造。产权制度的改革增强了企业活力，适应了社会主义市场经济的需要。我最后主持制定的"十五"各项规划，为我省从丝绸大省走向丝绸强省拟定了具体的措施，为21世纪丝绸行业的发展起到了积极作用。

在浙江省丝绸行业改革发展座谈会上发言，1998年，杭州

因为我是浙江农业大学蚕桑系毕业的，对母校有感情，再加上栽桑养蚕是我的技术强项，因此我担任了农大硕士生兼职指导老师，指导硕士生进行了浙江省自然气候环境与养蚕合理布局的研究、影响茧丝解舒的机理及提高蚕茧质量的研究，还同有关教师、科研

（左二）与浙江协调检查春茧收烘工作组合影，1995年，嘉兴

人员就蚕病防治、提高蚕茧质量等方面进行了多项试验并写了多篇论文。

1994年我和农大部分教师，作为专家受孟加拉国的邀请，对该国蚕桑生产进行了考察，并根据他们那里的气候环境、桑蚕品种，给他们制定蚕种场、缫丝厂的规划提出了建议。我还两次受邀参加国际蚕茧会议。我是中国丝绸协会缫丝分会的会长，前几年每年还为新区蚕茧和缫丝的发展主持一些会议，发表一些讲话，提出一些建议，写一些文章，我对丝绸行业是有感情的嘛！

我在小和山（浙江省原蚕种场）待了16年，在省特产公司大概待了五年，1985年起在丝绸公司一直待到退休，茧丝绸、贸工农我都从事过，我和小小的蚕宝宝结下了一生缘。

采访时间：2013年8月

相依为伴丝绸情

邵牧非

邵牧非　原盛泽新联丝绸研究所所长，高级工程师

邵牧非，1961年毕业于江苏丝绸工业学校丝织专业。后分配到盛泽布厂，从事棉布色织产品设计。盛泽布厂改名新联丝织厂后，1989年任厂长助理。1991年任新联丝绸研究所所长，主要从事丝绸新产品开发和设计。1985年开发的12022、12023重绉成为新联厂出口创汇拳头产品，1986年，新联厂获得"全国出口创汇先进企业"称号。1991年"高泡"系列仿真丝系列产品"晶富

邵牧非

绸""晶花绉""华龙绸"在全国展评会上获得最佳设计奖，其中"华龙绸"在1994年获得了联合国发明创新科技之星奖，1994年"高泡"系列仿真丝产品被列为国家级新产品。"高经纬密度刺绣真丝绸"获轻工业部1988年度金龙腾飞奖和科学技术进步奖。发表学术论文20多篇。1981年获全国丝绸作者奖，1992年荣获"纺织部有突出贡献中青年科技专家"称号，1994年获苏州市优秀科技人才奖，1992年，荣获纺织总会颁发的"全国纺织工业劳动模范"称号。1994年起享受国务院政府特殊津贴。

80年代开发了一个重磅产品，32姆米和40姆米两个规格，这个产品的开发生产我们是全国第一家

我生于1943年1月，老家苏州的。1961年我报考江苏丝绸工业学校，即苏州丝绸工学院的前身。那个时候上课的教材都是蜡纸刻的，印了以后发给学生，当时学的是丝织专业，校长是郑辟疆（费孝通的姐夫）。毕业以后我被分到苏州地区，派至吴江再安排到盛泽镇盛泽布厂工作直到退休，干了40多年。

盛泽布厂，当时是社会主义对私营企业改造以后，一家一户合并成的一个棉织生产合作社，后改名为新联丝织厂。我从进工厂到退休，见证了整个工厂的发展。新联丝织厂开始是做棉布、色织棉布、全棉格子布的。70年代一家一户的时候也做过真丝洋纺、电力纺。企业根据市场行情改织真丝产品，那一段时间都是计划经济，根据市场需求生产双绉、素绉缎，还有真丝被面。为了适应市场需求，不断开发新产品，在工艺上进行改进，通过加强拈改变工艺，适应市场需求，提高产品的档次，由棉布生产转向丝绸生产是1975年左右。

1975年做的是电力纺和双绉，后来做素绉缎、提花绉缎等产品。随着企业发展，每一个阶段就不断地开发适应市场的产品。我设计的第一个品种是1015电力纺，大概是15姆米、16姆米的电力纺，后来有02双绉、03双绉、04双绉。14101素绉缎是传统产品，以前就有的，做的人家也蛮多的。我们自己又开发了14360，14360不同规格的素绉缎有12姆米、14姆米的，这些产品比较轻薄，后来又开发了654、656等系列产品。80年代开发了一个重磅产品，32姆米和40姆米两个规格，这个产品的开发生产我们是全国第一家，一直到现在还在做，在市场上的生命力还是比较强的。这个产品比较厚重，主要是做出口，内销少一点。这个产品最火的时候是90年代，国内内销兴起，做T恤，经久不衰。

80年代引进喷水织机，化纤原料在中国市场开始发展

后来我们又开发了出口日本的提花和服绸，它的门幅只有40公分。那个时候的设备都是铁木织机，至少90公分门幅才能生产，为了适应生产需要，我和机械工人师傅一起研究，进行设备改造。把织机改造成一机两幅，后来又再改成三幅，两幅上面再附一幅，投梭是两中间投梭，两头都可以打纬。设计产品还要配合搞技术革新，将铁木织机改成丝绒织机，生产真丝丝绒。我开发品种有上千个了，那个时候全国要编号，要统一规格，申报的大概有四五百个。

随着化纤原料发展，我们又开发设计了仿真丝产品。化纤高泡组织产品是两个经轴生产的，是我开发设计的。在1989年于北京召开的全国"佳丽丝"杯评选中，我这个产品拿到了"佳丽丝"杯大奖。高泡丽花绸，利用地组织收缩，起花不收缩，把花纹凸出，达到新颖的效果。在北京展会上，江苏省省委副书记顾秀莲、当时的财政部部长陈慕华这些女同志，看

了以后很感兴趣，包括中央领导都在产品前和企业展示人员一起拍照、留念。80年代，新产品高经纬密度刺绣真丝绡是跟苏州刺绣研究所合作开发的，刺绣研究所用于双面绣的底料是进口化纤，他们提出真丝能否可以做出来。我在政协委员会开会时碰到刺绣研究所的人，谈起这个产品，后来经研究，改进了原料及工艺，用真丝做到13旦尼尔、15旦尼尔，实际上是相当于14旦尼尔，产品原料细，密度要求又

参加丝绸学术论文会，1993年，盛泽

（中）丝绸产品获江苏省金奖，1988年，南京

（左一）在"佳丽丝"杯评选上领奖，1989年，北京

高。经纬密度一公分都要100多根，那个时候的设备是由梭织机来做，难度很高。我们和缫丝厂联系，他们专门配合我们搞13旦尼尔、15旦尼尔的产品试生产。我们生产高经纬密度真丝绡，通过防蛀处理等工艺后，苏州刺绣研究所用我们的产品进行双面绣，达到了预计效果，替代了进口化纤料。

随着纺织工业的发展，化纤原料进入了市场，以前服饰面料都要布票，凭票供应的。后来80年代引进喷水织机，化纤原料在中国市场开始发展，涤纶原料、华达尼这一系列产品出来了，中国老百姓穿衣问题得到解决了。但是如何利用这些原料，怎么把产品做上档次，适应内外衣方方面面市场需求，成了当时的主要难题。所以，我们开发新品种也是比较多的。这个也是跟着市场转，市场喜欢的就多生产一点，当时我们的产品在市场上很受欢迎的。

产品设计要考虑产品的服用性、适应性，男女内外均能适用

我开发的春雨绸是仿毛产品，是短纤跟长丝组合起来的。短纤有毛感，利用这个特点，经组织花纹设计，适应做女同志的春秋装、西装面料。从市场销售情况看，该产品深受欢迎。现在这种原料毛涤、阳离子、混纺多了。还有就是12022、22023真丝重绉产品，这两个产品到现在还在做。很多厂家都是按照我们这个产品的工艺、规格要求做的。其技术含量就是双面组织，采用的是复合斜纹，体现双面效果。双面的产品，从服装厂来说，它裁剪比较宽松，用不着考虑正反面。另外，它这个真丝绸要做到30姆米、40姆米，属于重磅的，这些产品的真丝原料很细，要做到厚重、材料好、透气性好，是有一定难度的。

这个产品的开发设计，从下到上，从工厂到纺织工业部，都有一条线下来。专业领导、专业人员、专业管理，会组织评比、展销、研讨会、论文的交流。你肯定要动脑筋，才能够顺应这个竞争市场。还有一个，现在说实话，以前都是国营企业，国家规定品号产品。而私人企业生产时，总有一些偷工减料、降低成本，产品质量、档次在下降。

产品设计要考虑产品的服用性、适应性，男女内外均能适用，可通过特殊加工，如电力纺，经染色、砂洗后，可以做男士的夹克衫。出口日本的产品，通过外贸公司给日本，工厂的利润很小，利润都在外贸公司。以前都是手工操作，画图、点意匠。画好以后，做设计就要考虑这个产品用什么原料，多少密度，在某个图案上面，红的考虑什么组织，绿的考虑什么组织，计算意匠纸的比例，当时就用那个小格子的纸，把这个意匠纸一张一张拼起来，要用多少、拼到多少块都是我要考虑的。要考虑纹样上面是几种纹样，比如是四方连续纹样，那就分成四份，都打好格子，定好位，四个人一块画。先是用铅笔把轮廓勾好，画好后，四个人再拼起来对接，连好了，也要考虑到四方连续。然后一起上色，画意匠。

现在电脑设计简单多了。装造也简单，一根通丝吊一根综，有十花就吊十根。以前是通丝下有综丝，综丝下有双吊、单吊，或者五吊都有的。还要考虑到组织，都要配合的，所以它的组织设计就比较复杂，现在的组织就简单。当然，基础还是要的，现在年轻人会应用电脑，品种设计好，然后给一线工人织。以前手工操作，拿到纹织车间，红颜色什么组织，绿颜色什么组织，是有个组织表给工人的。只要按照这个一横一竖绘线的组织法，手工操作踏花，做纹版一张一张地轧孔，然后做好穿起来，放到车间就进行织造了。

我们作为研发人员，要深入现场去看。在现场看他们怎么操作，经线怎么配合，有没有错。如果织错了，龙头打坏了，要重新修补好，就是没

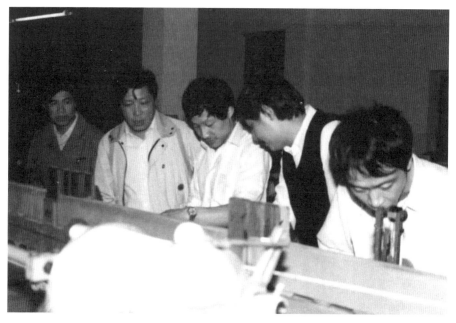

（左二）考察喷水织机（津田驹织机），1991年，日本

有这个意匠的情况下，也是如此。因为我知道组织规律是怎么体现在这个纹版上的。

搞技术最辉煌的是在90年代，我被组织上确认为吴江纺织的领头羊

17岁学校出来时我们都要实践一年，车、钳、刨、平车，都要去实践一下。1961年我到盛泽布厂技术科，技术科就是负责搞设计的。技术科有一个小的打样机，设计好的方案，用打样机织一下。成立设计室后（设计室属于生产计划兼管），后来规模大了。我们有些产品在全国各地和省里面评比中经常得奖，得了三个一等奖。在设计室搞产品，只有我是学校出来的，最专业，后来上级搞技术职称考试，连续几次考试，我都考了第一名。搞技术最辉煌的是在90年代，我被组织上确认为吴江纺织的领头羊。1992年的时候我被评为全国纺织工业劳动模范，1994年开始享受国务院政府特殊津贴，而我们县就两个人，纺织专业就我一个。1994年获苏州市政府表彰的科技人才奖，整个吴江县、各个行业就我一个纺织专业的。

80年代我还在学校兼课，吴江有一个丝绸中专，我去上过课，带了两个年级，两届毕业生。现在有些学生干得很好，有的在领导岗位，有的做老板了，不行的也有。离开学校嘛，都是各奔前程。技术做得好的不多，但是能混饭吃，还可以。我2002年退休后空下来帮工厂搞搞设计，搞些产品。最近我有些作品给你们看看。一个是《九龙图》，还有一个是《百骏图》。260公分全幅生产的。我昨天还去工厂看，因为新的设计好了。我这个眼睛伤得很厉害。人老了，为丝绸事业奋斗了一生。

采访时间：2015年10月

高分子制丝研究

刘冠峰

刘冠峰

刘冠峰　浙江理工大学材料与纺织学院教授，博士生导师

刘冠峰，1966年毕业于浙江丝绸工学院制丝专业，是浙江理工大学丝绸工程、蚕丝学重点学科带头人，浙江省重中之重"纺织工程"学科"新型纺织品及技术纺织品"方向学术带头人。长期从事纺织工程、高分子材料的教学与科研工作。1984年5月—1986年5月和1992年7月—1993年1月分别以访问学者、高级访问学者的身份赴日本京都工艺纤维大学做研究。1998年兼任浙江省"丝纤维材料和加工技术研究"重点实验室主任，主持建设省部共建"先进纺织材料和制备技术"教育部重点实验室并通过验收。1991年获国家教委、人事部有突出贡献回国留学人员表彰。1992年起享受国务院政府特殊津贴。

基层第一线的工作经历很重要，历史资料是很多研究工作的基础

我1944年出生。1966年，我从浙江丝绸工学院毕业，碰上了"文革"，1968年我到了诸暨丝厂，在那边一待就是八年。在这八年当中我做了很多事情，全部都是技术工作，甚至造过锅炉。最初我在诸暨丝厂搞设备，技术改造，后来筹建了一个诸暨农工丝厂，我是一名技术员，连有些零件都是我们自己加工的。接着我又到诸暨第二丝厂给他们搞技术开发，就这样在基层辗转了八年。

这艰苦的八年让我迅速成长，对之后的工作研究也起到了很大的作用。这些基层的工作经验相当于把书本知识转换成实际工作能力，这个影响与受益很大。有过这样的经历，我才会在工作中发现很多问题，有些最不注意的事情，最容易出现的问题我都有切身的体会。认为肯定不会出问题的却有可能就出现纰漏了。在基层锻炼的八年虽然辛苦了一点，但是确实让我受益匪浅。

"文革"期间，我就读的学校成为杭州工业学校，1975年，学校恢复为浙江丝绸工学院。1975年，学校需要一些老师，而我因为在校时成绩比较好，学校希望我回校任职，我也欣然接受了。当时诸暨这边不肯放人，还是诸暨丝厂支部书记亲自到诸暨人事局说明情况，他们才同意把档案调回到学校的。从诸暨丝厂到丝绸工学院的缫丝厂，当时学校比较重视实践，有个校办工厂，实际上就相当于是缫丝的工厂，我被分去帮助建造缫丝工厂，包括重新安装管道等。

从1984年到1986年，我作为访问学者去日本学习交流了两年。我去的是京都工艺纤维大学，跟着有本肇先生学习，他是研究制丝的。在日本的两年里，我去过不少日本的缫丝厂、蚕丝试验场、生丝检验所及缫丝机制造厂，收集了不少资料。

他们的历史资料保存得很好，当时日本丝绸业已经开始不景气了。早期日本是靠制丝发家的，最早的时候，丝是用来做连裤袜的，尼龙出来后它的优势就没有了。第二次世界大战期间，日本的资源很匮乏，他们用丝来做军大衣，做一些军用品，当时他们对蚕丝的利用有了很多的专利。

1984年，我刚去日本的时候，日本正在研究开发蚕丝新的利用方式，要开发新形质丝，用丝绸做西服之类的。他们把原来的资料全部都搬出来重新研究，花了很多人力、物力和财力，但是最后没有成功产业化。日本人做事情很认真，一代一代历史资料都不丢掉，保存得很好。基层第一线的工作经历很重要，历史资料是很多研究工作的基础。实际上他们的有些知识技术是从中国借鉴引进的，但结果是现在他们的蚕种比中国多得多，品种也比我们多。

从高分子、生物学角度研究蚕丝是有发展前途的

我的第一个导师有本肇是研究制丝的，我的第二个导师叫小西孝，他也是制丝出身的。小西孝后来用X射线衍射、电子衍射技术，研究蚕丝的结构，对电子显微镜很熟悉，这样他从蚕丝研究迈向了高分子研究。小西孝认为从高分子、从生物学角度研究蚕丝是有发展前途的。我此后往高分子方向研究，主要是受到第二个导师的影响，他那个学科也叫作高分子学科，前面纤维学部没改，还是保持传统，但是后面的高分子学科研究范围更广，比较有意思。

虽然我做过很多这方面的课题，有相关的专利，但我并没有觉得有多大成绩。我个人的研究实际上只是做了一个探索，虽然在理论上是可行的了，但是产业化还是存在很大的问题。事实上这也是我们国家目前最大的问题，研究工作完成了，研究工作后面的产业化却没有实现。实验室研究的东西如何转化为产品？这一部分没人做也不知道怎么做。后来我主要的工作就是建设了两个科学研究平台，成立了两个实验室，一个是浙江省重点实验室，一个是省部共建教育部重点实验室，对高分子做了些研究，这方面我认为很成功。浙江省重点实验室当时是浙江省部属高校里的第一个，我们当时是属于纺织总会的。教育部重点实验室也是浙江省第一个省部共建教育部重点实验室，所以学校里相对比较重视这个实验室，但是离真正投入产业化生产还存在一定的距离。

现在我有时候还会去实验室，但是我已经把职务都卸下了，让更多的年轻人去发挥他们的才智，给他们更多的机会与空间。

我做了多年的高分子制丝方面的研究，在这期间，制丝技术也有所发展，主要仍是高校提出一些理论，实践仍然需要依靠企业。企业为了经济利益做事比较浮躁，这不是技术问题也不是理论问题，而是我们管理体制方面的问题。包括我们重点实验室也不差的，跟国外比虽然有差距，但设备总的来说也是很好的，大量的研究工作是硕士生、博士生做的，他们得出的数据应该是负责任的、可靠的、能够再现的。我国今后要解决的一个大问题，就是如何培养科学严谨的态度。

（左）和日本京都工艺纤维大学校长福井谦一（1981年诺贝尔化学奖获得者）合影，1985年，日本

对于我自己的论文研究，现在高校讲究论文的档次与水平，可能对理论研究方面起了一定的作用，在国际上起到了

（左）和日本导师小西孝合影，2014年，日本

一定的影响作用。但是在实际生产方面，制丝这个传统的产业到六七十年代技术方面基本已经成熟了。缫丝设备有从日本进口的HR3型，中国后来开发的D301型也基本上成熟了，关键就是如何把它管理好。但是，丝绸或者是蚕茧、蚕丝，如何从传统的用法走向高科技的，或者说现代社会的一些生物材料以及其他一些工程材料，这个探索还要一段时间。

科学同产业存在一定区别。从历史而言，兴蚕桑国家能够富强，蚕丝

（后排左三）浙江丝纤维材料和加工技术研究实验室建设项目实施方案专家论证会，1995年，杭州

可以做成衣服。但是再进一步研究下来，我们研究了蚕丝的结构和性能，而通过对蚕丝结构的性能研究，去合成，去改造，便能够得到更加符合人民生活需要的一些高端产品，不再仅仅是为了保暖。

用现代科学技术去研究开发蚕丝的新价值

如今缫丝技术在进一步提高，但是蚕丝是天然产品，进一步改变性能反而不好了。就好像我们现在有些东西，明明可以用机器做，但有的仍用手工来做，因为这个东西不好改，一改的话原来的文化价值就没有了。当前，有的人把丝绸当作文化产品来看待，也就是这个道理。但是蚕丝、蚕茧，包括纤维、蚕丝蛋白从另一个角度来看可能会形成一个新的产品，虽然现在还没有形成。

1985年左右，日本发明了一种仿蚕丝的丝原料，用这个原料做出来的绸一般的外行人看不出来不是真丝的，相当于是仿真丝的。蚕丝的一根茧丝里面有两根丝素，丝素之间是丝胶。因为它是氨基酸组成的，是亲水性的，所以吸湿性比较好，又能够上色。在研究蚕丝的时候，人们用超细纤维，即和蚕丝的原纤一样粗的纤维，将之并起来，做成仿蚕丝。仿蚕丝的表面原来是尼龙丝，这种材质不亲水，人们又进行了亲水性加工，使之能能够吸湿，这样，仿蚕丝表面的手感、性能，就都能够接近丝绸了。这种解决问题的方法的目的就是通过研究蚕丝的结构，用化学的方式去模仿，用现代科学技术去研究开发蚕丝的新价值。正如我们研究荷叶，它为什么表面能形成水珠？因为它表面上有很多小的绒毛，绒毛具有疏水性，所以水珠就立在上面，这个就叫生物工程。但是从另外一个角度来看，天然的东西还是应该保持天然的属性，将天然的东西做成一个新的产品，一个人工无法替代的产品，这相当于我们研究蚕丝蛋白质的其他用处。

这是两个不同的研究方向：一个是代替它；一个是用天然蛋白质做出一些原来我们没有想到的、新的产品，例如搞丝素膜。因为蚕丝纤维性能比较好，如果做成胶囊，对身体来说，肯定比其他胶原蛋白要好，但是可能成本比较高，因此还没形成产品，这就是有些问题还没解决到位。包括现在做纳米纤维，蚕丝也可以做成纳米纤维，但是也可能蚕丝做的纳米纤维会形成新的东西，但现在还没达到这个程度。要开发一个新产品，既能够大量生产，价格又可以接受，又可以产业化，变成大家可以接受的商品，这个过程是需要时间和机遇的。

采访时间：2013年7月

绝技绣娘的刺绣人生

陈水琴

陈水琴

陈水琴　原天工艺苑绣品研究所所长

陈水琴，1946年7月生，1964年毕业于杭州工艺美术学校，其间被派往苏州刺绣研究所进修，师从苏绣名家王祖识，专攻动物题材，同年分配至杭州工艺美术研究所工作至今。她在继承杭绣传统技法的基础上吸收其他绣种之长，融会于自己的绣技之中，在杭州地区先后研究成功双面绣、双面异色绣、双面三异绣等多种针法。其绣制的作品精美生动、雅洁明快。曾赴日本、德国、俄罗斯、荷兰、西班牙等国家表演绣艺，其作品被多家博物馆珍藏。1985年，为联邦德国总统魏茨泽克完成的刺绣作品，被作为国礼赠送给总统本人收藏；1993年，创作的表现邓小平和他的小孙子嬉戏的双面乱针绣台屏作品《81+1》被放在邓小平生前的书房中；2002年，和学生、同事共同创作了大型双面刺绣地屏作品《南宋西湖龙舟图》，现由中国财政博物馆收藏；1988年，成立了绣品研究所，2000年成立了杭州陈水琴工艺美术大师工作室；悉心培养杭绣人才，现已带出省大师3名，市大师2名，民间艺术大师1名。

杭绣跟苏绣有什么区别？我只能说江南刺绣有一种渊源的关系，很多刺绣的针法、技法、品种都是很雷同的

刺绣这门艺术，在古代是很普及的，有民间的刺绣，有宫廷的刺绣，有闺阁绣，它的用途非常广泛，也被称为"女红"。"女红"的内容非常丰富。杭州刺绣的历史很悠久，南宋是杭绣的鼎盛期。明末，杭州有一个富家女子嫁到上海顾家，成为顾绣的创始人之一。这个女子就是韩希孟，她是一位很有名的闺阁绣的代表人物。她是杭州人，她的夫家顾氏以闺阁刺绣而闻名，世以顾氏居所"露香园"，称其家刺绣为"露香园顾绣""顾氏露香园绣"，简称"露香园绣"或"顾绣"，后来顾家没落了，只有苏州人去学顾绣。以前经常有人问我，杭绣跟苏绣有什么区别？我只能说江南刺绣有一种渊源的关系，很多刺绣的针法、技法、品种都是很雷同的。为什么？它们追溯到以前是一脉相承的。现在因为信息发达，所以大家就在你中有我，我中有你，互相借鉴的过程中把各个绣种融合到自己的刺绣当中去了。我的绣品当中除了有杭绣的特色，还有闺阁绣的影子，所以是顾绣、苏绣、杭绣融合在一起的，同时还融合了一些现代刺绣的艺术特点，再就是根据自己的特点发展。因为每个人都有自己的特点，就像唱戏、唱歌都有自己的流派。说到针法，现在刺绣可以说是已经提高到较高水平了，再要发展的话，只能是技法、针法更熟练。所以我们就从怎么样创新题材，怎样符合现代人们的需求这些方面来发展传统刺绣，因为刺绣肯定要跟生活结合在一起的，每个时代的特色都不一样。

1960年，我进入杭州工艺美术学校后，开始系统地学习国画、素描、书法。按照学校的课程规定，学习到第四年，同学们都要去不同的单位实习。大部分同学进入温州瓯绣厂实习，成绩略好的学生进入苏州刺绣厂，拔尖的三个学生被分配到苏州刺绣研究所跟随苏绣名家王祖识学习，我就是其中之一。我们去那边学习的时候，跟现在的状态大不一样，没有什么外界的干扰，真的是很认真学习。白天跟老师学，晚上我们就练习画画，因为那边的条件比较好，有一个很大的画室，等研究所的人都回家了，我们三个人就在那个画室里画画。苏州刺绣研究所的环境很好，在环秀山庄里，现在是一个世界非物质文化遗产。星期天我们就在那里写生，当然有

双面绣《白孔雀》，2018年，杭州

时候我们也到老师家里去。那时候我们跟老师的关系非常好，老师就比我们大十几岁，有三个孩子，我们还帮她抱孩子，星期天我们就到她家去，她烧饭给我们吃，大家很亲密，这种关系一直保持到现在，我只要去苏州一定要去看看老师的。

一根绒线可一分为二成16丝，再分半成32丝，极细的飘毛需再分，以64丝制成

在研究所学习的半年中，我们的刺绣技艺有了极大的提高，我喜欢动物，所以就开始钻研动物刺绣，并形成了自己的风格。

刺绣与其他艺术一样，全凭创作者对物象的理解与艺术化的展现。对于动物刺绣而言，首先要了解动物生长的规律，身体结构比例，以及毛发的走势。布线时，先以粗线打底，由粗到细，层层施毛，由浅入深，达到与物象一致的效果。

以绣猫为例，宜先绣尾巴，再绣爪子，遇到身体周边的飘毛，不能用一般的套针技法绣，而得一丝一丝用接针来绣。看似尺幅不大的一只猫，需要绣5至6层，使毛色呈现出深浅明暗的变化，并辅以飘毛来凸显动物毛发的蓬松感。一根绒线可一分为二成16丝，再分半成32丝，极细的飘毛需再分，以64丝制成。若要精心绣制一只猫，非一年半载不能为之。

我学到的另一项技巧是"点睛"。动物或人像的鲜活，关键之处即目光有神。我有一幅关于猫的刺绣作品《凝视》，猫的双目用丝线顺时针绕着绣，外圈为黄，中圈蓝绿，内圈绣黑，黑中点上白，猫咪机敏、孤傲的形象便生了出来。

在杭州工艺美术学校学习四年，其中在苏州实习半年，给我奠定了扎实的功底。毕业创作，我刺绣了一幅波斯猫，在"新苗"毕业生作品展上获得一致好评。毕业后我就被分配到杭州工艺美术研究所继续创作。听说在"文革"时，有一个人花了两块钱买走了那个作品。我不知道那个人是谁，如果知道的话，我真的很想去把它买回来，因为那是我的第一件作品。

1970年，杭州工艺美术研究所临时解散，我就在无线电专用设备厂当起了铣床工人，在流水线上磨了三年。那时候，人的思想很单纯，以为这辈子就这样了，没完没了弄下去了，也不知道这个运动会搞到什么时候。那时候我的心里也很压抑的，所以对于以后还有没有可能去做刺绣，都没去想它了，就是完全没有目标了。不像现在我想怎么做，我想去朝哪个方向发展，都可以。

1972年底，在周恩来总理的倡议下，工艺美术行业重新恢复起来，我们又回到研究所，那时候我们真是太高兴了，那时候，一辆大卡车把我们从无线电专用设备厂都运了回来，回到了我们原来在解放路的那个工作地址。那个时候我的心情实在没法形容，根本找不到任何语言来形容，就是很兴奋。回来以后，我一头扎进去，又从事我自己喜欢的专业了。

一位老先生不敢相信自己的眼睛，恳请我把穿上细线的针给他收藏

1982年改革开放后，浙江省和日本静冈县结为友好省县，省里组织工艺美术能手随代表团赴静冈县展示中华传统文化绝活。杭绣、台绣、喷水鱼洗、西泠印社图章刻制、书画、东阳木雕等等，都是第一次走出国门。这是我第一次出国，当时还领到350元服装费，在那个年代，这是一笔很大的数目。

在日本，我表演的是绣金鱼，包括鱼吐出来的水泡，还有鱼的尾巴，绣制时要求丝线分得很细。我在分线的时候，围观的人很多，绣金鱼吐出的一串串水泡时，一根丝绒一劈再劈，劈出了100多缕，穿进针眼的一缕细丝似有似无，肉眼根本看不见。三四个电视台的摄像机对着我的刺绣绷架。20多天中，静冈县有六分之一的人来争相目睹，后来一位老先生不敢相信自己的眼睛，恳请我把穿上细线的针给他收藏。其中有一位男士来看了八次（后来我们成了好朋友），这幅金鱼当时留在了静冈县，我连照片都没留下，那幅作品真的是很精致。还有另一件和同学合作的作品《绶带鸟》留在了静冈县博物馆。

圆满完成静冈的表演后，我在杭州火车站见到了分别已久的丈夫与孩子们。那一刻，我彻底没有了压抑，过去我的心里总是有块石头，各种情绪在那时一扫而光，好像换了人间。

我在纪录片《丰碑》的镜头中，看到小平生前书房中摆放着我绣的那幅《81+1》

1985年赴联邦德国，那时候我是去表演绣动物的，但是邀请方临时改变主意了，要我绣联邦德国的总统像。因为我的基本功比较扎实，所以绣人像也没能难倒我，我用五个月时间，绣成了长50厘米、宽35厘米的联邦德国总统魏茨泽克的肖像。

这件事一经媒体宣传，便在西欧引起了轰动。五个月当中，我就没有一天休息的。刺绣总统像作为我们中国的一个优秀传统艺术展示给他们，并作为国礼赠送，这是一件太有意义的事了。

1993年，我又用双面乱针绣创作了一幅名为《81+1》的作品，表现邓小平与孙子休闲嬉耍的场面。这幅作品以纵斜交叉的线条，用几十种色线，还原了81岁的邓小平与1岁的小孙子生动的形象。为什么会绣这个像呢？当时市委书记来参观，提出了一个建议，给我们的领导也绣一个。改革开放以后，邓小平为我们国家做出了那么大的贡献，让我给小平同志绣像，这个意义更不一般。正是改革开放让我重新走上了艺术的道路，我怀着一颗感恩的心，精心挑选了一幅小平同志和小孙子在亲吻的照片，开始刺绣。

那时候我是天工艺苑绣品研究所的所长，白天要管单位的事情，所以全部都是利用晚上跟星期天做的，做了十个月。在邓小平89岁生日前，我跟市宣传部部长一起把成品送到了邓楠那里，然后再由邓楠送到小平同志的手里。邓小平逝世后一周年后，一次偶然的机会，我在纪录片《丰碑》的镜头中，看到小平生前书房中摆放着我绣的那幅《81+1》。当时的解说词说小平同志逝世以后，他生前书房里的东西一样都没动

（左）在德国表演杭州刺绣，1985年，德国

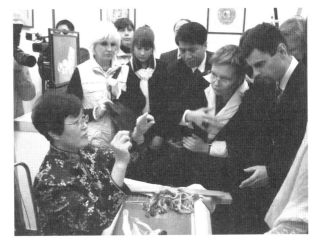

（左）参加俄罗斯"中国文化节"，2010年，俄罗斯

过。那个时候我心里激动的呀，我终于知道我的作品在什么地方了，就在他生前的书房里。我一生绣过无数幅作品，真正的艺术品无法用金钱来衡量，这是我所有作品中很有价值的一幅。

2002年，我带着几个学生，和我的一个同事共同创作完成了大型双面刺绣地屏《南宋西湖龙舟图》。这是杭绣历史上很大的一件作品：3米多宽，2米多高。当时主要是想表现南宋时期杭城的历史风貌，因为南宋的时候杭州是很繁华的。同时这也是我向杭州市政府申请的一个课题。但是做到一半时，我们单位改制了，这个作品就搁在那里了，我觉得很可惜。

于是我就是写了一封信给当时的王国平书记，王书记当天就批示：像陈水琴这样的工艺美术人才是杭州的宝贝，要重视，希望相关部门专门去关心一下这个事情。在王书记的关心下，我们七个人又做了一年。这个作品在杭州第三届西湖国际博览会上展出，获得了很好的评价，后来被市政府收藏了，现在收藏在中国财政博物馆。

天工艺苑这场火把我一辈子的心血都化为零了，那个时候是1994年

1988年，我们从工艺美术研究所划出来，单独成立了一个绣品研究所。因为天工艺苑是前店后厂，我们绣品研究所和一个石雕厂被划到天工艺苑那里，作为天工艺苑经营的一个特色。

后来因为这个房子电线老化，引来了一场大火。我们绣品研究所，那时候搞得很好，里面有很多的作品，包括好多大件作品全部被烧光了。那时，我们刚好在临平开年终表彰会，到了半夜，他们说天工艺苑着火了，我们就连夜回来了，到解放路一号的时候，就交通管制了。那时候我心都凉了，我想大概老天爷叫我从此不要搞刺绣了。天工艺苑这场火把我一辈

（前排正中）在陈水琴大师工作室与学生等人合影，2015年，杭州

子的心血都化为零了，那个时候是1994年，我1964年毕业，三十年，三十年的心血，都没了。

1995年，天工艺苑修好恢复营业，给了我们两三百平方米的地方，于是我们就搬进去重新开始了。

2000年，我退休了，成立了一个大师工作室。当时是王国平书记在的时候，杭州办了四个博物馆：伞博物馆、刀剪剑博物馆、扇博物馆，还有一个就是我们的工艺美术博物馆。工艺美术博物馆被评为全国十佳优秀博物馆，它的亮点就是大师工作室，我现在教学生，作品展示都在那里。

我现在也带了很多徒弟，大的几个徒弟都已经出师了。浙江省工艺美术大师金家虹、余知音，杭州市工艺美术大师王晨云、邓晓颖、王梅，还有许许多多慕名前来学习的后辈，他们现在都很优秀，都各有各的特色。

2011年，市政府开展"薪火传承"国大师带徒活动，规定每个中国工艺美术大师带五个徒弟。所以现在学习杭绣的人越来越多，杭绣这门古老的传统艺术定能得到发扬光大，后继有人。

采访时间：2013年7月

一朝结缘　终生为业

赵亦军

赵亦军

赵亦军　浙江省工艺美术大师，男工宫廷杭绣传人

赵亦军，1964年毕业于首届杭州工艺美术学校，被分配到杭州市工艺美术研究所从事刺绣创作研究工作，杭州男工宫廷杭绣唯一传人。其乱针绣作品《少女》于1984年获杭州市优秀作品二等奖；肖像绣作品《日本老太》于1985年获杭州市优秀作品一等奖；作品《阿弥陀立佛》于1992年获杭州绣品电视大奖赛一等奖；作品《大日如来》分别于2005年、2006年获中国杭州西湖博览会展览项目银奖；《四十八宏愿阿弥陀》于2009年再获浙江省精品奖和浙江省非遗"薪传奖"金奖；《观经图》于2010年获浙江省精品奖和杭州市精品奖；《普贤菩萨》于2011年获杭州市精品奖、2013年获浙江省非遗"薪传奖"金奖；《鳌鱼观音》于2012年获杭州市精品奖、2014年获浙江省精品奖；《俱利迦罗龙王》于2013年获浙江省精品奖；《青衣》于2018年获中国特色旅游商品大赛金奖。许多作品被海内外收藏。2010年被评为浙

江省工艺美术大师和浙江省非物质文化遗产杭绣技艺代表性传承人。2018年授予杭州市下城区十佳文化名人称号，2019年被评为杭州第二届"下城工匠"。

中山路那一带有一帮男的老艺人在搞刺绣，曾形成了一道"男工绣"的风景线

我1946年生于杭州，1960年进杭州市工艺美术学校刺绣班，师从神针张金发学习传统杭绣技法，1963年随苏州著名艺人王祖识学习苏绣技艺，1964年毕业于首届杭州工艺美术学校，被分配到杭州市工艺美术研究所从事刺绣创作研究工作。当时绣的大部分是市面上需要的绣品，而体现杭州渊源历史及鲜明地方特色的宫廷绣却很少有人问津，面临濒危。1985年，为系统地传承杭绣事业，我主动跟领导申请把我原来的师傅张金发重新请到单位里来。通过整整一年的努力，由他口传言教，我开始重新研究传统的宫廷杭绣。因为那个时候单位里是以盈利为目的的，外面订什么东西，我们就做什么东西，这种传统的东西基本上没人订的，多数订的都是双面绣，所以那时候在单位上班时绣的基本上还是双面绣。从师傅处学来的宫廷杭绣只能放在晚上和休息时绣。退休以后就没人来管我了，我就把全部精力放在自己喜欢的作品上，一直绣到现在。

杭绣的历史悠久，传统的杭绣在南宋时候就为宫廷服务，故被称为"宫廷绣"。后来转到地方上，宫廷杭绣的技法基本上是从传统的戏曲服装制作中传下来的。所以戏曲服装跟传统的杭绣其实是相辅相成的关系，戏曲服装以杭绣的传统针法而得以生存，传统的杭绣技法也依靠戏曲服装这个载体被保存下来。

"文革"期间，戏曲服装进行改革，有很多传统技法都是以其他工艺来代替了，所以传统的这种杭绣技法又在戏曲服装上慢慢地濒临失传了，几乎无法继承下去了。

我不甘心这体现杭州悠久历史和鲜明地方特色的绣种在我们这一代失传，我退休以后就在思考，怎么通过一种新的载体把这种传统的杭绣技法传承下去，最后找了一个佛教题材。因为佛教题材的作品无论是从构图的严谨、色彩的讲究，还是从金碧辉煌的效果，都和杭绣比较吻合，所以我现在基本上是通过佛教题材这个载体，顽强地把宫廷杭绣技法传下来了。

从事刺绣工作需要缘分，还要耐得住性子。我从小对刺绣有好感，所以在工艺美术学校念书时通学了刺绣、木雕、石雕、竹编四种手艺。我对石雕、木雕都不是那么感兴趣，唯独对刺绣比较感兴趣。对竹编也比较感兴趣，但是竹编要背口诀。我最后第二志愿填了个刺绣，第一志愿填的是木雕。但是那时候学的木雕是东阳木雕，是浮雕，我想学的是立体的，就是现在的黄杨木雕。学刺绣的男同学比较少，当时只有六个人填了这个志愿。学校里可能是这样考虑的，刺绣一般是女同学喜欢的，男同学感兴趣的较少，所以男同学凡是填了刺绣志愿的，都被编入这个班，所以当时领导一宣布我也感到非常高兴。

我从小就和刺绣有一种缘分，那时候我念小学二年级（中山北路第二小学），中山路那一带有一帮男的老艺人在搞刺绣，曾形成了一道"男工绣"的风景线，当时在行业中有种规矩，传男不传女，传媳妇不传女儿，此风一直延续到民国初期，所以也被称为"男工绣"。当时在耶稣堂弄路口，有一个老先生每天都在家门口绣花。我每天放学的时候，都要到他这里看一会儿，也不知道这叫什么绣，反正感觉很漂亮，五颜六色的，朦胧当中对它有一点好感，后来进工艺美术学校就报了这个专业。

"文革"期间，我被下放到无线电专用设备二厂，改行做电工了。后来回研究所又学了木工、羽毛画。但我对刺绣还是念念不忘，除了上班，业余时间我在家里还是搞刺绣，基本上绣的都是实用品，被面、枕头这种东西，有条被面一直保存着。恢复刺绣工作后，由于技术上一时跟不上，我暗暗地下了决心：三个月恢复到原有的水平，半年后达到同事的水平，一年后一定要超过别人。

我想把半个世纪来自己接触到的有关刺绣的心得体会，通过写成一些资料传下去

自从我接过"宫廷杭绣"的衣钵，除了和张师傅共同制作了些针法资料和"释迦牟尼"画像，我还开始了佛教题材绣品的创作。1988年，我的第一幅杭绣作品《阿弥陀立佛》被一个日本客户看中，没制作好就被预订了，还被评为杭州绣品电视大奖赛一等奖。以后我又绣了各不相同的四幅。1992年，我根据佛教有关资料描绘了一张《观说无量寿佛经》，是一幅大型作品。从1994年开始，我在白天完成单位安排的作品，休息的时间都腾出来绣《观经图》。由于太劳累，在1997年时我生了场大病。病愈后，我舍不得让作品荒废，拼着心力继续一点一点

绣制《童子观音》，2016年，杭州

中芬文化交流活动展演，2018年，杭州

地绣制，2010年终于完成了这幅绣品，得到了省市专家的认可，在省工艺美术精品展上被评为特等奖，有专家估价上千万。

　　这幅《观经图》以每天八小时计算，整整做了八年，是一幅迄今为止最大的杭绣作品之一。作品的亮点在于：（1）门幅特别大，167cm×184cm，因那时没有那么宽的面料，我是用三块面料拼接而成的，要求拼得天衣无缝；（2）人物特别多，正面有大小532个人物，有的人物很小很小，刻画的动态、五官，戴的镯子、饰品基本上都不少，可以说得上是惟妙惟肖；（3）线条特别多，房子的构造都以线条组成，而这些线条在多次翻绷中都有变形的可能，要绣直这些线条那是一种挑战；

（4）文字特别多，作品的背面是7221字的佛经，由书法家以蝇头小楷写就，我原样绣出来的。此作品问世反响不错，并经浙江卫视向海外六个电视台同时报道。在各种展览中都受到好评。

在传承传统杭绣的过程中，我遭遇到最大的挫折就是，大病一场后，我的身体无法再支撑长时间的刺绣制作。感谢家人的照顾和支持，让我可以更快更好地恢复到比较良好的身体状态。而现在我担心，已经72岁的自己有没有足够的时间与心力继续致力于传统杭绣的传承。除了整理资料，我还为杭师大、中国美院、理工大、省残联刺绣班及街道的刺绣爱好者讲课，将自己所掌握的传统杭绣介绍给更多的人。因为我们前一辈的老师傅都是文化程度比较低的，而且这方面的书籍也比较少，网上去查关于杭绣历史的书基本上没有，所以我想把半个世纪来自己接触到的有关刺绣的心得体会，通过写成一些资料传下去。就这样一点一点，我一本资料准备了四五年，都是利用业余时间，有的是晚上写，有的是做得累了写一点，有的是想到一点写一点，最后还是给它写成了。书名为《源自南宋宫廷的杭绣》，有8万余字、400余幅图片。因资金不足没有出版，我自费印制了部

（左一）参加灵隐刺绣艺术展，2013年，杭州

分，分发到有关图书馆、档案馆作为参考资料。这本书的影响很好，为多种刊物所摘录，也为编辑《中国工艺美术》（浙江篇）提供了大量的文字资料。尽管我文化程度有限，写得不尽如人意，但这本书是我的一些体会，它不仅是一本书，也是一本资料。

你要学的话，就是要有一个"终身制"，终身把这个东西学下去

因为电台、报纸报道我太多了，每一次报道都会有很多人想通过电台来学艺，大部分人都被媒体谢绝的，他们说你们不要打扰他。因为我有我的要求，学这个东西不是一时的兴趣，你看着很漂亮，想学一下，那是不行的。你要学的话，就是要有一个"终身制"，终身把这个东西学下去。我不希望有学生中途逃掉，对于我来讲，我的精力都花费掉了，作为年轻人来讲，他们的时间也都花掉了。所以有的学生半途改行，我是相当可惜。我经常说因为学这个东西不是一朝一夕能够学会的，尤其是要经过三考（绘画、绣、色彩）。不光是要学，你要有这个手艺，你会绣，你也要懂得绘画，要懂得色彩。像我这个作品，我基本上没画稿，不像苏绣有一张画稿，完全按照画稿上绣，颜色、色彩、勾图全部都有。我这个没有的，我就是自己画的一个白描稿，绣的时候，一边绣一边考虑色彩。我下面绣什么色彩都是临时决定的，所以没有这方面的基础是比较困难的。

要学习"宫廷杭绣"必须具备五个心：（1）爱心，首先对这行业要热爱，只有这样，你才会为爱而坚守，为爱而奋斗。（2）静心，刺绣是修身养性的工作，非得具备"坐禅"的精神才能静得下心来。（3）耐心，因刺绣工作的付出和收入是不成比例的，要守得住清贫，耐得住寂寞。（4）恒心，要有一条道走到黑的思想准备，经得起打击，经得起排斥，一直走下去，总有柳暗花明的一天，是金子总会发光的。（5）悟心，"宫廷绣"是多种艺术的集合体，不但要有彩线绣和盘金绣的各种针法和技巧，还要有构图、造型、色彩等绘画基础，需要我们不断地学习，增加知识，提高修养。

采访时间：2013年7月

一位用数学逻辑思维研究服装史的教授

包铭新

包铭新

包铭新　东华大学服装艺术设计学科教授，博士生导师

包铭新，1977年考入上海师范大学数学系，1982年毕业于华东纺织工程学院纺织系。主研服装史、设计史、美术史。先后策划展览"针尖上的刺绣""Visual Histroy of Shanghai""Mark Toby和滕白也"以及某企业的女装展和台北辅仁的旗袍展，中国丝绸博物馆的"从田园到城市：四百年的西方时装展"，等等。曾获皇家安大略博物馆（Royal Ontario Museum）的"Voronica Fellowship"。著书多部，其中《世界名师时装鉴赏辞典》入选1990年代时髦词典畅销书排行榜前十名。任职期间培养了数十名硕士生和博士生。曾兼任《中国大百科全书》纺织卷编辑组成员，中国敦煌吐鲁番学会理事和中国敦煌吐鲁番学会染织服饰委员会主任，《东华大学学报（社会科学版）》主编。

那个时候有一个叫作同等学力，我就自己跑到校长室，说想考研究生，便考到了华东纺织工程学院纺织系

我1947年在上海出生，祖籍在宁波镇海。父亲是纺织界的一名工程师，母亲是一名杂志社的编辑。我父亲叫包启明，他原来是在哪个工厂工作我忘记了。他在上海纺织科学研究院工作了二三十年，这是一个直属中科院的研究院。我上的中学叫晋元中学，曾改名陕北中学，原址在普陀区和静安区之间，一直算是普陀区的学校，是当年普陀区最好的学校之一。副校长叫郑逸梅，是文史补白大家。中学时我在文学方面有些爱好，对我现在从事的工作有一定的影响。我是66届高中生，"文革"开始的时候毕业的。因为家里哥哥、姐姐都出去了，父母身体也不是很好，我就一直在家自学，看看书什么的，各种东西都学过。一直到70年代初，我被分配到一个房修队，专门帮居民修破漏房子，从属于房管所。起初我是做学徒的，做拌黄沙水泥、泥瓦匠这种活，干了一年多。后来，一些晋元中学的老师，介绍我当代课老师，我做了好多年，直到1977年底。我是属于全能型的，除了政治、音乐没教过，什么语文、工业基础、农业基础都教过，我还带过篮球队、书法班、围棋队什么的，爱好比较多，跟学生还蛮谈得来的，到现在关系还很好。

1977年恢复高考，我考到了上海师范大学数学系。那时候华师大、上师大和上海教育学院都是并在一块的，叫上海师范大学。我家里成分不好，考其他学校没把握，我觉得很多事情要团队合作，只有数学是不要团队的，一个人就可以做，所以就报了数学系。高三的时候，我曾经写过一篇文章，讨论椭圆和双曲线的，数学老师要帮我去投《数学通报》。后来"文革"开始了，《数学通报》也停刊了，因此就没有投。但我还是喜欢数学的，一直认为数学可以很美丽，学数学逻辑清楚，所以我在学美术史或者染织服饰史时，逻辑比较清楚。我周围的同事和我的学生很多都是学艺术的，学设计的，他们的逻辑就会差一点，我用我的逻辑就经常能帮助别人。进入数学系以后，我在班里成绩很好。总分一百分，我能考一百多分，可以把附加题都做出来的。在77级，我年纪算大的，是1947年生的，也有比我小十三四岁的同学。学习数学是条非常漫长的道路，那时候我已

（右一）上海之禾空间画廊，2018年，上海

经三十多了，我觉得要是做数学，好像有点太晚了。于是就想改行。因为我家是个纺织世家，所以我想改纺织方面的专业。我其实大学只读了一年多一点时间，正好那个时候有一个叫作同等学力，我就自己跑到校长室，说想考研究生，便考到了华东纺织工程学院纺织系，当时研究的是纺织史。

我当时跟的是杨汝楫老师，他是正导师，副导师是周启澄老师。杨汝楫老师是搞航空的，他对纺织史不那么热心，也基本上不管我们。我们都是跟周启澄老师做研究的。周老师教了我们很多知识，我终身受用不尽。周老师那时候接到一个项目，做《中国纺织科学技术史》这本书，周老师很投入，这本书基本上都是周老师做的，大家看到的主编是陈维稷，陈维稷是我的太老师，是新中国成立前周老师在上交大读书时的老师，他俩都是共产党员，国民党要抓他们，陈维稷就带着周老师跑到了青岛，周老师这才没牺牲，周老师的好多同学都牺牲了。所以周老师帮陈维稷老师做事情从来不计较回报。他做纺织科学技术史研究，我们听他的课，毕业以后就跟着周老师。

最早的论文基本上都是关于纺织史的，我研究的历史中有纺织技术的成分

《中国大百科全书》中有一卷叫纺织卷。这本书是姜椿芳主编的，副主编是阎明复和陈虞孙，陈虞孙也是我们上海的一个很了不起的出版人。这本书中的化学纤维分支的主编是我们学校的校长钱宝钧，责任编辑是金常政。《中国大百科全书》第一本天文卷的责任编辑就是金常政。纺织卷是第二卷，金常政还来帮助我们一起工作，那时候我认识了姜椿芳、阎明复和金常政，他们对我帮助很大。起初是周老师带我去的，我也是编辑组的成员。周老师带我认识了纺织领域和中国出版界的以及百科全书领域里面的一些权威，还有阎明复，他后来做了统战部部长。他们教了我很多东西，我现在写文章还是学金常政的那套。比如说表示并举，我一定用"和"，而不会用"与"，要是有对比的关系，我才会用"与"，而且如果要列举很多东西，比如上海、广州、天津，我一定是先用顿号，最后一个才用"和"，我不会顿号顿到底的，这些都是向金常政学的，他很严谨的。汉语还是有一定的规范，特别是在编写这种供大家使用的工具书时，一定要很规范。

《中国大百科全书》纺织卷里面我署名的条目有26条，第一条就是我写的，就是说我很早就有了自己的东西出版。这个大百科你不能写创造性的意见和有争论的意见，而是要综述前人的成果，这也是金常政教我的。

周老师觉得我还可以，毕业后我就留校了。留校后我比较困惑，我从工程转做历史，科技史带有人文的味道，华东纺织工程学院是没有人文学科的，所以我就不知道干什么了。我先在图书馆待了一段时间，图书馆里又不要我管图书。照周老师的说法，我就像是一个在职博士生，因为做研究，所以没有人管我。后来我调到了学校的纺织研究所，这里面都是做工程的研究。有个所长姓杨，对我很好，也会给我点经费让我去做一些丝绸品种的研究。但他对我没有要求，不需要经济效益什么的，那段时间我论文写了很多。我研究生毕业，是三年半的硕士，1986年评职称，我自动转为讲师，七个月以后有个评副高的机会，又评上了副高。这七个月里面我写了很多论文，破格评职称要5篇，都是比较正规的论文。

我最早的论文基本上都是关于纺织史的，我研究的历史中有纺织技术的成分。我也能分析纤维，分析组织结构。现在我还能看结构，文理结合的。我做纹样，也做研究史，就是纺织史的研究史。我评上副高以后，我们学校改叫中国纺织大学了。

1982年，学校有了纺织品设计专业，引进了一些美术老师，他们开始画画，我就开始为学生讲纺织史、纺织纹样史和中外服饰史。1984年，学校有了服装设计系。1986年，学校有了服装艺术设计，款式设计。1987年，学校的艺术类院系正式招生了，学校有了我的用武之地。1987年，我得到了国家高级访问学者的机会，去加拿大阿尔伯塔大学待了一年时间，那时候出国访问学者都是指定分配的。

我在美国有幸碰到了服装理论界的一个非常权威的老师，是美国明尼苏达大学的老师，叫Joanne B. Eicher

到加拿大去学习的这个经历对我的帮助比较大。在那边我碰到一个老师叫Anne Lambert，她像是指导老师一样，但不是读书的指导老师。她其实比我还年轻，对我非常好，给我很多机会，我在那个学校学到了不少东西。访问学者很自由，我听了一门课，讲西方服装史的。西方服装史以前都是靠看书，我自己也没读过，是按照时间的那个维度，从古代讲到现在。后来发现那边有个老师，她先讲19、20世纪，讲完就考试，考试完以后，再讲古埃及、古希腊。这样慢慢讲下来，有兴趣的同学就来听，喜欢古希腊听古希腊，喜欢古罗马听古罗马，不喜欢可以不来听，我分数已经给你了。我觉得这个老师的方法很好，我回来后也用过这个方法，后来其他老师也用这个方法。我看到过一本杂志上有个老师说这个方法是他发明的，我不知道，反正这个方法是加拿大老师发明的，她先用的。

服装史在国外是一门成熟的学科，我在美国有幸碰到了服装理论界的一个非常权威的老师，是美国明尼苏达大学的老师，叫Joanne B. Eicher，这个老师还曾是牛津大学的客座教授，全世界都很有名，她是*Berg Encyclopedia of World Dress and Fashion*的主编。我在那边上点低年级的课，这个老师跟我一个办公室，我们经常聊天，她教了我很多，包括纠正我的英语发音什么的，等于是我的导师。我本来也要跟她去读博士的，也被录取了，她都帮我在那边安排了工作。后来因为回到中国以后，服装老师很缺乏，能教服装的课的人很少，学校不同意我走，有点遗憾，但我们现在仍保持非常好的关系。

我在国内没教过设计课，我在美国还教过一门设计课，因为我自己能画一点画。课程名是"日常生活中的设计"，是初级课程，给刚刚入学的学生听的。学生们挺喜欢我，我是这个学院里面这个学期所有课程的老师中学生评分最高的。因为是第一次在国外上课，我倾注了所有的热情。在那边，我又申请并拿到了加拿大多伦多的皇家安大略博物馆的Voronica Fellowship，我是中国学者中第一个拿到的人，第二个是赵丰。这个资金主要资助你利用对方博物馆的藏品来从事一切跟纺织服饰有关的项目，做一个报告就可以了，没有其他要求。馆里面所有的东西都可以看。我有一张门禁卡，可以进库房。我可以说每天都是最早在那边等着开门的。后来加拿大的那些同事们都不喜欢我了，跟我说，包铭新你不可以这样，这样显得人家不勤劳。后来我也不敢那么早去了，我会在外面比较远的草地上躺一会，吃个早餐，就是看看鸽子、松鼠什么的，等着开门。

写时装评论要文学一点，有时要像艺术评论一样，要锐利一点

回来以后呢，我没有好好做研究，这个就是我后来大大落后于赵丰的一个原因。其实我们都是77级嘛，年纪都是差不多的，而且我们比较谈得来，当时用功程度也差不多。我后来到时装界去了，到时装界之后当然也做一点时装史研究。所以我现在能够帮赵丰搞Ledia Gordon Collection。我去了两次，也起了一点作用。现在做这个展，也是我在总负责，所以做点时装史、服装史还是有点用的，跟我们的学术研究还是一致的。

时装界有很多诱惑，有金钱、有美色、时装表演和模特，乱七八糟的事情太多，很容易受诱惑。有时候好的时装表演，比如我看的最早的那个巴黎高级女装的表演，是在和平饭店，可以看得你热泪盈眶，因为那是种视觉上的美，现在大家看得多了就不稀奇了。我们这里引进了很多了不起的美术老师，但是到什么八大美院去讲课的，基本上就是我，中国美院、中央美院、清华美院、四川美院、湖北美院等，我都去过。当然不是去讲美术史，都是去讲服装史或者设计史，因为当时人很缺，所以我是很受欢迎的。唯一一次讲美术史是在汕头大学的艺术设计学院，还得到他们王受之院长的称赞。当时在时装界还常常做评委，做各种各样的事情，也没好好用功，在学术上可以说没什么长进。

80年代后期到90年代后期，这十年我基本上在时装界工作，那时候我写时装评论是很有名的，有本评论著作叫《世界名师时装鉴赏辞典》，我出了很多书，唯有这本书是进了排行榜前十的，卖得很好。一般时装界的评论什么的，我要说谁不好，谁就会费很多脑筋来跟我说，有的甚至去上面告状，反正我是直言不讳。我写起来跟人家不大一样，我有学术训练的底子，有史论的底子。原来就是研究纺织史的，现在突然转到时装，进入当代的时尚界，好像有一条鸿沟似的，但也许称不上鸿沟。我的硕士论文做的是丝绸品种史研究，品种要牵涉到纹样、艺术跟美术，一纸之隔，就很容易转过来。我从小又比较喜欢文学、书法、绘画和诗歌。

写时装评论要文学一点，有时要像艺术评论一样，要锐利一点。现在我们时装界有很多文科毕业的高才生，外语好，文笔也好，眼光也不错，那十年在国内我算是引人注目的，有一个说法叫"南包北袁"。我写评论人家会很在意，就是很关注我写的评论，我们开时装界的那种研讨会的话，总是我先发言，因为我是1992年以前的正教授，容易拿到话语权。时尚是非常浅的东西，不需要你讲得很深。比如说到美国去，服装界的人就分两种，一种像FIT那边的人，就是纽约时装学院的人，都是说话流利，衣服光鲜，也很善变，但是不大有深度的。但是你要是到真正搞服装史的那些地方去看那些学者，比如说像Joanne B. Eicher那样的学者，就比较厉害了。做研究跟做时尚还是不一样。时尚型的人说话的时候，词汇用得很漂亮，行业新动态全知道，过去的事情就不关心了。我在时装界有点异类，在学术界又有点像不用功的人，所以当时有点像"蝙蝠"。那十年回想起来是不太满意的。

转做学术研究，主要的是做中国古代的北方少数民族的服饰史研究

中国的大学开始比拼论文，比拼课题项目，我们的学校要成立博士点，我开始追求学术方面的成就。其实美术界、艺术界和设计界对搞理论的人一直是很轻视的，他们认为都是不大得意的人才去做理论，真正有本事的人都是搞创作。但是那个时候要评论文，要评博士点，招多少博士、博士后，发表多少核心期刊，我突然发现设计这块很弱。我是学科带头人，肯定要自己带头写论文，我已经好久没好好写论文了；要接项目，而且要接纵向项目，要接国家级的项目，所以就回到学校来做。赵丰帮了很大的忙，我请赵丰过来做我们的特聘教授，他带来很多项目，也帮我带来了很多学生，其实那时候我的角色基本上是辅助赵丰。因为赵丰那十年进步飞快，有很好的国际声誉、很多国际上的朋友、很多的项目，我一直都是配合赵丰。我们还请了曹意强来做图像学研究，他也带给我们学校很多机会。后来我们转做学术研究，主要是做中国古代的北方少数民族的服饰史研究。本来有个国家项目，要做个少数民族全集，就是南方、北方一起做。但我坚持做北方，我有我自己的想法，我觉得自己不重要，我的学生更重要，我一定要带出一些好的学生来，所以我那时候做项目，常常都是学生做第一作者，我是第二作者，基本上署学生的名。我跟赵丰不一样，赵丰还年轻，赵丰自己还有很大的潜力，我觉得我自己以后就是个铺路石，所以我对学生帮助其实挺多的。

我带的硕士生应该超过50个了，博士生也有十几个，大多数都不错。像我带的一个韩国博士生，现在是韩国一个大学里研究所的所长，回去没多少时间就是博导了。我筹措资金帮她在国内出书，请那些像扬之水之类的专家来帮她审稿，我的学生基本上每人都有一本著作。国内的一些学生比如说我们学校的李薇。她1979年出生，现在是副教授，博士，国外访问学者，海归。她做的是契丹服饰研究，在国际上应该说也是很领先的。国际上像澳大利亚、加拿大、美国的一些学者，讲到契丹服饰都会找到李薇，在自己的领域里面，他们基本上也都是走在很前面了。这次拿了国家的项目，她是第一人，我署第二人。我们申报这个项目，然后拿到国家重点出版基金出版了这套书。她做辽金西夏，其他学生做宋，把那个二十四史里面的舆服志部分做图释校注，以前的校注基本上是文字。我们现在加上图释，每个章节所有内容都要配图，这个是大工程。因为后来曹意强来了，他是图像学专家，在他的影响下，我们用图像学为主要工具，来研究北方的少数民族服饰。

我们做的面很小，成绩也不大，但是我们在这方面做的工作还是比较踏实的。吐蕃的衣服、回鹘的衣服、党项的衣服，我们都做过复原。蒙古的衣服也做过，这个蒙古当然是指元代蒙古，不是现代的，不是其他的蒙古，反正自得其乐吧。我们不太功利。我觉得研究少数民族的服饰史，你就会发现中国的服饰史，其实半部都是北方少数民族的服饰史，即所谓的胡服史。其实从唐代开始，中国人的服饰里面，就是少数民族的元素不断地在增多，这是我们提出的一个观点，我们不断地证明这个，而且让大家要看到少数民族服饰带来的民族融合这一部分。这些历史上的东西，都在丝绸之路上，所以我们的研究可以说有三个相关度，一个是图像学，一个是丝绸之路，还有一个就是古代北方少数民族，这个北方也包括西北的吐蕃。

我退休以后，基本上一直帮国内外的博物馆做策展

我还研究过古代的扇子之类的。扇子首先可以作为饰品，你拿把扇子，你的形象跟不拿扇子的形象不一样。你说下围棋的那些人，聂卫平拿把扇子，拿把中国的折扇一捏，跟你坐在空调旁、电脑旁的形象是不一样的。我们说服装最终的结果是要展现一个人的形象，穿衣服的人和不穿的衣服的人是不一样的。不穿衣服的人，基本上就是一个自然人，穿衣服的是社会人。因为衣服是交流的一个工具，你一看一个人穿着的衣服，你就已经对他有个判断了，他穿休闲的，还是很正式的，或是穿得很前卫的。所以扇子是形象的一部分，这个是以我的角度看待扇子。扇子又有书画，又有工艺美术，它的扇骨、扇面，它那个扇面的纸张、做法，其实是工艺美术，扇骨上还要刻字，这也是工艺美术，正面写书法，反面有绘画，这是艺术，就比较吸引我，这是我的一个业余的爱好，与工作也相辅相成。

我65岁才退休的，2012年退休的。现在还是《东华大学学报（社科人文版）》的主编，任期还没到，也快退了。我觉得我这一辈子，因为有"文革"，我从事专业工作的时间比较短，我的学生基本上都出头了，在其他大学也都蛮好。

我退休以后，基本上一直在帮国内外的博物馆、海内外的博物馆，做各种各样的事情，主要是做策展，比如借展品。我策划了好几个展览：做了一个关于刺绣的展，叫"针尖上的刺绣"；做了一个关于老上海的叫"Visual History of Shanghai上海的视觉历史"的展览；帮助人家做了一个叫"Mark Toby和滕白也"的展览；帮一个浙江的企业雅莹做了一个近代的女装展，这是一个很好的企业；帮台北辅仁做了一个旗袍展，很多展品都是我借给他的，还帮他们做了一些策划的工作。现在我在策划一个展览，赵

（左）在东华大学进行时装设计讨论，2017年，上海

丰昨天给起了名字，叫西方时装展。这其实是两个展，先做一个汇报展，再进行常年陈列。策划书也是我写的，我带了学生一起去做这个展览。我还帮上海历史博物馆策划过旗袍展，开始计划都是我帮他们做的，还帮他们举办过讲座，我说我什么费用也不要。那时候上海历史博物馆比较困难，那个张馆长马上站起来（吃饭的时候）说，告诉大家个好消息，包老师帮我们做，什么都不要。

社会兼职方面，现在我是敦煌吐鲁番学会的理事。我们学会下面有很多专业委员会，我是染织服饰委员会的主任。还有上海市服饰学会。我发起成立了一个专家委员会，我兼主任，主要是关心旗袍和中装定制的。因为我对旗袍比较关心，旗袍是我们中国的定制嘛。法国有高级女装，是要法国文化部批准的，我们就组建了这样一个专家委员会，就是高级定制，以旗袍为主的中装，少数人员要我们专家评定以后才能进来。这个联合会自己有点活动，大家互相制约，就是要多研究，坚持品质，做旗袍包含一些手工活，要做得比较好，因为不同女性都可以穿旗袍，不要弄得都像饭店的服务员穿的那种。

采访时间：2014年8月

讲讲我知道的袁震和绸庄

方敏敏

方敏敏

方敏敏　袁震和绸庄第四代后人

方敏敏，1947年11月生，是袁震和绸庄的第四代后人。袁震和绸庄在杭州，是袁南安在1871年创办的，他是"清封朝议大夫"。1915年袁震和绸庄代表中国去美国巴拿马博览会参展并获得金奖，是中国丝绸在世界上的第一块金奖。1929年袁震和绸庄参加了杭州第一届西湖博览会。袁震和绸庄家族后人历经百年风雨，留存了少量绸庄产品，捐赠给中国丝绸博物馆一件马褂和一些零碎绸料、半成品以及"一枝花"改衣一件（据有关史料记载，慈禧太后特别喜欢"一枝花"绸缎）。2005年"平湖秋月"织锦被西湖博物馆收藏。方敏敏一生致力于袁震和绸庄遗存物、资料、图片、文字的收集整理记录，为让更多人了解杭州丝绸历史做出了极大的努力。

袁震和绸庄是我外太公创建的，绸庄在1915年参加美国巴拿马博览会获得了金奖

我是在浙江印刷集团公司退休的。1970年我"上山下乡"到了黑龙江密山兵团，1974年病退回到了杭州，1976年进了杭州印刷厂顶了我父亲的职。1980年以后，杭州印刷厂与浙江新华印刷厂合并，组成浙江新华印刷厂，1990年后又改成浙江印刷集团公司，成为浙江省印刷行业的龙头企业。我在那里工作了23年，在校对组做了13年，1997年11月退休。

袁震和绸庄是我太公创建的，绸庄在1915年参加美国巴拿马博览会获得了金奖。本来我们是不知道这获奖之事的，看到了1996年11月30日的《钱江晚报》上的一篇文章《这些老字号还能重放光彩吗？》后，我们才知道袁震和绸庄还如此辉煌过。这是中国第一块丝绸界的金牌，都锦生丝织厂是在1926年才得金奖的，袁震和绸庄比他们早了11年。

当我看到《钱江晚报》上的文章时是很激动的，我为此还去上海采访过九十几岁的二姨妈，采访过四房的慰顺舅舅。舅舅告诉我，获奖此事是有的，奖牌是有的，以前放在四房四外公家里，奖牌圆圆的，上面有男女两个头像，在"文革"中遗失了。我又跑到中国丝绸博物馆去参观，想看看里面有没有记载。可是参观后发现里面没有记载袁震和绸庄的事迹。回家后，我就给中国丝绸博物馆馆长写了一封信，询问：《钱江晚报》都记载了袁震和绸庄获奖的

第一届西湖博览会袁震和展台，1929年，杭州

事，为什么你们馆中没记载？后来陈锦才给我回信说：我们博物馆的东西是不全的，是要靠大家支持、捐赠的。于是就有了我第一次给中国丝绸博物馆的捐赠之事。那次我把六姨妈交给我的一件外公的马褂和一些零碎绸料，有些是半成品捐给了博物馆。过了几天，《杭州日报》记者郑承锋和我一起去采访，中国丝绸博物馆给我发了捐赠证书并合了影。

第二次捐赠之事是这样的：有一次，我在杭州市档案馆看到一本资料，上面说慈禧太后特别喜欢"一枝花"绸缎，我马上回家问我妈，外婆留给她的那件陪嫁上衣是不是"一枝花"。我妈说："是的。"我很激动，因为外婆那件陪嫁衣留给我母亲后，母亲把它改成了两件上衣，一件给我妹妹，一件给我。妹妹那件早就找不到了，我的这件还保存着，这件衣服背后就是用乌绒织成的一株白玉兰花，我很喜欢。听母亲说，这件衣服原来是中式大襟的，整条领子就是一枝小花的，口袋的边也是小花的，整件衣服就像一株乌绒白玉兰花。灰色的底板，上面衬托着一枝花。真的很高雅，我很喜欢。后来慢慢地，我想，放在家里只有我一个人欣赏，捐赠给博物馆可能会有什么研究价值，让大家欣赏，不是很好吗？这时我就有了捐赠的想法。后来我又在想，外婆的这件"一枝花"，是不是就是慈禧太后说的"一枝花"呢？如果是的话，那么慈禧太后穿的"一枝花"有可能是袁震和绸庄出品的。那时太外公还是"清封朝议大夫"（这是杭州历史学家丁云川告诉我的），那么在故宫肯定会有袁震和绸庄的绸缎。再说外婆这件"一枝花"陪嫁衣是不是就是袁震和绸庄出的呢？据我分析可能是这样的：外婆家在绍兴，那里是不出产丝绸的，家族只是在上海做丝绸生意的，与袁震和绸庄是至交。外婆嫁给外公时，外公的第一位夫人已去世，已有四个孩子了，一个家庭肯把女儿嫁给有四个孩子的男人，这个男人肯定是有很大的魅力。我想当时可能就是袁震和绸庄的魅力。这件衣服可能是外公给外婆的聘礼，也许外婆家用的都是袁震和绸庄的绸缎。所以外婆嫁过来时穿的绸缎可能都是袁震和绸庄的。现在我很想考证这件事：外婆留下的"一枝花"是不是就是慈禧太后喜欢的"一枝花"？这就是我的第二次捐赠。在此我想提醒的是：袁震和绸庄在清末经营了40年，太外公并且是"清封朝议大夫"，难道朝廷没有袁震和绸庄的绸缎吗？据说故宫至今还有些馆没有开放的。

1929年杭州第一届西湖博览会召开，袁震和绸庄在四外公袁子耀的带领下也参展了

另外说说我的太外公袁南安吧。他第一位夫人姓洪，生有三个儿子，她去世后，太外公娶的第二个夫人姓毛，生有一个儿子和两个女儿。那么太外公的第一位夫人洪氏是不是就是杭州西溪洪园的洪氏呢？还是太平天国洪秀全的洪氏？这也是我在想的。不过不太可能。现在我又在想：袁震和绸庄为什么能在1915年代表中国去美国参加巴拿马博览会？

袁震和绸庄创建于1871年，到1911年，这40年是在清末时期，1911年辛亥革命到1915年民国才四年，袁震和绸庄的绸能代表中国去美国参展，肯定是源于其在清末40年中的功底和名气。这是袁震和绸庄最为辉煌的时候。遗憾的是1918年1月18日（阴历1917年12月17日）太外公袁南安去世了。他是带着辉煌去世的。

盖棺定论这天，杭州还发生了地震，这是我上海的二姨妈在世时讲给我听的。她说当时，大家连忙叫大外公按住头，二外公按住脚。当时我二姨妈才5岁。这时袁氏第二代，也就是洪夫人的三个儿子和毛氏夫人的儿子都是继承丝绸事业。第三代，我的大舅舅、二舅舅也是得力的助手了。

1929年杭州第一届西湖博览会召开，袁震和绸庄在四外公袁子耀的带领下也参展了，并设有一个会馆。口号就是"提倡国货"。那时

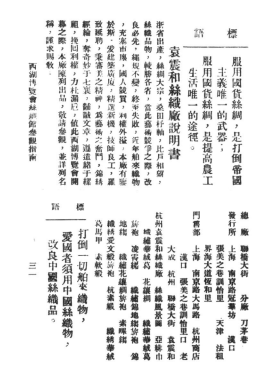

袁震和参加西湖博览会的宣传广告，1929年，杭州

四外公袁子耀是西博会筹备处的委员。有一次不能去参加筹备会，是我大舅舅袁慰农代他去参加的。我二舅舅袁慰宸是筹备处的顾问，这些都是有资料可查的。资料在原杭州大学图书馆，我去查过。

1930年，太外公的大儿子袁家善去世。1932年，二儿子袁家祯（我外公）去世。1937年，抗日战争全面爆发，大家逃难，那时大房在汉口做生意的，大外公袁家善的儿子有一次要回杭州，和别人换了一张轮船票，提前一天回杭州，轮船在长江上遭遇日本侵略者的炸弹，他就遇难了。这是日本侵略者欠袁震和绸庄的一条人命。我外婆带着二房全家逃到绍兴。当时中央陆军学校来绍兴招生。一个炸弹下来，别人的考卷都炸毁了，我五舅舅的没有炸掉，就这样我五舅舅被中央陆军学校招了去，途中牺牲了，至今还没有魂归故里（在纪念抗日战争胜利60周年时，我有一张五舅舅的照片送给浙江档案馆的）。当同去的同学回来，告诉外婆这一噩耗时，外婆当场昏倒。这是日本侵略者欠袁震和绸庄的第二条人命。三房在哈尔滨做生意。四房全家逃到了萧山临浦。袁震和绸庄遭到日本侵略者的破坏，1943年，太外公的三儿子袁家受也去世了，袁震和绸庄遭到一个又一个沉重的打击，从此一蹶不起……抗战胜利后，为了生计，袁震和绸庄卖掉了小福清巷的头厅店面，从此新开辟了小福清巷2号、5号，二房从2号进出，四房从5号进出。

慰顺舅舅代表四房，把这一幅"平湖秋月"作为礼物送给了这位第一次回内地的堂姐

另外我想讲讲有关袁震和绸庄的产品：小的时候，我们都穿过外婆家的绸缎衣服，冬天的棉袍子，夏天的运动衫。床上的被面，因为有"袁震和绸庄制造"字样，后来在"文革"时都剪掉了。好在现在还是有人保存了下来。前几年，大约2013年，我捐赠给中国丝绸博物馆两块破旧的被面，虽是绸的，但没有"袁震和绸庄制造"的字样。2004年西湖博物馆征集镇馆之宝，当时我把加拿大四姨妈寄给我的一张"平湖秋月"织锦照片寄给了西湖博物馆筹备处，后来他们回信追问作品还在不在。我告诉他们在加拿大，他们问我是否可捐赠，我给加拿大四姨妈去信询问，她考虑了很长时间，与我两位舅舅商量，最后决定捐赠。于是就有了2005年5月

（左一）路过六公园英语角，和老外聊天，2018年，杭州

10日在景芳一区大套房里简单的捐赠仪式。当时《杭州日报》记者李忠、《钱江晚报》的记者、明珠台的记者都来了，西湖博物馆筹备处吴主任、刘春蕙副主任接受了袁震和绸庄后人捐赠的"平湖秋月"织锦。后来他们给我们翻拍了四幅10寸大的照片留念。明珠台的《阿六头说新闻》还做了报道。这幅"平湖秋月"不是我们袁家二房保存下来的，是四房八姨妈保存下来的。

　　1979年改革开放后，我四姨妈第一次从香港回内地来探亲，大家热情地欢迎着她的到来，临别时，慰顺舅舅代表四房，把这一幅"平湖秋月"作为礼物送给了这位第一次回内地的堂姐。我四姨妈得到这幅老祖宗的东西，真是说不出的激动和高兴，她拿回香港后，马上配制了镜框，又带到定居地加拿大，她拍了照片寄给我看，告诉我她已把这礼物挂在家中墙头上，每天都能看到。可见老人对家乡、对亲人的怀念。关于织锦，我知道现在市面上保存有"平湖秋月""雷峰塔"，这都在个人收藏家手中，陈爱国手中就有五幅左右吧，他有不同版本的"平湖秋月""雷峰塔"。还有一位姓冯的玉泉山庄的老板手中有两个镜框，一个是"平湖秋月"，另一个是"雷峰塔"。我去拍过照片。另外还有一个品种是"保俶塔"，竖排的，这一幅以前保存在我家的，父母是放在我家照相框背后的，"文革"时期，我们发现了这绸缎上有"袁震和绸庄制造"字样，红卫兵没来我们就处理掉了，现在想起来，那时是多么幼稚。我觉得对不起太外公。听说还有一幅"三潭印月"，不知何日能见天日。

墓志铭是一篇短文，他只记得第一句话："清封朝议大夫袁南安先生墓志铭"

有一次杭州历史学家丁云川先生给我寄来了一封信，信中说，我们太外公的一块墓碑在他家中，叫我去看看。我去看了，这是一块太湖石做的碑。上面一个字也没有了。他告诉我，这是他父亲从半山一位石匠那里买来的。他说刚拿回来时，他爸爸对他们小孩子说："这就是杭州鼎鼎有名的袁震和绸庄的创始人袁南安先生的墓志铭。"墓志铭是一篇短文，他只记得第一句话："清封朝议大夫袁南安先生墓志铭。"后来"文革"时期，小孩子们用砂轮把上面的字都磨平了。现在这碑还保存在他家中。回家后我就问我母亲，她说是的，太外公的墓前是有两块墓碑，一块记载子孙后代，另一块介绍他的事迹。1956年，墓迁到南山公墓了，这两块墓碑没有带过来，所以可能就是石匠收起来的。母亲还告诉我说上面的墓志铭是有拓本保存的。她说有20本，上下用两块木板夹起来的。这又使我想起小时候，母亲教我们写描红字，练毛笔，一本又一本，用的字帖就是赵孟頫的，说不定这就是太外公的墓志铭拓本，我们那时又不懂事，后来"文革"中都烧掉了。现在我为太外公做了一本《袁震和绸庄资料集》，算是我对他的歉意吧。

再说说小福清巷吧。听我母亲说，这房子是我大舅舅要娶亲时，太外公买下的。有记载大约是1909年的时候。

2014年我到西溪去拍照片，无意中走进了蒋村祠堂，看到两面墙头上是介绍蒋村的故事的连环画，我一幅幅看过去，兴奋了，里面讲到蒋村与庆春街上的七宝寺、祖庙巷、广福巷都有关系，这又使我想到袁震和绸庄与七宝寺的关系。蒋村在庆春街上开米店，七宝寺是他们的仓库。袁震和绸庄的店面就在庆春街上，那时叫盐桥直街27号余树堂，袁震和绸庄的大房从七宝寺进出，可见关系很密切，袁震和绸庄二房的奶奶（我外婆）六十大寿时还在七宝寺里拍照留念。最近我又发现了外婆六十大寿时在七宝寺里留念的照片，其中有我爸爸和舅舅、姨夫们的合影。这使我想到当时庆春街上的人们，吃的是蒋村的大米，穿的是袁震和绸庄的绸，一派繁荣景象，庆春街就像南宋清河坊一样。

最近，我看了万事利集团董事长李建华先生出的有关丝绸的资料，里面讲到有一种叫"缂"的丝绸，可称为"丝绸上的雕刻"。我想起来了，在我第一次捐赠给中国丝绸博物馆中的一些零碎绸料中，有一块可能就是"缂"，这料子真的很好，小时候夏天母亲给我们做运动衫穿的。我希望中国丝绸博物馆与万事利丝绸集团公司合作，可以复制一下这种"缂"。

1915年袁震和绸庄在美国巴拿马博览会上获金奖。2015年袁震和绸庄获奖100周年。2018年袁震和绸庄创始人袁南安先生去世100周年。

中华人民共和国成立后，四外公还是从事过丝绸事业的，那时已改名"杭州天利丝绸厂"了。只是除了袁震和绸庄第三代大舅舅和二舅舅从事过丝绸事业外，另外都是读书人，没有人继承丝绸事业了。

采访时间：2013年7月

从制丝工程管理到丝蛋白材料研究

白　伦

白　伦

白伦　苏州大学原副校长，原苏州丝绸工学院副院长，博士生导师

白伦，1977年毕业于苏州丝绸工学院制丝专业。1980年1月—1981年12月国家公派赴日本信州大学纤维学部留学；1987年在日本东京大学获农学博士学位。1990—1993年应聘赴日本信州大学纤维学部任教主持数理工学讲座，1992年晋升为教授。1993—1997年任苏州丝绸工学院教授。1997—2013年任苏州大学纺织与服装工程学院教授、博士生导师。2009—2012年任日本信州大学纤维学部特任教授主持生物工程课程。主要研究方向为纺织工程系统管理理论与应用，制丝工程智能化管理理论，纤维集合体的动态变动过程解析，抽样检验分级理论研究以及丝蛋白医用生物材料等。主要研究成果有1989年参与我国生丝检验国家标准制定，提出的生丝抽样检验分级理论及方法被应用于生丝检验国家标准（GB1797-799-86）；主持973子课题"丝蛋白基医用生物材料的组织诱导功能"等多项课题。曾担任国际丝协（ISA）丝绸标准委员会

（SSA）中方代表。在国内外发表论文130余篇。在国内外参与编写或作为作者出版作品5部，包括《长丝工艺学》《絹の文化志》（日文）、*Silk Biomaterials in Tissue Engineering and Regenerative Medicine*（英文）等。

科研项目"生丝检验分级标准研制"获得国家技术监督局1989年度科学技术进步奖二等奖；"制丝工程管理理论研究"获江苏省1995年度科学技术进步奖三等奖；"製糸工程管理における繊度管理理論に関する研究"获日本2002年度丝绸学会奖；"工科实验教学改革研究"获教育部2005年度教学改革成果奖二等奖；"纺织系统工程管理理论研究"获中国纺织协会2008年度科学技术进步奖二等奖等。获得的荣誉称号包括1986年以后被评为全国丝绸教育系统先进工作者，人事部全国优秀教师，纺织工业部"中青年有突出贡献专家"称号；2006年荣获全国茧丝绸行业终身成就奖；2018年获"改革开放四十年纺织行业突出贡献人物"荣誉称号。1993年起享受国务院政府特殊津贴。

信州大学纤维学部两年公派留学中，我师从嶋崎昭典教授，从系统工程管理及概率论数理统计基础开始学起。

我1948年出生于广西桂林，2岁就到南宁，一直在南宁长大的。我父辈都在广州。父亲原来是广西化工厅的干部，广西成立化工学院后，他在那里任院长。我学的跟他的专业没什么关系，因为我们那个时候正好赶上"文革"，所以父亲所做的专业方面的事情，我们基本上不了解。

我大学就读于苏州丝绸工学院，是1973年入学的，学的是制丝专业。这是一所很有历史的学校，到现在经历了很多变动。它的前身是1903年办的上海私立女子蚕业学堂，曾经分成蚕桑专科学校和丝绸学校这两块，我们是属于丝绸这一块。1960年苏州丝绸工学院才成立，当中又停顿过一段时间，一直到"文革"开始。"文革"以后，学院开始重新招生，就是以苏州丝绸工学院的名义招生的。当时招的是"工农兵学员"，1972年是第一批，我1973年入学是第二批。

1977年毕业以后，我留校做一些助教的工作。1978年10月，国家教委开始选送出国留学生，我被推荐参加全国出国留学生的考试。日语考试通过了以后，1979年初，我到大连外国语学院进修了半年日语，主要是口语训练，还有一些基础日语学习。

1980年1月份，我被派到了日本。我们这期去的是两年，到日本的信州大学，这是一个在长野县的大学，规模也是比较大的，当时按照日本大学的排名大概也是排在第十几位的。这个学校实际上是日本当时仅有的几所研究丝绸的大学之一，它的前身也有悠久的历史，是20世纪40年代末那段时间建立起来一所大学。这个大学一开始就有从事蚕桑丝绸方面的教学和研究的学部，叫信州大学纤维学部，有栽桑、养蚕、制丝、丝织、染整、蚕丝系统等学科，很齐全。当时在日本开设丝绸学科的大学，主要是信州大学、京都工艺纤维大学和东京农工大学这几所学校。其他还有一些，比如说九州那边主要是搞蚕桑的，福井、东京也还有一些其他学校。

苏州丝绸工学院有一个副院长叫张复昇，他是20世纪30年代的时候到日本留学的，他对那边的情况比较了解，他认为我们国家丝绸工业发展很快，但是在软系统方面，就是管理这方面的研究比较落后。当时主要都是在生产，搞产品，对于工程系统管理方面的问题关注较少，我们老校长当时就关注到了。

我在日本的导师曾任日本蚕丝学会会长，叫嶋崎昭典，他在我们国家丝绸界是大家都知道的日本蚕丝学界有名学者，并且是在我国改革开放以后与我国交流最早的丝绸学科的教授之一。改革开放以后，我国的纺织工业部副部长陈维稷访问日本的时候，专门请嶋崎昭典先生到东京会面。当时就是我们张院长推荐嶋崎先生的。嶋崎昭典是搞丝绸工程管理的，在日本做得比较好。他的博士论文在研究定粒缫丝、定纤缫丝系统工程管理这方面的研究很出色，他曾在大学里面担任过评议员。这位教授对咱们中国非常友好，并且在日本威望非常高，学问做得非常好。在信州大学纤维学部的两年公派留学中，我师从嶋崎昭典教授，从系统工程管理及概率论数理统计基础开始学起。

在制丝工程中，制丝车间里会发生丝条故障。丝条出现了故障以后，就需要人工去处理，这些丝故障多的话会影响生产。丝故障少的话，工人看台数可以增加，缫丝也能顺利进行，这样生产效率就会很高。但是丝故障总是免不了的，那么到底是怎样一个丝故障状态是适宜的，我们应该有多少人来进行一组缫丝机的挡车管理呢？以前都是凭经验决定。后来我们建立了一些理论模型，把工人处理的能力和丝故障发生的概率之间的关系表达为一个科学的模型。根据这个模型，我们可以确定在车速开到多大，丝故障发生达到某个程度时，需要多少工人才最合理。人太多，闲在那里不行；人太

（左一）和嶋崎教授在一起，2011年，日本

（中间）参加蚕丝年会，2011年，日本

少的话又影响生产效率，影响生丝质量。那么合适的人工配置应该是怎么样的呢？我们通过所建立的数学模型给出了答案，并在日本蚕丝学会杂志上发了3篇文章，在学会上也做了好几次研究报告。

我从1982年开始生丝检验标准的研究，那时正好我们遇到国家修订生丝检验标准的机会

1982年回国以后的几年中，我主要关注生丝标准的制定与修订问题。原先已有过生丝检验标准，早期的标准是1918年以后由美国、日本研究出

来的，我们现在沿用着这一生丝标准，是以日本与美国做的研究工作为基础的。生丝跟其他产品不一样，很多工业品做出来了以后，只要判断它合格不合格就好了，但是生丝，按照质量各种指标水平，可分成近十个等级。由6A级、到A级，以下还有B、C、D级……每一个等级有不同的质量标准。生丝是一种非常昂贵的天然纤维材料，所以人们对生丝的质量都有很高的质量期望。均匀程度怎么样？小丝疙瘩有没有？经不经拉伸？颜色怎么样？经不经摩擦？有很多的生丝检验指标，多达十来个，来评价生丝的质量。当然，这些质量指标有轻有重，特别是纤度的粗细，均匀程度，颣节大小等等，这些主要的检验项目都被细分成近十个等级。凭什么理由来区分这些个等级？区分等级时，等级区间宽一点、窄一点，又是根据什么来确定的？

当时生丝出口到日本、欧洲、美国，客户对中国的生丝经常有一些意见，说中国检验的生丝的实际质量和等级不匹配，他们以生丝标准来重新再检查一遍，看看这个生丝粗细变化、匀度、颣节是不是跟生丝标准符合。如检验单说这个丝是5A级的，他们就按照5A的检验要求重做一遍，往

参加意大利佛罗伦萨国际会议，2015年，意大利

往他们检验出来的等级和我们定的不一样，如说检验出来只有4A级、3A级，他们就会批评说中国的生丝等级和实际的质量不符合。我国的生丝检验标准是在日本、美国检验系统上做一些局部改动，但是主要的检验项目指标都是跟以日本、美国为主制定的国际上的标准基本一致的，使用中客户经常反映检出来的等级跟实际不符。

生丝等级实际的质量跟等级界限值之间的关系，到底应该怎么样用理论来描述？或者再进一步地说，如果没有日本、美国的标准，我们要自己制定一个生丝检验标准的话，该怎么做？各个等级界限怎么划分？各个等级区间的宽度怎么确定？而这些指标又跟什么因素有关系？为此，我们首先提出了定级信赖度的概念，在研究这个问题的时候，首先要给出生丝等级信赖度的评价方法，好与不好的检验结果要有一个可信赖的评价方法才行。有了这个评价方法，我们才能够确定这个等级区间的宽度，或者它的中值位置应该怎么跟生丝的实际质量对应起来。于是我们就从这个生丝质量等级划分信赖度的评价基准入手开始研究。因为一个基准涉及很多指标，比如说糖节怎么样，条份粗细均匀程度怎么样，还有丝条的粗细变化又怎么样……这些不同的指标，都应该要有不同的标准。为此必须分别对不同的指标进行分析。根据这一考虑，我们首先对主要的质量指标——生丝纤度偏差——建立起生丝定级信赖度的评价方法。有了这个方法以后，我们就可以在理论上分析等级的区间中值、等级的区间的宽度、与生丝纤度偏差定级信赖度之间的关系。生丝等级区间的设置实际上都跟生丝本身的质量有一定的关系。这个关系建立起来以后，反过来就可以考虑，根据生丝质量水平，应该怎么确定相应的等级区间。如果把生丝某质量指标从最好到最差的指标值范围之间建立起n个等级的话，等级的定级的信赖度将会受到n的大小的影响。因为这个质量指标范围是确定的，等级定得越多，每个等级的区间就狭窄，定级的信赖度就要降低；而等级区间定得太宽的话，虽然定级的信赖度会很好，但是同一个等级里面质量差异就大。怎么样能够找到一个比较好的等级划分数n呢？既能够有比较高的定级信赖度，同时又能够使得一个等级里面的质量差异不要太大，这个问题的解决需要有理论支撑。当时我的博士论文就是从研究这个问题出发的。

我从1982年开始进行生丝分级标准的研究，那时我们正好遇到国家修订生丝检验标准的机会。我那时30岁左右吧，当时给我审查论文的陈基达老师对这个很感兴趣。他就把我推荐给了中国丝绸公司的生丝标准修订小组，让我也参加了这个小组的工作。这是80年代以后我国头一次修订生丝检验标准，我提出的生丝检验标准的等级的设定方法，还有等级的信赖度的评价方法，正好在那次检验标准修订时就用上了。从这一次以后，我国生丝检验标准每次修订都会按照我这个理论来进行等级划分。我在1986年到国际丝绸协会上去介绍过这个理论，日本的应用统计学杂志刊登了我的分级理论论文。

这个理论实际上是按照我国自己的方法来制定生丝检验标准的一个成果，直到现在的生丝电子检验标准，都是按照这个理论来进行分级的，包括匀度问题，纤度偏差和净度的分级问题。我总结这一研究成果的论文提交到东京大学，通过了博士学位答辩。当时论文都是手写的，稿纸由东京大学提供，有格子的，誊写好后在日本装订。

教授会议是日本大学里决策重大问题的权威机构

在这篇博士论文的撰写过程中，我跟嶋崎昭典做了报告，他说我做了很多有意义的工作，并且已经有了实际的应用成果，他们可以推荐我到东京大学去申请博士学位答辩。当时嶋崎昭典是东京大学农学部的博士指导教官，在生丝工程管理及生丝检验方面有很深的造诣，所以我的论文提交到了东京大学农学部。1985年，我跟东京大学联系了，一批教授审阅后，对这个理论的评价也很好。1986年，我进行了论文答辩。这当中还有一个契机问题，国家那时也很穷的，不像现在，拿一笔钱出国开会或留学是很简单的事情，那个时候的工资收入是不足以自费出去的。我们学校的院长吴融如老师很支持这个事情，就向中国丝绸公司询问是否可以资助我，丝绸公司很快就答复，资助一笔钱，一次就批了5000美元，让我到日本参加1986年夏天的答辩会。答辩通过以后，经过东京大学本部的审查，1987年的8月份，我被正式授予了东京大学的博士学位。

我是在职进行博士论文研究的。1987年12月份，我评上了副教授。1989年，日本信州大学有一个搞工程数学的老师，因为一些个人的原因离职了。信州大学在招聘教授，我因为在信州大学留学过，很多老师都积极推荐我，希望我过去。1990年，我到信州大学去工作了三年，在制丝工程管理方面每年都亲自研究，并发表四五篇论文，做了一些很有意思的工作。开始去的时候，我是副教授，工作了两年以后，在信州大学工作期间被评上了教授。我的很多论文都是在信州大学做的研究，发表在当时的《蚕丝学会志》（《日本蚕糸学雑誌》）上，这本杂志在专业领域中是比较有影响的，我的工作主要是系统工程和丝绸工程管理方面的研究。

日本大学里有教授会议，教授会议是日本大学里决策重大问题的权威机构。什么人什么时候可以升教授，要有一批教授认可这个人，推荐这个人，最后投票，此外还要有机会，要有空的职位。我正好有这个机会。5个教授推荐，送论文中的代表作外审，最后送教授会议通过。教授会议首先是学科里面的教授会议通过，然后是整个学校的教授会议通过，整个程序是很严谨的。

1992年，我评上了教授。三年任期满后，1993年10月，我回国了，在回到苏州丝绸工学院前，正好学院也在评职称。虽然我是日本大学的教授了，但在苏州我还是副教授。我的材料上报后，1993年6月，我通过了国内的评审。1994年7月，在选拔新的院领导时，我被推选为丝绸工学院的副院长，后来1997年工学院与苏州大学合并时，我又被任命为苏州大学副校长。

在任职期间，我继续进行制丝工程管理方面的研究工作。这个方面的理论研究当然是有意义的。随着生产工程自动化程度的提高，我们要实现计算机生产工程的自动控制，需要有理论、有模型、有很具体的指令，计算机才可以执行。为此，我们就希望能够把工程现场中的问题，转化成计算机能够认识的一些模式进行分析，然后通过这些模式分析，让计算机对工程实施控制，以追求更高的速度，更好的质量，更少的损耗。即能够实现自动化、省力化，同时能够提高质量、减少损耗，当时这是工程管理研究的主要目标。其中有很多很有意思的工作，我花费了很长时间去研究。

我们参与了一个973项目的申报，由我主持973子项目"丝蛋白基医用生物材料的组织诱导功能"

1997年，苏州丝绸工学院被合并到苏州大学。原来很小的丝绸学科，都往大学科的方向去改革了。我们所在的丝绸学科后来改名为材料工程学院，还是做茧丝绸。随着我国科学技术的发展，单纯追求传统的生产方式的发展，实际上也就有很大的局限性。尤其是2000年以后，我们国家计算机技术、材料科学技术、生命科学技术发展得很快。丝绸学科到底怎么样才能跟现代的技术发展相协调，共同进步，对我们来说，就是这个学科专业的生存问题了。怎么样能够让我们蚕桑丝绸的研究工作能够跟上时代的步伐呢？

我们学院里面原来有一些老师在做丝蛋白材料，用来研发人工皮肤。人体皮肤烧伤以后，替代材料可以起到创面保护和损伤修复的作用。在丝蛋白材料的一些特性研究方面，我校的老师吴徽宇前期做了一个863项目，受到其他领域的，尤其是材料学科学者的关注。我们搞丝蛋白材料研究的人，就更应该关注这方面的研究发展。在原北京理工大学校长朱鹤荪教授的帮助下，我们参与了一个973项目的申报，由我主持973子项目"丝蛋白基医用生物材料的组织诱导功能"。无生命的材料对活的组织能够有诱导作用，国外很多专家是不以为然的，觉得这个研究是不可行的。一种没有生命的材料真的能够诱导细胞生长吗？实际上我国张兴栋院士很早就在关注这方面的工作了，用羟基磷灰石做人工骨头，这个人工骨头对组织细胞生长是起积极的作用呢，还是起副作用呢，还是没有什么作用呢？张兴栋院士研究了这个问题，他说羟基磷灰石虽然是一种无生命的材料，但它植入组织以后，具有诱导组织生长的机能。所以他认准了这个方向，做了很长时间的工作，最后评上了院士，他的主要贡献就是在世界上首先提出了生物材料的诱导作用。90年代时，在国际生物材料会议上，张兴栋提出生物材料对组织细胞生长有诱导作用，大家基本上是不认可的。但是在他坚持不断地努力以后，很多学者慢慢对这个问题予以关注。2000年以后的国际生物材料会议在一定程度上认可了这方面的工作。每次开会都会增加一个生物材料诱导性能的小组会，以前这是没有的。参与这方面研究的人

在办公室，2013年，苏州

也越来越多，以张兴栋院士为主，申报了973项目。因为我们在丝蛋白方面的基础研究工作，因此参加了子项目申报。

我在学校牵头联系了有关老师，参加了申报，项目最后获得批准。我们有丝蛋白材料做人工皮肤的研究基础，研究了很长时间，并且有很多研究成果。吴微宇老师从国家自然科学基金项目和863项目开始研究，后来是李明忠老师，他们都是搞蚕丝蛋白材料研究的。我是搞工程管理的。我们一起参加这个项目继续研究，目标是开发出能够有更好的生物性能，能够有利于创伤修复，或者说能够发现有诱导作用的新型生物材料。

这种人工皮肤是多孔材料，里面有很多很细的孔，从几十微米到几百微米，贴到创面上会有利于创面修复。我们特别注意到材料里面很快就出现有血管生长。血管到底是怎么生长的，这个材料不是身体的一部分，贴上去以后竟然那么快就有血管会长到里面去，血管为什么会长进去，又是怎样长进去的？在973项目中，我给自己定的课题就是生物材料里面的毛细血管的生长机制。

973项目是2006年正式开始的，期限五年。我的目标就是研究机体中植入的生物材料里毛细血管的生长机制。我不是学医的，也不是搞生物的，这些研究对我而言完全是另外一个世界。但我从那个时候就开始研究生物学，研究医学、创伤修复、细胞生长、细胞生物学和分子细胞生物学，并陆陆续续发表了一些论文。我们还把第二届中欧生物材料大会吸引到苏州大学来开，并积极参与了各种生物材料的学术会议，国际上的生物材料的会议我们也经常派人去参加。

对医学、生物学这样一些以实践研究方法为主的学科来说，系统分析及数学建模等手法也是十分重要的

这些年来，我们这个团队主要就是研究血管的生长。实际上血管生长十分奇妙，在短短的一个礼拜到十天左右的时间，它就生长进去了，长得那么快，跟我们的机体修复创伤的速度差不多是一样的。当时我们培养了很多老鼠，一面请教医学方面的专家，一面自己利用人工皮肤植入到老鼠体内，让血管生长进去，经过一段时间以后，把植入老鼠的人工皮肤部分剖切开来，放到显微镜下看，摸索血管生长的线索，然后考虑它生长的机制。当然毛细血管生长的问题，到现在也不是完全能够解释清楚的，生理学上叫血管新生，血管新生包括血管发生和血管生成，包括在胚胎的血管新生及损伤组织修复时的血管生长。二三十年来，这方面的研究很受关注。为了研究材料里面的血管新生，我们提出了一些模型，通过实验了解血管生长的过程。其中在缺氧组织中内皮细胞连在一起以后怎么形成血管腔的问题，是世界上一百多年来大家都没有弄清楚的问题。

2006年，《自然》杂志上有一篇文章，对活的斑马鱼的血管形成进行高分辨率延时成像研究。斑马鱼是一种很小的且通体透明的鱼，作者确认了鱼的身体里面的血管成长过程。作者提出了一个理论，称第一个阶段是内皮细胞连成一串，然后，由于缺氧，内皮细胞内产生很多气泡，这些气泡扩大形成一个空腔，连在一起的内皮细胞的空腔在一定的时间后连通起来形成血管腔。据《自然》杂志审稿人评价，这是一百多年以来的第一篇发现并说清楚这个血管腔是怎么形成的文章。

这篇文章的作者观察了鱼，但是在哺乳动物身上呢？哺乳动物身上的血管腔是怎么形成的呢？目前还没有证据可以证实哺乳动物的血管也是这么生成的。我们对老鼠的血管新生做了很多观察，可能有上千张照片，仔细观察血管是怎么形成的。最后得到了一些有价值的照片，帮助我们推测内皮细胞形成血管的过程。内皮细胞在组织里是无法看到的，还要进行染色标定进行跟踪。我们关注新生血管的空腔怎么形成的。从老鼠身上解剖出来的切片中，我们寻找内皮细胞连成绳索状，并且形成空腔的过程，得到了许多这方面的信息，在哺乳动物身上也看到了气泡串。我们发表的论文在医学生物学的Global Medical Discovery（世界医学发现）网站上被选为关键科学论文。该网站每周要评出十多篇文章作为关键科学论文，这是从世界上2万篇同行评审杂志的文章里面评出的。

我们这篇论文被选上了，表示我们在这方面的工作受到了世界上同行的关注。2006年以来，我们发了很多关于生物材料里面血管生长的文章，引起了医学生物材料同行的注意。2011年，英国剑桥的伍德海德出版社（Woodhead Publishing）打算组织编辑一本书，叫*Silk Biomaterials in Tissue Engineering and Regenerative Medicine*，他们给我们来信组稿。除我这里收到编书邀请函以外，李明忠老师也被邀请写一章。李明忠搞了很长时间的人工皮肤研究，而我则承担生物材料中血管生长的问题研究，这本书从2011年开始组稿，到2015年正式出版。其中第十三章由我撰写，主要报告生物材料里面的血管生长行为的研究成果。

世界上很多国家和地区，美国、欧洲、印度、日本和中国都参与了编写。中国有3、4人撰稿。在这本书出版前，生物材料里面血管生长这方面的研究很少有系统的报告。从工程管理的研究转到这个全新的领域，但我们所讨论的一些问题，还是采用了系统工程分析的思路。因为我们的长处不是医学和生物学，但是我们认识到，医学、生物学方面的研究实际上也需要系统分析的方法。因为医学、生物学被称为实验科学，做一次实验看到一个点就说一个点，看到两个点就说两个点，要把这些点都联系起来，系统地提出问题，就需要做大量的实验。在这个意义上来说，系统分析提供了综观全局以及偶连各种要素的理论分析的思路与方法，显得特别重要，特别有意义。对于医学、生物学这样一些以实践研究方法为主的学科，近年来通过系统分析及数学建模等手法也正在不断地取得成果。

我是2013年下半年退休的，退休后在学校还有研究室，还继续进行研究，因为好奇心及探究的愿望还在支持着我做这些方面的工作。

采访时间：2014年8月

抓住机遇重组　企业成功转型

沈治波

沈治波　无锡市银光制丝有限责任公司董事长、总经理、党总支书记

沈治波，1988年毕业于无锡轻工学院企业管理专业（在职读书）。曾任无锡市第二缫丝厂副科长、科长，任职期间，率先搞全额计件和节约奖，工资和效益挂钩，1984—1989年带领企业成为全国排头兵企业。1992年任无锡市国有资产投资开发总公司投资部副经理，1993—1997年任无锡市第一缫丝厂副厂长，1997—2002年任江苏丝绸无锡缫一有限责任公司总经理。2001年9月缫丝一

沈治波

厂正式宣布破产，他努力做好全厂职工的再就业、离岗退养、协保、续保的托管和离退休人员的管理工作。2002年创立了无锡市银光制丝有限责任公司，任董事长、总经理、总支书记。2008年公司人均年收入就达到了2.7万元，比重组后的第一年增加了134%，社保五金按时交纳，公积金从5%增加到10%，房补4.9%。2008年被评为无锡市优秀民营企业家、无锡市劳动模范称号，无锡市优秀共产党员。2006年被评为无锡市五一劳动奖章获得者，2007年被评为江苏省工商联合会优秀企业家和江苏省关爱员工优秀民

营企业家。2007年12月兼任江苏省丝绸协会副会长、中国丝绸协会常务理事。2011年12月银光制丝被评为"十佳阳光企业"。2016年获得由中国丝绸协会颁发的全国茧丝绸行业终身成就奖。

当时我们企业是全国排头兵企业

我1949年出生于苏州吴江松林镇,老家在浙江德清县的新市镇。我父亲13岁就当学徒、煮茧子,我妈妈是苏州吴江同里人,她是苏州丝绸学校前身浒墅关蚕校第一届毕业生,我父母亲都是吃丝绸饭的。1950年,我父亲在无锡的美新丝厂工作,后来,我们全家就搬到无锡了,我是生在吴江,长在无锡的。

我在无锡市崇宁路小学读书,那个学校是很有名的。我四年级就开始当大队委了,当了三年的大队委。中学是在无锡第二中学,当时应该说是无锡最好的学校之一。初中一年级是少先队的大队长,初二我第一个入团,入团以后我就担任初二的团支部书记,读初三就担任了初三的团支部书记。我还是无锡市少年田径队队长,60米短跑记录我现在还保持着,1966年在南京五台山体育场创造的,7.3秒,这个记录现还没有被打破。

毕业以后,1968年11月,国家号召知青下乡,我们学校被分在盐城市最远的响水县南河公社。1972年,响水县在徐州贾汪办小煤矿,去的人都没有文化,无法搞文体活动,县委书记去后就输送了几十个知青过去,我是1972年的5月份第一批到煤矿的。1977年我被调到盐城采煤指挥部供销经营部,当了几年采购员,1979年1月份回到无锡。

当时我全家都下放在大丰。我父亲于1978年回城,被安排在第二缫丝厂。当时根据国发〔1978〕104号文件,子女可以顶替父母上班,所以我回到无锡就顶替了父亲,进入缫丝二厂劳动工资科。1982年12月,国家要求干部年轻化,单位就提拔我当了副科长、科长,以及企管办的主任。当时我是1966年的初中毕业生,提拔中层干部以后,上面要求,中层干部必须高中毕业,于是我又去机关干部学校读半脱产高中。1985年毕业以前,我正好是无锡市培养第三梯队的干部,企业推选我去考了轻工学院(现在的江南大学），学习企业管理专业，我在1988年毕业。大学学习是不脱产的，一个礼拜上两三次课，所以与实践结合得比较紧密。我的毕业论文是《论企业承包后的内部分配》，我一边读书，一边实践。

读书时，我是劳动工资科科长，根据"无锡市政府关于在国营企业中试行工资和利润挂钩的意见"和"国务院关于在国营企业中试行工效挂钩的意见"，工资和效益要挂钩。当时我们企业是全国排头兵企业，第一，我们自动车的改造排在全国的前面，用人省。第二，我们的筒子丝，一年增加40万利润。第三，我们在管理上是相当好，已经搞了全额计件和节约奖。另外，我们的锅炉是烧油的，不是烧煤的，当时的油很便宜。再加上管理，效益很好，1989年达到了800多万元的利润，应该说那几年我们职工收入增加了不少。

1992年的7月，无锡市财政局牵头成立了无锡市国有资产投资开发总公司（现在的国联集团），上级调我去担任投资部副经理。主要工作是对江南色织公司进行调整。我在那里工作了一年，这一年对我而言是非常大的锻炼。第一，我对一个企业有了更深的了解，知道了企业怎么会搞不好，经验教训在什么地方。第二，一年里我接触了很多市里搞经济工作的领导，宏观上增加了不少知识。

我们被列入了国家计划内的破产，缫丝一厂2001年的9月22号正式宣布了破产

1993年7月，我被调到缫丝一厂当副厂长，当时正好是丝绸行业全面放开。企业原来是做加工的，没有流动资金，外贸茧子拨过来，我们按照要求加工，只要人工节省、原料节省、效率高、质量好，效益就会好。但是它一放开，全是我们自己到市场上去，我们没有流动资金啊。

那么外贸公司呢，像我们省丝绸公司也碰到了一个大问题。原来它的货源直接就是收购，我们做好了就给它，现在是我做了不一定给它，我拿到市场上去卖了，我们90%都出口，这个是非常好的。当时我们缫丝一厂的市场代号是ＪＷＡ，Ｊ是江苏，Ｗ是无锡，Ａ是第一缫丝厂。

那么它（省丝绸公司）拿不到丝怎么办呢？我们在1994年就搞了一个合作。1993年年底，省丝绸公司给了我们1000万元贷款，从省中行贷来的。按照正常的价格，我们给它200吨蚕丝，1994年给了它254吨，多给了54吨。当时社会上市场价格比我们给它的丝价格高于5000多每吨。200吨我们是没话讲，超过的部分我们应该问它多要，或者是我们卖到市场上。但是我们领导班子经过考虑，还是按照原价能给它多少就都给它，因为流动资金是他帮我们解决的，双方合作得很愉快。

省丝绸公司提出来要紧密合作。紧密合作有三条路，一是送给省公司，二是卖给省公司，三是按照中央精神组建有限责任公司。我们考虑后拟按照第三条组建有限责任公司，省公司占51%，我厂资产经过评估占49%，当时土地是不作价的。1994年12月31日进行签约，成立了江苏无锡丝绸有限责任公司，我们的书记、市长也参加了签字签约仪式。

1994年下半年的蚕茧很差。从1995年春季开始，我们每个月都要亏损几十万，丝价格下滑，省公司拿出的1000多万块钱很快就将亏掉。我们就向市里领导汇报，把厂方49%的股份全部送给省公司。市里同意只要缫丝一厂能发展，市里就支持。省公司提出来人、材、物、产、供、销全部归

（左）在无锡丝绸协会第五届理事会第三次全体会议上做报告，2019年，无锡

属省公司，百分之一百属于省公司。1995年下半年签约，省公司进行原料和生产安排。1997年，我们18组三个车间全部开启，一个厂一个月50吨产量，一个车间生产20/22D，一个车间生产40/44D，一个车间生产27/29D，90%的产品供出口。

当时江苏丝绸公司准备组建集团，但是韩国发生了金融危机，韩国大的集团都不行了。江苏就考虑如果组建了集团以后，万一不行怎么办，于是就暂缓。一个致命的大问题就是总公司没有拿到原料基地的人、材、物、产、供、销。1996年，我们向宿迁县（今宿迁市）定了500吨蚕茧，价格是41600元每吨。但是等到茧子收好了，外面行情涨了要5万多每吨了，他就不给你，你没办法制约他。

1997年，省公司吸取了教训，我钱给你，你给缫丝一厂700吨茧子，谁知1997年行情相反，行情不好，蚕茧价格下降，700吨茧子又亏了几百万。1998年开始，省公司调整企业的发展战略，我们搞计划内破产。2000年，国家正好出来了一个政策，国家计划内破产的指标向丝绸行业倾斜，于是我们被列入了国家计划内的破产，缫丝一厂2001年的9月22号正式宣布了破产。

按照国务院20号文件，企业破产前一定要有职工的安置方案，而且一定要通过职工大会的同意通过

我是1998年担任缫丝一厂的正厂长的。作为一个厂长，我应该对自己的职工负责，当时我完全可以回到投资开发总公司，拿一年十几万的工资。按照国务院20号文件，企业破产前一定要有职工的安置方案，方案一定要通过职工大会的同意通过，并且进入破产程序以后不得随意改变，我感觉自己的责任相当大。党委开会决定进行资产重组，写了一封信给市委书记，信的内容是缫丝一厂列入国家计划内破产，是解决历史问题的好办法，我们坚决拥护。搞好缫丝一厂破产的关键是安置好600多名职工和1700多名退休人员。

那么怎样来安置这些职工呢？我们准备成立一个新的公司，即银光公司，把破产的资产买下来，当时市委书记直接批给了分管的市委副书记："请某某某听取企业领导意见。"省公司是资产所有者，按照国务院的文件，有责任把600多名职工安置好，最后我们这个方案在3月8号的职代会上通过。

企业破产以后，我可以用几句话概括：第一，抓住机遇搞重组。第二，盘活存量渡难关。第三，退二进三求生存。第四，分区改造谋发展。第五，以人为本创和谐。为什么说抓住机遇搞重组呢，国务院20号文件对于列入国家计划内破产政策是相当好的。离法定退休年龄不满五年的，可以提前退休，你不愿意也可以。土地资产可以用于安置职工，国家四大银行的贷款可以核销，债务问题、职工安置问题、土地处理问题都是非常好的。我们抓住了机遇，在资产处理中严格按照规定办，不搞任何虚假动作，我们的资产是经过清算组、法院的评估审计后去拍卖行拍卖下来的，后经法院裁定。其中没有任何猫腻，经营者包括我个人适当占有股份。

当时无锡市委书记提出来要我占51%的股份，我说我是一个困难企业的老总，没有这个能力去占51%的股份，当然可以向银行以资产抵押贷款，但我认为这是违规的，因为资产不是我的。我说当了那么多年的厂长，有那么多的客户朋友，不用说占51%，我100%都能占到。但是没有参加重组的老同志，在一起工作的同志会有什么想法，为什么半个厂是你的？因此我说占10%到15%。

为什么是10%到15%这个比例呢？1988年我读轻工大学的企业管理专业时，到深圳去考察，考察的主要内容是企业承包以后经营者持股的比例问题。经过调研，我在多次的座谈会提出，经营者持8%的股份后才会有积极性，职工、各级干部也能支持。职工也要占一部分股份，让大家把这个企

无锡市非公经济人士"好榜样"颁奖会，2019年，无锡

业当作自己的企业，你说是国家的，实际上也是自己的，虽然是抽象的、遥远的，但是自己有股份了，当然是对企业有益的。最后我们股份的比例是我占11.5%，领导班子占26%，中层干部占30%，工人占44%。

分流有几个选择，走留自愿，你不愿意留了，就走，按照国家规定拿一次性安置费。破产的时候有600多个人，提前退休了100多个。1986年11月后参加工作的合同工走了100多。剩余428个人就是要我们负责安置的，300多个走了，按照国家规定，剩下来的93个，有两个选择，你是当股东还是你的资产由公司托管。选择托管的，合同订到退休；选择当股东，就量化到你个人，合同订三年。最后62人选择当股东，31人选择托管。62人中，有人出15万，有人出10万，有人出8万，最后出资多的前7位，组成了一个董事会，再选了两个监事，三年选一次，可以连选连任，这个比例也是大家比较容易接受的，可以调动大家的积极性。

纺织丝绸行业对国家贡献很大，当时丝绸行业出口创汇占全无锡市的10%

我们原来留了六组自动车，三个班可以生产200吨。现在只有93个人怎么办呢？当时我们出租了一部分房子，有200万元左右的租金，但连发工资都不够。我们采取了几条措施，第一，调整服装车间，永乐家电进入了。把筒子车卖掉，卖掉的钱投入变电所的改造，因为缫丝一厂的用电不多的，但是第三产业的用电很多，特别是夏季空调的用电。第二，把办公楼腾出来，租出去开了一个鱼米之乡饭店。第三，一个合资企业那里需要人，搞劳务输出。我这里发300块钱的生活费帮员工交保险金，他再在那里拿1000多块钱。服装车间和办公楼出租，有了300万的收入。2003年，上海开了中国丝绸协会换届大会，我了解了全部的行情后，最后决定退二进三，把缫丝设备卖掉，腾出厂房再出租后，又增加了100万的租金，总共400万，90多个人基本能够过了。但是，我们还有2000多万的债务，于是我写了一封信给原来的市委书记王荣（他后来到深圳当市委书记了）。

我提出了一个方案，就是保留南边，开发北边。提出六个保留的理由。第一，南边都是新房子，占到70%以上，拆掉太可惜。第二，当时已经形成了休闲餐饮旅游场地，这附近住了近30万人，需要一个带停车场的

（三排右四）获全国茧丝绸行业终身成就奖，2016年，广州

休闲娱乐场所。第三，我们有个丝绸商场是接待外宾的，无锡市要建设优秀旅游城市，像这样有特色的丝绸商场需要保留。第四，我们是无锡市市级文保单位，我们缫丝一厂的前身是鼎昌丝厂，1929年建到现在已经80多年了，当时破产的时候鼎昌丝厂的后代找过王荣书记。第五，我们还管理着1700多名退休工人，600名职工，省公司不管了，我们是接收单位。

王荣书记批示给规划局，规划局很快就发了一个函给我，答复同意我们的意见。进行分区改造，我们拿出了15亩土地，留了18亩土地，我们3万平方米的房子，拆了1万平方米留了2万平方米，把企业的债务还掉了一部分。现在我们主要靠房屋租赁，有几十家单位，大多是娱乐单位，租金收入有700多万。还有一个丝绸商场，是无锡最大的丝绸商场，去年（2014年）还被评为中国丝绸示范店，一年销售额有300多万元。另外还有一个停车场，一年也有80万的收入，还搞了一个鼎昌茶楼。

当时93个人，去年年底还剩40人，都退休了，人员越来越减少。但租金越来越多。房地产拆迁的时候，拿不出多少钱，给了一部分房子，这几年下来房子增值了，企业现在从各方面来说还是比较好的。股东每年分红增加5%，工资增加10%，去年我们分红是55%，职工收入达到了5.6万，破产前是7000，做到了经济效益和职工收益挂钩。另外我们搞了两个互助金，一个是医疗互助金，每个人每年交100块钱，占全部基金的30%，企业出70%，社保医疗自负部分全部由基金来负担，自理部分可以报30%。还有住房互助金，比如说买房子要30万，大家出钱借给你，按照公积金的利息付利息，拿钱出来的人，在你的基础上再加1%，这个1%由是企业补贴，十年还清，三年之内不用还本金，只要还利息，这样大家改善房子都没有问题了。

另外，企业每年搞旅游，去不同的地方旅游，这是让大家比较开心的。纺织丝绸行业对国家贡献很大，当时丝绸行业出口创汇占全无锡市的10%。1984年，无锡第一个试点搞工资统筹，当时电子企业、机械企业都不愿意搞，后来我们一位财政局的老同志就对他们发火了，你们发展的钱哪里来的，还不是纺织丝绸拿出来的，现在你们好了就不搞了，今后你们也要老的。

采访时间：2015年6月

传承丝绸情缘　见证行业改革发展非凡历程

杨永元

杨永元

杨永元　原中国丝绸工业总公司总经理，现任中国丝绸协会名誉会长

杨永元，1975年毕业于苏州丝绸工学院丝织专业，工商管理硕士，高级工程师。70年代在轻工业部纺织局毛麻丝处从事技术管理及设备选型工作，组织制定了第一部GB（1797～1799）—1979桑蚕丝的标准、GBn（229～237）—1984真丝、人丝、合纤丝绸缎的国家标准、GB 2014—80《筛网国家标准以及ZBW 43001—84《丝织被面等纺织部标准》。主抓国家质量奖的评比工作。1983—1992年，曾先后在中国丝绸公司、纺织部丝绸管理局主管全国丝绸行业的计划工作，牵头建立了全国丝绸的检测中心。1992—2001年，先后出任中国丝绸工业总公司第一副总经理、总经理，兼任第三届、第六届中国丝绸协会会长，倡导开展了生丝的电子检测和注册真丝标志。2002—2011年调中国恒天集团任副总经理、董事。2012—2017年，任第六届中国丝绸协会会长。2018年至今，任第七届中国丝绸协会名誉会长。

父母都从事丝织行业，我到工厂里面当学徒整整做了五年的织绸工人

我出生于1951年，老家在苏州。父母都从事丝织行业，父亲是织绸工人，母亲做绸厂辅助工种，当时叫帮机，就是后来的经纬工序。我的爷爷辈是农民，父亲很小的时候就出来学手艺了，到杭州去学的织绸技艺。回到苏州后，就在苏州东吴丝绸厂工作。那时候对织绸工人技术的要求比较高，工人不但要能把机器组装搭建起来，还要保障机器正常运转。当时的织机大部分都是做织锦一类的丝织物，提花机装造和梭箱各方面比较复杂，能操作这类机器的人，现在来说都应该算是高级技师了。技术工人的工资都是计件的，就是织一尺算一尺的工钱。根据史料记载，民国时期（全面抗战以前）丝绸业比较兴旺发达，一年有将近2万吨的丝产量，出口换汇非常多。丝织工人日子很好过，会手艺的织绸工人一个月能挣三四十块大洋，收入相当可观。

上小学后，正赶上国家号召大炼钢铁。我们小孩子都去敲碎缸沙，把坏的铁锅敲碎，然后放到坩埚里去熔化，最后炼成大铁块，因此对大炼钢铁我有深刻印象。后来就是大办食堂，三年困难时期饿肚子，那一段时间生活比较苦。

"文革"开始时，我还在读中学。整个国家社会生活不是很正常，后来书也没得读了。我父亲就说（那时候母亲正好要退休），你书也不念，一天到晚游手好闲的，去顶替你母亲进厂吧。1967年，我进了母亲就职的苏州光明丝织厂，那一年我16岁不到。我就是从那时候开始知道丝绸的，我到工厂里头当学徒。一直到1972年，我做了整整五年的织绸工人，每天三班倒。最初进厂的时候，记得我织的那个绸叫四维尼，后来做过洋纺、双绉，学过织锦缎、古香缎，也做过乔其。当年我们搞技术革新改造的喷气织机能开到300转，用来织人造丝跟棉纱交织的富春纺这一类品种。

1972年"文革"后期，社会开始稳定，小平同志出来工作，说还是要招大学生，我是第一届的工农兵学员。我父亲挺支持我去读书，当时我们工厂里头大概有十来个人是符合条件的。当时有一条规定，工作不满五年就不能带薪读书，我好像差一点点满五年，但父亲说不管你带不带工资都要去念书。那次在我们厂里就招了我一个，我确实很幸运，后来我也正好

（一排左七）国际丝绸标准研讨会合影，2016年，苏州

满五年带薪上学。到苏州丝绸工学院念书去了之后，学的还是我的老本行丝织专业。我的妻子也是苏州丝绸工学院毕业的，她原来在北京丝绸厂工作，后来在纺织工业联会（原纺织部的科技司）工作。我的爸爸、妈妈、哥哥、嫂子、夫人、弟弟、弟媳妇和侄儿，我们家里有八个人都是搞丝绸的，应当是名副其实的丝绸世家。

那个时候国家对丝绸的出口比较重视，我的第一项工作就是搞技术引进

1975年，我大学毕业后被分配到轻工业部纺织局工作。当时纺织部与轻工部合并在一起叫轻工业部，办公地点在东长安街12号，就是后来纺织工业部的地址。纺织局有一个处叫毛麻丝处，主管毛纺、丝绸、麻纺、针织行业，原来毛麻丝处管丝绸的只有孙和清、李世娟、杨丹三人。后来我和一个学缫丝的叫蒋衡杰的同学两人去了北京，当时全国丝绸工业就这五个人在管理。

到了北京以后，我主要搞丝绸行业的管理工作。那个时候国家对丝绸的出口比较重视，我的第一项工作就是搞技术引进，处长把一大堆日本丝织机器样本，包括织机、络并捻的选型工作交给我，看哪个型号适合我们的丝绸行业。因为那个时候我们的络并捻主要是小卷装，捻丝机是K091，并丝机是K071，络丝机是K051，都是小卷装的，容量很小，劳动效率也比较低，所以我就挑选进口了先进的日本络并捻设备。

在那个年代外汇很宝贵，国家拿出外汇进口大卷装的络并捻设备，说明国家对丝绸行业非常重视，愿意支持丝绸行业的技术进步来换取更多的外汇。当时还选了一个八丁式的捻丝机进口，因为当时广东出口日本的和服要做一些强捻丝织物，由于捻度太高，加捻过程中非常容易断裂，质量也不好。八丁式是加湿捻丝机，丝不容易断裂，捻度能够达到2800多捻，成功地解决了问题。后来纺织部对整个丝绸行业的络并捻设备进行了一个新型丝绸机械的选定型工作，就是现在使用的GD系列设备。该设备的选定型，我是主要参与者，那段时期我负责的技术工作还是很有成效的。

1980年，国家第一次评国家质量奖，丝绸行业是第一个参与的

我到轻工业部的时候，缫丝行业桑蚕丝的标准是外贸部的暂行部颁标准。生丝出口以后，国外对中国的生丝质量问题反映比较多，特别是欧洲国家意见最大。主要是我们的标准不适应出口，需要把它升级为国家标准。当时轻工业部跟外贸部和国家商检局一起合作搞丝绸标准，直到1979年，终于完成了第一部中国桑蚕丝国家标准。接着我就着手制定绸缎标准，那时候我们的绸缎（包括真丝和化纤）标准也是暂行标准，不是很规范和严谨的。到了1984年，我们第一个真丝绸国家标准定稿通过，同时通过的还有一个化纤绸国家标准，这是我们丝绸行业的两个重要标准。后来又搞了一个被面标准，是纺织部颁标准，这样丝绸产品标准就基本完整了。

在20世纪80年代初到1986年期间，整个国家还处于物资短缺时代，丝绸行业的生产水平、质量水平、档次各方面都比较低。1980年，国家第一次评国家质量奖，丝绸行业是第一个参与的。我们在1979年搞了一次全国的丝绸质量大抽查摸底，当时我去各地用两个月摸查我们蚕丝的质量，做了一次全国性的生丝抽检，比如江苏、浙江、四川、广东和安徽都去进行了抽样，然后进行商检检验。当时我抽了100多家厂，最终优等品的丝只有两家，有一家是浙江嵊县（今嵊州市）丝厂，还有一家是山西阳城丝厂。其他的都是一般产品，有的是较差产品。通过搞国家质量奖，评出金银奖，鼓励企业转型升级，是当时我们工作的重点。

中国丝绸公司的成立，使丝绸行业在国民经济中的地位得到了极大地提升

1983年，丝绸行业发生了一件大事。乘着祖国大地改革的春风，在丝绸界老领导、老前辈陈诚中、侯忠澍、王庄穆、孙和清、李世娟等同志多年的呼吁和推动下，集贸、工、农、人、财、物、产、供、销一体化的中国丝绸公司终于成立了。中国丝绸公司的成立以及各省市丝绸公司的相继成立，使丝绸行业在国民经济中的地位得到了极大地提升，用通俗的话说就是实现了计划单列。在体制上，改变了部门分割、各自为政、各管一段、互相扯皮、效率低下的局面；在机制上，实现了集中统一的领导，凝聚了一批丝绸人才，加强了行业力量。当时正值恢复高考后进校的大学生毕业，一大批丝绸院校的毕业生分配到公司，充实了各部门的专业技术力量。我们在资源、财政上有了很大的决策自主权，做成了很多原来想做而没有做的事情，比如由于有资金的支持，蚕品种和桑品种的培育得到了加强，并相应成立了蚕品种、桑品种鉴定委员会，青松皓月就是当时鉴定的第一个蚕品种。浙江丝绸专科学校升格为浙江丝绸工学院，加大了丝绸人才的培养力度，以及后来中国丝绸博物馆、苏州丝绸博物馆的立项和建设都得到了上级的支持。

中国丝绸公司的成立，可以说是具有划时代的里程碑意义，也使丝绸行业各个产业链都得到了加强。比如，当时的上海市，浙江的杭州、湖州、嘉兴，江苏的无锡、苏州，广东的佛山，四川的南充，辽宁的丹东等10多个城市，成为国内有名的丝绸主产区，全国各省市的丝绸工业经济呈现出一片欣欣向荣的可喜景象。在这短短几年时间里，就使长期徘徊在4～5万吨的丝产量翻了一番，迈上了一个新的台阶，基本满足了出口的需要，换回了大量国家建设急需的外汇，做出了丝绸行业应有的贡献。另外，目前仍然活跃在行业内的一大批领导骨干力量，也正是当时逐步成长起来的，可以说他们为推动后来行业的发展，奠定了扎实的人才基础，也做出了极其重要的贡献。

在计划经济时代，中央计划工作权力很大，给我们行业留下了深刻的历史烙印

1986年以后，我就不做技术工作了，主要从事整个丝绸行业的计划工作。在计划经济时代，中央计划工作权力很大，给我们行业留下了深刻的历史烙印。那个时候我已经担任副处长，开始是在丝绸公司生产部，后来在丝绸管理局的计划处，实际上就是搞行业管理工作。为了保障上海织绸工业的原料供应，需要从浙江、江苏（浙江、江苏不是大头）、四川、重庆，包括安徽调拨一部分生丝给上海。生丝就是钱哪，所以地方的阻力也非常大，几乎每年都要吵架。中央的计划权力还是很大的，地方上你问他要5000吨，他跟你说只能拿出3000吨，就需要讨价还价，协调是我们每年工作的重中之重。还有就是像上海，它还有一部分军工产品，丝绸是重要的军用物资，主要是做降落伞和降落伞的绳带，所以我们当时还要满足上海军工用绸的需要。另外，当时国家非常重视丝绸被面产品的调控调度，因为那个时候的丝都要用于出口换外汇。那国内怎么办呢？每年有将近2000万对的夫妇要结婚，结婚两条被面总要的吧。所以要搞4000万条被面，这是生产计划。商业部是要向我们要的，就是说你在哪里安排了多少万条，商业部门就要到哪里去拿被面，这完全是计划经济。还有就是少数

（前排左）签订中欧生丝电子检测合作协议，2016年，瑞士

民族需求要保证，剩下的都出口，行业计划工作一直持续到1992年。

在这个阶段，我把丝绸行业的技术工作、计划工作和管理工作基本上都做过了，主要就是一个实际操作者，好多事情都要在我手里做，所以我对整个丝绸行业经济发展和相关技术有比较全面的了解。这期间我还组建了全国丝绸产品质量检测中心，这也是我们自己的检测中心，改革以后由国家质量监督局收走了，该检测中心是我一手策划成立的。我回忆了一下，这期间我参与了两个国家标准的制订，完成了我们整个丝绸设备的选定型工作、GD系列的工作。评优和计划工作属于行政管理工作。为什么我到现在都没有一部著作呢？我说什么呀，我不是学者，也不是搞研究的，我的工作就是行业管理工作，确实没法写书。

国家鼓励外贸出口的政策，我们丝绸行业是重要的贡献者和受益者

1992年以后，我当了丝绸公司的第一副总经理。那时候做领导工作主要还是行业管理。其中的主要工作就是对丝的调度，满足外贸出口的需要，以及推动提高丝绸产品质量、企业的技术进步、人才培养，这都是我管理工作的范畴。

（一排左六）全国茧丝绸行业终身成就奖合影，2016年，广州

1992年，当时国家鼓励外贸出口创汇，丝绸行业可以说是重要的贡献者和受益者。因为从1978年开始改革开放，一直到1994年汇率并轨，从人民币1.8元换1美元，到人民币8.7元换1美元，人民币在这一段时间贬值很多。我记得每隔几年要调五毛钱，就是一块八调到两块二，两块二调到两块七，两块七调到三块二，三块二调到三块七，四块二，四块八，五块二，五块八，八块七，我能背书一样地背出来的，这是我们整个国家的汇率变化过程。我们用丝绸换汇，用90%的丝绸拿去换美元，然后到银行里去结汇。比如说1993年12月份的外汇结汇，如果外国老板晚一点打给我，100万美元12月份给我，我能换580万人民币，如果1994年1月份给我，我就能换870万人民币。所以那个时候，国家鼓励外贸出口的政策，我们丝绸行业是受益较大的行业。记得我到纺织部工作时，全国的茧子一年能够做4万吨丝，到1994年、1995年的时候，就能做14万吨丝了，多出来的10万吨丝就是我们国家鼓励出口的政策带来的效果，对我们的行业促进作用是巨大的。

从1995年担任总经理一直到2002年，我总共干了七年，这一段时间主要从事宏观管理方面的工作。期间我提出了两个对行业影响比较大的事情，一个就是要开展生丝的电子检测，这是我倡导的。第二个就是我在丝绸协会注册了中国真丝标志，主要借鉴了国外羊毛标志的经验。现在整个生丝电子检测领域的国家标准和ISO国际标准，都是我们丝绸行业搞的。

2002年以后，我就调到中国恒天集团工作了，直到2012年，大概有将近十年工夫对丝绸的接触比较少。因为就是那个时候，国家要求政企脱钩，纺织部管的企业统统跟纺织部脱钩，成立了一个中国恒天集团，由原纺织工业部所属中国纺织机械（集团）有限公司、中国纺织工业对外经济技术合作公司、中国纺织机械和技术进出口有限公司、中国化纤总公司、中国丝绸工业总公司、中恒科学技术发展中心等六家子公司组建而成，大概有400亿元的销售收入。

进入21世纪以后，中国丝绸业就完全进入了市场经济和民营经济

2012年，我就退休了，恰逢中国丝绸协会换届，由我继任会长。我本来是第三届中国丝绸协会的会长，2002年我调到恒天工作的时候，我就把弋辉请来当第四、五届的中国丝绸协会的会长。当时正值国家机构改革，他退休前是国家经贸委的副秘书长兼国家茧丝办主任，等到他当满两届70岁时，他又把我拉回来，说还是你回来当协会会长吧。会长当然是要搞好丝绸协会的工作，主要是为企业和政府服务。期间，我们重点开展了行业发展战略的研究，厘清了"十二五"期间的工作思路和目标方向。同时，我们认真总结了一批先进技术经验进行推广，引导鼓励企业终端产品创新研发，培育了一批丝绸自主品牌，重点把走在前面的典型龙头企业推上去，宣传他们，鼓励他们做大做强，做优做精。协会工作面比较广，不像以前有很多权力，但我感觉行业工作更加务实、有针对性了。

从事协会服务工作，就必须对整个行业的发展历程有一个比较清楚的判断和认识。从长期来看，国内丝绸行业的兴衰起伏，始终与整个国民经济发展水平密切相关。为什么我们说国家兴民族兴则丝绸兴？因为在抗战时期及民国后期，中华民族受外敌的侵略，处于危难中。到了中华人民共和国成立初期，整个国家一年只能生产2000吨丝，40万担茧子，可以说丝绸企业基本徘徊在崩溃边缘。此后，我们国家的丝绸行业得到了巨大的发展。在短短的几十年中，我们现在能生产1200万担的茧子，可见中国丝绸发展跟中华民族的复兴是紧密联系在一起的。进入21世纪以后，中国丝绸业就完全进入市场经济和民营经济，一批新的企业就迅速跟市场接轨，开始做品牌和终端产品，所以现在中国丝绸业已进入全产业链时代，并涌现出一批做品牌、做设计、走在前面的企业，这对我们行业来说是非常可喜的。过去中国丝绸名气很大，但在市场上的品牌都是外国品牌。现在中国丝绸开始走消费品之路，走最终商品之路，走品牌之路，走全产业链之路，国家提出"一带一路"倡议，对我们丝绸行业来说是千载难逢的机会。

客观地讲，在计划经济年代国内丝绸业确实是很辉煌，但这种辉煌只是低水平的简单重复，到一定阶段必然会有饱和过剩。因为在当时特定的环境下，大部分技术人才都集中在缫丝织绸和加工环节，最后的品牌和最终成品的生产、设计和销售缺乏优秀人才，企业在人才培养方面做得好的确实不多。其主要原因在于当时我们的企业都是做半制品出口，整个丝绸的产业链最终产品在国外，我们的优势只体现在前道环节，以至于大家都不看重品牌，也无需产品设计研发人员，完全跟市场脱节，仅仅是停留在生产环节的前端链条，这是我们行业不可忽视的短板。不可否认我们这一代丝绸人才有明显断层，但人才不是一天两天能培养出来的，需要在市场里面经过多年磨炼、摔打才能成材，在学校里学的仅仅是刚刚起步，企业家的成长更是要几十年才能成就一个。我们改革开放到现在，进入市场经济时代仅有短短几十年，而行业人才培养是一个艰难漫长的过程，还有很多工作需要我们的高校和企业持之以恒不断推进。

最近十多年来，行业在产品开发方面也取得了可喜的成绩。过去大家都认为丝绸容易褪色起皱，这几个技术的难点现在都得到了解决。你看我这一身丝绸衣服皱吗？没有熨过颜色也很好，可机洗，也不褪色，所以我现在又开始穿丝绸了。我记得刚到部里来的时候，曾经穿过一阵丝绸，为什么后来就不穿了，是因为丝绸很难打理，衣服容易褪色也不好保养。如今这些问题通过织造染整技术都得到了有效解决，让中国丝绸又迸发出了新的市场消费潜力，这是很值得我们欣慰的事情。

展望未来，我们丝绸行业大有希望

回首多年来的工作历程，可谓收获颇多，感触也很深。尽管我进入这个行业其实很偶然，但有幸见证了多年行业改革发展的非凡历程，最终发现丝绸独具魅力，她会让你牵肠挂肚、无怨无悔为之奋斗一生。丝绸产业作为我国传统民族特色产业，千百年来之所以能够薪火相传、生生不息、发展壮大，这要归功于党和国家的高度重视，也离不开业界各条战线同仁的团结协作和长期不懈的努力。特别是我们永远不能忘记一大批行业有关的老领导、老专家、老前辈们的辛勤耕耘和无私奉献，他们为中国丝绸事业的繁荣发展奋斗了一辈子，做出了巨大的贡献。我认为，他们体现出来的敬业精神，需要我们继续传承下去，并进一步发扬光大。

展望未来，我们丝绸行业大有希望。因为现在的机制和体制都对路，行业发展的规模、质量和水平与日俱增，在国际上的竞争力得到了不断巩固提升，假以时日，中国一定能从丝绸大国升格为丝绸强国。我们欣喜地看到，当前中国经济已进入高质量发展的新时代，供给侧结构性改革不断深化，各类市场主体活力正在逐步显现，加上"一带一路"倡议如火如荼地推进，国内茧丝绸行业调结构、促升级、创品牌的步伐更加坚定，拥有14亿人口的内销市场潜力巨大，在不断满足人民日益增长的美好生活需求方面，丝绸行业仍然大有可为。为此，我们有理由相信，在不久的将来，中国丝绸业重现新辉煌一定能够梦想成真。

采访时间：2014年7月

"雕花天鹅绒"的复兴之路

戴春明

戴春明　江苏省非物质文化遗产项目"天鹅绒织造技艺"代表性传承人

戴春明，1971年高中毕业，进入丹阳回纺厂工作。1974年，丹阳回纺厂更名为"丹阳漳绒丝织厂"。丹阳的"天鹅绒"产品曾经走进北京人民大会堂和北京钓鱼台，远销日本等国。1996

戴春明

年，漳绒停止生产。为挽救濒临失传的"天鹅绒"传统技艺，戴春明苦苦钻研半机械化织造"天鹅绒"五年，终获成功，1999年，被国家授予"实用新型"专利证书。2001年，创办了丹阳市春明漳绒厂，采用半机械化织造"天鹅绒"，产量、效率、质量均得以大幅提升，"天鹅绒"再次打开销路。2007年，"双龙戏珠""君子兰""咏画诗"参加了由中国民间文艺家协会和江苏省文学艺术界联合会主办的首届"东方工艺美术之都博览会"。"双龙戏珠"被江苏省工艺美术馆收藏。为了让"天鹅绒"的传统技艺后继有人，他努力培养了女儿戴玲，她成功复制的清朝雕花天鹅绒椅披在2013年荣获中国工艺美术精品博览会金奖，同年获江苏省工艺美术精品大奖赛中获银奖。2007年，丹阳"天鹅绒织造技艺"项目被江苏省文化厅列入首批江苏省级非物质文化遗产项目名录。2008年，戴春明被省文化厅公布为第二批江苏省级非物质文化遗产项目代表性传承人。

就是一个人工问题很难解决，因为上面一个人下面一个人，每天只做0.8米，效率非常低

我1952年出生在泰兴。父母都是做瓦工的，在丹阳读的高中。我1971年就进入了丹阳市漳绒丝织厂工作了，在这之前我都没有接触过天鹅绒。

我们这个厂原来叫丹阳回纺厂，专门生产手工漳绒。我刚进厂的时候，厂里是做粗布、土布的，后因为"文革"而停产，漳绒生产也全部停了。那时候，丹阳有一个布厂保留了漳绒的手工织机，这个厂要关停了，而我们的厂也要转其他行业，所以就把那个厂并到我们厂里来，改名为漳绒丝织厂。

之后，厂里就组织工人到苏州去学习，当时我们有20多台车，都是手工制作的。但是在生产过程中出现了比较大的问题，由于在车间生产，夏天不可以吹电风扇，冬天也不可以烤火炉，劳动强度比较大，没有人肯做，另外老工人年纪大了也不可能再继续做。厂里就想了一个办法，提出如果工人在这儿做可以带一个徒弟，这个徒弟也可以是自己的孩子，老工人是传自己的儿子，不传女儿的。这么一来形势开始好转，人们的收入也在往上攀升。但那个时候做漳绒这一块，工资是很低的，劳动强度又大，慢慢就又萎缩了，没有人肯做了，1996年我厂就全部停产了。

我们厂原来是专门给钓鱼台国宾馆做沙发面料和房间装修用品的，是国家计划，每一年都要正常供应，多余的就放到青海卖给民族贸易公司。厂子关了以后，省政府下的计划也不能完成了，钓鱼台国宾馆也停供了。我就想这个不做是很可惜的，因为本身我在厂里接触过的，以前要是有什么新花型我就从厂里买一段回去收藏，虽然没有多深的感情，但感觉这个跟其他纺织品是不同的。

厂里生产漳绒的时候曾请过苏州丝绸学院、南京丝绸博物馆、上海丝绸博物馆共同想办法开发，就是一个人工问题很难解决，因为上面一个人下面一个人，每天只能做0.8米，效率非常低。要减轻劳动强度、提高效率，只能通过机械设计、机械改进的办法来解决。当时我们不光是做漳绒，还有其他产品，当时也请了日本和德国的一些专家在厂里大概研究了六个多月，结果是这个东西不可能用机器生产，所以一下子就停掉了。

半机械的上去以后，一天几乎可以织到10米、11米，这样提高了八九倍的效率

厂子停掉以后我就出来了，我就想这个东西如果不能做全自动，是不是能够通过半自动来提高效率。其实我自己也没学过机械，就买了一台梭织机回来慢慢摸索，拆了装装了拆，最后把原理搞懂了。就这样折腾了大概近五年的时间终于把它搞出来了。两个工人手工织机的时候，最高的产量是0.8米，半机械的上去以后，一天几乎可以织到10米、11米，这样提高了十倍的效

（左）参加"一带一路"丝绸文化高峰论坛，2017年，杭州

织造现场，2019年，丹阳

率，可以大批量生产了。丹阳市当时卖到蒙古国的产品一年不会少于50万元，整体形势还是比较好的。漳绒重新弄起来也为丹阳的经济做了很大的贡献。

整个市场产品需求的变化，如图案、质地、原材料都要更新，蒙古国人也习惯性地从传统服装向西装发展，所以我们抓住这个转型的机会，思考怎么把天鹅绒复制出来。

漳绒和天鹅绒有很大的区别。漳绒是缎地的，没有花纹的地方是一种缎纹的织物，有花纹的地方是起绒的，但我们做天鹅绒必须是满钢丝满底起绒的，再在钢丝上进行雕花，把钢丝抽掉形成花纹图案，这种工艺要比漳绒还要复杂。如果打纬打得不均匀，钢丝抽出来以后就会形成残次品，刀刻的时候如果不注意，也会在钢丝抽出来以后才会发现是残次品，这是不可修复的，所以织天鹅绒的工艺要比漳绒还复杂。

织天鹅绒我们也是通过半机械实现的。以前如果光是做天鹅绒，一天只能做到0.4米～0.5米，通过机械的改进后，一天能做6米到7米，这个产量也上来了。最近两年，我们通过工艺品图案，还搞成了一个文化产业，走向市场还是比较受欢迎的。比如我们刻绒的《醉翁亭记》，这也是安徽省政府送给客人的，订单销量比较好。最近，因为政府开支各方面都收紧了，销量又开始下来了，我们也要想办法出一种大众也适用的高档产品，如钱包、对联、双面的围巾，我们都正在努力开发。对联书法我们都已经开发成功了，因为好多书法家也是比较喜欢的，自己写一幅字通过朋友介绍过来，刻成一副完整的对联挂在家里，也是比较让人高兴的，在这方面我们确实做了很大的工作。

当时为了搞半自动化，我投资了三四十万，可以说把家里的资金全部投入进去了

我没怎么上学，五年级时遇上了"文革"，停课停了三年，然后直接上初中了。虽然是一个初中生，我也没学什么东西，初中上完到高中学农学军学工。我走上这条路花了很大的心血，对这些东西是根本不懂的，在厂里也比较肯吃苦。有的时候搞这个东西一个毛病解决不了，自己骑着自行车回家的路都不认识，我还想怎么跑到这个地方来了，一想还是要转过头来回去。这个事情如果解决不好，就一直在脑子里转来转去。作为一个不懂丝织行业，不懂机械的人，把这个东西弄出来确实比较辛苦，但是我坚信，这个产品肯定是个好东西，如果做出来肯定是有一番天地的。当时为了搞半自动化，我投资了三四十万，可以说把家里的资金全部投入进去了，如果搞不出来也就没希望了，小孩还在上大学。

我们这几年基本上赚得也很多的。当时我们光劳动工资就要相差五六十块钱一米，两个工人织80公分跟一个工人织10米，这个工价差距还是比较大的。纯手工织造时，工人早上吃了早饭、中午吃了午饭这两段时间精神是比较充足的，手工打纬的时候力气也比较大，打得比较均匀。但是到了要吃饭或者要下班的时候，工人手上就没劲了，反正手工的产品买回去不超过六个月就会像树皮皱纹纸一样皱起来。因为打筘的时候张力不均匀会造成不平整，通过机械打会比较均匀，张力也吃得比较紧，产品放在那里十年都不会变形。手工产品有个局限，现在卸下来的画看起来是圆的，但是过了一段时间，蚕丝收缩就变成鸭蛋形了，机械在做的时候就是算好了收缩的程度，一开始的时候画是长了一点，过了一段时间后画就很圆了，而且以后就一直定型了。

开始是我们独家做的，因为我搞成这个半机械之后一个人来不及做，丹阳好多朋友也来做这个东西。他们都是用一把梭子做，我们古老的是用三把梭子做，粗、中、细。他们是一把梭子，我们永远都是三把梭子，跟古代的产品是一模一样的，所以结构比较紧密。在蒙古国，都是我们做独家，销售各方面都是比较好的。因为春明漳绒这个牌子也比较响，我们每一匹都打上春明漳绒的牌子，人家拿出去说我就要这个。

我们不光光是为了继承漳绒的生产工艺。漳绒以前都是一色的，我们现在也开发了旁边镶金丝的，就是带有金边花纹的，一般可以做出花纹来的，这一块古人在做的时候也没有的，把这个产品做好就花了很大的心血。在做漳绒的过程中，每开发出来一个好些的产品都是要经过漫长的过程的，至少都要两三年。

在天鹅绒这块，因为我们企业说是传承，虽然国家在扶持，但是如果企业不能自己养活自己，只是靠国家扶持是不长久的。所以努力再开

织造现场，2019年，丹阳

发一些产品，比如天鹅绒我可以做成2m×10m、2m×5m，做成床单、床罩，上面雕起龙凤。现在，我还想逐步定制一些围巾、双面的绒雕成花，比如有个性的、根据买家喜欢的图案或者名字或者诗句，我们都可以单独雕一个，也就是说每一个都是孤品，不可能有重复的。

做天鹅绒的时候底板上钢丝是要放满的，一根一根的排列，织多少钢丝就铺多少，一直要铺下去

我是1995年开始筹办春明漳绒厂的，到2001年，第一批半机械化织机才正式出来，然后就成立了这个厂。以前在厂里做的时候是45个员工，有的时候分三班制来工作，一个工人12小时，做一个早班、一个晚班，然后休息两天。那个时候我们是做多少卖多少，客户定金打在那里等货，所以工人用得比较多。最近我比较高兴的就是，自己花了这么多的心血确实各方面的效益也体现出来了，女儿也从大学回来接班了。她对这个比较感兴趣，我也做了好多工作，这是一个比较好的产品，好的东西如果能静下心来做确实不错，她也愿意，最近几年都在做天鹅绒的设计，各方面也做得比较好，跟外界沟通、出去评奖、参加活动都是她负责。我年纪也比较大了，今年已经64岁了，有些东西也不能适应了，都是她去。

漳绒起源于福建漳州，漳绒和天鹅绒的还是有区别的。比如我们挂在后面的衣服就是漳绒做的，挂在这里的这一幅仿清代的椅披作品就是天鹅绒做的。我们做天鹅绒的时候底板上钢丝是要放满的，一根一根地排列，织多长匹料就铺多少钢丝，一直要铺下去。但是做漳绒不需要，不需要起绒的有一段缎纹的平板，要起绒的时候一朵花起上来，然后直接在机子上把它剖开，把钢丝拿下来，也就是说，200根钢丝可以循环使用，织造的时候割了以后再织，织了以后再割。做天鹅绒就不可以，你在机子上必须要铺满所有的钢丝，如果要求这幅产品是5米的就要铺5米的钢丝，然后把图案移上去，根据图案慢慢雕刻，再把钢丝抽掉，跟漳绒是完全不同的两个品种。

在丹阳没有做过天鹅绒，也就是等我们做了漳绒，好像感觉整个服装面料都开始变化的时候，我们想要寻找其他的产品，所以尝试了古代的一种天鹅绒的织法，也试了将近三年才试验成功。我以前最早在那个漳绒厂的时候是在厂里搞企业管理的，没有直接到生产车间跟哪个师傅去学，但是我对这个东西很感兴趣，有空了、下班了就坐到工人织机的边上学这个东西怎么弄，怎么织，怎么画，了解了相当一部分知识。

我自己开厂以后，就找了原厂退休的几个工人教我，他们也手把手地教我这个东西应该怎么弄，他们有一套传统的手工操作方法。然而我改成机械的时候就蛮麻烦的，要把他的东西移植到机器上去，跟他原模原样地织。尽管织造的工具改进了，但工艺不能变，如果古代的工艺变了，味道就变了，这个产品就不复存在了，所以要保留古代的工艺，再结合机器做。

我们搞的仿清代的椅披，是比较难弄的产品，刻出来以后参加了几个地方的展览，获得了一个银奖、一个金奖，具体的事情都是我女儿在操作，她是大学毕业之后来继承我的事业。我每天在家里看书，弄这弄那，也没时间安排做一些业余活动，研究开发的产品女儿也看到了，的确是个好东西。我们也跟她谈了好几次，让她就继承这个东西，不要出去当老师，因为她原来考的是师范专业。

她答应了，上手也很快，反正他们年轻人教起来也比较轻松，做一些事情也比较认真，喜欢潜心研究。她确实在天鹅绒上体会到了很大的乐趣，一幅作品如果搞好了能获一个奖，感觉参加比赛也是蛮开心的一件事情。我女儿喜欢做一些现代的、比较好的作品，比如生肖和一些其他的东西，图案上有一些创新。我喜欢复制一些古代已经失传的、不复存在的，

（右三）入选镇江市非物质文化遗产专家库，2019年，镇江

要想尽办法复制出来，比较墨守成规。

在生产当中做雕花天鹅绒比做漳绒难度要大得多，核心就是张力要均匀、雕刻要细心

2007年，丹阳天鹅绒织造技艺成为江苏省的非物质文化遗产。以前我们在做这个产品的时候，把机器研发出来不光是靠一些租的厂房、招的工人，我们还把丹阳其他有能力生产漳绒、生产天鹅绒的年轻人也找到一起，在技术上我也帮助他们，扶持他们，所以丹阳最多的时候有200多台机器在做。这解决了多少工人的就业？反正一个工人一台机器，所以我在丹阳的漳绒和天鹅绒织造上面起了很大的推进作用。因为当时的生产量、需求量也比较大，靠我们一家两家三家也不可能完成的，凡是有能力的，愿意出来生产的人都被组织起来生产漳绒。

我从厂里出来前是有着几千人规模工厂的经营科长，条件比较优越、工作环境也比较好。我离开厂以后，就说一定要把这个东西弄出来。毕竟我对这个东西根本就不懂，不懂机械，也不懂生产工艺。我想不懂不要紧，可以慢慢学的，确实在学的过程当中交了好多学费。

当时在我身边支持我的只有我的爱人，我女儿那时候还在外面上学。我家里其他亲人、所有朋友，没有一个说是可以成功的。他们感觉这个事情没有人会去做，因为没有效益，还要投钱进去，还要摸索五六年，一般人是不可能去做这个事情的。我请来的好多搞机械、搞工业设计的人过来都说不要弄了。三年下来了，到了第四年，我叫他们看看还有什么问题，他们说你不要弄了，没有意义的，那个时候我想我肯定可以弄成功，只是暂时遇到一点困难。结果到最后终于成功了，这一年是2000年，这时第一批布才出来，我是1995年就开始弄的，一直弄了五年。

在获得的这么多奖项中，我还是看重我这个复制出来的产品。天鹅绒的制作只能实现半机械化。在做天鹅绒雕刻上，割绒刀下的位置是很重要的，如果刻在钢丝中间，绒毛就是一样高；如果刻在旁边，绒毛就是半根高半根低；如果刻重了，钢丝就会被划出一条槽来，之后抽钢丝时就会伤及没有雕花的部位，然后这个产品就会起毛。所以它的核心就是雕刻，织造的时候要保证钢丝均匀度，比如12根钢丝/1cm，量下来必须都是12根钢丝/1cm。如果这段是12根，那一段只有10根钢丝，刻出来的图案就是下面紧上面松，所以在织造的过程中一定要张力均匀，在雕刻的时候这把刀不能偏左，不能偏右，力度要均匀。总的来说，在生产中，做雕花天鹅绒比做漳绒难度要大得多，核心就是张力要均匀，雕刻要细心。

采访时间：2015年6月

理想主义与机遇的完美结合

费建明

费建明

费建明　原达利（中国）有限公司董事长兼CEO

费建明，1952年2月生，1985年毕业于杭州大学中文系，2004年毕业于澳门科技大学，工商管理硕士、高级经济师。1989年担任杭州西湖绸厂厂长。1993年担任杭州西湖达利工业有限公司董事长，2004年任达利（中国）有限公司董事长兼总裁，拥有丝绸织造、制衣业管理经验逾三十年。2006年兼任杭州市丝绸行业协会会长；2012年任杭州丝绸文化与品牌研究中心理事长；曾兼职浙江理工大学教授、硕士生导师，杭州职业技术学院达利女装学院院长，杭州市丝绸女装展览有限公司董事总经理。2013年出版了《2013杭州丝绸蓝皮书》和《梦萦丝绸——企业管理变革实录续集》，2015年起担任国际丝绸联盟秘书长。2009年获评杭州市首届"品质杭商"，2011年获得浙江省个人慈善奖。

西湖绸厂是杭州市国营丝绸企业里面最小的一家，也是经济效益最差的一家

于我而言，投身于丝绸行业是一种机缘巧合，但也是命中注定，这是一种宿命。

我的曾祖父就是在湖州老家种桑养蚕的，我祖父开过一个小的织绸厂，我父亲开始做绸缎的生意，但到新中国成立后，公私合营以后都中断掉了。后来我父亲在杭州一个绸厂里面做会计，我则下乡去了黑龙江整整八年，然后从黑龙江生产建设兵团调到了浙江生产建设兵团，随后就进入到浙江生产建设兵团的杭州西湖绸厂，从做机修工开始，随后慢慢开始管理企业，一步步就这样机缘巧合地接触了丝绸行业。

然而当时我自己并不想在企业里面发展，而是想写写文章，做文字工作，成为一个作家。当时我从杭大毕业后已经定下去浙江省文化厅下属的省广播电台做一名文艺部的小编辑的，但是真的是命中注定吧，当时工厂一定要让我回去，就这样一直走到了现在。

这样的人生轨迹不是我原先的设想，但也是我自己的选择，这就是我和丝绸剪不断的缘分吧。

80年代，西湖绸厂是杭州市国营丝绸企业里面最小的一家，也是经济效益最差的一家。1989年我担任厂长，进行了企业内部全方位配套改革，1993年的时候，工厂和香港达利集团合资，建立了合作关系，从此状况也得到了转变。

1993年1月我们西湖绸厂拿一个织造车间跟香港达利集团成立了一个合资公司，随后在两年当中连续组建了四家合资公司，到1996年的时候已经和达利全面合资了。

这次机遇对我们而言都是摸着石头过河的一种尝试。达利集团是国际上重要的丝绸企业，在香港、广州、深圳都有工厂，慢慢地，它就往内地发展。在杭州，达利也和很多丝绸企业有过贸易关系，但最终选择了和我们合资。第一家合资企业只有120万美元的注册资本，然而到2000年达利就收购了我们中方的股份独资了，此时的注册资本已经达到了1亿美元。我们和达利集团的关系就是这样逐步逐步地建立起来，紧密起来的。

我们和达利制定了一个远大的目标，就是建立一个世界一流的丝绸企业。如今我们在萧山有了一个新的厂区，是我借着杭州市委"弘扬丝绸之府，打造女装之都"的座谈会的契机提出来的。我一直坚信，我们有条件建立一个世界一流的丝绸女装产业基地，这个提案出来以后得到了市委市政府和香港达利董事会的大力支持。2006年4月20日奠基，到2007年的10月1日就搬入到这个新厂区。2008年5月，我们在这个厂区举办了杭州市生活品质总点评活动，杭州市四套领导班子、200名专家、学者看了都说超乎想象，媒体称之为"中国最美厂区"。

在2008年的金融危机之后，我们公司就实行了一个降低成本的特别行动，以此来面对这些困难

在金融危机之后，整个丝绸行业都遭受了很大的挫折。在这样的困境中，我们达利集团仍然一步步走来，杀出了一条血路。在2010年到2011年丝绸行业竞争排名中，达利（中国）仅次于广东纺织丝绸集团，排在第二位。如今达利的年销售额还是在10个亿左右。相对于其他企业，达利没有做其他产业，只是做丝绸。做服装能够达到10个亿的销售额，在中国丝绸企业里面，达利集团的丝绸服装的出口几乎年年都是第一。达利集团一年的服装出口量在1000万件以上。

国外的一些大的品牌公司喜欢达利也是有原因的，因为我们的制造工艺、质量管理，都是占据领先地位的，在丝绸印染这一方面尤为突出。我们花巨资引进了一些国际上先进的后整理设备，都是德国制造和意大利制造的。

人才和物料一样，是一个必不可少的关键因素，因此我们曾经从意大利请了8个印染的专家。在我们这里称为专家，在他们那边实际上就是真正在生产线上工作的一线技术人员。当时达利香港的老板也是非常有魄力的。技术方面的、行政方面的管理全部交给意大利，最后连印染中心的CEO也是意大利人，下面还有8个专家，意大利的专家用了三年。在这期间，我们的操作工人也逐渐掌握了这些技巧，能够做到和他们不分上下，他们能做的我们的工人也可以，我们能够完成的他们则未必能够做到，最终意大利人回去了，我们的技术得到了提升。在质量有了提升的情况下，

（右三）在意大利科莫与意大利丝绸协会交流，2017年，意大利

国外一些大公司必然选择了我们公司，虽然在美国金融危机、欧债危机这样的背景下整个需求有所减少，但我们企业的减少量不是很多，在这样艰难的环境下，我们不断地寻找希望。

早在2001年"9·11"事件后，我们公司就遭遇了一次巨大的挫折与打击。"9·11"事件爆发以后，订单一下子少了很多，因为很多在世贸大楼里面的客户突然都断掉了，这些公司都没有了，客户也都没有了。公司在2002年的上半年差不多面临亏损，面对有5000多个员工的大公司，一个月的工资要1000多万，订单没有了怎么办，这样的打击对我们而言也是十分严重的。

而2008年的美国金融危机对我们的冲击不仅仅反应在订单的多少方面，还包括我们汇率的变化，以及最近一两年劳动力成本上升等一系列问题。丝绸行业还面临着我们国内经济的大幅波动，因此在2008年的金融危机之后，我们公司就实行了一个降低成本的特别行动，以此来面对这些困难。

当时我给自己的企业定了一个目标，一年要降低4436万成本，最终这个目标分解到每个中心，每个中心里面再制定目标，一层一层落实到位，主要从质量成本的下降，从能源消耗的下降，从工资总额的控制这三方面去节省成本。就当时而言，这是一个绝对困难的目标，我当时已经做好达不成目标不拿工资的准备，然而在我们共同努力下，2009年的11月，这个目标竟然实现了。这是怎样一个数据呢，2008年我们企业实现的利润就是4000多万，我们要节省下来的相当于去年的利润，2009年底实现的利润是5000万，如果没有节省这些成本的话，可能就只有几百万利润，可见这个数据的庞大。

客户满意度要打分的，后来我把员工满意度也纳入其中，员工满意度比客户满意度更为重要

回顾达利（中国）一步步从小到大的成长，这一步一步走下来实属不易，而我也伴着它经历了这些变化，就好像回顾自己的一生一般。从最初在西湖绸厂做厂长、党委书记，到如今的在达利（中国）工作，这也是我的一部奋斗史，里面包含了我的青春、我的热血，还有我的理想。而这么多年下来，我的原则一直没变，始终贯穿着我的每一次抉择与行动。

从最初我在厂里当机修工到车间统计，到厂里的工会干事，当我从杭大读了两年书回来后成了党委副书记，我在心中就给自己定下了一个目标，那就是我要当厂长，而这样的想法则是因为我看到工厂濒临破产，我觉得自己有责任，也有信心把这个厂推向好的方向。

1989年年初，我因为病毒性心肌炎住院疗养，在这两个月里我起草了几万字的西湖绸厂全方位配套改革方案。5月，市丝绸公司就任命我当这个厂长。我的改革方案中充满了理想主义的色彩，我希望通过改革改善人的生存环境，提高员工的物质生活水平和文化生活水平，要让员工各得其所，各得其利，使每个人都有奔头，要在企业内部形成一种民主、平等、宽松、和谐的企业氛围。我还在方案中提出，应该强化经济职能，弱化社会职能，这些在当时是没有人敢提的，但这是我的期望与理想，而且后来的每一步也都是按照这样的理念去执行的，一点点地完成这个目标。

我的事业与办事风格就是按照这个理论来指导实践的，我带着这种理想主义的色彩，按着自己的蓝图一步步走来，一步步实现了最初的梦想。

如今回顾过去，我感到欣慰而满足，当时自己做的规划，设立的愿望，基本上都已经实现了。

这个理想主义的指导思想一直贯穿着我的工作事业，很多时候我都会考虑我们企业的文化，一般企业都是讲客户第一，讲究客户的满意度，而我看中员工的满意度。每年我会让企业人力资源部安排员工来打分，刚开始两年是客户满意度要打分的，后来我把员工满意度也纳入其中，甚至提出，员工满意度比客户满意度更为重要。因为只有员工满意了才能做到客户满意，员工不满意，他做出来的质量不会好，成本也不会低，这些都是跟员工心态有密切相关的，所以要尽量做到让员工满意。这个确实也是我一直以来想做的事情。

（前排）在中国（尼日利亚）贸易博览会开幕式上致辞，2018年，尼日利亚

马上要出的《2013杭州丝绸蓝皮书》，其中有一个目的就是要让外界人知道我们杭州丝绸现在的地位、整体形势。我们这个书当中虽然也讲新中国成立以来杭州的丝绸，但主要讲的是现在这段时间。我认为杭州丝绸实际上发展得非常好，中国的丝绸销售量占全世

（右一）越南宝禄市丝-茶文化周国际会议与越南蚕桑协会签署合作备忘录，2017年，越南

界的80%，浙江省占中国的40%，杭州在浙江省里面要占到50%左右，这样我们杭州丝绸在全球丝绸贸易当中已经要达到20%左右的总量。

至少在我看来，中国出口丝绸商品最多的是杭州，中国丝绸服装的出口第一也都是杭州的，丝绸产品的品牌也是杭州最多，中国名牌也是杭州最多，所以说现在杭州丝绸在世界丝绸产业当中的地位以及作用和影响力都是空前的。然而这些数据行业之外的人很少知道，很多人都认为如今丝绸企业处在一个非常困难的时期，除了劳动力、出口，还有汇率这些和其他行业相同的之外，因为丝绸这个产业战线比较长，它是从农业开始，农工商贸实际上是占全的。在产业链的每一个环节，大家都有利益的诉求，所以波动会显得特别大一些。

我之前到意大利去的时候也向他们介绍了现在中国丝绸产业当中的缫丝企业，今年上半年基本上都是亏损的。我说这是个波动的结果，因为是跟茧价的波动，丝价的波动相关联的，只要能挺过去，明年可能就好了。很多企业觉得光做缫丝可能会亏损，光做丝绸也可能会亏损，那么就开始做产业链，反正整个产业链当中总有地方在赚钱的，这也是中国丝绸产业发展的一个方向。

实际上，我在2011年就已经呼吁丝绸行业里面要搞联合重组，把很多小的企业联合成大企业，联合成一个完整的产业链，这样生存的空间会更大，价格波动会更小。丝绸产业在我们国家已经有五千年的历史了，在兵荒马乱的年代都过来了，现在有什么理由会倒掉？如今人们的生活水平也在提高，市场的容量越来越大，它一定有很广阔的发展空间，这个就是我对丝绸行业的看法。

达利（中国）本身也是一个非常愿意做慈善的企业

之前我说过最初我是有可能去做一名编辑的，我的确也喜欢用文字记录一些东西。我出过两本书，不是为了出书而写的，而是平时把在企业里面写的材料汇编成的《管理变革实录》。十年过去了，我把其间的一些经验与大家一起分享，企业里的工作报告、改革文案都是由我自己起草的。

做慈善则是和企业有关，因为达利（中国）本身也是一个非常愿意做慈善的企业。在汶川地震中，我们第一时间做出捐款500万的决定，省政府也给我们一个特别奖，还有每年的"春风行动"。达利（中国）每年保持着一百万元的捐赠额。2011年的时候省里面还给我一个浙江省个人慈善奖。

这些举动花不了我们多长时间，只要心里想去做就可以。我们最远在新疆和田，捐了30万建了一个希望小学。我们跟这些希望小学保持长期的关系，不光是建一个校舍，以后这个学校里面的图书馆，运动场所或者食堂，我们都还愿意再继续捐，还有给成绩好的学生的奖学金。

如今我大部分的时间是在丝绸协会，我希望通过丝绸协会这样一个平台对整个丝绸行业的发展起到一些作用。

从去年（2012年）开始，我又担任了杭州丝绸文化与品牌研究中心的理事长，这个也是要投入一部分精力的，因为这是市委政研室主管的一个部门。比如说今年我们在推动中国丝绸流行趋势的研发项目，投中标以后需要整合很多社会资源，像中国美院、浙江理工大学、凯喜雅、金富春、达利，还有《丝绸》杂志社、杭州电视台、杭州职业技术学院的达利女装学院，需要将这么多的单位和企业整合在一起来做这个流行趋势的发布，需要花大量时间去协调。

从年龄上来说，我觉得自己已经应该慢慢退出社会舞台了，毕竟我已经62岁了，应该要让更年轻的人来做协会会长，我也准备这一届任期满了之后，就不再连任了。这种社会团体原则上都是连任两届，我觉得既然有这样的一个原则，我应该带头做两届以后就让比我更年轻的人来闯荡一番，他们的思路更开阔、更时尚。我已经和市经信委的主任谈过话，要让上级领导做好准备，后面的人选是谁，怎样过渡，这些都要安排好，也不能到时候我一走了之，而大家什么准备都没有。这是我非常欣赏的一种原则与态度。

我与丝绸结缘这一生，为这一丝勾住了青春，它也为我编织了最美的人生画卷。如今我也将优雅退场，将这片繁花似锦的天地交给年轻人去闯荡，去开辟另一条"丝绸之路"。

《丝绸》风雨六十载

宣友木

宣友木

宣友木 《丝绸》杂志社原社长、主编、编审

宣友木，1952年10月生，1977年毕业于苏州丝绸工学院美术设计专业，被分配到《丝绸》杂志社做编辑，1994年担任社长。《丝绸》是全国中文核心期刊、中国科技核心期刊和国家科技论文统计源期刊。创刊60余年来，为宣传党的方针政策、介绍行业的综合管理、新技术、新产品、科研成果、行业文化以及培养行业专业人士起到了积极的推动作用，也促进了行业的发展和进步。1991年《丝绸》获纺织工业部颁发的全国纺织科技情报成果奖；1992年被国家科委、中共中央宣传部、新闻出版署评为全国优秀科技期刊三等奖；1995年被中国纺织总会评为优秀报刊；2012年被教育部评为中国高校科技特色期刊；2000年创办了《丝绸时尚》刊物并出版了3期；2000年后创办了《中国丝绸年鉴》。

《丝绸》办刊轨迹与《丝绸》办刊宗旨

1977年，刚刚从苏州丝绸工学院毕业的我就进入了《丝绸》杂志社，做了一名普通的编辑。当时的《丝绸》还是由全国丝绸工业科技情报站主办，中国丝绸总公司主管。不知不觉，我在这个岗位工作已有35年多了。《丝绸》最初叫作《浙江丝绸工业通讯》，是由浙江丝绸界的老前辈朱新予先生创办的，其主要内容是从展示丝绸历史、文化开始，后来开始刊登技术方面的研究成果，一直为丝绸行业提供资讯服务。《丝绸》转到纺织工业部主管后，由全国丝绸工业科技情报站主办，在国家规定期刊要归地方管理后，又转由浙江省丝绸科学研究院主管，后来研究院改制了，转到浙江丝绸集团，浙江丝绸集团改成凯喜雅后，我们转到浙江理工大学，由浙江理工大学主管主办，这样几经周折辗转才是如今看到的《丝绸》。

最初的《丝绸》办刊轨迹与《丝绸》办刊宗旨一直是围绕着行业的技术进步以及整个行业进步展开。今年（2013年）是《丝绸》成立的第57个年头，它是我们行业唯一一本国内外公开发行的国家级刊物。它主要宣传党的方针政策，介绍行业的新技术、新产品、科研成果及综合管理方面的经验之谈。它作为技术文化媒介，为专业人士尤其是技术人才提供了一个展示的阵地与平台。从20世纪90年代起，《丝绸》杂志进入了全国中文核心期刊和中国科技核心期刊的行列，成为国家科技论文统计源期刊，其内容也逐渐增加了行业新技术成果的展示，更多了一些技术与学术方面的内容。所以我们也会尽力组织一些专家、教授进行特别约稿，希望对行业的促进有所帮助，以此推动行业的进步，我们所做的每一次尝试和努力都是围绕着《丝绸》办刊的宗旨展开的。

《丝绸》对行业的作用和自身的办刊理念

正如之前所说，《丝绸》一直都对培养行业的专业人士、推动行业进步有着巨大的责任与帮助，而事实证明我们也的确做到了这一点。一方面，行业里面有些精英都是通过《丝绸》杂志被领导挖掘，领导发现他很有才干，或是技术或是领导能力各方面都不错，发表的论文也多，这些人才被领导看中以后提拔成为行业的骨干。可以说，《丝绸》为行业挖掘了很多的人才与中坚力量。

另一方面,《丝绸》中的文章推动了整个行业的一次大飞跃。苏州大学李栋高教授在论文《在西部大开发中建设中国的新蚕丝产业带》中的一系列论述,对推动"东桑西移"工程的进行发挥了重要作用。他当初在广东进行调研以后,提出了应在我国北回归线附近再组建一个高生产力水平的新蚕丝产业带的建议,引起了当时的广东省省委书记张德江的高度重视和批复。不久,一个以广东为核心的新蚕丝产业带形成,故《丝绸》于2006年约请李栋高教授将该建议整理成文《我国低纬度地区蚕丝产业带核心竞争力优势的分析与利用》并发表。可见,《丝绸》起到了推动经济的作用,也获得了很好的社会效益。

《丝绸》作为一本杂志本身并没有大事,无非就是将其对行业的作用和自身的办刊理念做一些记录。这几十年来,它就像一个见证人一样记录了行业里的每一个变化与进步。而《丝绸》在发展中也充满了挑战与机遇。一方面我们坚守最初的办刊宗旨与理念,另一方面也追求突破,希望能够办出它的特色,提高其竞争力。《丝绸》杂志毕竟只为丝绸这么一个较窄的行业服务,没有它的特色如何跟其他杂志竞争。

《丝绸》本身编辑质量的提高,也是办好《丝绸》的一个重要方面,我们严格要求编排规范化、标准化,并编写了《丝绸杂志编辑校对手册》,严格把好编辑、校对关。因此近几年来,无论是封面、目次页、内文格式,还是图表、量和单

科技期刊交流考察,2009年,平遥

位、公式以及参考文献的编排，《丝绸》都较好地做到了规范化与标准化，这其中作为主编的我担起主要责任，做出了重要贡献。我获得过多项荣誉，如：2004年我曾荣获中国科技期刊编辑学会颁发的最高荣誉金牛奖，2005年论文《从载文分析和读者调查看〈丝绸〉的业内影响力》获第三届全国核心期刊与期刊国际化、网络化研讨会优秀论文三等奖，论文《论〈丝绸〉创品牌》获浙江省科技期刊编辑学会优秀论文奖等。

（右一）在第二届一次《丝绸》编审会议上做报告，
2008年，杭州

深圳中丝园丝绸文化平台创建交流，2007年，深圳

在我们的不懈努力下，《丝绸》获得了很多的国家和省部级荣誉。2012年《丝绸》被教育部评为中国高校特色科技期刊奖，这一荣誉正是因为杂志的丝绸特色而获得的，同时因为《丝绸》杂志也承担着行业的科技情报工作，它本身就是一本技术资讯刊物，所以也荣获了纺织工业部全国纺织科技情报成果奖。这些都属于部级以上的奖项，这是对我们《丝绸》工作的肯定与认可。

《丝绸》与中国丝绸博物馆的责任与担当

这里面我说说《丝绸》杂志做的事情，我们围绕弘扬"丝绸文化"，把杭州打造成"丝绸之都"的战略方针，配合杭州市政府的发展方向，2000年我们创办了《丝绸时尚》刊物，做了3期，也是作为一个项目来搞的，这个主要还是宣传丝绸的历史、文化和品牌。

如今《丝绸》的当务之急是怎样通过宣传丝绸、包装丝绸来建立丝绸品牌，这样做的目的也是为了让丝绸有更好的发展，这个行业正因为没有自己硬邦邦的品牌，所以有点萎靡不前，进步不大。

另外，2000年以后，我们帮助国家茧丝绸协调办公室和中国丝绸协会，创办了工具书刊《中国丝绸年鉴》，到现在已经是12期，它是一年一期的。

中国丝绸博物馆是一个展示行业历史文化的很好的平台，或者叫作载体。它是研究历史、文化，保存历史资料，展示丝绸的一个阵地，同时也为传承弘扬"丝绸文化"，发展我国的科技教育事业，推动行业进步起到重要作用。

这就是《丝绸》与中国丝绸博物馆的责任与担当。

采访时间：2013年7月

宝剑锋从磨砺出　梅花香自苦寒来

凌兰芳

凌兰芳

凌兰芳　丝绸之路控股集团董事长、党委书记

凌兰芳，从事丝绸行业已49年（到2018年），经历了行业的重要转折时期，包括立缫技改、"蚕茧大战"、压绪压锭，行业困难、国企改制等。在丝绸国企改革浪潮中，带领几千名改制员工，毅然奋起，买下多个无人问津的倒闭工厂，艰苦重组，创立了行业内的优秀标杆企业"丝绸之路控股集团有限公司"，并出任董事长。丝绸之路集团获得全国、全纺、全总以及省、市各种荣誉，在2004年被评为湖州市龙头骨干企业；2005年成为全国就业和社会保障先进民营企业；2006年被评为全国创建和谐劳动关系模范企业；2008年成为浙江省十大幸福企业；2009年被评为最具社会责任感企业；2018年被评为浙江省服务业百强企业。凌兰芳于2006年获"风云浙商"称号；2007年获湖州市特殊贡献人才奖；2008年获"浙江省改革开放30年功勋企业家"称号；2009年获浙江省企业文化建设突出贡献人物奖；2010年获中国纺织行业年度创新人物奖，同年被评为全国纺织工业劳动模范；2006年荣获中国丝绸协会颁发的全国茧丝绸行业终身成就奖。

653

我算了一下，在做送茧工的几年里，我走了4万多公里路，路程刚好绕地球一圈

我是湖州人，今年本命年（2013年），刚把退休手续办完，在这个行业整整44年了。我1953年11月6日出生在嘉兴，祖籍海宁袁花，本姓查，与金庸是本家。查家是海宁望族，因清代文字狱而深受劫难，祖上有一脉逃到湖州，开陶器店生存。到我爷爷那辈，我太婆把我爷爷过继给了她弟弟，外甥当儿子养，于是我们改姓凌了。

我1960年随父母到湖州，在木桥头小学念书。这所小学是美国人开办的一个育婴堂改建的，很有名。我是好学生，听话、聪明，现在的校歌也是我写的。学校搬迁了，现在的旧址还留下两棵不知几百年的银杏树，已纳入湖州名树名录。

我家住西门上塘（仓石里），门口有条小河，隔壁是茧站。收蚕茧时，贫下中农挑茧或者摇船来卖茧，我学雷锋做好事，用竹筒倒凉茶给他们喝，看见掉下的茧我帮捡起来，颗粒归仓。贫下中农讲政治，颗颗都是爱国茧，忠心茧，洁白如玉，中间插着稻秸透气，没有毛脚茧，茧站烘烤不停，出灶的干茧香喷喷的，一包包叠起来堆到屋顶。

我小时候也养蚕玩，用纸折成一条条小船，小蚕放在纸船里，用桑叶来喂养。有时候我故意不喂桑叶，放上包菜叶看蚕吃不吃，蚕也吃，但吃了不结茧，这让我印象非常深刻。后来我在工作后才懂得：桑叶与茧丝的比例是15∶1，意思是15斤桑叶才能换来1斤茧，食性专属，不能改变。

三年困难时期很苦，我家虽是居民，粮食同样不够吃，经常吃些胡萝卜、南瓜、葛根粉等，锅里几粒米像珍珠一样可数。茧站每天10点半敲钟开饭，我就回家问妈妈："茧站吃饭了，我们为啥还不吃饭？"我妈回答："咱又不是公家，哪有定时吃饭的？"这句话五十几年了我还记得。

我中学在湖州中学念，这个学校更厉害，茅盾、钱三强等大名人层出不穷。由于"文革"，我不到两年就毕业了，整天"闹革命"，学到的知识不多。

1970年我中学毕业被分配到当时浙江省最大的缫丝企业菱湖丝厂工作。岗位是送茧工，相当于搬运工人，干的是体力活。我个头小，老师傅就把车柄锯短一截方便我推车。我把一桶桶的茧送去给缫丝工人操作，8小时不停运送。我算了一下，在做送茧工的几年里，我走了4万多公里路，路程刚好绕地球一圈。

我在工厂里表现比较好，算是培养对象，很快就入团、入党、提干。后因某些原因，我离开了工厂。1978年中国共产党十一届三中全会召开之后，我又重新回到了工厂，和员工们在一起开始四个现代化建设，重新参与改革开放的一系列进程。

每人家里拿5000元凑11万元付利息，银行很感动，说你们是国有企业，竟然那么坚守诚信

1979年，中美两国政府签署贸易关系协定，协定规定缔约双方相互给予最惠国待遇。中国的丝绸马上火了，美国直接采购中国的丝绸，以前美国是从日本采购的，这个协定后，两国贸易发展了，丝绸价格迅速上升。当时，计划内生丝14万元/吨，计划外价格比计划内高50%左右，为20万元/吨—21万元/吨，因此导致了"蚕茧大战"。我当然冲在第一线，那时我三十四五岁，年轻，能吃苦，到江苏、四川、陕西、湖南、安徽收购蚕茧，拉回计划外的原料，销售就有了自主那一块，企业利润大增，厂长买了桑塔纳，员工发了金戒指。后来"蚕茧大战"引起中央重视，下了紧急文电必须就地停息。厂长让我躲一躲风头，我就被派到湖州搞联营。

"蚕茧大战"暴露了计划经济向市场经济、封闭体系向开放体系转变中的种种弊病，对我人生影响很大。"蚕茧大战"中，我和我的工友几次饿晕累晕，几次死里逃生，神经高度紧张，意外接连发生，故事惊心动魄……我一直想写个这方面的回忆录，因为我在"蚕茧大战"中吃了不少苦，遭遇到各种艰难险阻，像车祸、火灾、路霸、诈骗、抢劫、偷盗等；但是我也锤炼了自己吃苦耐劳、廉洁奉公、忍辱负重、百折不挠的性格，这对以后的经营生涯算是一种热身。总之，我在历时三年的"蚕茧大战"中吃了不少苦，但也为国企提高了效益，自己也学到了不少经营知识，接触到了人性在利益面前的种种善恶。

1992年邓小平南方谈话以后，工厂的领导让我从事经营工作，适应"双轨制"，去组织紧缺的煤炭、木材、水泥、铜铝等物资。不久工厂

（右二）与科研人员在研究新品真丝提花面料，2013年，湖州

组建了丝绸物资公司，我担任总经理。在这期间我又吃了不少苦头，其中有一次由于外商违约，进口钢材出现了事故，每吨价格从4700元跌到1700元，5000多吨下来亏损1000多万元。紧接着1995年4月21日，我们一艘拉煤的海轮在海上被另一艘3000多吨的货船撞击，75分钟后我们的海轮沉没，当时海轮上28个船员中有12人葬身大海，这是非常重大的事故，也惊动了当时的浙江省副省长和国务院有关部门。这连续发生的两大事件对初涉商海的我打击非常大，我们这个小国有企业一下亏损了3000多万元，从此，我们开始了长达六七年的艰难岁月。

悲痛欲绝的我开始了善后工作，我挨家挨户磕头，一家一家处理。我的公司受此打击，按说已经倒闭了。当时公司里46人走了一半多，剩下21人还愿意跟着我。我凭着顽强的意志坚守诚信，坚持还债。我们每月只拿150元生活费，出差住澡堂子。银行本金还不出，就先还利息，有一次利息还不出，我就求大家凑利息，每人家里拿5000元凑11万元付利息，银行很感动，说你们是国有企业，竟然那么坚守诚信。通过六七年的坚持努力，我们还清了3000多万元，还清了所有债务，很不容易，可以说是松了口气。

我有饭吃，你们不会喝粥；我喝粥，你们不会喝汤

2002年湖州丝绸行业开始改制，丝绸价格大规模下滑，跌到历史最低点的11万元/吨，丝绸行业开始大规模减产、停产、破产。湖州有一条益民路，老百姓叫它难民路，因为当时这条路上有四五家丝绸企业面临倒闭，丝绸之府变成了丝绸之苦。

湖州市政府开始实施改制下岗，我1970年进工厂，有33年工龄，49周岁，差一岁无法享受内退，必须买断工龄，买断工龄的钱是28050元，这些个下岗通知书、补偿金支票等现在放在杭州的浙商博物馆里。

我们湖州丝绸行业里与我相同命运的大约有三四万四五十岁的员工，工厂开始拍卖，当时大家感到迷惘，之前与我一起的工友都希望我站出来。

倒闭的企业有十几个，最大的企业叫昌荣，是两个厂（东风、永昌）并在一起，有2989位员工。政府把占地38亩的厂子开价到8500万元，长达100多天，无人问津，没人买。那么多员工谁能摆平？咋算都是赔。于是湖州市政府领导做我工作，让我挑这个担子。我们商量了几天几夜，我觉得自己不干丝绸也没什么可干的，于是吃了豹子胆，找了几个发了财的朋友，借来了2600多万元交了首付。对我敢于揭这个"皇榜"的行动，当时社会上的民众觉得不可理解，觉得那么多工人，那么大的包袱，左算右算一年都要亏几百万元甚至上千万元，你凌兰芳什么本事啊？

紧接着我的母厂也倒闭要卖了，大家都说你自己的厂为什么不买？我的母厂开价2600万元，空壳子，没有一粒茧，没有一根丝，连废铁都卖空了发工资，这个破烂厂我又借钱买下了。不到半年，丝绸服装总厂的工人把我们的红旗路给堵了，其诉求是强烈要求政府改制，强烈要求凌兰芳收购该厂。因为我在员工安排上岗方面做得不错，大家都希望我去重整丝绸服装总厂。我说我没有能力，因为七七八八加起来这个厂开价快2亿元了，我是没有钱的人，家里省吃俭用总共20多万元，全拿出来用上了，又借了1亿多元。后来市政府看到我把员工安置得这么好，就同意我分期付款。当时的湖州市副市长说："老凌你先把工厂拿走再说，不行还给我。"我就稀里糊涂地接下来，一个个石臼背起来。现在想来，这些苦头

都是我自找的。

国企改革十分艰难。在改制大会上，员工情绪很激动，特别是永昌改制大会，员工哭的闹的都有，眼泪鼻涕往警察身上抹，有的员工要抱着警察跳楼，下面有6辆消防车停着，怕有放火跳楼的，150位干警集中在对面楼里待命，现场留20名左右忙着维护秩序。这种情况下，领导喊我出场。当时我对员工讲了三句话，全场立马就平静下来了。第一句："我有饭吃，你们不会喝粥；我喝粥，你们不会喝汤。"员工问："1998年下岗过一次，2002年现在又下岗，再下岗怎么办？"我讲第二句："在我老婆下岗之前，你们是不会下岗的。"第三句："我们抱团奋斗，一起做到退休。"

那时能做到退休是一个奢望，动不动就下岗，工人很怕，所以我要说到做到。

短短一年我买下了三五个大厂，花了2亿多元。我整个人都麻木了，年迈的岳母吓到了，非让我把厂子还给政府不可。我老父亲说了一句："儿啊，你从此石臼当帽子了呀！"

政府见我安置员工有方，工作做得很细，眼看局面好转了，又塞些困难企业给我，就这样我又陆续收购了一些企业。2004年我把这些重组后的企业集中起来，把下岗工人安排岗位停当后就成立了丝绸之路集团。其中，40后、50后中有五六千人是在我手里解决工作的。我感觉负担很重，压力很重，那些年我几乎没有睡上一个好觉。

首先这些工人要安排工作，特别是永昌收购来的时候，许多机器没用了当废铁卖。工厂地上长满了野草，机器锈了，螺丝钉也拧不下来，在这种情况下，女工怎么缫丝、织绸？退二进三！放到服务业去。我们想了很多很多办法，我先租了一个宾馆，开展了一些服务业，把挡车有困难的女工安排做服务员，再安排一部分员工去做公共服务，如卖煤气等。我还带一些员工去湖州妙西山上挖烂树叶腐殖土掺上化肥作花肥卖，解决他们的就业问题。

要解决传统产业转型升级的根本问题，没有创新思路不行。我抓了"四大改造"，老设备、老工艺、老产品、老市场兜底翻，设备全进口，工艺最先进，当掉裤子也要上项目、上设备、上技改。

破难创新，风雨兼程；转型升级，生死时速

2005年我做了几个大动作，扭转了企业下滑的趋势，重新打造了一条"丝绸之路"。

第一，由于东部地区的蚕茧数量、质量下滑，我把一部分的缫丝产能转移到广西、四川等地，在西部地区建设工厂，并把织绸也放到那边去。

第二，留下的旧设备全面淘汰，全换上一流的剑杆织机，买了一些专利，跟浙江理工大学李加林教授买的数码织造，上了史陶比尔大提花，施密特剑杆织机，后来又买下了浙江大学下属的浙江易纺数码纺织有限公司，设备、工艺、品种得到进一步改造。

第三，缫丝织绸服装家纺形成完整产业链，做品牌。

在奥运会开幕式上，刘欢与莎拉布莱曼合唱了一首歌《我和你》。当时恰巧我们即将推出家纺产品，我觉得歌词很贴切，于是在两个歌唱家名字中各取一个字，将家纺产品取名"欢莎"。现在北京、南京、上海、武汉、长沙、杭州等一、二线城市的高端品牌商场里都有我们"欢莎"品牌。当时我们很艰难，因我们企业做传统产业，不挣钱，过的是苦日子，对自己是抠钱，搞技改是砸钱，做品牌是烧钱，到现在为止烧了1亿多元，以为钱都要打水漂了，没想到企业风生水起了。人家看我们很红火，其实不挣钱。赶上形势不好，美债、欧债危机叠加而来，今年送礼、乔迁、婚庆人群对"欢莎"的消费都在下滑。但我们还是知难而上，逆势而上。企业总体上要进行"四大改造"：品种改造、设备改造、技术改造、市场改造，其目的是做好"三大丝绸"：品牌丝绸、科技丝绸、文化丝绸。

我们2009年开始并加快转型升级，还提出口号：破难创新，风雨兼程；转型升级，生死时速。我想丝绸一定要有人在做才行，一定要脚踏实地，所以这几年一直在抓技改，坚守实验不动摇。我们的原料基地（蚕桑基地）在广西、四川，生丝称得上高档次、大品牌的就是我们了。爱马仕也在用我们的生丝，织绸、设计是他们自己的，图案、花样、印染、后整理也都是他们自己的，就原料是我们的。绸缎呢，丝绸家纺呢？我们在国内外都享有好声誉。

员工是兄弟姐妹，劳动是财富之母，关爱员工，敬畏劳动

这里说一下我们企业的和谐劳动关系建设，这方面我们是做得比较好的。第一，同行业同岗位下，我们企业的工资最高，福利最好，我们老早就有了住房公积金，三险加一金。员工劳动保障合同续签率达到100%。第二，企业把员工当成主人翁，员工心情舒畅。我是工人出生，听得懂工人咳嗽一声的含意。中国工人是最好说话，最会感恩报答的。要把握好对员工的人格尊重，我有感受，他不是打工者，他是建设者，他是民营经济的创造者，这个时候他的地位比我高，我敬畏劳动，敬畏员工，哪怕是扫地工、洗碗工。只要他们喊一声："老凌！"我马上停步应声："你说，什么事情需要我帮忙？"

我手机365天开着，骂我、骂企业、骂中层干部也行，有意见来，有问必答，有求必应，我有不能帮的，但没有不能应的。员工无小事，任何事情，像家里的房产、宅基地纠纷了，婆媳不和，村里闹矛盾，儿子赌博，找对象，乱七八糟的事我都帮。比如有一次有位员工发生宅地问题，自己搞不定，我因为有地方人大代表和政协常委的身份，就在不违反法规的情况下，帮助员工维了权、解了困。员工家里贫困交加的，我们有帮困基金伸出援手，这是大家捐助建立的，我带头捐，每年捐2万元—4万元。

那几年，凡是逢年过节、刮风下雪、高温酷暑、突发事件四个情况下，我都在车间里，和员工尽量多在一起。暴雨天我在厂门口给大家推自行车，浑身湿透。下雪天我在前边探路，厂车跟着我。我跟员工讲透彻："我对你们好，并不是让你们给我上口碑，去评什么风云浙商、双爱企业家这些虚名头。我都一把年纪了，看透了很多，内心明白，人性在利益面前都会显原形，我们兄弟姐妹以心换心，别把我当资本家就行了。万一哪一天我跌落到谷底，你不落井下石，我能够在你们家躲几天就行了。"员工听了啪啪鼓掌。

我一碰到员工，一碰到劳动就没脾气了，在我看来劳动特别伟大，员工特别聪明，在社会发展、技术进步方面，员工发挥了根本作用，当然资本的作用也十分伟大，资本与劳动能够互相结合。员工是兄弟姐妹，劳动是财富之母，我们要关爱员工，敬畏劳动。

员工对我也是恩重如山。"文革"结束后，我想读书，就上了电大，找时间看书，边工作边读书。在茧包里藏书，在弄堂里也藏书，一有空就偷偷地看。在我受审查、被监督劳动时，员工带了红薯、饭菜、面条等，看看周边没人就说："小凌，我挺可怜你的，你现在受审查，我带了吃的放在后面蒸气管上热着呢，别忘了带去吃。"我永远不会忘记这些恩情。

我自始至终觉得自己非常渺小，自己的定位就是一辈子做丝绸，必须像春蚕一样，"春蚕到死丝方尽"，把最后一根丝吐干为止。人特别的渺小，我能够帮人家，那为什么不帮呢？我是举手之劳，但对人家是刻骨铭心。所以在这问题上我一直这么做，可能与我母亲、父亲从小对我的教育有关，他们已经离开了，母亲离开我已10年，但是她那种底层百姓的淳朴，垫正我做人的脚跟。

丝绸与山水、人文相融合，这就是跨界创新

中国2010年上海世界博览会组织委员会（以下简称"组委会"）找到我们，给了我们一个大显身手的机会，我们立马搞了一个"159工程"。为什么叫"159工程"呢？湖州丝绸获得第一届世博会维多利亚女皇金奖是在1851年，上海世博会2010年举办，2010减去1851是159，从湖州开车到世博会中国馆的里程数恰好也是159（公里）。两个恰巧都是159，正好又是为世博会服务，于是我们取名为"159工程"，这个工程名称得到组委会的批准。

组委会交给我们的任务是制作世博会"中国馆"永久陈列的丝绸工艺品。

"159工程"第一项任务是复制"辑里湖丝"。1851年第一届世博会在伦敦召开，湖州的"辑里湖丝"夺得金奖。我们当时觉得很困难，整个工艺条件、照片、实物都没见过，于是查找资料，制定复制方案，这个问题不大，无非复制中华土丝，丝胶不要脱净，留点黄，20绪并成粗丝，很快就完成了，组委会很满意。但要我们制作国宝级的丝绸工艺品困难就大了。

2010年3月14日，温家宝总理在人民大会堂与采访大会的中外记者见面时说："我讲一个故事你可以告诉台湾同胞。在元朝有一位画家叫黄公望，他画了一幅著名的《富春山居图》，79岁完成，完成之后不久就去世了。几百年来，这幅画辗转流失，但现在我知道，一半放在浙江省博物馆，一半放在台北故宫博物院，我希望两幅画什么时候能合成一幅画。画犹如此，人何以堪。"

总理的话引发巨大反响，于是我们的第二个任务便是制作丝绸织锦长卷《富春山居图》。我们很快遇到问题，那幅画分成两截，在杭州的那截好办，在台北故宫博物院的那截怎么拿到呢？我们终于想出了一个高招，既解决了知识产权的风险，更得到了高清图片。

拿到图片后，集团副总、教授级高工韩蓉日夜不停地赶工，当时她乳腺癌化疗刚结束。我每天跟踪进度，半个月时间，《富春山居图》做出来了，效果非常好，还有《水乡古镇蚕花节》《道德经》《论语》及几幅古代名画丝绸工艺品也都做出来了。我们半个月时间不知熬过了多少个不眠之夜，整天在车间里头。中央领导见到60多件中国丝绸工艺品后赞不绝口，还发给我们表扬书。还有33个国家元首看了说创造奇迹。一位中国社会科学院学部委员看了说丝绸、山水、人文融合在作品里，非常了不起，奠定了丝绸艺术水平的基石。到现在为止，没有丝绸作品能超越我们的，这些作品一直保留到现在，保存在"中国馆"里，所以我觉得这个"159工程"我们完成得很好。丝绸与山水、人文相融合，这就是跨界创新。

既然我们能生产出全国三分之一的绸缎，为什么不把湖州打造成一个丝绸名城

我们丝绸之路集团想在湖州建丝绸中心、交易中心、展示中心、检测中心、培训中心、技术中心、电商中心、融资中心、物流中心，把产业精华、产业服务集中到一起。整个中国绸缎的产量共7亿米—7.5亿米，湖州产量为2亿米—2.5亿米，占中国丝绸生产量的三分之一，全世界没有任何一个城市具有这么大的绸缎生产量。我们消化了全国三分之一的生丝，计2.5万吨。湖州没有先进的练、染、印工艺，我向市长汇报想做练染印一体化，有此基础才能做出时尚终端精品，否则只能在低端缫丝与织造徘徊，与西部低成本抢饭吃，这不是发展方向也没有出路。

工业革命后，全球丝绸产业得到了大发展。5000年的丝绸产业，其实中国只领先了4800年，近代有200年分别让欧洲和日本各领先了100年。历史上的国际丝绸名城也在不断变迁，以前是100多年前的美国纽约，法国里昂，意大利米兰，日本京都、名古屋也是。现在中国正处于实现民族伟大复兴的阶段，在湖州建丝绸名城是我内心的一个梦想：既然我们能生产出全国三分之一的绸缎，为什么不把湖州打造成一个丝绸名城？我们正在努力实践这个比较重要的梦想，把丝绸资源、丝绸文化、丝绸历史紧密地结合起来，在这方面做一些尝试、探讨。

我从小没怎么念过书，只念到初中，但现在我是好几个大学的客座教授，浙大、浙工大、浙江工商大，还有北京、上海和国外的学校，人们对丝绸都感兴趣。

我爱好不多，最喜欢阅读，偶尔下下围棋，弄点书法，但我的围棋很臭，书法很烂。我比较爱好数学，天生对数学有一种亲近感，觉得那么神奇的数学，把我们的灵魂指向宇宙的深处，从浩瀚无垠的宇宙、银河系、太阳、月亮、万物，一直到分子、量子，都服从数学规律。还有黄金分割、自然对数的底e和圆周率等，神奇无比，变幻莫测！我有时候会想一些无缘无故、无厘头的问题，

丝绸之路工业园，2016年，湖州

（左）在湖州永昌丝绸有限公司织造车间检查真丝面料质量，1985年，湖州

对数学的爱好已经上升到了哲学意识的地步。

我办公室右侧墙上挂着的丝绸对联"丝绸鱼米竹茶剑笔，山水塔桥儿女人文"是我2004年在杭州开展会时撰写的。当时我们的展区被布置成一个江南大宅院，需要一副对联，所以我临时写下来的。对联以并联名词代表湖州，指的是丝绸之府、鱼米之乡，安吉的毛竹、白茶，莫干山的干将莫邪剑和精致的湖笔，湖州的山山水水、宝塔、古桥、儿女、人文全都有来头说头，我以此表达对湖州家乡的热爱。

有人说我是诗人，有人说我是文人，是企业家，我觉得都不是，我其实就是一个工人

我们的市长称我是湖州奇人，我觉得自己对社会贡献太小，社会对我的表扬太多，荣誉太多。有人说我是诗人，有人说我是文人，是企业家，我觉得都不是，我其实就是一个工人。我是工人出身，看重的是全纺劳动模范和市劳动模范这些称号。我于2006年获得全国茧丝绸行业终身成就奖，当年是获得该奖年纪最轻的一个，其他获奖者如王庄穆90多岁了，王象礼80多岁了，我当年才50出头，内心惭愧，觉得自己没做什么工作。

对于社会兼职，我最看重的是湖州丝绸协会会长和湖州纺织协会会长，同时兼了这两个职务。

身体方面，大病没有。我送茧工出身，走路快。以前不知疲倦，现在很容易疲倦，心脑血管供血都不良，大伙谅解我。

浙江省委十三届四次全会要做一个决定，有关部门让我参与专家组起草修改有关文件；党的十八届三中全会以后整个经济形势的改革方向与实际走向需要倾听基层民企的意见，我也被邀请参与了。我乐意多做些工作，发挥自己的余热余力，但我最最热爱的还是丝绸，四十几年来一直没有离开过丝绸行业，我特别看重自己的这份履历。到广西去，人家市长和同行列队欢迎我，这份荣誉太高了，我觉得自己没有做什么，但人们看重的是我对丝绸的挚爱、对事业的执着追求和像春蚕一样的奉献。

我只有一个儿子，他叫凌向超，美国纽约大学硕士毕业后回来。他毕业那年，我们集团正好创立了欢莎家纺，家纺公司的老总一定要他投入做品牌，那年刚好美国金融危机，所以他非常犹豫。最后受了家纺公司老总的"忽悠"回来了，终于回来了，也懂得了父亲的艰辛。有一次采访他，他说："看到父亲这样艰辛，有责任要帮父亲减轻一把。丝绸是一个时尚，一个美的事业，我要接替他，责无旁贷。"他目前在一个子公司担任老总，为经营改善和创新想出了一些好招数，有我身上的优点，比如宽容理解，比较能吃苦耐劳，但很多理念与我有重大冲突，可能是代沟原因，或是经历与受教育程度的差异吧。80后能吃苦的年轻人不多，他有很强的自律性和创业理性，不胡来，懂创业道路怎么走。公司总算有个高学历、海归的硕士研究生。虽然集团公司上下都有呼声，让他进集团公司，但是我坚决不同意，要他必须在基层锻炼两三年，接下去还要两三年，一把手做了有一年多了，还要再经过两三年锤炼，才能到集团来。

采访时间：2013年8月

复制，古代技艺的传承　创作，传统文化的体验

金　文

金文

金文　中国工艺美术大师，研究员级高级工艺美术师

金文，2007年获得香港浸会大学的工商管理硕士学位，现为南京博物院民俗研究所传统工艺研究室主任，南京金文云锦艺术研究院有限公司院长，江苏汉唐织锦科技有限公司董事长，国家级非物质文化遗产（云锦）代表性传承人。长期从事云锦创作及古代丝织工艺研究，主持及参与了国家、省、市级10多项科研项目，复制各朝代（包括战国、汉代、宋代、元代、明代和清代）作品。创作代表作品有《秦淮风华》《织金妆花喜相逢》《真金孔雀羽大团龙》等。复制品明代万历皇帝"织金孔雀羽妆花纱龙袍料"获1984年中国工艺美术百花奖最高奖——珍品金杯奖；《织金妆花喜相逢》《三色金秦淮繁华图》《九骏图》分获"金凤凰"2006年度、2010年度、2011年度创新产品设计大奖赛金奖；《真金孔雀羽大团龙》荣获2007江苏省"艺

博杯"工艺美术精品奖特等奖；《五福龙》荣获2009年中国工艺美术百花奖金奖，《五星出东方》荣获2012年第七届中国民间艺术博览会民间艺术品金奖；2013年《万里长城》荣获第十一届中国民间文艺山花奖·民间工艺美术作品奖；2013年《猴神》获江苏省第三届东方工艺美术之都博览会博览会奖金奖；《三合童子》《万象太平》获2014年中国工艺美术百花奖金奖；《释迦牟尼佛》获2015年中国工艺美术百花奖金奖。获有云锦国家专利300余项，作品被中国国家博物馆等10余家单位收藏。撰写《南京云锦》专业论著。2007年荣获"南京市（八五）优秀科技人员"奖章以及第六届文学艺术类南京市政府奖金奖；2012年荣获中国文化产业金鼎奖"十大文化创意人物"称号、中国节庆产业金手指奖，并入选创新工艺品牌中国民族奢侈品耀世星光榜；2019年荣获第七届南京文学艺术奖突出贡献奖终身成就奖。2013年起享受国务院政府特殊津贴。

我被分到云锦的生产车间，学云锦的织造工艺

我1954年10月出生于南京的一个革命家庭。我父亲1940年参加了新四军，我母亲新中国成立初就参加了共青团，然后入了党，他们都是老党员、老革命。我属于生在新社会，长在红旗下的一代，我上幼儿园、小学、中学，接受的都是这种比较正统的教育。

1971年，我上高中，高中是一所矿办学校，叫矿办八中。当时由十六中、鲁迅中学和三十三中这三所学校的部分合起来，成了矿办八中。矿办八中是半工半读性质，半天挖煤、打炮眼，半天学习文化。

1973年1月我高中毕业，我们那个时候有一个特有的名词，叫"待分配"，即等待分配。我正好是在两届"上山下乡"中间的那一届，前三年的都上山下乡了，后头的新三届也上山下乡了，我这一届恰恰是个空档。当时城市刚好需要"八大员"，什么交通员、售货员、炊事员、理发员等，反正是把城市里需要的这些服务人员，叫"八大员"。那个时期还有一个很特殊的情况，就是单位会招一些美术人才。我自小就喜欢画画，是自学的，那个时候没有培训班，不像现在，学画画找个老师去教。我自己

买点小人书学着画，那个年代的小人书，如《东郭先生》《孙悟空三打白骨精》《一百零八将》，上面的一些插图是很漂亮的，我就把这些插图作为临摹学习的对象。

在"文革"后期，国家出了一个政策，要恢复少数民族地区用品的生产以及工艺美术题材的生产。当时，国家的对外窗口就剩下一个广交会了，广交会实际上是工艺美术交易会，可以说工艺美术产品是用来换外汇的。但是工艺美术题材受到"文革"的影响，孙悟空三打白骨精，打牛鬼蛇神是可以的，一百零八将是可以的，只能用这类题材。外国人未必喜欢这种题材，他们更多的是喜欢天女散花、嫦娥奔月那种美的事物和人物。"文革"后期的题材限制、抑制了工艺美术的发展。所以周总理要放开工艺美术题材。1973年工艺美术单位开始大招人，我因为有一定的绘画基础，就考进了南京市工艺美术工艺公司，从此进入了工艺美术行业。初期我是在总公司工作，因为我在学校是学生干部，公司就把我调到党委办公室，我不太喜欢政治，就吵着要回来。当时可以选单位，我们那时的总公司，有20多家单位，其中有两家研究所，一个工艺研究所，一个云锦研究所，相对而言云锦研究所的专业更强一点，可以学的东西也比较多，于是我就选了云锦研究所，到云锦研究所是1974年。

在研究所的这一段时间，我的成长是很完整的，就是从学徒一直做到所长，没有离开过一步，可以说是幸运的，也是不幸的。我进了研究所，领导却没让我搞画画做设计，而是做了当时最艰苦的工作，我被分到云锦的生产车间，学云锦的织造工艺。在这里我经历了一个从不想干到想尽办法干的过程。因为一心想做设计，所以当时对分配到生产车间心有不甘。当时车间里是一批六七十岁的退休回请的老艺人，他们身上有很多旧的传统和习惯，比如说"教会徒弟打师傅"，所以一般不主动传授技术，只教一些基础的东西，学员也不主动学东西。后来我发现，师傅今天还和你说着话，明天可能就不来了，因为他们生病了，甚至有可能是去世了。我猛然感到，他们身上深藏不露的手艺也就这么跟着他们离去了，真心体会到什么是人亡艺绝，这才让我感受到肩负的责任。我慢慢开始钻研起织造技艺，向师傅们偷艺。我当时是学员组长，车间的大部分工作由我来安排。

我就趁机向师傅们偷艺。明明一项工作，李师傅能干，我却安排张师傅去做。那李师傅就会有意见，来找我，我就会问："那你要怎么干呢？"他要说明问题，就要告诉我技术关键。我可以再找张师傅说这个事情还是李师傅做比较好，他是怎么怎么做的，那张师傅不服气的话，就会说："他就那点能，我比他能得多呢！"那我就接上去说："那你告诉我，这样下回工作我就可以协调了。"晚上回去，我就把师傅教的东西都画下来，左手画右手，右手画左手，每一个步骤都详细记录，那个时候，我们还没有相机、手机这样的工具，所以只能手画，其实现在想起来，当时的手画是一个强化记忆的过程，所以对技术要领的掌握比较到位。

到了1978年，我调到资料室，做云锦织造工艺的技术总结，因为织造工艺前人没有系统做过总结，我就是在那个时候开始做的，学艺时期的手稿给了我很大的帮助。到20世纪70年代末，城里的云锦这块就不行了，所有徒弟都不干了，只剩我一人在坚持，师傅也去世得差不多了。云锦研究所就转型，把生产这一块下放到郊区农村去了。我在农村带了一些徒弟，又开始了科研的项目，云锦才传续下来，发展到今天这个样子。

云锦织造甩梭，2009年，南京

云锦挑花本制作工艺，2018年，南京

一定要有专业方面的知识，就是为适应工作进行知识结构调整而做的专业学习

在我的成长过程中，有两篇文章对我的人生影响很大。一篇是徐迟的《哥德巴赫猜想》，因为按那个时代的宣传，当工人阶级老大哥最好，我怎么就成了匠人做手艺呢？我感觉自己总游离在工人阶级之外，当时觉得好不甘心呀。但是一下出现了另外一个榜样的形象，这个人可能左边穿红袜子，右边穿蓝袜子，他觉得应该物尽其用，他对事业、对工作是用那一根筋去思考问题的方法，他在6平方米的斗室里头，就能把世界高峰给攀登了，这对我们那批年轻人有巨大的触动。除了工人阶级形象之外，一个新的形象目标树立了起来。

之后还有一篇，是王通讯写的《试论人才成功的内在因素》。原来我们都讲天才，天才论嘛，但这篇文章告诉你，天才是可以培养的，一个人怎么去成才，成才的要素是什么，要通过怎样的路径才能成才。这篇文章我是整个背下来的，当时年轻，我是把它抄下来以后查找对比自己的不足，找到了努力的方向，最大的体会就是调整自己的知识结构，以适应现代工作需要。现在的大学都有这个问题，我们学的东西大部分学非所用。这篇文章是要求你缺什么补什么，尽快提高工作效率，攀上别人所不能达到的高峰。

这两篇文章给了我很大启示：要想成功，首先一定要能够坚持，要克服一切困难，去实现目标；同时，还要讲究方法，一定要有专业方面的知识，就是为适应工作进行知识结构调整而做的专业学习。所以，在那以后，我自修了丝织学、织物组织学，还有考古学等好多专业需要的课程。我把它们一门一门地攻克，这样我工作起来就得心应手了。

我做第一件龙袍时，有领导总结称，有上百人次去北京，花了很多钱，很多人力和时间。后来，我带队去北京，只用了一个多星期，就把四件龙袍在内的18件文物资料全弄清楚带回来了。因为我对生产工艺比较熟悉，看了文物的组织结构，就知道怎么装造，所以说这个织物组织学就特别有用，让我在工作上省时省力，我觉得很开心，这些东西我学了就能用，这个知识的基础就是必须补充的。

有一枚纪念邮票，那个邮票上印的就是我的作品《喜相逢四方联》

虽然我20世纪70年代也考上了大学，但领导不放人，结果没法上。没办法我就去读了南京市业余工业大学，这个大学是当时南京最好的夜校。我喜欢文科，学的是中文专业，其实中文很好玩，比如朦胧诗、伤痕文学啊，都是在那个时代出现的东西。我们当时也算是文学青年，通过那段时间的文化和历史学习，丰富了自己的生活，也丰富了自己的文学素养。在做龙袍研制时，我写了大概有几十万字的笔记，详细记录了整个龙袍制作的工艺。有了文学知识的基础，再加上各种专业知识的学习，我完善了自己的知识结构。后来，要管理企业和自己带队伍的时候，我觉得要学工商管理了，所以上了香港浸会大学的工商管理专业。

知识和学历是相辅相成的。我是1994年评上高级职称，叫高级工艺美术师；2005年评上正高，叫研究员级高级工艺美术师；在南京博物院还评上了第二个正高研究馆员。就是有这样一个渐进的过程，其实我觉得学历和职称重要也不重要，重要的是，你可以通过努力提高能力。云锦行业有一句行话叫"干到老，学到老，还有三行没学到"，学习和努力是无止境的。

我2006年评上中国工艺美术大师，可以说在这个行业确定了地位。在评大师时，我也不认识什么评委，只凭作品说话。当时给出席活动的大师们发的纪念册，有一枚纪念邮票，那个邮票上印的就是我的作品《喜相逢四方联》。有人很嫉妒，凭什么你的作品上了纪念册，我们都不能上，但是更多的人很赞赏我的作品。那次有100多位大师，我算是比较年轻的一个，而且还是一个破格申报的江苏省工艺美术名人。其实，都是作品在说话，一定是作品过硬，你不用去说，人家一眼就能看懂你的优秀。

"天衣无缝"实际上就是指皇帝龙袍的制作，要做到没有任何缝隙

1979年以后我们就开始搞科研了，因为当时我们单位和定陵开始合作，开始是为了学习传统纹样，定陵也需要我们单位的绘画人才，帮助他们整理出土报告。在合作过程中，双方领导就发现，为什么不可以做点复制的项目呢？定陵方面就希望把长陵大殿利用起来，但布置长陵需要展品，而定陵的文物，尤其是丝绸文物，颜色脱落，腥臭无比，展示效果

复制、古代技艺的传承　创作、传统文化的体验

展示云锦织造工艺，2018年，南京

也不好，所以大家就想到了复制，就是把丝绸文物当时绚丽的面貌还原出来。因为当时的技术条件落后，定陵虽然出了一大批明代的最尊贵的云锦面料，但没有很好的方法进行保护。我们复制时文物的颜色和状态都不太好，其中难度最大的是复制帝王龙袍，而龙袍的制作工艺已经失传了，就是在这样的条件下，我开始了龙袍制作的科研项目。

我首先从织机开始研究，然后再一步步转入复制。其实做龙袍对我来讲并不是合适的，但是没有人做，我的师傅们都不肯做，因为做不好龙袍是杀头之罪。大家都知道"天衣无缝"，"天衣无缝"实际上就是指皇帝龙袍的制作，要做到没有任何缝隙。这怎么可能呢？我做的那个龙袍17米长，这个衣服要分成四幅，四幅的所有纹样都要拼接在一起，如果对不上，牛头不对马嘴，在古代这是杀头之罪，谁也不敢做。一年做下来，我就能对得上。这个东西我师傅都不敢做的，师傅听说过去做龙袍有多难，但是他没有做过龙袍。我是怎么做出来的，我也觉得不可思议。

定陵的东西全部是新中国成立初期挖出来的，棺里头有200多匹料子，这批料子一卷一卷的。但是我们知道，皇帝的尸体是在这批料子上的，打开棺时，棺里是尸骨，肉到哪里去了，肉全浸到这个料子里面去了，所以那个料子奇臭无比。新中国成立初期也没有条件，当时的人们就找到一种苏联人做的玻璃胶，把玻璃胶涂到牛皮纸上，把这个料子一匹一匹地粘起来，卷起来就成了个筒子。20世纪50年代挖的墓，到20世纪70年代末我们整理时，这个筒子已经很硬了，你要展开来是可以，一展开来就会断，展一次，就可能少一小撮布，这小撮布成渣子掉下来了，这个地方所有的纹样都没有了，字也没有了，都崩掉了。它不只是一个大的折，还有一个小折的，所以说，我们做纹样看料子是看不出来的。我们把那个料子，拷下来以后是要重新整理的，把它对拼起来，再去编花本的。

云锦的挑花，一次能挑多少？每次只能挑450根，不可能挑很多的，因为挑花绷只有那么宽。我们要一层一层拼花拼上去，云锦的拼花是很难的一个事情。所谓难是怎么难，这个花上头有，下头没有，下面有，上面没有。花的各个部位的纹样都会有变化，皇帝的纹样最复杂，图案繁复，用色又多，本身织造就难度很大了。颜色在花本上看不见，看到的是用线代表的程序，一个整花要四个拼本一层层地拼。颜色多，上下拼就容易拼错，因此很多人一起做的时候（当时为了抢时间，都是很多人一起做），就更容易拼错了。比如说ABCD四根线，上面拼本只有ACD（代表第二根线的纹样颜色的花纹结束了），下面拼本ABCD，上下第一根AA相拼，第二根上B没有，就要加一根线，如果顺拼，把上C和下B拼在一起就拼错了。但你不能说织完了以后，把错花的问题推给别人，所以在织的时候要注意纠错，这就增加了织造难度。

最难的还不是这个，最难的是什么呢？南京的气候是春夏秋冬四季分明，不同的湿度下蚕丝有不同的缩率。天干时它的缩率不一样，天潮时它的缩率也不一样，随着季节的变化，每天都在变。黄梅天，地上要泛水的，花都提不干净，那时提花的纤线都粘在一起，平时的汗在线上也会发黏、抖不清。花不清织出来就是错。织对了缩率不一样，上半年织的和下半年织的拼不到一起，就前功尽弃了。

举个例子，比如微雕，一粒米那么大的石头上要雕一首唐诗，怎么雕，雕刻者一定是先在很大的石头上去雕，雕到最后，那个感觉才能出来，才能在这个米大的石头上雕。还不是雕上去就行了，而是要雕出书法来，那个放大镜是给看的人看的。雕刻者用那个放大镜雕，雕不出来的，他是凭手上那个感觉，那种感觉就是功夫。所有的传统工艺都一样，没有不下功夫就能出来的东西。所有的巧，是没有办法偷来的，只能是熟能生巧。你一定要用心磨炼，所以说看似每天的梭子都一样地甩，打纬框都一样地扣，但扣出来每厘米是多少梭呢？又会缩成多少梭呢？你要计算出来才能去做。在自己体验出来这个感觉以后，你才能做到织物上去，所有的纹样你都要背的，做一个龙袍100多万根纬线，你不记得怎么行啊！那皇帝不能穿错的，不能出一点点错误，你错了就不行，就算花本上有错误，你也要把它织回来，这才是你要做的事情，不然就会一点点织下来后发现对不上了，你赔不起呀。

那时候，我们大概每个月两三百块钱工资，做一件龙袍价值十几万块钱的金子银子已经织进去了，你抽得出来吗？赔也赔不起的，压力山大，今天虽然不杀头，但赔不起也不是好玩的事情。那段时间我前后做了四件龙袍吧，一开始一年做一件。我们得奖的那个龙袍，我做的时间比较短，只用了4个月，不专心不行，每天工作18个小时。这件龙袍最后获得了1984年中国工艺美术百花奖最高奖——珍品金杯奖。1985年，得奖的龙袍又作为中国古代科技成果，送展日本筑波国际博览会。中国传统的云锦工艺是传统丝绸文化最集中的代表，它的精美反映在每一块织锦上。我们的丝绸复制品被很多国家收购，我们自己馆里没有存。这件龙袍现在收藏在中国工艺美术馆，最近该美术馆又收藏了我一件大的作品。这个龙袍制作工艺的恢复，对行业的影响很大。

我们把复制不仅仅看成是一个文物的恢复，还把它做成一个研究的项目

当时我的领导到北京去争取，争取有更多的人关注传统丝织文物的这种复制，因为我们把复制不仅仅看成是一个文物的恢复，还把它做成一个研究的项目，国外叫实验考古学。用实验考古的方法去做古代织锦研究，就可以恢复出古代的生产工艺和技术。我们甚至可以用这个技术研究出当时的生产力、社会繁荣状态等。我们做的这个龙袍，叫妆花纱龙袍，妆花纱工艺在很长时间内是流失了的，我们要做纱罗的研究，把纱罗和妆花拼合起来，变成妆花纱，要把这些工艺糅合在一起才能完成制作。

在文物复制方面，我做得比较著名的品种有战国时期的"田猎纹绦"。"田猎纹绦"是一个比较早期的织物，展示的是狩猎的画面，它基本上是用针编的方法去织的一种绦组织。那时衣为绣锦为缘，那个锦边是用绦织物做的，是很特殊的一个组织，所有的纹样都一个个像珍珠一样的，是凸出来的，所以特别漂亮，纹样也特别好看。

再一个就是著名的"马王素纱襌衣"，这是我们成为国家丝绸文物复制基地以后，第一件复制的文物。这里头有个故事，就是"马王素纱襌衣"被盗，因为当时展出的很醒目，那个盗的小孩又不懂它，把它裹在一个铜器上面，衣服上割了一百多个口子，无法再展示了。文物局领导当时想把这个东西复制起来，替代文物展出，这是领导的初衷。

这个项目我们做了很长时间，很难，因为现在的蚕体大，我们叫五龄蚕，而古代蚕体多大呢？可能比较小，蚕体小了它就能吐很细的丝，细丝才能做。所以说做这个项目，得从养蚕开始，要把蚕一点一点养回去，"穿越"回到那个年代。中间断一季，就前功尽弃，要一点一点去筛选，还不是把蚕养小了就行，蚕还要养壮了。最后我们测定的这个蚕吐出的丝，能达到3A级。我们织后把织物折叠成十层，放到报纸上，能够轻轻松松看到报纸上的字，光是能透过去的。你把织物放到玻璃桌上，远远望过去就像一团烟雾，感觉到有那么一种烟气，东西却看不见。古代就是有很多我们今天很难想象的东西。

还有一个复制的织物叫绒圈锦，和毛巾一样的，那个绒上一圈一圈的。古代的绒圈是做出纹样来的，纹样粗细不一样，有高，有低，有不同的圈。我们研究了好多次，最后发现，可能用马尾做假织纬比较好，圈绒中间有一个假织纬进去，织完了再把它抽掉就能形成圈，但是松紧要把握好才能做出高低不一样的纹样。

我们复制过的织物也有近代的，比如说为中国人民革命军事博物馆做过丁汝昌战袍复制品。这个战袍，全部用92%圆金线做出来的。锁子甲上面再配图样，锁子甲花满，提花都提不动，我们就翻过来织，用正面的形式去做（传统做法都是反面形式织），做这个科研项目有很多很多收获。

通过这种创作，更好地体验传统文化和传统织物

我做了几十件从战国到明清的复制品，有很多的体会。我以前在研究所做的东西，总的来讲还是比较规矩的，做了一些复制，做了一些纹样，创作总量不是很多。那个时代离市场也比较远，这也是我离开原来单位的一个重要原因。云锦研究所不是完全的事业单位，在20世纪90年代末，单位拿不到经费了，用当时领导的说法，不是你想不想下海，是水已经淹到脖子上了。在这种情况下，我觉得我就不适合待在原单位了，因为我是个搞科研的人，而研究所变成企业了，企业是以盈利为目的的。

南京博物院有一大批古代的云锦文物，光是古代的花本就有200多套，有很多东西可以去研究，我就想到博物院去。到博物院后，我的创作机会来了，创作的高峰期爆发出来了，几乎平均三五天做一个新纹样，实际上这是自己给自己压力，就是说通过这种创作，更好地体验传统文化和传统织物。如何通过我们的织物去宣传和传承这种传统的文化和工艺，如何让云锦为现代人服务，这要求我们无论在文化上，还是在工艺上都要有所突破。

我现在的很多作品，就是在这两个方面有了很大的突破，形成了现在我金文云锦的这种风格。一些人动不动就仿我，他一仿就说是金文的加工厂，是金文的销售总监。我都不认识这些人的，他们到处打着我的旗号卖东西，养活一大批人，但是我原则上也不去理会他们，除非他们做得太过分了。其实，我的作品是有专利著作权保护的。

我觉得我的作品种类比较丰富，品种品类比较多，主要有两个方面跟别人有所不同。一个就是我表现传统题材时，一定会考虑如何去创新。比如说云锦上表现的龙凤，所有人画龙都把龙画成张牙舞爪的，但我画的"五福龙"，手上抓着宝物。我赋予了它一种文化，抓着斧，斧头，就是福嘛；那么抓着寿那就是寿龙嘛；抓着鹿角就是禄龙；喜就是蜘蛛，见蜘为喜嘛；财就是元宝了。这就是福禄寿喜财"五福龙"。举例说明一下，拿着元宝是财，但什么是财呢？你家堆一座金山是不是呢？不是的！有句话叫坐吃山空。财应当是你的本事，或者说你有没有造钱的能力。所以我给财龙另一只手画了一个鞭，鞭是财神爷赵公明手上的武器，这个武器不

是打人的，是点石为金的，一点一座金山，一点一座银山，满地是钱你还要钱吗？话说回来，一个人一辈子，一张床一间房，你不能同时睡两张床，多余的是身外之物，但也不能出去身上没钱，这个鞭就在腰间，抽出来就能用，够用就行。就是说我通过这个来解释传统文化是怎么回事，这就是创作的一个方面。

另一个不同是在表现现代题材时，我有一个观点，一定要活态传承。现在年轻人结婚，90%是买具有西欧风情的白色家具。试想家里头再用传统的浓艳云锦装饰，就会很不协调。骑士纹云锦就很受消费者青睐。这种纹样很特别，细看，可以看到每个骑士都是立体的，颜色比较淡雅。纹路上，是一个纹套一个纹，一个正一个反，交织在一起，没有空地，且每层颜色都有叠变。其中一组纹饰用传统龙袍工艺的留地经的方法织出，从不同的角度能看到色光的变化，从上面的米白色，往下越变越深，直至变成灰黑色，观者无不惊叹！这款云锦的"凹凸面"有强烈的肌理效果，不像传统云锦那样花哨，它雅致清新，色调明快简洁，和时尚家居环境相协调，是一件可以细细品味的作品。

我还有很多的兼职，这些都是虚的东西，无非就是一个名头，你去讲一次课，人家给你一个头衔，再讲一次课，人家又给个头衔，甚至我一堂大课，一两千人一下子变成我的粉丝。我觉得通过讲课，可以宣传一下传统文化，不然人家都不认为你这个是好东西，会认为这个就是糟粕。我得让年轻人知道，云锦好玩啊。你不去玩它，你怎么晓得好玩呢；你们了解它就会欣赏它，就会喜欢它。但是年轻人一般很难坚持下来，当时激动得不得了，要跟你学，跟你弄的，最后一个都留不下来，学传统是要有毅力的，坚持才能成功。

我有个女儿是学美术的，可能至少绘画方面、设计方面她能继承，因为她画的东西也不错，一些重要的项目我都带着她做，当然我的团队也带着她去做。

采访时间：2015年7月

千年杭罗的传承人

邵官兴

邵官兴

邵官兴　杭州福兴丝绸有限公司董事长

邵官兴，10岁起跟着父亲学织造前的准备工艺，17岁基本掌握了杭罗工艺技术：接头、翻丝、牵经、穿综、穿筘、打蜡、织布、修机、装造。1984年，创办了杭州福兴丝绸厂，出任厂长。2018年10月，杭州福兴丝绸厂变更为杭州福兴丝绸有限公司，邵官兴出任董事长。2010年"满蒙红罗袍"获中国（浙江）非物质文化遗产博览会银奖；2010年"杭罗旗袍"获首届中国非物质文化遗产博览会铜奖；2012年杭州福兴丝绸厂被中国中华老字号精品博览组委会授予"最受消费者喜爱的老字号品牌"荣誉称号；2012年"满蒙红杭罗"获第一届中国国际传统工艺技术研讨会暨博览会名人名品展组委会颁发的中国传统工艺名品一等奖。2014年，邵官兴获中国传统工艺特殊贡献奖。2015年"杭罗旗袍"获第七届中国（浙江）非物质文化遗产博览会优秀参展项目奖。2007年"杭罗织造技艺"被列入浙江省非物质文化遗产名录；2008年被中华人民共和国国务院列入国家级非物质文化遗产名录；2009年又被列为入世界非物质文化遗产名录。2016年福兴丝绸厂被G20杭州峰会城市指南《韵味杭州》列入"丝绸之府"体验路线。2016年10月邵官兴被中华老字号品牌委员会、中国中华老字号精品博览会组委会授予中华老字号杰出工匠奖。2019年被杭州市人民政府认定为第三届"杭州工匠"。

按照习俗，没有拜过师傅，即使自己的本事再好，也不能算得上是合格的"三考出身"

我1954年出生于杭州九堡杭罗世家，1864年爷爷辈家里就有栽桑、养蚕、缫丝、织布。爷爷邵明财在聚集众多桑园的宣家埠小本经营杭罗，后来爷爷把手里的这份产业和全套手艺传给了我的父亲邵锦全，到我父亲手里的时候，已是第三代。我学历不高，小学、初中都在九堡读的，初中是在于家桥学校读的，毕业以后就在自己家的作坊帮父母缫丝、织布。

家里一直是做杭罗的，父母亲经常讲述关于杭罗的故事，我从小耳濡目染。10岁时，母亲在家中摇纡、翻丝，我就在边上跟着做了，帮母亲挑挑丝，结结头，都是我快乐的回忆。那时的我还只能算个"业余帮手"，由于杭罗织机的精确度要求很高，父亲是绝不允许我单独去触碰织机的。但那时候我对杭罗的兴趣实在是太大了，趁父亲不在家，总要忍不住去摸两下。在我的记忆里，杭罗也是给我带来可口饭菜的福星。每过一段日子，父亲就会去艮山门的绸庄卖掉家里织出来的杭罗，换来油盐酱醋、腌过的鱼肉，还有其他荤菜，加上自己家里种着的蔬菜，摆满整整一桌子，全家十几个人团团坐，快乐地分享难得的"大餐"。

到了17岁时，我已经经过了7年的学习，从父亲那里学会了摇纡、翻丝、沙盘牵经、织布以及修机、装造机器等全部复杂的工艺。在学习的过程中，我自然经历了不少困苦。当时我常常碰到织机校不正的情况，机器不正，就完全无法织布，为此，我还受到过父亲的责骂。可我并没有因为父亲的严厉就放弃，而是通过自己的研究、摸索，慢慢学会了自己校正机器。

然而按照习俗，没有拜过师傅，即使自己的本事再好，也不能算得上是合格的"三考出身"。于是在将近20岁的时候，我又去机神庙拜周春松为师学了3年多，成了真正意义上"会做杭罗的人"。

杭罗与江苏的云锦、苏缎被并称为中国的"东南三宝"

杭罗历史悠久，宋代方志中已屡有记载，作为老底子杭州丝绸的一块招牌，杭罗与江苏的云锦、苏缎被并称为中国的"东南三宝"。杭罗透气而富有质感，在古代，它是被历代皇帝青睐的贡品；在现代，一件罗衫穿上身，挺括、凉爽，舒服又体面。杭罗如今已成了稀罕之物。"杭罗织造技艺"于2007年被列入浙江省非物质文化遗产名录，2008年被中华人民共和国国务院列入国家级非物质文化遗产名录，2009年9月30日又被列入世界非物质文化遗产名录，成为真正的国宝，我也成为国家级非物质文化遗产"杭罗织造技艺"的传承人。

2009年我办起杭罗文化园，身体力行传播杭罗文化。什么是杭罗？众所周知，绫、罗、绸、缎是我国丝绸中的代表产品，"罗"因产自杭州，故又称为"杭罗"。再来说说杭罗为啥吃香。其一，它用的原料是纯桑蚕丝；其二，杭罗是纯手工织造。我小时候有一件特别值得骄傲的事情。夏日里和小伙伴们一起玩，别的孩子身上穿着不透气的面料闷得满头大汗，我身上穿着自家用杭罗做出来的衣服，舒服极了。别的孩子都会羡慕我。

每天早上7点，我都按时到厂里转转，随手拿起梭，配合着脚上的踏板，织上一段从小就熟悉的杭罗。

检查传统丝织机梭子，2017年，杭州

没错，我们生产的杭罗就是用老底子的织丝机来回穿梭织出来的。干了大半辈子，我还练就了不用看，光是听，就知道哪台机器出了问题的本事。

从摇纡、翻丝，到穿梭、织布，我们都沿用着传统的织布方式生产杭罗

1984年，我倾注全部心血，搜罗、保留了目前仅存的8台木制传统织机，扩展了自己家的小作坊，并正式注册了营业执照，创办了杭州福兴丝绸厂，继续生产杭

检查传统翻丝车，2017年，杭州

罗这个传统产品。从摇纡、翻丝，到穿梭、织布，我们都沿用着传统的织布方式生产杭罗。大约从20世纪90年代初起，国内唯一使用传统工艺生产杭罗的厂家，只剩下我们福兴丝绸厂一家。幸福生活靠双手创造，祖祖辈辈留下的千年手艺，我要把它发扬光大。

福兴丝绸厂成立以来，我们碰到很多困难。其中一个困难是，我们在市场上受到化纤面料的冲击。因为蚕丝的成本比较高，化纤相对来讲成本较低，所以到了2000年初的时候工厂经营是有点困难。当时我们确实很想放弃，想改良，改成绣花或者其他丝织业，想了很多，最终还是坚持下来。当然这也是靠国家、政府对我们的支持，从各方面来保护我们这个杭罗，因为真正用传统水织法做杭罗的，只有我们一家。

传统水织法的特点在哪里呢？干纤同传统水织法，完全是两个概念，传统水织法必须要有一定的配比，那个时候不讲化学成分，都是原汁原味的活性配方，那么纤子为什么要湿呢，这个湿就是水织。一年四季季节不同，丝浸泡的时间就不同，浸泡是为了保证产品的质量，所以在这个传统水织

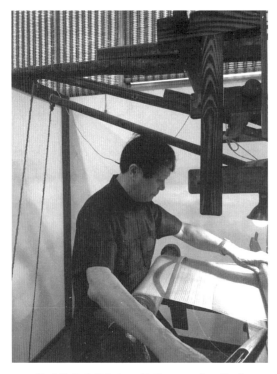

展示传统手拉机织三丝罗，2015年，杭州

法的工序中，浸泡的时间是很关键的。一年四个季节，配方放的量也是不同的。秋季，最好处理，春季，忽冷忽热很难打理，冬季也不好打理。这个时候，在配方的量上面就有不同的理念了，季节不同，剂量不同。

不仅要把杭罗推向世界，还要让更多人参与到杭罗的传承中来

2009年，"杭罗织造技艺"正式列入世界非物质文化遗产名录，成为真正的国宝，我也成了非物质文化遗产传承人。那一刻，我无比骄傲，但是我深知身上有千斤重的担子，不仅要把杭罗推向世界，还要让更多人参与到杭罗的传承中来，将传统的杭罗转变为时下新潮的服装。怎样让杭罗有更大的市场？如何让更多的人了解杭罗？我一直在思考这些问题。作为非遗传承人，我试着把文化创新带进丝绸厂。我在厂房里办起杭罗文化园，每个来参观的人，都有机会亲自织造一段美丽的杭罗。美国、英国、意大利等国的顾客慕名而来，北京"瑞蚨祥"、苏州"乾泰祥"这些著名老字号也都来订购杭罗。一下子，"杭罗""福兴"这两个名字被捆绑在一起，得到了业界的普遍认可。三年前，厂里招了20多位学徒，我一有空就手把手教他们，把我的经验技巧传授给他们。今年9月底，在杭州举办的中国国际丝绸博览会上，我们福兴丝绸厂作为国内唯一生产杭罗的企业，累计签下1000多万元的订单，超过以往任何一届。今年，我们生产的杭罗在10万米左右，产值超过1600万元，出口额超过600万元。

采访时间：2013年7月

茧丝绸加工与蚕丝蛋白生物材料的研究

朱良均

朱良均

朱良均　浙江大学动物科学学院特种经济动物科学系原系主任，浙江大学教授、博导

朱良均，1982年于浙江农业大学蚕桑系毕业后，留校任教。1987—1988年在日本东京农工大学进修，1991—1995年获日本文部省奖学金攻读博士学位。主要从事茧丝绸加工与检验、蚕丝蛋白生物材料方面的研究。"上蔟环境影响桑蚕茧解舒的机理及提高蚕茧解舒率的研究"获浙江省1998年度科学技术进步奖三等奖。"家蚕茧解舒优劣的发生机理、调控及检测的研究"获浙江省2000年度农业科技进步奖二等奖。"高弹性丝绵纤维关键技术及产业化"获浙江省2010年度科学技术进步奖三等奖。"高温闪蒸技术生产分纤高弹丝绵研究及其产业化"获中国纺织工业联合会2012年度科学技术进步奖三等奖。"蚕丝蛋白增值关键技术、产业化生产及其功能化应用研究"获浙江省2015年度科学技术进步奖一等奖；"蚕丝蛋白制备关键技术及其高值化利用研究"获中国纺织工业联合会2015年度科学技术进步奖二等奖。"鲜

茧生丝的性状特征检验与鲜茧缫丝工艺技术的研究"获中国纺织工业联合会2018年度科学技术进步奖二等奖；"鲜茧生丝的特征性状、检验技术及其规模化生产"获浙江省2018年度科学技术进步奖二等奖。主持承担完成国家自然科学基金项目、国家科技攻关项目等省部级以上项目20余项，已获国家发明专利授权34件。在国内外学术刊物上发表论文150余篇，参与制定SB/T 10407—2007《丝素与丝胶》行业标准。曾任浙江大学应用生物资源研究所所长，国家重点学科特种经济动物饲养（含蚕、蜂）学科负责人。曾兼任中国蚕学会茧丝绸专业委员会副主任、国家茧丝质量监督检验中心首席科学家、国家现代农业产业技术体系岗位科学家和浙江省蚕桑产业科技创新团队首席科学家；曾兼任浙江省蚕桑学会副理事长、浙江省蚕茧产业协会常务理事；曾兼任《蚕桑通报》杂志主编和《蚕业科学》杂志编委等。现任国际丝绸联盟教育科研专业委员会委员、浙江省丝绸文化研究会常务理事、《丝绸》杂志编委等。1998年入选浙江省"新世纪151人才工程"第二层次。2016年被评为浙江省农业科技先进工作者。

当时日本的丝绸科研、丝绸技术、设备和一些研究方法都是最先进的

我1956年出生于浙江诸暨。1977年高考恢复，我考入当时的浙江农业大学蚕桑系。那时刚刚恢复高考，也不知道填什么志愿，不像现在非常强调专业志愿。我妈妈跟外婆都是养蚕的，觉得这个大学好，我就这样到学校来上学了。

因为当时日本的丝绸科研、丝绸技术、设备和一些研究方法都是最先进的，所以我的第一外语也是日语。1987年，受国家教委公派，我作为进修生到日本东京农工大学访问研究了一年。三年以后，日本的导师平林洁教授（在蚕丝研究方面很有名的）给我争取了日本文部省的奖学金，我再去日本东京农工大学读了博士学位。

那时不像现在有互联网，文献资料都非常少，到了日本才发现他们的科研以及设备各方面都比较先进。如他们都有电脑了，我们写论文仍要手写，他们在电脑里面修改论文是非常方便的。当时日本的科研是国际一流

（右二）获浙江大学第五届研究生五好导学团队表彰，2016年，杭州

的，日本的和服和蚕品种也非常有名。蚕品种很重要，那时候我们的蚕品种不如他们，他们的蚕茧大，而且丝也容易拉得出来。他们有很多的蚕品种，如有纤度较粗的、有纤度较细的，这些都是专业术语。蚕丝是一种高分子，一种蛋白质，当时日本对材料科学的研究也非常发达，我们国内当时都没这种概念的。浙江理工大学（原浙江丝绸工学院）于1999年将相关学院名也改成材料与纺织学院了，有很多和我同时留学日本的老师，回国以后就把这个专业名都改了。我的研究现在是生物资源与生物材料，属于蚕丝加工这一块。为什么？蚕丝蛋白非常有价值。在纺织方面，蚕丝蛋白作为一个材料来开发，现在我们这个产业已经跟国际接轨了，生物医用材料这一块也是同样的。

现在我们国内的材料研究跟日本相比，差距在缩小。差距缩小了很多了，特别是这个仪器设备方面，我们的设备甚至超过了他们研究所用的设备。还有科研成果，我们目前实际上跟日本差不多，就是国际上发表SCI论文的级别可能还是日本高，但是论文数量、研究人员、研究的深度和研究的面等方面，我们已经超过他们，我们现在和日本的相关大学、科研机构保持着非常密切的联系。

把一些本来用于纺织的蚕茧原料，通过理化处理加工成各种新用途材料

我学的主要是蚕桑，就是栽桑养蚕，包括蚕种和茧丝。毕业以后我主要是研究茧丝加工这一方面，包括从这个蚕怎么样结好的茧，吐好的丝，然后怎么样把它缫丝出来，之后是蚕丝质量检验，我主要就是从传统的这个专业来做这一块。再就是以蚕丝蛋白为切入点，进行新材料研究，这基本上跟浙江理工大学、苏州大学是同步的，我们这三家是国内研究蚕丝蛋白最先进的了，特别是我们在蚕丝蛋白生物材料这一块的研究，是非常有特色的。

（右六）生物资源与生物材料实验室朱良均团队合影，
2017年，杭州

（中）获中国纺织工业联合会科学技术进步奖，团队合影，2015年，北京

我们主要是研究以下三方面。第一，就是上蔟环境与蚕茧质量。农民养的蚕所结的茧，看着是非常白也很大，但茧丝难拉出来，我们就要把原理搞清楚。然后就是生产，比如说湿度和温度的控制，这个原来也有人研究的，但我们从理论上面把它搞清楚以后，进行技术推广，农民比较容易接受。因为不这样做的话，这个茧的质量肯定差。1998年我回国后，我们获得了国家和浙江省自然

科学基金的资助，在结合以前的研究成果的基础上，我们的研究成果"上蔟环境影响桑蚕茧解舒的机理及提高蚕茧解舒率的研究"获得了省科学技术进步奖三等奖。

第二，就是丝绵加工这一块，主要都是出口型的，国外的市场需求很大，我们国内的产品加工数量都是非常大的。丝绵加工行业的发展势头比较好。一个是蚕茧价格提高了，农民收入也提高了；再一个就是工厂效益非常好。这个丝绵原来在江浙一带应用得比较多，现在全国应用很多，特别是北方，用这个丝绵被的炕不潮湿，所以盖了丝绵被非常舒服。现在丝绵出口情况也非常好，原来都是鸭绒、羽绒，因为有了禽流感以后，外国人也比较担忧，所以这对我们丝绵直接出口有非常大的帮助。原来传统的丝绵容易板结，经常要拆开来重新翻，要不然丝绵容易发硬。我们做的就是提高丝绵弹性，并且跟企业合作将其产业化了。"高弹性丝绵纤维关键技术及产业化"这个项目于2010年获得了浙江省科学技术进步奖。"高温闪蒸技术生产分纤高弹丝绵研究及其产业化"项目在2012年获得了中国纺织工业联合会科学技术进步奖。

第三，蚕丝蛋白完全产业化，原来仅仅是服装这方面应用，现在是作为材料研发。我们这个实验室就是把一些本来用于纺织的蚕茧原料，通过理化处理加工成各种新用途材料。我们主要是跟湖州市的几家企业合作的，加工蚕丝蛋白后直接出口。还有蚕丝蛋白生物材料方面的研究，基本上都是直接跟产业结合的具有产业化前景的开发研究。

蚕茧质量到现在还没有一个非常科学、快速、准确、简便的鉴定方法

我们这里有博士、学术硕士还有专业硕士，研究生大概有10多人吧，也有来读博士的印度留学生。

我现在是农业部的岗位专家，主要是搞蚕丝加工研究。农民养蚕和蚕茧收购只有在春季秋季，而工厂是一年四季都要生产的。蚕茧的干燥和保存，即怎么样采用干燥设备干燥蚕茧并保存好直到缫丝厂缫丝是很关键的。另外还有一点非常重要，就是如何评价蚕茧质量。我们国家有一些标准，包括测定设备，原来是采用干壳量评茧。在过去，我国的蚕茧比较小，通过推行这个干壳量评茧以后，我国培育的新蚕品种，结的蚕茧就越来越大了，茧层厚度也越来越厚。但是后来发现这个蚕茧虽然很大，但是在工厂里面拉不出来丝，一拉就断。原来的干壳量评茧标准主要是适合去提高蚕茧重量的，是数量型质量标准，就是增重多少，比如说10克多少价格，10.2克多少价格。但是后来发现不行了，需要用一种新的方法来检测蚕茧质量，就是这个丝到底能拉到多少。现在还没有好的方法，只有采用这个缫丝检验。农民最希望是一手交钱，一手交蚕茧，这样卖出去的钱拿到手了就安心啦。但现在这个检验方法做不到，农民要过一两个月以后才能拿到最后的结算款，因为缫丝检验需要进行实际缫丝，根据丝的多少，确定蚕茧质量的好坏。

蚕茧质量到现在还没有一个非常科学、快速、准确、简便的鉴定方法。"十三五"期间，我们还有一个重要任务，就是要搞一套非常实用的判断蚕茧质量的标准，在茧站收购的时候马上就可以用的评茧方法。现在我们正在进行这方面的研究，压力非常大。如果开发出来的话，那是非常好的。方法有了，但是没有去考虑价格，都要用十几万元的仪器来检测就不实用，还是没有实用性的。浙江一个县就有10多个茧站，有的有二三十个茧站。评茧设备价格贵肯定不行，但在实验阶段试验是可以的。这个评茧设备和技术如果能够直接评价蚕茧质量的话，农民欢迎，市场欢迎，收购部门也欢迎，大家都会欢迎的，所以我们的研究压力很大。

我们设想最终的产品将会是一个小型仪器设备。这个蚕茧买卖交易，像超市里面卖东西一样，条形码往上面一扫，根据蚕茧质量，计算机换算一下这个价格就出来了。这个仪器价格要便宜，太贵了会难以推广。但是万余元是要的，因为研发设备包括电脑，还要技术含量，但会非常实用，我们的研究在理论上是非常先进的。

搞科研要有应用性，还要发表高水平论文和申报发明专利

浙大是科研型、研究型的大学。除了上课，我们老师大部分精力都在搞科研。搞科研要有应用性，还要发表高水平论文和申报发明专利。就是我们要争取国家基金，像国家重点基础研究发展计划（973计划）、国家高技术研究发展计划（863计划）这种大的项目，这一块我们压力也是非常大的。然后就是在国外杂志发表高水平论文和申报专利，我们是理论研

浙江大学本科生通识课程，2018年，杭州

究跟生产实践密切结合的。

我还有一些学术兼职，比如学报的主编，还有学会的理事之类的，但对我个人来说还是对蚕桑学会比较看重些，因为自己是学这个专业的。现在我担任浙江省蚕桑学会的副理事长、《蚕桑通报》杂志主编。《蚕桑通报》杂志是科普性的，现在想提高杂志学术档次，就要增加一些理论方面和管理方面的内容。我主要的工作还是两块吧，一块是提高蚕茧质量，另一块就是蚕丝蛋白的应用。

我带的研究生，主要是去教育、科研单位的。去生产单位工作的主要是本科生，但生产单位现在也很少有人去了，本科生基本上毕业后是去学校当老师、科研单位当研究员比较多的。到生产单位去的本科生前几年是有的，现在基本上没有了。研究生的数量是超过本科生的，我们浙大都是这样的。

现在我们有一块工作是搞蚕丝文化，就是跟万事利集团合作建设蚕丝绸文化，我们向学校写了可行性报告，向学校做了这个提案。原来我们是在华家池校区的，那边有蚕桑馆，还有桑园地，包括一些原来传统蚕桑生产的一块都在那边，我们想把这个资源利用起来，就是想在丝绸文化方面加强一些宣传。特别是现在年轻人在丝绸文化这方面的知识比较欠缺，因为这是个传统的东西，丝绸穿用的人较少。丝绸不像茶叶是必需品，它属于奢侈品、高档消费品。我们想在这方面加强一些宣传，科普丝绸知识，使人们喜爱丝绸。目前，我在学校里面开了一门丝绸文化课"丝绸的过去、现在及未来"，就是专门介绍丝绸的课，在这方面我今后会多花些时间的。

采访时间：2013年7月

产业发展与桑树育种

计东风

计东风 浙江省农业科学院蚕桑研究所原所长，二级研究员

计东风，1982年毕业于浙江农业大学蚕桑专业，主研桑树育种。1986—1987年和1990—1994年两次到日本东京农工大学留学，主攻生物生产学（植物生产学），获博士学位。曾任浙江省蚕桑产业科技创新团队的负责人和首席科学家，国家蚕桑产业技术体系执行专家组成员和桑树育种岗位科学家。论文《新一代桑树配套品种农桑系列的育成与推广》获浙江省2001年度科学技术进

计东风

步奖一等奖、国家2002年度科学技术进步奖二等奖；"桑树新品种强桑1号的育成与推广"等5项成果获浙江省科学技术进步奖三等奖。曾兼任浙江省蚕桑学会副理事长，中国蚕学会常务理事和《蚕业科学》《中国蚕业》《浙江农业学报》编委。2003年被浙江省授予"有突出贡献中青年科技专家"荣誉称号，2006年获全国五一劳动奖章，获"浙江省劳动模范"和"浙江省农业先进科技工作者"荣誉称号。2019年荣获"庆祝中华人民共和国成立70周年"纪念章。2005年起享受国务院政府特殊津贴。

日本对于蚕丝这一块是非常重视的，到现在为止还有天皇奖

我1958年出生于浙江平湖，1977年高考恢复以后，考入当时的浙江农业大学蚕桑专业。我当时报的是无线电专业，因考大学的时候已经是工厂里的学徒工了，不巧脚受伤了，走路的时候一拐一拐的。我高考的时候填志愿填的是服从分配，浙江农业大学的徐俊良老师看我的成绩还挺不错的，就让我进了蚕桑系。消息传过来我还以为是燃烧系，我以为叫我去放火的，真是对蚕桑一点概念都没有。我们这一辈人对学习的机会都蛮珍惜的，因为1977级嘛，招生的人数也很少，高中班级里就一两个能够上大学的。大家都还蛮珍惜的，有什么学什么，有得学已经算不错了。

1982年大学毕业后，我直接被分配到浙江省农科院蚕桑研究所。1986—1987年和1990—1994年两次到日本东京农工大学留学，读的是生物生产学，我的专业是以桑树育种为主的，所以是植物生产学，还获得了日本文部省的奖学金，读完博士以后，我又继续回到老单位。从技术研究角度看，日本还是比我们先进，甚至现在有些技术我们还在使用。而生产的发展速度、产量的话，我们当时已经超过日本。所以当时就怀着怎么样来

（右）在浙江安吉调查桑树新品种生长情况，2014年，安吉

提升我们国家的蚕桑产量、质量的目标去留学的。一般来说在培养人才和研究方法交流上，日本方面是不会过多保密，但是对一些蚕品种，他们绝对是保密的。就是说我们国家派出的代表团或者是我们留学生去的话，他们也仅仅是派人跟你见个面，不让你到他们的试验场去的。

我们国家当时最厉害的就是杂交水稻，是在国际上领先的，就以此跟日本进行交换。曾经有两位研究员进入他们的蚕丝试验场（相当于我们国家级的蚕学研究所）进行培训或者是合作研究，我们国家就去了两个人，所以说日本还是有垄断或者这一方面的壁垒存在的。当时日本的优势体现在发展水平，尤其是在20世纪七八十年代，水平肯定是高于我们国家的，整体上比我们国家高。日本也曾把蚕桑作为国家振兴的一个主要手段。尤其是战后，日本对于蚕丝这一块是非常重视的，到现在为止还有天皇奖，奖励为蚕丝做出贡献的人。

博士毕业后我又回到了农科院，因为原来就是这个地方出去的，感情还是比较深。像我们这一辈的人一般比较重感情，这个单位培养了我，那么我还是应该回到这个单位来，不像现在的人可能更多考虑如何有利于自己的发展。

一个品种的选育基本上要经过大概20年的过程

我从一进农科院就从事桑树育种，所以到现在为止，基本上就一条主线，主要在一些桑树品种的选育跟桑树资源的利用方面开展研究。期间我到生物技术所工作了一段时间，当了四年的副所长，那个时候我们国内正好在大力发展细胞工程、基因工程这块领域，我主要是在细胞工程、组织培养方面开展一些研究。

我们这个团队主要从事桑树育种研究，因为做育种的话是需要持续性的，像一个品种的选育基本上要经过大概20年的过程。我们整个团队应该说成绩是非常明显的，取得了一些成果，两次获得国家科学技术进步奖二等奖，如桑树四大良种的推广应用，农桑系列品种的推广与应用。农桑系列品种的推广应用2002年得到了国家科学技术进步奖二等奖，我排名第二。农桑系列品种由农桑8号、农桑12号、农桑14号、农桑10号四个品种构成的。根据不同的需求，有用于丝茧或种茧的，还有早生的跟晚生的组

（前排左一）陪同中国工程院院士向仲怀考察钱山漾遗址，2008年，湖州

合，所以说这是新一代桑树系列品种的育成与推广。到现在为止我们育成的桑品种在全国还有大概60%左右的占有量。

1987年国内盛行花药培养，就是将花药培养作为一种育种的手段，来形成单倍体植株。应该说当时我在这个项目上花了比较大的精力，在刚工作的时候，我就从事这一块内容的研究了。我在《中国科学》上发表了一篇相关文章并获得了浙江省科学技术进步奖三等奖。

我还培养了作为一个生物反应器的蚕品种，作为以家蚕来生产一些基因产物或者是一些新的药品的载体，培养了一个广食性的可以工厂化生产的蚕品种体系。这一成果在2003年又获得浙江省科学技术进步奖三等奖。

向仲怀是我国唯一一个蚕桑领域的院士，他提出我们要多元化发展桑产业。因为桑树以前仅仅是作为蚕的饲料，桑的一些很大的优势没有得到充分的体现，所以现在就是研究怎么让桑多元化发展。比如说药用桑、果用桑、生态用桑、饲料用桑，而养蚕仅仅是饲料用桑的一部分，以后我们要把蚕桑产业的面进一步拓展。到目前为止，所有的栽桑养蚕或者是桑树品种的选育都是为了让叶子多而且好采，如果我从多元化方向发展考虑的话，那桑叶多了我可以派上另外的用场。还有一个发展方向是果桑，桑果现在也是一个消费的热点。这个前景可能对整个种桑养蚕的农户来讲，收益会更高。

桑树良种的培育应该说还是相当的复杂，到目前为止成功的主要还是靠杂交育种手段。杂交育种要通过单株选择，种下去以后到第二年、第三年后才能开始选择，因为树的话，一些性状在幼龄期是不能表现的。首先通过杂交，再育苗，育苗以后单株生长，生长两三年，甚至是三到五年以后，如果长势表现好，再把它嫁接，嫁接以后进行系统选择，就是说要几十株进行观察比较，比较好以后再进行区域适应性选择。比方说在丘陵地区或者是平原地区、海滩、海涂不同的区域，在浙江或者是其他地方进行比较，将这个品种与当地的主栽品种或者全国的对照品种比较，若它的产量质量或者是抗性优势明显超过对方，那么我自己先选出来，选出来后还要通过省一级或者是国家一级的认定、审定。所以一个品种从育成到推广，从开始杂交组合、配制到育成一个新的品种，基本上要经过20年的

为蚕桑科技工作者做"蚕桑产业现状与发展前景"的学术报告，2014年，山西

时间。

我们浙江省农科院育成的品种，在全国，除了两广地区以外，基本上都适合作为主导品种的

现在，我们国家的桑树品种资源应该说是相当丰富的，以前就有很多的地方品种。1984年开始编写，1990年定稿出版的《中国桑树品种志》共收录了代表性和特异性的桑品种546个。20世纪80年代末，浙江省农科院保存的资源大概在600多个，地方品种是在生产上用的。还有一部分比方说作为种质资源的，现在全国搜集的有3000多份不同类型的种质资源。各个省通过省级以上审定的品种大概有八九十个，很多地方育成的品种，可能就是在小范围内推广应用。而像我们浙江省农科院育成的品种，在全国，除了两广地区以外，基本上都适合作为主导品种的。浙江省在这方面确实是走在了全国前列。

四大良种是20世纪70年代提出来的，有荷叶白、团头荷叶白、桐乡青、湖桑197。到20世纪90年代末，我们又推出了农桑系列品种，有农桑8号、农桑10号、农桑12号、农桑14号。最近几年呢，考虑到适应性和产业发展的需要，我们又推出了强桑系列品种。以前桑树品种是种在一些比较好的良田，现在是需要种在山地、贫困地区或者干旱的地区，为此，我们推出了耐瘠抗旱的强桑1号、强桑2号。接下来，我们可能更多的是考虑怎么省成本，因为劳动力的成本越高，在生产成本当中占的比例会更重，所以对我们育种工作者来讲，怎样降低劳动力生产成本是一个主要的研究方向。

我现在主要承担的是国家产业技术体系的桑树育种岗位科学家的职责，就是说根据全国的产业发展，我需要做一些品种的选育，这是由农业部资助的一个国家级的项目。这个项目参照了美国的做法，不像以前我们要申请立项就给我立项，然后每年检查汇报最后验收，不存在这个过程。项目是国家根据总体设计，比方说桑树育种肯定是需要的，那么在全国范围内，国家觉得哪一个人比较适合这一块工作，就委托他来做这个工作，然后每年进行考核，如果合格的话就持续下去。就是说给你一个持续的研究的一个过程，让你有个资源的积累，研究方法的积累，所以国家级岗位就是这么来设定的。

　　除了担任蚕桑研究所的所长，我还兼任浙江省蚕桑学会副理事长、中国蚕学会常务理事等，还是《蚕业科学》《中国蚕业》《浙江农业学报》的编委，然后是浙江省蚕桑产业科技创新团队的负责人以及首席科学家，国家产业技术体系的执行专家组成员，桑树育种组岗位科学家等。

　　应该说我自己的努力还不够，但是给我的荣誉是很多的。我在2003年被浙江省政府授予"有突出贡献中青年科技专家"荣誉称号，2006年获全国五一劳动奖章，获"浙江省劳动模范"和"浙江省农业科技先进工作者"荣誉称号。2005年起享受国务院政府特殊津贴。

采访时间：2013年8月

云锦技艺的传承者

戴 健

戴健

戴健 研究员级高级工艺美术师，江苏省工艺美术大师，南京市第一届工艺美术大师

戴健，1982年毕业于苏州丝绸工学院丝织专业。主要从事云锦及古丝绸品种的研究开发及生产工作。先后任职于南京云锦研究所、才华艺术有限公司，并任才华艺术有限公司总工艺师。2010年创办了锦绣盛世云锦织造有限公司，先后为北京故宫博物院等文博单位复制出"三多勾莲牡丹纹妆花缎""八宝长圆金寿字织金锦""折枝花卉宝宋世锦""万字蝴蝶纹喜相逢锦""团龙凤缠枝花卉妆花缎"和"红地寿字织锦妆花缎"等10多件云锦和丝绸文物，品种涉及东周的经锦至明清的云锦。开拓创新出不同风格的云锦图案作品10余件，如《玉兰花鸟图》《蜻蜓荷花图》和《倦勤斋——鹤》等。2013年作为纺织传统代表参加了沙特杰纳第利亚遗产文化节。2014年"云锦、妆花绒的工艺和设备的研究"成果获国家发明专利。著有《南京云锦》，多篇有关文物复制研究的论文发表在《丝绸》期刊上。兼任江苏省工艺美术学会理事。

云锦是世界非物质文化遗产，它的工艺技术都是比较固定的

我1961年8月出生，老家是江苏苏州的昆山。我父母都是中学老师，我父亲教数学，我母亲是语文老师。我中学是在昆山中学，大学是在苏州丝绸工学院上的（现在并入了苏州大学），学的是丝绸织造。我1978年入学苏州丝绸工学院，1982年毕业，毕业后被分配到南京云锦研究所。我在这个单位待了二十六七年。在云锦研究所，一开始是学习为主，我学的丝绸这一块，就是现代的丝绸，现代的工艺，而云锦是一种传统工艺，学校没有这种工艺，但云锦属于丝绸，故一脉相承。我在所里学了一些特殊的工艺技术，这是课堂上学不到的。学校里学的一些专业知识跟实际接触的工艺技术结合起来，基础就更加牢固一点。

南京云锦研究所是1957年成立的，当时研究所已经意识到，我们国家不光是要发展现代科技、现代的丝绸织造技术，也要保存传统，传承古代的工艺技术。之前我们用的全是木织机，手工装造、手工织造，只是开发一些新的图案，或者根据当时的文物复制。特别是定陵有一个文物复制项目，通过这个复制项目，把这些传统的工艺技术重新归纳。也就是说，我们不光是要掌握工艺还要会设计，弄懂文物的工艺原理之后，根据需要把文物复制出来，我们在这一块做了一些工作。以前只是知道有云锦、刺绣、缂丝什么的，真正地了解并接触云锦实物、工艺技术，还是在毕业之后。

云锦工艺确实是挺难的。云锦的历史有七八百年了，从它的发展过程来看，技术是从简单逐步走向复杂。你要掌握的话，就要通过你的分析、观察，然后设计，一次不行两次，两次不行三次，这样子把它做成一个成功的品种。云锦的工序很长，云锦现在归入工艺美术行业，工序无非就是分为两块：工艺跟美术。一块是美术，图案设计，你的色彩运用要好，另一块就是工艺技术。云锦是世界非物质文化遗产，它的工艺技术都是比较固定的，既要有技术固定的一方面，又要根据不同品种，在技术上有灵活运用的一方面。首先是美术方面的图案设计，之后开始做意匠，意匠就是把图案用线条描绘到小小格子纸上并填色，再后就是挑花结本，挑花就是把经跟纬按照意匠的图案、色彩，按照你设计的密度和一些工艺参数，挑

花挑出来。这一本花就代表一个图案。最后一步就是织造，把这个挑出来的花本上到织机上面，开始织造。织机这一块也有很多技术，你用多少纤，用什么组织机构，反正是用最正确的工艺技术，表现出最好的图案艺术，两个完美地结合起来，这样织造出来的云锦就是精品。

云锦的名称都特别长，特别复杂，我们命名在行内有一个规则

跟其他的丝织品对比一下，云锦有什么特点呢？主要就是艺术这一块，云锦可以说是技艺最高的丝织品之一，也可以说是把丝绸的精华织进去。云锦技艺可以把你要想设计的，大的或者小的，色彩丰富的或者色彩少一点的图案织出来。云锦过去主要是供皇宫的，穿在皇帝身上的衣服，一定要十全十美的，包括用料、色彩、吉祥的图案。就说文化吧，传承文化这一部分，云锦独特的吉祥图案就是这一方面的传承。丝的用料的规格特别多，色彩也丰富，各种颜色。云锦有一个重要品种，就叫妆花。就是用小纬管，把色绒等各种绒绕到纬管上面，然后根据起花的位置，比如在树叶、花的叶子或者花瓣等处，配进去不同的颜色，这样子挖花也称妆花，产生同花异色效果，色彩多就是云锦的特色。云锦用料方面还包括真金线，最好的是孔雀羽毛线，能想到的都可以用上去。传统的云锦五彩缤纷，非常吸人眼球，令人赏心悦目，而且它图案的寓意非常吉祥，过去皇家常用它赏赐北方少数民族首领。按照现在的审美观点，设计一些云锦新图案也是有的。

云锦如何命名？云锦的名称都特别长，特别复杂，我们命名在行内有一个规则。首先要知道它是一个什么，比如说是缎，还是一个织锦或是一个绸，还是一个什么，再是一个类，再定一个色彩，还要知道一个图案，色彩是底色，图案是什么含义，或者是一个什么图。云锦名称便是这些要素倒过来放，首先是红的，之后比如说万字文，然后织金锦，或者是黄地妆花，黄地什么龙，正龙还是团龙，妆花是缎还是绫还是什么，就是这样子，一长串。

云锦，有七八百年的历史，从元朝开始。元朝时候的云锦，是以织金锦为主，色彩比较单调，但大量使用金线。明朝是以妆花为主，使用少量金线勾线条，各种色彩比较丰富。到了清朝呢，像织金锦、妆花等都有

（左）在南京云锦织造有限公司介绍佛教题材织锦"新经"，2017年，南京

　　了，颜色也很丰富了。现在的织造基本上是按照传统工艺做的，尽管原材料加工的过程用机械加工的话，丝线的粗细均匀度和牢固性更好一些，染色方面用现代染料，色彩更丰富、更加鲜艳，但织造这个工艺还是传统的，包括挑花，包括织造的整个过程。

　　云锦都是在大花楼织机和小花楼织机上完成的，以大花楼织机为主。小花楼做的通梭织物在南京是归入云锦类的，但在苏州、杭州会归入丝绸类，其实是大同小异。大花楼织机的织幅一般是78厘米的，是最常用的。我们做的是1.8米满幅的，是特殊品种，用大花楼织机。我看到史料上清代江宁织造府里面是有宽织机的，实物没看到，底下两个人织，上面两个人一起拉花，是四个人配合来做的。我现在也是按照这个方法，也是四个人做，再宽可能操作更复杂，做应该也能做，但是要投入更多操作的人力，生产进度慢。有一个品种要求幅宽1.8米的，我们做成功了。

生手看意匠格，一格一格去挑，而熟手是根据前面几个和后面几个推敲出来的

工人要从一个生手变为一个熟手的话，要好几年功夫。首先普通的品种他要学，织的话他要练手，大概一两个月能够投梭子，投过来投过去不断练习手工投梭。一两年时间，他能把普通品种织得好一点，达到了要求，才可以真正让他做龙袍，做这些高档的品种。工人总共要花七八年乃至十年的功夫，就是学技艺，灵光一点就掌握得快一点。

招工人受市场影响。根据需求，假如需求多我们工人招得多，那么需求少呢，我们就保持着一个品种，就是说整个工序都有，都能转。一旦有品种来，或者有市场需要，或者有复制需要，我们就可以全部投入生产。整个一套工艺需要的人，按照分工的话，艺术图案设计至少要一个人，因为搞艺术的再搞机械、技术好像是冲突的。意匠就是画画，把图案画到稿子上，又是一个人。挑花结本要一个人，挑花匠是要非常细心的，不能搞错。织机至少要两个人，一个上面，一个下面，一个起花，一个织造。这些加起来就五个人了，然后辅助，或者总设计师这些，总共七个人差不多

（右一）为韩国文化大学复制鸳鸯纹织金锦，2016年，韩国

了，七个人保持整个工序。现在设计、意匠就是我，挑花还有一个同事，织机上面有两个工人，随时可以再增加一些人手。织手这一块呢，我们有一个基地在江苏涟水，有好几家比较大的手工织造厂，当地有很多人会操作。那么图案艺术是学美术的这一块过来的，然后工艺技术总设计师呢，最好是学我们丝织这一块的，这样可以综合所有的方面。现在一起工作的这些工人，织造的是还年轻的，30多岁，挑花的50岁了，挑了很多年，技术熟练。生手跟熟手到底不一样，生手看意匠格，一格一格去挑，而熟手是根据前面几个和后面几个推敲出来的，所以挑花速度也是很快的。

南京云锦研究所2005年改制，事业单位编制取消了，现在叫南京云锦研究所股份有限公司，另外还有一个才华文化艺术有限公司做云锦。后来我就在才华文化艺术公司做总工艺师，在那里待了五年。2009年、2010年的时候，我创办了锦绣盛世云锦织造有限公司，也是做云锦的，是几个人合着做的。因为云锦它分工很细，一开始我们学技术的跟学美术图案这一块是分开的，要说完整的哪一块是我做的呢，也不好说，自己做到最后就要全面发展。像我做的这些故宫项目，一个是根据文物复制，把故宫收藏的面料，有的就剩一点点面积，去复制成一个面料。还有一个是我自己根据宫廷画家们的藏画做了一些作品，虽然我在艺术这一块不是很强，但是我可以把宫廷画表现的很细腻，色彩也很逼真，或者是根据云锦艺术的规律，我能把它做成既是宫廷画又是一种表现创新的作品。

一般云锦你看到的都是缎的上面起色彩，而在绒的上面起色彩，还比较少见

我主要是在复制方面做了一些品种，如"红地寿字织锦妆花缎"。跟北京故宫博物院合作的有很多，故宫的这些品种应该讲是难度比较大的，最难的就是妆花绒品种，在绒的上面起那个色彩。一般云锦你看到的都是缎的上面起色彩，而在绒的上面起色彩，还比较少见。这就要结合两个工艺，一个是云锦妆花工艺，一个是妆缎工艺，两个工艺要结合起来，我们确实是试了很多次，很不容易才做成功的一个品种。皇帝炕上的一个垫被就是妆花绒品种，垫被好像是乾隆帝的，文物原品都是放在北京故宫博物院保存的，我专门到那边去分析，分析结构、用料、色彩、尺寸、图案，

（左一）为金富春丝绸博物馆复制雍正龙袍，2017年，杭州

然后把这些资料都采集好之后，就回来试，试了第一块再去对比，看哪方面需要改进，再做第二块，第二块再改进，第三块再继续……

一般的品种，我们试一次，最多试两次就成功了，但这个品种试了很多次。复杂的原因就是，这个品种是两个工艺结合，面临很多问题：首先一个是织机的问题，织机没有这个机型，需要先设计合适的织机；第二个是工艺要设计好；第三个是你用什么方法，用什么工艺技术把它体现出来。有的能试验成功，有的成功不了，就要想方设法去改进一下，确实困难。现在我们企业的经济效益一般，我不太会宣传的，就是做品种、做复制，或者做这些设计以开拓新的市场，比如说现在江浙这一块的市场。到市场上面去销售的话，我们是一个门幅里面织两块，像这样的品种，市场上可能都要五六千元吧，的确是非常高档的礼品，但是从我这儿出去价格没这么高。

2013年我去参加了沙特杰纳第利亚遗产文化节，这是沙特跟中国合办的一个文化节，有个馆里面充分展示了中国传统工艺技术及文化，其中之一就是云锦。我是作为传统纺织代表之一去的，当时带了可以现场演示的织机织造，在现场织阿拉伯文字。我们专为沙特设计了一个可以挂墙上的字画，也带了我们自己的一些品种。

做云锦这一块吧，我写了《南京云锦》这本书。论文呢，就是做一个品种，总结一下，发表在《丝绸》上面。担任南京市政协委员的时候，我的提案也是专业方面的，如怎么保护云锦，怎么做好云锦传承、继承培养人才以及技术传承方面的建设，有一些措施已经开始实施。

云锦要更好地发展起来，一个就是要结合市场，首先要做好宣传。现在文化高速发展，人们思想意识提高，宣传内容不是仅仅局限在吃喝等基本的生活这一块了，还要宣传文化生活，包括云锦的历史、工艺技术等，还是有些价值的。或者在云锦的收藏价值方面，我们可以做大量的宣传，使市场更加认识到云锦的收藏意义。再一个就是要做好真正云锦的研究工作，我们现在接触到的云锦都是我们手上现有的工艺。其实云锦品种很多，除了图案之外，还有规格、织造的工艺等，很多都失传了。我们还有很多需要探索的，这两块要好好地去做，对这些传承人什么的要多关心，多支持。

采访时间：2015年7月

蚕丝生物技术和家蚕模式生物

——一个前景广阔的研究领域

徐世清

徐世清

徐世清　苏州大学农业生物技术与生态研究院（IABE）副院长，二级教授，博士生导师

徐世清，1982年专科毕业于苏州蚕桑专科学校家蚕育种专业，1988年硕士毕业于浙江农业大学家蚕遗传育种专业。主研家蚕发育的分子遗传及调控机制，生物医学替代实验动物。1997年博士研究生毕业于浙江农业大学动物科学学院。1998年任苏州大学蚕桑学院院长助理。2002年起分别担任苏州大学农业科学与技术学院、生命科学院的生物资源与环境科学系主任、教授、博导。2008年起任苏州大学医学部基础医学与生物科学学院应用生物学系主任。现为现代丝绸国家工程实验室创新团队负责人。"动物色素调控机理和应用研究"成果于2005年获苏州大学"211"工程"十五"建设标志性成果，2006年入选江苏省"十五"重大创新成果。25项科研成果获市、厅级以上奖励，13项成果获国家发明专利，3个

成果转化产品获国家金奖。育成动物新品种3个。主持编制国家标准2个。由中国科学技术出版社等出版编著和专著5部，在国内外杂志发表论文240余篇，发表国际学术会议论文78篇。兼职中国中西医结合学会时间生物医学专业委员会常委，国家自然科学基金委员会生命科学部专家组成员，浙江、重庆、广东、山东、江西、河北等省科技咨询专家。担任SCI刊物Scientific Reports，Editorial Board Member和中国—老挝绿色丝绸研究中心（GSC）首席专家。

世界范围都认为，天然彩色茧是做不出优质的丝，也做不出合格的服装来的

我是1963年出生的，老家是江苏南京的。我父母是农民，就是种田的。我是1979年考入苏州蚕桑专科学校的，学的是家蚕遗传育种专业。这个专业是恢复高考后刚刚成立的一个新专业，我是第二届，这是农业的应用技术。毕业之后我就留校工作。

后来我又到浙江农业大学（现浙江大学）读了硕士和博士，中间还到国外去进修了几年。我的硕士导师是当时中国蚕学会的理事长陆星垣教授，硕士毕业不久我就出国去了，去的是日本，那有一个研究蚕孵化的鸟取大学，比较有名，也是世界上蚕孵化生物钟的发源地。在鸟取大学待了两年时间，又回到浙江农业大学读了博士，博士导师是徐俊良教授，博士毕业之后又回到苏州。

我的博士论文研究的是蚕的一个很特别的问题，就是蚕在正常情况下，产下卵就孵化，这种产量会低一点。如果说产卵下来之后，第二年孵化，它的产量、抵抗性会高一点。但是我们养蚕等不及它第二年，需要马上用，我就是想办法让它第二年孵化的卵，在当年就孵化，我的硕士、博士一直研究这个机制的问题和方法。现在，实用性问题已经是全部解决了。一年当中任何时候，都可以让蚕种孵化。像江苏、浙江的这类蚕种出口东南亚或者其他国家，也是用这种技术来解决这个问题的。

博士毕业后，我工作的单位也发生了很大的变化，学校学科在快速地

（右）在实验室进行蚕品种培育，2015年，苏州

发展，现在已经成为硕士博士招生单位和博士后招生单位。我早期的工作主要是研究养蚕的应用技术，随着学校的学科变化，现逐渐转入到交叉学科和应用基础的研究。这个研究主要是两个内容：第一，怎么样用生物技术把传统蚕品种生产的蚕丝（做服装的蚕丝）的纤维性能进行改造，这叫生物技术育种来创造纤维材料；第二，人们以前养蚕总是想到用来结茧、缫丝做服装，我们要把这个蚕往更多的方向去做，一个是做农业的害虫防治，还有一个就是做生物医药工程，特别是把这个丝蛋白的特性加以改变。

　　在蚕品种的生物技术改造方面，我们有几个典型的例子。比如天然彩色茧的颜色，为了伪装或者防紫外线，蚕茧野生状态是有颜色的。但是我们现代工业用的全部都是白色的茧，这主要是为了方便后续的染色整理。如果说是用那种天然有颜色的茧，国内外的技术就有一个问题，没有办法把这个颜色很好地去除。如果用它现有的颜色，它的颜色又很不均匀。所以想用也不行，不用它这个颜色也不行。而且所有有天然颜色的蚕茧都存在茧的形状不端正的问题，工业化缫丝效率会很低，也很容易出问题，还有农业生产上它的产量很低。我们就着重解决这些方面的问题。

这里面最难的地方，在这几个方面。第一，蚕茧的颜色看似就是简单的黄色、绿色或者红色，但它其实受到很多复杂的基因调控。我们研究出有六十几个基因。要把许多优良的基因集中在一个个体上，如果按照传统的遗传育种方法，可能是三五十年也育不成品种。那么我们用生物技术的方法，可以准确地把有用的茧色基因，快速地集中在一个个体上，形成一个优良系统，在提高茧色的牢固性、均匀度的同时，使蚕茧的产量、抵抗性也得到提高。第二，生产出来的有色的蚕茧，它的加工技术在过去也存在一个问题，工业上做加工的没有彩色茧，这样就导致没法研究彩色茧加工技术。没有好的彩色茧，想将农业跟工业结合又很困难。所以世界范围都认为，天然彩色茧是做不出优质的丝，也做不出合格的服装来的。

我们为了解决这个问题，首先实验室里要用天然有色茧做出合格的丝，甚至是优质的丝，然后才可以解决后面的问题。所以这个工作就是从农业生物技术转移到工业加工技术，当然我们这个是交叉范围的一部分。再后期的工作就比较简单了，吸引了大批工业加工的研究人员，所以我们后续的整个项目，从蚕的品种选育、农业生产再到缫丝、织造，甚至产品的设计，都有一个非常系统的技术。一共经历了大概有十几年的时间吧。2001年，我们受到一个国际项目援助（就是在东南亚收集这种遗传资源），开始大规模地启动柬埔寨蚕业发展项目，在国内进行分子生物学育种。自始至终，国家发改委、商务部、科技部都对我们这个项目给予了很大的支持，江苏省、浙江省也给予了很大的支持。

天然彩色茧应用目前有几个方面。第一个是从应用的效果来讲，它这个蚕品种产量，和白色蚕品种的产量是相近的，单位面积的桑田生产的茧甚至比白色蚕品种还要多一些，所以农民很欢迎。二是工业方面，最关键的是做出天然有色的蚕丝，颜色是天然的，对自然和环境友好，对人也是友好的。同时这种有色的天然蚕丝，里面含有黄酮和一些特殊的成分，这些成分是抗氧化的，也有一定的抑菌作用。它们做的内衣或者一些特殊的服装产品，甚至是一些生物工程产品，有特殊的性能，所以还是比较受欢迎的。这个蚕种推广主要是在江苏、四川、湖南、广西、贵州、重庆进行的，有一段时间在浙江也有一定的推广，这个面积很广，全国范围内都是作为一个实用技术在推广。

21世纪，商务部茧丝绸协调办公室，把天然彩色茧作为一个重点技术在全国推广。国家发改委也把它作为一个循环经济的示范项目在推广。科技部还在2010年的时候，组织了全国400个县分管科技的副县长，集中在江苏南通，对强农富民项目进行考察，这个是重点推荐项目之一。

这个项目在2011年获得了中国纺织工业协会科学技术奖一等奖，2012年获得了江苏省科学技术进步奖一等奖，在我们江苏省养蚕行业30年这是第一个。该项目还在2012年获得香港桑麻基金会科技奖一等奖，其他三位获得桑麻科技奖的，一位是做军工纺织的，主要是军用服装产品的，还有两位是做航天纺织材料，所以和这样高大上的纺织产品比起来，我们的蚕丝本身就是一个小众品种，而天然彩丝又是丝绸中间的一个很小的部分，能得奖我们感觉到有很大的荣誉感。

我们是想创造自然界中很难实现的，但是现在生物技术能够帮助实现的，又不太违背自然规律的蚕品种

除了这个项目，目前我们的重点在生物技术改造蚕丝方面，我们是想创造自然界中很难实现的，但是现在生物技术能够帮助实现的，又不太违背自然规律的蚕品种。比方说家蚕，它吐出来的丝，内部是丝素，外部是丝胶，丝素和丝胶的特性是完全不一样的。我们的想法是，如果蚕吐出来的丝素的内部含有丝胶，那么这样的丝素，这样的丝就会非常特别，很可能会形成孔隙，很可能会形成吸湿和去味的功能，或者是柔软度会非常的特别。我们做的工作，就是让中部丝腺的丝胶蛋白的基因在后部丝腺中表达。我们已经完成了这个创新蚕品种的大部分工作，产量也接近实用蚕品种，目前已经开始在生产蚕茧，但是走到生产应用还有一段的距离，需要进行生物安全性的评价等。

我们还在做的一些工作，就是用现代的纳米技术对蚕丝进行改造。比方说让蚕吐出来的生丝能够有很强的抗菌和抑菌性能，把纳米银或其他一

担任新疆神天蚕农业科技有限公司首席顾问，2016年，新疆

些纳米材料直接渗入到丝中间去。这个工作涉及生物技术和材料技术，目前是我们实验室里重点攻关的一项内容。我们建立了一个模型，蚕要吸收桑叶中的成分，最主要是吸收一种叫氨基酸的物质来制造蛋白质。蚕吸收的氨基酸是很特别的几种氨基酸，其中合成丝素和丝胶的氨基酸有一定的差异，但最主要是谷氨酸、丙氨酸、丝氨酸、酪氨酸这些。我们根据氨基酸特点，对其中的像是甘氨酸或者丝氨酸这一类，把它和一些纳米材料连接起来。因为像甘氨酸和丙氨酸，各占到丝的成分的百分之三十几，这些氨基酸对蚕来说就好比是常进常出的熟客，所以这样的熟客能够很容易把外部的纳米材料带进去，并且组合在丝里面。现在我们已经做出这种材料，它的生物安全性很好，材料的特性也很特别。

　　我们一方面是利用生物技术和丝绸，主要是改造丝纤维或者丝蛋白的特性；另一方面，想把中华延续5000年的养蚕业进一步发扬光大。江苏、浙江、或者华东地区，在全国历史上就是著名的桑蚕产区，但实际上现在的养蚕生产是很难再大规模地维持下去，所以我们就想解决这个问题。

（左）在马来西亚指导养蚕，1999年，马来西亚

　　这可能要从几个方面入手。第一，我们尝试改变养蚕模式，过去的养蚕都是用桑叶来养蚕，一年中只有很短的时间有新鲜的桑叶。现在养殖业中，包括养鱼都是用饲料养的。像日本，他们已经有几十年的饲料养蚕历史，国内也有很多单位在做相关的研究。其实技术已经不算是瓶颈了，我们做的一个工作就是组合国内外的要素进行栽桑养蚕。比方说栽桑，过去是一棵一棵地栽，现在我们栽桑像种小麦、韭菜这样散播的，就像收割麦子一样，一年当中反复地收割这种桑叶，把它连枝条带叶片全部做成桑叶粉。按照在江苏如东一些地方的试验测算，用新鲜的桑叶养蚕，1亩桑田大概养到4张种左右，但是如果用我们的方法养蚕，1亩桑田可以养到40张种。也就是说一户农民有2亩桑田，他就可以养到80张种左右，这算是一个家庭小型养蚕农场。我们华东地区，比方说江苏、浙江，一个省里面，现在有几十万户养蚕农户。按照我们的方法，桑田规模缩小到现在的十分之一，有个几万户养蚕，就可以保持现在的产量，这个是我们以后需要攻关的领域之一，也是我们的行业减少相关人数，提高效益，并且跟现代养殖业快速接轨的一个方式。

　　这个项目推广的主要障碍来自于多个方面。第一个方面，所有的养蚕技术体系，都是适应春秋天养蚕，收烘茧子、蚕种供应都是这样的。要想实现一年到头均可养蚕，必须重新调整或者是重新整理整个养蚕体系。未来可能实现的是根本没有桑田的地方也要能够养蚕，就像现在养鸡、养猪一样。我们在浙江嵊州已经开始建设无菌环境的自动化养蚕工厂。蚕吃的桑叶可能从更干净、更生态的地方取得。比方说我们西北固沙防风的桑树林所产的桑叶也可以作为蚕的饲料。所以这个调整，是一个比较漫长的过程，不是一蹴而就的。第二个方面，过去的蚕都是吃新鲜桑叶的，要让它很高兴地吃饲料，还要长得又快又好，蚕的品种必须全部重新选育。这方面的工作，目前已有一系列的进展，也已经有一些试验的品种在生产、在使用了。

第二，开展"家蚕滞育生物钟的蛋白质"项目，这其实是一个跟我早期的硕士、博士论文的研究相关联的工作。蚕产出来的卵，正常的要到第二年，就是经过一个冬季低温才会孵化。那么要想它产下之后很快地孵化，相当于它的生物钟就要被重新设定，这里面的机理是需要研究的。如果不解决这个机理，直接用方法硬让蚕来孵化，就像车子硬转弯，或者是深度睡眠中间突然被叫醒，都会是很不舒服的。我们必须解决这个问题。随着研究深入，我们发现这是个很有意思的课题。农业上和生活中遇到的虫子，其实百分之六七十都是和家蚕一样的，叫鳞翅目昆虫。这些昆虫里面没有一个模式生物，只有家蚕是模式生物，好像研究人的疾病，要用猴子或者是小老鼠。那么研究农业呢？现在都是用果蝇，果蝇其实和这些虫子分属两个目类。举一个通俗的例子，如果我们研究人的疾病都用鸡来做研究，可能就觉得离应用性还有较大的距离，现在研究农业用的虫子都是果蝇，就相当于这么大的距离。而家蚕的研究就不一样，相当于研究人的疾病是用的猴子，或者是小老鼠。我们这个研究，比方说，我们控制了害虫，让它在特定的时候孵化，能够减少对农业作物的影响；让它在太阳暴晒的时候孵化，孵化出来的幼虫成活率就降低；或者是让它调整到嫩芽已经成长成大片叶的时候再孵化，这时孵化出来的幼虫只能吃掉一点大片叶，对产量的影响就会减小；或者是让它在冬季或者入冬之前来孵化，让幼虫接下来没有更合适的东西吃，从而被冻死，以减轻害虫的危害。这种是生态防治的一个方面，也是国际上很流行的，我们甚至考虑把一些死亡的基因，直接转移到这个虫子的雄性成虫身体里，让它的后代，世世代代雄性都会有这样的基因，而有这个基因的雌虫都会死亡，从而减少这个虫子的密度。

要建立中国特色的模式昆虫、模式生物，这个模式生物就是家蚕

我还做过一个实验，用蚕作为生物医学的替代实验动物，这个实验就是前面那个项目的延伸。因为苏州大学现在与生命科学相关的，最大的就是一个生物医学交叉，包括材料学和医学的交叉，化学和医学的交叉，蚕桑和医学的交叉。目前做得比较好的主要是国家重点学科的骨科，用丝来做接骨材料，已经做了很多年，并且取得了一定的成果；还有血液学用这个丝来做人造血管，拿到了国家重点基础研究发展计划（973计划）的课题。

蚕是不是和医学也有更多的结合，这里面我们探讨的是两个问题。第一，蚕本身可以合成大量的蛋白质，是合成蛋白质最强的动物之一，它可以合成自身重量的30%左右的丝蛋白，把丝蛋白分泌出体外，只需一周左右的时间，这是其他动物很难做到的。如果把蚕合成丝蛋白的能力用来生产生物医药，比如说一些蛋白质的药物，这些药物大多数和抗癌或者免疫治疗相关的，那么这个效率就非常高。但是目前所有的尝试都发现，家蚕是非常忠诚的，它的丝腺，就是合成丝蛋白效率高，你让它做别的工作，它的效率都非常低。我们实验室里在做的一项工作就是，把蚕合成丝蛋白的这种很专业的特性改造掉，让它合成外源的药物，这样能够提高生产效率。我们已经建立起这个模型，让蚕的丝腺不合成自身的蛋白，并且把外源的蛋白用丝蛋白给伪装起来，让蚕感觉到像是丝，这样合成的药物，分泌到丝腺，并且吐出到茧子里面来。当然要真正做成一个药，还有很漫长的路，这个项目非常难。

第二，家蚕是中国很有代表性的一种虫子，全世界范围只要讲到家蚕，都会想到这是中国的一个象征，就好像英文单词China是中国，大家也可能会理解为中国瓷器，其实在更早的时期，古希腊人称中国为Serica，即"丝国"。在全世界的生命科学研究范围内，实验所用的果蝇、小老鼠，或者说像一些爪蟾、斑马鱼等等，都没有中国的特色。现在，中国研究生物科学的人是全世界最多的，但是我们没有具有国家特色的一个模式生物。

国内有一部分科学家，如著名的中科院裴钢院士等，呼吁要建立中国特色的模式昆虫、模式生物，这个模式生物就是家蚕。我们尝试用小老鼠来检验一些新型的药物，这样成本就比较高，周期也比较长。我们在做的第二个工作是用家蚕来替代小老鼠做一些检验工作（我们目前已完成了一些尝试），如用家蚕检测一些抗癌药物。但这些抗癌的药物有一个生物安全性，或者生物毒性的检验，还有一个就是它的作用机制的检验。

我们做了一个很有趣的实验，让家蚕吃下伞形花内酯抗癌药物之后，再把病原菌灌进它的肠道中，这个菌在里面的繁殖速度受到极大抑制。那么我们更有特色的是什么呢？就是找出了把这个菌杀死的机制。蚕能够被诱导产生一种抗氧化的物质，叫过氧化氢，但是它为什么在能够在杀死这些病菌的同时，不杀死自身呢？因为蚕体内又产生了一个很复杂的防护机制，这个在小老鼠体内是不容易产生的，因为小老鼠肠道有很强的酸性，

（左二）担任江苏省挂县强农富民工程项目负责人，2011年，江苏

能够把这种物质破坏掉。家蚕体现出它作为一个模式生物的重要性，我们也做了一些抗感冒和抗肺癌药物的实验，叫APAP，也做药物相关的机制，都非常有意思。目前世界范围内，东京大学，还有国内一些单位，都关注到这个问题。全国实验动物学会也非常关注我们相关的工作。这应该是未来比较有意思的一个研究领域。

我们在这个实验室里的创新工作，主要是从源头用生物技术创新品种，或者从源头用生物技术创新纤维材料

我是现代丝绸国家工程实验室创新团队的负责人。目前蚕和丝相关的重点实验室非常少，从茧丝绸这一块来说，苏州大学的现代丝绸国家工程实验室，是全国唯一的一个国家级的实验室，是国家发改委批准建立并且大力支持的一个实验室。这个实验室的工作不仅仅包括丝或者纺织的加工和相关的技术研究，同时实验室也鼓励从源头进行创新，如从生物角度创新棉花或者羊毛之类的品种或材料。我们在这个实验室里的创新工作，主要是从源头用生物技术创新品种，或者从源头用生物技术来创新纤维材料。建立这几年来，实验室在丝绸行业产生了很好的影响，不仅组织了大批的科研项目，同时也把成果在全国多个地区进行扩散。我们在四川南充建立了一个国家实验室的分所，在江苏南通也建立了一个研究院。

其实我们这一辈人在成长的过程中，面临过各种各样的诱惑。大学毕业之后，就是考研出国热，绝大多数读研出国的不会待在这个行业。我们也动摇过。这么多年回想下来，如果要说秘诀谈不上，要说体会，很深切的就是，每一个行业都有值得去深入探讨、认真对待，值得长期为它去奉献的工作，这个工作既对行业的发展有用，也是个人生活价值的一种体现。我时常跟我的研究生讲（现在我的研究生绝大多数都是非蚕学出生的），第一课就是要告诉他们，这个家蚕，不仅仅是老头老太养的，用来做服装的这样的东西，它体现在多个层次上，比方说它的文化内涵，比方说它在生物领域中的应用，比方说它在材料学中的引领作用。这一种体会对年轻人多多少少是有一些帮助的，我自己也认为，这肯定也是过去这几十年中，一直鼓励自己的一个最重要的原点。

21世纪之后，特别是最近这十年，国家越来越重视大学生的创新活动。创新工作不仅仅是老师、博士生和硕士生的事，大学时代就应该更多地培养学生的创新意识。所以我们的实验室，一直是对本科生开放的，不仅对我们本校的本科生，我们还接收了山东农业大学、苏州科技学院等学校的本科生来进行创新实验。这种创新实验对学生来说是一个很好的锻炼，对我们工作也是很好的启发。我们指导过的学生，获得过全国挑战杯科技创新作品的一等奖，还有创业大赛的银奖。我们的本科生每年都有高水平的论文在国际上发表。这些学生，以后即使不在我的实验室里读研究生，走到各地，甚至国外去，都会表现出很好的素质。所以我感觉，这是作为老师应该承担的一份责任，也确实从中看到了这个效果。

我带研究生时间比较早，1997年开始指导研究生，现在算起来已经近20年了。我的这些学生分布在全国各地、世界各地。这些研究生中，年龄有大有小，有的比我大，也当然有很小的。这些研究生，有的是工作过再来读的，当然他们成长得就更快一些，有的年纪轻一点的应届生，可能成长得相对慢一些。但总体来说，指导毕业的这几十个研究生，我个人是很满意的。他们至少在几点上让我蛮欣慰的。第一，对学习的内容，就是研究的内容是有感情的，对我们这个研究室是有感情的，我们至少做到了育人这一点。第二，这些毕业生在工作岗位，大多是能够勤勤恳恳的。到目前为止，还没有听到过有工作非常不负责任，或者是完全不进取的学生。所以自我感觉，我的学生还是比较认真的。

采访时间：2014年9月

双林绫绢　千年传承

郑小华

郑小华

郑小华　湖州云鹤双林绫绢有限公司总经理

郑小华，是湖州市非物质文化遗产"双林绫绢织造技艺"代表性传承人。1956年几家私人作坊公私合营并为绫绢公社，同年在此基础上建立双林绫绢生产合作社。1958年吴兴县双林绫绢厂在该合作社的基础上成立，1971年改为湖州市双林绫绢厂。1999年湖州市双林绫绢厂破产。2000年浙江丝得莉集团公司兼并湖州市双林绫绢厂，建立湖州丝得莉双林绫绢有限公司，郑小华任总经理。2002年公司更名为湖州云鹤双林绫绢有限公司，郑小华任总经理。绫绢产品主要供应北京故宫博物院、上海朵云轩、北京荣宝斋、上海博物馆、广州博物馆等。2001年研究开发了生绢，以生绢替代宣纸。2008年提供了制作奥运颁奖证书的材料，同年被北京奥组委授予工作荣誉奖。2009年《绫锦祥云图案》获锦绣中华·中国织绣精品大展创作银奖。2011年《奥运火炬传递图》获中国（浙江）非物质文化遗产博览会金奖。2007年"双林绫绢织造技艺"被列入浙江省非物质文化遗产名录，2008年被列入国家级非物质文化遗产名录。2009年郑小华被评定为湖州市非物质文化遗产"双林绫绢织造技艺"代表性传承人。2017年湖州云鹤双林绫绢有限公司被浙江省文化厅定为浙江省非物质文化遗产生产性保护基地。

双林在明朝的时候就生产绫绢了，有个村叫倪家滩，全部是倪姓，做的绫绢都叫倪绫

我1964年3月出生在湖州市双林镇，我父亲是做烟酒生意的。1956年的时候公私合营，家家户户做绫绢的人也很多，家庭作坊并在一起，搞了一个绫绢公社，然后慢慢地发展成湖州市双林绫绢厂了。我1980年进入湖州市双林绫绢厂，先在织布车间，后来到染色车间，在双林绫绢厂师从徐公威。

"云鹤"是我们双林绫绢老厂20世纪80年代用的商标。从1991年开始，就用"汉贡"商标了。1999年老厂破产了，2000年浙江丝得莉集团公司兼并绫绢厂，才开始改制，建立湖州市丝得莉双林绫绢有限公司。20世纪80年代末到90年代初在全国就我们这一家生产绫绢。当时是计划经济。其他地方也做过绫绢，像四川做的绫绢，估计跟气候有关系，他们做不好。以前苏州也做过。绫绢是桑蚕丝做的，它的用途就是做裱画、画画材料。现在呢，还多了做风筝什么的，像信封、报纸等都用了绫绢。绫是提花的，绢是平纹的，花绫有10多个品种，花型、颜色有几十种。双林在明朝的时候就生产绫绢了，有个村叫倪家滩，全部是倪姓，做的绫绢都叫倪绫。一般的裱画材料不可能用绫绢，绫绢都是手工做的，一天也织不了多少，它的前道、后道、后整理全是手工的。

绫绢对蚕丝的要求很高。改革开放以后，绫绢市场逐渐恢复，现在绫绢的市场比之前还大，但现在市场上的产品太泛滥了，有的人把化纤充真丝来做绫绢。我们是老字号，我们做高端的产品，做到宝塔那个尖，做少一点，做精一点。现在，上海朵云轩、北京荣宝斋，还有北京故宫博物院、中国国家博物馆、首都博物馆、上海博物馆、广州博物馆等全国70%以上的博物馆都是我们供货的。我就是2000年开始弄的，在2008年做了一个奥运产品，奥运会的颁奖证书的材料都是我提供的。

生绢是这几年我研究开发的，是代替宣纸用的

从1996年开始，农村慢慢开始生产绫绢了，但他们不太讲究质量。我们一般的绫绢呢，单经、双纬，经线一根丝，纬线三根丝。我们现在用的蚕丝呢，一般经线是5A级，纬线是6A级，特别是做绢，对工匠有要求的，它要平整。你如果这个丝粗细不均的话，它做出来就是一档一档的。

我们从丝厂买来的是桑蚕丝，是一包一包的，要先把它们浸泡。浸泡过以后，按理说是一定要晾干的，但如果你做的产品要求不是太高的，可以太阳底下稍微晒晒。

至于绫绢的花型，就是根据客户的要求来制定。以前是手绘的，现在都用电脑制版了。花型方面，你要什么花型，就有什么样的花型，但一般做传统这一块，用来用去也就这几样花型。

生绢是这几年我研究开发的，是代替宣纸用的。以前我们用矾绢，矾绢是这样的，我们把绢做好了以后，通过后整理、练好，那么它如果要练白色、棕黄色、浅米色，这些颜色，练好以后就是上矾，过胶的明矾。按

为北京奥运会提供颁奖证书的材料，2008年，湖州

照以前的说法，上矾了以后，如果上得好的话，能存放100年，如果矾上得不好，只能放几个月，一卷就会碎。现在开发的生绢不上矾，是纯天然的。在泡湿的过程中，如果把桑蚕丝里面的蚕胶脱完，一般拿来做花绫、耿绢。我通过自己的一个配方，不让胶全部脱完。但是这不好做，这个做好了以后全是用手工，机器出来以后用手工整烫，所以这个就是白的，以前宣纸不是白的吗？现在的宣纸在作画以后，你一个不小心，这个宣纸会破，这个绢不易破。

现在的这种生绢基本上是用来画工笔画。广州美术学院的周彦生教授，是博士生导师，今年大概是70岁，他去年向我定了那个故宫的古绫。故宫给我的是10个花型，叫我做的古绫，周教授看了看后说要我做到1.6米，他要挖裱，你看我们中国的传统裱画都是托裱的。他为什么挖裱呢，他挖裱以后光投，拿去搞展览的，不会有色差，机裱稍微有点色差。他说他明年可能在中国美术馆搞一个大型的展览，之后就再也不搞展览了。2008年北京奥运会的时候，北京故宫博物院把仿皇帝肖像拿过来，然后我制作了一个3米的绢。我去北京的时候看过的，乾隆皇帝有个肖像，是2米左右的一个肖像。按理说，当时这个绢不会这么宽，全是手工做不可能这么宽。现在这个是国宝，修复部、科技部的专家看来看去也看不出来那个接缝。这个东西他们不能把它拆开来的，它只能做宽的。

你要做到好的产品，一定要有好的材料，没有好的材料，就做不出来好的产品

2008年奥运会期间，故宫做展览的时候，展览的皇后、慈禧太后的肖像都是临摹出来的，但是故宫只能做2米宽，3米宽的。我现在用这个机器，最宽只能做到2米，2米一般他们画工笔画的都需要。做到2米，你想要再做宽，这个绢是做不好的，会一档一档的不平整。我们试过，只能做到2米。要么是有高科技的机器了，但像绫绢，高科技的机器做不出来。那为什么这个生绢他们能做呢？因为生绢厚。现在安徽泾县的宣纸，4尺整张的宣纸，我们办厂的时候它的价格是3块多，不到3块2，现在涨到18块多了。那么我这个绫绢还没卖到多少钱呢，我的材料是纯真丝的。

现在绫绢的质量肯定比古代好，古代的丝是粗细不匀的，是全手工的，现在这个丝是全自动制作的，它调到什么程度就是什么程度。打个比方，它调到条纹22/22D，出来肯定相差不大。现在故宫修复古画，一定要用以前的花型，这些古画都是国宝啊，用现代的花型裱了以后就不好看了，所以故宫要仿古代的东西。

制作绫绢的蚕丝的采购地点一般都是在嘉兴等地的大丝厂。我们双林也有丝厂的，但是它的丝的质量不稳定。像菱湖的丝厂，它的丝有的时候好，有的时候就不好。以前的蚕丝，那个蚕茧都是挑过的，那些大的小的，都是均匀的。现在我看，像广西、四川、贵州、山东啊，这些地方绝对不会挑的。但嘉兴现在这个厂是挑的，挑了以后，你要做到好的产品，一定要有好的材料，没有好的材料，就做不出来好的产品，他们的丝我们至今用了快八年了。我们靠近菱湖，菱湖这个丝厂也是很大的，是浙丝二厂，当时用的时候，质量有的时候好，有的时候就不好。像我们这个双林的丝厂，也是个老厂，我们一九六几年办的老厂，它生产的丝的质量有的时候好，有的时候不好，不稳定，而嘉兴这个丝厂的蚕丝质量基本上是稳定的。

现在生产工艺上已经没有什么难度了，什么都好做了，做绫绢就是累，现在工人招不到，也没人做了。整个生产过程中，最有技术的就是牵经。在我们老厂，牵经的这个工人属于技术工人，一般都需要学个三五年。

绫绢厂最年轻的工人今年也48岁了，我50岁，现在几乎没有工人补充进来

我们公司像这样的老师傅只有一两个，其他的人学了以后，就是可以上矼。现在厂里的工人年龄都很大了，没有年轻人。像那些做湖笔的一样，都是年纪大的，都在50岁左右了。所以这个东西肯定是要国家扶持保护的，像我们是没办法招年轻人进来的，像那些大学生，他们不肯来啊。主要是国家，国家要有优惠政策，什么保护措施啊，一定要弄。像现在，实事求是地说，我们这个东西，现在名气是大，但是这个东西继续下去有难度，领导他们也知道，这样下去就是我们年龄大了，眼睛花了，这个技术肯定是要失传的。

上一次市里面的领导来，我们提出建议，一个是政府扶持，一个是政府要培养人才。我们湖州市政府现在已经出台了一些政策。像湖州市政府成立了一个湖笔协会，政府投入的资金大概有250万元，其中55万元是这样的，招一个新工，公司给的工资不算，政府再给他每月1200元。

现在的工人大部分都是双林人，以前都是老厂的职工，我们建厂是1958年，我们绫绢厂最年轻的工人今年也48岁了，我

双林绫绢织造技艺传承馆，2016年，湖州

湖州云鹤双林绫绢有限公司车间，2019年，湖州

50岁，现在几乎没有工人补充进来。这个东西年龄大了、眼睛花了也不能做的，你不能戴个老花镜去做这个东西。

现在我们公司的效益也一般，传统企业基本上没什么效益，我一年做300多万元的营业额，没赚多少利润，10%都不到的。所以我保护到什么程度就什么程度了，上次赵丰馆长说要我把这个东西保护起来，我说我能保护到什么时候就什么时候。

之后我报了个材料给市里面，就是想做个绫绢的陈列馆。后来政府投入，场地我来负责，搞了传承馆。边上有个老房子我把它拆了造了个小房子，装修得古色古香。

（右）参加央视《我有传家宝》节目的录制，2018年，北京

省政府给我们的传统保护基金，有的时候是5万元，有的时候是10万元

现在公司的机器还是原来留下来的，高科技的机器做不好绫绢的。高科技的机器要求所做的东西要厚，但我们这个绫绢本身薄，机器根本做不好。现在这个机器还能买得到，这个机器是杭州出的，杭纺机，在半山，杭纺机厂还在，如果现在要扩大生产的话机器方面是不愁的，就是人工方面，没工人就没法弄。所以上次跟经贸委的领导反映的也是这个事情。

现在政府扶持的力度大，浙江省政府给我们的传统保护基金，有的时候是5万元，有的时候是10万元，不一定。政府对我们传统企业还是蛮重视的，现在对文化传统比以前重视多了。

现在的大学生是绝对不会到我们这里来的，一方面是因为晚上要上班，24小时轮班，机器不停地响，这声音乒乒乒乒的。我们刚进厂的时候，就是睡觉的时候这些机器的声音还在脑海里响着。但做这个工作一般没有什么职业病，工人们面临的问题就是噪音稍微大一点。像丝厂，手一天8个小时都是在水里面的，这个工作还是蛮辛苦的。工人也苦的，他们已跟了我很多年，你说叫他们回去怎么行，做人要有诚信。

我现在每年加工资，我当时办厂的时候，600块钱一个月，他们开心死了，现在一个月3000块钱，还不算多，还要求加点工资。现在真的不好弄，以前像我们进厂的时候，你要加工资，三年学徒，17、19、21（元），三年到了以后变27（元），它有规定的。现在他们是看别人加了工资，很羡慕，我就说我这个产品是传统产品，人家是高科技的产品，人家1米要赚10多元钱呢，我1米才能赚多少钱！我做好一点价格卖高一点，但是我这个克重大了啊，像花绫，最少的14克，最多的17克，我这1米花绫要23克，23克原料比他们多两三元呢。

现在加工的东西多了，丝织画现在也能做。但是需要投入，买好的机器要180多万元，买了这个机器产品销售怎么办？所以还得一步一个脚印，把绫绢这一块做好就蛮好了。

采访时间：2013年7月

后　记

五月桑枝鸣黄鹂　蚕老缫丝忆桑下

　　我1982年从苏州丝绸工学院毕业以后，先后在河北省邯郸市丝绸厂设计室和浙江省杭州都锦生丝织厂技术科工作，1987年起参与了中国丝绸博物馆的筹建，中国丝绸博物馆是我最后的落脚点。我这个人做过的事比较杂，从事过丝绸工艺设计、产品设计、文物保护、陈列布展、社会教育、文物复制和古代纺织技术的研究等工作。我属于那种做什么都像样的人，馆长赵丰最终让我接手这个口述史的项目，估计也是看中了我的这个特点。

　　这个项目大概是2013年初夏时启动的。浙江传媒学院口述史室派出了老师协助摄影、录音和采访，我担任领队（兼采访）。几年来我们奔波数万公里，去了北京、重庆、上海、江苏、浙江、四川、辽宁和山东等蚕桑丝绸生产重地，采访了百位丝绸（纺织）道中人，用音频、视频和文字记录下了他们为丝绸（纺织）事业所建立的丰功伟绩。

　　其中很多人出生在20世纪30年代，都到了耄耋之年。有年长者像王庄穆、李善庆、周启澄和吴裕贤都已90高龄，而陈钟院长更是1919年生人。对他们的采访异常艰难，往事恍惚，随风飘逝，脑海深处的记忆尚存无几。在采访中，经常是漫长的停顿，最常听到的就是"我忘记了""记不清了"，然后他们略带歉意地笑笑，没了当年那叱咤风云，把丝绸事业搞得如火如荼的风采。曾几何时，白发忽满镜，国之栋梁老了。

　　丝绸（纺织）曾是国家的支柱产业、民生产业和具有国际竞争优势的产业，20世纪90年代，我国茧丝产量占全世界的70%，绸产量占全世界的80%，丝绸（纺织）行业为我国换回了大量的外汇。有很多个家庭全家都从事丝绸（纺织）业，大家都为自己是丝绸人感到骄傲。

　　口述史中的主人公们涉足丝绸（纺织）行业的诸多领域。他们亲历了丝绸（纺织）行业的生产建设、改革发展和兴盛衰败，他们创造了很多"第一"。

　　有国家行业管理者组织制定了第一部GB（1797～1799）—1979桑蚕丝的标准，GBn（229～237）—1984真丝、人丝、合纤丝绸缎的国家标准，GB/T 2014—1980《蚕丝、合纤筛网技术要求》国家标准以及ZB W43001—1984《丝绸被面》等纺织工业部标准；很多人参与制定国家、部委、省、市数个"五年"科技规划，生产发展、技术进步和技术改造规划；起草制定国务院关于发展轻工业的政策文件；起草制定国家蚕种质量标准；参与制定全国通用的《特种工业用丝绸》标准、"丝绸价格（1986）本"和蚕桑茧（干茧）的国家标准，以及GB 1797—2001《生丝》和GB/T 1798—2001《生丝试验方法》；制定许多产品测试检验的国家标准，如GB 3819—1983《纺织织物以回复角表示折叠试样折痕回复性的测定》、GB 3920—1983《纺织品耐摩擦色牢度试验方法》和GB 3922—1983《纺织品耐汗渍色牢度试验方法》等；制定《丝素与丝胶》商务部行业标准。很多人还参与编写了全国通用的《绸缎规格手册》《丝绸染整手册》《中国出口绸缎统一规格》等书以及恢复高考后全国通用的纺织丝绸各学科教科书等。

　　很多人成绩斐然，他们的科研项目和成果获得了国家二委一部授予的重大科技攻关进步奖，各级科学技术进步奖、技术成果奖和技术改造进步奖，国家、省、市科技发明奖；他们的论文、论著和教科书获得了各级优秀论文奖、优秀纺织图书奖、优秀科技图书奖、优秀科普作品奖和优秀教材奖，还曾获得过国家图书奖（最高奖）。

　　很多人被评为全国、省、市纺织工业系统劳动模范，全国、省、市先进个人，为科技进步做出突出贡献先进科技管理人员，国家级有突出贡献的中青年专家，还荣获全国、省茧丝绸行业终身成就奖。还有很多人荣获了"庆祝中华人民共和国成立70周年"纪念章，享受国务院政府特殊津贴的待遇。

很多行政管理者在任职期间，把手工作坊和街道小工厂发展成国家一级、二级或大型企业。这些企业跻身于纺织工业部50强、全国500强，成为国家档案管理一级企业、国家能源管理一级企业，荣获国家质量管理奖。很多厂家的拳头产品获得了国家金质奖、银质奖和优质奖等。

有人在丝绸国企改革的浪潮中，买下多个无人问津的倒闭工厂，艰苦重组，创立了行业内的优秀标杆企业。

还有很多人把祖国的传统文化和技艺不遗余力地保存下来，发扬光大，并荣获了国家和省市级非物质文化遗产代表性传承人称号。他们的传统技艺被列入世界、国家和省市级非物质文化遗产名录。

…………

在写后记时，我顺手拿起桌旁的采访随笔，不禁感慨万千，七年过去了，好几位老师已经作古，他们没有机会看到被印刷成文字的口述史了。采访时的情景历历在目，仿佛就发生在昨天，忍不住选择几篇随笔与君分享。

2013年9月17日　江苏科技大学蚕业研究所（江苏镇江）。周匡明心脏不好，斜靠在躺椅上，看到我们来，想坐起来，被他的助手劝阻。他写的一本《蚕业史话》（20万字）获得第二届全国科普优秀作品二等奖，说到这本书的出版，谈起其中的甜酸苦辣，他像个孩子伤心地哭起来……世上无难事，怕的就是做的事情不被人理解。（补记：老先生于2016年7月去世，我们深感遗憾，唯一令人欣慰的是我们留下了他的音容笑貌。）

2014月7月15日　我父母是出版社编辑，记得小时候，每次他们带回还散发着墨香的新书时，我都欣喜不已，所以一直以来都很钦佩那些默默无闻、提供精神食粮的编辑。范森老师是中国纺织出版社编审，眼前的她瘦弱矮小，就是她在百废待兴的年代组稿、编辑了100多本纺织（丝绸）类的图书。很多图书获得了国家的各种奖项，其中《中国丝绸科技艺术七千年——历代织绣珍品研究》（作者黄能馥、陈娟娟）获得了国家图书奖。

她和我们谈起当年组稿时的奔波和为之流的眼泪，不禁感叹岁月如梭，一晃头发都白了。临别，她送了我馆两大箱书，并顶着骄阳，用自行车和手拉车，帮我们把书送到离家一站路远的邮局，也真难为了她。

2014年7月15—16日　一个炎热的午后，我们来到王庄穆家，他微笑着和我们打招呼，说："我腿不好，不站起来了，失敬，失敬。"老先生92周岁，许多事情不记得了，只是掰着手指头反复说他出了6本书（书名全部正确）。这些书是否在他的工作生涯中占据了最重要的位置？采访结束出门，大家都沉默不语。我说，这样不行，是不是再重新来一次？同伴们一致赞成。事隔一日，我们买了水果再次来到王老家中，用启发式的方法，终于从他嘴里"掏出"一点东西。

2014年8月11日　我们结束了上午的采访，在13:40找了一家小店用餐。周启澄家是上海最普通的居民楼，房间小而昏暗，我们不由暗自吃惊：一代纺织教育家竟然住在如此逼仄的陋室。周老师打开客厅的灯，把我们带进他的小卧室兼书房，不好意思地说，地方太小了。真不是一般的小，他坐在靠窗的书桌旁边，我们的摄像、录音设备架在门口，为避免挡住镜头，记者只好斜坐在床沿完成了采访任务。

2014年9月11日　李栋高曾是我读大学时纺材课的老师，那时的他帅气和蔼，深得同学们喜爱。再见时，他已有点木讷，师母说他中风过，不想让他接受采访，怕他激动。李老师讲述过程中重复最多的一句话就是"我忘了"，带着少许歉意，记忆就是这么一点点拼接起来的。

2015年8月27日　这一天是我的生日。我们来到了青岛一条小马路的沿街居民楼，进到陈真光老师的屋里后，映入眼帘的是放满了各式毛巾的柜子，一位眉目慈祥的老人一动不动地坐在床边的椅子上。地方很小，他指指竹床让我们坐。看到我们略带诧异的目光，他解释说，卖点毛巾补贴家用。他的居室狭窄，里间搭了一个藏书阁楼，有次上去查阅资料蹲久了，腿麻木没了感觉，不慎摔下楼梯，动手术时伤了颈椎神经，从此颈椎以下的部位瘫痪了。陈老师记忆好得出奇，思维敏捷，对古代、近代和现代的丝绸史侃侃而谈，他说他一辈子喜欢的就是丝绸，他的身体也是为丝绸而残。

他们只是千万丝绸（纺织）人的缩影，沧海一粟。

我们对口述素材原稿中重复的句子和段落进行了删改，对前后顺序做了调整，尽量完整地保留了口述者的原话。我们在每篇文章前加了概要，出于概要文字的限制、某些老师年事已高无法提供材料、某些老师已经作古以及对获奖级别的选定和其他一些原因，概要仅仅是概要，不足以清晰完整地概括每位老师一生为丝绸（纺织）所做出的贡献及获得的荣誉。

这本《桑下记忆：纺织丝绸老人口述》在5月采桑、蚕老缫丝的季节得以正式出版，感谢国丝馆赵丰馆长的倾力支持，他不惜重金促成了采访工作的顺利完成。感谢浙江传媒学院王挺老师对这个项目的重视，在教学任务繁重的情况下派出老师协助我馆。感谢采访小组的黄义枢、傅晓怡、张远满和胡文杰老师，他们不辞辛苦，酷暑寒冬转战千里。特别感谢负责摄影、录音的杨金林老师，他虽然身体瘦弱，但每次采访都是长枪短炮，肩扛手提，没有半句怨言。感谢钱同源老师，把非正式出版的《桑下记忆：纺织丝绸老人口述》（52人）内容全部仔细校对了一遍，保证了本书的质量。最后感谢浙江大学出版社包灵灵老师以及众多编辑们为我们这本书的出版所付出的辛苦。

我馆在采访过程中，还得到了许多老师的捐赠，包括珍贵的图书史料、20世纪七八十年代的丝绸产品（捐赠者设计）以及各种获奖证书和荣誉证书。他们是陈真光、范森、高国樑和傅佩云等老师，在此一并表示感谢！

此书谨献给为丝绸（纺织）行业而奋斗的工作者。

中国丝绸博物馆研究馆员

楼 婷

2020年初春于杭州

图书在版编目（CIP）数据

桑下记忆：纺织丝绸老人口述 / 楼婷主编. —— 杭
州：浙江大学出版社，2020.5
ISBN 978-7-308-20165-0

Ⅰ. ①桑… Ⅱ. ①楼… Ⅲ. ①丝绸工业—经济史—中
国—现代 Ⅳ. ①F426.81

中国版本图书馆CIP数据核字（2020）第068504号

桑下记忆：纺织丝绸老人口述

楼　婷　主编　罗铁家　副主编

策　　划	张　琛　包灵灵	
责任编辑	包灵灵	
责任校对	黄静芬	
封面设计	十木米	
出版发行	浙江大学出版社	
	（杭州天目山路148号　邮政编码：310007）	
	（网址：http://www.zjupress.com）	
排　　版	浙江时代出版服务有限公司	
印　　刷	杭州高腾印务有限公司	
开　　本	710mm×1000mm　1/16	
彩　　插	24	
印　　张	46.75	
字　　数	800千	
版 印 次	2020年5月第1版　2020年5月第1次印刷	
书　　号	ISBN 978-7-308-20165-0	
定　　价	188.00元（全二册）	